Débuter avec LINUX

Kiki Novak

Débuter avec LINUX

Maîtrisez votre système aux petits oignons

EYROLLES

ÉDITIONS EYROLLES
61, bd Saint-Germain
75240 Paris Cedex 05
www.editions-eyrolles.com

À la mémoire d'Albert Bruc...

The White Rabbit put on his spectacles. « Where shall I begin, please your Majesty ? » he asked.

« Begin at the beginning », the King said, very gravely, « and go on till you come to the end : then stop. »[1]

Lewis Carroll, *Alice in Wonderland*

Wir werden sie ausführlich erzählen, genau und gründlich, – denn wann wäre je die Kurz– oder Langweiligkeit einer Geschichte abhängig gewesen von dem Raum und der Zeit, die sie in Anspruch nahm ? Ohne Furcht vor dem Odium der Peinlichkeit, neigen wir vielmehr der Ansicht zu, daß nur das Gründliche wahrhaft unterhaltend ist.[2]

Thomas Mann, *Der Zauberberg*

Grau, lieber Freund, ist alle Theorie,
Und grün des Lebens goldner Baum...[3]

Goethe, *Faust I*

---

1. *Le Lapin Blanc mit ses lunettes. « Plaise à Votre Majesté, où dois-je commencer ? » demanda-t-il. « Commencez au commencement », dit le Roi d'un ton grave, « et continuez jusqu'à ce que vous arriviez à la fin ; ensuite, arrêtez-vous. »* Lewis Carroll, *Alice au pays des merveilles* (trad. H. Bué, 1972).

2. *Nous la raconterons en détail, exactement et minutieusement. En effet, l'intérêt d'une histoire ou l'ennui qu'elle nous cause ont-ils jamais dépendu de l'espace et du temps qu'elle a exigé ? Sans craindre de nous exposer au reproche d'avoir été méticuleux à l'excès, nous inclinons au contraire à penser que seul est vraiment divertissant ce qui est minutieusement élaboré.* Thomas Mann, *La montagne magique* (trad. M. Betz, Fayard, 1981).

3. *Grise, cher ami, est toute théorie / Et vert l'arbre doré de la vie.* Goethe, *Faust I* (trad. Jean Malaplate, GF, 1984).

Avant-propos

Le présent ouvrage s'adresse en premier lieu à tous ceux qui utilisent l'informatique au quotidien et qui cherchent une alternative...

Linux, un système écologique et performant

Vous rappelez-vous ce qu'étaient les Trabant, ces petites voitures en plastique produites par millions en ex-RDA, censées révolutionner le confort routier non seulement de l'ouvrier est-allemand, mais plus généralement des habitants de tous les pays membres du pacte de Varsovie vers lesquels on les exportait massivement ? Propulsée par un moteur à deux temps monté dans une carrosserie en résine artificielle, la Trabant peuplait les routes est-allemandes, hongroises, tchèques et polonaises.

Les gens qui roulaient en Trabant n'avaient pas vraiment le choix ; ils n'avaient pas opté pour ce modèle par conviction. La Trabant tenait aussi peu la route qu'une Lada, s'avérait tout aussi gloutonne que polluante et bruyante et, au vu de ses performances routières modestes, le coût d'achat et d'entretien était relativement élevé.

> Mon grand-père en Hongrie roulait en Trabant. Il en était fier comme un pape et je me souviens encore du jour où il m'a copieusement fâché parce qu'en m'allumant une Gauloise sans trop faire attention, j'ai réussi à faire un trou dans la portière en phénoplaste en la brûlant.

Imaginez donc un monde où tout le monde roulerait en Trabant. Et imaginez que, dans ce même monde, les Clio, 206, Jaguar XS et autres Porsche 911 seraient *gratuites*. Elles pousseraient sur les arbres et aussi dans les champs. Il suffirait de les déterrer ou de les cueillir. Les Clio et les 206 seraient prêtes à démarrer, clé en main ou presque, et consommeraient moins de trois litres au cent. Quant aux Jaguar et aux Porsche, elles viendraient en pièces détachées. Quiconque s'aventurerait à récolter et assembler les pièces aurait une belle surprise, car il se

Figure 1
Et si on roulait tous en Trabant ?

retrouverait avec un bolide distillant de belles sensations, un troupeau de deux cents chevaux sous les fesses, consommant moins d'un litre sur cent kilomètres. Un litre d'huile d'olive.

Belle utopie, direz-vous. Trop belle pour être vraie. Et pourtant, il est un domaine dans notre quotidien à tous, où dix-neuf personnes sur vingt « roulent en Trabant » et pensent qu'elles n'ont pas le choix parce qu'elles ignorent l'existence des autres Clio, 206 et Porsche, qui poussent à côté. Je parle de l'informatique.

Dans notre monde imaginaire, les conducteurs de Trabant regarderaient d'un œil mauvais ces Jaguar qui poussent dans les champs. Forcément, si ça pousse dans les champs, ce n'est pas sérieux ; si ça ne coûte rien, ça ne vaut rien. Et bien évidemment, si ça consomme peu, les performances doivent être décevantes, voire carrément minables. Le conducteur de Trabant est plein de mépris envers le conducteur de Jaguar, mépris qui se mue en rancœur lorsqu'il apprend que les Jaguar tombent très rarement en panne – en tout cas, pas aussi régulièrement que sa Trabant, mais bon. Il doit certainement s'agir d'un mythe, car n'oublions pas que si la Trabant est la voiture la plus populaire, c'est qu'il doit bien y avoir une bonne raison à cela... Or tout cela a lieu dans notre monde, dans le domaine de l'informatique...

En informatique, la Trabant serait le système d'exploitation Microsoft Windows que les vendeurs vous obligent à acquérir lors de l'achat d'un PC neuf, en vous faisant croire que vous n'avez pas le choix. C'est cher ; vous payez la licence et les options sont toutes facturées à part. Ça ne tient pas la route, au nombre élevé de plantages, et c'est vulnérable à toutes sortes d'attaques de virus et autres vers. C'est gourmand en ressources, ce qui vous oblige à investir dans du matériel suffisamment performant pour avoir un système fonctionnel. Ça vous espionne de partout, sans le moindre respect pour la confidentialité de vos données. Et c'est polluant, parce que votre vieux matériel aux performances désormais trop modestes se retrouve tout bonnement relégué à la casse.

Pourquoi ce livre ? Et pour qui ?

Le présent ouvrage s'adresse donc à tous les conducteurs de Trabant qui aimeraient bien savoir ce que peuvent valoir ces Jaguar et ces Porsche qui poussent sur les arbres. **Cette alternative existe : elle s'appelle Linux.**

Sans doute avez-vous déjà entendu parler de Linux. Peut-être avez-vous tenté de l'installer chez vous. Peut-être même l'utilisez-vous déjà et vous êtes-vous déjà rendu compte que tout ce que vous faisiez, tant bien que mal, avec votre système Windows, vous le faites mieux avec un système Linux. Sur votre vieux PC, sans être obligé d'acheter du matériel plus performant. Gratuitement, sans être obligé de vous procurer une licence pour le système, ni pour les logiciels. Et en toute liberté, en l'installant sur autant de machines qu'il vous chante et autant de fois que vous le voulez... Et sans que votre propre système vous espionne derrière votre dos !

Il existe déjà des livres sur Linux et il est même réjouissant de voir que les publications sur ce sujet se multiplient. Plutôt que réinventer la roue, j'ai choisi pour cet ouvrage une approche pragmatique : **vous faire découvrir Linux en plongeant les mains dans le cambouis.**

Aucune connaissance, aucune compétence spécifique n'est présupposée de votre côté. Si vous êtes muni d'une dose saine de curiosité et d'un certain plaisir à expérimenter, considérez-vous comme le lecteur idéal de ces pages.

PÉDAGOGIE **Les mains dans le cambouis**

Si nous nous adressons certes à tous les débutants, nous n'hésiterons pas cependant à sortir des interfaces fenêtrées et à vous présenter petit à petit ce qui tourne sous le capot de votre système... afin de satisfaire l'appétit des plus aguerris !

Que contient ce livre ?

Ce livre est conçu pour être lu dans l'ordre, page par page, chapitre par chapitre. Lisez-le comme un roman, tout en sachant que le chapitre sur lequel vous ferez l'impasse reviendra vous mordre les fesses.

Le **premier chapitre** raconte l'histoire d'Unix, de GNU et de Linux depuis les origines. Il effectue un tour d'horizon sur l'informatique en général et Linux en particulier. Si vous ne savez pas trop ce qu'est un « système d'exploitation », une « distribution » ou un « logiciel libre », ce chapitre fournit des réponses à vos questions.

Le **deuxième chapitre** introduit Slackware Linux, le système (ou la distribution) utilisée pour mettre en pratique les exemples de ce livre, ainsi que des considérations sur le choix du matériel informatique sur lequel vous pourrez installer Linux.

Dans le **troisième chapitre**, vous pourrez vous mettre aux fourneaux en apprenant comment effectuer l'installation « standard » d'un système Linux, de la manière la plus simple possible. Le but de l'opération étant que vous disposiez d'un système fonctionnel, qui vous permette de découvrir Linux par la pratique, chez vous, sur votre ordinateur.

Le **chapitre 4** est une sorte de visite guidée de votre nouveau système, un peu comme si vous vous installiez dans une voiture que vous venez d'acheter. Où sont les pédales ? Où sont les leviers ? Comment fait-on pour changer les vitesses ? Et où sont donc passés les clignotants ? Ceux d'entre vous qui ont l'habitude d'un autre système d'exploitation découvriront probablement une série de similitudes rassurantes... et quelques différences vaguement inquiétantes. Ce chapitre vous prend par la main et vous montre ce qu'il y a de nouveau.

Les **chapitres 5 à 17** constituent sans aucun doute le « plat de résistance » de l'ouvrage. Ils vous introduisent progressivement, petit à petit, à l'administration d'un système Linux, en commençant par des opérations de base (**chapitre 5**) pour vous amener petit à petit à réaliser des opérations plus avancées comme la gestion des utilisateurs (**chapitre 6**) et des droits d'accès (**chapitre 7**), la recherche de fichiers (**chapitre 8**), la création et la manipulation de liens (**chapitre 9**), la gestion des processus (**chapitre 10**) et des services (**chapitre 11**), l'accès aux périphériques (**chapitre 12**) ou encore la gestion des archives compressées (**chapitre 13**). Le **chapitre 14** présente les bases du réseau sous Linux. La gestion des logiciels est abordée au **chapitre 15**. Le **chapitre 16** nous plonge au cœur du chargeur de démarrage, et le **chapitre 17** nous apprend à configurer le serveur graphique.

Les **chapitres 18 à 20** décrivent l'installation d'un système Linux taillé sur mesure et configuré « aux petits oignons », en utilisant les compétences acquises dans les chapitres précédents. Une fois que le système de base est mis en place au **chapitre 18**, le **chapitre 19** est entièrement consacré au peaufinage de l'environnement de bureau, pour le rendre plus esthétique et plus fonctionnel. Le **chapitre 20** passe en revue et en détail l'installation et la configuration d'une série d'applications populaires pour être plus productif dans les domaines de l'Internet, de la bureautique, du graphisme et du multimédia : tout ce qu'il vous faut pour un poste de travail complet.

Pour le dessert, les **chapitres 21 et 22** abordent deux points un peu plus délicats, le système d'impression et la configuration d'un réseau sans fil. À ce stade, en effet, le lecteur a acquis suffisamment de compétences pour s'attaquer à des tâches techniquement plus exigeantes.

Et s'il vous reste un petit creux, vous trouverez **en annexe** des informations supplémentaires pour l'installation de Linux sur du matériel plus récent : clé USB, partitionnement GPT et installation UEFI.

À propos de cette édition

Débuter avec Linux est une réécriture complète de mon ouvrage *Linux aux petits oignons* paru chez Eyrolles en 2009. Cette première version de mes cours sur les bases de l'administration Linux était basée sur CentOS 5.3. Si je ne me suis pas contenté d'une simple mise à jour de ce premier livre, c'est pour plusieurs raisons.

Plus de sept ans se sont écoulés depuis la parution de *Linux aux petits oignons*, sept ans durant lesquels le monde de Linux a bien changé. Je me suis retrouvé confronté à un dilemme quant au choix de la distribution. CentOS 7.3 n'a plus grand-chose en commun avec l'ancêtre 5.3 désormais obsolète. Certes, CentOS reste un excellent choix, et ce n'est pas un hasard si cette distribution est toujours aussi répandue en entreprise. Malheureusement, elle a pour ainsi dire perdu un certain nombre de vertus pédagogiques en cours de route. Non content de cela, la version 7 est bien plus gourmande en ressources que les versions précédentes, et les processeurs 32-bits ne sont plus supportés.

J'ai donc décidé de me baser dorénavant sur Slackware Linux, une distribution « brute de décoffrage » bien plus adaptée en simples termes pédagogiques, même si elle ne jouit pas d'une popularité excessive. Un bénéfice majeur de ce choix, c'est que je ne pénalise pas mes nombreux lecteurs qui possèdent du vieux matériel, car Slackware est idéal pour refaire une jeunesse au matériel obsolète. Pas la peine de casser la tirelire pour apprendre les bases de Linux.

Enfin, les chapitres ajoutés ou réécrits depuis le premier ouvrage sont le fruit de quelques années de travail de terrain. Ils ont été élaborés et peaufinés dans le cadre des formations Linux avec mes stagiaires, en essayant de fournir des réponses à leurs nombreuses questions.

Remerciements

Merci à Alexandre Habian pour avoir cru en ce projet et surtout pour sa patience. Sans son professionnalisme – le vrai, celui qui ne fait pas l'impasse sur les qualités relationnelles et la bonne humeur – ce livre n'aurait jamais vu le jour.

Un grand merci à Clothilde, ma tendre moitié, pour son soutien, ses bons conseils et les hectolitres de café espresso.

À propos de l'auteur

Féru d'informatique depuis les jours du processeur monoplatine 8080 et du Commodore VC-20, j'ai découvert le monde de GNU/Linux relativement tard. En 2001, je développais du PHP pour un éditeur et regrettais de passer plus de temps derrière ma machine que devant. « T'as qu'à installer Linux », me suggéra alors un message posté sur un forum. Quelques jours plus tard, j'avais remplacé mon système propriétaire par Slackware Linux dans sa version 7.1 et j'étais inscrit sur la liste de diffusion de basiclinux.net, un groupe de vétérans chevronnés qui prodiguaient gratuitement des cours détaillés sur l'administration d'un système Linux, mais qui a malheureusement cessé toute activité.
Établi dans le Gard à mi-chemin entre Nîmes et les Cévennes, j'ai créé ma propre entreprise en 2009. Microlinux est spécialisée dans l'élaboration de solutions informatiques durables basées à cent pour cent sur GNU/Linux et les logiciels libres. Microlinux est également un organisme de formation s'adressant aux utilisateurs et aux administrateurs de Linux et du libre. En dehors de mes publications chez Eyrolles, j'ai écrit de nombreux articles pour la presse écrite, notamment *Linux Pratique* et *Planète Linux*.

▸ http://www.microlinux.fr

Table des matières

CHAPITRE 4
Premier contact avec le plan de travail 79

CHAPITRE 5
Linux en mode texte : consolez-vous ! 103

1

Si Linux m'était conté

Le 16 septembre 2004, Linux est sorti tout ficelé du crâne de son inventeur Mark Shuttleworth, revêtu de son armure et prêt à conquérir le monde.
Je plaisante.

Au commencement était Unix

Linux ? Unix ? Logiciels libres ? Faisons donc un petit voyage dans le temps pour y voir un peu plus clair. Pas forcément dans la préhistoire, car les tables à calcul de l'ère babylonienne datant de plus de quatre mille ans ne sont que d'un intérêt limité pour nous. Arrêtons-nous plutôt vers le milieu du XXe siècle et situons là le début de « notre » préhistoire.

Les premiers ordinateurs construits à l'époque de la guerre froide étaient de véritables monstres bibliques. Leur force de calcul était constituée de dizaines de milliers de tubes électroniques ou « lampes ». Ils occupaient l'équivalent d'un terrain de foot ou d'un hangar, consommaient autant d'électricité qu'un village entier et dégageaient plus de chaleur qu'une mare de geysers en activité.

CITATION **Retour vers le futur**

« Je crois qu'il y a un marché mondial pour à peu près cinq ordinateurs. »
Thomas Watson, président d'IBM, 1958

Vers le début des années 1960, la taille des machines a pu être réduite de façon considérable avec l'avènement des semi-conducteurs. Les tubes électroniques ont été successivement remplacés par des transistors, puis par des circuits intégrés. Cette nouvelle génération de machines occupait à peine l'espace d'une collection d'armoires normandes. Malheureusement, toutes souffraient toujours du même défaut majeur.

Chacun de ces ordinateurs disposait en effet de son propre système d'exploitation, conçu en même temps que la machine et taillé sur mesure par la force des choses. Un ingénieur qui avait appris à se servir de l'une d'entre elles et qui souhaitait travailler sur un autre type de machine était contraint de jeter par-dessus bord tout son savoir-faire pour revenir à la case départ et tout réapprendre depuis le début. Si seulement toutes ces machines pouvaient parler le même langage. Il fallait trouver une solution.

> **B.A.-BA Système d'exploitation**
>
> Un système d'exploitation ou OS *(Operating System)*, c'est un ensemble de logiciels qui gère les fonctions les plus élémentaires d'une machine. D'une part, il contrôle les périphériques entrée/sortie comme le clavier et l'écran, ce qui permet à un humain de communiquer avec l'ordinateur. D'autre part, il s'occupe de la répartition intelligente des ressources de la machine comme le processeur et la mémoire. Une machine dépourvue de système d'exploitation ne sera donc même pas capable de démarrer un programme. Sans système installé, même un PC moderne vous servira tout au plus à caler la porte de la terrasse un jour de mistral.

Le projet Multics *(Multiplexed Information and Computing Service)* a été initié en 1964 pour apporter précisément cette solution. L'ambition de Multics consistait à fournir un système d'exploitation **portable**, c'est-à-dire capable d'être porté sur la plupart des machines existantes. Ambition pharaonique, car si le projet réussissait, il mettrait fin à la confusion babylonienne des systèmes d'exploitation.

Multics n'a connu qu'un succès modeste, comme cela arrive parfois avec les projets pharaoniques. Hormis quelques thésards en informatique et une poignée de vétérans, l'humanité a même fini par l'oublier. Ce qui nous est resté de Multics, c'est une série de bonnes idées, mais surtout sa descendance totalement imprévue : un rejeton qui n'était pas au programme, mais qui a fini par connaître un succès incroyable.

1969, l'année où l'astronaute Neil Armstrong se promène sur la Lune, deux ingénieurs des laboratoires Bell[1], Dennis Ritchie et Ken Thompson, décident d'écrire un système d'exploitation pour l'ordinateur dont ils disposent plus ou moins librement dans leur bureau. Cette machine, un DEC PDP-7, est considérée comme un « mini-ordinateur » à l'époque. Pour avoir une vague idée de la taille de l'engin, imaginez une batterie de quatre ou cinq réfrigérateurs de taille familiale posés les uns à côté des autres. Ritchie et Thompson se servent des bouts de code du projet Multics, mais leur ambition est bien plus modeste, pour ne pas dire purement ludique. Ce qui les motive dans l'immédiat, c'est de disposer d'une machine suffi-

---

1. l'équivalent de France Télécom aux États-Unis

samment fonctionnelle pour jouer à un jeu tout à fait dans l'air du temps : *Space Travel*, un jeu interactif en mode texte, où il s'agit de poser une capsule spatiale sur la Lune.

Figure 1–1
Ken Thompson et Dennis Ritchie,
les fondateurs d'Unix

Leur projet est un succès, comme cela arrive souvent lorsqu'on fait quelque chose uniquement pour s'amuser et que l'ambition ne vient pas gâcher le plaisir. Étant donné que leur nouveau système tourne sur une seule machine, celle qu'ils ont à portée de main, ils s'amusent à faire un jeu de mots sur le système qui les a inspirés et décident de le baptiser « Unics ».

La fin des années 1960, ce n'est pas seulement la conquête spatiale, mais également la révolution de mai 1968, Woodstock, le *flower power* et la culture hippie. Les campus des universités et les entreprises pullulent de barbus à sandales qui ont une idée en tête : contribuer au code d'Unix en vue de l'améliorer. Certes, la propriété intellectuelle et les brevets existent déjà, mais cela n'empêche personne de vivre pour autant. Les *hackers* – au sens noble du terme – échangent entre eux leurs meilleures idées et les bouts de code source qui vont avec, aussi naturellement que leurs grand-mères échangent entre elles leurs meilleures recettes de cuisine. Les entreprises et les facultés ne payent pas de frais de licence pour utiliser Unix et, lorsqu'elles réclament le code source à Ken Thompson, celui-ci a l'habitude d'ajouter un petit mot au colis de bandes magnétiques et de disquettes : « *Love, Ken* ».

CULTURE **Code source et programme exécutable**

Les sources d'un programme, c'est l'ensemble des fichiers qui contiennent du code et que l'on compile pour obtenir un programme exécutable. Lorsqu'on distribue un programme sous forme binaire, il est prêt à l'emploi, mais on ne peut pas le modifier. De façon analogue, une recette de tarte aux pommes ainsi que tous les ingrédients nécessaires comme la farine, les œufs, les pommes, la cannelle et le sucre permettent de cuisiner une tarte aux pommes. Une fois qu'elle est sortie du four, il est difficile de revenir en arrière pour retrouver les ingrédients de base et la recette.

L'AIR DU TEMPS **L'informatique avant Microsoft et Apple**

Imaginez-vous en 1970. Microsoft et Apple n'existent pas encore et personne n'aurait l'idée d'associer des mots de tous les jours comme « windows » ou « apple » à de l'informatique. Vous jetez un coup d'œil dans votre boule de cristal. Vous apercevez le futur pas trop lointain, quelques décennies plus tard. Vous annoncez solennellement qu'un jour viendrait où les systèmes et les applications se vendraient *sans* le code source qui va avec. Dans des cartons au graphisme léché. Des boîtes remplies majoritairement de vide comme les cornflakes. Ornées de fenêtres multicolores ou d'une pomme stylisée. Le prix serait conséquent, les gens seraient obligés d'acheter les boîtes avec le matériel et les ventes feraient de vous l'homme le plus riche de la terre.
On vous prend probablement pour un fou.

Figure 1–2 À quoi ressemblait l'informatique en 1970, avant Microsoft et Apple ?

Durant les années 1970 et le début des années 1980, les universités utilisent à peu près exclusivement Unix. Les entreprises décident d'emboîter le pas et l'adoptent également à grande échelle. Après tout, les étudiants d'aujourd'hui font les ingénieurs de demain. Techniquement, Unix est à la pointe des systèmes d'exploitation. C'est un vrai système multitâche et multi-utilisateur, robuste et transparent. Il définit clairement les droits d'accès aux fichiers, il sépare les processus bien proprement et il est conçu dès le départ pour fonctionner en réseau. Petit à petit, Unix est en bonne voie de faire tourner les ordinateurs du monde entier.

L'âge d'or d'Unix connaît une fin abrupte et quelque peu absurde en 1983. Dans le cadre de la lutte antitrust du gouvernement de Ronald Reagan, les laboratoires Bell sont séparés de leur maison mère, l'entreprise de télécommunications AT & T *(American Telephone and Telegraph)*. Dans la foulée des actions judiciaires qui s'ensuivent, un décret qui empêchait la commercialisation d'Unix jusque-là est rendu caduc. AT & T décide de sauter dans la brèche ouverte par la nouvelle législation et de s'approprier le système Unix et tout le code qui va avec, en faisant fi des nombreuses contributions externes. L'émoi causé par cette mainmise – qui a failli sonner le glas du système – est considérable dans la communauté des *hackers*.

Les étudiants qui ont contribué au code d'Unix s'estiment doublement lésés. D'une part, AT & T « oublie » de les rémunérer alors que les licences sont monnayées au prix fort. D'autre part, ils n'ont plus accès à leur propre code ou – situation plus ubuesque encore – n'ont plus le droit de l'utiliser pour de sombres raisons de propriété intellectuelle.

Certes, AT & T essaie de calmer le jeu en annonçant que les universités pourront désormais bénéficier de tarifs préférentiels pour les licences. Il n'empêche que l'accès au code source est dorénavant restreint. Du jour au lendemain, Unix est devenu un système d'exploitation rigoureusement propriétaire et commercial.

MARKETING **Les systèmes propriétaires dans l'éducation**

Quelques décennies plus tard, le tarif préférentiel pour les élèves et les étudiants demeure une stratégie de fidélisation populaire auprès des éditeurs de systèmes et de logiciels propriétaires.

Richard Stallman et le projet GNU

La commercialisation d'Unix marque l'avènement d'un véritable âge de fer en informatique. La « culture *hacker* » des premières années cède la place à une logique restrictive, commerciale et propriétaire. Cette transition ne s'est pourtant pas faite en un jour. Elle a été marquée par une série de signes avant-coureurs.

Figure 1–3
Richard Stallman, l'initiateur
du projet GNU

Revenons un peu en arrière, en 1980, et rendons visite à Richard Stallman dans son laboratoire d'Intelligence Artificielle au *Massachusetts Institute of Technology* (MIT). Richard est confronté à un problème qu'il n'arrive pas à résoudre. La nouvelle imprimante laser du laboratoire, une Xerox 9700, se bloque régulièrement et refuse d'imprimer suite à des erreurs de bourrage papier. En bon *hacker* qui se respecte, Richard aime relever les défis techniques et le dysfonctionnement d'un périphérique tombe dans cette catégorie.

ENFER **Les imprimantes**

Les imprimantes récalcitrantes nous viennent droit de l'enfer. Lisez la BD géniale de Matthew Inman *Why I Believe Printers Were Sent From Hell To Make Us Miserable*.
▸ http://theoatmeal.com/comics/printers

La précédente imprimante, une Xerox XGP, avait connu exactement le même problème de bourrage papier et Richard l'avait résolu comme un informaticien de l'époque pouvait résoudre ce genre de problème : il avait réclamé le code source du pilote à Xerox et s'était plongé dans sa lecture. Après avoir identifié l'erreur, il lui avait suffi de modifier et recompiler le code pour que l'imprimante fonctionne correctement.

GLOSSAIRE **Pilote/driver**

Un driver ou « pilote » de périphérique, c'est le code qui permet au système d'exploitation de communiquer avec le périphérique en question.

Or, le problème auquel Richard se heurte cette fois-ci n'est pas d'ordre technique. Le fabricant Xerox vient en effet d'opposer un refus à sa demande, estimant que le code source est désormais un secret de fabrication. Richard ne peut donc pas y accéder, encore moins l'étudier ou le corriger. En revanche, Xerox l'invite à « envoyer un rapport d'erreurs », afin que les ingénieurs de l'entreprise puissent étudier le problème à sa place et mettre à disposition une mise à jour qui corrigera éventuellement le dysfonctionnement.

BUG **Le fin mot de l'histoire**

Richard Stallman a effectivement soumis le rapport d'erreurs suggéré par Xerox. Il n'a jamais reçu de réponse.

Richard sent naître en lui un mélange de colère et d'impuissance. Les constructeurs de matériel informatique tendent visiblement à ne plus livrer que des pilotes au format binaire, sans le code source qui va avec. L'utilisation de licences logicielles restrictives s'impose manifestement comme une nouvelle norme. C'est une véritable gangrène qui touche le monde de l'informatique et le pourrit de l'intérieur. Il faut donc trouver une solution, une force nouvelle qui puisse contrecarrer cette tendance funeste.

Le 27 septembre 1983, quelques mois après la mainmise d'AT & T sur Unix, Richard Stallman poste un message sur Usenet pour annoncer la naissance du projet GNU, un système d'exploitation libre compatible à Unix.

BIBLIOGRAPHIE **Richard Stallman et la révolution du logiciel libre**

Pour en savoir plus sur la vie et l'œuvre de Richard Stallman, lisez sa biographie autorisée publiée chez Eyrolles.

ISBN : 978-2-212-12609-9

CULTURE HACKER **Acronyme récursif**

GNU signifie *GNU's Not Unix*, c'est-à-dire « GNU n'est pas Unix ». C'est un acronyme récursif, l'équivalent linguistique d'un chat qui se mord la queue. L'acronymie récursive est assez répandue en informatique.

Figure 1–4
Le logo du projet GNU

Pour Richard comme pour beaucoup d'autres, Unix reste le système d'exploitation de référence, pour toutes les raisons évoquées plus haut. Son seul défaut, c'est qu'il n'est pas libre. L'ambition du projet GNU consiste ni plus ni moins à réinventer la roue et proposer un système d'exploitation libre 100 % compatible Unix mais qui, justement, n'est pas Unix, c'est-à-dire qu'il ne contient aucune ligne de code d'Unix.

URL **Le projet GNU**

▸ http://www.gnu.org

Un système d'exploitation comme Unix n'est pas un bloc monolithique. Il est composé d'une multitude de petits programmes, dont chacun s'acquitte d'une tâche bien définie. Cette modularité va considérablement faciliter la tâche au projet GNU, qui se pose comme but concret de remplacer l'un après l'autre chacun des composants d'Unix par un équivalent libre.

C'est donc un projet d'envergure, une vaste mosaïque qu'il s'agit de compléter avec beaucoup de patience, morceau par morceau. Richard Stallman lui-même démissionne de son poste au MIT en janvier 1984 pour se consacrer entièrement au projet GNU et développer quelques logiciels significatifs : un compilateur, un débogueur, une collection d'outils basiques et l'éditeur de texte Emacs.

Richard comprend très vite que le projet GNU a besoin d'une infrastructure légale pour assurer sa pérennité et lui éviter d'être cannibalisé par les éditeurs de logiciels propriétaires. En 1985, il crée la FSF *(Free Software Foundation)*, une organisation à but non lucratif pour la défense et la promotion du logiciel libre. Cette même année, il publie le Manifeste GNU, un texte fondateur qui porte aussi bien sur l'aspect technique et social du projet que sur sa philosophie.

URL **La Free Software Foundation**

▸ http://www.fsf.org

Le terme de « logiciel libre » est également clarifié ; en effet, le terme anglais *free* comporte une ambiguïté et il s'agit de distinguer *free as in speech* (libre, dans le sens de « liberté de la parole ») et *free as in beer* (gratuit, dans le sens de « bière à gogo »). Selon la définition proposée par Richard, un logiciel est libre s'il respecte les quatre conditions fondamentales :

- la liberté d'utiliser le logiciel ;
- la liberté de le copier ;
- la liberté d'en étudier le fonctionnement ;
- la liberté de le modifier et de redistribuer cette version modifiée.

Une seule obligation permet de préserver ces quatre libertés : toute personne qui souhaite apporter des modifications au code source d'un logiciel – en vue de l'améliorer ou d'en modifier le comportement – est tenue de publier ces modifications sous les mêmes conditions, en respectant à son tour les quatre libertés fondamentales. C'est l'application du principe du *copyleft* (un jeu de mots sur *copyright*, « droit d'auteur ») qui évite notamment l'appropriation du code source libre par une entreprise. Ce principe est entériné dans la licence publique générale GNU (ou licence GPL), que Stallman publie en 1989.

CULTURE **La viralité de la GPL**

Un logiciel libre publié sous licence GPL restera libre indépendamment de toutes les modifications qu'il subira. Cette préservation des quatre libertés fondamentales est garantie par le caractère viral de la GPL. Dans un entretien avec le Chicago Sun-Times le 1er juin 2001, le PDG de Microsoft, Steve Ballmer, associera la GPL à « un cancer qui s'accroche à la propriété intellectuelle » *(sic)*.

Durant la seconde moitié des années 1980, le projet GNU progresse lentement, mais sûrement. En 1990, l'ensemble des composants est réalisé et il ne manque plus que le noyau du système. Or, le noyau – ou *kernel* – constitue également la partie la plus importante du code, la pièce maîtresse, celle qui se situe le plus près du matériel et qui contrôle les fonctions élémentaires comme la gestion de la mémoire et des processus, le contrôle des périphériques, etc.

Pour compléter son système d'exploitation libre, la FSF *(Free Software Foundation)* lance Hurd, un projet de noyau libre pour les systèmes Unix en général et GNU en particulier. Malheureusement, le développement s'avère long et fastidieux. Le projet va battre de l'aile dès les débuts et Hurd fera progressivement sa descente vers les limbes de ces grands projets informatiques voués à rester éternellement en chantier.

Figure 1–5
À ce jour, le noyau GNU/Hurd n'est
toujours pas finalisé. La version 0.8
a été publiée le 18 mai 2016.

Linus Torvalds et le noyau Linux

Début janvier 1991, de l'autre côté de l'Atlantique, en Finlande, le jeune étudiant en informatique Linus Torvalds décide d'investir dans du matériel informatique. Il n'hésite pas à s'endetter sur trois ans pour acheter ce qui se fait de mieux en matière d'ordinateur personnel : un IBM PC 30 386 flambant neuf, équipé d'un processeur 32-bits.

Il commande un jeu de disquettes d'installation du système Minix, une variante pédagogique d'Unix développée par le professeur Andrew Tanenbaum, qui lui servira pour les cours sur l'architecture des systèmes d'exploitation qu'il suit à l'université de Helsinki. Tanenbaum est l'auteur de l'ouvrage de référence en la matière, *Operating Systems Design and Implementation*, un pavé de plus de sept cents pages. Selon ses propres dires, Linus Torvalds passe les premiers mois de l'année 1991 à faire deux choses principalement :

1 Rien.
2 Lire *Operating Systems Design and Implementation*.

Au bout d'un mois d'attente, Linus Torvalds finit par trouver le jeu de disquettes Minix dans sa boîte aux lettres, ce qui lui permet de remplacer le système MS-DOS livré en version réduite avec son matériel par quelque chose qui ressemble à Unix. Malgré sa visée pédagogique, Minix reste un système Unix sous le capot et son code source est disponible. Linus va passer les mois suivants à se faire les dents sur son nouveau système et à l'explorer dans ses moindres recoins pour en découvrir les possibilités.

Les limitations de Minix ne tardent pas à frustrer Linus, notamment l'émulateur de terminal qui est censé gérer la connexion à distance à l'ordinateur de l'université. Les hivers sont rudes en Finlande et, lorsqu'un étudiant en informatique veut éviter de sortir de chez lui, la possibilité de se connecter à distance pour travailler devient une nécessité. Certes, l'émulateur de terminal inclus dans Minix permet à Linus de lire ses courriels et de poster des messages sur Usenet, mais le téléchargement de fichiers à distance ne fonctionne pas. Ajoutons à cela le fait que l'architecture 16-bits de Minix ne tire pas pleinement profit des ressources de son processeur. Enfin, même si le code source est disponible, le système n'est pas vraiment libre, au vu des restrictions imposées par Andrew Tanenbaum quant à la modification et à la redistribution du code.

Linus a bientôt terminé la lecture d'*Operating Systems Design and Implementation*. Il sent que les cours sur Minix ne lui apportent plus grand-chose. Il décide donc de sécher ses cours et de mettre à profit le temps ainsi gagné pour coder son propre émulateur de terminal. Il part littéralement de zéro, c'est-à-dire qu'il écrit son code directement au niveau du matériel, sans passer par Minix.

Au bout de quelques semaines de travail acharné, il réussit à se connecter à l'ordinateur de l'université pour lire ses courriels et poster dans les *newsgroups*. Il résout le problème du chargement des fichiers distants en écrivant un pilote pour son disque dur et un autre pour le système de fichiers utilisé par Minix. Il ajoute d'autres fonctionnalités au gré de son inspiration, dans l'effervescence de la création. Petit à petit, son émulateur de terminal se transforme en véritable petit système d'exploitation à part entière.

Le 3 juillet, Linus poste un message sur news://comp.os.minix pour se renseigner sur les standards Posix. Le message en lui-même ne compte que quatre lignes et la question semble anodine en apparence, mais elle attire l'attention des lecteurs du groupe. Si ce Linus Torvalds a besoin des standards Posix, c'est qu'il doit vraisemblablement concocter son propre système d'exploitation. Ari Lemmke, l'administrateur système de l'université, lui crée spontanément un compte sur le serveur FTP pour lui permettre de ranger les fichiers de son nouveau système et pour que le public y ait accès.

Le 25 août 1991, Linus Torvalds poste un message désormais célèbre sur news://comp.os.minix. J'essaie de le traduire aussi fidèlement que possible :

```
De      : torvalds@klaava.Helsinki.FI (Linus Benedict Torvalds)
Groupe  : comp.os.minix
Sujet   : Qu'est-ce que vous aimeriez bien voir dans Minix ?
Date    : 25 Août 91

Salut à tous les utilisateurs de Minix -

Je construis un système d'exploitation (libre) pour les clones 386(486)AT (juste pour
le fun, rien de gros et pro genre gnu). C'est en train de mijoter depuis avril et ça
commence à être prêt. J'aimerais avoir des retours sur ce que les gens aiment/
n'aiment pas dans Minix, vu que mon OS y ressemble plus ou moins (même organisation
physique du système de fichiers [pour des raisons pratiques] entre autres choses).
```

> Pour l'instant, j'ai porté bash(1.08) et gcc(1.40) ; ça a l'air de marcher. Ce qui signifie que j'aurai quelque chose d'utilisable d'ici quelques mois et j'aimerais savoir ce que les gens voudraient comme fonctionnalités. Toutes les suggestions sont les bienvenues, mais je ne promets pas de les implémenter :-)
>
> Linus (torvalds@kruuna.helsinki.fi)
>
> PS. Oui - il est débarrassé de tout code Minix et il a un système de fichiers multithread. Il n'est PAS portable et il ne supportera probablement jamais autre chose que les disques durs AT, étant donné que c'est tout ce que j'ai :-(

Quelques semaines plus tard, le 17 septembre 1991, Linus décide de publier la version 0.01 de son système sur le serveur FTP de l'université. Il choisit le nom de Freax, une contraction de *free* (libre/gratuit), de *freak* (obsédé) et du « X » final caractéristique des Unix. Ari Lemmke n'apprécie pas du tout ce nom et décide de son propre chef de nommer le répertoire de téléchargement /pub/OS/Linux.

Linus n'envoie pas d'annonce officielle pour la version 0.01 et se contente d'en informer quelques amis et collègues par courriel. En revanche, la publication de la version 0.02 est annoncée solennellement sur news://comp.os.minix et beaucoup d'utilisateurs de Linux considèrent que le message correspondant marque la « véritable » naissance de Linux :

> De   : torvalds@klaava.Helsinki.FI (Linus Benedict Torvalds)
> Groupe : comp.os.minix
> Sujet : Sources d'un noyau libre de type Minix pour 386-AT
> Date   : 5 octobre 91
>
> Vous regrettez le bon vieux temps de minix-1.1, lorsque les hommes étaient des hommes et écrivaient eux-mêmes les pilotes pour leur matériel ? Vous n'avez pas de projet intéressant en cours et vous crevez d'envie de mettre les mains dans le cambouis d'un OS que vous pouvez adapter à vos besoins ? Ça vous agace quand tout marche bien sous Minix ? Finies les nuits blanches pour faire fonctionner un petit logiciel bien pratique ? Alors ce message est sûrement pour vous.
>
> Comme je l'ai dit il y a un mois (?), je travaille en ce moment sur une version libre d'un minixoïde pour les machines de type AT-386. J'en suis à un stade où c'est même utilisable (ou pas, ça dépend de ce que vous voulez) et je suis prêt à distribuer les sources à plus grande échelle. C'est juste la version 0.02 (+1 [très petit] patch déjà), mais j'ai réussi à faire tourner bash/gcc/gnu-make/gnu-sed/compress etc. avec.
>
> Les sources de mon petit projet sont disponibles à nic.funet.fi (128.214.6.100) dans le répertoire /pub/OS/Linux. Ce répertoire contient également un fichier README et une poignée de binaires pour travailler sous Linux (bash, update et gcc, que demander de plus :-). Les sources complètes du noyau sont fournies, vu qu'aucune ligne de code Minix n'a été utilisée. Les sources des bibliothèques ne sont que partiellement libres, elles ne peuvent donc pas être redistribuées pour le moment. Le système peut être compilé tel quel et il est censé fonctionner. Heh. Les sources des binaires (bash et gcc) sont disponibles au même endroit, dans /pub/gnu.

ALERTE ! AVERTISSEMENT ! ATTENTION ! Ces sources ont tout de même besoin de minix-386
pour être compilées (et gcc-1.40, peut-être même 1.37.1, pas testé) et il vous faut
Minix pour le configurer si vous voulez le faire tourner, donc ce n'est pas encore un
système indépendant pour ceux qui n'auraient pas minix. J'y travaille. Il vous faut
également avoir l'esprit bidouilleur pour le configurer (?), donc ceux qui cherchent
une alternative à minix-386, passez votre chemin. Pour l'instant, ça s'adresse aux
bidouilleurs qui s'intéressent aux systèmes d'exploitation et aux 386 avec un accès à
Minix.

Le système a besoin d'un disque dur compatible AT (l'IDE c'est très bien) et EGA/VGA.
Si vous êtes toujours intéressés, procurez-vous le README/RELNOTES sur le ftp et/ou
envoyez-moi un mail pour des infos supplémentaires.

Je vous entends déjà (enfin, presque) vous demander : "Pourquoi?". Hurd va sortir
d'ici un an (ou deux, ou dans un mois, qui sait) et j'ai déjà Minix. C'est un système
fait par un bidouilleur pour les bidouilleurs. Je me suis bien amusé à l'écrire et ça
fera peut-être plaisir à quelqu'un d'y jeter un coup d'œil et même de l'adapter à ses
propres besoins. Il est suffisamment petit pour qu'on puisse le comprendre,
l'utiliser et le modifier. J'attends les commentaires que vous pourrez y apporter.

[...]

Linus

Dans le contexte de l'époque, ce message est un véritable pavé dans la mare. Voilà quelqu'un qui a réussi à faire tourner un « vrai » Unix sur son ordinateur personnel. Un Unix libre de surcroît, avec son propre noyau libre et les outils GNU qui vont avec : le compilateur GCC, l'interpréteur de commandes Bash, l'éditeur de flux sed, etc.

Cette fois-ci, les contraintes matérielles et les lacunes du projet constituent juste autant de défis à surmonter. Les réactions de la communauté ne tardent pas à venir et elles sont aussi enthousiastes que nombreuses. C'est une véritable avalanche que Linus a déclenchée. Les *hackers* du monde entier lui envoient une foule de suggestions et de demandes, mais également des rapports de bogues.

CULTURE **Le bogue informatique**

Un *bug* (ou bogue dans la version francisée), c'est une erreur de conception dans un logiciel, qui entraîne son dysfonctionnement. Le mot s'explique par le dysfonctionnement historique d'un des premiers ordinateurs électromécaniques, dû à un insecte *(bug)* coincé dans un relais.

Durant les mois à venir, Linus va peaufiner le code de son système en interaction constante avec la communauté. Celle-ci se montre d'ailleurs reconnaissante en organisant spontanément une collecte qui permettra à Linus de s'acquitter des mensualités restantes pour sa machine de développement. Fin 1991, il décide d'aller voir une conférence de Richard Stallman sur le projet GNU à l'université de Helsinki. Il est impressionné par la présentation de Stallman et prend une décision d'une importance capitale pour la suite du projet.

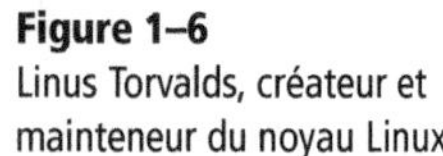
Figure 1–6
Linus Torvalds, créateur et
mainteneur du noyau Linux

Les toutes premières versions de Linux étaient certes libres, avec une restriction cruciale toutefois : l'utilisation commerciale du code était interdite. En janvier 1992, Linus Torvalds annonce son intention de libérer complètement le code de son noyau en le publiant dorénavant sous licence *GNU General Public License*. Ce changement de licence va encourager de nombreux utilisateurs dans le monde à migrer de Minix vers Linux.

Les ancêtres Slackware, Red Hat et Debian

En 1992, l'installation d'un système Linux – ou plus exactement d'un système GNU et d'un noyau Linux – reste une aventure réservée à une élite de bidouilleurs avec un certain sens de l'aventure, comme Linus Torvalds a pu le préciser dans son message détaillé sur Usenet : *this is a program for hackers by a hacker*.

Les toutes premières versions de Linux sont distribuées sous forme de deux disquettes qui fournissent le minimum syndical du système.

- La première disquette est amorçable et contient le noyau.
- La deuxième disquette fournit une panoplie d'outils GNU qui permettent entre autres choses de créer un système de fichiers.

Un tel système minimal ne permet pas de faire grand-chose. Le nombre de logiciels libres disponibles au téléchargement augmente certes de façon exponentielle, mais leur installation reste une procédure longue et pénible. Le code source de chaque composant d'un logiciel doit d'abord être téléchargé au compte-gouttes via une connexion téléphonique. Une fois qu'on a récupéré le code source, il faut le configurer manuellement pour l'adapter au système avant de lancer la compilation et l'installation. Chacune de ces étapes est hautement chronophage et engloutit facilement des après-midis ensoleillés, voire des week-ends entiers.

Les premières distributions Linux apparaissent dans le but de simplifier la procédure d'installation : Boot Root, Yggdrasil Linux/GNU/X, SLS Softlanding Linux Systems et d'autres encore.

> CULTURE **Qu'est-ce qu'une distribution ?**
>
> Pour vous faire une idée plus précise de ce que peut être une distribution Linux, pensez au mot *pack*, un peu comme ce qu'on vous vend dans les magasins de sport pour faire du badminton ou de la plongée sous-marine : deux raquettes, un volant, un filet et deux piquets, ou alors la paire de palmes, le masque et le tuba, et vous voilà opérationnel. Une distribution Linux sera donc idéalement constituée d'un ensemble cohérent composé en règle générale :
> - du système de base ;
> - d'une série d'outils d'administration ;
> - d'une panoplie logicielle ;
> - d'un installateur.

Ces toutes premières distributions souffrent toutes d'une série de défauts prohibitifs. Soit elles sont pathologiquement minimalistes et n'offrent guère de confort. Soit la panoplie de logiciels fournis est déjà plus complète, mais l'installateur est truffé de bogues à tel point que l'ensemble reste à peu près inutilisable.

Slackware Linux

Le 16 juillet 1993, Patrick Volkerding, étudiant en informatique à la Minnesota State University Moorhead, annonce la publication de Slackware Linux 1.00 sur news://comp.os.linux :

```
De      : Patrick J. Volkerding (bf703@cleveland.Freenet.Edu)
Sujet   : ANNONCE: Slackware Linux 1.00
Groupes: comp.os.linux
Date    : 1993-07-16 17:21:20 PST


La distribution Slackware Linux (v. 1.00) est disponible dès à présent sur FTP
anonyme. Il s'agit d'un système d'installation complet, conçu pour les systèmes avec
une disquette 3.5". Il a été abondamment testé avec un système 386/IDE. Le noyau par
défaut n'offre pas de support SCSI, mais s'il y a suffisamment de demande, ça
pourrait me motiver pour compiler une poignée de noyaux spécifiques que je mettrais
sur FTP.


Cette version est largement basée sur le système SLS, avec une série de modifications
et d'améliorations substantielles. Elle est constituée de deux principaux groupes de
disquettes, A (13 disquettes) et X (11 disquettes).


[...]


--
Patrick Volkerding
volkerdi@mhd1.moorhead.msus.edu
bf703@cleveland.freenet.edu
```

On peut considérer que Slackware est bien la première distribution Linux, dans la mesure où il s'agit du premier système Linux réellement utilisable. Contrairement à l'ancêtre SLS Softlanding Linux Systems sur lequel elle se base, Slackware ne contraint plus les utilisateurs à sauter à travers des cerceaux en feu pour obtenir un système Linux raisonnablement complet sur leur machine.

Figure 1–7
Patrick Volkerding, le créateur
de la distribution Slackware

Vous serez peut-être surpris d'apprendre que la distribution Slackware est encore activement maintenue et qu'elle se porte très bien. Elle a fêté ses vingt ans le 16 juillet 2013. Au moment de la rédaction de ces lignes, la dernière version stable est la Slackware 14.2, publiée le 1er juillet 2016.

Les distributions de l'entreprise Red Hat

En novembre 1994, l'entreprise américaine Red Hat (« chapeau rouge ») publie la première version de sa distribution Linux, Red Hat Commercial Linux, qui sera renommée en Red Hat Linux.

Le système Red Hat introduit le gestionnaire de paquets RPM *(Redhat Package Manager)* et le format de paquets correspondant, qui sera utilisé par la suite par un grand nombre de distributions. RPM est le premier gestionnaire de paquets à prendre en compte les dépendances entre ces derniers. Si vous n'avez rien compris aux deux phrases précédentes, ne vous en faites pas et continuez sereinement votre lecture. Nous aurons l'occasion de voir tout cela en détail.

À partir de 1999, les distributions Red Hat utilisent l'installateur graphique Anaconda, dans le but de faciliter la procédure pour les utilisateurs novices.

En 2003, l'entreprise décide de modifier sa politique commerciale. La ligne des distributions libres et gratuites s'arrête avec la publication de Red Hat Linux 9 en mars 2003. Dorénavant, les utilisateurs ont le choix entre deux produits fondamentalement différents :

* Red Hat Enterprise Linux, une distribution commerciale et payante ;
* Fedora Core, renommée plus tard en Fedora tout court, une distribution libre et gratuite, sponsorisée par Red Hat.

Le projet Fedora jouit actuellement d'une popularité assez considérable, surtout sur les postes de travail, mais pas seulement. D'un certain point de vue, cette distribution fournit les versions de développement successives de Red Hat Enterprise Linux. Autrement dit, une distribution Red Hat Enterprise Linux peut être considérée comme une Fedora stabilisée et qui bénéficie de mises à jour sur une durée prolongée.

Figure 1–8
La distribution Red Hat Linux est développée entre 1994 et 2003. Elle cède la place à la distribution communautaire Fedora et son pendant commercial Red Hat Enterprise Linux.

Debian GNU/Linux

Le projet Debian est lancé deux mois après la publication de la première version de Slackware, dans le but de fournir une distribution Linux de qualité, qui resterait entièrement communautaire. Le nom de la distribution est une contraction des prénoms respectifs de son regretté fondateur Ian Murdock et de celui de sa femme Debra. Peu de temps après la fondation, le nom de « Debian Linux » est officiellement modifié en « Debian GNU/Linux » pour souscrire à l'avis de la Free Software Foundation, qui considère qu'il s'agit d'un système GNU avec un noyau Linux.

> FOLKLORE **GNU/Linux ou Linux tout court ?**
>
> Étant donné qu'une distribution Linux est composée d'un noyau Linux et d'une panoplie d'outils GNU, il serait théoriquement plus correct de parler d'une distribution GNU/Linux. Les puristes du Libre peuvent être extrêmement pointilleux sur ce point et vous reprendre avec un zèle de théologien augustinien si vous avez le malheur d'utiliser la forme brève « Linux » en leur présence.

Les objectifs de cette distribution sont fixés dans le *Manifeste Debian*, une sorte de contrat social qui définit notamment l'engagement du projet vis-à-vis de ses utilisateurs et la priorité accordée aux logiciels libres. En ses débuts, la distribution est d'ailleurs sponsorisée par la Free Software Foundation.

La première version de Debian ne voit le jour qu'en 1996 et porte le nom de code « Buzz ». Depuis cette première version et à ce jour, le système est constamment disponible en trois branches : *stable*, *testing* et *unstable*. La branche *stable*, comme son nom le suggère, est à privilégier pour les machines de production. La branche *testing* contient les éléments de la future version *stable*. Quant à *unstable*, il s'agit d'une version en constante évolution. Cette façon de procéder garantit avant tout la transparence du processus de développement de Debian. Notez au passage que l'adjectif *unstable* ne signifie pas « qui plante tout le temps », mais « susceptible de changer de temps en temps ».

De nos jours, Debian est un projet vaste, avec plus d'un millier de développeurs dans le monde entier, douze architectures prises en charge et quelques dizaines de milliers de paquets sources. Sur les serveurs, Debian reste l'une des distributions les plus utilisées dans le monde. Sur les postes de travail, elle constitue également la base robuste d'un certain nombre de projets à grande envergure dans plusieurs pays.

Figure 1–9
Debian est la seule distribution
majeure dont le nom fasse
référence au projet GNU.

Techniquement, le système Debian se distingue par son gestionnaire de paquets dpkg et le *frontend* APT *(A Package Tool)*. Tout comme le gestionnaire de paquets RPM de Red Hat Linux, APT gère les dépendances des paquets, mais il les résout automatiquement, ce qui facilite considérablement les opérations d'installation et de mise à jour. Là encore, nous verrons tout cela en détail un peu plus loin.

Linux pour tous : la famille Ubuntu

En 2002, le milliardaire et philanthrope sud-africain Mark Shuttleworth réalise le rêve de sa vie et embarque à bord de la mission spatiale Soyouz TM-34 en tant que touriste de l'espace. Cet humaniste passionné d'informatique devient ainsi un des rares privilégiés à avoir pu embrasser notre planète d'un regard.

Il décide alors de financer le développement d'un système d'exploitation « par des humains, pour des humains » et d'y participer lui-même. Ce projet sera basé sur la distribution Debian, pour laquelle Mark Shuttleworth a travaillé à la fin des années 1990. En tant qu'ancien développeur de ce projet, il en connaît les ficelles et la grande qualité technique. Cependant, Debian reste trop complexe à installer pour un utilisateur lambda. La procédure d'installation et la configuration du système requièrent une connaissance technique considérable. C'est justement là que réside le défi : créer un système d'une grande qualité et d'une grande stabilité, accessible à tous : Ubuntu.

CULTURE **L'origine du mot Ubuntu**

Ubuntu est un mot africain qui n'a pas d'équivalent direct en français. Selon la région en Afrique, il pourrait se traduire par « l'Humain faisant un tout avec les autres », « la générosité qui différencie l'homme de l'animal » ou tout simplement « l'Humanité ». Certaines mauvaises langues prétendent qu'*Ubuntu* est un ancien mot africain qui signifie « Je n'arrive pas à configurer Slackware ».

Le projet Ubuntu est actuellement financé et maintenu par la fondation du même nom, créée par Mark Shuttleworth et dotée d'une mise initiale de 10 millions de dollars. La société Canonical, également fondée par Shuttleworth, s'occupe quant à elle du support commercial et de la certification Ubuntu.

Figure 1–10
Mark Shuttleworth, le milliardaire philanthrope qui a initié le projet Ubuntu.

La distribution Ubuntu suit un cycle de développement programmé. Une nouvelle version est prévue tous les six mois, donc deux versions par an. Ces versions sont numérotées par l'année et le mois de la date de sortie. Ainsi, la version 14.04 est sortie en avril 2014, la 14.10 en octobre 2014, la 15.04 en avril 2015, la 15.10 en octobre 2015, et ainsi de suite.

Tous les deux ans, Ubuntu publie une version LTS *(Long Term Support)* qui bénéficie d'un cycle de support prolongé pour les mises à jour de sécurité. Les versions 12.04, 14.04 et 16.04 sont des versions LTS et reçoivent des mises à jour pendant une période de cinq ans.

> CULTURE **Les noms des versions d'Ubuntu : drôles d'animaux**
>
> Outre le numéro, il est de coutume de baptiser chaque version d'Ubuntu du nom d'un animal et d'un adjectif s'y rapportant, les deux mots devant commencer par la même lettre. Ainsi, la première version, la 4.10, fut nommée *Warty Warthog* (phacochère pustuleux) pour bien marquer qu'il s'agissait d'une première version avec tous les défauts qu'elle peut comporter. Elle était suivie par le hérisson aux cheveux blancs (*Hoary Hedgehog*, 5.04) et le blaireau dans le vent (*Breezy Badger*, 5.10). Le canard pimpant (*Dapper Drake*, 6.06) illustrait la finition et l'excellence de la première version LTS. Depuis, Ubuntu n'a pas dérogé à cette règle en sortant successivement *Edgy Eft* (salamandre nerveuse), *Feisty Fawn* (faon téméraire), *Gutsy Gibbon* (gibbon fougueux), *Hardy Heron* (héron robuste, une version LTS), et ainsi de suite jusqu'à *Precise Pangolin* (12.04), *Trusty Tahr* (14.04) et *Xenial Xerus* (16.04).

Les systèmes BSD, une autre famille d'Unix libres

Avant même la naissance du noyau Linux et même du projet GNU, la Berkeley Software Distribution est une variante d'Unix, développée par l'université de Berkeley en Californie, à partir de la fin des années 1970.

Contrairement au projet GNU, le système BSD contient du code écrit par les ingénieurs d'AT & T. Le développement de BSD rencontre un frein majeur au début des années 1990 lorsqu'AT & T intente un procès contre l'université de Berkeley, pour violation de propriété intellectuelle.

Linus Torvalds déclarera plus tard que si le système BSD n'avait pas été empêtré dans ce litige – et si le projet GNU avait disposé à l'époque de son propre noyau libre – lui-même n'aurait jamais eu la motivation nécessaire pour écrire son propre kernel.

BSD finit par régler le problème en supprimant les parties incriminées de son code. Les années 1993 et 1994 voient naître trois rejetons du système BSD : FreeBSD, NetBSD et OpenBSD. Ce sont là aussi des Unix libres, des cousins de Linux en quelque sorte, qui jouissent actuellement d'une popularité considérable, notamment sur les serveurs.

Techniquement, ces systèmes BSD ne s'administrent pas de la même manière qu'un système GNU/Linux, mais ils gardent quand même un tronc commun de commandes Unix, de sorte qu'un administrateur venant de l'univers Linux ne se sentira pas complètement perdu sur un système FreeBSD ou NetBSD, un peu comme un Marseillais qui débarque sur la côte ligurienne ne se sent pas totalement dépaysé : il ne comprend pas la langue, mais beaucoup de mots lui semblent familiers et, du moment que le soleil et la mer sont toujours là, tout va bien.

La différence fondamentale entre les systèmes BSD et Linux se situe plutôt au niveau de la licence. En schématisant, la licence BSD peut être résumée en trois phrases :

* Ne dites pas que c'est vous qui avez écrit le logiciel.
* On n'y est pour rien si ça ne fonctionne pas chez vous.
* Si ça vous chante, prenez le code et faites-en ce que vous voulez.

Cette licence est donc beaucoup plus permissive ou plus « libre », étant donné qu'elle inclut toutes les libertés, y compris celle de s'approprier le code en le cannibalisant.

DEVINETTE **Un célèbre système d'exploitation propriétaire basé sur FreeBSD ?**

Au début de ce millénaire, une entreprise américaine a pris le code source de FreeBSD et l'a adapté à ses besoins. Elle a ajouté une couche graphique nommée Aqua et l'ensemble est un système d'exploitation propriétaire vendu dans des grands cartons blancs arborant des noms de fauves ou de paysages exceptionnels. Quel est le nom de cette entreprise ?

La foire aux distributions

Il y a quelques années, une entreprise de marketing a entrepris une expérience dont le résultat peut laisser songeur. Pendant une semaine, un stand de confitures dans un supermarché proposait pas moins de vingt-cinq sortes de confitures, disposées en petites pyramides de pots bariolés. Le stand attirait beaucoup de monde. Les clients s'arrêtaient pour goûter aux nombreux échantillons. Tout le monde louait la qualité des confitures et la variété de saveurs disponibles. Pourtant les ventes restaient médiocres.

La semaine suivante, le stand ne comptait plus que trois sortes de confitures différentes, disposées en une seule pyramide. Personne ne pipait mot à propos de la disposition du stand, qui n'avait plus rien de spécial. Cependant, les trois saveurs de confitures disponibles se vendirent désormais très bien.

Les utilisateurs de systèmes d'exploitation propriétaires courants – Microsoft Windows ou Mac OS X – sont habitués à une poignée de versions plus ou moins courantes de systèmes. Windows 7 et 8 cèdent actuellement la place à Windows 10, que l'utilisateur le veuille ou non. Et Mac OS X reprend son nom d'origine avec MacOS Sierra qui succède à El Capitan, Yosemite et Mavericks. Tous ces systèmes se déclinent tout au plus en une « édition familiale » et une « édition professionnelle », à peu de choses près.

Quant à l'utilisateur novice de Linux – celui qui souhaite s'y mettre, ne serait-ce que pour essayer –, il se retrouve d'abord confronté à un choix qui peut s'avérer déroutant. Linux, oui, mais lequel ? Ubuntu ? Kubuntu ? Xubuntu ? Mint ? Mageia ? Slackware ? Debian ? openSUSE ? Red Hat ? Fedora ? CentOS ? Arch ? Gentoo ? Car en 2017, les distributions Linux prolifèrent à tel point qu'il y a de quoi être happé par un vertige existentiel face à cette jungle. On trouve près de trois cents distributions activement maintenues, si l'on s'en tient aux résultats du moteur de recherche du site *DistroWatch*. De nouvelles distributions surgissent toutes les semaines, sans compter la pléthore de distributions confidentielles produites par les universités ou les simples bidouilleurs.

EN SAVOIR PLUS **DistroWatch**

Le site DistroWatch se consacre à l'actualité des distributions Linux et des autres systèmes d'exploitation libres comme les BSD. Il permet aux lecteurs de trouver des informations générales sur les distributions : tableaux comparatifs, classements de popularité, etc.

▸ http://distrowatch.com

Quelle est la « meilleure » distribution Linux ?

Le Moyen Âge et la Renaissance avaient leurs guerres de religion, où l'on avait tout loisir de partir en croisade pour fracasser allègrement le crâne de tous les incroyants et, plus généralement, de tous ceux qui avaient le malheur de ne pas souscrire à la même religion. De nos jours, les guerres saintes et autres contrariétés ne s'organisent plus que de façon épisodique et sporadique. Le phénomène semble plutôt s'être déplacé vers les forums d'utilisateurs de systèmes d'exploitation, à en juger par le ton qui règne parfois entre individus de croyances différentes ou, pire encore, entre individus de chapelles voisines, mais dont les obédiences divergent un tant soit peu.

Tentez l'expérience. Inscrivez-vous à un forum d'utilisateurs Linux (le Web en regorge) et posez la question anodine : « Quelle est la meilleure distribution Linux : Ubuntu ? Mageia ? Mint ? Fedora ? openSUSE ? Slackware ? Que pouvez-vous me conseiller ? » Laissez macérer quelques heures, voire quelques jours, et appréciez le résultat.

Pour couper court à toute polémique stérile, essayons donc de voir de manière tout à fait objective **ce qui distingue les distributions entre elles**. Une série de critères descriptifs – et non pas prescriptifs – nous facilitera la tâche :

- la panoplie logicielle et l'actualité des paquets ;
- les outils d'administration ;
- le caractère commercial et la qualité « entreprise » ;
- la configuration par défaut du bureau ;
- la qualité de la documentation.

La panoplie logicielle

La panoplie logicielle, c'est d'une part l'ensemble des logiciels installés dans la configuration par défaut, définie par le distributeur, et d'autre part, l'ensemble des logiciels disponibles, autrement dit, ceux que vous *pouvez* installer.

- Slackware et Red Hat Enterprise Linux ne livrent qu'une sélection restreinte de paquets soigneusement entretenus.

- Debian, Ubuntu, openSUSE et Fedora proposent des paquets binaires pour tous les logiciels libres entre ciel et terre. Ou presque.

En principe, si un logiciel n'est pas inclus dans la distribution, il est toujours possible d'aller récupérer le code source et de le compiler soi-même. Le degré de difficulté de cette opération varie grandement selon les distributions.

Dans la pratique quotidienne, le choix des logiciels installés par défaut constitue une différence majeure entre les systèmes d'exploitation propriétaires et le monde du logiciel libre. Une installation par défaut de Microsoft Windows ou de Mac OS X vous fournit généralement un navigateur web, un client de courrier électronique, un navigateur de fichiers ainsi qu'une poignée d'amuse-gueule comme un bloc-notes, un jeu de démineur, un jeu de cartes ou un jeu d'échecs. Un PC Windows acheté neuf vous proposera très probablement une sélection de raccourcis du genre *Cliquez ici pour tester ce logiciel pendant 30 jours* et autres *cripplewares*, terme anglais que l'on pourrait traduire par « amputiciels », c'est-à-dire des logiciels dont vous devez activer certaines fonctionnalités en achetant un code d'activation.

En comparaison, les distributions Linux grand public comprennent généralement d'office une panoplie complète de logiciels pour Internet, la bureautique, le graphisme et le multimédia qui vous rendent immédiatement productif. Et si vous souhaitez graver un CD ou exporter un PDF, pas la peine de sortir la Carte Bleue pour acheter le logiciel de gravure ou le plug-in qui manque – ou d'appeler le cousin Gérard pour qu'il vienne vous installer une version piratée.

L'actualité des paquets

L'actualité des paquets contenus dans les distributions – c'est-à-dire les applications et les bibliothèques – peut varier de façon assez significative.

- Les distributions plus conservatrices comme Red Hat Enterprise Linux, Slackware ou Debian stable préfèrent miser sur des versions de paquets un peu plus anciennes, dûment testées et stabilisées.
- À l'inverse, certaines distributions extrêmement innovantes (ou *bleeding edge*, c'est-à-dire « pointues au point que ça saigne ») comme Fedora ou Arch n'hésitent pas à inclure les dernières versions des paquets ou autres *technology previews*. Elles sont souvent prisées par les développeurs. Les administrateurs système, souffrant de surtension artérielle, préfèrent les éviter.

Dans certains cas, les utilisateurs de systèmes conservateurs pourront mettre à jour certains composants qu'ils jugeront obsolètes sans nuire à la cohérence de l'ensemble. Là encore, la difficulté variera en fonction de la distribution que l'on utilise.

Les outils d'administration

Les outils d'administration servent à installer, supprimer ou mettre à jour des logiciels, configurer son réseau, sa carte son, son imprimante et beaucoup de choses encore. Une partie de ces outils est spécifique à chaque distribution. Prenons l'exemple des gestionnaires de paquets mentionnés plus haut.

- La distribution Slackware utilise les gestionnaires de paquets `pkgtool` et `slackpkg` pour l'installation, la mise à jour et la suppression de logiciels.
- Les distributions comme Debian, Ubuntu, Mint, Elementary ou Mepis font toutes appel à `dpkg` *(Debian Package)*, `aptitude` ou `apt-get` (APT pour *Advanced Packaging Tool*).
- Red Hat Enterprise Linux, CentOS et Fedora utilisent `rpm` *(Redhat Package Manager)*, `yum` *(Yellowdog Updater Modified)* et `dnf` *(Dandified Yum)* pour gérer ces tâches administratives.

En dehors de cela, les distributions reposent pour la plupart sur un fonds commun de commandes d'administration simples. Dans de nombreux cas, ce sont les interfaces graphiques venant se greffer sur celles-ci qui feront la différence.

- Les distributions grand public comme Ubuntu, Mint, Fedora, openSUSE ou Mageia vous facilitent – ou vous compliquent – la tâche en configurant le système à votre place à l'aide d'une panoplie d'assistants automatiques. L'ambition explicite des distributions comme Ubuntu et de ses dérivées consiste en effet à fournir un « Linux pour tous », qui puisse être installé par des utilisateurs novices sans qu'ils aient à plonger les mains dans le cambouis.
- Les distributions « brutes de décoffrage » comme Slackware, Arch, Crux, Alpine ou Gentoo vous compliquent – ou vous facilitent – la tâche en supposant que vous gérez manuellement chaque étape de l'installation et de la configuration du système.

Ce livre privilégie autant que possible l'utilisation des commandes d'administration simples en mode texte, plus flexibles et universelles.

Le caractère commercial

Un certain nombre de malentendus circulent autour des distributions commerciales, que nous allons dissiper à l'aide de quelques exemples concrets.

Slackware Linux est une distribution commerciale, ce qui signifie qu'un utilisateur a la *possibilité* de l'acheter. En effet, le site officiel propose un lien discret vers le *Slackware Store* avec toute sa panoplie d'offres et de souscriptions. Cette formule est tout à fait volontaire et concerne tous ceux qui souhaitent apporter un soutien financier à la distribution. Rien ne vous empêche cependant de télécharger Slackware librement et gratuitement sur l'un des sites miroirs ; cette version téléchargée ne diffère en rien de la version achetée, si ce n'est que les CD-Rom et les DVD achetés sont pressés et non gravés. L'offre libre et gratuite n'est donc pas tronquée ou autrement réduite.

En comparaison, des distributions comme Red Hat Enterprise Linux, SUSE Linux Enterprise Server ou SUSE Linux Enterprise Desktop sont des produits purement commerciaux, dans le sens où vous devez payer une souscription pour les utiliser. Là encore, la logique n'est pas la même que pour les systèmes propriétaires. Ce que vous achetez, ce ne sont pas les logiciels en eux-mêmes, mais la possibilité de contacter le support technique du distributeur. Par ailleurs, la disponibilité des mises à jour de sécurité pour votre système est également liée à l'achat d'une licence.

En dehors de cela, une distribution commerciale comme Red Hat Enterprise Linux respecte parfaitement les termes de la licence GNU et reste un système libre. En effet, Red Hat publie scrupuleusement le code source de toutes les déclinaisons de ses systèmes, un peu comme un grand chef d'un restaurant quatre étoiles publierait l'ensemble de ses recettes « aux petits oignons » sur son blog personnel.

La distribution Ubuntu offre encore une autre déclinaison dans le paradigme commercial. Chaque version d'Ubuntu est normalement libre et gratuite, sans que l'accès aux mises à jour de sécurité soit restreint. À partir de là, il est possible de contacter Canonical pour acheter une licence de support professionnel.

La qualité « entreprise »

Non, ce n'est pas une erreur dans le manuscrit. Dans l'univers du logiciel libre, le caractère commercial d'une distribution et sa qualité « entreprise » constituent effectivement deux aspects bien distincts, même s'ils se rejoignent sur certains points.

Imaginons que votre entreprise héberge son site de e-commerce sur un serveur Linux. Une faille de sécurité importante vient d'être découverte sur un des composants et l'administrateur décide de mettre à jour le serveur. Malheureusement, l'application de e-commerce ne semble plus compatible avec certains des nouveaux composants. Le site ne fonctionne plus correctement et il faut songer à revoir d'urgence l'intégralité du code pour l'adapter à la nouvelle version. C'est le scénario catastrophe.

SÉCURITÉ **La période de mises à jour**

En règle générale, vous pouvez utiliser votre système Linux de façon sûre tant que vous disposez de mises à jour. Une fois que la période de support de votre version a expiré, vous devez mettre à jour l'ensemble de la distribution vers une version plus récente.

L'ambition des distributions de qualité entreprise est donc de fournir une plate-forme robuste, stable et pérenne pour faire tourner des applications sans causer de problèmes de compatibilité. Les deux principes de base sur lesquels repose une telle distribution sont, d'une part, l'extension de la durée du support et, d'autre part, la mise à disposition de mises à jour peu risquées. En pratique, pendant une période de cinq ou sept ans, parfois même plus, un tel système bénéficiera de mises à jour de sécurité sans que celles-ci introduisent de nouvelles fonctionnalités susceptibles de causer des mauvaises surprises.

Les « grandes » distributions commerciales affichent cette qualité entreprise dans leur nom même : Red Hat Enterprise Linux, SUSE Linux Enterprise Server, SUSE Linux Enterprise Desktop. Chacun de ces produits bénéficie en effet d'une période de support étendu comprise entre sept et dix ans. En comparaison, la durée du système communautaire Fedora est limitée à dix-huit mois, ce qui est bien trop court pour un usage en entreprise.

SOURCES **Red Hat Enterprise Linux**

Red Hat publie l'intégralité du code source de ses systèmes commerciaux, en conformité avec la GPL.

▸ ftp://ftp.redhat.com/pub/redhat/linux/enterprise/

Puisque Red Hat publie le code source de ses systèmes, rien n'empêche les utilisateurs un tant soit peu chevronnés de le compiler pour fabriquer leur propre système de qualité entreprise. En pratique, une telle compilation n'est pas une opération triviale, mais c'est effectivement ce qui se passe avec des distributions comme CentOS (*Community Enterprise Operating System*), Scientific Linux, Springdale Linux, Oracle Linux et autres. Tous ces distributeurs – la communauté CentOS, le laboratoire du CERN à Genève, l'université de Princeton, la société Oracle – partent du code source RHEL pour produire un système binairement compatible avec l'original. Les seules différences visibles, ce sont les logos et la collection de fonds d'écran par défaut, que chacun adapte à son propre gré.

> Distribution **CentOS**
>
> La toute première version du présent ouvrage, intitulée *Linux aux petits oignons* et publiée chez Eyrolles en juin 2009, est basée sur CentOS 5.3.
>
> ▸ http://www.centos.org

Notons que l'entreprise Red Hat soutient activement les efforts des communautés comme CentOS, étant donné qu'elle bénéficie entre autres choses des rapports de bogues qui lui reviennent en amont. Toute cette famille de « clones RHEL » est extrêmement populaire sur les serveurs ainsi que sur les super-ordinateurs. En effet, les ordinateurs les plus puissants de la terre tournent en majorité sous CentOS.

Depuis quelques années, la variante LTS (*Long Term Support*) d'Ubuntu constitue également une distribution libre et gratuite de qualité entreprise. À titre d'exemple, c'est la distribution proposée par défaut sur les serveurs dédiés de la société Online. Au moment de la rédaction de ces lignes, Ubuntu LTS équipe près de 70 000 postes de travail de la gendarmerie nationale.

La configuration par défaut

Contrairement aux systèmes propriétaires comme Microsoft Windows ou Mac OS X, Linux offre le choix parmi toute une panoplie d'interfaces graphiques différentes, de l'environnement de bureau complet comme KDE, GNOME, Unity ou Xfce, jusqu'au simple gestionnaire de fenêtres comme Openbox, LXDE, Window Maker, Fluxbox, Enlightenment ou IceWM. La liste n'est pas exhaustive.

Chacune de ces interfaces dispose de sa propre ergonomie, parfois aussi de sa propre panoplie de logiciels bien intégrés, et il est tout à fait possible de configurer une bonne douzaine de postes de travail Linux à l'aspect et à l'ergonomie rigoureusement différents. Cette diversité a de quoi dérouter les débutants. Elle motive également les experts à s'engager dans des discussions aussi passionnées que celles qui peuvent porter sur les mérites respectifs des clubs de foot ou des marques de voitures ou de motos.

Certaines distributions favorisent l'une ou l'autre interface. D'autres en intègrent plusieurs et laissent l'utilisateur choisir son environnement de bureau préféré lors de l'installation. Les différences peuvent également se situer au niveau de la configuration détaillée, dans l'agencement des menus, etc.

La qualité de la documentation

La qualité de la documentation en ligne varie énormément selon les distributions.

Les distributions « brutes de décoffrage » comme Arch, Gentoo ou LFS *(Linux From Scratch)* se distinguent à peu près toutes par une documentation exceptionnelle. Étant donné que l'installation, la configuration et la maintenance de ces systèmes nécessitent constamment de plonger les mains dans le cambouis, une bonne documentation est tout simplement vitale.

La documentation en ligne de Red Hat Enterprise Linux est également très complète. Les utilisateurs des distributions clonées comme CentOS, Scientific Linux ou Springdale peuvent également s'en servir, étant donné que leurs systèmes sont binairement compatibles.

La distribution Ubuntu dispose d'une documentation très bien faite sur deux niveaux. Le volet « poste de travail » s'adresse aux débutants, dans un langage accessible aux non-informaticiens. La documentation « serveur » est plus technique et offre un guide d'administration système assez bien fait et qui couvre toutes sortes de scénarios.

En dehors des documents officiels, certaines distributions bénéficient d'une excellente documentation rédigée par des tiers, comme la *Formation Debian* d'Alexis de Lattre, ou encore le *Slackware Documentation Project*. Les communautés francophone et germanophone d'Ubuntu offrent également deux véritables portails d'information bien plus complets que la documentation officielle.

Qui utilise Linux ?

Au cours des vingt dernières années, Linux s'est répandu un peu partout dans le monde, sans faire de bruit, sans campagnes publicitaires et sans qu'une multinationale ne vienne « encourager » le déploiement à coups de *lobbying* et autres méthodes douteuses. Voici quelques exemples en vrac.

- Les ordinateurs les plus puissants de la terre tournent à peu près exclusivement sous Linux. D'après les statistiques publiées en novembre 2016, 498 des 500 machines recensées par top500.org tournent sous Linux, trois sous Unix et aucune sous Windows. La prochaine fois que quelqu'un vous sort que « Linux c'est bien gentil, mais c'est pour les bricoleurs », comme j'ai pu l'entendre dans la bouche d'un décideur de l'Éducation nationale, vous saurez quoi lui rétorquer.

- L'infrastructure d'Internet est assurée en grande partie par Linux. Les gigantesques parcs de serveurs des grandes entreprises comme Google, Facebook ou Amazon fonctionnent tous sous Linux.

- Les systèmes Linux embarqués sont omniprésents dans notre quotidien et font tourner à peu près tout, du modem-routeur ADSL au téléviseur, du distributeur de billets de trains au système de navigation GPS, du téléphone portable au distributeur de boissons, etc. Il m'arrive de me demander le matin dans la salle de bains si Linux est installé sur mon rasoir électrique.

- La gendarmerie nationale a migré une grande partie de son parc de 90 000 postes de travail de Microsoft Windows XP vers Gendbuntu, une version spécialisée d'Ubuntu Linux LTS.

- La ville de Munich a migré ses quelque 15 000 postes de travail vers LiMux, une distribution « maison » basée sur Debian et adaptée aux besoins de la municipalité. Pour l'instant, le projet semble résister aux efforts de *lobbying* incessants déployés par Microsoft depuis 2003.

- La région d'Extrémadure en Espagne a également développé sa propre distribution Gnu-LinEx, basée sur Debian, pour équiper l'ensemble des postes de travail dans les écoles et les administrations.

- Le gouvernement d'Andalousie sponsorise le développement de Guadalinex, également basée sur Debian, et qui équipe l'ensemble des postes de travail dans les écoles, les bibliothèques et les lieux publics de cette région, sans compter les centaines de milliers de CD d'installation gratuits distribués aux citoyens.

- Les grands studios de Hollywood utilisent des fermes de calcul GNU/Linux pour leurs images de synthèse et les grands *blockbusters* comme *Le Monde de Nemo* ou *Avatar* ont été réalisés avec des outils libres comme Blender, Gimp ou Inkscape.

- Les bourses de Londres et de New York ont migré l'ensemble de leurs serveurs critiques vers Linux.

Cet aperçu est loin d'être complet. Notons qu'il est difficile voire impossible d'établir des statistiques précises sur l'adoption des systèmes Linux dans le monde, pour la simple raison que les distributeurs ne suivent pas les utilisateurs à la trace.

2

Avant de mettre la main à la pâte

Envie d'apprendre à cuisiner ? Il vous faut tout d'abord... une cuisine. Un four, un réfrigérateur, un évier. Des ustensiles de base. Sans parler des ingrédients, pour lesquels il va falloir songer à faire quelques courses : marché ou supermarché ? Prenons le temps de répondre à toutes les questions élémentaires que l'apprenti cuisinier sous Linux peut se poser. Car toute recette « aux petits oignons » demande un peu de préparation...

Petite introduction culinaire

Il existe grosso modo trois façons de concevoir la cuisine. Prenons l'exemple d'un plat de lasagnes.

1. Achetez une boîte de lasagnes congelées. Placez le contenu dans un four à micro-ondes et faites chauffer. Observez la transformation progressive du bloc de béton grisâtre en geyser de boue ocre en ébullition. Notez qu'à aucun moment de l'opération, le plat ne ressemble à l'illustration appétissante de l'emballage.

2. Achetez les ingrédients nécessaires pour la préparation d'un plat de lasagnes. Faites vos emplettes au marché et aux petits commerces du quartier, en dédaignant les supermarchés. Pour quatre personnes, prenez trois cent cinquante grammes de bœuf maigre, trois cents grammes de farine, quatre œufs, un oignon, une carotte, une échalote, une branche de céleri, un bouquet garni, quelques cuillerées d'huile d'olive, deux feuilles de sauge et un zeste de citron. Sans oublier une grappe de tomates fraîches, un bol de parmesan râpé et un demi-litre de bouillon. Le cas échéant, les tomates en boîte, le fromage en sachet et le bouillon en cube font très bien l'affaire. Si vous êtes amateur, ajoutez un demi-litre de bon

vin rouge, mais ce n'est pas indispensable. Épluchez, lavez, hachez finement, épluchez encore, égouttez, hachez encore, coupez en petits dés, faites chauffer, couvrez, laissez étuver, remuez, mélangez, salez, poivrez, faites bouillir, arrosez, portez à ébullition, et ainsi de suite. Au bout d'une heure, sortez les lasagnes du four et servez-les avec une petite coupelle de parmesan.

3   Inscrivez-vous à la Faculté des Sciences et suivez le cursus de biochimie alimentaire. Découvrez et apprenez par cœur la composition moléculaire de quelques milliers d'aliments. Au bout de deux ans à peine, vous serez en mesure d'évaluer le pH d'une sauce tomate et cinq ans d'études suffiront pour vous permettre d'entreprendre la modélisation moléculaire d'un plat de lasagnes *alla bolognese*.

Vous l'aurez deviné : le présent ouvrage se propose de vous initier à l'installation, la configuration, l'administration et l'utilisation du système d'exploitation GNU/Linux comme un chef vous initierait à la cuisine. Sa philosophie – son approche, si vous préférez – sera donc en tous points pratique et pragmatique, semblable à la deuxième conception culinaire énoncée précédemment.

L'apprentissage de la cuisine nécessite d'une part de se familiariser avec une série d'ustensiles, de les manier correctement. Bien sûr, on peut très bien essayer de découper un gigot avec un économe et rien ne vous empêche de presser un citron avec un hachoir. Pourtant vous serez probablement bien plus à l'aise lorsque vous aurez appris à manipuler de façon appropriée les ustensiles de base. De façon analogue, les outils du monde GNU/Linux s'acquittent chacun d'une seule tâche bien précise et c'est dans la combinaison des outils que réside leur puissance.

Par ailleurs, le choix des aliments constitue un point crucial dans la confection d'un bon plat. Le projet *Linux From Scratch* utilise également une métaphore culinaire pour décrire la configuration d'un système Linux. Selon LFS, l'utilisateur friand de hamburgers peut très bien se contenter d'en acheter un tout fait au *fast food* du coin, à moins qu'il ne décide de se lancer lui-même dans la confection d'un hamburger à son goût et choisisse soigneusement chacun des ingrédients.

Au final, qu'est-ce qu'on gagne ? Un système d'exploitation avec plus de saveur ? Développons un peu plus la métaphore culinaire... À l'ère de la malbouffe logicielle généralisée, l'utilisateur compétent d'un système GNU/Linux configuré « aux petits oignons » éprouvera une satisfaction indéniable à mitonner sa propre préparation, sans cholestérol, sans OGM, sans date limite de conservation. Et 100 % bio.

Et maintenant, en cuisine !

Se former à Linux avec Slackware

Pour la deuxième mouture de ce livre, j'ai pris le parti de choisir une distribution bien précise : Slackware Linux, dans sa version 14.2, la dernière en date au moment de la rédaction de ces lignes. Je préfère encore une fois illustrer mon propos par une analogie.

Il existe des centaines – voire des milliers – de modèles de voitures et de motos. Pourtant, lorsqu'on observe ceux choisis par les moniteurs d'auto-écoles, ce sont toujours les mêmes deux ou trois modèles qui reviennent : une 206 ou une Clio, un CB 500 ou une GS 500.

Les plus connaisseurs parmi les élèves bâilleront d'avance face aux prestations ennuyeuses de ces véhicules. D'autres – comme le moniteur – affirmeront qu'ils cachent bien leur jeu et qu'il suffit de savoir conduire. Quoi qu'il en soit, les modèles ont été choisis pour leur solidité et, surtout, parce qu'ils ne réservent aucune mauvaise surprise. Et d'ailleurs, une fois le permis en poche, chaque conducteur est libre de choisir son véhicule – Coccinelle, Espace, Jaguar – et d'y ajouter les accessoires nécessaires pour une conduite agréable : ailerons, jantes en alu, queues de castor, sapins magiques, autocollants Racing et pots d'échappement William Saurin.

Une distribution robuste sans fioritures

Parmi les Linuxiens un peu plus chevronnés, nombreux sont ceux qui se sont « fait les dents » sur Slackware, la distribution fondée en 1993 par l'américain Patrick Volkerding. Comme nous l'avons vu dans le chapitre précédent, Slackware est la plus ancienne distribution Linux et elle est toujours activement maintenue.

Slackware 14.2, la dernière version en date, a été publiée le 1er juillet 2016. Ses détails techniques ainsi que les nouveautés qu'elle apporte sont précisés sur le site de Slackware.

NOTES DE PUBLICATION **Slackware 14.2**

▸ http://www.slackware.com/announce/14.2.php

Slackware est une distribution « brute de décoffrage » et dépourvue de toute la panoplie d'assistants graphiques que l'on trouve habituellement dans les distributions grand public comme Ubuntu, Mint, Mageia, Fedora ou openSUSE. Les scripts de configuration automatique que l'on peut trouver dans les systèmes Debian ou CentOS lui font également défaut, ce qui est un atout pour nous.

Un système Slackware ne fera jamais rien à notre place : l'utilisateur est censé configurer son système à la main, de A à Z, après s'être raisonnablement documenté. C'est précisément pour cette raison que Slackware constitue la plate-forme par excellence pour découvrir tout ce qui tourne sous le capot d'un système Linux et se familiariser avec.

PHILOSOPHIE **Le principe KISS**

Slackware Linux obéit au principe KISS (*Keep It Simple, Stupid !*), que l'on pourrait traduire par « Ne complique pas tout, imbécile ! ». Il s'agit d'un principe philosophique qui évite toute complexité inutile et préconise avant tout une approche simple, élégante et minimaliste.

En dehors de l'aspect purement pédagogique, Slackware est prisée par les administrateurs professionnels pour sa fiabilité légendaire et la pérennité de sa conception. Face à la majorité des distributions Linux, ses vingt ans d'expérience font effectivement toute la différence. Slackware est avant tout une distribution mûrie, ce qui se traduit au quotidien par une robustesse qui cherche son pareil. Concrètement, tous les composants sont dûment testés par Patrick Volkerding et son équipe avant d'être intégrés dans la distribution. Les nouvelles versions de Slackware sont publiées sans grand écho médiatique et apportent leur lot d'améliorations incrémentales tout en évitant les grands bouleversements rebutants que l'on rencontre bien trop souvent dans l'univers de Linux et du libre. Les utilisateurs des distributions grand public peuvent se moquer du « dinosaure », mais il faut bien au moins une pluie de météorites pour en venir à bout.

BRUT DE DÉCOFFRAGE **Slackware selon Patrick Volkerding**

Dans une discussion sur LinuxQuestions.org datant du 29 juillet 2013, Patrick Volkerding décrit son système comme ceci : « *Slackware [...] is intended to be Linux for anyone that appreciates the traditional Unix-like ways of doing things, isn't afraid of the command line, wants the supplied packages to be as unmodified as possible and likes to be able to expand the system through source code without tossing a wrench into the package manager.* »
Traduction : « *Slackware se veut un Linux pour tous ceux qui apprécient l'approche Unix traditionnelle pour faire les choses, qui n'ont pas peur de la ligne de commande, qui veulent que les paquets fournis soient aussi peu modifiés que possible et qui souhaitent étendre le système à partir du code source sans pour autant balancer une clé anglaise dans le gestionnaire de paquets.* »

Un bénéfice secondaire et non négligeable de la simplicité de Slackware, c'est l'absence de tout le cholestérol susceptible de ralentir inutilement votre système. L'installateur en mode texte est extrêmement peu gourmand en ressources et vous permet d'implanter un système Linux moderne sur tout type de matériel, allant du vieux coucou antédiluvien jusqu'à la grappe de serveurs haut de gamme.

Slackware ne se soucie pas particulièrement d'un calendrier de publication pour les versions. Pendant longtemps, les versions stables sortaient en gros une fois par an. Depuis la version 13.37, le rythme de développement a tendance à s'allonger considérablement : dix-sept mois pour la 14.0 et plus de deux ans et demi pour la 14.2. À l'instar d'autres distributions ultra-robustes comme Debian ou Red Hat Enterprise Linux, la politique de Slackware consiste à publier une nouvelle version stable *when it's ready*, une fois qu'elle est prête et que la totalité des erreurs critiques est corrigée, mais pas avant.

L'installation standard d'un poste de travail Slackware n'offre rien de particulier en termes de *look*, comme c'est le cas pour toutes les distributions grand public. Cela tient au fait que les composants graphiques du système comme les environnements de bureau et les gestionnaires de fenêtres sont intégrés à la distribution tels qu'ils ont été conçus par les développeurs, avec leur apparence par défaut et sans la moindre touche personnelle du distributeur. C'est une raison de plus pour l'utilisateur lambda de se tourner spontanément vers une distribution au visuel plus « léché » comme Ubuntu, Mint, Mageia, openSUSE ou Fedora. Après tout, c'est avec des porte-clés qu'on vend des voitures.

Un peu de pédagogie **Les goûts et les couleurs**

Si l'on en croit certains fils de discussion sur Internet, beaucoup d'utilisateurs novices semblent choisir leur distribution Linux en fonction de l'aspect par défaut du bureau. Dans le cas des trois distributions grand public les plus populaires de la planète, on peut alors entendre ou lire des commentaires tels que « j'aime bien Ubuntu (openSUSE, Fedora) parce que j'aime bien le mauve (le vert, le bleu) ». L'argument se décline à l'infini pour toutes les distributions et leurs options de configuration : « Mageia c'est mieux que Slackware parce que les répertoires sont affichés en couleur » et ainsi de suite.

Rappelons ici que, a priori, vous pouvez partir de n'importe quelle distribution pour obtenir la configuration qui vous convient. À titre d'exemple, voici une capture d'écran du poste de travail sur lequel j'écris ces lignes :

Figure 2–1 Une configuration sobrement personnalisée de Slackware, basée sur l'environnement de bureau Xfce

Bien évidemment, il ne s'agit là que d'un bref aperçu superficiel, motivé par un proverbe de mon pays natal qui dit « qu'une image en dit plus qu'un millier de paroles », mais c'est l'occasion de préciser un principe pédagogique de ce livre.

Dans un premier temps, je vous montre certes *ma* manière de faire, en suivant *mes* choix pour tout ce qui concerne non seulement la distribution, mais aussi l'environnement de travail autant que la panoplie d'applications. En revanche, au terme de cet enseignement, vous aurez acquis une série de compétences et de réflexes, un savoir-faire qui vous permettra finalement d'effectuer vos propres choix et de peaufiner *votre* système Linux. Voilà toute l'ambition de ce livre.

Le matériel : usine à gaz ou simple gazinière ?

Je connais un pianiste hongrois d'une certaine renommée qui a une façon assez singulière de répéter. Lorsqu'on lui confie un nouveau morceau à étudier, il prend la pile de partitions, s'installe dans un fauteuil confortable et étudie chaque page en sirotant un café. Suivant la durée et la complexité du morceau, l'opération peut durer quelques minutes ou quelques heures. Et c'est seulement après avoir appris, mémorisé et maîtrisé mentalement chaque note, chaque mesure et chaque passage que le maestro se lève, s'installe au piano et s'exécute.

Si vous vous sentez un talent comparable pour l'informatique, vous pouvez très bien vous contenter de la simple lecture de ce livre. Dans le cas contraire, si vous doutez de vos capacités d'émulation mentale, il vous faudra songer à vous procurer l'instrument approprié pour mettre en pratique le contenu des chapitres à venir, à savoir un ordinateur.

Les utilisateurs curieux de s'initier à Linux possèdent généralement déjà un ordinateur, équipé dans la totalité des cas d'un système Microsoft Windows préinstallé : 10, 8, 7, Vista ou XP.

Quelques scénarios à éviter

Les formateurs Linux de ma connaissance adoptent pour la plupart une attitude curieusement frileuse face à cette situation. Voici les trois cas de figure que l'on rencontre le plus souvent.

- La partition contenant le système Windows est d'abord défragmentée, puis rétrécie à l'aide d'un outil comme Parted Magic. Puis, une ou plusieurs partitions sont créées dans l'espace libre et Linux y est installé. Enfin, un chargeur de démarrage est configuré en *double boot*, autrement dit, votre machine est devenue un monstre bicéphale qui vous demande au moment du démarrage à laquelle de ses deux têtes vous décidez de vous adresser exclusivement.

- Linux est utilisé en mode *live* : au moment du démarrage, une distribution Linux est « installée », généralement via un *Live CD* ou une clé USB *Live*, mais seulement dans la mémoire vive de la machine. Cette méthode évite de toucher à l'installation Windows existante : après extinction de la machine, le système Windows reste intact. Si l'on souhaite récupérer le travail effectué sous Linux, il faudra utiliser un disque externe, une clé USB par exemple. Toute configuration personnalisée sera perdue (ou alors il faudra la récupérer manuellement sur la clé), car vous ne disposez pas de la partie de la mémoire vive nécessaire pour charger le système – ce qui freine les performances de façon significative – et vous n'avez pas non plus accès à votre lecteur CD.

- L'utilisateur novice est invité à « refaire une jeunesse » au vieux Pentium II 233 récupéré sous les combles, ce qui engendre des frustrations innommables. Bien sûr, il est possible de redonner du lustre au matériel tombé en désuétude et il existe toute une série de distributions légères spécialement dédiées à cette tâche. Utiliser une telle configuration pour s'initier à Linux, c'est comme s'installer au volant d'une Ford T modèle 1929 pour apprendre à conduire : c'est possible. Quant à l'installation d'une distribution moderne sur un de ces vieux coucous, elle ne vous mènera pas bien loin ; si tant est que l'installateur veuille bien s'acquitter de la configuration matérielle, le système installé fonctionnera aussi bien qu'une poule vole ou qu'un cheval nage.

Dans les trois cas de figure cités, le formateur Linux se comporte un peu comme ces chauffeurs de bus en Inde, obligés de passer par un chemin de vigne parce qu'une vache sacrée a décidé de s'installer au milieu de la route et que personne n'ose la faire bouger.

Un PC pour Linux, mais lequel ?

Je vous conseille donc vivement de découvrir Linux dans des conditions correctes et de dédier pleinement un ordinateur raisonnablement récent à votre apprentissage. En règle générale, un PC d'occasion vieux de six ou sept ans fera très bien l'affaire. Pour vous donner une idée : tous les exemples de ce livre ont été mis en pratique en centre de formation sur un réseau de postes de travail Dell OptiPlex 330 datant de 2008.

Figure 2–2
Ce PC datant de 2008 est parfaitement adapté pour s'initier à Linux.

Étant donné que cet ouvrage se base principalement sur un environnement de bureau léger pour la partie graphique, toutes les configurations présentées ont même pu être testées avec succès sur une paire de vieux postes de travail NEC Powermate achetés neufs en 2002, dotés chacun d'un disque dur de 40 gigaoctets, de 512 mégaoctets de RAM et d'une carte graphique Nvidia premier prix, autrement dit le genre de machine qui faisait rêver un astrophysicien en 1996 et qui ferait tout juste pleurer de désespoir un collégien de 2017 si vous lui en faites cadeau.

En théorie, peu importe que vous utilisiez un poste de travail classique ou un PC portable pour votre apprentissage. Dans la pratique quotidienne, l'utilisation d'un portable peut éventuellement vous confronter à un ou plusieurs des problèmes suivants :

* De plus en plus d'ordinateurs portables sont dépourvus de lecteur optique, ce qui nécessite la confection d'une clé USB d'installation. La fin de ce chapitre détaille cette manipulation qui ne relève certes pas de la magie noire, sans être tout à fait triviale non plus.

Figure 2–3
Ce vieux coucou datant de 2002 vous permettra également de mettre en pratique les exemples proposés dans cet ouvrage.

* Certains composants spécifiques aux ordinateurs portables – notamment les cartes vidéo hybrides ou certaines cartes réseau sans fil – sont un peu plus « pointus » à configurer. Il vaut mieux avoir un peu d'expérience avant de s'atteler à la configuration de ce genre de matériel exotique.

* Si jamais un composant – comme la carte graphique ou la webcam – se montre récalcitrant à la configuration, on pourra facilement le changer sur un poste fixe, mais pas sur un portable.

Ceci étant dit, ce sont surtout les machines très récentes qui risquent de poser des problèmes. Si vous disposez d'un ordinateur portable vieux de quelques années, il y a de fortes chances que tous les composants soient gérés d'office.

LE CONSEIL DU CHEF **Plusdepc.com**

Je vous conseille d'acheter votre PC d'occasion chez plusdepc.com, un revendeur de matériel informatique de déstockage et d'occasion reconditionné. Vous y trouverez des configurations complètes (unité centrale, clavier, souris, écran plat) aux performances décentes pour moins de 130 €. Le matériel est dûment testé et garanti trois mois. Si vous ne savez pas trop quoi choisir, optez pour une unité centrale de la gamme Dell OptiPlex.

▸ http://www.plusdepc.com

Voici quelques indications concernant la configuration matérielle requise pour votre machine :

* **Processeur** : un Pentium IV première génération ou l'équivalent de chez AMD ou VIA sera largement suffisant. Si vous disposez d'un vieux portable équipé d'un processeur Pentium M, vous pourrez également l'utiliser sous Slackware.

* **Mémoire vive** : 512 mégaoctets de RAM suffisent pour installer le poste de travail léger présenté dans ce livre. Avec un ou deux gigaoctets de RAM, votre système sera bien plus réactif et vous travaillerez plus confortablement. À titre comparatif, la moindre tour vendue neuve en promotion de nos jours est généralement équipée de quatre gigaoctets (autrement dit 4 096 mégaoctets) de RAM.

- **Disque dur** : un disque de 40 à 80 gigaoctets est largement suffisant pour notre installation. Théoriquement, même un disque de 8 à 10 gigaoctets pourrait suffire. Là encore, les plus petits disques SATA ou IDE vendus neufs de nos jours ne vont pas en-dessous de la barrière des 250 gigaoctets.
- **Carte graphique** : une carte bas de gamme fera l'affaire pour ce que nous projetons de faire. Si vous optez pour un des postes Dell OptiPlex présentés plus haut, la puce graphique Intel intégrée sur la carte mère convient parfaitement. Quoi qu'il en soit, il est inutile d'investir plus de 40 € dans l'acquisition d'une carte vidéo. Autant acheter un avion de chasse pour aller faire vos courses à l'épicerie du coin. Dans la plupart des cas, les cartes graphiques AGP et PCI Express fonctionnent convenablement sous Linux. Voyez l'encadré pour un peu plus de détails.
- **Lecteur** : préférez un lecteur DVD-Rom à un lecteur CD-Rom.
- **Clavier et souris** : je recommande les produits Microsoft, très agréables au toucher.
- **Écran** : un écran plat 17 ou 19 pouces sera parfait, mais un modèle 15 pouces d'occasion fera également l'affaire. Je vous conseille juste d'éviter les écrans cathodiques. Vos yeux valent plus cher qu'un moniteur.

MATÉRIEL **Choisir sa carte graphique**

L'utilisation de certains effets 3D nécessite non seulement une carte graphique qui les supporte théoriquement, mais aussi la disponibilité du pilote correspondant qui permet de les activer effectivement sous Linux. Les avis sur ce point varient parfois considérablement.

- D'après mon expérience, les cartes Intel fonctionnent pour la plupart très bien d'office. Évitez les cartes hybrides que l'on peut trouver dans certains ordinateurs portables très récents.
- En dépit de la mauvaise presse de Nvidia et du célèbre doigt d'honneur de Linus Torvalds à l'encontre de ce fabricant (même s'il a depuis salué leur travail), j'utilise régulièrement les cartes graphiques bas de gamme – et bon marché – de cette marque, plus exactement les GeForce 210 ou 520 sur les machines récentes et la GeForce 6 200 sur les anciens PC munis d'un bus AGP. Dans certains cas de figure, cela vaut le coup d'investir une trentaine d'euros dans une de ces cartes. Les pilotes fournis par Nvidia sont certes propriétaires – c'est-à-dire que leur recette de fabrication est secrète – mais ils ont le mérite de bien fonctionner pour les cartes mentionnées.
- La prise en charge des cartes graphiques ATI est variable. Certaines fonctionnent à merveille avec le pilote propriétaire. Les cartes plus anciennes ne sont plus officiellement gérées, mais fonctionnent très bien avec les pilotes libres.

Soyez branché !

Pour compléter votre équipement, il vous faut non seulement un ordinateur, mais aussi une connexion Internet, autrement dit un abonnement chez un FAI (fournisseur d'accès à Internet).

Les grandes enseignes connues – celles dont la publicité est inévitable – offrent à peu près toutes la même qualité de service. En cas de problème ou de questions, vous appelez un numéro surtaxé et, au bout d'une demi-heure d'attente à peine, votre interlocuteur vous somme de vous rendre dans le panneau de configuration. Et si vous lui expliquez que vous n'en avez pas parce que vous utilisez Linux, il hésitera un instant et vous expliquera avec beaucoup de patience que vous devez réinstaller Windows[1].

Le site Ariase propose un comparatif assez complet des offres d'abonnement à Internet. Vous y trouverez également des renseignements assez complets sur l'éligibilité ADSL de votre ligne téléphonique, ainsi que sur les questions de débit si vous habitez en zone rurale.

URL Ariase

▸ http://www.ariase.com

Là encore, sans entrer dans des informations exhaustives, vous pouvez vous en tenir à ces quelques règles générales :

- Évitez les abonnements « bas débit » par modem téléphonique 56 kbps. Si vous n'êtes pas éligible à l'ADSL, il existe des solutions par satellite qui ne sont pas forcément plus chères, hormis l'investissement matériel initial.
- En zone rurale, une connexion ADSL « bas débit » (512 kbps – 2 Mbps) fait très bien l'affaire.
- Exigez que le fournisseur d'accès vous livre un modem Ethernet qui fasse office de routeur. Évitez les modems USB.

LE CONSEIL DU CHEF Nerim

Si vous en avez la possibilité, prenez un abonnement chez le fournisseur d'accès professionnel Nerim. Je me permets de vous recommander ce petit fournisseur d'accès indépendant, car c'est bien le seul qui prenne en considération les utilisateurs Linux. Certes, les offres d'abonnement ne comprennent « que » la connexion Internet ; vous n'aurez donc ni téléphone, ni télévision, ni lave-vaisselle numérique.
En contrepartie, la qualité de service est tout bonnement excellente et, en cas de problème, le service technique ne pensera pas que Linux est une marque de lessive.

▸ http://www.nerim.fr

Comment obtenir la distribution Slackware ?

Rendez-vous sur le site officiel http://www.slackware.com et suivez le lien *Get Slack* dans le menu à gauche. Cette page offre une série de liens vers des sites miroirs *(mirrors)* situés un peu partout dans le monde. Si vous ne trouvez pas le lien en question, allez directement sur le site http://mirrors.slackware.com. Suivez le lien *ISO Images* sur cette page.

---

1. Expérience vécue.

Figure 2–4
Tous les fournisseurs d'accès
ne connaissent pas Linux.

ARCHITECTURE **32-bits ou 64-bits ?**

En majorité – mais pas toutes – les distributions Linux sont proposées pour plusieurs architectures de processeurs. Les distributions pour processeurs compatibles Intel et AMD sont généralement disponibles en deux versions : 32-bits et 64-bits. Il existe d'autres architectures, comme les processeurs PowerPC que l'on trouve dans les vieux Mac, ou les processeurs ARM qui équipent les téléphones portables ou des machines ultra-réduites comme le Raspberry Pi, le fameux petit ordinateur à vingt-cinq dollars.

Slackware prend officiellement en charge les architectures 32-bits et 64-bits. Le projet Slackware ARM (http://arm.slackware.com) l'adapte à l'architecture ARM.

En théorie, vous devrez donc choisir la version de Slackware qui convient à l'architecture de votre CPU (*Central Processing Unit*, autrement dit le processeur) : *Slackware64* pour un 64-bits et *Slackware* tout court pour un 32-bits.

En pratique, vous pouvez très bien décider d'installer la version 32-bits sur un système 64-bits. Sur un *poste de travail*, la réactivité du système augmentera à peine avec un système 64-bits et nécessitera de toute façon que vous disposiez de plus de deux gigaoctets de RAM. Notons que l'administrateur d'un *serveur* raisonnablement récent privilégiera Slackware64 dans tous les cas. C'est là où les différences en performances par rapport à un système 32-bits seront nettement perceptibles.

Enfin, pour savoir si votre processeur supporte Slackware64, il suffit de démarrer dessus et de guetter le message d'erreur suivant : `This kernel requires an x86-64 CPU, but only detected an i686 CPU`. Dans ce cas, il vous faudra revenir à la version 32-bits.

Pour télécharger la version 14.2, rendez-vous dans le répertoire `slackware-14.2-iso` ou `slackware64-14.2-iso` selon votre architecture. Dans le doute, optez pour `slackware-14.2-iso`.

* Pour installer Slackware 32-bits sur une machine munie d'un lecteur DVD, téléchargez le fichier `slackware-14.2-install-dvd.iso`.
* Si votre machine est seulement munie d'un lecteur CD-Rom qui ne lit pas les DVD, téléchargez les images CD. Pour installer le poste de travail léger présenté dans cet ouvrage, il vous suffira de récupérer les trois premières images de CD-Rom `slackware-14.2-install-d1.iso`, `slackware-14.2-install-d2.iso` et `slackware-14.2-install-d3.iso`. Notez que les images CD sont fournies seulement pour la version 32-bits.
* Pour Slackware64, optez pour `slackware64-install-dvd.iso`.

Utiliser un client BitTorrent pour récupérer les images ISO

Alternativement, si vous êtes un tant soit peu familiarisé avec le téléchargement BitTorrent, vous pouvez très bien récupérer les images ISO en utilisant ce protocole. Cette méthode est d'ailleurs recommandée, étant donné qu'elle soulage considérablement les serveurs de téléchargement.

À partir de la page principale http://www.slackware.com, suivez le même lien *Get Slack*, puis repérez le lien *torrents page* qui vous amène vers la liste des images ISO et les *torrents* correspondants.

Acheter un support d'installation Slackware ?

Il se peut que vous décidiez – comme moi – de soutenir le projet Slackware en achetant les supports d'installation proposés à la vente. Dans ce cas, rendez-vous sur la page d'accueil du site, suivez le même lien *Get Slack* et repérez le lien *The Slackware Store*, qui vous amène à la boutique en ligne dédiée à la distribution. Cette page est accessible directement via le lien http://store.slackware.com.

La boutique en ligne vous permet non seulement de commander le DVD d'installation double couche pour Slackware et Slackware64 ainsi que la boîte de six CD-Rom, mais également toute la panoplie d'objets indispensables pour faire fonctionner Slackware correctement : t-shirts, casquettes, autocollants, décapsuleurs, etc.

Notons que le DVD et les CD sont pressés et non gravés. Vous disposerez donc de supports d'installation bien plus fiables que ceux que vous auriez pu confectionner vous-mêmes. L'argument n'est pas sans importance, si je repense à ma toute première expérience Linux, une Slackware 7.1 sur un Pentium-II. L'installateur produisait toute une série d'erreurs aléatoires et j'ai passé une bonne semaine à maudire ce soi-disant système révolutionnaire, avant de me rendre compte que les erreurs provenaient tout bonnement du CD d'installation défectueux.

Graver les fichiers ISO

Si vous utilisez une version raisonnablement récente de Microsoft Windows, lancez l'explorateur de fichiers et naviguez vers le répertoire de téléchargement. Repérez votre fichier avec l'extension `.iso`, sélectionnez-le et cliquez sur *Graver l'image disque*. L'interface apparaît et il vous suffit de cliquer sur *Graver*. Éventuellement, vous pouvez activer l'option *Vérifier le disque après la gravure*.

De manière similaire, les utilisateurs de Mac OS X devront naviguer vers le répertoire de téléchargement et repérer le fichier avec l'extension .iso. Ici, il suffit de cliquer-droit sur le fichier et de sélectionner *Graver...* dans le menu contextuel.

Sous Linux, vous pouvez utiliser une application de gravure comme K3B, Brasero ou Xfburn pour la confection de votre CD d'installation. Dans chacun des cas, repérez l'entrée de menu *Graver une image*. Sélectionnez votre fichier .iso et repérez les propriétés : optez pour la vitesse de gravure la plus petite, activez la vérification de la gravure si l'application propose cette option et fermez la fenêtre de paramétrage. Enfin, cliquez sur *Graver*.

Figure 2–5
Repérez l'entrée de menu
Graver une image.

Au vu du nombre de systèmes et de logiciels de gravure différents, il m'est difficilement possible de fournir des indications détaillées pour tous. Veillez seulement à graver les fichiers en tant qu'images ISO et évitez autant que possible les CD/RW réinscriptibles.

DISTINCTION CRUCIALE **Graver en tant qu'image ISO**

Ne vous contentez pas de ranger les fichiers sur un CD (ou DVD) de données. L'information dépasse peut-être le cadre de ce livre, mais on la retrouve facilement sur le Web. Grosso modo, un fichier ISO équivaut ici à un « cliché » du CD ou du DVD d'installation, qu'il faut ensuite transférer sur le support vierge en suivant une procédure bien spécifique.

Et si je n'ai pas de lecteur optique ?

Slackware s'installe très bien sur les *netbooks* comme Asus EeePC, HP Pavilion DM1 et autres *ultrabooks*. L'installation s'effectue alors via la clé USB, ce qui nécessite la confection d'une clé d'installation (voir l'Annexe A). Même si je vous conseille de découvrir Linux sur un PC fixe, je ne vais pas pour autant négliger les lecteurs qui souhaitent utiliser leur machine dépourvue de lecteur optique.

Munissez-vous d'une clé USB vide avec une capacité de 4 gigaoctets ou plus. Notez que, de nos jours, il est difficile de trouver des clés USB de moins de 8 gigaoctets dans le commerce.

En revanche, certaines enseignes offrent des disques USB à faible capacité comme porte-clé promotionnel. Ce genre de gadget convient parfaitement pour la confection d'un support d'installation.

Il nous faudra également une petite application appelée UNetbootin, proposée par la plupart des distributions Linux dans leurs dépôts de paquets. Si vous utilisez Windows ou Mac OS X, rendez-vous sur le site de UNetbootin, téléchargez l'application et installez-la.

URL UNetbootin

▸ http://unetbootin.sourceforge.net/

Une fois que UNetbootin est installé, insérez la clé USB, lancez l'application et sélectionnez le bouton *DisqueImage*. Cliquez sur *...* et sélectionnez votre fichier *.iso*. Vérifiez si votre clé USB apparaît bien dans le champ juste en-dessous, puis cliquez sur *OK*. Une barre de progression vous informe alors de l'avancement de l'écriture du système de fichiers sur la clé.

Figure 2–6
UNetbootin permet de
confectionner une clé USB
d'installation.

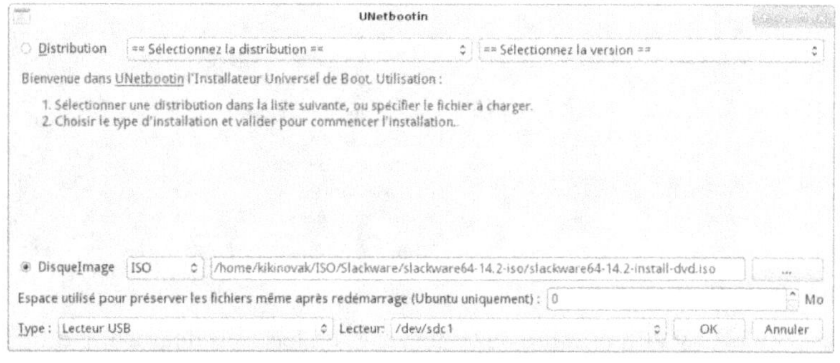

Figure 2–7
Choisissez une clé d'une capacité
de 4 gigaoctets ou plus.

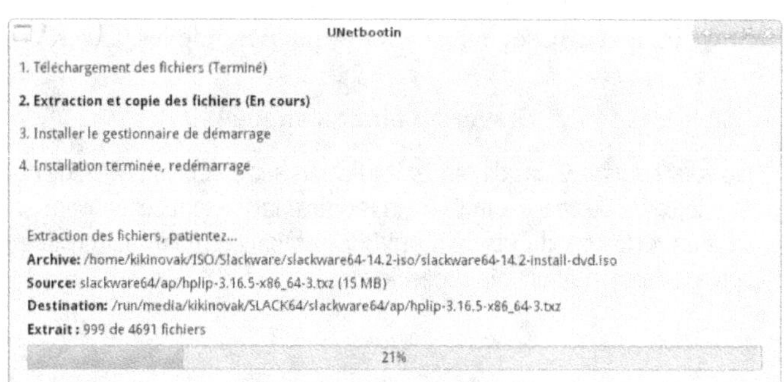

ALTERNATIVE Confectionner une clé USB Slackware

La méthode « officielle » pour confectionner une clé USB amorçable est détaillée dans l'annexe A de ce livre. Étant donné qu'elle nécessite des connaissances en administration système, j'ai décidé de vous présenter une méthode simplifiée qui utilise une interface graphique.

Et maintenant, il est temps de mettre la main à la pâte...

3

Linux installé par une poule

Pour découvrir un système d'exploitation comme Linux, il faut d'abord l'installer sur son ordinateur. C'est probablement beaucoup moins difficile que vous ne l'imaginez. Avec un peu de préparation, c'est même un jeu d'enfant.

L'œuf ou la poule ?

Nous voilà donc armés jusqu'aux dents de matériel, de supports d'installation et de bonne volonté. Et nous nous retrouvons face à un dilemme. Tout le monde connaît le paradoxe de l'œuf et de la poule : lequel était là en premier ? L'œuf, répondrez vous, pour vous raviser instantanément en songeant qu'une poule a bien dû le pondre. La poule, donc ; mais non, car de quel œuf a-t-elle bien pu éclore ? Et ainsi de suite, *ad galinam aeternam.*

Notre dilemme est analogue et peut être formulé ainsi :

- L'apprentissage de Linux par la pratique nécessite une installation fonctionnelle de Linux.
- L'installation de Linux nécessite de connaître un tant soit peu le système.

Pour sortir de ce cercle vicieux, nous allons effectuer dans un premier temps ce que certains informaticiens anglophones appellent une *chicken install* : l'installation d'un système d'exploitation telle qu'une poule serait capable de la réaliser. Il suffit qu'elle accepte les choix par défaut de l'installateur en actionnant la touche *Entrée* avec son bec : *OK, OK, OK, OK, OK, OK…*

Au commencement était le BIOS

La première chose à faire lorsqu'on installe un système d'exploitation, c'est de régler le BIOS (*Basic Input/Output System* ou « système élémentaire d'entrée/sortie ») de la machine pour qu'il démarre sur le support d'installation, en l'occurrence le DVD, le premier CD-Rom ou la clé USB.

B.A.-BA Le BIOS

En termes très simples, le BIOS, c'est ce qui s'active immédiatement après l'allumage de votre ordinateur, lorsque vous voyez défiler divers logos de carte mère et de carte graphique, un test sommaire de la mémoire vive, ainsi que quantité d'informations diverses que vous avez toujours eu envie d'ignorer – et qui défilent d'ailleurs à une telle vitesse que l'on a rarement le temps de les lire.

Chaque constructeur possède sa touche magique pour entrer dans le menu du BIOS. Il vous suffit d'appuyer dessus juste après avoir allumé votre ordinateur. Le plus souvent, c'est la touche *Suppr*. D'autres fois, c'est une des touches *Fx* en haut de votre clavier : *F1*, *F2* ou *F10*. Dans certains cas, il est nécessaire d'appuyer sur la touche *Échap* avant de faire tout cela. Et dans de très rares cas, il s'agit d'une combinaison improbable de touches, figurant dans un manuel introuvable, mais qu'une armée de singes ataviques finirait par trouver au bout de quelques milliers d'années à peine.

Figure 3–1
Exemple de menu BIOS traditionnel

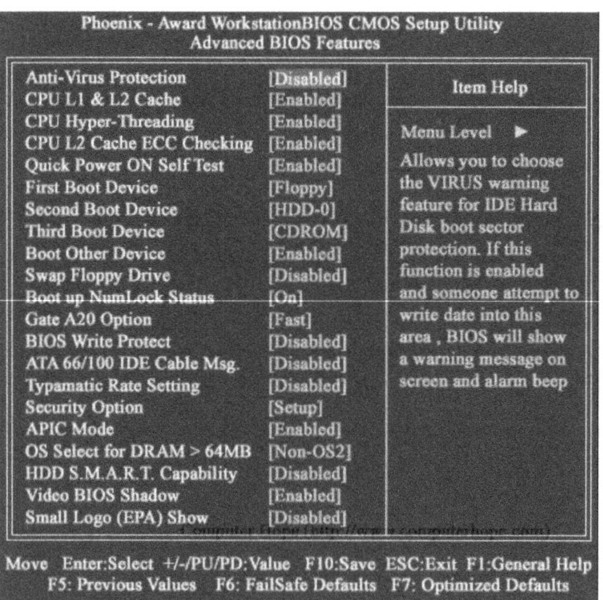

Tout ce que vous avez à faire ici, c'est indiquer à votre PC que le premier périphérique utilisé au démarrage (*First Boot Device*) est votre lecteur CD-Rom ou DVD-Rom ou votre clé USB si votre machine est dépourvue de lecteur optique. Le menu correspondant peut aussi s'appeler

Boot Priority (priorité de démarrage) ou bien *Boot Order* (ordre de démarrage). Enregistrez les changements et quittez le menu du BIOS, ce qui s'effectue dans la majorité des cas en appuyant sur la touche *F10*.

INNOVATION **EFI et UEFI**

Le BIOS tel qu'on le connaît est une technologie établie depuis une bonne quarantaine d'années, qui apporte donc nécessairement son lot de limitations et autres désagréments. Des constructeurs comme Intel, AMD, Microsoft et Apple se sont donc retroussé les manches depuis la fin des années 1990 pour développer EFI *(Extensible Firmware Interface)*, rebaptisé UEFI *(Unified Extensible Firmware Interface)* par la suite. Les ordinateurs de bureau et les portables neufs sont actuellement à peu près tous équipés d'UEFI. Notez que sur le descriptif des cartes mères modernes, le sigle « EFI » désigne à peu près systématiquement l'UEFI.

Le système UEFI présente toute une série d'avantages par rapport au BIOS. Il s'initialise plus rapidement, il supporte l'installation parallèle de plusieurs systèmes d'exploitation et il sait gérer les disques durs de plus de deux téraoctets tout comme les tables de partitions GPT *(GUID Partition Tables)*, une méthode de partitionnement moderne qui ne souffre plus des limitations anachroniques du partitionnement traditionnel. Si vous n'avez rien compris à la phrase précédente, cela ne vous empêchera pas de vivre.

Les distributions Linux commencent petit à petit à être compatibles EFI. Slackware est capable de démarrer l'installation directement en mode EFI depuis la version 14.1. Ceci étant dit, en écrasante majorité, les cartes mères modernes offrent la possibilité de démarrer en mode BIOS traditionnel et je vous conseille d'y revenir pour l'installation que nous allons effectuer dans ce chapitre. Il se peut alors que votre support d'installation apparaisse deux fois dans le menu de démarrage de votre PC. Dans ce cas, choisissez de démarrer sur l'entrée de menu qui ne comporte pas de préfixe *EFI* ou *UEFI*.

Les annexes B et C de ce livre expliquent l'installation de Slackware en mode EFI. Ces instructions s'adressent aux aguerris de la ligne de commande, c'est d'ailleurs pour cela qu'elles ont été reléguées dans la partie annexe.

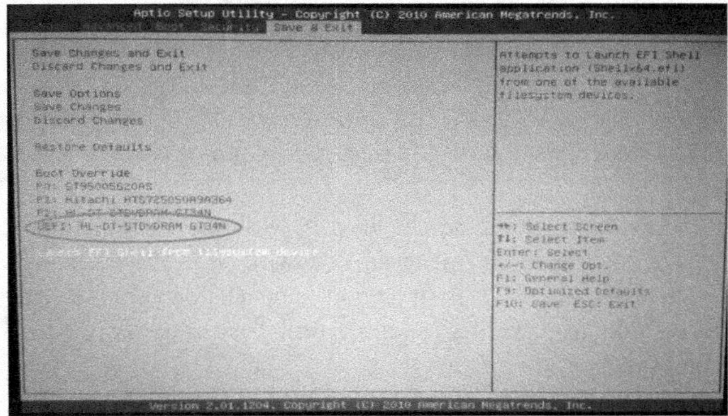

Figure 3–2 Exemple de BIOS moderne. Repérez l'option UEFI.

À présent, démarrez sur votre DVD de Slackware. Si vous disposez du jeu de CD-Rom d'installation, insérez le premier CD. Si tout se passe bien, vous voyez apparaître l'écran de démarrage que voici :

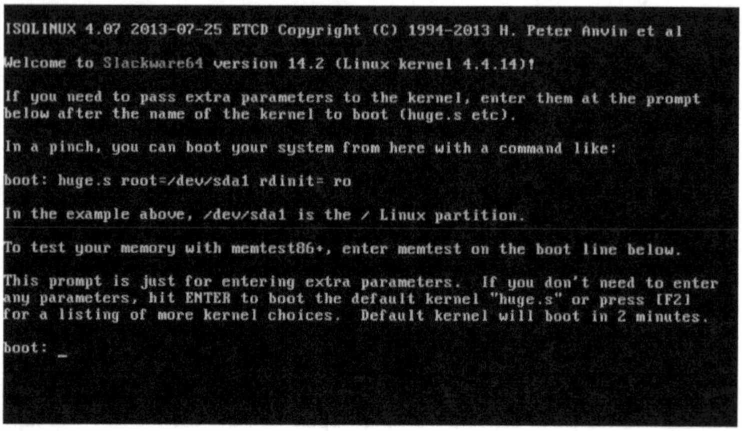

Figure 3–3
Démarrage sur le DVD
ou le premier CD-Rom
d'installation de Slackware

L'écran de démarrage se présentera différemment si vous avez confectionné une clé USB d'installation avec UNetbootin. Dans ce cas, ne vous tracassez pas. Votre clé USB offre les mêmes fonctionnalités qu'un DVD ou un CD-Rom d'installation. Ce n'est que la présentation de l'écran d'accueil de l'installateur qui change.

Testez votre mémoire !

Normalement, il nous suffirait d'appuyer sur *Entrée* pour lancer l'installation. Il est vrai que nous nous étions promis de fonctionner en mode « poule écervelée » et de n'utiliser que les options par défaut. Pourtant, dérogeons à notre propre règle pour cette fois, créant ainsi la fameuse exception qui la confirme, et tapons `memtest`, suivi de la touche *Entrée*.

> **Oups Memtest et la clé USB**
>
> Si vous avez confectionné une clé USB amorçable avec UNetbootin, `memtest` ne fonctionnera pas. Pour cela, il vous faudra utiliser une clé USB confectionnée selon la méthode détaillée dans l'annexe A.

Memtest86 est un petit utilitaire inclus dans le disque d'installation de Slackware, qui permet de tester le bon fonctionnement de la **RAM** (*Random Access Memory*, autrement dit la mémoire vive de votre PC). Rien ne vous empêche de visualiser cette mémoire vive comme un amas de millions de petites cellules grises. Tout ce que l'ordinateur traite, calcule, affiche, etc. passe par ces petites cellules.

> **URL Memtest86**
>
> Memtest86 est un utilitaire indépendant de Slackware.
> ▸ http://www.memtest86.com

Figure 3–4
L'écran de Memtest86

Chez l'être humain normalement constitué, la destruction de quelques millions de cellules grises – suite à une soirée bien arrosée, par exemple – pourrait presque passer inaperçue, à condition de ne pas répéter l'opération trop souvent, bien sûr. Dans le cas du PC, en revanche, le dysfonctionnement ne serait-ce que d'une seule de ces millions de cellules peut entraîner des conséquences désastreuses, résultant en un système à peu près inutilisable.

Le hic, c'est que les erreurs provenant d'une barrette de RAM défectueuse peuvent se révéler perfides. Dans certains cas, elles ne se manifestent pas immédiatement. Pendant un certain temps, l'ordinateur semble même fonctionner normalement. Cependant, à peine a-t-on lancé plus de trois applications en même temps que l'on obtient des erreurs inexplicables.

Ajoutez à cela le fait que les barrettes de mémoire vendues neuves dans le commerce ne sont pas testées et vous avez toutes les raisons de vouloir vous assurer que vous partez sur des bases saines.

L'affichage de Memtest86 semble quelque peu hermétique, mais parmi toutes les informations retournées, seule une poignée nous intéresse.

* Dans la première colonne à gauche, `Memory:` affiche la quantité totale de RAM disponible, en mégaoctets. Sur notre exemple, `2048M` signifie que la machine dispose de deux gigaoctets de mémoire vive. Vérifiez si la totalité de la mémoire dont vous êtes censé disposer s'affiche bien ici.

* Les deux barres de progression dessinées par répétition du symbole dièse `#######` près du bord supérieur de l'écran indiquent l'état d'avancement des tests effectués.

* Dans la colonne des résultats, il n'y a que deux valeurs qui nous intéressent : `Pass` et `Errors`. La première indique le nombre de fois que Memtest86 a effectué la totalité des tests. Et si `Errors` indique autre chose que `0` (zéro), il vous faudra songer à remplacer la ou les barrette(s) incriminée(s).

Notez que Memtest86 ne s'arrête pas spontanément en bout de course. Dès que l'ensemble des tests a été appliqué sur la totalité de la mémoire, le programme s'exécute à nouveau depuis le début. Vous devez donc l'interrompre manuellement, grâce à la touche *Échap*.

Installation de Slackware

Premiers pas

Lancez l'installation pour de bon, autrement dit, confirmez simplement avec *Entrée* à l'invite de commande `boot:`.

MATÉRIEL OBSOLÈTE **Changez de noyau comme de chemise**

Dans sa configuration par défaut, Slackware 32-bits démarre sur le noyau `hugesmp.s` capable d'utiliser le SMP *(Symmetric Multiprocessing)*. Sans rentrer dans les détails, ce kernel peut ne pas être supporté sur certaines vieilles machines, comme les anciens portables Toshiba Satellite dotés d'un processeur Intel Centrino. Dans ce cas, il suffit de démarrer sur le noyau `huge.s` qui n'utilise pas le SMP. Tapez `huge.s` à l'invite de démarrage et confirmez par *Entrée*.

Vous voyez défiler une série de messages cryptiques qui vous inquiètent vaguement. Au terme de l'initialisation de l'installateur, un premier écran vous affiche le message suivant :

```
<OPTION TO LOAD SUPPORT FOR NON-US KEYBOARD>

If you are not using a US keyboard, you may now load a different keyboard map. To
select a different keyboard map, please enter 1  now. To continue using the US map,
just hit enter.

Enter 1 to select a keyboard map : _
```

Et là, vous vous inquiétez encore plus, parce que vous parlez l'anglais comme si vous aviez une patate chaude dans la bouche.

INTERNATIONALISATION **Linux, Shakespeare et Molière**

Actuellement, une bonne partie des distributions Linux grand public – comme Ubuntu, openSUSE ou Mageia – sont à peu près intégralement traduites en français. Autrement dit, vous choisissez votre langue au moment de lancer l'installation et, à partir de là, la procédure s'effectue entièrement en français. Tout au plus verrez-vous l'un ou l'autre message système qui s'affiche en anglais, pour la simple raison qu'il a été oublié par les traducteurs. Au premier redémarrage du système, les menus de l'environnement de bureau et des applications s'afficheront tous en français, là aussi à quelques rares exceptions près, suivant l'état d'avancement des traductions respectives.

 Linux, Shakespeare et Molière *(suite)*

Si le simple **utilisateur** d'un poste de travail sous Linux peut légitimement s'attendre à ce que son environnement graphique s'affiche entièrement dans sa propre langue, cela n'est pas tout à fait vrai pour l'**administrateur** Linux qui souhaite plonger les mains sous le capot, pour plusieurs raisons.

D'abord, bon nombre d'outils Unix comportent des manuels en ligne – comme nous le verrons plus loin – qui ne sont que partiellement disponibles dans d'autres langues que l'anglais. Leur traduction dans toutes les langues est une entreprise d'une envergure pharaonique.

Ensuite, la *lingua franca* d'un grand nombre de projets du monde du libre – comme Slackware – reste l'anglais. Il existe certes des projets localisés pour chaque pays mais, très souvent, le gros de la communication passe par les forums, les listes de diffusion et les canaux IRC anglophones. Même s'il est théoriquement possible de survivre en tant qu'administrateur Linux sans parler un seul mot d'anglais, attendez-vous à quelques complications. Autant vouloir entamer une carrière au Vatican sans comprendre un mot de latin.

Ceci étant dit, rassurez-vous. D'une part, la compétence linguistique se limite à une série de termes techniques courants comme *keyboard*, *login*, *hard disk*, *partition*, *format*, *setup*, dont certains vous sont probablement familiers et que je prendrai le soin d'expliquer à chaque fois. D'autre part, nous verrons un peu plus loin comment votre poste de travail pourra être entièrement personnalisé pour que l'interface graphique aussi bien que les applications s'affichent en français. Enfin, notez que l'anglais parlé dans les forums est parfois très loin de ce qu'on appelle pompeusement « la langue de Shakespeare ». Dans la majorité des cas, c'est plutôt l'anglais tel qu'il est pratiqué par le chauffeur de taxi hongrois, celui qui tente d'expliquer à son passager pourquoi il lui a fallu une heure pour aller du quartier de la gare de Budapest à la gare de Budapest. À moins qu'on ne se rapproche du français moderne pratiqué par le cadre parisien moyen, celui qui *tweete* à ses *followers* que son *workflow* s'effondre depuis qu'il a *jailbreaké* son *smartphone*.

Si malgré tous ces avertissements, vous préférez franciser l'installateur Slackware et les outils d'administration de la distribution, sachez que c'est faisable. Le français Didier Spaier est à l'origine de Slint, un projet collaboratif pour internationaliser Slackware.

▸ http://www.slint.fr

Choisir la disposition du clavier

Si vous souhaitez utiliser un autre clavier que la disposition américaine QWERTY configurée par défaut, vous devez appuyer sur la touche *1* pour lancer l'écran de sélection correspondant :

```
Enter 1 to select a keyboard map : 1
```

L'écran *KEYBOARD MAP SELECTION* affiche alors la liste des dispositions clavier disponibles. Utilisez les touches *FlècheHaut* et *FlècheBas* pour naviguer dans cette liste. Sélectionnez *azerty/*

fr-latin1.map pour un clavier français AZERTY, en appuyant sur la touche *Entrée* une fois qu'il est en surbrillance.

Figure 3–5
Choisissez la disposition du clavier dans la liste.

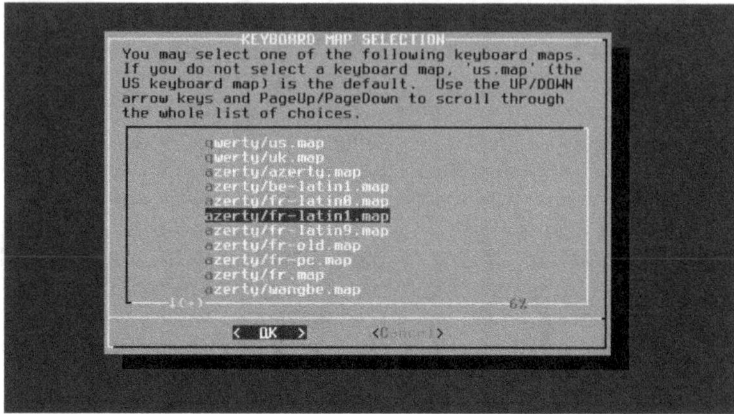

L'écran subséquent vous laisse tester la disposition clavier choisie en tapant du texte au hasard. Pour confirmer, tapez 1 ; sinon, tapez 2.

Se connecter en tant que root

Si le choix du clavier s'est correctement effectué, l'installateur vous affiche une série d'informations sur le partitionnement du disque, que j'expliquerai en détail dans les paragraphes qui suivent.

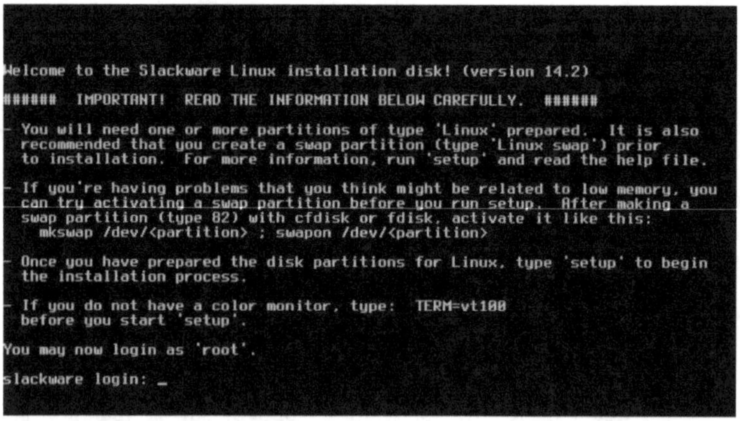

Figure 3–6
Identifiez-vous simplement en tant que root pour continuer.

Le message se termine sur une invite de connexion qui vous invite justement à vous identifier en tant que root. Nous reviendrons plus en détail sur ce mystérieux root, qui n'est personne d'autre que l'administrateur sur les systèmes Unix et Linux. Pour l'instant, tapez simplement ce nom et validez par *Entrée* :

```
You may now login as 'root'.

slackware login: root
```

Un message s'affiche alors, qui commence par `Linux-4.4.14` ou `Linux-4.4.14-smp` et se termine par une invite de commandes :

```
root@slackware:/# _
```

Vous l'aurez deviné : le curseur qui clignote distraitement derrière le dièse `#` signifie que le système attend que vous lui disiez quoi faire.

Partitionner le disque dur

Dans l'imaginaire de beaucoup d'utilisateurs, le mot « partitionnement » semble occuper les mêmes zones cérébrales que « file d'attente à la préfecture », « tumeur bénigne » ou « extraction de dent de sagesse », avoisinant ainsi ses cousins germains « formatage » et « compilation ». Je ne vais pas rentrer dans les détails techniques, car la chose est assez simple en fait.

Nous allons partir du cas de figure le plus élémentaire : un seul disque dur dans la machine. Imaginez ce disque comme un camembert. Nous pouvons découper ce camembert en une série de parts – deux pour commencer – sur lesquelles nous installerons notre système Linux. Ces parts s'appellent des partitions. Chaque partition sera ensuite formatée avec le système de fichiers de notre choix.

Choisir le schéma de partitionnement

Pour commencer, nous allons choisir le schéma de partitionnement le plus simple pour notre installation. Un système Linux a besoin d'au moins deux partitions :

- une partition d'échange ou `swap` ;
- une partition principale, de type `Linux`.

La partition `swap` est une sorte de mémoire virtuelle de votre machine, une extension dans le cas où vous arriveriez aux limites de la mémoire vive. Lorsque ce cas de figure se présente, c'est-à-dire si la RAM arrive à saturation, son contenu est *délocalisé* sur cette zone du disque dur pour éviter de bloquer le système.

Il existe un certain nombre de règles d'or pour calculer la taille de la partition `swap`. Pour ma part, je m'en tiens aux deux règles suivantes :

- Si la machine dispose de moins de 512 mégaoctets de RAM (ce qui est très rare, mais ça arrive), la taille de la `swap` sera égale à deux fois celle de la mémoire vive disponible.
- Si la machine a 512 mégaoctets de RAM ou plus, la taille de la `swap` sera égale à celle de la mémoire vive disponible.

Une fois que nous aurons créé notre `swap`, la partition principale de type `Linux` occupera simplement tout l'espace restant du disque.

Partitionner le disque dur avec cfdisk

Lancez l'utilitaire d'installation cfdisk en invoquant son nom suivi de la touche *Entrée* :

```
root@slackware:/# cfdisk
```

Les vétérans de Windows remarqueront un air de famille avec le programme de partitionnement Fdisk. Cela n'a rien de surprenant, étant donné que cfdisk a été conçu justement pour ressembler à l'outil du monde Microsoft.

Ici, deux cas de figure se présentent :

- Votre disque dur est vierge et cfdisk vous affiche le dialogue de sélection du type de partitionnement *Select label type*. Optez pour un partitionnement DOS traditionnel. À partir de là, l'intégralité de votre disque dur s'affiche en tant que *Free space* (espace libre).

- Vous voyez une ou plusieurs partition(s) subsistant d'une ancienne installation et c'est un joyeux mélange de *ntfs* et/ou de *vfat* et/ou de *Free space*. Dans ce cas, il vous faut d'abord supprimer toutes ces partitions l'une après l'autre avant de pouvoir continuer.

Figure 3–7
Avant de commencer à partitionner,
supprimez les partitions
qui peuvent subsister
d'une installation existante.

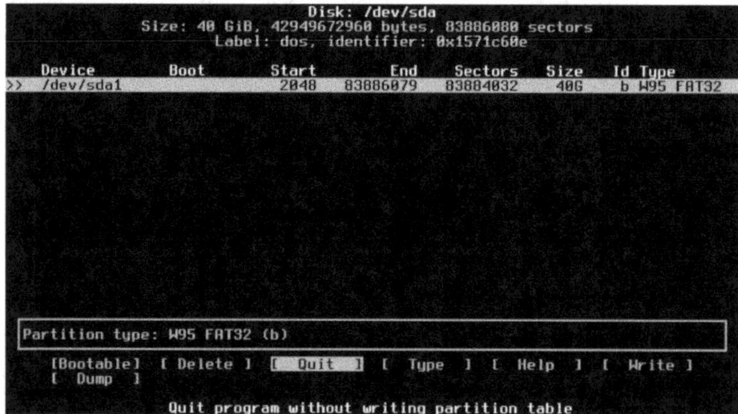

Figure 3–8
Sur un disque dur vierge dépourvu
de table de partitions, nous devons
choisir entre un partitionnement
GPT moderne et DOS traditionnel.
Dans le doute, optez pour DOS.

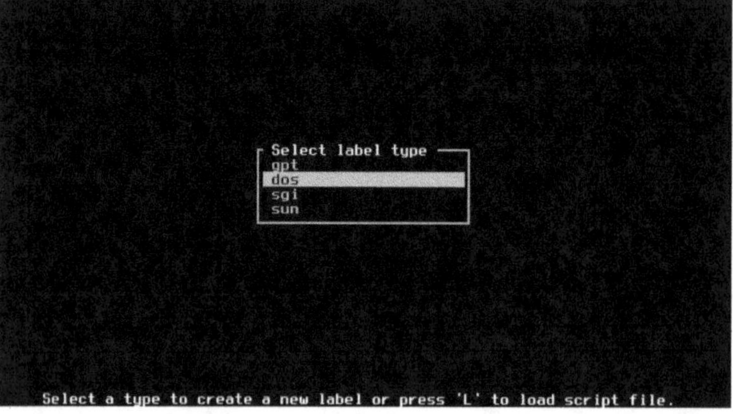

La navigation dans l'interface de `cfdisk` s'effectue à l'aide des touches fléchées :

- Les touches *FlècheHaut* et *FlècheBas* servent à sélectionner une partition ou un espace libre dans la partie supérieure de l'écran.
- Les touches *FlècheDroite* et *FlècheGauche* servent ensuite à sélectionner une opération selon le contexte : suppression d'une partition, création d'une nouvelle, modification du type, etc.

Si votre disque dur n'est pas vierge – ce qui est probable – vous devrez donc commencer par supprimer l'une après l'autre les partitions existantes qui subsistent d'une ancienne installation :

- Positionnez la barre en surbrillance sur une partition.
- Supprimez la partition en sélectionnant l'outil *Delete* (Supprimer).
- Vérifiez si la suppression s'est soldée par l'apparition d'un *Free space*.
- Recommencez pour toutes les partitions qui restent.

Figure 3–9
Une fois que le disque dur n'est plus qu'un seul espace libre, commençons par créer la partition d'échange avec « New » (Nouveau).

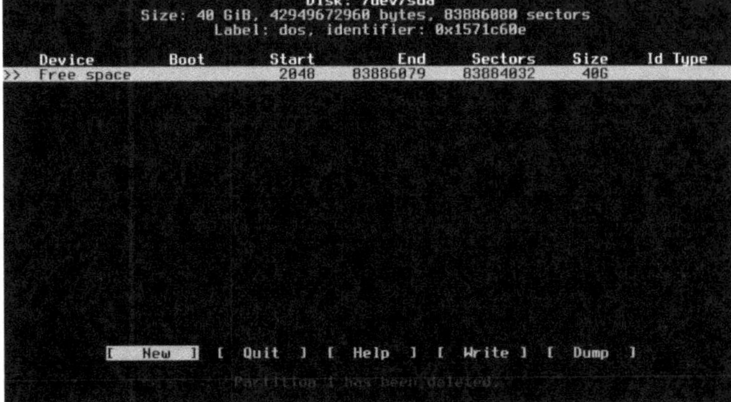

Figure 3–10
La taille (size) de la partition d'échange sera égale à la quantité de mémoire vive disponible, soit 2 gigaoctets dans notre cas.

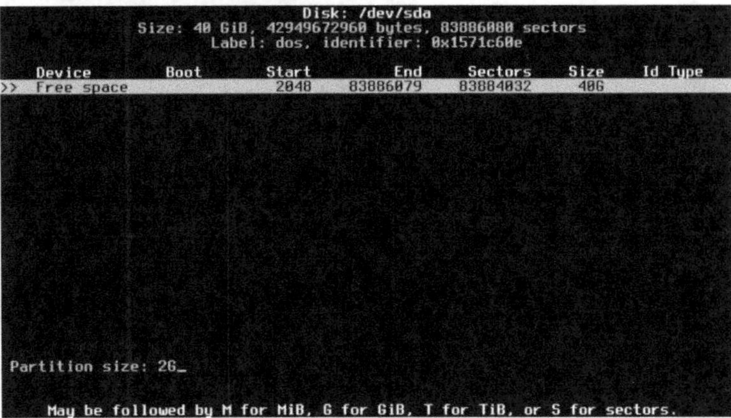

Figure 3–11

Nous avons le choix entre une partition primaire (primary) et une partition étendue (extended). Pour l'instant, optez pour « primary ». Nous verrons les différents types de partitions plus loin.

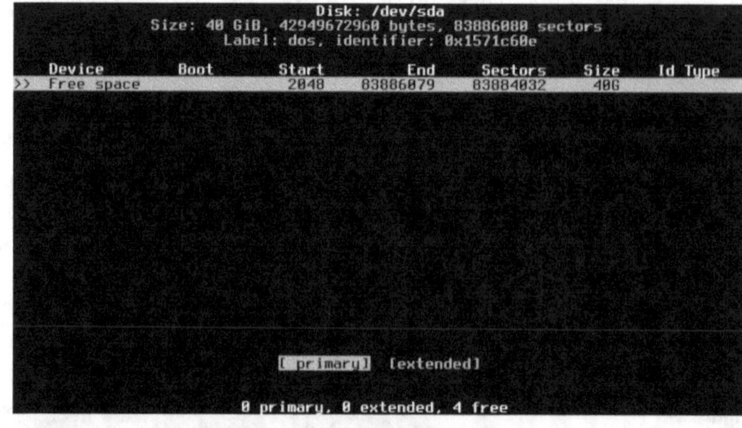

Figure 3–12

Une fois que la partition est créée, il faut indiquer à cfdisk qu'il s'agit d'une partition d'échange en passant par « Type ».

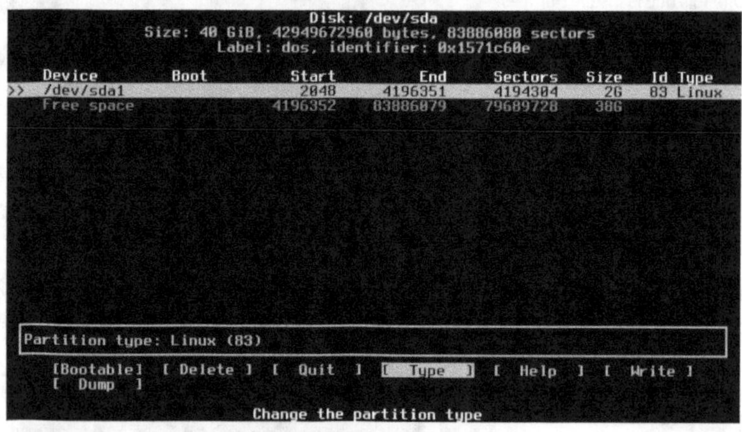

Figure 3–13

Un menu déroulant nous confronte à une pléthore de types de partition disponibles. Choisissez « 82 Linux swap ».

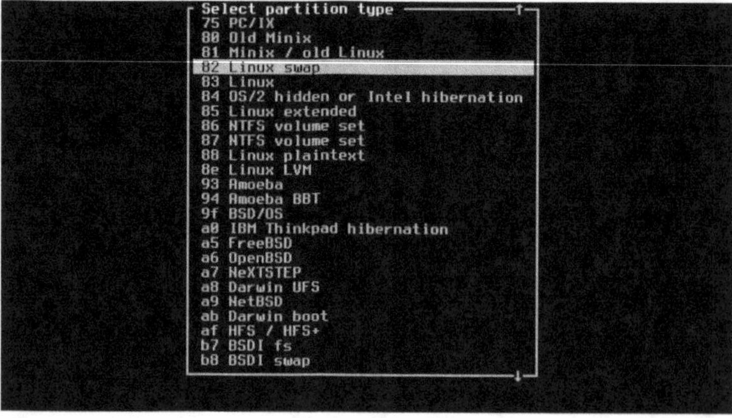

Figure 3–14
La partition d'échange a été créée avec succès.

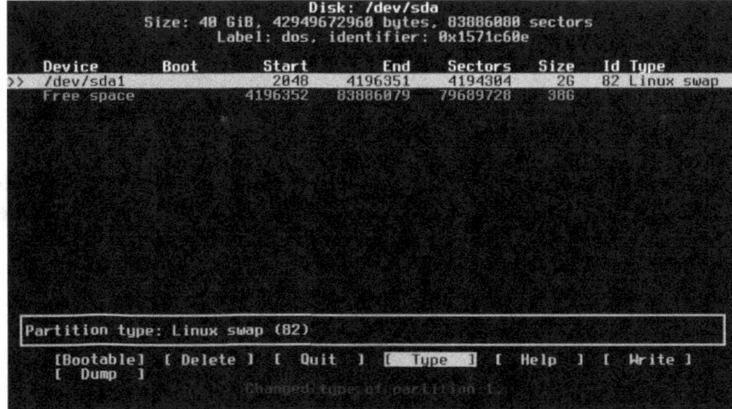

Figure 3–15
Il ne reste plus qu'à créer la partition principale. Positionnez la barre en surbrillance sur l'espace libre et sélectionnez « New » pour une nouvelle partition.

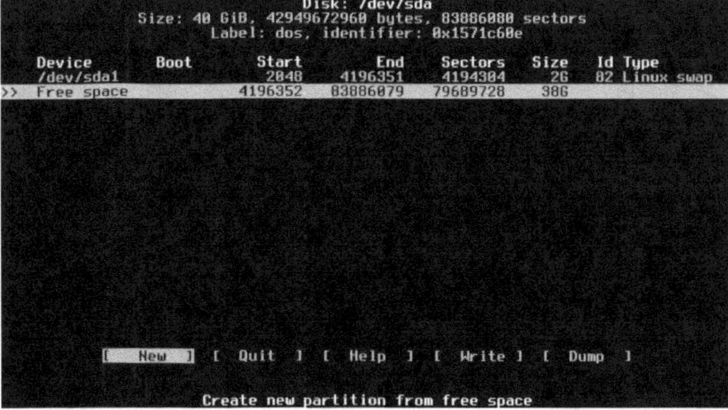

Figure 3–16
La nouvelle partition occupera tout le reste du disque. Confirmez simplement la taille calculée par défaut.

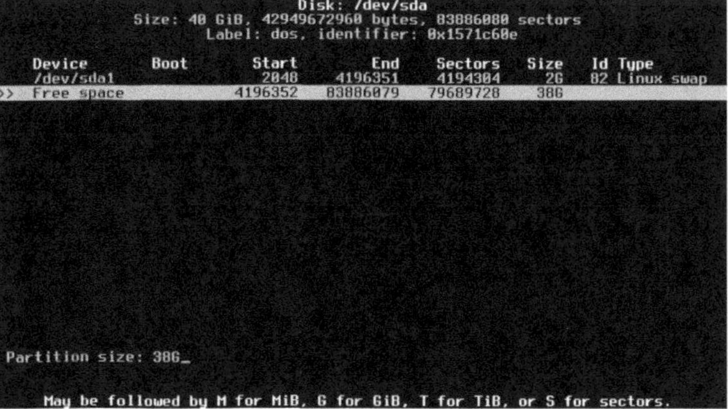

Figure 3–17
Là aussi, nous optons pour la création d'une partition primaire.

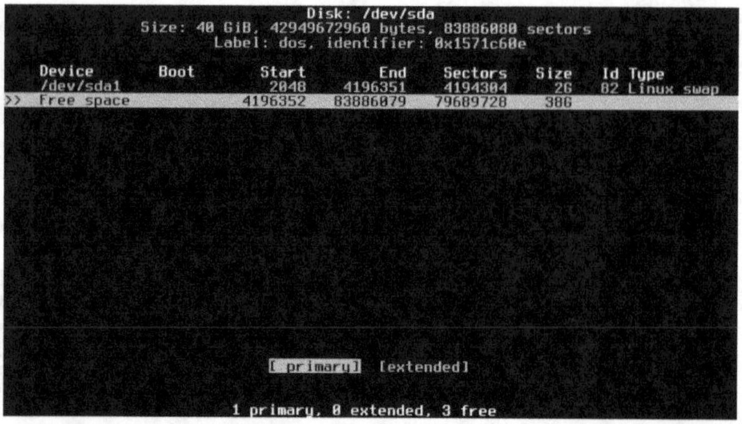

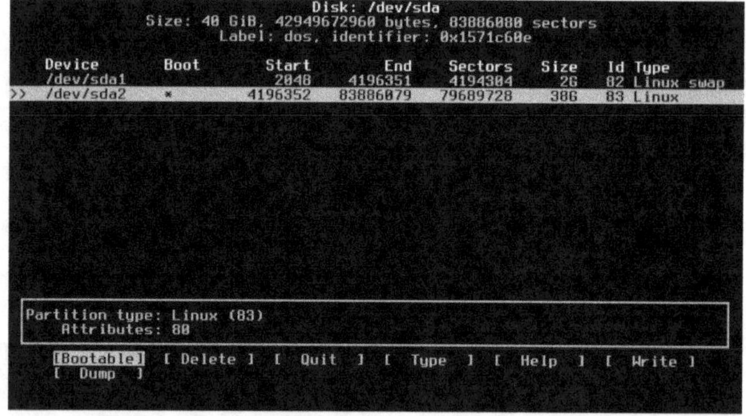

Figure 3–18
L'option « Bootable » active ou désactive le fanion d'amorçage (Boot). Appuyez plusieurs fois dessus pour tester l'option, puis maintenez éventuellement l'état amorçable, tout en sachant que l'activation du fanion d'amorçage n'a plus qu'un intérêt historique depuis belle lurette.

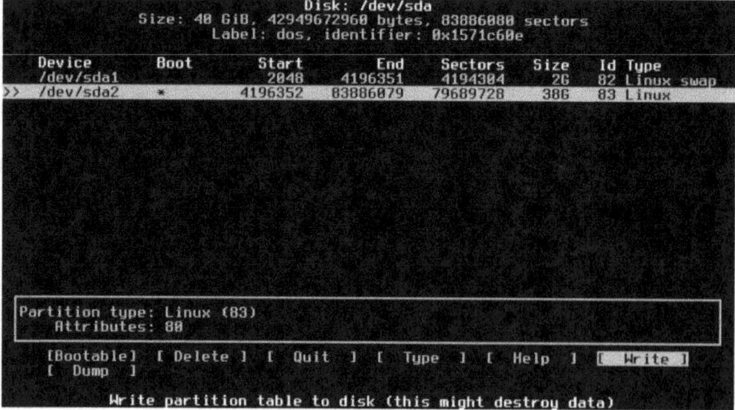

Figure 3–19
À présent, il faut écrire la nouvelle table de partitions sur le disque, ce qui s'effectue avec l'option « Write ».

Figure 3–20
La redéfinition d'une table de partitions n'est pas une tâche anodine. C'est pour cela que cfdisk nous demande de confirmer explicitement en saisissant « yes » et en validant par la touche Entrée.

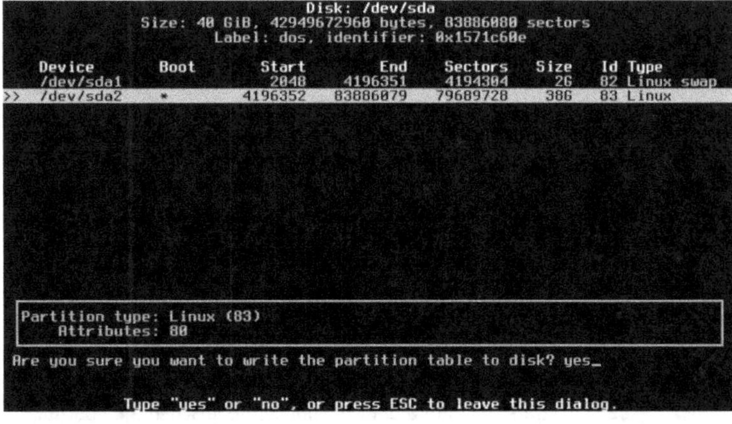

Figure 3–21
Il ne nous reste plus qu'à quitter (Quit) l'outil de partitionnement.

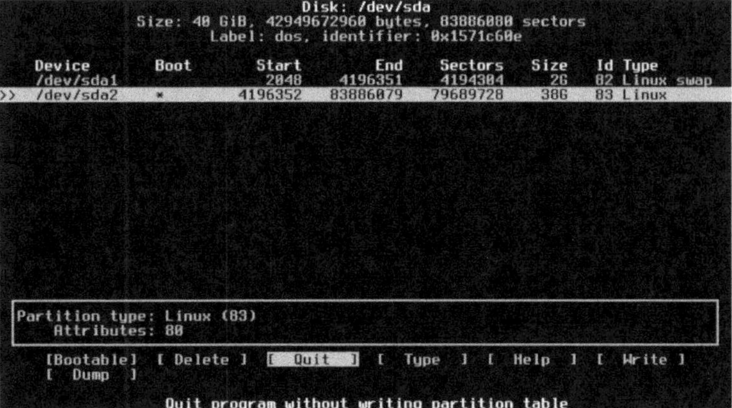

EXPERT **Partitionnement traditionnel et GPT**

Il existe plusieurs procédures de partitionnement, mais je n'ai pas voulu les présenter de manière exhaustive pour éviter d'embrouiller les lecteurs novices. Je me suis donc contenté de présenter le partitionnement traditionnel avec cfdisk et fdisk. Pour plus de détails concernant les différentes procédures, reportez-vous à l'annexe B.

Lancer l'installateur Slackware

Maintenant que le disque dur est correctement partitionné, nous pouvons lancer l'installateur comme ceci :

```
root@slackware:/# setup
```

L'installateur Slackware comporte une interface NCurses, c'est-à-dire une interface graphique en mode texte. Vous n'utiliserez donc pas la souris pour naviguer, mais les touches *Tab*, *Espace*, *Entrée* ainsi que les touches fléchées, comme vous l'avez fait précédemment pour la définition du clavier.

DISTRIBUTIONS LINUX **Installer Linux en mode texte**

Les distributions grand public comme Ubuntu, openSUSE, Fedora ou Mageia offrent pour la plupart un installateur graphique par défaut, avec une interface au visuel plutôt alléchant. Certaines – mais pas toutes – proposent alternativement un installateur en mode texte simple à côté de l'installateur graphique.

Dans certains cas, on ne peut s'empêcher d'avoir le sentiment de sortir la roue de secours du coffre et certaines distributions vont jusqu'à amputer le mode texte simple d'un certain nombre de fonctionnalités essentielles. À titre d'exemple, l'installateur en mode texte des versions récentes de Red Hat Enterprise Linux, CentOS et Fedora ne permet même plus de procéder à un partitionnement manuel des disques. L'administrateur frustré a donc le choix entre le schéma de partitionnement par défaut ou le retour à la case départ pour relancer l'installateur graphique.

Les distributions « brutes de décoffrage » comme Slackware, Arch, Crux, Alpine ou Gentoo disposent uniquement d'un installateur en mode texte. Le principal avantage, c'est qu'il est beaucoup moins gourmand en ressources et qu'il risque moins de s'étouffer sur du matériel exotique. Ne pensez donc pas « archaïque », mais plutôt « rapide », « simple », « flexible » et « fonctionnel ».

Le menu principal de l'installateur offre une série d'entrées *HELP*, *KEYMAP*, *ADDSWAP*, *TARGET*, etc. Chacune de ces entrées constitue une étape dans le processus d'installation. Nous allons nous passer de la lecture du fichier d'aide (*HELP – Read the Slackware Setup HELP file*) et de la redéfinition du clavier (*KEYMAP – Remap your keyboard if you're not using a US one*), pour nous attaquer directement au troisième point (*ADDSWAP – Set up your swap partition(s)*) : la partition d'échange.

Formater la partition d'échange

Nous avons créé une partition de type swap. Maintenant, nous allons la formater en conséquence.

Figure 3–22

Commençons par configurer la partition d'échange.

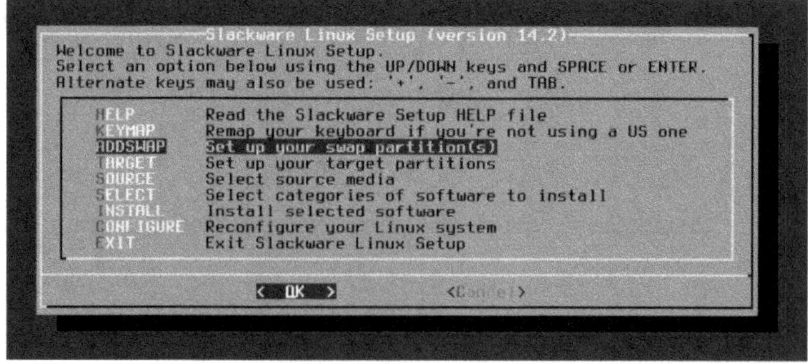

Figure 3–23
Si nous avons effectué le partitionnement correctement, la partition d'échange est détectée automatiquement par l'installateur et il suffit de confirmer par OK.

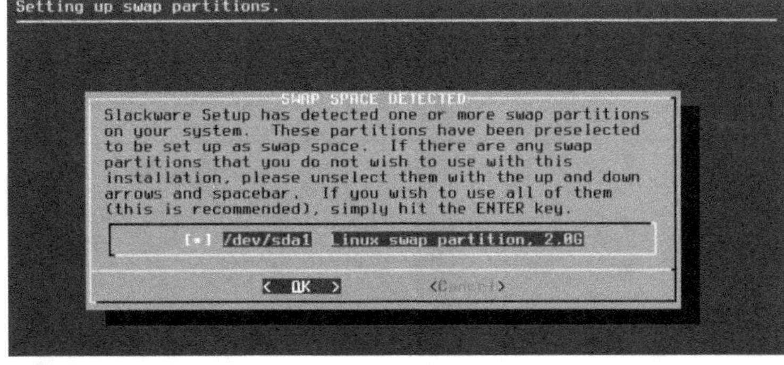

Figure 3–24
Non, ce n'est pas la peine de formater en mode méticuleux pour rechercher d'éventuels secteurs défectueux sur le disque.

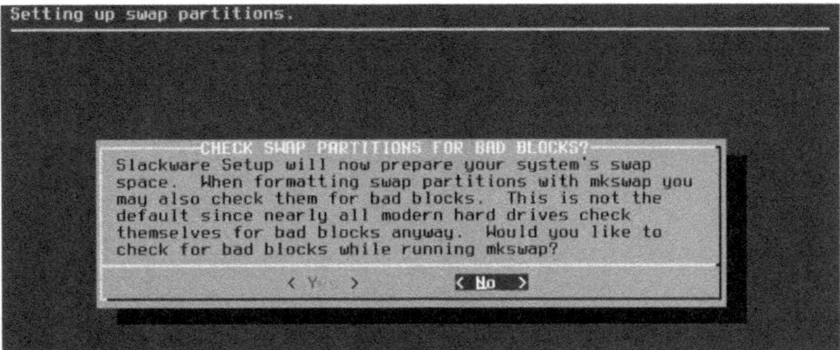

Figure 3–25
La partition d'échange a été correctement configurée.

Formater la partition principale

Linux propose une multitude de systèmes de fichiers au choix pour formater une partition :

- *ext2 (second extended file system)* est le système de fichiers historique de GNU/Linux.
- *ext3* est un autre système de fichiers GNU/Linux, une évolution d'*ext2*. Ce qui le caractérise principalement, c'est l'utilisation d'un fichier journal. On arrive ainsi à éviter la longue phase de récupération lors d'un arrêt brutal de la machine.
- *ext4* est le successeur d'*ext3*. C'est le système de fichiers proposé par défaut par l'installateur Slackware et nous l'utiliserons pour formater notre partition principale.
- En dehors de cela, il existe une multitude de systèmes de fichiers comme *jfs*, *xfs*, *reiserfs* ou *btrfs*, qui ont chacun des avantages et des inconvénients.

Figure 3–26
L'installateur nous propose de
configurer la partition restante
comme partition principale.

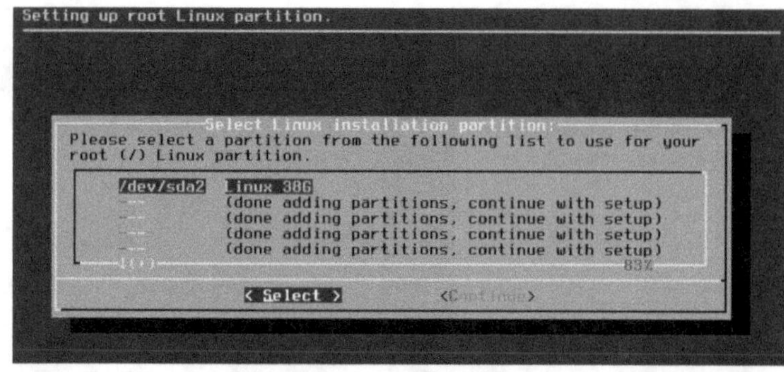

Figure 3–27
Là aussi, acceptons le
partitionnement rapide sans passer
par la recherche d'éventuels
secteurs défectueux.

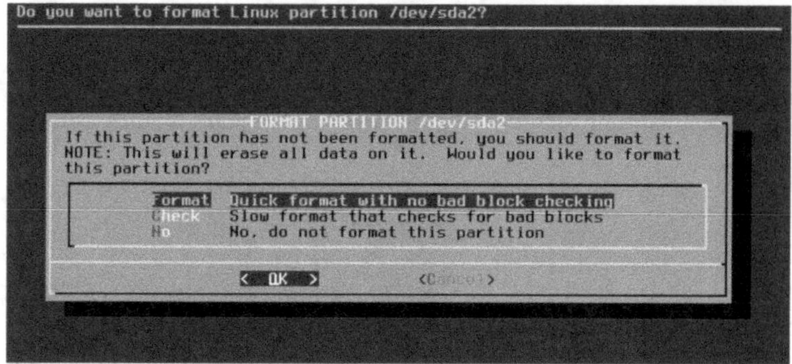

Figure 3–28
Le système de fichiers ext4
sélectionné par défaut nous
convient parfaitement.

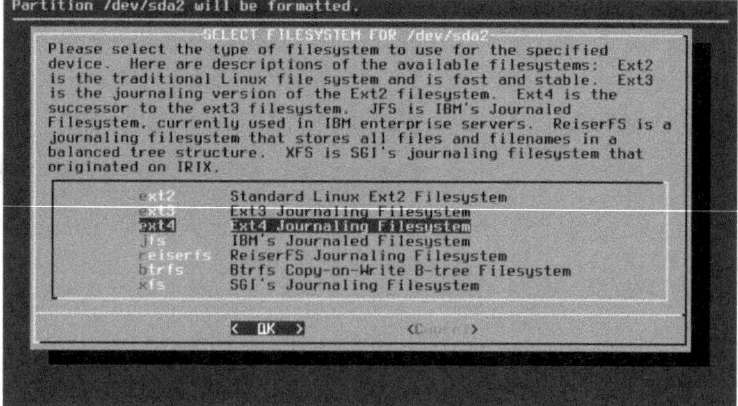

Figure 3–29
La partition principale a été
correctement configurée.

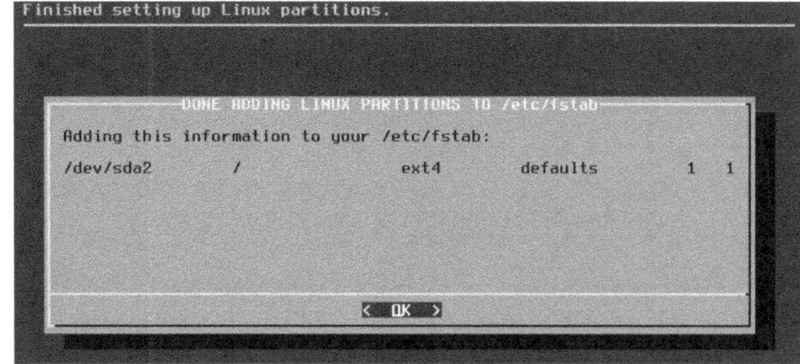

Décider ce que l'on souhaite installer

L'écran *SOURCE MEDIA SELECTION* nous présente tout un choix de possibilités quant à la provenance – ou la source – de notre système Slackware : CD-Rom, DVD, clé USB, installation par le réseau en passant par un serveur de fichiers local ou un serveur web ou FTP, etc.

Figure 3–30
Puisque nous disposons du DVD
ou du CD-Rom, utilisons-le. Sur
une machine dépourvue de lecteur
optique, choisissez « Install from
a Slackware USB stick ».

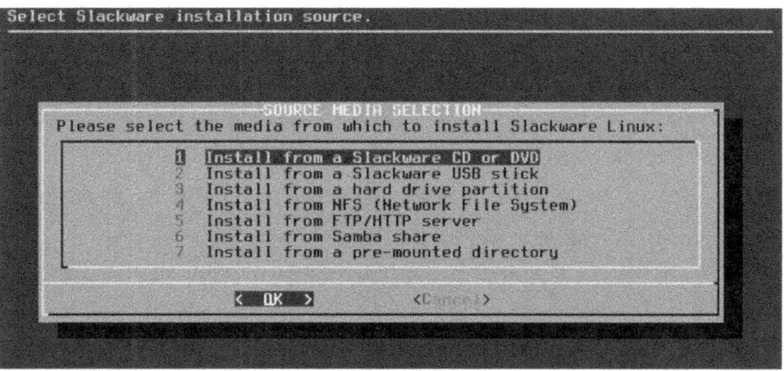

Figure 3–31
L'installateur propose de détecter
automatiquement le lecteur
optique. Acceptez cette option.

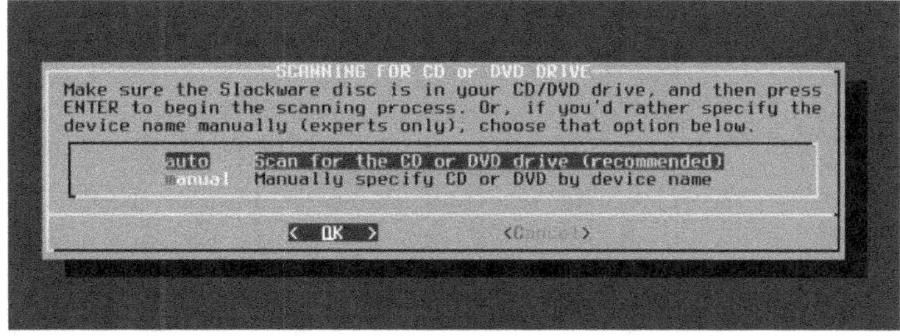

L'écran *PACKAGE SERIES SELECTION* nous présente une série de groupes de logiciels au choix. Plus exactement, il s'agit de groupes de paquets (voir l'encadré). Dans un cas comme dans l'autre, le néophyte se posera probablement quelques questions du genre : « Qu'est-ce que ça peut bien être ? » ou « Est-ce que j'ai besoin de tel ou tel truc ? »

Cette soupe d'alphabet n'est pas très parlante pour un utilisateur novice de Linux. Elle ne l'est d'ailleurs pas forcément pour un utilisateur expérimenté. C'est pourquoi le distributeur nous facilite la tâche, en proposant une sélection de groupes de paquetages. Ne vous en faites pas si le descriptif de certains groupes comme *System libraries needed by KDE, GNOME, X and more* suscite chez vous tout au plus des rêveries confuses de nains de jardin et de films pour adultes. Vous aurez l'occasion de vous familiariser petit à petit avec tous les composants d'un système Linux.

Les groupes de paquetages *A*, *AP*, *D* et *E*, etc. jusqu'à *Y* sont en fait un résidu archaïque et quelque peu anachronique des toutes premières versions de la distribution. À l'époque, Slackware était livrée en jeux de disquettes souples : le groupe *A* était le système de base, le groupe *AP* contenait une série d'applications en ligne de commande, le groupe *N (networking)* fournissait tout ce qui fonctionnait en réseau (le serveur web Apache, par exemple). Cette classification historique a curieusement survécu et d'autres catégories sont venues s'ajouter petit à petit au fil des années. Voici donc la liste complète des groupes de paquets de Slackware 14.2 et leur signification :

- *A* – le système de base, de quoi avoir une invite de commandes et un éditeur de texte, mais guère plus ;
- *AP* – une panoplie d'applications qui n'ont pas besoin d'environnement graphique ;
- *D* – les outils de développement (tout ce qu'il faut pour compiler des programmes et plus encore) ;
- *E* – l'éditeur Emacs ;
- *F* – une collection assez fournie de HOWTOs, la documentation du *Linux Documentation Project* ;
- *K* – le code source du noyau ;
- *KDE* – l'environnement de bureau KDE ;
- *KDEI* – les fichiers de traduction pour l'interface KDE ;
- *L* – les bibliothèques partagées pour toute une série d'applications ;
- *N* – tout ce qui fonctionne en réseau (serveur web, serveur mail, serveur DHCP et DNS, clients mail et Usenet en ligne de commande, etc.) ;
- *T* – le système de mise en forme de documents LaTeX ;
- *TCL* – le langage TCL ;
- *X* – le serveur graphique X.Org ;

- *XAP* – une série d'applications graphiques comme Firefox, Thunderbird ou Gimp, ainsi qu'une panoplie de gestionnaires de fenêtres légers comme Fluxbox, Blackbox ou WindowMaker ;
- *XFCE* – l'environnement de bureau Xfce ;
- *Y* – les jeux BSD très rudimentaires.

Notre ambition ici est d'installer un poste de travail doté de l'environnement de bureau Xfce. Vous pouvez donc procéder comme ceci :

- Désélectionnez le groupe *KDE*.
- Désélectionnez le groupe *E*, car nous n'utiliserons pas l'éditeur Emacs.
- Acceptez tels quels tous les autres groupes de paquets présélectionnés.

CHOIX DU BUREAU **Xfce vs. KDE**

Certains lecteurs pourront se demander pourquoi nous ne choisissons pas plutôt le bureau KDE. Cet environnement graphique ne laisse rien à désirer et offre un bureau moderne avec une panoplie d'applications complète et bien intégrée. Malheureusement, KDE se montre aussi relativement gourmand en ressources matérielles, notamment en termes de mémoire vive et de carte graphique. Étant donné que je n'ai pas voulu pénaliser les lecteurs qui ne disposent que d'une machine modeste, j'ai opté pour l'environnement Xfce, bien plus léger.

Figure 3–32
Désélectionnez les groupes de paquets E et KDE en utilisant la touche Espace et acceptez tels quels les autres groupes de paquets présélectionnés.

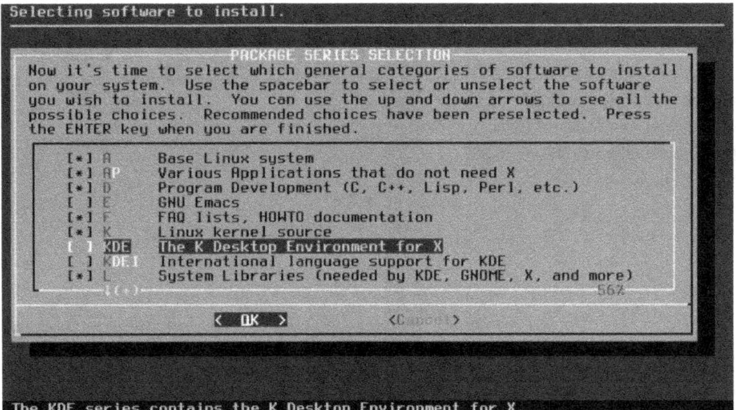

Configurer et installer le chargeur de démarrage

Au terme de l'installation des groupes de paquets, l'installateur vous propose de configurer et d'installer le chargeur de démarrage LILO.

Figure 3–33
Optez pour « full – Install everything », ce qui installera tout. Alternativement, l'option « terse » fera la même chose, mais résultera en un affichage plus compact pendant l'installation des paquets.

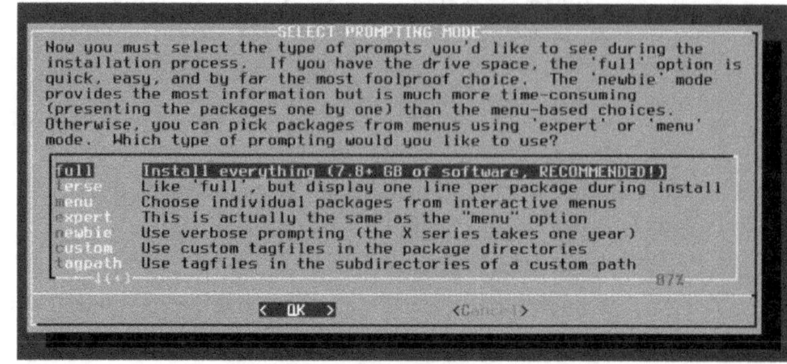

Figure 3–34
Les paquets s'installent l'un après l'autre et vous voyez défiler tout ce qui constitue votre système Slackware Linux.

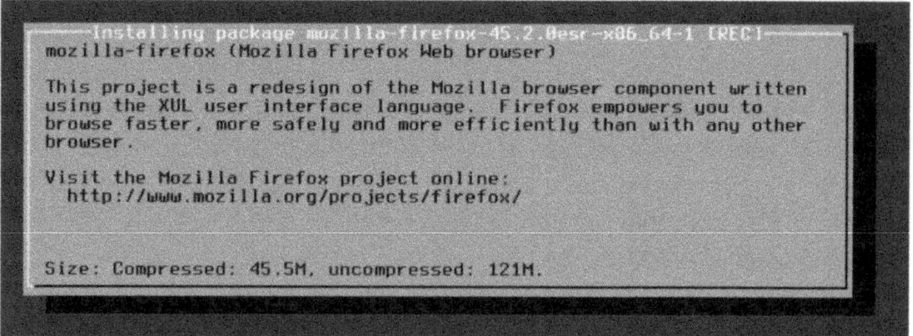

Figure 3–35
L'installateur nous propose de créer une clé USB de démarrage. Ce n'est pas nécessaire et nous pouvons sereinement passer (Skip) cette étape.

Figure 3–36
Les options de configuration de LILO sont pour la plupart gérées automatiquement par l'installateur. Confirmez simplement par OK.

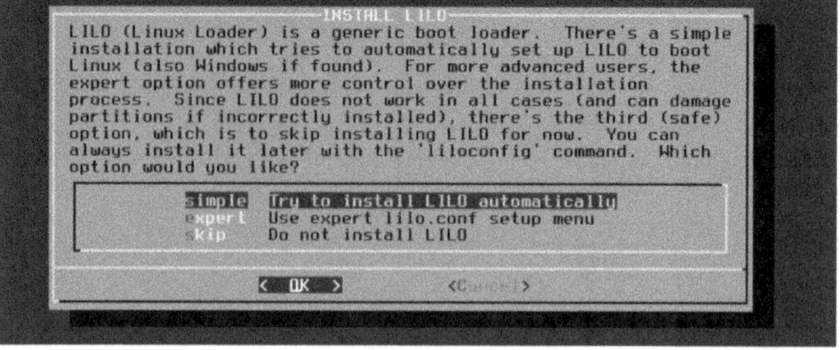

Figure 3–37
L'utilisation du « frame buffer »
permet de modifier la résolution
de la console. Malheureusement,
elle peut amener quelques
dysfonctionnements avec certaines
cartes vidéo. Dans le doute, optons
pour la valeur « standard ».

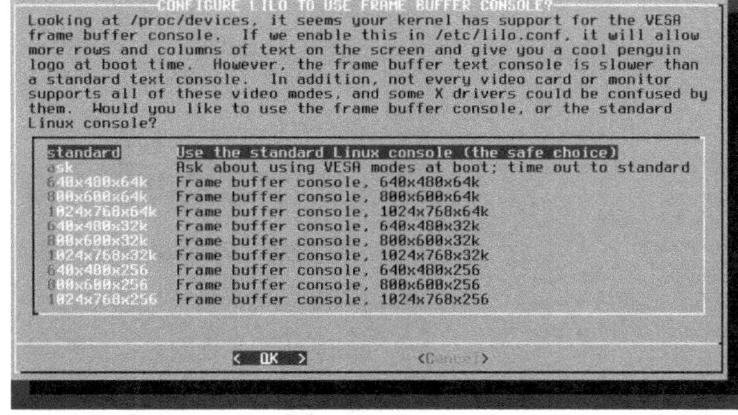

Figure 3–38
Nous verrons plus loin les différents
paramètres de démarrage ainsi que
leur signification. Pour l'instant,
nous allons nous en passer
et nous contenter d'un coup
de bec bien senti sur OK.

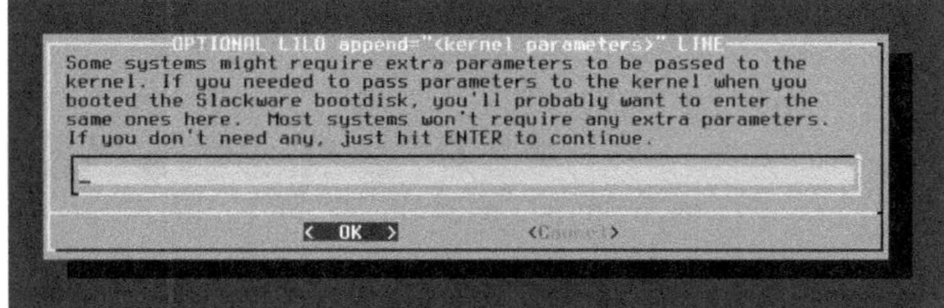

L'écran USE UTF-8 TEXT CONSOLE ? vous somme de décider si vous souhaitez utiliser le système Unicode ou UTF-8.

Un système d'encodage décrit la façon dont l'ordinateur traduit les chiffres et les lettres que vous lui fournissez en données purement numériques qu'il est capable de digérer, si l'on peut dire.

- Le grand avantage d'UTF-8, c'est qu'il est universel dans le sens où vous pourrez par exemple représenter simultanément du texte en différents alphabets (français, grec, russe, arabe, farsi, hébreu, etc.), ce que les encodages traditionnels (comme ISO-8859-1 ou ISO-8859-15) ne permettaient pas de faire.

- En contrepartie, certains petits utilitaires en ligne de commande voire certaines applications obsolètes peuvent mal gérer la représentation des caractères spéciaux comme les voyelles accentuées ou le C cédille en Unicode.

L'installateur ne vous propose pas l'UTF-8 par défaut. Il faut sans doute voir là un excès de prudence, que l'on peut expliquer par un penchant perfectionniste du distributeur. Je vous conseille tout de même de l'utiliser en optant pour *Yes*. L'Unicode s'est imposé comme standard sur l'écrasante majorité des distributions Linux et ses avantages l'emportent largement sur ses inconvénients.

Il ne nous reste plus qu'à décider de l'endroit où LILO devra être installé. Le choix par défaut conviendra très bien. Le MBR *(Master Boot Record)* est la zone d'amorçage du disque dur. Il s'agit là du tout premier secteur de votre disque dur, un secteur un peu spécial qui contient la table des partitions et qui est adressable par le BIOS.

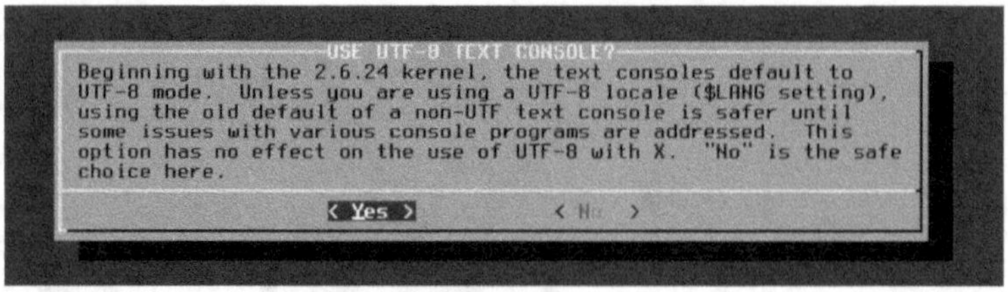

Figure 3–39
Utilisez l'encodage UTF-8 (Yes),
même si l'installateur ne vous
le propose pas par défaut.

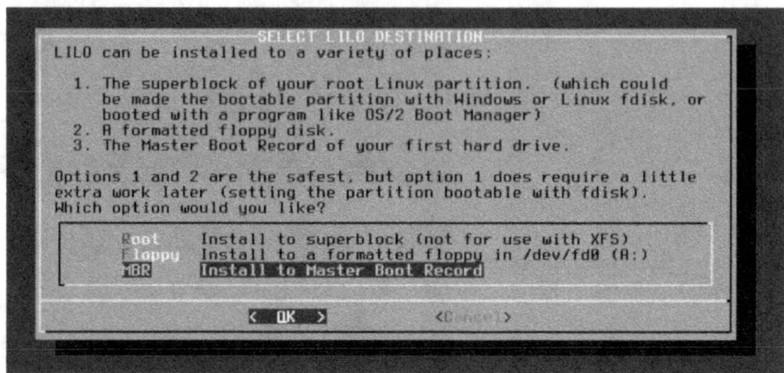

Figure 3–40
Confirmez le choix par défaut
et installez LILO sur le secteur
d'amorçage (MBR) du disque dur.

Configurer la souris

Les deux écrans subséquents concernent la configuration de la souris. Dans un premier temps, vous devez spécifier le type de souris que vous utilisez. La sélection par défaut *imps2 – Microsoft PS/2 Intellimouse* ne se limite pas seulement aux souris de la marque Microsoft, mais désigne plus généralement toutes les souris modernes à molette. Par expérience, j'affirme que vous pouvez sereinement confirmer ce choix par défaut, même si votre souris se branche sur le port USB et même si elle n'est pas équipée d'une roulette centrale.

Figure 3–41
Confirmez le choix par défaut
« imps2 », qui fonctionnera
avec toutes les souris à molette
modernes.

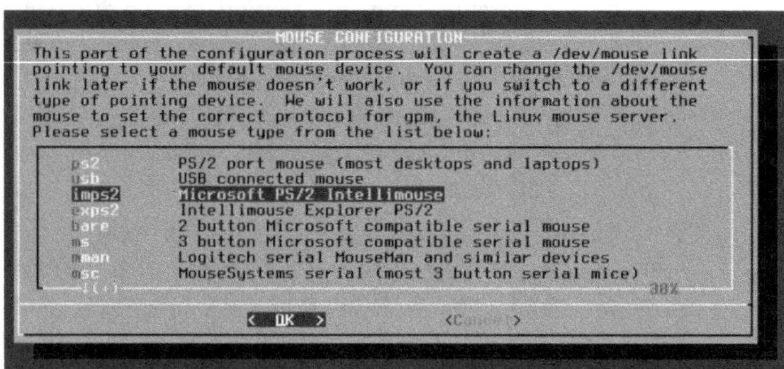

L'écran *GPM CONFIGURATION* définit le lancement du logiciel GPM *(General Purpose Mouse)*, une application qui permet d'utiliser les fonctionnalités de la souris en mode console, c'est-à-dire en-dehors d'un environnement graphique. Dans les chapitres qui suivent, nous utiliserons essentiellement le clavier pour manipuler du texte en mode console. Théoriquement, nous n'avons donc pas besoin de GPM et vous pourriez très bien désactiver son lancement automatique en optant pour *No*. Je vous conseille quand même d'opter pour *Yes* par défaut, étant donné que GPM nous servira de « cobaye » dans le chapitre 11 consacré à la gestion des services.

Figure 3–42
GPM (General Purpose Mouse) est un serveur de souris pour la console. Activez-le, il nous servira de « cobaye » un peu plus loin.

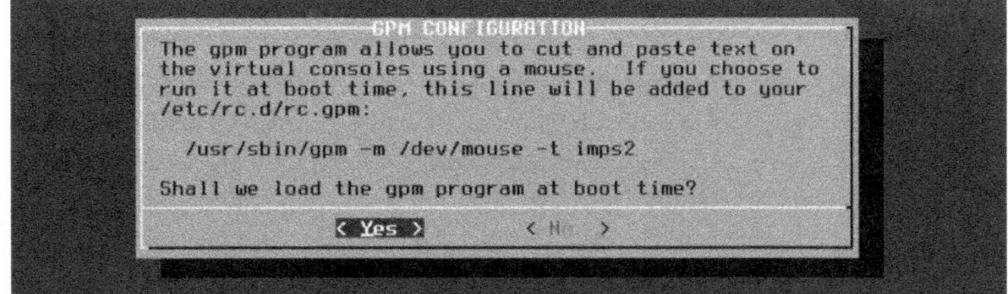

Configurer le réseau

Les détails de la configuration du réseau sous Linux seront abordés plus avant dans ce livre. Pour l'instant, retenons que la configuration proposée par défaut peut fonctionner d'office si vous disposez d'un modem Ethernet avec un routeur intégré. C'est le cas pour les modems livrés par le fournisseur d'accès Nerim. Et si vous avez opté pour un des grands suspects habituels (Orange, Free, Darty, SFR, Bouygues, etc.), vous pourrez vous connecter sans problème avec votre *box*.

Pour le nom d'hôte de votre machine, choisissez-en un à votre convenance et notez-le en minuscules. Voici quelques exemples pour vous donner une idée :

* slackbox
* alphamule
* grossebertha
* poste10
* etc.

Votre machine n'est pas un serveur dédié avec une ouverture frontale sur Internet, vous êtes donc libre de choisir un nom de domaine « en bois », comme ceci :

* local
* maison.campagne
* microlinux.lan
* etc.

Si vous optez pour une configuration DHCP, tous vos paramètres réseau vous seront automatiquement transmis par votre modem routeur lors du démarrage du PC. Autrement, demandez ces paramètres à l'administrateur de votre réseau et saisissez-les vous-mêmes dans la succession d'écrans de configuration qui s'affichent si vous choisissez *static IP* :

* l'adresse IP de la machine ;
* le masque de sous-réseau *(netmask)* ;
* l'adresse IP de la passerelle *(gateway)* ;
* l'adresse IP du serveur DNS *(nameserver)*.

Tous ces termes seront expliqués en détail dans le chapitre 14.

> **Réseau DHCP**
>
> DHCP signifie *Dynamic Host Configuration Protocol* et désigne un protocole d'allocation dynamique d'adresses IP. Pour comprendre le principe de fonctionnement du DHCP, imaginez un cours d'anglais où le professeur décide de donner des noms typiquement anglais à ses élèves. Pour la durée du cours, tel élève s'appellera donc Freddy, sa voisine à droite sera Pamela et son voisin à gauche sera connu sous le nom de Brian. Pour éviter toute confusion, chaque élève portera un prénom distinct. De façon analogue et en simplifiant un tant soit peu, le modem routeur dira à votre PC : « Pour une durée de 32 400 secondes, tu seras la machine 192.168.1.2 dans le réseau. »

Figure 3–43
« Yes », nous souhaitons configurer notre réseau.

Figure 3–44
Choisissez un nom d'hôte pour votre PC.

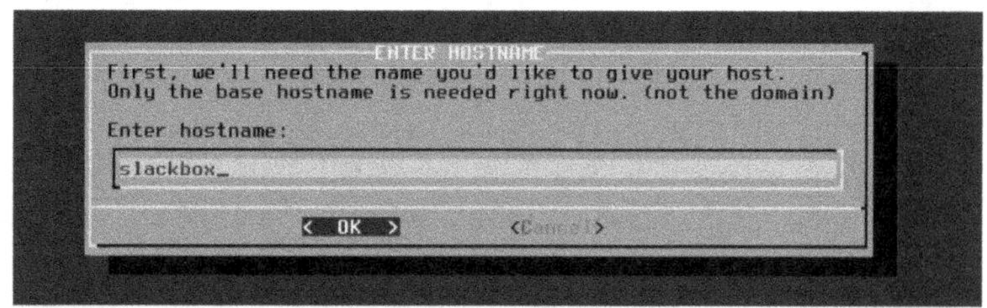

Figure 3–45
Sur un poste de travail, nous sommes libres de choisir un nom de domaine « bidon ».

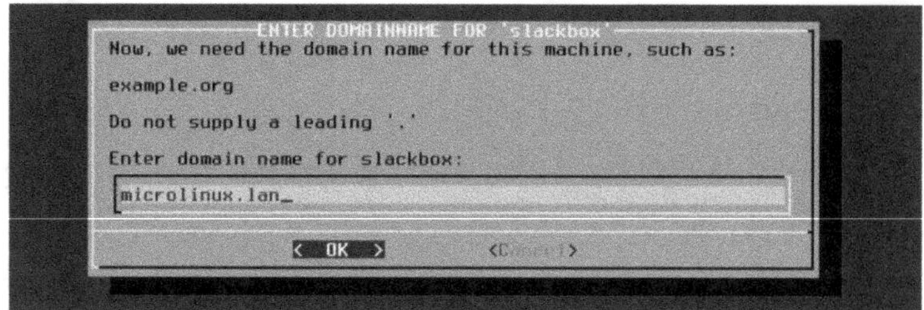

Figure 3–46
Configuration statique ou DHCP ? Avec un modem routeur ADSL, vous choisirez très probablement une configuration DHCP.

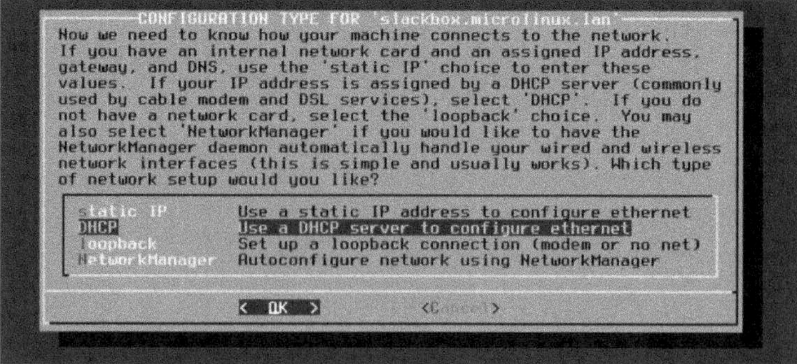

Figure 3–47
L'écran « SET DHCP HOSTNAME » concerne les fournisseurs d'accès qui requièrent l'envoi préalable d'un nom d'hôte DHCP pour la connexion. Laissez ce champ vide, tout simplement.

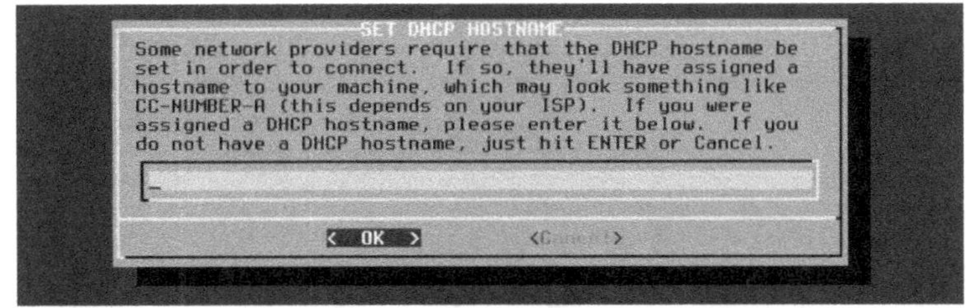

Figure 3–48
Le résumé final de la confirmation du réseau. Confirmez par « Yes » ou reconfigurez le tout en choisissant « No ».

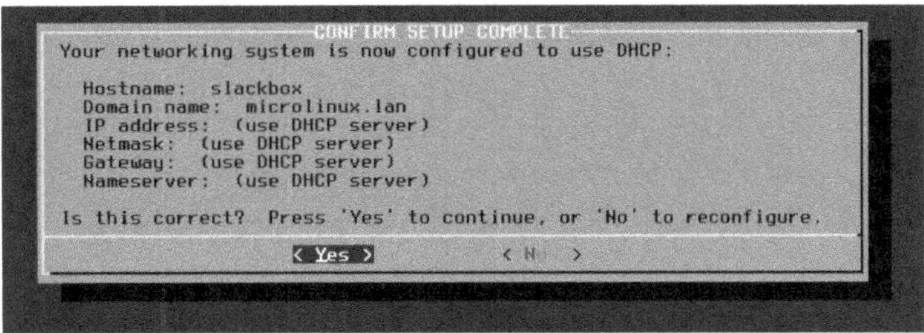

Configurer les services au démarrage et la police de la console

L'écran *CONFIRM STARTUP SERVICES TO RUN* affiche la liste des services à lancer automatiquement – ou à ignorer – lorsque vous démarrez le PC, en fonction des groupes de paquets que vous avez installés. Étant donné que nous avons fait l'impasse sur les seuls groupes *E* et *KDE*, cette liste est complète.

Dans sa configuration par défaut, Slackware ne lance que très peu de services, juste ce qu'il faut pour faire fonctionner correctement un poste de travail dans une configuration minimale.

Figure 3–49
Confirmez simplement la panoplie de services à lancer au démarrage.

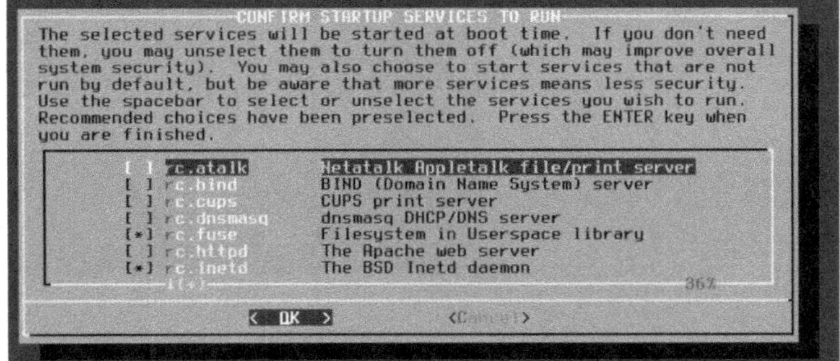

L'écran *CONSOLE FONT CONFIGURATION* permet de modifier la police de caractères utilisée pour l'affichage en mode console. Partons du principe que pour une « poule », le choix par défaut *No* fait très bien l'affaire. Les plus curieux d'entre vous expérimenteront à volonté les différentes polices. Vous vous apercevrez alors par vous-même que certaines sont assez jolies, d'autres franchement moches et quelques-unes carrément illisibles.

Figure 3–50
Pour l'instant, la police par défaut nous convient très bien pour la console.

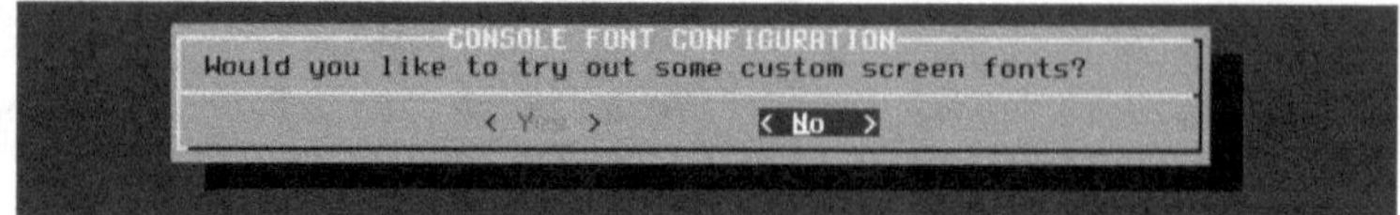

Configurer l'horloge et le fuseau horaire

La prochaine étape consiste à configurer l'horloge de votre système et de choisir entre l'*UTC* et l'heure locale (*local time*). L'*UTC* désigne le *temps universel coordonné*, une échelle adoptée comme base du temps par la majorité des pays de la planète.

L'utilisation de l'heure locale ne s'impose que dans un scénario de double *boot* avec Microsoft Windows, pour éviter un dérèglement de l'horloge suite à des démarrages successifs du PC sous Windows et sous Linux. Puisque nous avons décidé de faire fi de ce genre de configuration, nous pouvons sereinement choisir *YES – Hardware clock is set to UTC*.

Figure 3–51
La synchronisation de l'horloge système est obligatoire uniquement pour un double boot avec Windows. Optez donc pour l'UTC.

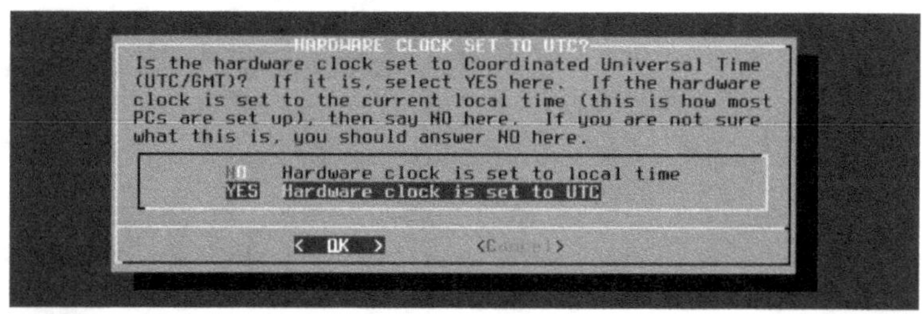

Figure 3–52
Choisissez votre fuseau horaire, par exemple « Europe/Paris » pour la France.

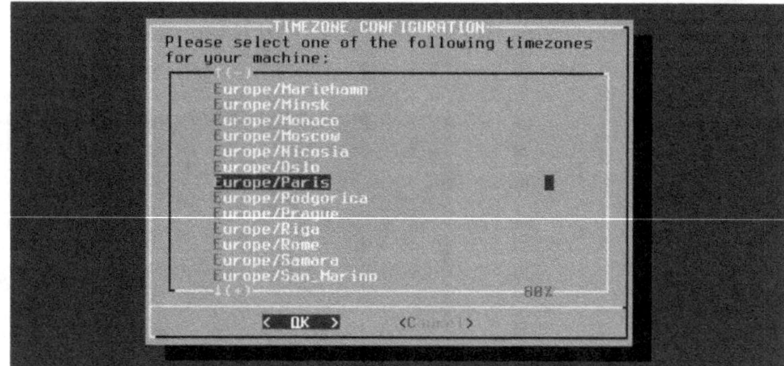

Choisir le gestionnaire de fenêtres

Contrairement à des systèmes comme Windows ou Mac OS X, Linux ne dispose pas que d'un seul environnement graphique standard. L'utilisateur a le choix parmi toute une panoplie d'environnements de bureau et de gestionnaires de fenêtres, chacun avec son fonctionnement et son ergonomie propres.

L'écran *SELECT DEFAULT WINDOW MANAGER FOR X* demande de choisir l'environnement graphique qui sera utilisé par défaut. Pour commencer, j'ai choisi de vous présenter l'environnement Xfce plus en détail.

Figure 3–53
Définissez Xfce comme environnement graphique par défaut.

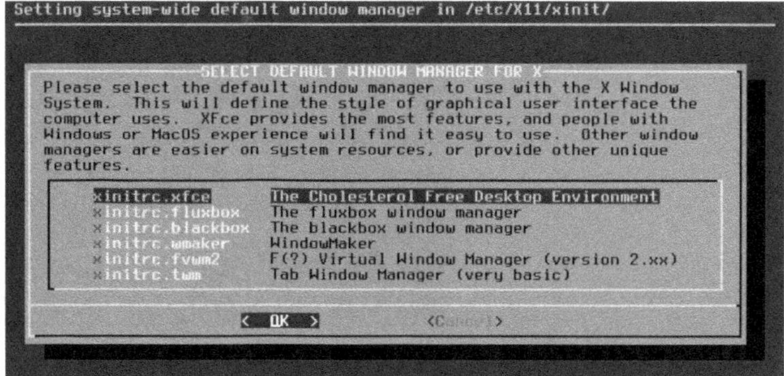

Définir un mot de passe root

L'écran suivant vous somme de choisir un mot de passe pour l'utilisateur root. Cet utilisateur particulier, c'est l'administrateur de la machine.

B.A.-BA **Les utilisateurs profanes et root**

Un système Linux fait, en gros, la distinction entre deux types d'utilisateurs :

- Les utilisateurs du « commun des mortels » ont accès à certaines zones du système, si l'on peut dire. À condition que leur compte soit configuré correctement – nous verrons cela plus loin –, ils ont suffisamment de droits pour travailler correctement mais, en aucun cas, une mauvaise manipulation de leur part ne pourra porter atteinte à l'intégrité du système. On peut comparer ce cas de figure à une entreprise où chaque employé possède son propre casier, son propre bureau avec ses propres tiroirs qui ferment à clé; il bénéficie de l'infrastructure de l'entreprise et partage une partie de son travail s'il le souhaite, mais personne – à l'exception de root – ne pourra fouiner dans ses affaires personnelles.
- L'utilisateur root, quant à lui, possède tous les droits sur la machine. C'est le vigile avec l'énorme trousseau de clés qui donne accès aux moindres recoins du bâtiment. Comme il a tous les droits, on l'appelle aussi parfois *super-utilisateur*.

Nous aborderons la question des utilisateurs plus loin. Pour l'instant, contentez-vous de choisir un mot de passe administrateur.

Figure 3–54
Définissez un mot de passe pour root.

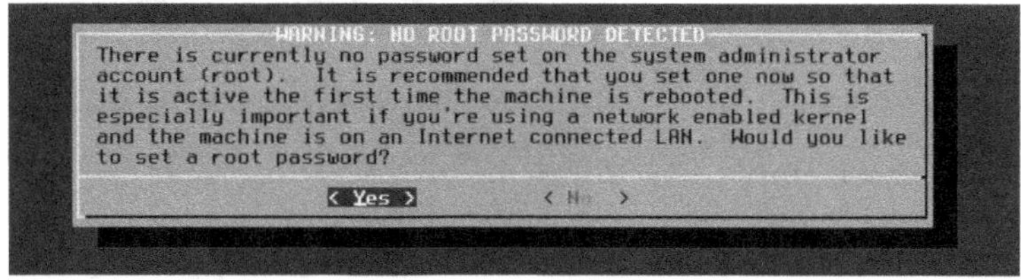

Figure 3–55
Le mot de passe n'apparaît ni
pendant la saisie initiale, ni
pendant la confirmation.

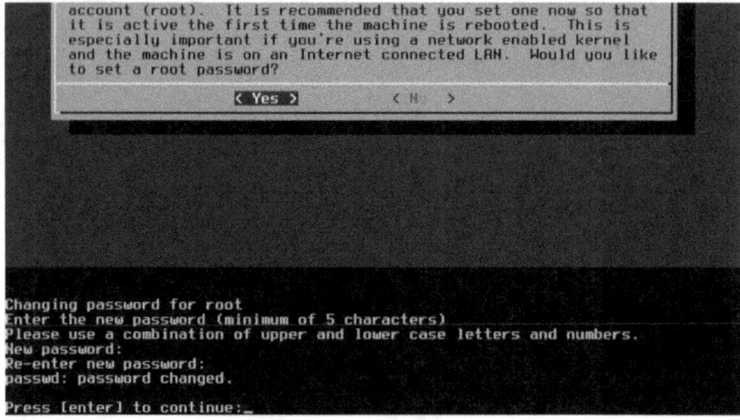

Le conseil du chef **Sécurité : bien choisir son mot de passe**

Linux a une préférence marquée pour les mots de passe compliqués, le genre de chaîne de caractères que vous obtenez lorsque votre chat marche sur le clavier.
123456, 654321 ou le nom dudit chat ne sont **pas** de bons mots de passe, à moins que vous n'ayez l'habitude d'appeler votre animal domestique « GnLpF3th » ou « Wgh8sTr5FgH ». Vous verrez d'ailleurs que l'installateur protestera si le mot de passe que vous choisissez lui paraît trop simple. Dans ce cas, vous devrez soit en choisir un autre plus compliqué, soit confirmer par deux fois.

Fin de l'installation et redémarrage initial

L'écran *SETUP COMPLETE* nous informe que nous arrivons au terme de notre installation et nous ramène au menu principal de l'installateur. Nous quittons celui-ci grâce à la dernière option tout en bas de l'écran : *Exit Slackware Linux Setup*.

Figure 3–56
L'option « EXIT » sert à quitter
l'installateur Slackware.

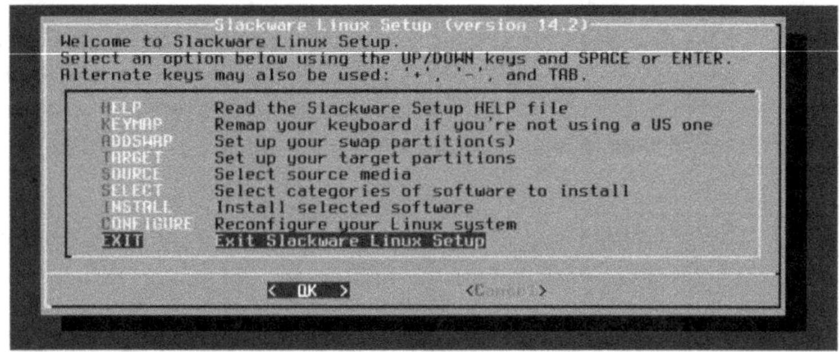

Figure 3–57
Le système éjecte
automatiquement le DVD
ou le CD-Rom d'installation.

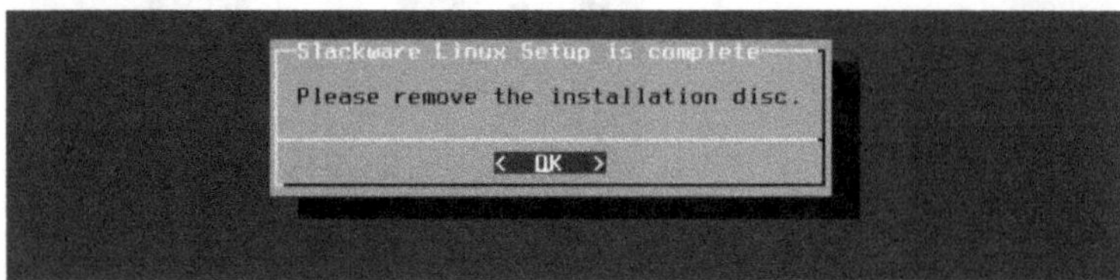

Figure 3–58
L'installation est terminée.
Choisissez « Yes »
pour redémarrer la machine.

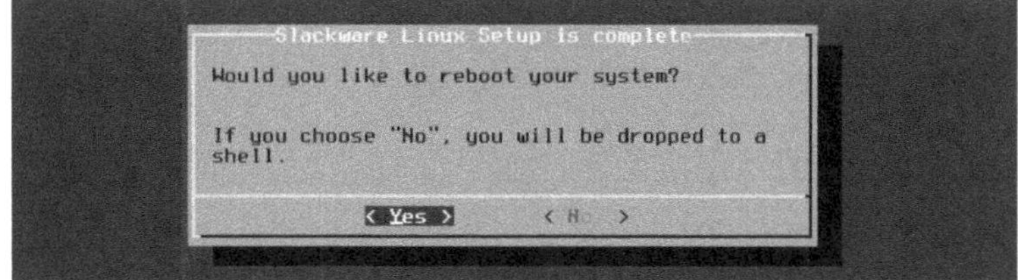

L'ordinateur redémarre et vous affiche tout d'abord l'écran du chargeur de démarrage. Le réglage par défaut prévoit un temps d'attente de deux minutes avant le lancement automatique du système. Nous verrons plus loin comment écourter ce délai de façon permanente. En attendant, appuyez simplement sur *Entrée* pour lancer le démarrage de votre machine.

Figure 3–59
Appuyez sur « Entrée » pour éviter
d'attendre deux minutes avant
le démarrage du système.

Les messages d'initialisation de votre nouveau système Slackware défilent l'un après l'autre sur l'écran. Ne vous inquiétez pas si vous n'y comprenez rien, même si vous voyez passer l'un ou l'autre message *error quelquechose*. Ne vous tracassez pas non plus si la police d'affichage de votre console vous paraît un peu trop petite. Essayez de faire avec en attendant que nous voyions plus loin comment régler ce paramètre.

Au terme de l'initialisation du système, vous vous retrouvez confronté à un message qui ressemble à peu de choses près à ceci :

```
Welcome to Linux 4.4.14 (tty1)

slackbox login: _
```

Pour l'instant, nous ne disposons que du seul compte root. C'est donc cette identité que nous utilisons pour nous connecter au système. Là encore, le mot de passe ne s'affiche pas lors de la saisie :

```
slackbox login: root
Password: *********
Linux 4.4.14.
You have mail.

Dyslexics have more fnu.

root@slackbox:~# _
```

Vous voilà « comme le bœuf devant la nouvelle porte de l'étable », comme on dit dans mon pays natal. C'est donc ça, Linux ? Une télé noir et blanc tombée en panne, avec un truc qui clignote bizarrement en bas de l'écran ?

Patientez encore un peu, nous allons bientôt nous retrouver dans un environnement graphique.

Configuration post-installation sommaire

Notre système installé en mode « poule » nécessite encore quelques petites manipulations avant d'être fonctionnel.

Définir les utilisateurs de la machine

Lors de la définition du mot de passe pour l'administrateur, nous avons distingué les deux types d'utilisateurs pour un système Linux. Le moment est venu de créer un utilisateur du « commun des mortels » pour la machine. Sur un système Slackware, le programme interactif adduser s'acquitte facilement de cette tâche :

```
root@slackbox:~# adduser
```

La première information que vous devez fournir à adduser, c'est l'identifiant *(login name)* du nouvel utilisateur. Il existe une série de règles et de conventions sur les systèmes Linux en ce qui concerne les noms d'utilisateur :

- Il est **interdit** d'utiliser les caractères spéciaux et les espaces.
- Préférez les lettres minuscules. C'est une convention et rien ne vous empêche théoriquement d'utiliser des majuscules.
- Un nom d'utilisateur est généralement composé de la première lettre (initiale) du prénom, suivie du nom de famille. Là aussi, c'est une recommandation et vous n'êtes pas obligé de vous y tenir.

Si nous respectons ces règles, l'utilisateur Gaston Lagaffe utilisera donc le nom d'utilisateur glagaffe. Jacques Martin s'identifiera sur le système en tant que jmartin et le *login* de Jean-Kévin Tartempion ressemblera à quelque chose comme jktartempion.

Rien ne vous oblige pourtant à être aussi strict dans la définition du nom d'utilisateur. Kiki Novak pourra préférer `kikinovak` à `knovak`, Jean-Kévin Tartempion favorisera `warlordz` ou `nemesis`, Gaston Lagaffe utilisera un simple `gaston` et rien n'empêchera Jean-Philippe Smet de s'identifier en tant que `johnny`, plus incisif que `jpsmet`.

```
Login name for new user []: kikinovak
```

À partir de là, la création de l'utilisateur se déroulera également en mode « poule », dans le sens où nous nous contentons d'accepter les valeurs proposées par défaut par `adduser`. Le numéro identifiant de l'utilisateur *(User ID* ou *UID)*, c'est en quelque sorte l'équivalent de votre numéro de sécurité sociale dans la vie quotidienne. Sur un système Linux, chaque utilisateur est associé à un UID unique qui l'identifie sans ambiguïté. Confirmez simplement par *Entrée* et `adduser` se chargera de vous en choisir un :

```
User ID ('UID') [ defaults to next available ]:
```

Chaque utilisateur est membre de groupes, qui définissent la politique d'accès à certaines parties du système et des données. À titre d'exemple, si dans la vie de tous les jours, vous êtes membre du Club d'Escalade de Clarensac, vous avez le droit d'utiliser le mur d'escalade du gymnase de Clarensac le lundi, le mardi et le jeudi. Si vous êtes inscrit au Club de Judo de Montpezat, vous avez accès au tatami tous les mardi et vendredi. De façon similaire, un utilisateur Linux pourra être membre d'une série de groupes, par exemple `audio`, `plugdev`, `lp` ou `scanner`, ce qui lui permettra d'utiliser la carte son, les périphériques amovibles, l'imprimante, le scanner et ainsi de suite.

`users` est le groupe initial par défaut d'un utilisateur sous Slackware, un peu comme lorsqu'en France, vous avez d'abord la nationalité française ou le droit de vote avant d'adhérer à une série d'associations ou de clubs locaux. Là encore, confirmez simplement par *Entrée* :

```
Initial group [ users ]:
```

La prochaine étape concerne l'ajout de l'utilisateur aux groupes supplémentaires. Prenez garde à ne pas simplement confirmer par *Entrée*, cela aurait pour effet de n'ajouter l'utilisateur à aucun groupe supplémentaire. Ce serait considérablement handicapant dans l'utilisation de son poste de travail, étant donné qu'il n'aurait pratiquement pas le droit d'accéder à ses périphériques :

```
Press ENTER to continue without adding any additional groups
Or press the UP arrow key to add/select/edit additional groups :
```

Ici, appuyez sur la touche *FlècheHaut (UP arrow key)* pour faire apparaître la liste des groupes dont l'utilisateur peut raisonnablement être membre, puis confirmez l'ensemble des groupes par *Entrée* :

```
Press ENTER to continue without adding any additional groups
Or press the UP arrow key to add/select/edit additional groups :  audio cdrom floppy
plugdev video power netdev lp scanner
```

Les trois prochaines étapes concernent la définition de votre répertoire d'utilisateur (/home/
<identifiant>), le choix de votre interpréteur de commandes (/bin/bash) et la date d'expira-
tion de votre compte (*Never*, c'est-à-dire jamais). Une fois que vous avez confirmé ces valeurs
par défaut, adduser vous affiche un petit récapitulatif de la création du compte :

```
New account will be created as follows:

---------------------------------------
Login name.......: kikinovak
UID.............: [ Next available ]
Initial group....: users
Additional groups: audio,cdrom,floppy,plugdev,video,power,
                   netdev,lp,scanner
Home directory...: /home/kikinovak
Shell...........: /bin/bash
Expiry date......: [ Never ]

This is it... if you want to bail out, hit Control-C.  Otherwise, press
ENTER to go ahead and make the account.
```

Prenez un moment pour vérifier ces informations. Si vous voyez une erreur – par exemple si
les groupes supplémentaires n'apparaissent pas – la combinaison de touches *Ctrl+C* interrompt
l'opération et vous invite à recommencer. Si tout vous semble correct, appuyez sur *Entrée* pour
lancer la création du compte :

```
Creating new account...
```

Saisissez votre nom complet *(Full Name)*. Ici en revanche, vous pouvez utiliser tous les caractères spéciaux que vous voulez : voyelles accentuées, espaces, majuscules, peu importe :

```
Changing the user information for kikinovak
Enter the new value, or press ENTER for the default
    Full Name []: Kiki Novak
```

Ensuite, adduser vous pose une série de questions qui peuvent sembler indiscrètes. Non, il ne
s'agit pas d'un quelconque enregistrement obligatoire en ligne comme ceux auxquels le
monde du logiciel propriétaire a pu nous habituer. Unix – le système d'exploitation ancestral
dont Linux est un clone libre – a tout simplement été créé dès le début comme système
multi-utilisateur à une époque où les ordinateurs étaient réservés aux entreprises et aux universités. Les champs comme Room Number, Work Phone ou Home Phone sont avant tout censés permettre aux différents utilisateurs d'échanger des informations sur eux-mêmes. Et il est parfaitement licite de ne rien indiquer du tout en appuyant plusieurs fois de suite sur *Entrée* :

```
    Room Number []:
    Work Phone []:
    Home Phone []:
    Other []:
```

Enfin, il ne vous reste plus qu'à définir un mot de passe pour votre utilisateur, comme vous avez pu le faire pour root :

```
Changing password for kikinovak
Enter the new password (minimum of 5 characters)
Please use a combination of upper and lower case letters and numbers.
New password: ********
Re-enter new password: ********
passwd: password changed.

Account setup complete.
```

Maintenant que l'utilisateur est créé, nous allons tout d'abord nous déconnecter de root, ce qui nous ramène à l'invite de connexion initale :

```
root@slackbox:~# logout

Welcome to Linux 4.4.14 (tty1)

slackbox login: _
```

Ensuite, nous allons utiliser notre nouveau compte pour nous connecter :

```
slackbox login: kikinovak
Password: ********
Linux 4.4.14.
No mail.

kikinovak@slackbox:~$ _
```

Derniers réglages et lancement de Xfce

Vérifions tout d'abord si Xfce est bien défini comme environnement graphique par défaut pour l'utilisateur :

```
kikinovak@slackbox:~$ xwmconfig
```

L'écran de sélection de xwmconfig est le même que celui que vous avez utilisé lors de l'installation. Si nous l'invoquons à nouveau ici, c'est qu'il est théoriquement possible de définir une session graphique différente pour chaque utilisateur. Vérifiez si votre gestionnaire par défaut est bien *xinitrc.xfce – The Cholesterol Free Desktop Environment* et confirmez par *OK*.

Nous verrons plus loin comment franciser définitivement l'ensemble de l'environnement graphique. En attendant, nous pouvons déjà définir le français comme langue par défaut pour la durée de la session, en invoquant la commande suivante :

```
kikinovak@slackbox:~$ LANG=fr_FR.utf8
```

Attention, recopiez bien la commande telle quelle, c'est-à-dire sans le moindre espace et avec un sous-tiret (*underscore* ou « tiret huit ») entre `fr` et `FR`.

À présent, retenez votre souffle et démarrez l'interface graphique :

```
kikinovak@slackbox:~$ startx
```

Si tout se passe bien, une fenêtre graphique s'affiche et vous demande si vous préférez *Utiliser les paramètres par défaut* ou *Un tableau de bord vide*. Optez pour les paramètres par défaut, faute de quoi il manquera quelques composants essentiels à votre bureau.

Figure 3–60
Utilisez les paramètres par défaut.

Le bureau Xfce s'affiche enfin dans toute sa splendeur, si l'on peut dire. Nous verrons plus loin comment nous y prendre pour corriger son aspect austère et le rendre plus agréable à l'œil. Lisez le prochain chapitre pour une première prise en main de cet environnement.

Figure 3–61
Le bureau Xfce dans
sa configuration par défaut.

4

Premier contact
avec le plan de travail

Notre poste de travail Linux flambant neuf vous rappelle peut-être de près ou de loin le système Windows ou Mac OS X auquel vous étiez habitué. C'est un peu comme si vous découvriez un plat exotique. Certains détails familiers vous rassurent, d'autres vous semblent vaguement inquiétants. Le moment est venu de faire un petit tour d'horizon.

Découvrir le bureau Xfce

Ouvrir et fermer une session

À l'issue du redémarrage initial, nous nous sommes identifiés, nous avons défini le français comme langue de travail (`LANG=fr_FR.utf8`) et nous avons lancé notre interface graphique (`startx`). La procédure peut vous paraître artisanale et peu élégante.

- L'invocation manuelle de la commande `LANG=fr_FR.utf8` à chaque fois que vous démarrez le PC constitue une solution provisoire pour que votre bureau s'affiche en français. Nous verrons plus loin comment définir la langue de travail une fois pour toutes, au niveau du système.

- De même, la nécessité d'invoquer la commande `startx` pour démarrer le bureau n'est que temporaire, étant donné que nous ne disposons pas encore de gestionnaire de connexion graphique. Précisons qu'il ne s'agit nullement d'une quelconque connexion à Internet. Par

« connexion », le système entend que l'utilisateur (en l'occurrence vous, un collègue de travail ou un membre de votre famille) se connecte à la machine pour travailler.

Même si on l'aime, on va quand même commencer par apprendre à quitter l'environnement graphique. Repérez votre nom d'utilisateur en haut à droite de l'écran et cliquez dessus pour accéder au menu qui vous permet de redémarrer ou d'éteindre la machine ou de vous déconnecter de votre session. L'option *Déconnexion* signifie que l'utilisateur quitte sa session graphique et qu'il revient en mode console. Il suffit alors de réinvoquer `startx` pour relancer Xfce.

Figure 4–1
Un clic sur votre nom en haut à droite de l'écran permet de quitter la session Xfce.

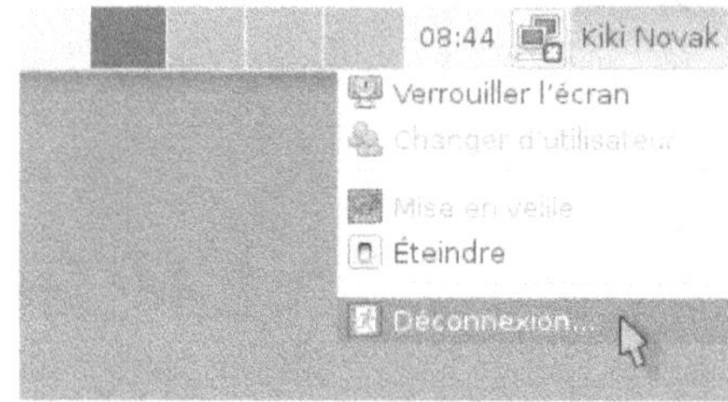

Figure 4–2
Le bouton Déconnexion vous ramène en mode console.

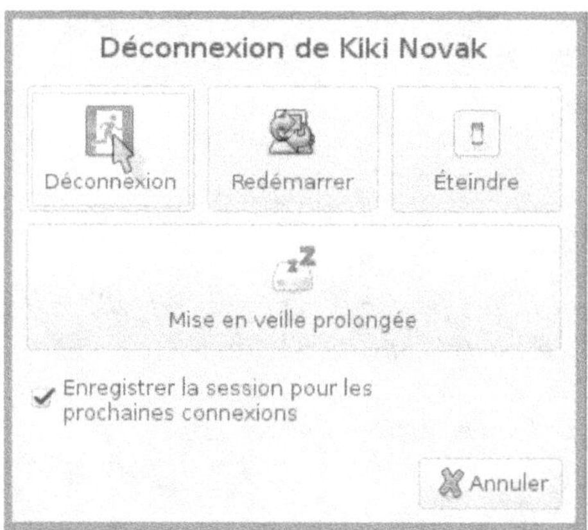

Premières impressions

Le bureau Xfce (*XForms Common Environment*, pour les lecteurs qui regretteront instantanément leur curiosité) a été fondé en 1996 par le français Olivier Fourdan pour cloner l'environnement Unix CDE, dans le but de fournir un contexte graphique intuitif, rapide et peu gourmand en ressources matérielles.

Dans sa configuration par défaut, Xfce affiche deux tableaux de bord (également appelés *panneaux*) en haut et en bas de l'écran.

Le menu *Applications* en haut à gauche de l'écran donne accès non seulement aux applications du système, comme son nom le suggère, mais également à l'ensemble des paramètres du bureau. La partie centrale du tableau de bord supérieur affiche une barre des tâches, qui permet de basculer entre toutes les fenêtres qui s'affichent. Le côté droit contient une zone de notifications censée afficher des informations sur le système comme l'heure ou l'état de la connexion réseau. Un sélecteur de bureaux sert enfin à basculer entre quatre bureaux virtuels.

 CDE, l'ancêtre de Xfce

CDE (ou *Common Desktop Environment*) a été développé en 1993 par Sun Microsystems, qui l'a utilisé comme environnement graphique par défaut sur ses stations de travail Solaris.

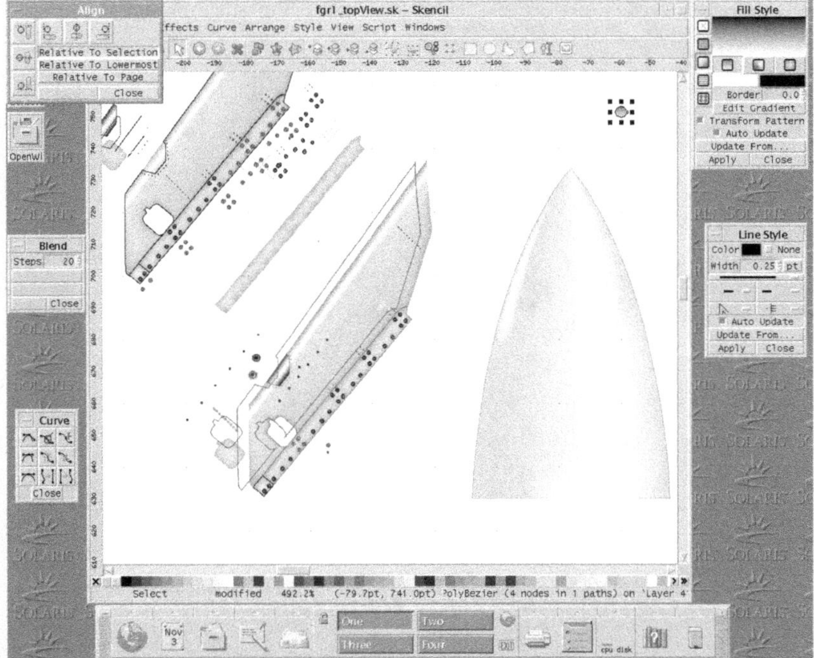

Figure 4–3 CDE, un bureau Unix datant de 1993

Le code source du bureau CDE a été libéré à l'été 2012 et publié sur le site Sourceforge. Les nostalgiques de CDE et autres fans de bureaux « rétro » peuvent donc désormais l'installer sur leur ordinateur.

▸ http://sourceforge.net/projects/cdesktopenv/

En bas de l'écran, le tableau de bord inférieur ressemble vaguement au *dock* de Mac OS X redessiné par un informaticien est-allemand des années 1970. Plusieurs lanceurs ouvrent rapidement les applications les plus courantes, mais sans le moindre effet graphique.

Quelques retouches initiales

Habituellement, le premier souci de tout nouvel utilisateur Linux, c'est d'apporter une touche personnelle à son environnement de travail.

Peut-être que l'apparence « Windows 2000 » par défaut de Xfce vous semble un peu tristounette. Nous verrons plus loin dans cet ouvrage comment donner à votre bureau un aspect digne de celui des concurrents Windows 10 ou Mac OS X, avec des effets d'ombre et de semi-transparence et tout le *bling bling*. En attendant, nous pouvons déjà apporter un petit relooking initial à notre environnement.

Dans le menu *Applications*, ouvrez la rubrique *Paramètres* et cliquez sur le *Gestionnaire de paramètres*. Alternativement, la rubrique du menu permet d'accéder directement à tous les modules individuels : *Apparence*, *Applications favorites*, *Bureau*, etc.

Figure 4–4
Le gestionnaire de paramètres
donne accès à toutes
les options personnalisables
de l'environnement graphique.

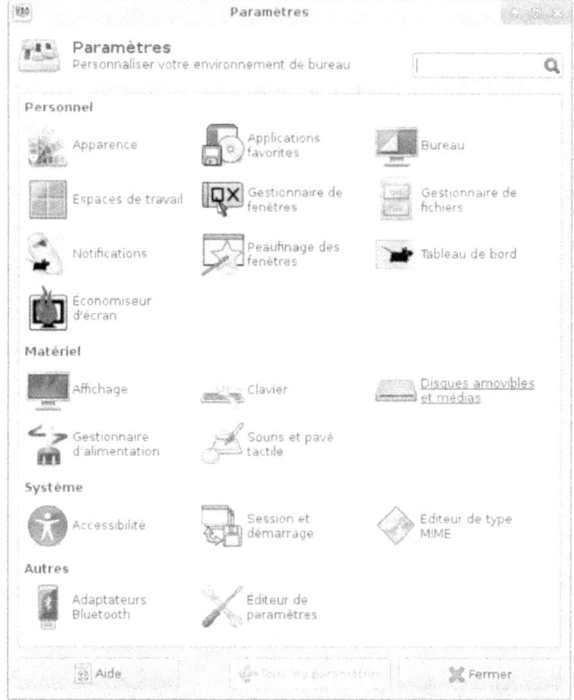

Ouvrez le module *Apparence* et choisissez un *Style* pour vos fenêtres, autrement dit un thème de couleurs pour l'habillage des applications. Prenez votre temps pour les passer en revue. Essayez *Xfce-redmondxp* pour singer les couleurs de Windows XP, ou *Xfce-dusk* pour un aspect très nocturne et *geek* quoique peu lisible. Peut-être bien que vous reviendrez au style *Adwaita* défini par défaut, sobre et agréable à l'œil.

L'onglet *Icônes* du même module sert à sélectionner un thème d'icônes pour l'ensemble du bureau. L'installation par défaut ne comporte que trois thèmes : *Adwaita*, *HighContrast* et *Tango*. Essayez de basculer sur ce dernier, moins terne que le thème *Adwaita* par défaut. Le thème *HighContrast* a été conçu spécialement pour les utilisateurs malvoyants. Nous verrons plus loin dans ce livre comment installer des jeux d'icônes « dernier cri » comme Elementary, Numix ou Faenza.

L'onglet *Style* du module *Gestionnaire de fenêtres* définit les décorations de fenêtres. La version 4.12 de Xfce a considérablement réduit le nombre de thèmes disponibles et n'en propose plus qu'une demi-douzaine. Essayez-les tous avant de vous décider pour celui qui vous convient le mieux. Là encore, le thème par défaut est assez réussi.

Figure 4–5
L'onglet Style du module Apparence permet de définir un thème pour les fenêtres.

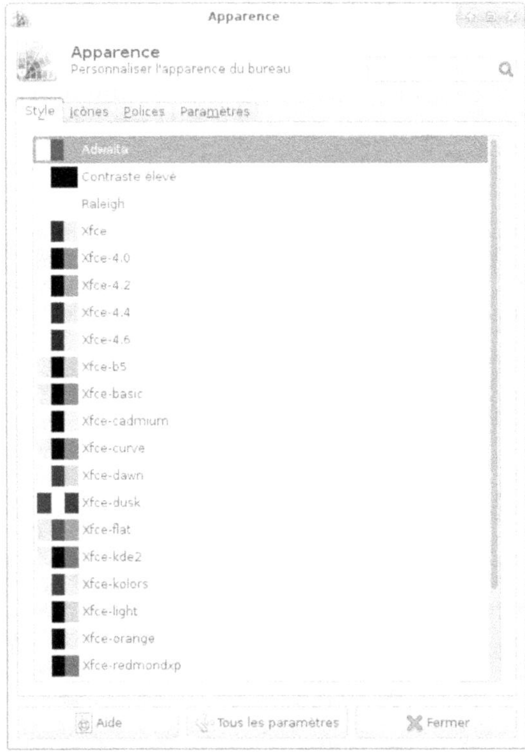

Figure 4–6
Si le jeu d'icônes Adwaita installé par défaut ne vous convient pas, essayez le thème Tango.

L'onglet *Thème* du module *Souris et pavé tactile* modifie le curseur de la souris. Si vous trouvez que le pointeur noir par défaut n'est pas ce qu'il y a de plus esthétique, essayez le thème *white-glass*, blanc légèrement translucide et agréable à l'œil.

Figure 4–7
L'onglet Style permet
de sélectionner le jeu
de décorations de fenêtres.

Figure 4–8
Configurez le thème du pointeur
de la souris.

En dehors de l'aspect esthétique, une retouche purement fonctionnelle s'impose ici. Nous n'avons pas encore eu l'occasion de saisir du texte, ce qui nous a évité le constat consternant que la disposition de notre clavier se trouve soudainement changée en QWERTY américain, au lieu de l'AZERTY défini pendant l'installation. C'est que le système Linux utilise des paramétrages séparés pour les dispositions clavier en mode graphique et en mode console. Nous verrons plus loin comment régler ces paramètres de manière globale, c'est-à-dire qui affecte tous les utilisateurs du système. En attendant, le gestionnaire de paramètres nous laisse choisir la disposition clavier souhaitée.

Figure 4–9
L'environnement graphique vous
a fait basculer en clavier QWERTY.
Revenez en AZERTY à l'aide
du module Clavier du gestionnaire
de paramètres.

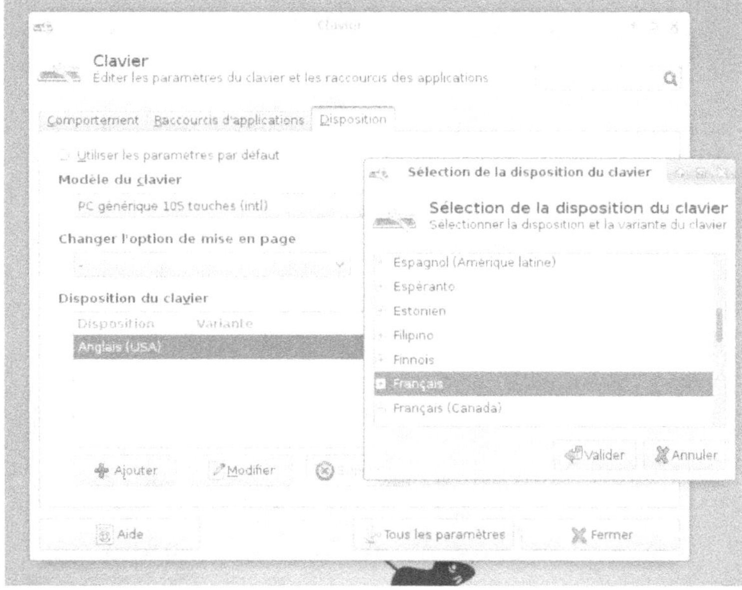

Ouvrez le module *Clavier* et activez l'onglet *Disposition*. Décochez l'option *Utiliser les paramètres par défaut*, ce qui a pour effet de déverrouiller l'accès à la section *Disposition du clavier*. Sélectionnez *Anglais (USA)* et cliquez sur *Modifier*. Dans le module qui s'ouvre, il ne vous reste plus qu'à sélectionner *Français* pour un clavier AZERTY, puis *Valider*.

Nous allons laisser là les ajustements initiaux et aborder la prise en main du système Linux à proprement parler. Essayons d'apprécier l'esthétique légèrement améliorée de notre bureau en attendant de nous familiariser avec les outils de base. Nous verrons plus loin comment peaufiner l'aspect de notre environnement de travail à notre guise, jusque dans les moindres détails.

Le menu Applications

Le menu *Applications* en haut à gauche de l'écran sert à lancer des applications.

VOUS VENEZ DE WINDOWS **Le menu Applications**

C'est l'équivalent du menu *Démarrer* de Windows, à la différence près que ce dernier se situe généralement en bas de l'écran.

Cliquez dessus pour le déplier et afficher les catégories de logiciels, puis cliquez sur le logiciel que vous souhaitez lancer. Les applications les plus courantes offrent en plus un accès rapide, en haut du menu.

Figure 4–10
Le menu des applications de Xfce.

Repérer les applications de base

Dans les pages à venir, nous utiliserons en tout et pour tout trois applications, qui constitueront nos ustensiles de base, en quelque sorte :

- Le navigateur de fichiers Thunar (*Applications>Gestionnaire de fichiers*). C'est l'équivalent de l'Explorateur Windows et du Finder de Mac OS X.
- L'éditeur de texte GVim (*Applications>Autres>Vi IMproved*). Notez que GVim nous servira sporadiquement à visualiser le contenu d'une série de fichiers en lecture seule. Pour l'édition à proprement parler, nous aborderons Vim dans le chapitre suivant.
- L'émulateur Xfce Terminal (*Applications>Émulateur de Terminal*). Cette application fait la même chose que le Terminal de Mac OS X (bien dissimulé dans *Applications>Utilitaires*) ou l'invite de commandes DOS de Windows – même si comparer cette dernière et une invite de commandes Linux, c'est un peu comme le fils de mon voisin qui gare sa trottinette à côté de ma vieille BMW 750 et qui m'annonce fièrement : « Moi aussi j'ai un deux-roues ! »

Manipuler les fenêtres

En ce qui concerne la gestion des fenêtres, l'environnement de bureau Xfce fonctionne de façon quasi analogue à ses deux principaux concurrents propriétaires. En tout cas, il y a de fortes chances que les boutons de fenêtres vous semblent vaguement familiers.

Figure 4–11
Un air de famille

Il n'est peut-être pas inutile de rappeler quelques principes de base dans la manipulation des fenêtres, qui ne semblent pas toujours bien assimilés même chez des personnes qui utilisent l'outil informatique au quotidien.

- Le bouton de droite, symbolisé par une croix, ferme une application et/ou une fenêtre. Lorsque vous fermez (ou « quittez ») une application, elle cesse d'accaparer une portion de mémoire vive de la machine.

- Le bouton de gauche, figuré par un trait horizontal, réduit une fenêtre. Dans ce cas, l'application n'est pas fermée. Elle continue toujours de « tourner » et son état « réduit » est symbolisé par un onglet dans la barre des tâches.

- Le bouton du milieu bascule entre deux états : maximisé ou réduit à une portion de l'écran. Selon l'état « actif », il est symbolisé par un voire deux carrés.

La capture d'écran ci-après montre deux applications ouvertes simultanément, chacune étant symbolisée sur la partie supérieure de l'écran par un onglet dans la barre des tâches. Un simple clic sur l'un de ces onglets réduit ou restaure la fenêtre correspondante.

Figure 4–12
La manipulation des fenêtres n'a rien de dépaysant si vous avez déjà travaillé avec d'autres systèmes.

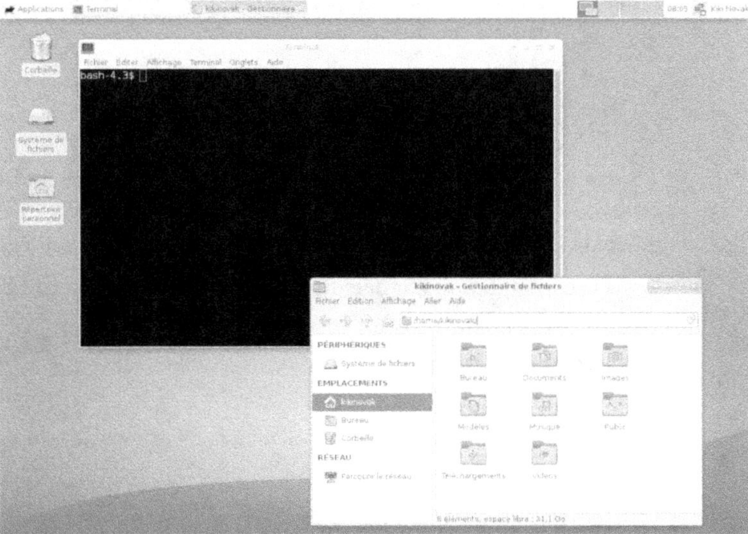

Figure 4–13
Tout comme sous Windows, le raccourci clavier Alt+Tab bascule confortablement entre les fenêtres.

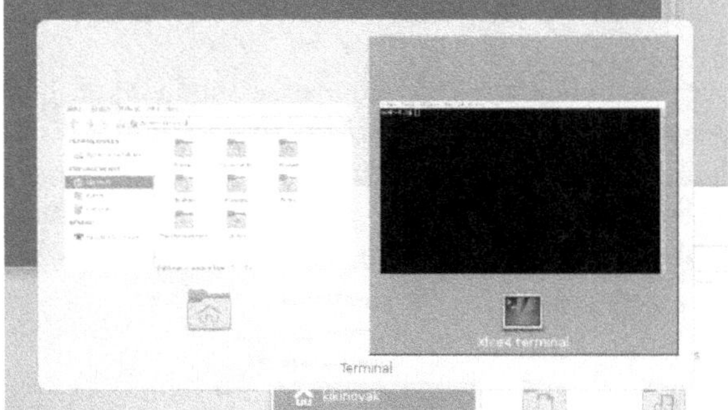

Fort de ce savoir, n'hésitez pas à vous entraîner un peu si vous n'avez pas trop l'habitude. Ouvrez des applications, fermez-les, réduisez-les, maximisez-les et faites-les basculer alternativement en avant-plan et en arrière-plan.

> ATTENTION **Réduire n'est pas fermer !**
>
> L'erreur la plus commune consiste à confondre les fonctions *Réduire* (le trait horizontal) et *Fermer* (la croix). La prochaine fois que vous lancerez dix-sept instances du navigateur de fichiers, cinq fois le même traitement de texte et onze navigateurs web et que votre barre des tâches se remplira d'une multitude de petits onglets qui se bousculeront toujours plus, vous comprendrez probablement pourquoi votre PC est devenu un petit peu « dur de la feuille ». La lenteur soudaine des opérations, si l'on peut dire, s'explique par le fait que chacune des fenêtres occupe une portion de votre mémoire vive. Lorsque cette dernière arrive à saturation, votre système est obligé de déplacer les opérations de lecture/écriture de la mémoire vive vers la partition d'échange du disque dur (la partition *swap*). Cela évite les blocages du système dans ce genre de cas de figure.

Le navigateur de fichiers Thunar

Thunar est un navigateur de fichiers développé par l'allemand Benedikt Meurer. Il a été officiellement intégré à Xfce depuis la version 4.4, en remplacement de l'horrible Xffm. Thunar reflète la philosophie générale de Xfce dans le sens où il est léger, rapide et fonctionnel.

Dans la configuration par défaut, il existe pas moins de sept manières de lancer Thunar :

* par l'accès rapide *Applications>Gestionnaire de fichiers* ;
* dans les deux rubriques *Accessoires* et *Système* ;
* en double-cliquant sur une des icônes *Répertoire personnel* et *Système de fichiers* du bureau ;
* via un simple clic sur l'une des deux icônes respectives du tableau de bord inférieur.

Configuration sommaire de Thunar

Rendons-nous dans l'interface de configuration de Thunar en cliquant sur *Édition>Préférences*.

L'interface de configuration de Thunar se subdivise en quatre onglets (*Affichage*, *Panneau latéral*, *Comportement*, *Avancé*), chacun proposant une série d'options. Ici comme ailleurs, nous allons progressivement acquérir le réflexe de ne pas nous laisser happer par la nausée devant l'abondance. Au lieu de cela, nous ferons au mieux en repérant les deux ou trois options qui présentent un intérêt pratique immédiat.

Figure 4–14
Accès à l'interface de configuration
de Thunar

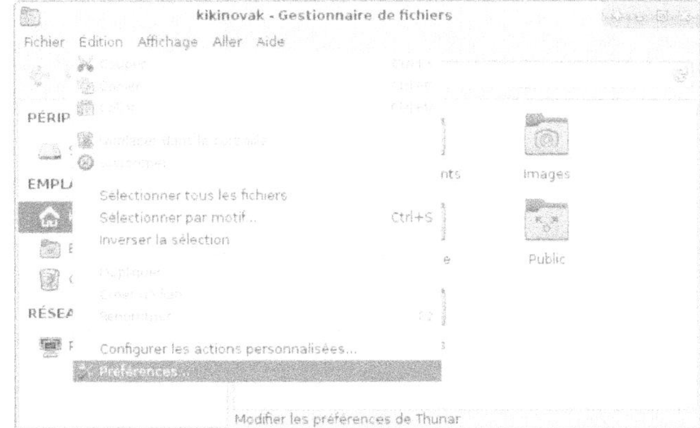

VOUS VENEZ DE WINDOWS OU DE MAC OS X **Préférences**

En écrasante majorité, les applications graphiques sous Linux se configurent ainsi, un peu comme avec *Outils>Options* sous **Windows** ou *Menu Pomme>Préférences* sous **Mac OS X**.

Figure 4–15
Vue en icônes ou en liste ?

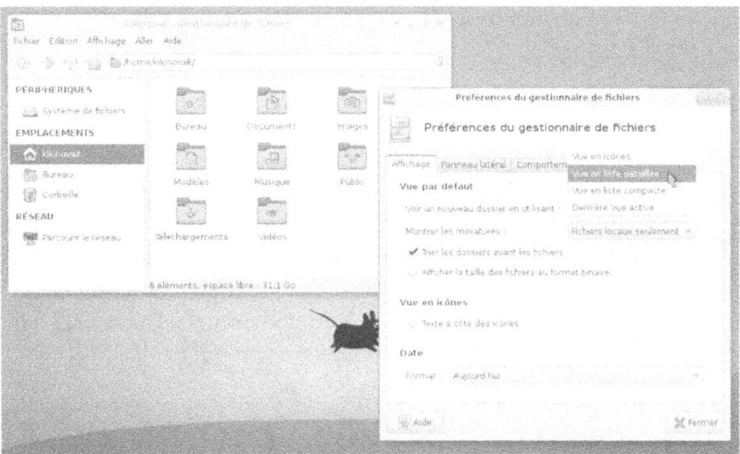

Dans l'onglet *Affichage*, la rubrique *Vue par défaut* propose le choix entre différents modes d'affichage, les deux principaux étant *Vue en icônes* et *Vue en liste détaillée*. Essayez les deux pour voir celui qui vous convient le mieux. Fermez et relancez Thunar pour que les changements prennent effet.

Le mode d'affichage peut également être modifié ponctuellement par le biais du menu *Affichage*. Le choix que vous effectuez ici n'est pas défini de façon permanente ; autrement dit, Thunar reviendra au mode d'affichage défini par défaut au prochain lancement.

Avant d'aller plus loin, arrêtons-nous un instant pour apporter quelques clarifications.

Figure 4–16
Le mode « Liste détaillée » offre un
affichage plus compact par défaut.

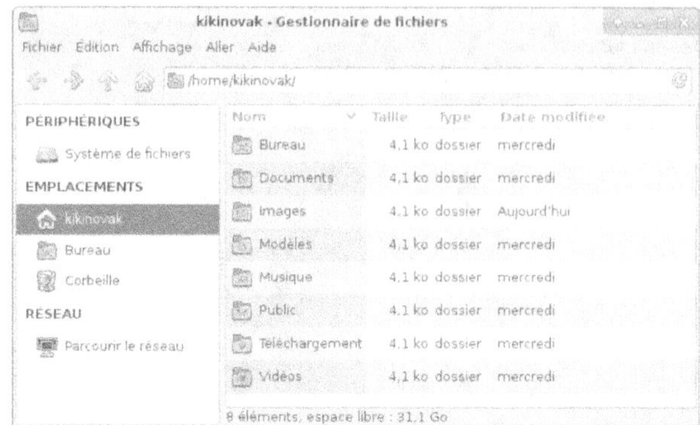

Où suis-je ?

Parmi les questions que peuvent se poser les utilisateurs de Windows qui viennent de passer à Linux, voici les plus fréquentes :

- « Lorsque je viens de me connecter au système, où est-ce que je me retrouve ? »
- « Où sont mes fichiers et mes documents ? »
- « Où est mon lecteur `C:` ? »

Une structure en arborescence

Comme la plupart des systèmes d'exploitation modernes, Linux enregistre tous ses fichiers dans une structure organisée de façon hiérarchique, en arborescence. Imaginez votre système Linux comme un de ces grands classeurs de dossiers qu'on voit dans les bureaux. Ce genre de meuble se subdivise en tiroirs, chaque tiroir pouvant contenir une série de classeurs qui renferment des documents ou d'autres classeurs à leur tour. La métaphore est rudimentaire, mais elle vous permettra de vous faire une première idée.

Naviguer dans les répertoires

Pour « naviguer » dans ce meuble, nous ouvrons et fermons des tiroirs, nous compulsons des classeurs à la recherche d'un document, nous les refermons pour en ouvrir d'autres, puis nous cherchons dans un autre tiroir et ainsi de suite. De façon similaire, nous disposons essentiellement de deux moyens pour nous déplacer dans notre système de fichiers :

- soit nous « entrons » dans un répertoire ou un sous-répertoire en double-cliquant sur l'icône qui le représente ;

Figure 4–17
Pour entrer dans un répertoire,
double-cliquez sur son icône.

- soit nous « sortons » d'un répertoire, c'est-à-dire que nous montons d'un cran dans l'arborescence pour nous rendre dans le répertoire parent, en cliquant sur le bouton *Répertoire parent*, avec le menu *Aller>Ouvrir le dossier parent*, ou encore à l'aide du raccourci clavier correspondant *Alt+FlècheHaut*.

Figure 4–18
Remontez d'un cran vers le répertoire parent.

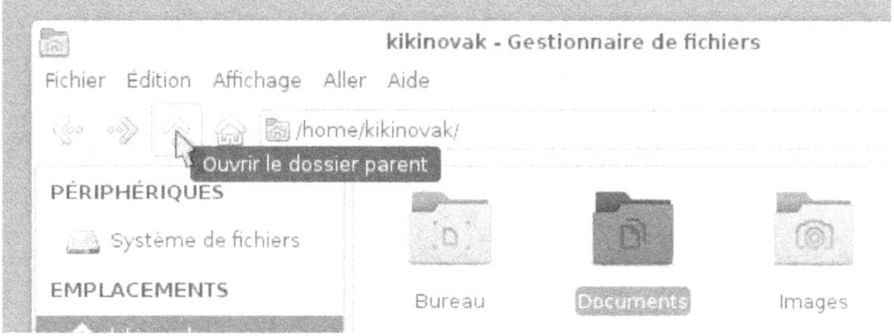

MÉTAPHORE **Le principe des poupées russes**

Une métaphore autrement parlante pourra venir compléter votre vision du système de fichiers : celle des poupées russes. Vous connaissez certainement le principe des poupées gigognes qui s'emboîtent les unes dans les autres.

Dans un système Linux comme dans d'autres systèmes, chaque répertoire peut ainsi contenir d'autres répertoires, contenant eux-mêmes des sous-répertoires, jusqu'à ce qu'on arrive au bout de la hiérarchie.

Figure 4–19 Le principe des poupées russes

Home sweet home

En partant de votre répertoire d'utilisateur, montez d'un cran dans le répertoire /home. Vous y verrez le dossier correspondant à l'utilisateur créé lors de l'installation. Si nous avions créé les comptes de kikinovak, glagaffe et jktartempion sur le même système, chacun d'eux disposerait ici de son propre répertoire d'utilisateur. Kiki Novak rangerait sa documentation technique et ses articles dans /home/kikinovak, Gaston Lagaffe organiserait ses blagues et vidéos dans /home/glagaffe et Jean-Kevin pourrait stocker ses albums et ses films piratés dans les sous-répertoires de /home/jktartempion.

Figure 4–20
Chaque utilisateur dispose de son
propre répertoire.

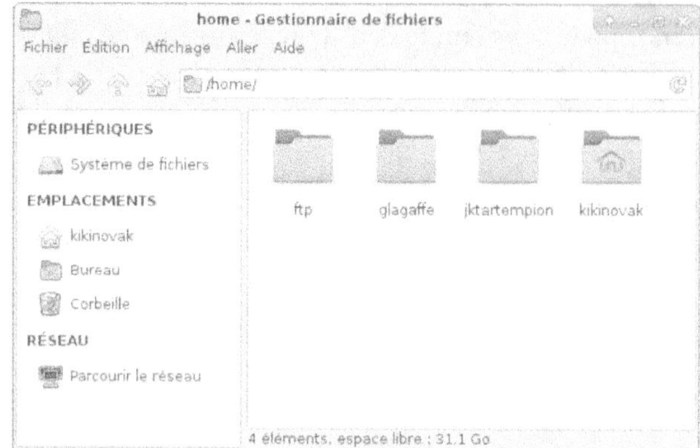

Nous verrons la gestion des utilisateurs dans le chapitre 6.

Sécurité **Accès refusé !**

Chaque utilisateur ne peut accéder qu'à ses propres fichiers, du moins dans la configuration par défaut
du système. Cela évite des situations du genre : « Papa, j'ai effacé ton dossier Documents, j'espère que ce
n'était pas important » ou « Maman, je t'interdis de lire mon fichier JournalIntime.odt ».

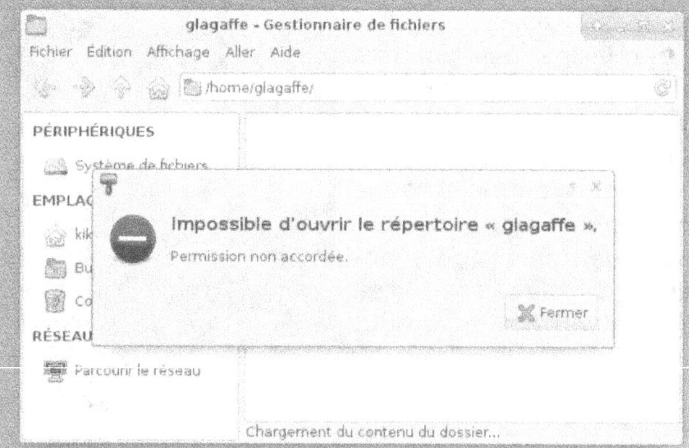

Figure 4–21   Un système multi-utilisateur doit garantir la confidentialité des données.

Naviguer avec les boutons

Thunar dispose d'un mode de navigation alternatif. Pour l'activer, basculez le mode d'affichage
avec *Affichage>Sélecteur d'emplacement>Style de barre de chemin* et repérez les boutons de navigation qui s'affichent juste au-dessus de la fenêtre principale. Selon la taille de la fenêtre, il vous
faudra éventuellement cliquer sur les petites flèches à droite ou à gauche pour les afficher tous.
Une fois que vous avez « pris le pli », ces boutons vous permettent de vous déplacer très rapidement, notamment lorsqu'il s'agit de remonter de plusieurs crans dans les répertoires.

Figure 4–22
Utilisez les boutons pour naviguer
plus rapidement.

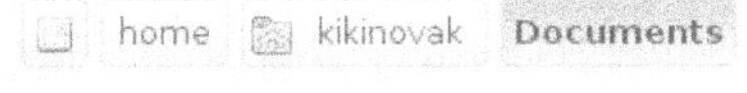

Visite guidée du système en dix minutes

Vous avez peut-être déjà vu ces cars de touristes japonais, ornés du sigle publicitaire *Visit Europe in six days* (Visitez l'Europe en six jours). Le but du jeu de cette formule touristique consiste apparemment à parcourir une moyenne de mille kilomètres par jour pour avoir tout juste le temps de prendre en photo le sourire exténué des compatriotes devant Big Ben, la Tour Eiffel, le Vésuve et la maison natale de Mozart.

C'est un peu dans le même esprit que nous allons entreprendre une première visite sommaire du système, maintenant que nous savons nous déplacer dans les répertoires. Un système Linux comme celui que nous venons d'installer est composé de milliers de répertoires et de sous-répertoires, contenant des dizaines, voire une centaine de milliers de fichiers. Si cette idée vous est insupportable, songez à la découverte d'une grande ville. Mettez-vous dans la peau d'un touriste qui vient passer une semaine à Marseille. La ville est constituée de centaines de rues avec des milliers d'immeubles et des centaines de milliers de gens. Est-ce que cela vous empêchera d'aller vous balader sur la Canebière ou de boire un café au Vieux Port ? Non ? Bon.

Remonter à la racine : /

Dans le navigateur de fichiers, partez de votre répertoire d'utilisateur. Montez d'un cran et vous voilà dans le répertoire /home. Si vous renouvelez l'opération, vous vous retrouvez à la racine du système de fichiers, symbolisée par une barre oblique /. Vous retrouverez ce symbole dans la fenêtre URL qui s'affiche lorsque vous utilisez le raccourci clavier *Ctrl+L* (*Aller>Aller à...*) ou lorsque vous affichez la barre d'URL avec *Affichage>Sélecteur d'emplacement>Style de barre d'outils*.

> B.A.BA **URL**
>
> Une adresse URL (*Uniform Resource Locator* ou « localisateur uniforme de ressource »), c'est plus ou moins une chaîne de caractères qui ressemble à une adresse web.

Pour notre première visite, faites comme les touristes tout juste sortis du car. Regardez tout, prenez des photos, mais ne touchez à rien. Nous reviendrons bientôt pour revoir tout cela en détail.

Les répertoires /bin et /boot

Le répertoire /bin (pour *binaries* ou « binaires ») contient des commandes simples pour tous les utilisateurs et, plus précisément, toutes les commandes dont le système a besoin pour démarrer correctement.

Figure 4–23
La racine du système de fichiers

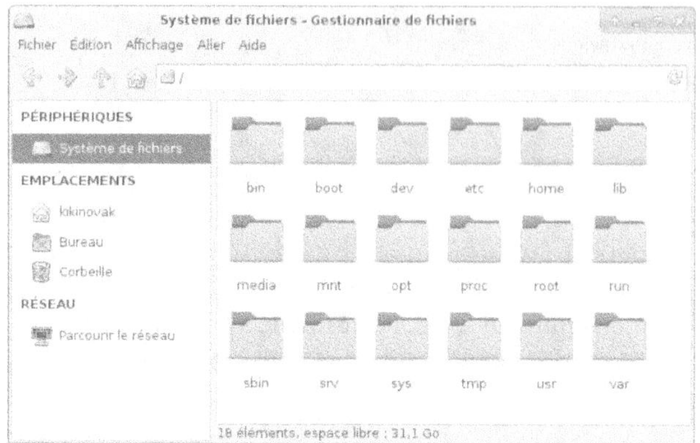

/boot est l'endroit où un système Linux range tout ce qu'il lui faut pour démarrer (*to boot*, « démarrer »). Les fichiers dont le nom commence par vmlinuz sont les différents noyaux de votre machine. Vous pouvez en avoir un seul ou toute une collection au choix. En revanche, vous n'en utiliserez jamais plus qu'un seul à la fois.

> CULTURE **Le noyau**
>
> Non, ce n'est pas un pépin, mais toute distribution de Linux est basée sur un noyau commun, également connu sous sa dénomination anglaise de *kernel* Linux. Comme nous l'avons vu au début de cet ouvrage, c'est la partie du système d'exploitation qui est la plus près de notre matériel.

C'est précisément ce fichier qui est chargé, dès que LILO (*Linux Loader*, le chargeur de démarrage) passe la main au système. LILO est en quelque sorte un logiciel ayant pour seule tâche de démarrer le noyau. Et certains fichiers utilisés par LILO – par exemple le logo de Slackware qui s'affiche lorsque vous allumez votre PC – se trouvent dans /boot. Si cela ne vous évoque pas grand-chose pour l'instant, ne vous tracassez pas. De temps en temps, je me permettrai de vous fournir des aperçus sur les rouages du système, que nous approfondirons en temps et en heure.

Figure 4–24
Strictement parlant, « Linux »
c'est ça !

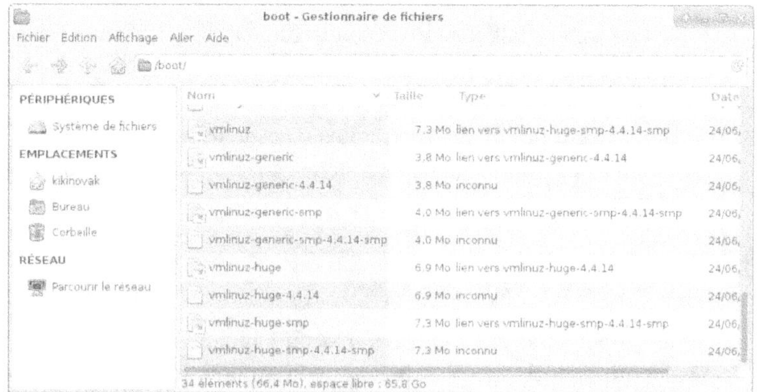

Les répertoires /dev et /etc

Le répertoire /dev (comme *device*, qui signifie « périphérique ») est peuplé d'une multitude de fichiers qui symbolisent chacun un périphérique de votre PC. Repérez, par exemple, /dev/cdrom qui représente votre lecteur CD ou DVD, /dev/input/mouse0 qui désigne votre souris, ou encore /dev/sda qui symbolise votre premier disque dur. Et si jamais vous vous demandez ce que peut bien être /dev/null : c'est le nirvana numérique.

L'étymologie de /etc est controversée. C'est un de ces cas de figure assez fréquents dans la vie quotidienne où l'acceptation erronée a pris le dessus pour devenir monnaie courante[1]. La tradition veut que ETC signifie *Editable Text Configuration*, c'est-à-dire « configuration éditable en mode texte ». Oubliez un instant votre promesse de ne toucher à rien. Dans le répertoire /etc, repérez le fichier passwd et ouvrez-le en double-cliquant sur son icône.

Figure 4–25
La configuration du système s'effectue par le biais de simples fichiers texte.

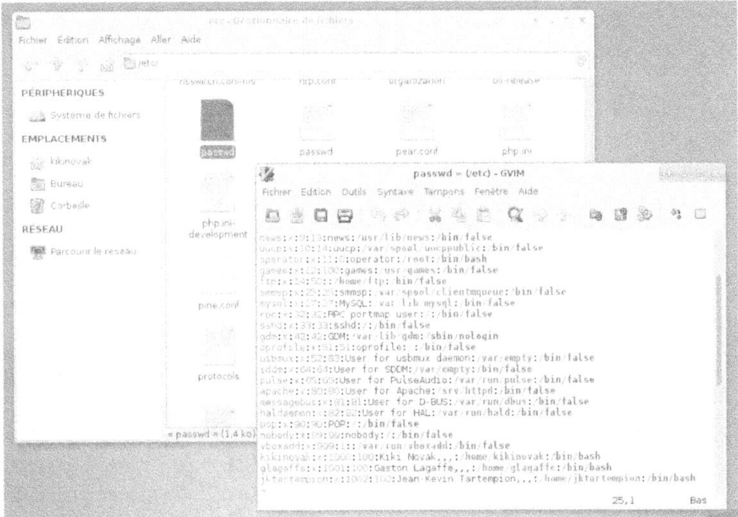

Le fichier s'ouvre avec l'éditeur de texte simple GVim. Descendez vers la fin du fichier et vous y verrez les entrées correspondant aux utilisateurs que vous avez définis. Il n'y a rien là de bien spectaculaire, objecterez-vous en réprimant un bâillement d'ennui. Éh bien, si !

La configuration d'un système Linux – qu'il s'agisse d'un poste de travail comme le vôtre ou d'une ferme de calcul de trois mille machines de la NASA – est stockée dans de simples fichiers de texte humainement lisibles. Il est donc possible de configurer le système en modifiant ces fichiers avec un éditeur de texte comme seul outil. Nous profiterons amplement de cette possibilité dans les prochains chapitres.

---

1. Un peu comme ces jardins « privatifs » que les agents immobiliers cherchent à vous vendre dans l'espoir d'être « rénumérés ».

En comparaison, un système Windows n'offre pas cette transparence. Sur ce dernier, les opérations du système sont retranscrites sous forme de graffitis écrits dans une obscure base de registre, illisible pour un humain.

Si vous êtes curieux, jetez un œil distrait à quelques autres fichiers de ce répertoire, sans vous laisser intimider par leurs noms quelque peu barbares : DIR_COLORS, HOSTNAME, exports, fstab, group, hosts, inittab, passwd ou profile. Ne vous inquiétez pas si vous n'y comprenez rien du tout. Retenez simplement que ce sont des fichiers au format texte simple.

Culture   **/etc pour etc[etera]**

Et pour l'histoire : « *etc[etera] (= all the other stuff : doesn't go into* bin, dev, tmp, usr, var*).* » Traduction : « etc[etera] (= tous les autres trucs : ne vont pas dans bin, dev, tmp, usr, var). » C'est un extrait de la description de l'arborescence d'Unix fournie par Dennis Ritchie, le fondateur en personne. Lui devrait savoir.

Le répertoire /lib

Les bibliothèques partagées par les programmes de /bin et /sbin se trouvent dans /lib (*libraries*, « bibliothèques »).

B.A.-BA   **Qu'est-ce qu'une bibliothèque ?**

Un programme n'est pas forcément un bloc monolithique ; il se sert souvent d'un ensemble de fonctions qui se situent dans une bibliothèque partagée. Cette dernière ne peut pas s'exécuter directement, mais contient du code que l'on veut éviter de réécrire chaque fois qu'un programme doit exécuter une fonction similaire (par exemple, ouvrir une fenêtre, *Enregistrer sous* ou calculer un cosinus).
Sous Windows, ce sont tous les fichiers .DLL (*Dynamic Linked Library* ou « bibliothèque de liens dynamiques ») que vous trouverez dans le répertoire C:\WINDOWS\SYSTEM\. Sur votre système Linux, ce sont tous les fichiers .so (comme *shared object* ou « objet partagé »).

Si vous vous rendez dans le répertoire /lib/modules, vous y trouverez un répertoire 4.4.14 sur un système 64-bits, ou alors deux répertoires nommés respectivement 4.4.14 et 4.4.14-smp sur un système 32-bits. Les lecteurs attentifs noteront un air de parenté avec les noms de noyaux vmlinuz-quelquechose-4.4.14 que nous avons vus un peu plus haut. Effectivement, tous les fichiers contenus dans ce répertoire appartiennent au noyau. Ce sont là les « modules », l'équivalent de ce que les utilisateurs de Windows ou Mac OS X connaissent sous la désignation de pilote (*driver* ou « gestionnaire de périphérique ») : des petits bouts de code que l'on charge dans le noyau pour lui permettre de gérer tel ou tel périphérique. Avec Linux, contrairement à Windows, on peut effectuer cette opération sur un système en état de marche, sans que cela ne nécessite un redémarrage. De façon analogue, on peut enlever un module, ce qui permet donc d'activer ou de désactiver la prise en charge d'un certain matériel sur un système « à chaud ».

Pour vous faire une idée un petit peu moins vague, entrez dans un des répertoires `4.4.14` ou `4.4.14-smp`, puis continuez dans `kernel/drivers/net/ethernet`. Dans la liste de répertoires qui s'affiche, vous reconnaîtrez peut-être vaguement des noms de fabricants : `3com`, `adaptec`, `atheros`, `broadcom`, `cisco`, `dlink`, `fujitsu`, `hp`, `intel`, `nvidia`, `qlogic`, `realtek`, `sis`, `via`, etc. Jetez un œil distrait dans quelques-uns de ces répertoires et observez les différents fichiers `.ko` qu'ils contiennent. Chaque nom de fichier correspond en effet à un certain type de matériel, plus précisément à une série de cartes réseau (*net* signifie « réseau »). Ainsi, `8139cp.ko` et `8139too.ko` dans le répertoire `realtek` correspondent à une carte réseau équipée d'une puce (*chip*) Realtek 8139. De manière similaire, les fichiers commençant par `3c` dans le répertoire `3com` correspondent à des cartes réseau 3COM, `e100.ko` et `e1000.ko` dans l'arborescence `intel` gèrent les cartes réseau Intel et ainsi de suite. Dans la plupart des cas, le nom du module permet de deviner quel matériel lui correspond. Dans d'autres cas, la relation n'est pas évidente et il faut se renseigner. Nous verrons plus loin où et comment faire.

Figure 4–26
Les « drivers » de Linux,
ce sont les modules du kernel.

Les répertoires /mnt, /media et /run

Les répertoires `/media` et `/mnt` constituent par convention les points de montage de votre système. Le répertoire `/run` est un ajout récent à la hiérarchie des répertoires sous Linux, dont un des rôles est de prendre la relève de `/media`. C'est ici que se trouvent vos disques `C:`, `D:`, `E:`, `F:`, etc.

Dans un système Linux, lorsque vous insérez un périphérique amovible comme un CD-Rom, un DVD, un disque dur externe ou une clé USB, il doit être « monté ». Cela signifie que le système de fichiers du périphérique doit être intégré à l'arborescence du système. Les données sont ensuite accessibles en dessous du répertoire qui constitue ce qu'on appelle le « point de montage ». Avant d'enlever le périphérique, celui-ci doit être « démonté », c'est-à-dire que l'on indique au système de fichiers que les données du périphérique amovible ne doivent plus être englobées.

Sur les anciens systèmes Linux, les opérations de montage et de démontage s'effectuaient à la main ; pas avec un tournevis et une clé de douze, non, mais en tapant une série de commandes. Les distributions « poste de travail » modernes gèrent les périphériques amovibles de manière complètement transparente, c'est-à-dire que le montage s'effectue automatiquement.

Le montage et le démontage constituent un des concepts qui peuvent paraître étrangers à un habitué des systèmes Windows. Pour l'instant, retenez simplement que /media et /run vous permettront d'accéder aux données des périphériques amovibles que le système gère automatiquement. Quant à /mnt, c'est le point de montage « historique » que l'on conserve pour les systèmes de fichiers montés manuellement. Nous éluciderons tout cela par la pratique, au chapitre 12.

Les répertoires /proc et /sys

Les répertoires /proc et /sys contiennent un système de fichiers virtuel qui documente à la volée le noyau et les différents processus du système. Avant que vous ne fermiez ce livre pour le lancer derrière la chaîne Hi-Fi, retenez juste que certains fichiers contenus dans ces répertoires nous fourniront des informations précieuses sur le système : le modèle et la fréquence du processeur, la mémoire vive disponible et la quantité de mémoire utilisée, et beaucoup d'autres choses encore. Quant au « système de fichiers virtuel », on peut le considérer comme un système de fichiers volatile, dont il ne reste pas la moindre trace dès que vous éteignez la machine.

Les répertoires /root et /sbin

/root, c'est le répertoire d'utilisateur de... l'utilisateur root ! Il n'est donc pas étonnant que vous n'y ayez pas accès en tant qu'utilisateur normal. « Et pourquoi pas /home/root ? » penserez-vous peut-être. L'administrateur serait-il réticent de se retrouver ainsi à pied d'égalité avec les basses castes des utilisateurs communs ? Oui, en quelque sorte, mais pour une simple question de sécurité.

Dans les installations de grande envergure, il arrive assez souvent qu'un système Linux soit réparti sur plusieurs partitions d'un disque, voire sur plusieurs disques et, dans certains cas, le système sur lequel vous travaillez peut être « distribué » sur plusieurs machines, qui ne sont d'ailleurs pas forcément dans la même pièce, ni dans le même bâtiment. Au démarrage, le système se charge d'assembler les pièces pour vous présenter un tout cohérent. Imaginez maintenant qu'il y ait un problème avec le disque ou la machine contenant le répertoire /home. Si le répertoire d'utilisateur de root était en dessous de /home, il serait inaccessible ; root ne pourrait plus s'identifier et, par conséquent, ne pourrait plus rien faire sur la machine.

> ATTENTION **Gare aux confusions !**
>
> La langue anglaise désigne la racine du système de fichiers (/) par *root directory*. Gare à la confusion issue de l'homophonie avec */root directory* !

Le répertoire /sbin (*system binaries*, autrement dit « binaires système ») renferme une série d'exécutables pour l'administrateur. Ces outils servent à partitionner et formater des disques, configurer les interfaces réseau, gérer l'arrêt de la machine et bien d'autres choses encore. Une partie de ces commandes peut être invoquée par les utilisateurs du « commun des mortels ». Cependant, pour la plupart, ces utilitaires représentent l'équivalent numérique d'une tronçonneuse. Dans les mains d'un expert, cela permet d'abattre de la besogne en un tour de main. Mettez un utilisateur lambda aux commandes et attendez-vous à un massacre.

Le répertoire /usr

L'arborescence sous /usr *(Unix System Resources* ou *Unix Specific Resources[2])* renferme précisément tout ce qui n'est *pas* nécessaire au fonctionnement minimal du système. Vous serez d'ailleurs peut-être surpris d'apprendre que cela représente la part du lion. Sur le poste de travail sur lequel j'écris ces lignes, l'arborescence /usr contient près de 90 % de la totalité du système sans compter les données personnelles. Vous constaterez que certains répertoires rencontrés à la racine du système sont également présents ici : /usr/bin, /usr/lib ou encore /usr/sbin.

Pour vous rendre compte par vous-même de l'importance de cette arborescence, cliquez-droit sur l'icône du répertoire /usr. Dans le menu contextuel qui apparaît, cliquez sur *Propriétés*.

Figure 4–27
Un clic droit sur une icône fait apparaître le menu contextuel.

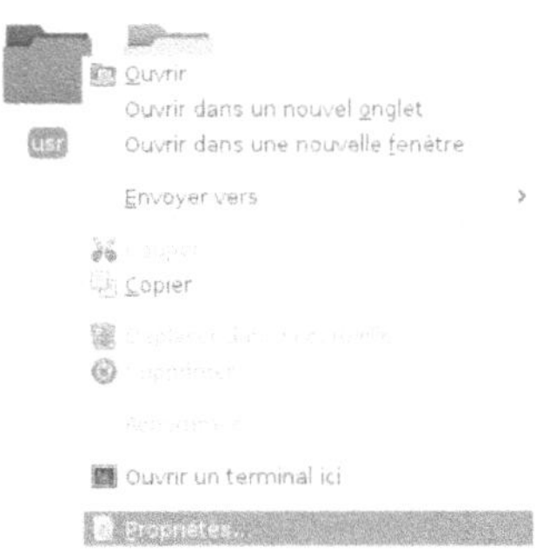

Figure 4–28
Le répertoire /usr contient près de 300 000 fichiers, totalisant plus de 6 gigaoctets.

Avec un système d'une telle complexité, il est important que chaque chose ait une place bien définie pour que l'on s'y retrouve. Dans le cas contraire, votre PC ressemblerait à ma cuisine lorsque je décide de m'aventurer dans la confection d'un poulet au paprika pour douze personnes. Pour éviter ce genre de désordre, chaque composant du système est rangé à sa place :

- /usr/sbin comporte d'autres commandes pour l'administrateur.
- /usr/bin renferme la majorité des exécutables pour les utilisateurs.
- /usr/lib contient les bibliothèques partagées de ces derniers.

---

2. Aucun lien avec us(e)r.

Figure 4–29
Les applications du système se
trouvent pour la plupart ici.

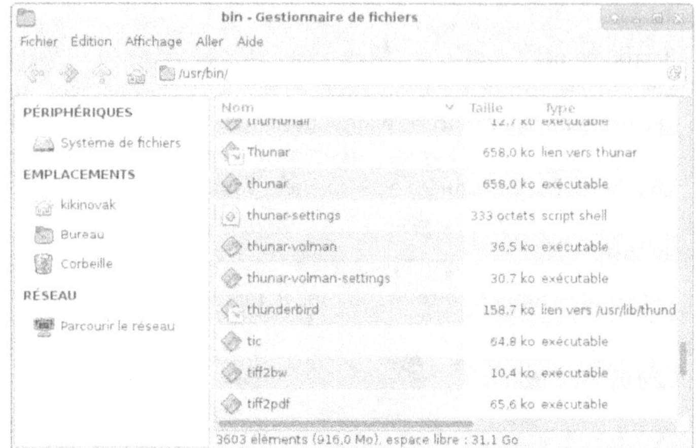

Sous Linux, `/usr/bin` représente à peu de choses près l'équivalent du répertoire `C:\Program Files` de Windows. Lorsque vous l'ouvrez, vous remarquez qu'il lui faut quelques secondes avant de s'ouvrir, étant donné que notre installation contient près de 3 600 exécutables, rien que dans ce répertoire. 3 600 programmes par défaut ? Tout ça ? En fait, il ne s'agit pas seulement des applications graphiques comme Thunar, Terminal, GVim, Firefox ou Thunderbird. Les exécutables présents dans ce répertoire sont en majorité des utilitaires en ligne de commande, accomplissant chacun une tâche et une seule. À titre d'exemple, `/usr/bin/passwd` servira à un utilisateur pour choisir son propre mot de passe, `/usr/bin/find` retrouvera une aiguille de fichier dans une botte de foin d'arborescence de répertoires, etc.

Lors de l'ouverture du répertoire `/usr/bin`, une petite animation sous forme de chronomètre stylisé en haut à droite du navigateur de fichiers vous indique que la machine est occupée à calculer, en l'occurrence à chercher tous les fichiers présents dans le répertoire pour les afficher par ordre alphabétique.

Figure 4–30
Lorsque le système est occupé,
il vous l'indique par une petite
icône animée.

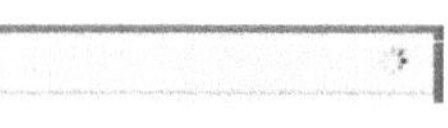

Rien ne vous empêche de lancer les applications directement à partir de leur emplacement, comme vous aviez peut-être l'habitude de le faire sur d'autres systèmes. Jusqu'à présent, nous n'avons vu que deux applications : le navigateur de fichiers Thunar (`/usr/bin/thunar`) et l'éditeur de texte GVim (`/usr/bin/gvim`). Pour les lancer, il suffit de double-cliquer sur leur icône, ce qui a exactement le même effet qu'un double-clic sur un fichier `.EXE` dans `C:\Program Files` (Windows) ou sur une icône d'application dans le dossier `Applications` (Mac OS X).

Vous commencez probablement à comprendre le principe d'organisation de `/usr`. Effectivement, le système n'a *pas* besoin de Thunar, de GVim ou de l'utilitaire `passwd` pour démarrer. C'est pourquoi ils sont tous rangés non pas dans `/bin`, mais dans `/usr/bin`.

Les répertoires /tmp et /var

/tmp, c'est le répertoire temporaire du système, comme son nom le suggère. C'est l'endroit destiné à recevoir les données que vous considérez d'une certaine manière comme volatiles, c'est-à-dire celles dont vous n'aurez plus besoin après un redémarrage de la machine.

L'arborescence en dessous de /var contient toute une série de fichiers variables. Le plus souvent, ce sont des fichiers créés par des services.

> CULTURE **Qu'est-ce qu'un service ?**
>
> Par « service », entendez un logiciel qui tourne tout le temps en tâche de fond pendant que vous faites autre chose. C'est un peu comme un serveur (un vrai, en chair et en os) dans un café, discrètement à l'affût dans un coin, attendant que vous daigniez interrompre la lecture de votre journal pour commander un café et deux croissants[a].
>
> a. Cet exemple est résolument utopique. Dans un café français qui se respecte, c'est le client qui est à l'affût du serveur.

Si cela ne vous paraît pas très parlant, prenons un exemple concret. Imaginez un serveur d'imprimante dans un bureau. Trois personnes appuient à peu près en même temps sur le bouton *Imprimer* de leur logiciel. Sur le serveur d'impression, les trois travaux en attente se rangent alors dans /var/spool/cups (CUPS comme *Common Unix Printing System*, le système d'impression Unix). Et si vous vous demandez pourquoi vous ne pouvez pas afficher le contenu de ce répertoire, contentez-vous de savoir que celui-ci appartient au système d'impression de votre machine et que les utilisateurs lambda n'ont rien à y faire.

À part des files d'attente d'impression, /var peut contenir toutes sortes de choses : des journaux, des boîtes aux lettres de messagerie, des bases de données ou même des sites web. Les journaux se situent dans /var/log, mais ne vous attendez pas à y trouver *Libé*, *l'Équipe* ou *l'Humanité*. Ces journaux ou *logfiles* sont des fichiers textes « crachés » à la volée par différents composants d'un système en marche. Un serveur de courrier électronique déposera les messages pour les utilisateurs dans /var/spool/mail. Et le jour où vous installerez un serveur web sur votre machine[3], les pages de vos sites seront stockées en dessous de /var/www/htdocs.

La nausée devant l'abondance ?

Dix minutes se sont écoulées depuis le début de notre visite guidée et nous « connaissons » notre système Linux dans la même mesure qu'un touriste japonais « connaît » l'Europe au bout de six jours. Il aura acquis une vague idée des paysages européens, mais il ne pourra pas encore vous indiquer les meilleurs coins baignade au cœur des Cévennes. Néanmoins, peut-être aura-t-il envie de revenir plus longtemps pour voir tout cela d'un peu plus près.

---

3. Si si. C'est beaucoup plus facile que vous ne pensez.

> **Pour les lecteurs timorés**
>
> Nous découvrirons les différents pans du système au fur et à mesure de notre progression, lorsque nous en aurons besoin. Certains fichiers et répertoires vous seront très vite familiers, d'autres vous resteront probablement inconnus pendant des années avant que vous ne découvriez ne serait-ce que leur simple existence. Quoi qu'il en soit, ne vous en faites pas, car c'est tout à fait normal. Les administrateurs système les plus rodés sont loin de connaître par cœur tous les recoins des systèmes sur lesquels ils travaillent.

Un système Linux est vaste et il y a certes beaucoup de choses à apprendre. Certains formateurs Linux de ma connaissance emploient volontiers le terme de « courbe d'apprentissage raide », que mon œil intérieur représente spontanément comme une sorte de face nord de l'Eiger, à peine arrondie, mais au moins aussi pénible à surmonter. Je n'ai que ce seul conseil à vous donner : mettez un pied devant l'autre et laissez le temps au temps. Ou alors tenez-vous-en à la pédagogie de Méphistophélès, qui fournit déjà l'exergue de ce livre. Il a formulé ce conseil bien plus joliment :

> *Vergebens, daß Ihr ringsum wissenschaftlich schweift,*
> *Ein jeder lernt nur, was er lernen kann ;*
> *Doch der den Augenblick ergreift,*
> *Das ist der rechte Mann.*

Goethe, Faust I

Traduction :

> Pourquoi suer et vous démener tant ?
> Chacun n'apprend, au fond, que ce qu'il peut apprendre.
> L'homme habile est celui qui, saisissant l'instant
> Propice, a le cœur d'entreprendre.

5

Linux en mode texte :
consolez-vous !

Vos amis vous regardent de travers parce que vous cuisinez vos propres gratins au lieu de les acheter congelés au supermarché ? Ils ont peur de se salir et de perdre leur temps ? Si l'idée de casser un œuf ou d'éplucher des pommes de terre ne vous paraît pas aberrante, poursuivez votre lecture. Nous abordons les gestes de base de la cuisine sous Linux.

Introduction à la ligne de commande

Faut-il avoir peur du mode texte ?

C'est un fait : l'utilisation de la ligne de commande intimide la plupart des utilisateurs novices de Linux. D'après un petit sondage que j'ai effectué dans mon entourage, le travail en mode texte est associé à une période révolue et désormais archaïque de l'informatique, lorsque les souris et les interfaces graphiques n'existaient pas encore, que la notion de confort d'utilisation (la fameuse *usability*, traduite parfois par les néologismes *usabilité* ou *utilisabilité*) était encore inconnue. La manipulation de ces mystérieuses machines était alors réservée à un public averti, initié aux arcanes du métier. Public averti, peut-être aussi un peu fou. Les personnes qui continuent à utiliser la ligne de commande de nos jours feraient ainsi penser à de drôles d'hurluberlus qui s'obstinent à rouler en 2 CV ou, pire, en traction avant ; un petit groupe de passéistes aussi irréductibles qu'incorrigibles.

Figure 5–1
L'utilisation de la ligne de commande effraie la plupart des utilisateurs.

Ce refus en bloc peut se comprendre lorsqu'on voit certains ouvrages, soi-disant « pour les nuls », qui inculquent avant tout au lecteur le sentiment d'être effectivement nul en la matière, ou encore lorsqu'on considère certains ouvrages « d'introduction », « pour débutants » ou autres, qui n'ont d'autre but que de vous plonger la tête dans le cambouis en vous faisant faire le tour, complet et exhaustif, des commandes Unix de A à Z, avant de vous lancer dans un grand écart sans échauffement vers l'édition de scripts *shell*. Ajoutons à cela les mauvais souvenirs que certains auront pu garder de la fameuse invite de commande DOS de Microsoft et les réticences s'expliquent.

DÉFINITION **Qu'est-ce que le shell ?**

Le *shell* est un programme ayant pour fonction d'assurer l'interface entre l'utilisateur et le système Linux. C'est un interpréteur de commandes.
Notre système Slackware contient plusieurs *shells* différents, que nous pouvons afficher ainsi :

```
$ cat /etc/shells
/bin/bash
/bin/tcsh
/bin/csh
/bin/ash
/bin/ksh
/bin/zsh
```

Nous nous contenterons d'utiliser Bash (*Bourne Again Shell*), l'interpréteur de commandes le plus répandu sur les systèmes Linux.

Le présent chapitre s'adresse à tous ces utilisateurs intimidés, angoissés par une utilisation plus « poussée » de leur machine. Laissons là toute polémique et même toute théorie ; concentrons-nous sur la pratique. Dites-vous avant tout que ça ne coûte rien d'essayer et que *vous ne risquez pas de casser quoi que ce soit sur votre machine.*

« Oui, mais il existe des centaines de commandes, avec des milliers d'options, comment vais-je apprendre tout ça ? » objecterez-vous avec une moitié de coquille d'œuf sur la tête, tout comme Calimero. Pour vous répondre, je pourrais me demander d'abord si vous vous priveriez d'un week-end à Londres sous prétexte que vous n'êtes pas agrégé de littérature et civilisation anglaise. Je me contenterai de vous dire qu'avec une poignée de commandes, on arrive déjà à faire des choses très étonnantes.

Console ? Terminal ? Et quoi encore ?

Pour travailler en ligne de commande, vous devez tout d'abord vous retrouver face à une « invite de commande » *(command prompt)*, c'est-à-dire quelque chose qui ressemble vaguement à ceci... :

```
kikinovak@slackbox:~$
```

... ou à cela :

```
bash-4.3$
```

Selon la devise désormais célèbre que différents chemins mènent à Saint-Bauzille-de-Montmel, vous avez pour cela trois possibilités :
- rester ou revenir en mode console, autrement dit ne pas lancer l'environnement graphique ;
- activer une console virtuelle à partir de l'environnement graphique ;
- toujours en mode graphique, lancer un émulateur de terminal.

Jouer avec les consoles virtuelles

Appuyez sur *Ctrl+Alt+F1* pour activer la première console virtuelle et lisez au moins jusqu'à la fin du paragraphe suivant pour éviter de rester coincé en mode console, comme cela arrive souvent aux débutants. Votre écran bascule en mode texte et vous vous retrouvez confronté à un flot de messages cryptiques qui ressemblent à ceci :

```
X.org X Server 1.18.3
Release Date: 2016-04-04
X Protocol Version 11, Revision 0
Build Operating System: Slackware 14.2 Slackware Linux Project
...
```

Il s'agit tout simplement des messages de votre serveur graphique. Ils viennent s'afficher dans la première console parce que c'est à partir de là que vous avez démarré (`startx`) l'environnement graphique.

Pour basculer sur la deuxième console, tapez *Ctrl+Alt+F2*. Vous voilà face à une invite de connexion qui ressemble plus ou moins à ceci :

```
Welcome to Linux 4.4.14 (tty2)
slackbox login:
```

Connectez-vous en tant que `root` ou en tant que simple utilisateur, comme vous le faites lorsque vous venez de démarrer la machine. Ou alors laissez l'invite de connexion telle quelle, sans rien faire. Tapez *Ctrl+Alt+F3* pour activer la troisième console (`tty3`), *Ctrl+Alt+F4* pour la quatrième (`tty4`) et ainsi de suite jusqu'à *Ctrl+Alt+F6* pour la sixième (`tty6`). Maintenant, tapez *Ctrl+Alt+F7* et vous voilà non pas dans une septième console virtuelle, mais de retour dans votre environnement graphique. À présent, essayez de basculer joyeusement entre les consoles virtuelles et l'environnement graphique.

Utiliser un émulateur de terminal

Il existe une autre possibilité de travailler en mode texte, sans avoir pour autant à quitter l'environnement graphique : c'est l'utilisation d'un émulateur de terminal. Notre installation par défaut en inclut trois (dans *Applications>Système*) :

* Terminal (`/usr/bin/xfce4-terminal`), qui s'intègre bien dans l'environnement Xfce ;
* l'ancêtre Xterm (`/usr/bin/xterm`), plus léger et plus générique, qui s'intègre dans tous les environnements graphiques mais offre moins de fonctionnalités que le premier ;
* UXterm (`/usr/bin/uxterm`), une version légèrement améliorée de Xterm, qui gère l'UTF-8.

> **UN PEU D'HISTOIRE** **Le terminal**
>
> Le terme « terminal » est issu de l'ère préhistorique de l'informatique, quand les ordinateurs personnels n'existaient pas encore. Pour se connecter à l'un de ces ordinateurs ancestraux, il fallait passer par le biais d'un terminal, c'est-à-dire un bloc « stupide » – comprenez : sans la moindre puissance de calcul incorporée – composé uniquement d'un clavier et d'un écran, ainsi que d'un câble le reliant à l'ordinateur central.

L'émulateur de terminal Xfce Terminal

Démarrez Terminal : *Applications>Émulateur de Terminal* (ou *Applications>Système>Terminal Xfce*). Vous voilà avec une invite de commande au beau milieu de votre environnement graphique.

Dans les sections et chapitres à venir, nous utiliserons assidûment l'émulateur de terminal. Pour nous faciliter la vie, nous nous contenterons de l'appeler « terminal » ou « console ». Vous saurez donc qu'il n'est pas question de vous précipiter sur votre PlayStation si je vous suggère de « lancer une console ».

Figure 5–2
Une pièce de musée : un
« terminal », un vrai

Figure 5–3
L'émulateur de terminal
Xfce Terminal

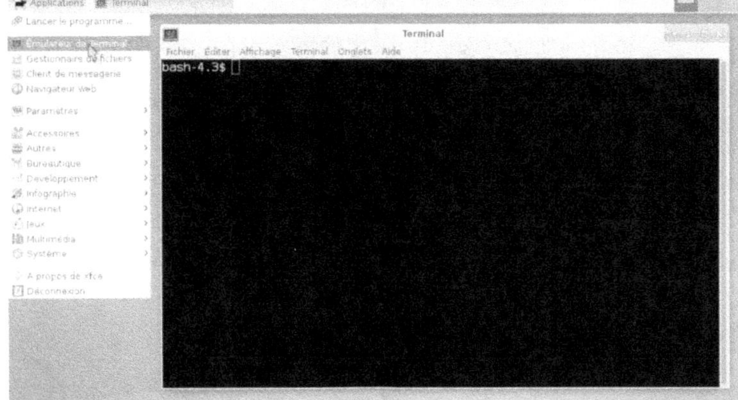

Configurer Terminal pour une utilisation agréable

Les logiciels que l'on utilise souvent sont comme les cuisines dans lesquelles on s'affaire quotidiennement. Chaque utilisateur a ses préférences dans la disposition des ustensiles et des ingrédients. Nous allons donc peaufiner Terminal avant de l'utiliser. Là encore, je ne vous ferai pas l'étalage exhaustif de toutes les options de personnalisation dans toutes leurs combinaisons et permutations possibles. Au lieu de cela, je vous montre simplement mes préférences, pas à pas, ce qui vous donnera probablement des idées pour trouver les vôtres.

Pour personnaliser l'apparence et les fonctionnalités, cliquez sur *Éditer > Préférences*.

Figure 5–4
Choix de la police

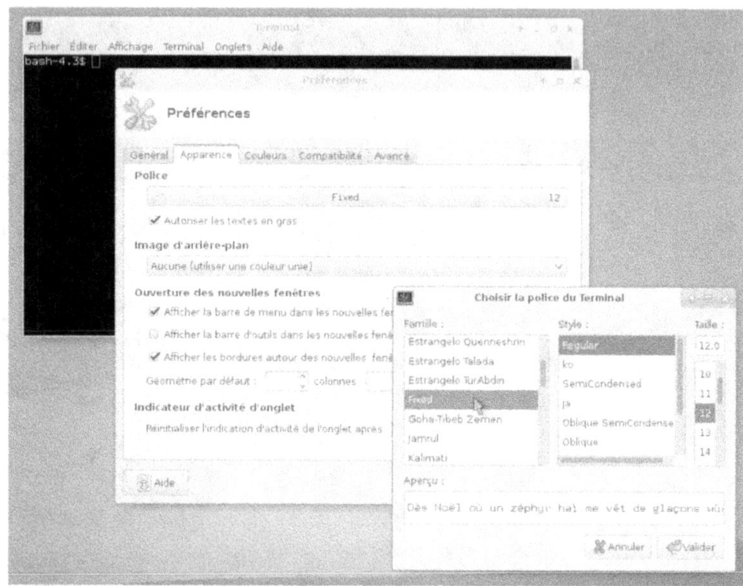

L'onglet *Apparence* sert à sélectionner la police par défaut. Veillez à utiliser une police à chasse fixe.

TYPOGRAPHIE **Qui va à la chasse…**

En typographie, la chasse d'un caractère est pour ainsi dire son encombrement horizontal. Une police à chasse fixe aura donc des caractères dont la largeur ne variera pas. C'est le cas des polices Fixed ou Monospace, par exemple.

Figure 5–5
Si la palette de couleurs par défaut ne vous convient pas, c'est ici qu'il faut choisir.

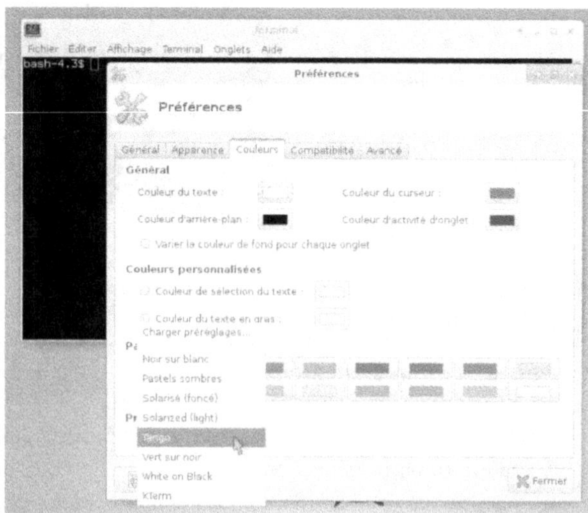

Figure 5–6
Choix de l'arrière-plan

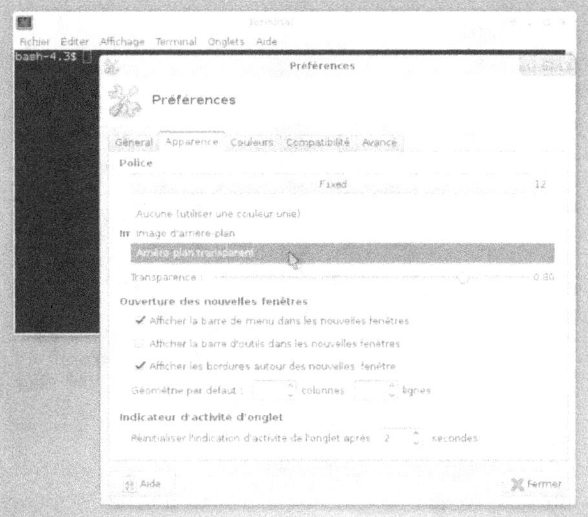

L'option *Arrière-plan transparent* vous affiche l'image de l'arrière-plan du bureau en pseudo-transparence, c'est-à-dire que vous apercevez le fond d'écran, mais pas les fenêtres ouvertes derrière le terminal. Nous verrons plus loin comment configurer une transparence réelle pour toutes les fenêtres.

Figure 5–7
Désactivation de la barre
de défilement

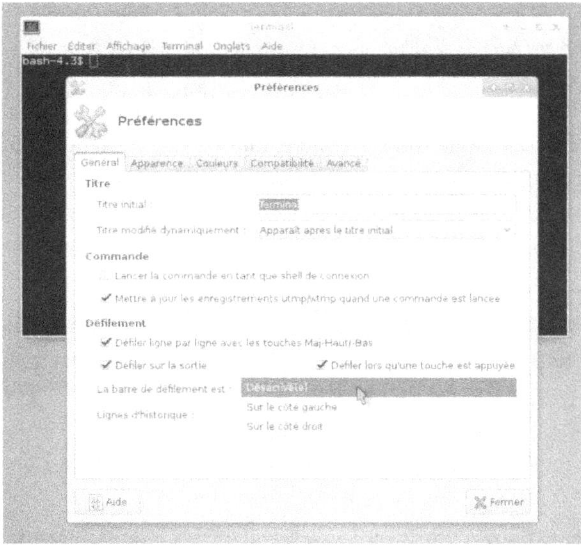

Étant donné que je me sers des touches de curseur pour faire défiler du texte, je désactive la barre de défilement obsolète.

Figure 5–8
Voici à quoi ressemble le terminal si
vous appliquez toutes les options
indiquées précédemment.

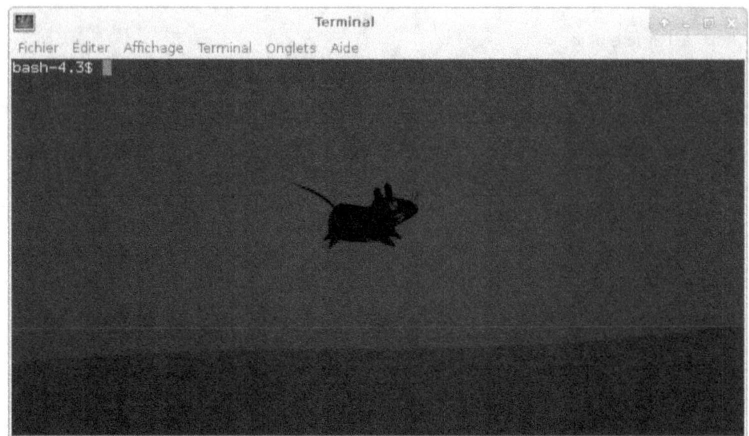

N'hésitez pas à expérimenter un peu pour trouver l'apparence qui vous convient. Bien évidemment, l'apparence de la console n'aura aucune incidence sur la manière dont les commandes seront interprétées.

Premiers pas en ligne de commande

Commencez par taper n'importe quoi et regardez la réaction de votre système. Par exemple :

```
bash-4.3$ make love
make: *** Aucune règle pour fabriquer la cible « love ». Arrêt.
bash-4.3$
```

Vous venez de taper votre première commande... et vous vous retrouvez face à votre premier message d'erreur. Mais que s'est-il passé exactement ?

* L'interpréteur de commandes vous a affiché une invite : bash-4.3$. Il vous a ainsi signifié qu'il était prêt à recevoir une ou plusieurs commandes.

* Vous avez tapé une commande : make.

* Vous avez fait suivre la commande make d'un argument : love.

* L'interpréteur a essayé en vain d'exécuter ce que vous lui avez demandé de faire et vous a dit plus ou moins clairement ce qu'il en pense, en l'occurrence : make: *** Aucune règle pour fabriquer la cible « love ». Arrêt.

* L'interpréteur de commandes vous affiche à nouveau l'invite, pour vous indiquer qu'il est prêt à recevoir une ou plusieurs commandes.

À présent, nous n'avons qu'à essayer avec des commandes qui ont un peu plus de sens pour votre machine.

Naviguer : ls, pwd et cd

Afficher le contenu d'un répertoire avec ls

La commande `ls` (comme *list*) affiche la liste des fichiers d'un répertoire. Invoquée sans arguments, elle montre le contenu du répertoire courant :

```
bash-4.3$ ls
Bureau Documents Images Modèles Musique Public Téléchargements  Vidéos
```

Comment lire ce résultat ? La commande `ls` nous a retourné les éléments situés dans notre répertoire d'utilisateur.

> B.A.-BA **Le répertoire courant**
>
> Le répertoire courant est celui dans lequel vous vous trouvez au moment où vous saisissez la commande.

Pour afficher le contenu de la racine du système de fichiers, saisissez ceci :

```
bash-4.3$ ls /
```

Résultat :

```
bin    dev   home   lost+found   mnt   proc   run    srv   tmp   var
boot   etc   lib    media        opt   root   sbin   sys   usr
```

Et pour voir ce qu'il y a dans /usr, il suffit d'invoquer la commande suivante :

```
bash-4.3$ ls /usr
```

> VOUS VENEZ DE WINDOWS **La commande ls**
>
> Les habitués de Windows et de DOS l'auront deviné : `ls` sous Linux équivaut à la commande `dir`.

Décrypter les résultats de votre ordinateur

Qu'est-ce qui est quoi là-dedans ?

Selon la configuration de votre console, l'affichage se fera en noir et blanc ou en couleurs. Slackware utilise d'ailleurs deux configurations distinctes pour les deux modes :

- le mode console utilise des couleurs dans l'affichage ;
- le terminal graphique affiche tous les éléments en noir et blanc.[1]

---

1. Oui, nous pourrons bientôt changer tout cela à notre guise pour utiliser l'affichage coloré partout.

Si nous avons invoqué le dernier exemple en mode console, les différentes couleurs de l'affichage nous suggèrent qu'il ne s'agit peut-être pas d'éléments du même type. Pour en avoir le cœur net, il va falloir utiliser ls avec l'option -F, qui donne des détails :

```
bash-4.3$ ls -F /etc
```

Et l'on obtient :

```
ConsoleKit/              minirc.dfl
DIR_COLORS               misc@
HOSTNAME                 mke2fs.conf
ImageMagick-6/           mkinitrd.conf.sample
NetworkManager/          modprobe.d/
...
asound.state@            nail.rc
at-spi2/                 named.conf
at.deny                  nanorc
auto.master              netatalk/
auto.master.d/           netconfig
auto.misc                netgroup
auto.net*                networks
auto.smb*                nfsmount.conf
...
```

Le résultat de cette commande dépassera probablement la taille d'un écran. Pour revenir en arrière et afficher les écrans précédents, maintenez la touche *Maj* enfoncée et utilisez les touches *PageHaut* et *PageBas* pour faire défiler l'affichage en arrière et en avant.

Vous constatez que certains éléments sont suivis d'une barre oblique /, d'autres d'une arobase @ ou d'une astérisque * ; le reste des éléments ne contient aucun suffixe.

* La barre oblique / (couleur par défaut : bleu) désigne un répertoire.
* L'absence de suffixe (couleur par défaut : noir ou blanc, selon le paramétrage de Terminal si vous travaillez en mode console) indique qu'il s'agit d'un fichier régulier non exécutable.
* L'arobase @ (couleur par défaut : turquoise) nous montre qu'il s'agit d'un lien symbolique, ce qui constitue l'équivalent d'un raccourci sous Windows. Nous verrons les liens symboliques un peu plus loin.
* L'astérisque * (couleur par défaut : vert) nous indique qu'il s'agit d'un fichier régulier exécutable.

Il nous en manque encore quelques-uns, mais nous ne les traiterons pas. Nous éviterons ainsi d'épuiser le sujet et le lecteur.

Mais encore ?

Ces informations peuvent nous paraître un peu maigres. Nous pouvons en afficher davantage en utilisant l'option -l (comme *long*) :

```
bash-4.3$ ls -l /etc/cups
total 64
-rw-r--r-- 1 root root  1077 Jan 17 07:52 command.types
-rw-r--r-- 1 root root 14365 Jan 17 04:10 cups-browsed.conf
-rw-r----- 1 root lp    2916 Dec 10 18:21 cups-files.conf
...
-rw-r----- 1 root lp     142 Dec 10 18:21 snmp.conf
-rw-r----- 1 root lp     142 Dec 10 18:21 snmp.conf.default
drwx------ 2 root lp    4096 Dec 10 18:21 ssl/
```

L'utilisateur non averti trouvera cet affichage quelque peu énigmatique. En fait, il est facile à lire une fois que l'on sait à quoi correspond chaque terme.

Tout à fait à gauche, vous avez une série de dix caractères. Le tout premier vous indique s'il s'agit d'un fichier (tiret -) ou d'un répertoire (d comme *directory*). Ensuite, la série de neuf caractères (en fait, trois fois trois) indique les droits d'accès au fichier ou au répertoire. Nous traiterons la question des droits d'accès un peu plus loin. Les caractères r, w, x et - décrivent ce que l'on a le droit de faire avec le fichier ou le répertoire :

* lire : r comme *read* ;
* écrire (modifier) : w comme *write* ;
* exécuter : x pour *e[x]ecute* ;
* rien du tout : -.

Je disais : ce que l'*on* a le droit de faire. Ce *on* est en fait assez bien spécifié : les trois premiers caractères de la série concernent le propriétaire du fichier, les trois suivants le groupe et les trois derniers le reste du monde. Nous y reviendrons bientôt en détail.

Le chiffre qui suit (ici : la série de 1 et de 2 dans la deuxième colonne) n'est pas d'une grande importance pour nous. Précisons tout de même qu'il indique le nombre de liens pointant vers le fichier ou le répertoire.

Les deux indications immédiatement après nous montrent le propriétaire du fichier, ainsi que le groupe auquel il appartient. Dans l'exemple, fichiers et répertoires appartiennent à l'utilisateur root, ainsi qu'aux groupes root et lp (pour *line printer*, imprimante). Ceci n'est pas surprenant, étant donné que nous nous trouvons au cœur du système, à la racine du répertoire de configuration du serveur d'impression.

Humain, pas trop humain ?

La prochaine indication correspond à la taille du fichier. Ici, l'astuce est d'invoquer ls avec l'option supplémentaire -h ou --human-readable. Essayez :

```
bash-4.3$ ls -lh /etc/cups
total 64K
-rw-r--r-- 1 root root 1.1K Jan 17 07:52 command.types
-rw-r--r-- 1 root root  15K Jan 17 04:10 cups-browsed.conf
-rw-r----- 1 root lp   2.9K Dec 10 18:21 cups-files.conf
-rw-r----- 1 root lp   2.9K Dec 10 18:21 cups-files.conf.default
-rw-r----- 1 root lp   4.4K Dec 10 18:21 cupsd.conf
-rw-r----- 1 root lp   4.4K Dec 10 18:21 cupsd.conf.default
drwxr-xr-x 2 root lp   4.0K Dec 10 18:21 interfaces/
drwxr-xr-x 2 root lp   4.0K Dec 10 18:21 ppd/
-rw-r----- 1 root lp    142 Dec 10 18:21 snmp.conf
-rw-r----- 1 root lp    142 Dec 10 18:21 snmp.conf.default
drwx------ 2 root lp   4.0K Dec 10 18:21 ssl/
```

La taille des fichiers est tout de suite beaucoup plus lisible, car le système l'indique en kilo-octets (K), mégaoctets (M) ou gigaoctets (G).

> Options **Version courte ou version longue ?**
>
> En passant, nous faisons également deux autres constats. D'une part, les options des commandes peuvent se combiner. Nous aurions donc très bien pu invoquer la commande comme ceci :
>
> ```
> bash-4.3$ ls -l -h /etc/cups/
> ```
>
> D'autre part, bon nombre d'options de commande ont une version courte et une version longue. L'option -h (qui signifie « lisible par un humain », comme si les informaticiens ne faisaient pas vraiment partie de l'espèce) peut donc très bien s'écrire comme dans l'exemple qui suit. Je vous conseille cette option uniquement si vous avez un penchant prononcé pour la dactylographie :
>
> ```
> bash-4.3$ ls -l --human-readable /etc/cups
> ```

Quant aux deux dernières colonnes, elles nous indiquent respectivement la date de la création ou de la dernière modification et, pour finir, le nom du fichier ou du répertoire.

Splendeur et misère des fichiers cachés

Une autre option fréquemment utilisée est -a (ou --all : tout). Appliquez-la sur votre répertoire d'utilisateur et vous serez probablement surpris.

```
bash-4.3$ ls -a
.                    .esd_auth                 Bureau
..                   .gnupg                    Documents
.ICEauthority        .gvfs                     Images
.Xauthority          .hplip                    Modèles
.bash_history        .local                    Musique
.cache               .screenrc                 Public
.config              .xfce4-session.verbose-log Téléchargements
.dbus                .xscreensaver             Vidéos
```

Cette option sert à afficher les fichiers et répertoires cachés. Dans un système Linux, les fichiers et répertoires dont le nom commence par un point ne s'affichent pas lorsque `ls` est invoqué normalement. Vous ne les verrez donc qu'en utilisant l'option `-a`.

Pour afficher ces fichiers et répertoires cachés dans le navigateur de fichiers Thunar, cochez l'option *Affichage>Afficher les fichiers cachés*. Vous pouvez également utiliser le raccourci clavier *Ctrl+H* pour basculer d'un mode d'affichage à l'autre.

Figure 5–9
Les fichiers et répertoires cachés
dans Thunar

Cachez cette configuration que je ne saurais voir

À quoi peut bien servir tout ce fatras et quel est l'intérêt de le dissimuler ? Les fichiers cachés ou *dotfiles* (de l'anglais *dot* : point) contiennent la configuration personnalisée de vos applications. Ces fichiers ne sont pas forcément présents d'emblée. Certains peuvent être édités par vos soins et nous verrons plus loin comment y parvenir. Cependant, dans la majorité des cas, ils sont créés à la volée par le premier lancement de l'application. À titre d'exemple, le premier démarrage du navigateur web Firefox et celui de la console graphique Terminal créent deux nouveaux éléments dans votre répertoire d'utilisateur :

- Le répertoire `~/.mozilla` contient la configuration de votre navigateur, autrement dit vos préférences personnelles, vos marque-pages, votre historique de navigation, etc.
- Le fichier `~/.config/xfce4/terminal/terminalrc` renferme les préférences de votre console graphique : la taille de la fenêtre, la police, la palette de couleurs, etc.

De façon analogue, `~/thunderbird` contiendra vos préférences personnelles pour le client de courrier électronique Thunderbird, `~/.gimp-2.8` celles pour le logiciel de retouche d'images Gimp et ainsi de suite. Vous comprenez maintenant pourquoi il est préférable de cacher ces données encombrantes.

À la différence des fichiers situés dans `/etc`, qui définissent une configuration globale c'est-à-dire valable pour tous les utilisateurs, les fichiers et répertoires cachés que nous rencontrons ici ne sont valables que pour vous seul.

Vous vous demandez certainement ce que signifie le *tilde* ~ que j'ai utilisé à plusieurs reprises dans les paragraphes précédents. Sur les systèmes Linux (tout comme dans Unix), ce symbole désigne votre répertoire d'utilisateur. Le fichier `~/.config/xfce4/terminal/terminalrc` de l'utilisateur `kikinovak` sera donc `/home/kikinovak/.config/xfce4/terminal/terminalrc` dans sa notation explicite, tandis que le fichier `~/.config/xfce4/terminal/terminalrc` de `glagaffe` correspondra à `/home/glagaffe/.config/xfce4/terminal/terminalrc`. Étant donné que chaque utilisateur choisira ses propres options dans la configuration du navigateur de fichiers, tout le monde aura donc son propre fichier `terminalrc`.

> **Tilde ? Tilt !**
>
> Les lecteurs attentifs auront probablement déjà noté le *tilde* ~ dans l'invite de la configuration par défaut du mode console :
>
> ```
> kikinovak@slackbox:~$
> ```

> **Décryptage Comprendre l'invite de commande**
>
> Jetons un œil sur l'invite de commande telle qu'elle se présente en mode console, dans sa configuration par défaut. Elle est très simple à décrypter.
> - La première indication, c'est le nom de l'utilisateur (ex : `kikinovak`).
> - Il est séparé du nom de la machine (ex : `slackbox`) par une arobase `@`.
> - La troisième indication, c'est le répertoire courant (ex : ~ à savoir `/home/kikinovak`, puisque c'est l'utilisateur `kikinovak`).
> - Et enfin, le `$` signifie par convention qu'il s'agit d'un utilisateur du « commun des mortels ». S'il s'agissait de l'utilisateur `root`, nous verrions ici un dièse `#` à la place du `$`.
>
> Et ne partez pas en courant si je vous dis que l'aspect même de l'invite peut être paramétré à souhait.

Afficher les informations détaillées d'un répertoire

Il nous reste à voir une dernière option importante pour `ls`. Admettons que vous souhaitiez afficher les informations détaillées pour le répertoire `/etc` : les droits d'accès, le propriétaire, le groupe, etc. Vous invoquez donc hardiment `ls` suivi de l'option `-l` et de l'argument `/etc` ; et vous voyez... les informations détaillées de tout le contenu du répertoire, mais pas du répertoire lui-même.

Comment faire ? Tout simplement en invoquant l'option supplémentaire `-d` (comme *directory*, c'est-à-dire « répertoire »), qui affiche les répertoires avec la même présentation que les fichiers, sans lister leur contenu :

```
bash-4.3$ ls -ld /etc
drwxr-xr-x 89 root root 12288 Nov 30 11:37 /etc
```

pwd : « Vous êtes ici ! »

La commande `pwd` (*print working directory*) s'acquitte d'une seule tâche. Elle vous affiche (*print*) le nom du répertoire courant (*working directory*), c'est-à-dire le répertoire dans lequel vous vous situez actuellement.

```
bash-4.3$ pwd
/home/kikinovak
```

Lorsque vous vous promenez dans une grande ville, il vous arrive de vous perdre. Avec un peu de chance, vous tombez sur un de ces grands plans de la ville, avec une flèche et un petit rond bien visibles, qui vous indique : « VOUS ÊTES ICI ». C'est exactement ce que fait `pwd`. Et maintenant que nous savons nous repérer, apprenons à nous déplacer.

On bouge avec cd !

La commande `cd` (*change directory*) est utilisée pour changer de répertoire courant. Il suffit de la faire suivre du chemin du répertoire dans lequel on veut se placer. Dans l'exemple ci-après, l'invocation de la commande `pwd` après `cd` montre que nous sommes bien dans le répertoire demandé.

```
bash-4.3$ cd /
bash-4.3$ pwd
/
bash-4.3$ cd bin
bash-4.3$ pwd
/bin
bash-4.3$ cd /etc
bash-4.3$ pwd
/etc
bash-4.3$ cd /usr/bin
bash-4.3$ pwd
/usr/bin
```

Chemin relatif ou absolu ?

Lorsque je me trouve dans le répertoire racine `/` et que je souhaite me déplacer vers le répertoire `/bin`, je peux écrire `cd bin`. Cela correspond au chemin *relatif*, c'est-à-dire le chemin indiqué à partir du répertoire dans lequel je me situe, soit `/`. Quant à `cd /bin`, c'est le chemin *absolu*, autrement dit l'emplacement à partir du répertoire racine.

En revanche, lorsque je me trouve dans le répertoire /etc et que je veux me rendre dans /bin, je suis obligé – pour l'instant – d'utiliser un chemin absolu. Pour saisir la distinction, je vous donne un exemple qui illustre ce qu'il ne faut *pas* faire :

```
bash-4.3$ cd /etc
bash-4.3$ pwd
/etc
bash-4.3$ cd bin
bash: cd: bin: Aucun fichier ou répertoire de ce type
```

Ces deux exemples de la vie courante vous permettront peut-être de saisir la nuance :

- « remontez la rue devant vous, tournez à gauche, continuez deux cents mètres, puis tournez à droite et encore à droite » (chemin relatif) ;
- « partez du Vieux Port, remontez la Canebière, puis prenez le boulevard Longchamp et arrêtez-vous au Palais Longchamp » (chemin absolu).

Dans l'exemple précédent, nous nous situons dans le répertoire /etc. Si nous écrivons cd bin sans la barre oblique / qui précède, l'interpréteur de commandes cherchera un répertoire inexistant /etc/bin et affichera une erreur.

À court d'arguments

Pour revenir dans votre répertoire d'utilisateur, il suffit d'invoquer cd tout court, sans arguments :

```
bash-4.3$ cd /etc
bash-4.3$ pwd
/etc
bash-4.3$ cd cups
bash-4.3$ pwd
/etc/cups
bash-4.3$ cd
bash-4.3$ pwd
/home/kikinovak
```

« Ici » et « à l'étage »

Voyons maintenant deux répertoires un peu particuliers. Affichez la totalité du contenu de votre répertoire d'utilisateur :

```
bash-4.3$ ls -aF
./                 .gimp-2.8/          .thumbnails/
../                .gnupg/             .viminfo
.ICEauthority      .gvfs/              Bureau/
...
```

Vous remarquez qu'en début de liste, vous avec un répertoire nommé . et un autre nommé ..
Affichez maintenant le contenu d'un autre répertoire, avec la même option `-a` combinée avec
l'option `-F` :

```
bash-4.3$ ls -aF /usr
./      adm@    games/                 lib/      sbin/    tmp@
../     bin/    i586-slackware-linux/  libexec/  share/
X11@    dict@   include/               local/    spool@
X11R6/  doc/    info/                  man/      src/
```

Si vous répétez l'opération sur d'autres répertoires au hasard, vous constaterez que chaque
liste débute invariablement par ces mêmes répertoires . et .. :

- . est le répertoire courant.
- .. est le répertoire parent.

Là encore, la mise en pratique vous aidera à saisir le concept. Essayez ceci :

```
bash-4.3$ cd /var/log/cups
bash-4.3$ pwd
/var/log/cups
bash-4.3$ cd ..
bash-4.3$ pwd
/var/log
bash-4.3$ cd ..
bash-4.3$ pwd
/var
bash-4.3$ cd ..
bash-4.3$ pwd
/
```

Chaque appel à `cd ..` nous fait ainsi remonter d'un cran dans l'arborescence, jusqu'à ce que
nous nous retrouvions à la racine.

Quant au point ., il faut se le représenter comme le fameux « VOUS ÊTES ICI » sur le plan
de la ville. Admettons que je me situe dans le répertoire `/etc` et que je veuille me rendre dans
le sous-répertoire `cups` ; je pourrais utiliser indépendamment ces deux notations, qui revien-
draient au même :

```
bash-4.3$ cd /
bash-4.3$ cd bin
bash-4.3$ pwd
/bin
```

Ou alors :

```
bash-4.3$ cd /
bash-4.3$ cd ./bin
bash-4.3$ pwd
/bin
```

L'utilité de cette notation vous apparaîtra un peu plus loin. Pour l'instant, retenez simplement que . signifie « ici ».

Notez aussi que .. peut très bien faire partie d'un chemin. Admettons que vous soyez dans le répertoire /etc/httpd et que vous souhaitiez vous rendre dans /etc/cups. Vous pourriez vous y prendre comme ceci :

```
bash-4.3$ cd /etc/httpd
bash-4.3$ pwd
/etc/httpd
bash-4.3$ cd ..
bash-4.3$ cd cups
bash-4.3$ pwd
/etc/cups
```

Il y a moyen de faire plus court et plus élégant :

```
bash-4.3$ cd /etc/httpd
bash-4.3$ pwd
/etc/httpd
bash-4.3$ cd ../cups
bash-4.3$ pwd
/etc/cups
```

> REMARQUE **pwd à tire-larigot**
>
> Si vous vous demandez pourquoi j'invoque pwd à chaque changement de répertoire, c'est uniquement à des fins de démonstration, pour bien expliciter le répertoire courant.

Vous pouvez également monter de plusieurs crans, si cela est nécessaire. Si votre répertoire courant est /etc/httpd/extra et si vous souhaitez vous rendre dans /etc/cups, il va falloir que vous montiez de deux crans, pour ensuite entrer dans le répertoire cups. En pratique, cela ressemblerait à l'exemple suivant :

```
bash-4.3$ cd /etc/httpd/extra
bash-4.3$ pwd
/etc/httpd/extra
bash-4.3$ cd ../../cups
bash-4.3$ pwd
/etc/cups
```

Avant de poursuivre la lecture de ce chapitre, familiarisez-vous avec la poignée de commandes et d'options que nous venons de voir. Pour ce faire, pourquoi ne pas reprendre la visite guidée du chapitre précédent ? Cette fois-ci, vous pourrez utiliser les commandes de la console pour vous promener dans l'arborescence du système de fichiers. Explorez les répertoires, naviguez dans les sous-répertoires et affichez leur contenu jusqu'à ce que vous vous sentiez suffisamment à l'aise dans vos déplacements.

 Petit aperçu de la philosophie Unix

Vous venez d'apprendre en tout et pour tout trois commandes et une poignée d'options. Peut-être sentez-vous monter en vous un vague sentiment de déception. C'est donc ça, Linux ? Des commandes qu'il faut taper fastidieusement dans une interface archaïque ?

Pour vous rassurer – et nous conforter dans notre démarche – je me permettrai de vous donner un exemple qui semblera familier à beaucoup d'entre vous. Imaginez que votre voiture tombe en panne un jour. Vous avez en gros deux possibilités pour la faire réparer.

- Vous la faites remorquer au garage Lapeau & Desfesses en ville : un endroit très *high tech* avec beaucoup de chrome et de carrelage blanc, sans la moindre trace de cambouis ni de poussière. Les mécaniciens ressemblent à des ingénieurs en blouse blanche. Ils sont armés jusqu'aux dents d'ordinateurs portables et ne répondent à personne. Votre voiture est le seul objet sale dans cet endroit étincelant de propreté. L'ingénieur en chef dissimule à peine son dégoût, ouvre le capot et branche un câble dans une prise dont vous ignoriez l'existence jusque-là. Il retourne devant l'écran de son portable, clique sur une série de boutons dans son logiciel de diagnostic et vous annonce qu'il ne peut pas vous fixer un rendez-vous avant le début du mois prochain, mais qu'on peut déjà établir un devis.
- Vous décidez d'aller voir Tony, le mécanicien du village. En guise de bonjour, Tony vous présente son avant-bras à peine moins maculé de cambouis que ses mains. Il propose de s'occuper tout de suite de votre voiture, l'objet le plus propre dans tout le garage. Il ouvre le capot et contemple le moteur en sifflotant le refrain qui vient de passer à la radio. Puis il fouille dans sa boîte à outils et en extrait une clé tubulaire, un tournevis et une pince. À peine deux minutes plus tard, il vous annonce qu'il fallait juste nettoyer les bougies et refixer une durite qui s'était défaite. Il refuse de se faire payer malgré vos protestations réitérées.

Les commandes que nous venons d'apprendre sont certes aussi peu spectaculaires qu'une clé tubulaire, un tournevis ou une clé de douze. Vous serez d'ailleurs probablement surpris d'apprendre que ce sont des commandes Unix, le système d'exploitation présenté en début de cet ouvrage. Les principes de base d'Unix sont restés les mêmes pendant près de quarante ans. Douglas McIlroy, l'un des fondateurs d'Unix, a résumé la philosophie de ce système en une série de trois impératifs catégoriques :

1. Écrivez des programmes qui font une seule chose et qui la font bien.
2. Écrivez des programmes qui se combinent les uns avec les autres.
3. Écrivez des programmes pour gérer des flux de texte, car c'est une interface universelle.

Même si vous n'avez pas l'intention d'écrire des programmes Unix (ou Linux), ces trois règles sont d'une importance capitale pour tout utilisateur de systèmes de cette famille. À partir du moment où vous maîtrisez ne serait-ce qu'une poignée de commandes Unix, vous apprendrez à les combiner pour résoudre les problèmes de manière efficace. Gardez ce principe à l'esprit lors de votre apprentissage, car nous verrons bientôt comment les tâches les plus complexes peuvent être décomposées en une série d'opérations simples.

Deux commandes de sortie simples : echo et cat

echo : afficher une ligne de texte

La commande echo affiche sur l'écran le texte spécifié en argument :

```
bash-4.3$ echo Bonjour Monsieur !
Bonjour Monsieur !
```

Voilà un grand pas pour nous, un petit pas pour l'humanité. Continuons :

```
bash-4.3$ echo Bonjour Monsieur ! > bonjour.txt
```

Cette fois-ci, il n'y a aucun résultat immédiat. Regardons le contenu du répertoire courant :

```
bash-4.3$ ls
Bureau      Images    Musique   Téléchargements  bonjour.txt
Documents   Modèles   Public    Vidéos
```

Explication : la flèche > a redirigé la sortie standard vers un fichier, comme le formulerait quelqu'un du métier. En d'autres termes, la chaîne de caractères Bonjour Monsieur ! a été écrite dans le fichier bonjour.txt au lieu de s'afficher sur l'écran.

cat : afficher et concaténer

Affichons le contenu de ce fichier avec la commande cat :

```
bash-4.3$ cat bonjour.txt
Bonjour Monsieur !
```

Maintenant, créez deux nouveaux fichiers bonjour2.txt et bonjour3.txt, comme ceci :

```
bash-4.3$ echo Bonjour Madame ! > bonjour2.txt
bash-4.3$$ echo Bonjour les enfants ! > bonjour3.txt
```

Affichez leur contenu en utilisant cat :

```
bash-4.3$ cat bonjour2.txt
Bonjour Madame !
bash-4.3$ cat bonjour3.txt
Bonjour les enfants !
```

Si nous mettons nos trois nouveaux fichiers en argument, cat affiche leurs contenus respectifs l'un après l'autre :

```
$ cat bonjour.txt bonjour2.txt bonjour3.txt
Bonjour Monsieur !
Bonjour Madame !
Bonjour les enfants !
```

REMARQUE **Convention pour un affichage simplifié**

Vous remarquerez que, dorénavant, je réduis l'invite de commande à un simple $, ce qui est une manière habituelle de procéder et permet de faire figurer ma commande sur une seule ligne.

Et là aussi, nous pouvons rediriger la sortie standard. Le résultat s'écrira dans un fichier au lieu de s'afficher à l'écran :

```
$ cat bonjour.txt bonjour2.txt bonjour3.txt > bonjourtous.txt
$ cat bonjourtous.txt
Bonjour Monsieur !
Bonjour Madame !
Bonjour les enfants !
```

Ici, j'ai mis la charrue de la pratique avant les bœufs de la théorie pour vous faire comprendre le fonctionnement de cat, qui remplit essentiellement deux fonctions. D'une part, cette commande sert à la « concaténation » de fichiers, d'où son nom ; c'est le fait de rassembler le contenu de ces fichiers en un seul gros :

```
$ cat fichier1 fichier2 fichier3 > grosfichier
```

D'autre part, l'autre rôle de cat est tout simplement d'afficher le contenu de fichiers textes simples.

EXEMPLE **Tout savoir sur son processeur**

Voici un cas d'utilisation de cat qu'on peut rencontrer dans le quotidien d'un administrateur système. Il affiche des renseignements sur la machine : le nombre de processeurs (processeur simple, biprocesseur, etc.), leur type (Intel, AMD, Celeron) et leur fréquence de travail (ou vitesse) exprimée en MHz (mégahertz, c'est-à-dire millions d'opérations par seconde) ou en GHz (gigahertz, milliards d'opérations par seconde) :

```
$ cat /proc/cpuinfo
...
processor       : 1
vendor_id       : GenuineIntel
cpu family      : 6
model           : 28
model name      : Intel(R) Atom(TM) CPU N270   @ 1.60GHz
stepping        : 2
cpu MHz         : 1.600.000
cache size      : 512 KB
```

Cette simple utilisation de cat me montre donc que l'ultra-portable sur lequel j'ai invoqué la commande dispose d'un processeur Intel Atom. C'est un biprocesseur (processeur 0 et processeur 1) tournant à une fréquence de 1.6 GHz. Après cette courte incursion dans la cour des grands, je vous promets que nous nous y amuserons bientôt.

Visualiser : more et less

Gérer l'affichage de fichiers longs

L'utilitaire cat convient parfaitement pour visualiser des fichiers courts. À titre d'exemple, utilisez-le pour visualiser le contenu de fichiers de configuration comme /etc/fstab, /etc/mtab ou /etc/resolv.conf. Ne tenez pour l'instant pas compte du fait que vous ne comprenez rien au contenu hiéroglyphique de ces fichiers, nous en éluciderons la signification en temps et en heure.

Pour des fichiers dont l'affichage dépasse la taille d'un écran, comme dans le dernier exemple avec /proc/cpuinfo, on peut très bien revenir en arrière :

* à l'aide de la barre de défilement du terminal graphique, à condition de ne pas l'avoir désactivée ;
* avec la molette de la souris ;
* avec la combinaison de touches *Maj+PageHaut* ou *Maj+PageBas*.

Les deux premières possibilités ne fonctionneront que dans un environnement graphique. Lorsque vous travaillerez en mode console, il faudra utiliser les combinaisons de touches.

Dans votre terminal, affichez le fichier /etc/passwd à l'aide de cat. À moins que vous ne travailliez en mode plein écran (c'est-à-dire si votre fenêtre est maximisée), l'affichage dépassera très probablement la taille de votre fenêtre. Si vous souhaitez revenir en arrière pour lire le début du fichier, utilisez une des trois méthodes.

Pour un fichier comme /etc/passwd, cette manière de procéder est tout à fait valable. Dans d'autres cas, il faudra procéder différemment. Voyez vous-même pourquoi :

```
$ cat /etc/services
...
amanda10080/tcp  #Dump server control
amanda10080/udp  #Dump server control
amandaidx10082/tcp  #Amanda indexing
amidxtape10083/tcp  #Amanda tape indexing
isode-dua17007/tcp
isode-dua17007/udp
biimenu18000/tcp #Beckman Instruments, Inc.
biimenu18000/udp #Beckman Instruments, Inc.
wnn4 22273/tcp  wnn6#Wnn4 (Japanese input)
wnn4_Cn22289/tcp  wnn6_Cn#Wnn4 (Chinese input)
wnn4_Kr22305/tcp  wnn6_Kr#Wnn4 (Korean input)
wnn4_Tw22321/tcp  wnn6_Tw#Wnn4 (Taiwanse input)
wnn6_DS26208/tcp  #Wnn6 (Dserver)
dbbrowse47557/tcp  #Databeam Corporation
dbbrowse47557/udp  #Databeam Corporation
```

Essayez de remonter au début du fichier, jusqu'à ce que vous aperceviez la ligne contenant l'invite de commande. Vous n'en voyez pas la fin (ou plutôt : le début) ? C'est normal : le fichier en question compte 2 400 lignes. Sa longueur pose un problème dans le sens où nous arrivons aux limites de :

- la patience de l'utilisateur qui n'en peut plus d'appuyer sur *Maj+PageHaut* ;
- la mémoire d'affichage de la console, qui ne conserve qu'un nombre limité de caractères : au-delà, il n'est plus possible de remonter davantage pour voir le début du fichier.

Visualiser avec more

Bien sûr, nous pourrions décider d'ouvrir tous ces fichiers dont l'affichage dépasse la taille d'un écran avec un éditeur de texte simple. Avec un système Linux, si nous souhaitons seulement voir le contenu d'un certain fichier de configuration sans toutefois l'éditer, nous aurons d'abord le réflexe d'utiliser un *pager*. Le terme anglais a été francisé en « logiciel de pagination », « logiciel de visualisation », « visualiseur » ou « pageur » pour faire plus court. En voici un :

```
$ more /etc/passwd
```

Figure 5–10
Pour visualiser un fichier de configuration plus long, utilisez un logiciel de pagination comme more ou less.

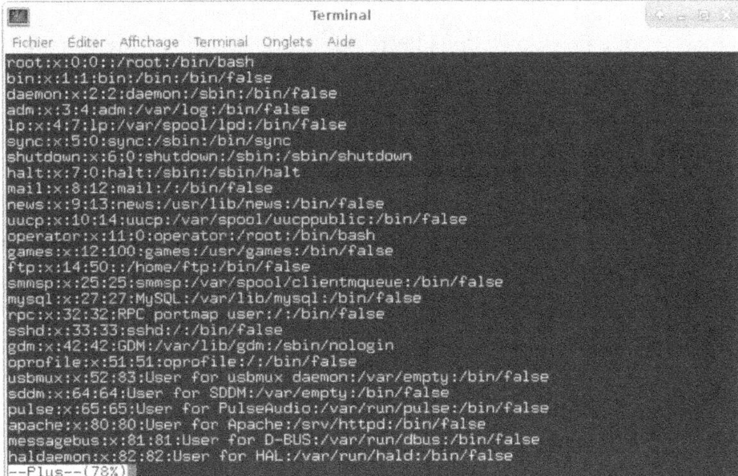

Le visualiseur more affiche le fichier spécifié en argument en remplissant exactement un écran, puis il s'arrête. Pour voir le reste du fichier, vous avez le choix entre :

- appuyer sur *Entrée* pour avancer ligne par ligne ;
- utiliser la touche *Espace* pour progresser page par page ;
- ou appuyer sur Q (comme *quit* ou « quitter ») pour sortir du mode de visualisation.

Dès que more est arrivé à la fin du fichier, il considère qu'il a terminé son travail. L'invite de commande réapparaît et le clignotement du curseur vous indique que vous pouvez continuer de travailler normalement dans la console.

Essayez more sur un fichier plus long :

```
$ more /etc/services
```

> EN SAVOIR PLUS   **Sur more**
>
> Les anciennes versions de more ne permettaient pas de revenir en arrière, ce qui ne facilitait pas la recherche dans un fichier un peu plus volumineux. Les versions plus récentes – comme celle incluse dans notre installation de Slackware – ont ajouté cette fonctionnalité sous forme de la touche B (comme *back*), qui permet de « feuilleter » le fichier page par page en sens inverse. Toutefois, il faudra bien se résoudre à admettre que more fait partie de la poignée d'utilitaires un peu obtus du monde Linux et qu'il n'est pas vraiment confortable à utiliser.

Less is more : moins, c'est plus !

C'est là que less entre en jeu. C'est un autre logiciel de pagination, dont le but déclaré est de fournir un remplaçant confortable à more. Son nom est un clin d'œil ironique à la devise *less is more*, la version anglaise de la tournure « ce n'est pas la peine d'en rajouter ». Prenez cette boutade au pied de la lettre et vous devinerez qu'effectivement, less = more.

```
$ less /etc/services
```

Vous constatez que less vous laisse naviguer exactement comme more. La touche *Entrée* sert à avancer d'une ligne, les touches *Espace* et B permettent de feuilleter le fichier dans un sens et dans l'autre, Q interrompt la pagination et fait réapparaître l'invite de commande. Cependant ce n'est pas tout :

* À la différence de more, less ne quitte pas le mode de pagination lorsqu'il arrive à la fin du fichier, ce qui évite les manipulations énervantes du style « retour à la case départ ».

* Les touches directionnelles du clavier *FlècheHaut* et *FlècheBas* permettent également de naviguer dans le fichier. Non content de cela, *FlècheGauche* et *FlècheDroite* vous déplacent latéralement dans un fichier dont la largeur dépasse celle de l'écran. Essayez.

* Il arrive très souvent que l'on ouvre un fichier de configuration à la recherche d'une certaine chaîne de caractères. Lorsque le fichier compte plusieurs milliers de lignes, cela revient à chercher une aiguille dans une botte de foin. Pour remédier à cela, less inclut une fonction de recherche simple. Pour exemple, ouvrez le fichier /etc/passwd avec less, appuyez sur la barre oblique / et faites-la suivre de la chaîne de caractères que vous cherchez, par exemple false ou votre nom d'utilisateur. Vous remarquez que less vous affiche toutes les occurrences trouvées (que celles-ci soient en majuscules ou en minuscules) en surbrillance. Utilisez la touche N (*next* = prochain) pour sauter d'occurrence en occurrence et *Maj+N* pour faire la même chose en sens inverse.

Figure 5–11
less est un visualiseur bien plus
confortable à utiliser que more.

REMARQUE   **more & less**

Profitons-en pour clarifier d'éventuels malentendus. `less` et `more` sont deux logiciels de visualisation non destructifs, c'est-à-dire qu'ils ne modifient en aucune manière le contenu des fichiers sur lesquels vous les appliquez.

Ils ne vous serviront pas à visualiser vos photos `.jpg` ou vos films `.avi`. Leur utilisation se limite au seul format texte simple. Étant donné que dans un système Linux, toute la configuration est contenue dans des fichiers de ce format, nous constaterons bientôt qu'il s'agit d'outils fort pratiques pour l'administration de notre machine.

Créer : touch et mkdir

L'affichage détaillé de `ls` avec l'option `-l` nous montre que chaque fichier est horodaté. Prenons par exemple le fichier `bonjour.txt` que nous avons créé un peu plus haut :

```
$ ls -l bonjour.txt
-rw-r--r-- 1 kikinovak users 19 Nov 30 18:19 bonjour.txt
```

Modifier l'horodatage d'un fichier avec touch

En l'occurrence, ce fichier a été créé – ou modifié pour la dernière fois – le 30 novembre à 18h19. Attention à ne pas confondre les indications : `19` indique ici la taille du fichier, c'est-à-dire dix-neuf octets. L'horodatage cite d'abord le mois (`Nov`), puis le jour (`30`). Maintenant, essayons ceci :

```
$ touch bonjour.txt
$ ls -l bonjour.txt
-rw-r--r-- 1 kikinovak users 19 Dec  1 11:07 bonjour.txt
```

Nous constatons que l'horodatage du fichier indique maintenant le 1er décembre, à 11h07. En effet, cela correspond à la date et à l'heure auxquelles j'écris ces lignes.

Créer un fichier vide avec touch

Si le fichier spécifié n'existe pas, touch prendra soin de le créer. Essayons avec un nom de fichier qui n'existe pas dans le répertoire courant :

```
$ touch yatahongaga.txt
$ ls -l yatahongaga.txt
-rw-r--r-- 1 kikinovak users 0 Dec  1 11:10 yatahongaga.txt
```

Ici, la commande touch a créé un fichier vide yatahongaga.txt, d'une taille de 0 octet.

Créer des fichiers texte sans éditeur de texte

Avec cat

Tant que nous y sommes, je vous montre une méthode pour créer des fichiers texte simples, à l'aide de la seule commande cat :

```
$ cat > ~/livres.txt << EOF
> Alice au pays des merveilles
> La montagne magique
> Faust
> EOF
$ ls -l livres.txt
-rw-r--r-- 1 kikinovak users 55 Dec  1 11:11 livres.txt
$ cat livres.txt
Alice au pays des merveilles
La montagne magique
Faust
```

Nous avons écrit trois lignes de texte dans un fichier ~/livres.txt. N'oubliez pas que le symbole *tilde* ~ représente ici le répertoire d'utilisateur, dans mon cas /home/kikinovak. La suite de caractères EOF (comme *End Of File*) définit la fin du fichier.

Avec echo

Aurions-nous pu obtenir quelque chose de comparable avec la commande echo ? Essayons :

```
$ echo Beethoven > compositeurs.txt
$ cat compositeurs.txt
Beethoven
```

La commande `echo` a créé ici un nouveau fichier `compositeurs.txt` en y écrivant une ligne `Beethoven`. Jusqu'ici, cela ressemble beaucoup à ce que nous avons fait plus haut avec `bonjour.txt`. Maintenant, essayons ceci :

```
$ echo Bach > compositeurs.txt
$ cat compositeurs.txt
Bach
```

Ce n'était donc pas la bonne méthode pour ajouter une ligne à notre fichier. Le dernier contenu en date a tout simplement écrasé l'ancien contenu. Nous allons donc nous y prendre autrement :

```
$ echo Bartok >> compositeurs.txt
$ cat compositeurs.txt
Bach
Bartok
```

Voilà qui est mieux. L'utilisation du double chevron `>>` au lieu du simple `>` a provoqué l'ajout de la chaîne de caractères à la fin du fichier, en évitant la substitution du contenu précédent. Si nous souhaitons ajouter un troisième nom à la liste, il devrait donc suffire de répéter la dernière commande en insérant un autre nom. Essayons :

```
$ echo Schubert >> compositeurs.txt
$ cat compositeurs.txt
Bach
Bartok
Schubert
```

Effectivement, c'est bien cela. Soit dit en passant, nous en avons profité pour avoir un autre petit aperçu de la redirection sous Linux. Passons maintenant à la création de répertoires.

Créer des répertoires avec mkdir

La commande `mkdir` (comme *make directory*, vous aurez remarqué que les informaticiens ont un problème avec les voyelles) sert à créer un nouveau répertoire. Il suffit de spécifier le nom de ce dernier lorsqu'on invoque `mkdir`. Créons un répertoire `Textes` dans notre répertoire `Documents` :

```
$ cd Documents
$ mkdir Textes
$ ls -ld Textes
 drwxr-xr-x 2 kikinovak users 4096 Dec  1 11:17 Textes/
```

Il est également possible de spécifier le chemin complet du répertoire à créer. Pour créer un dossier 2012 à l'intérieur du répertoire existant Images, je pourrais le faire comme ceci :

```
$ mkdir /home/kikinovak/Images/2012
$ cd
$ ls -ld Images/2012
drwxr-xr-x 2 kikinovak users 4096 Dec  1 11:21 Images/2012/
```

Bien évidemment, dans cet exemple, il vous faudra remplacer kikinovak dans le chemin par votre nom d'utilisateur. D'ailleurs, pour être sûr que c'est bien dans notre répertoire d'utilisateur que l'on crée le dossier, nous aurions pu écrire cette dernière commande comme ceci :

```
$ mkdir ~/Images/2012
```

Créer une série de répertoires

Admettons qu'à l'intérieur du répertoire Images/2012, nous souhaitions créer trois sous-répertoires Photos, Graphismes et Captures ; nous pourrions le faire de la façon suivante :

```
$ cd ~/Images/2012
$ mkdir Photos Graphismes Captures
$ ls -l
total 12
drwxr-xr-x 2 kikinovak users 4096 Dec  1 11:24 Captures/
drwxr-xr-x 2 kikinovak users 4096 Dec  1 11:24 Graphismes/
drwxr-xr-x 2 kikinovak users 4096 Dec  1 11:24 Photos/
```

Ce dernier exemple appelle deux remarques. D'une part, il est tout à fait possible de créer une série de répertoires *à la louche*. Il suffit de spécifier leurs noms respectifs en argument, en les séparant d'un espace. D'autre part, notez bien le d comme *directory* en tête des attributs complets (drwxrwxr-x, etc.), qui signifie que nous avons affaire à des répertoires.

Gare aux espaces !

N'oublions pas de dire deux mots sur un détail important qui constitue une source d'erreur fréquente : les espaces dans les noms de fichiers et de répertoires. Dans certains cas de figure (sur les serveurs, par exemple, ou dans les réseaux hétérogènes, c'est-à-dire composés de machines dotées de systèmes d'exploitation différents), il vaut mieux tout faire pour les éviter. Dans d'autres cas, il est tout à fait possible de les utiliser, à condition d'être sûr de ce que l'on fait. Je vous donne un exemple pour vous sensibiliser à la problématique.

Retournez dans votre répertoire d'utilisateur (cd sans argument), créez un répertoire Test et, à l'intérieur de ce dernier, créez un répertoire Mes Documents, dont le nom vous semblera vaguement familier si vous venez d'un autre système d'exploitation, du genre auquel on échappe difficilement.

```
$ cd
$ mkdir Test
$ cd Test
$ mkdir Mes Documents
$ ls -l
total 8
drwxr-xr-x 2 kikinovak users 4096 Dec  1 11:26 Documents/
drwxr-xr-x 2 kikinovak users 4096 Dec  1 11:26 Mes/
```

Vous voyez le problème : la commande mkdir nous a créé deux répertoires distincts : Mes et Documents. Ce n'est pas ce que nous voulions faire.

Prenons un autre exemple pour voir comment nous aurions pu nous y prendre. Revenons dans notre répertoire d'utilisateur, créons un répertoire Test2 et, à l'intérieur de ce dernier, essayons de créer trois répertoires distincts Mes Documents, Mes Images et Mes Films.

```
$ cd
$ mkdir Test2
$ cd Test2
$ mkdir "Mes Documents"
$ mkdir 'Mes Images'
$ mkdir Mes\ Films
$ ls -l
total 12
drwxr-xr-x 2 kikinovak users 4096 Dec  1 11:27 Mes Documents
drwxr-xr-x 2 kikinovak users 4096 Dec  1 11:27 Mes Images
drwxr-xr-x 2 kikinovak users 4096 Dec  1 11:27 Mes Films
```

Notez que dans une console, l'affichage aurait été différent :

```
drwxr-xr-x 2 kikinovak users 4096 Dec  1 11:27 Mes\ Documents/
drwxr-xr-x 2 kikinovak users 4096 Dec  1 11:27 Mes\ Films/
drwxr-xr-x 2 kikinovak users 4096 Dec  1 11:27 Mes\ Images/
```

Cette fois-ci, nous avons bien obtenu le résultat escompté. Vous aurez certainement remarqué que pour chacun des trois répertoires, je me suis servi d'une syntaxe différente, en utilisant respectivement des guillemets doubles, des guillemets simples et un caractère d'échappement devant l'espace.

 Exercice de révision

Je vous propose de souffler un peu en faisant un petit exercice de révision.

1. Dans votre répertoire d'utilisateur, créez un dossier Fichiers.
2. À l'intérieur de ce dernier, créez trois sous-répertoires Documents, Images et Films.
3. Dans chacun d'eux et créez-y trois fichiers vides nommés respectivement texte.txt, photo.jpg et film.avi. Servez-vous de la commande touch.

Dans un premier temps, essayez de venir à bout de cet exercice par vos propres moyens. Si vous avez du mal, reprenez les exemples des pages précédentes. Vous ferez probablement des erreurs, ce qui est inévitable pour progresser.

Voici une solution possible :

```
$ cd
$ mkdir Fichiers
$ cd Fichiers/
$ mkdir Documents Images Films
$ cd Documents/
$ touch texte.txt
$ cd ../Images/
$ touch photo.jpg
$ cd ../Films/
$ touch film.avi
$ cd
```

Notez bien que je n'ai pas parlé de *la* solution, mais bien d'*une* solution possible pour venir à bout de notre tâche.

Les arborescences en un coup d'œil avec tree

Puisque nous sommes en plein dans les arborescences de répertoires, le moment est venu de vous présenter un cousin lointain de ls, la commande tree. Curieusement, on ne la rencontre pas souvent dans les manuels d'initiation à la ligne de commande sous Linux. Elle offre pourtant des fonctionnalités fort pratiques. Dans le cas de notre petit exercice, elle nous permettra d'apprécier le résultat en un simple coup d'œil. Essayez :

```
$ cd
$ tree Fichiers
Fichiers
|-- Documents
|   `-- texte.txt
|-- Films
|   `-- film.avi
`-- Images
    `-- photo.jpg

3 directories, 3 files
```

Les anglophones parmi vous auront peut-être deviné que la commande `tree` – qui signifie « arbre » en anglais – sert à représenter des arborescences. Hormis ce que vous avez pu créer en vous exerçant, rappelez-vous que votre répertoire d'utilisateur contient aussi une série de fichiers et de répertoires cachés, dont nous allons pouvoir examiner le contenu à l'aide de `tree`. Invoquez `ls -a` pour afficher la totalité des fichiers du répertoire courant, puis :

```
$ tree .config
.config/
|-- Thunar
|   |-- accels.scm
|   `-- uca.xml
|-- Trolltech.conf
|-- gconf
|-- pulse
|-- user-dirs.dirs
|-- user-dirs.locale
`-- xfce4
    |-- desktop
    |   `-- icons.screen0-1264x928.rc
...
```

Puisque nous avons parlé d'arbre, vous pouvez très bien imaginer les suites de répertoires et de sous-répertoires comme autant de branches qui se ramifient. Les fichiers (comme `accels.scm` ou `uca.xml` dans l'exemple précédent) correspondent alors aux feuilles de cet arbre. Et pour filer la métaphore : tout se rejoint à la racine[2].

L'option `-d` de `tree` montre les différents embranchements, mais sans les feuilles. En d'autres termes, `tree -d` (comme *directory*) affichera seulement les répertoires d'une arborescence. Reprenons le dernier exemple avec cette option :

```
$ tree -d .config
.config/
|-- Thunar
|-- gconf
|-- pulse
`-- xfce4
    |-- desktop
...
```

Est-ce que `tree` nous affiche vraiment tout ? Appliquons-le sur le répertoire suivant :

```
$ tree /etc/skel
/etc/skel/

0 directories, 0 files
```

---

2. Note pour ceux qui pinailleraient : oui, notre arbre est à l'envers. La racine est en haut et il faut descendre vers les feuilles.

À en croire le résultat, le répertoire /etc/skel ne contiendrait rien du tout : aucun répertoire (0 directories) et aucun fichier (0 files). Maintenant, essayons la même commande avec l'option -a :

```
$ tree -a /etc/skel
/etc/skel/
`-- .screenrc

0 directories, 1 file
```

Nous en déduisons que l'option -a fonctionne de manière similaire avec tree et ls.

Créer une arborescence de répertoires

Admettons maintenant que nous voulions créer une série de sous-répertoires imbriqués les uns dans les autres, à la manière des poupées gigognes. Le résultat ressemble à peu près à l'arborescence suivante :

```
$ tree branche1
branche1/
`-- branche2
    `-- branche3
        `-- branche4

3 directories, 0 files
```

La première idée sera sans doute d'invoquer mkdir avec le chemin complet des sous-répertoires :

```
$ mkdir branche1/branche2/branche3/branche4
```

Malheureusement, voici ce qui se passe si nous faisons cela :

```
$ mkdir branche1/branche2/branche3/branche4
mkdir: impossible de créer le répertoire « branche1/branche2/branche3/branche4 »:
Aucun fichier ou dossier de ce type
```

Réprimons un instant une éventuelle pulsion soudaine de traverser de notre poing l'écran de l'ordinateur. Au lieu de cela, regardons de plus près le message d'erreur et prenons-le au pied de la lettre. Ce que notre *shell* (interpréteur de commande) essaie de nous faire comprendre – de façon un peu laconique, certes – c'est qu'il n'arrive pas à créer le répertoire branche4 parce que les répertoires parents branche1, branche2 et branche3 n'existent pas. Nous devons donc invoquer mkdir avec l'option -p (comme *parent*) :

```
$ mkdir -p branche1/branche2/branche3/branche4
$ tree branche1
```

```
branche1/
`-- branche2
    `-- branche3
        `-- branche4

3 directories, 0 files
```

Je disais que notre *shell* se montrait un peu trop laconique à notre égard. Sachez que, dans bien des cas, il ne tient qu'à nous de le rendre un peu plus bavard. Créons une autre série de répertoires imbriqués, mais cette fois-ci, utilisons l'option supplémentaire `-v` comme `--verbose`, c'est-à-dire « bavard » :

```
$ mkdir -pv poupee1/poupee2/poupee3
mkdir: création du répertoire « poupee1 »
mkdir: création du répertoire « poupee1/poupee2 »
mkdir: création du répertoire « poupee1/poupee2/poupee3 »
```

Cette option `-v` est applicable pour un grand nombre de commandes.

Copier, déplacer et renommer : cp et mv

Copier des fichiers et des répertoires avec cp

La commande `cp` (*copy*) sert à copier des fichiers. Dans son utilisation la plus basique, `cp` duplique un fichier d'un endroit à un autre. Prenons par exemple un fichier de notre répertoire d'utilisateur et copions-le dans le répertoire `/tmp` :

```
$ ls -l bonjour.txt
-rw-r--r-- 1 kikinovak users 19 déc.   1 11:07 bonjour.txt
$ cp bonjour.txt /tmp/
$ ls -l /tmp/bonjour.txt
-rw-r--r-- 1 kikinovak users 19 déc.   1 11:48 /tmp/bonjour.txt
```

Pour copier des répertoires entiers avec leur contenu, il faudra invoquer `cp` avec l'option `-R` (comme *recursive*, « récursif »). Dans l'exemple, j'utilise en plus l'option `-v` qui explicite bien chaque détail de l'opération.

```
$ tree Fichiers/
Fichiers/
|-- Documents
|   `-- texte.txt
|-- Films
|   `-- film.avi
`-- Images
    `-- image.jpg
```

```
3 directories, 3 files
$ cp -Rv Fichiers/ /tmp/
« Fichiers/ » -> « /tmp/Fichiers »
« Fichiers/Documents » -> « /tmp/Fichiers/Documents »
« Fichiers/Documents/texte.txt » -> « /tmp/Fichiers/Documents/texte.txt »
« Fichiers/Images » -> « /tmp/Fichiers/Images »
« Fichiers/Images/photo.jpg » -> « /tmp/Fichiers/Images/photo.jpg »
« Fichiers/Films » -> « /tmp/Fichiers/Films »
« Fichiers/Films/film.avi » -> « /tmp/Fichiers/Films/film.avi »
$ tree /tmp/Fichiers/
/tmp/Fichiers/
|-- Documents
|    `-- texte.txt
|-- Films
|    `-- film.avi
`-- Images
     `-- image.jpg

3 directories, 3 files
```

Voici maintenant une utilisation de `cp` qui peut ressembler (de loin) au quotidien réel d'un administrateur système. Créez un fichier de configuration `config` dans votre répertoire d'utilisateur. Effectuez-en ensuite une copie de sauvegarde `config.orig`, qui représentera en quelque sorte l'état initial de votre fichier de configuration. Maintenant, modifiez `config` en ajoutant une ligne, par exemple. Vos fichiers ne sont désormais plus les mêmes.

```
$ cat > config << EOF
> Option 1
> Option 2
> Option 3
> EOF
$ cp -v config config.orig
« config » -> « config.orig »
$ ls -l config*
-rw-r--r-- 1 kikinovak users 29 déc.   1 11:51 config
-rw-r--r-- 1 kikinovak users 29 déc.   1 11:51 config.orig
$ echo Option 4 >> config
$ ls -l config*
-rw-r--r-- 1 kikinovak users 38 déc.   1 11:52 config
-rw-r--r-- 1 kikinovak users 29 déc.   1 11:51 config.orig
```

L'ASTUCE DU CHEF   **Utiliser le joker ***

Dans ce dernier exemple, j'ai introduit une petite nouveauté qui semblera familière aux utilisateurs de MS-DOS, même si son fonctionnement diffère quelque peu : le joker[a] *. L'astérisque signifie « n'importe quelle chaîne de caractères ». Si cela ne vous paraît pas très parlant, pensez aux jeux de cartes, où le joker signifie « n'importe quelle carte », ou encore aux petites lettrines immaculées du Scrabble, celles qui endossent le rôle de n'importe quelle lettre salvatrice au milieu de votre « WGHTRX ». Là encore, prenons un exemple.

Depuis que nous avons entrepris notre initiation à la ligne de commande, les fichiers et les répertoires s'entassent dans notre répertoire d'utilisateur. La section suivante sera d'ailleurs consacrée aux commandes de suppression, ce qui nous permettra d'envisager un brin de ménage. Pour l'instant, vous devez faire avec tout ce fatras. Admettons que vous ne vouliez afficher des renseignements précis que sur vos seuls fichiers `bonjour.txt`, `bonjour2.txt` et `bonjour3.txt`. Vous pourriez très bien expliciter à la suite les trois fichiers en argument :

```
$ ls -l bonjour.txt bonjour2.txt bonjour3.txt
-rw-r--r-- 1 kikinovak users 19 déc.   1 11:07 bonjour.txt
-rw-r--r-- 1 kikinovak users 17 nov.  30 18:21 bonjour2.txt
-rw-r--r-- 1 kikinovak users 22 nov.  30 18:21 bonjour3.txt
```

Toutefois, il y a moyen de faire plus court :

```
$ ls -l bonjour*
-rw-r--r-- 1 kikinovak users 19 déc.   1 11:07 bonjour.txt
-rw-r--r-- 1 kikinovak users 17 nov.  30 18:21 bonjour2.txt
-rw-r--r-- 1 kikinovak users 22 nov.  30 18:21 bonjour3.txt
```

Les habitués de MS-DOS verront tout de suite la différence : sous Windows, le joker aurait dû être invoqué sous la forme `BONJOUR*.*`, voire `BONJOUR*.TXT`.

a. J'évite d'utiliser les traductions françaises comme « caractère générique » ou « métacaractère », tout juste aptes à séduire les penseurs postmodernes.

Sauvegarder un répertoire

Pour en revenir à `cp`, je peux également copier l'intégralité d'un répertoire vers un répertoire d'un autre nom :

```
$ cp -Rv Fichiers/ CopieFichiers
« Fichiers/ » -> « CopieFichiers »
« Fichiers/Documents » -> « CopieFichiers/Documents »
« Fichiers/Documents/texte.txt » -> « CopieFichiers/Documents/texte.txt »
« Fichiers/Images » -> « CopieFichiers/Images »
« Fichiers/Images/photo.jpg » -> « CopieFichiers/Images/photo.jpg »
« Fichiers/Films » -> « CopieFichiers/Films »
« Fichiers/Films/film.avi » -> « CopieFichiers/Films/film.avi »
```

> DÉTAIL   **L'utilisation de / à la fin des noms de répertoires**
>
> Les lecteurs très attentifs auront probablement remarqué une certaine inconsistance dans l'utilisation de / à la fin des noms de répertoires. Concrètement, lorsque je copie un répertoire `Fichiers`, je peux écrire `cp Fichiers/ CopieFichiers` ou bien `cp Fichiers CopieFichiers`. La barre oblique / s'ajoute automatiquement à la fin d'un nom de répertoire lorsque j'utilise la complétion automatique, comme nous le verrons un peu plus loin dans ce chapitre.

Admettons maintenant que je souhaite effectuer une copie complète du répertoire `Fichiers` et de tout son contenu vers un autre endroit du système, tout en donnant un autre nom au répertoire copié, par exemple `Sauvegarde20160208`. Dans ce cas, voici ce qu'il faut faire :

```
$ cp -Rv Fichiers/ /tmp/Sauvegarde20160208
« Fichiers/ » -> « /tmp/Sauvegarde20160208 »
« Fichiers/Documents » -> « /tmp/Sauvegarde20160208/Documents »
« Fichiers/Documents/texte.txt » -> « /tmp/Sauvegarde20160208/Documents/texte.txt »
« Fichiers/Images » -> « /tmp/Sauvegarde20160208/Images »
« Fichiers/Images/photo.jpg » -> « /tmp/Sauvegarde20160208/Images/photo.jpg »
« Fichiers/Films » -> « /tmp/Sauvegarde20160208/Films »
« Fichiers/Films/film.avi » -> « /tmp/Sauvegarde20160208/Films/film.avi »
```

Le seul aspect peu réaliste de ce dernier exemple, c'est que `/tmp` n'est pas un endroit approprié pour ranger des sauvegardes. De meilleurs endroits seront à découvrir un peu plus loin.

Déplacer des fichiers et des répertoires avec mv

La commande `mv` (*move* comme « bouger ») sert à déplacer des fichiers :

```
$ mv bonjour.txt /tmp/
```

Cette dernière commande a déplacé le fichier `~/bonjour.txt` vers le répertoire `/tmp`.

`mv` ne s'applique pas seulement sur des fichiers, mais également sur des répertoires entiers. Pour essayer, créez une autre copie du répertoire `Fichiers` et déplacez-la vers `/tmp` en utilisant `mv` :

```
$ cp -R Fichiers/ AutreCopieFichiers
$ mv AutreCopieFichiers/ /tmp/
```

Question épineuse : comment déplacer à nouveau le fichier `/tmp/bonjour.txt` vers mon répertoire d'utilisateur lorsque je me trouve dans ce dernier ? Voici la réponse :

```
$ mv /tmp/bonjour.txt ./
```

Et je pourrais faire de même avec `/tmp/AutreCopieFichiers` :

```
$ mv /tmp/AutreCopieFichiers/ ./
```

Vous rappelez-vous ce que nous avons dit un peu plus haut concernant le point `.` qui signifie « ici » ? Dans ce cas, la première des deux commandes précédentes peut se lire littéralement comme ceci : « déplace (`mv`) le fichier `bonjour.txt` qui se situe dans le répertoire `tmp` vers ici (`./`) ».

Renommer des fichiers et des répertoires avec mv

La commande `mv` ne sert pas seulement à déplacer, mais aussi à renommer des fichiers et des répertoires. Cette double utilisation tourmente habituellement les novices de la ligne de commande sous Linux, mais ce n'est qu'une simple habitude à prendre.

```
$ mv bonjour.txt hello.txt
```

Là, nous venons tout simplement de renommer le fichier `bonjour.txt` en `hello.txt`. Pour déplacer ce fichier `hello.txt` vers `/tmp`, tout en le renommant en `bonjour.txt`, c'est très simple :

```
$ mv hello.txt /tmp/bonjour.txt
```

Supprimer : rm et rmdir

Gare aux armes de destruction massive

La commande `rm` (comme *remove*) sert à supprimer des fichiers et des arborescences de répertoires. Accessoirement, elle vous permet de vous tirer dans le pied, car elle est capable d'anéantir des dizaines de sites web, des années de courriels archivés, voire un serveur entier en un tournemain. Vous l'aurez compris : dans la panoplie des outils Unix, `rm` fait partie des instruments affûtés et tranchants qu'il convient de manier avec précaution.

Pour supprimer un fichier, il suffit de spécifier son nom en argument :

```
$ rm bonjour.txt
```

Vous n'obtiendrez pas de demande de confirmation du genre *Êtes-vous sûr de... ?* ou autres *Voulez-vous vraiment... ?*, votre système Linux n'a rien d'une nounou qui vous prend par la main. Vous lui avez ordonné de supprimer le fichier `bonjour.txt` et c'est sans broncher qu'il s'est exécuté pour l'envoyer au paradis des octets. Ici, vous ne trouverez pas de *Corbeille* non plus, où vous auriez pu repêcher vos données malencontreusement supprimées.

Travailler avec ou sans filet ?

Si ces manières expéditives vous mettent mal à l'aise, vous pouvez toujours invoquer rm avec l'option -i (comme *interactive*), ce qui produira une demande de confirmation avant chaque destruction de fichier. Tapez O pour répondre « oui » :

```
$ rm -i bonjour2.txt
rm : supprimer fichier « bonjour2.txt » ? o
```

Dans certains cas, ce fonctionnement peut être implémenté par défaut par ce qu'on appelle un alias de commande. Ouvrons une petite parenthèse sur les alias.

ASTUCE **Les alias de commande**

Invoquez la commande suivante dans l'émulateur Terminal ou en mode console :

```
$ alias
alias d='dir'
alias dir='/bin/ls $LS_OPTIONS --format=vertical'
alias ls='/bin/ls $LS_OPTIONS'
alias mc='. /usr/share/mc/bin/mc-wrapper.sh'
alias v='vdir'
alias vdir='/bin/ls $LS_OPTIONS -format=long'
```

Ici, chaque entrée commençant par alias correspond à la définition d'un raccourci de commandes, le but du jeu étant manifestement de vous simplifier l'utilisation de ces quelques commandes. Vous vous apercevez que le simple ls que vous avez pu invoquer jusqu'ici en mode console est *enrichi* par défaut avec $LS_OPTIONS.

Essayons d'en savoir un peu plus sur ce mystérieux $LS_OPTIONS :

```
$ echo $LS_OPTIONS
-F -b -T 0 --color=auto
```

Il s'agit d'une série d'options transmises à la commande ls. Les résultats des deux commandes suivantes sont identiques (notez que le caractère qui suit le -T est le chiffre zéro) :

```
$ ls $LS_OPTIONS
$ ls -F -b -T 0 -color=auto
```

ASTUCE **Les alias de commande** *(suite)*

Pour la plupart, les distributions Linux grand public prédéfinissent plusieurs alias de commandes, afin de rendre l'utilisation du *shell* un peu plus agréable. Essayons d'en définir un nous-même :

```
$ alias rm='rm -i'
$ touch fichierbidon
$ rm fichierbidon
rm : supprimer fichier vide « fichierbidon » ? o
```

Il se peut que vous soyez confronté au cas de figure inverse, c'est-à-dire à un alias de commande `rm -i` qui serait défini pour `rm` dans votre environnement de travail, alors que vous souhaitiez supprimer des fichiers directement, sans avoir à passer par la confirmation de suppression. Dans ce cas, utilisez `rm` avec l'option `-f` comme *force* :

```
$ alias rm
alias rm='rm -i'
$ touch fichierbidon
$ rm -f fichierbidon
```

Notons que notre définition d'alias n'est pas persistante. Autrement dit, lorsque vous démarrerez une nouvelle session, en fermant et en rouvrant la console par exemple, votre alias individualisé aura disparu. La personnalisation persistante du *shell* sera abordée un peu plus loin dans ce livre.

Supprimer des répertoires avec rmdir

De façon analogue à la commande `rm`, `rmdir` (*remove directory*) sert à supprimer des répertoires du système de fichiers.

```
$ mkdir repertoirebidon
$ ls -ld repertoirebidon/
drwxr-xr-x 2 kikinovak users 4096 déc. 2 10:54  repertoirebidon/
$ rmdir repertoirebidon/
```

Le répertoire que vous souhaitez supprimer doit impérativement être vide. Dans le cas contraire, `rmdir` refuse de s'exécuter et vous obtenez un message d'erreur.

```
$ mkdir repertoirebidon
$ touch repertoirebidon/fichierbidon
$ rmdir repertoirebidon/
rmdir: échec de suppression de « repertoirebidon/ »: Le dossier n'est pas vide
```

Dans ce cas, c'est-à-dire si l'on souhaite supprimer un répertoire ainsi que tout son contenu, on peut avoir recours à la commande `rm` suivie de l'option `-r` (comme *recursive*). Dans l'exemple suivant, j'ajoute l'option `-i` pour bien expliciter chaque opération de suppression.

```
$ mkdir repertoirebidon
$ touch repertoirebidon/fichierbidon
$ rm -ri repertoirebidon/
rm : descendre dans le répertoire « repertoirebidon » ? o
rm : supprimer fichier vide « repertoirebidon/fichierbidon » ? o
rm : supprimer répertoire « repertoirebidon » ? o
```

Dans la pratique quotidienne, c'est plutôt l'inverse que l'on souhaite faire. Il est souvent fastidieux de confirmer chaque suppression dans une arborescence de répertoires. Dans certains cas de figure, c'est même impossible : lorsque vous décidez par exemple de nettoyer vos anciens répertoires de sources du noyau, il vous faudrait confirmer plus de 63 000 opérations de suppression. C'est là que l'option `-f` (*force*) intervient :

```
$ alias rm='rm -i'
$ mkdir repertoirebidon
$ touch repertoirebidon/fichierbidon
$ rm -rf repertoirebidon/
```

Comme l'exemple précédent vous le montre, `rm -rf` ne vous demande pas votre avis et anéantit joyeusement tout ce que vous spécifiez, à condition que vous en ayez le droit, bien sûr. Invoquée en tant que `root`, la commande `rm -rf` peut même vous faire commettre l'équivalent numérique d'un Seppuku[3].

> EXERCICE **Un peu de ménage**
>
> Pour vous exercer avec `rm` et `rmdir`, faites un peu de nettoyage dans votre répertoire d'utilisateur. Effacez tous les résidus des exercices que nous avons pu faire jusqu'ici, en prenant soin éventuellement de ne pas supprimer vos répertoires `Bureau`, `Documents`, `Images`, `Modèles`, `Musique`, `Public`, `Téléchargements` et `Vidéos`.

Un coup d'essuie-glace avec clear

Puisque nous sommes en plein dans les opérations de nettoyage, je vous montre l'équivalent d'un coup d'essuie-glace sur votre terminal. Remplissez ce dernier avec n'importe quelle commande susceptible de bien l'encombrer (par exemple `ls /etc`), puis essayez ceci :

```
$ clear
```

Pour aller plus vite, utilisez simplement le raccourci clavier *Ctrl+L*, ce qui revient au même.

---

3. Puisque vous tenez à le savoir, c'est # rm -rf / ... mais NE TENTEZ SURTOUT PAS ÇA !!!

Éditer des fichiers texte : Vi

Une réputation problématique

Vous êtes pris par l'envie soudaine de jeter ce livre par la fenêtre et courir vous acheter un Mac ? C'est que l'on vous a probablement raconté des horreurs sur Linux en général et l'éditeur Vi (prononcé « vie aïe ») en particulier.

L'âme charitable qui vous a conseillé a sans doute raison : Vi est une partie intégrante de tout système Unix, de la même manière qu'un château médiéval qui se respecte ne serait rien sans un solide chevalet de torture dans son sous-sol. Gare à l'imprudent qui s'aventure dans l'édition d'un texte avec Vi sans avoir respecté l'avertissement : « Vous qui éditez un texte avec cet utilitaire, abandonnez tout espoir d'arriver à vos fins ! » Jetez un coup d'œil sur ce qui se dit dans les forums d'utilisateurs Linux novices au sujet de Vi et vous verrez que, si l'on considère la moyenne arithmétique des opinions, il s'agit de toute évidence d'un logiciel conçu par un vénusien halluciné à la suite d'un abus conséquent de substances illicites diverses, synthétiques et puissantes. Bref, de quoi s'inquiéter.

L'éditeur de texte installé sur tous les systèmes Linux

Laissons donc de côté les chimères mythiques qui font la grimace à Vi et essayons de voir la chose plus sobrement. Vi, ce n'est pas simplement un éditeur de texte, c'est tout d'abord *le* programme d'édition de texte standard présent sur *tous* les systèmes unixoïdes. En d'autres termes, que vous installiez la dernière Mageia ou l'avant-dernière openSUSE, que vous travailliez avec un Live CD comme Knopppix, Slax ou SliTaz, ou que vous essayiez de récupérer des données après un crash avec SystemRescueCd, vous aurez à votre disposition la panoplie d'éditeurs sélectionnée par le distributeur, mais Vi s'y trouvera toujours, dans tous les cas, invariablement. Il est réellement incontournable ; la preuve : on le trouve même sur un Mac, installé par défaut sur Mac OS X.

VOUS VENEZ DE MAC OS X **Peut-être faites-vous de l'Unix sans le savoir**

Voici la réponse à notre petite devinette de la fin du premier chapitre. Sous sa couche graphique *Aqua*, Mac OS X est constitué d'un système de base FreeBSD, un Unix libre datant de 1993.

Vi amélioré : Vim

Vi existe en plusieurs versions ou incarnations, les plus répandues étant l'ancêtre vi, le clone elvis et vim (ou *Vi Improved*), une version améliorée. Notre système Slackware fournit Vi dans trois moutures différentes :

- l'ancêtre Vi sous forme du clone Elvis : elvis ou vi ;
- Vim : vim ;
- la version GVim dotée d'une interface graphique : gvim.

Dorénavant, lorsque je mentionnerai « Vi », je parlerai en fait de la version améliorée invoquée par la commande `vim`. Une fois que vous l'aurez maîtrisée, vous ne serez pas dépaysé en utilisant une version plus rudimentaire.

L'apprentissage de Vi se déroule généralement en deux temps. Tout d'abord, il s'agit d'apprendre à survivre, c'est-à-dire à réaliser des opérations simples d'édition de texte. Ensuite, une fois que les manipulations de base sont à peu près maîtrisées, on découvre peu à peu le potentiel de cet éditeur. Il se révèle alors être un outil de travail extrêmement puissant au quotidien, qui peut servir aussi bien à administrer des serveurs distants, confectionner des sites web, des scripts ou des programmes, qu'à élaborer des documents scientifiques avec le logiciel de mise en page LaTeX.

Figure 5–12
L'éditeur de texte Vim, une version améliorée de l'ancêtre Vi

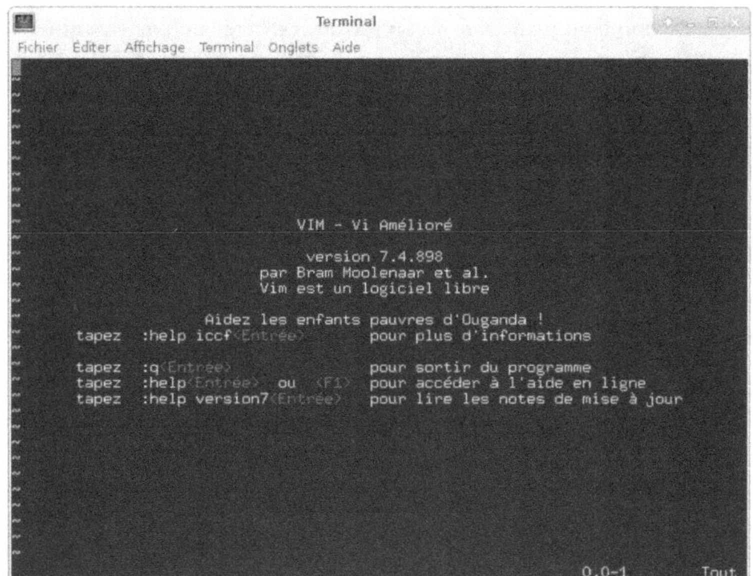

Parmi les nombreuses fonctionnalités que présente Vim, on trouve la coloration syntaxique, le formatage automatique des fonctions de recherche et de remplacement, l'utilisation de macros, l'intégration du *shell* et beaucoup d'autres choses encore ; autant d'atouts qui en font l'outil de prédilection des programmeurs, des webmestres ou des administrateurs système.

Commençons par les fonctions simples.

Vimtutor

Il existe un grand nombre de méthodes, de livres (imprimés ou en ligne) et de tutoriels pour apprendre Vi. Tous ont un point en commun : ils vous dressent tôt ou tard une liste impressionnante de raccourcis clavier plus rébarbatifs les uns que les autres, de façon à ce que seuls les utilisateurs très têtus ou les compulsifs obsessionnels puissent espérer arriver au bout du tutoriel. Sachez donc que le meilleur pédagogue pour enseigner Vi, c'est... Vi lui-même !

Il existe en effet un petit logiciel incorporé, nommé `vimtutor`, qui vous permet de vous entraîner à souhait sur cet outil. C'est aussi ce que je vous conseille de faire, en faisant fi de toutes les méthodes imprimées ou autres, car Vi est un outil de travail qui doit avant tout vous rentrer dans les doigts. Ne cherchez pas à mémoriser directement ses fonctions, mais apprenez-les en les utilisant, par l'entraînement et par la répétition.

```
$ vimtutor
```

Figure 5–13
La fenêtre de bienvenue de Vimtutor et le début de la première leçon interactive

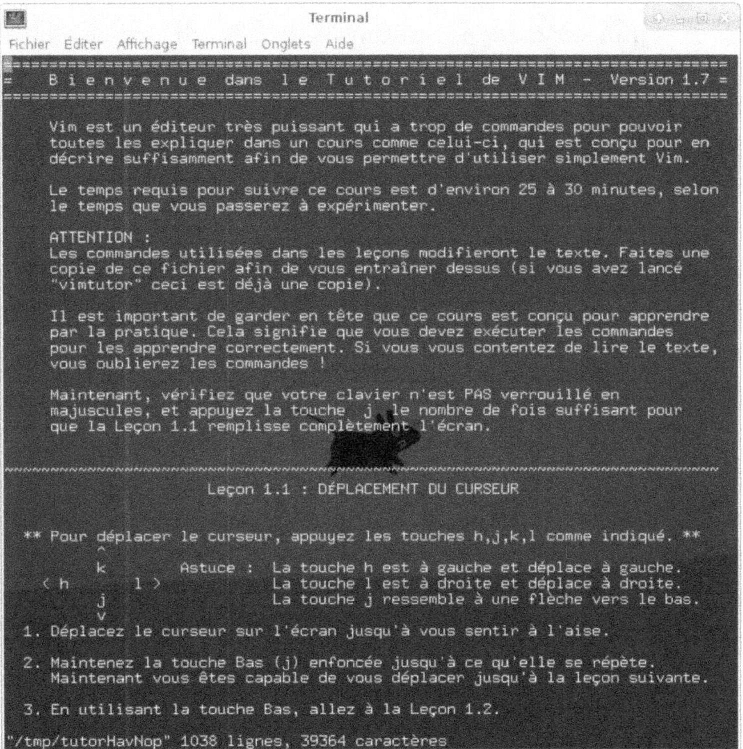

À partir de maintenant, il suffit de lire attentivement les instructions qui vous sont données et de les mettre en pratique. Vimtutor estime qu'il faut « entre 25 et 30 minutes » pour apprendre les bases. Comptez plutôt entre trois quarts d'heure et une bonne heure si vous débutez. Si vous prévoyez d'effectuer un passage complet par jour, il y a fort à parier qu'au bout d'une semaine, vous soyez raisonnablement à l'aise dans l'édition de fichiers de configuration avec Vi.

DACTYLOGRAPHIE **Raccourcis : tout s'explique !**

Les raccourcis clavier peuvent vous paraître pour le moins biscornus, notamment les déplacements du curseur, mais cela s'explique très simplement. Vim a été conçu spécialement pour les utilisateurs qui ont l'habitude de dactylographier. Si vous faites partie des gens qui utilisent leurs dix doigts pour taper sans regarder le clavier, vous serez très vite agréablement surpris par la redoutable efficacité de cet outil de travail.

Travailler moins pour taper plus

Si vous avez patiemment suivi les exemples et les exercices jusqu'ici, il y a des chances pour que vous soyez quelque peu dépité par un certain manque de confort de la console.

1 L'interface en ligne de commande requiert de saisir des commandes interminables, leurs options, les noms de fichiers, les chemins d'accès complets, etc.

2 Saisir tout ce texte représente une certaine quantité de travail.

3 Personne n'aime travailler.

Il en résulte que personne n'aime travailler en ligne de commande. Le moment est donc venu de se soucier du confort de l'utilisateur. Avant d'aborder cette notion de confort de façon très concrète, je me permets de dire deux mots sur la question, de façon générale, afin de dissiper quelques idées reçues.

Geek ou neuneu ?

Le monde des utilisateurs Linux se scinde grossièrement en deux camps :

- les utilisateurs qui reculent avec horreur devant la console ; ils sont rassurés par la présence d'interfaces graphiques pour administrer leur système ;
- les *aficionados* de la ligne de commande, qui méprisent le recours à tout outil graphique ; ils s'acquittent de toutes leurs tâches d'administration avec un seul terminal et un éditeur de texte comme outil.

Les positions respectives des deux camps peuvent se résumer ainsi :

- du point de vue de la plupart des débutants, les gens qui utilisent la ligne de commande pour administrer leur système sont un ramassis de *geeks*, terme argotique qui désigne un passionné de l'informatique présentant une série de troubles comportementaux ;
- pour le camp des ascètes de la ligne de commande, les *neuneus* qui ont besoin d'un *clico-drome* pour utiliser leur machine constituent une espèce tout aussi méprisable.

Prenons un exemple précis, développé de façon à peine moins caricaturale, qui vous donnera une idée des deux approches : la configuration d'une interface réseau.

Le bureau de l'utilisateur A (*geek*) ressemblera à peu de choses près à la figure 5-14, abstraction faite de la dame dévêtue au regard affamé faisant généralement office de fond d'écran :

Pour configurer sa carte réseau, l'utilisateur A lancera son émulateur de terminal préféré et éditera le fichier `/etc/rc.d/rc.inet1.conf` à l'aide de Vi. Il éprouvera une certaine satisfaction – en partie rationnelle – à n'avoir eu aucun recours à un quelconque assistant de configuration.

L'utilisateur B (*neuneu*) cliquera sur l'icône du *Poste de travail*, puis sur le *Control Center*, parce que cela lui rappelle vaguement le *Panneau de configuration* de Windows (figure 5-15).

Ensuite, l'utilisateur B ira sur *Périphériques réseau* dans le menu, parce que c'est bien d'une carte réseau qu'il s'agit. Dans la pléthore d'options qui s'affichent, il cliquera sur *Paramètres réseau* et attendra patiemment la fin de l'*Initialisation de la configuration réseau*. À partir de là, il cliquera successivement sur tous les onglets et croisera les doigts pour que l'interface de configuration présente bien toutes les options dont il a besoin.

Figure 5–14
Le bureau du geek (utilisateur A)

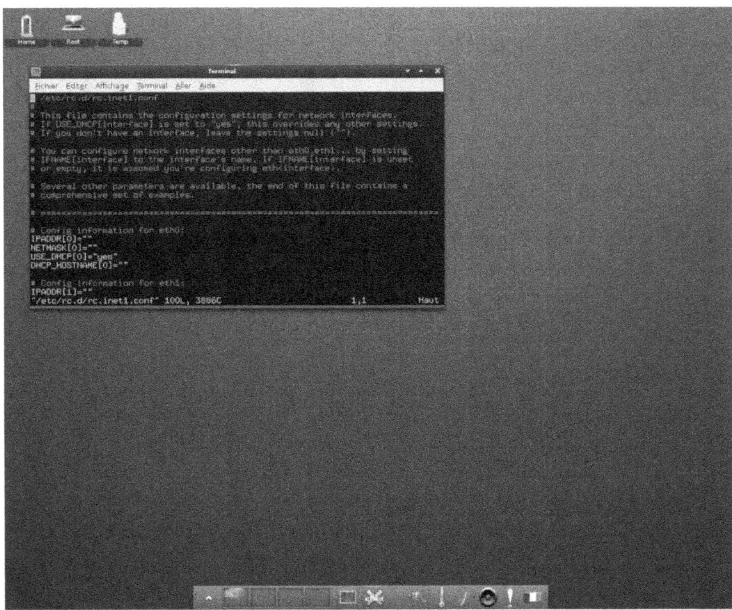

Figure 5–15
Le bureau du neuneu (utilisateur B)

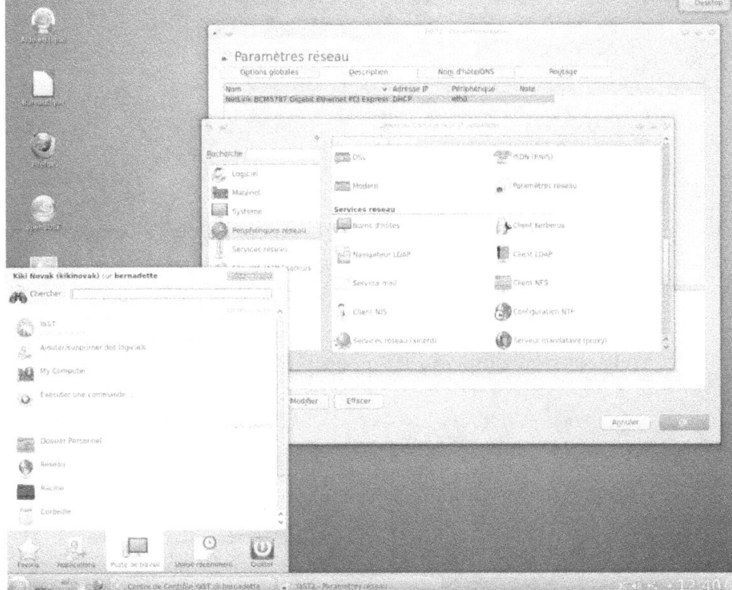

Pour compléter le tableau, il faudrait peut-être ajouter un troisième type d'utilisateur, plus rare : l'utilisateur C, celui qui travaille quotidiennement avec des assistants de configuration tout en sachant très bien ce qui se passe sous le capot. Méprisé par les uns, méconnu par les autres, l'utilisateur C accepte son sort avec philosophie.

Le présent ouvrage ne vous demande certainement pas de trancher et de choisir votre camp. Il se propose simplement de vous enseigner certains principes communs à tous les systèmes Linux et de vous fournir un aperçu de ce qui se passe sous la surface. De par mon humble expérience, une bonne connaissance des outils en ligne de commande vous permettra avant tout de vous sentir à l'aise dans votre travail au quotidien, que celui-ci s'effectue avec ou sans surcouche graphique, et indépendamment de la distribution et de l'environnement que vous choisirez en définitive.

Ceci étant dit, nous verrons que la notion de confort d'utilisation peut également s'appliquer à la ligne de commande, car nous allons aborder une fonctionnalité extrêmement puissante du *shell*.

La complétion automatique

Commençons par une commande simple :

```
$ ls /usr/bin/firefox
```

L'invocation de cette commande représente un certain travail. En tout et pour tout, il faut saisir dix-neuf caractères et confirmer par *Entrée*. *Pfouh* !

Essayons donc de faire plus court. Tapez ceci, sans confirmer par *Entrée* :

```
$ ls /u
```

Appuyez sur la touche *Tab*.

> **B.A.-BA La touche Tab**
>
> Pour ceux qui ne savent pas ce que c'est : la touche Tabulation (*Tab* pour les intimes) se situe au-dessus de la touche de verrouillage des majuscules, en haut à gauche du clavier. Elle est ornée de deux flèches pointant en sens inverse, une vers la droite, une vers la gauche.

Vous constatez que le *shell* a complété ce que vous avez tapé :

```
$ ls /usr/
```

Continuez. Ajoutez un *B* :

```
$ ls /usr/b
```

Appuyez à nouveau sur *Tab* :

```
$ ls /usr/bin/
```

Ensuite, saisissez *F*, *I*, *R* :

```
$ ls /usr/bin/fir
```

Et pour finir, appuyez une dernière fois sur *Tab* :

```
$ ls /usr/bin/firefox
```

Prenons un autre exemple. Imaginons que vous souhaitiez vous rendre dans le répertoire /boot.
Vous devriez donc taper la commande suivante :

```
$ cd /boot/
```

Essayons de faire comme tout à l'heure :

```
$ cd /b
```

Nous appuyons sur *Tab* et... il ne se passe rien. Tout au plus, le terminal a émis un *bip* et c'est
tout. Appuyons une seconde fois sur *Tab* :

```
$ cd /b
bin/  boot/
$ cd /b
```

Explication : le *shell* est confronté à une ambiguïté. Il ne sait pas s'il doit se rendre dans /bin ou
dans /boot. Lorsque vous avez appuyé une seconde fois sur *Tab*, il vous a montré toutes les possibilités qui s'offrent à lui. Pour lever l'ambiguïté, il suffit de fournir un caractère supplémentaire...

```
$ cd /bo
```

... suivi de *Tab* :

```
$ cd /boot/
```

Voyons un autre exemple pour illustrer ce fonctionnement. Je souhaite afficher le contenu du
répertoire /sbin. Je fais donc :

```
$ ls /sbin/
```

Si je me contente de saisir ls /s suivi de *Tab*, j'entends un simple *bip* et rien ne se passe. Une
seconde pression sur la touche *Tab* me montre alors toutes les possibilités qui s'offrent à moi :

```
$ ls /s
sbin/   srv/   sys/
$ ls /s
```

Il suffit donc de saisir le `b` de `/sbin` pour lever l'ambiguïté et permettre au *shell* de compléter le nom du répertoire.

Continuons avec un peu de pratique. Dans votre répertoire d'utilisateur, créez une série de cinq fichiers vides :

```
$ touch fichier1.txt fichier2.txt fichier3.txt
$ touch fichier3.png fichier3.avi
```

Admettons que vous souhaitiez afficher les propriétés détaillées de chacun d'entre eux, un par un. Commencez par le premier :

```
$ ls -l f
```

Tab :

```
$ ls -l fichier
```

1, puis *Tab* :

```
$ ls -l fichier1.txt
```

Procédez de même avec `fichier2.txt` et `fichier3.txt`. Vous constaterez qu'avec `fichier3.txt`, vous aurez deux ambiguïtés à lever :

```
$ ls -l f
```

Tab :

```
$ ls -l fichier
```

3, *Tab*, *Tab* :

```
$ ls -l fichier3.
fichier3.avi   fichier3.png   fichier3.txt
$ ls -l fichier3.
```

T, *Tab* :

```
$ ls -l fichier3.txt
```

Résultat des courses :

- moins de touches à actionner ;

- autant d'heures de loisirs de gagnées, que l'on pourra mettre à contribution pour aller à la plage ou, si le gain de temps est plus modeste dans un premier temps, faire une partie de démineur[4] ;
- plus aucune raison pour détester le travail en ligne de commande.

> MÉTHODE **Reculer pour mieux sauter**
>
> Comme tous les outils puissants, la complétion automatique requiert un certain entraînement avant d'être efficace. Il se peut même qu'au début, cette façon de procéder vous ralentisse. Faites fi de cette frustration initiale et accrochez-vous, car cela en vaut vraiment la peine. L'utilisation systématique de la complétion automatique vous fera gagner un temps considérable.
>
> J'en profite pour vous prodiguer un autre conseil : apprenez à dactylographier, c'est-à-dire à utiliser vos dix doigts sans regarder le clavier. Là aussi, les bénéfices que vous en tirerez dépasseront de loin l'investissement que cela nécessite au départ. Pensez en termes de productivité accrue et surtout de migraines évitées. Vos yeux n'auront plus à effectuer des va-et-vient incessants entre les touches.

Vous avez dit « confort » ?

Je reviens à l'exemple cité plus haut, sur les deux approches différentes pour configurer une interface réseau. Ici, la préférence de l'administrateur système pour l'utilisation du mode texte s'expliquera également par le simple gain de temps. En effet, un utilisateur chevronné de Linux aura plus vite fait d'ouvrir un fichier de configuration avec Vi et de changer les quelques paramètres qui le concernent, plutôt que de chercher ces mêmes paramètres dans des interfaces de configuration dont la manipulation n'est pas forcément plus intuitive et qui peuvent parfois ressembler à de véritables usines à gaz. En d'autres termes, « graphique » ne signifie pas forcément « confort ».

La paresse devient un gage de qualité

La complétion automatique ne sert pas seulement à satisfaire le paresseux qui sommeille en nous tous. Elle joue un autre rôle pour le moins aussi important que celui de vous faire gagner du temps. Voyons un exemple pratique.

Le répertoire `/etc/X11/xorg.conf.d` est censé contenir une série de réglages de notre serveur graphique. Ne vous inquiétez pas si vous ne savez pas ce que c'est. Pour l'instant, nous aimerions seulement afficher le contenu de ce répertoire, sans trop nous soucier des détails techniques. Nous invoquons donc la commande suivante, sans utiliser la complétion automatique :

```
$ ls /etc/x11/xorg.conf.d
```

---

4. Oui, il y a aussi un jeu de démineur sous Linux. Et même un solitaire. Ceux parmi vous qui envisagent de migrer depuis Windows ne seront donc pas trop dépaysés.

Et nous nous retrouvons face au message d'erreur suivant :

```
ls: impossible d'accéder à /etc/x11/xorg.conf.d: Aucun fichier ou dossier de ce type
```

Là, nous restons quelque peu perplexes. La documentation du serveur graphique a pourtant insisté sur l'utilisation de ce répertoire et voilà qu'il n'existe pas. Que se passe-t-il donc ?

Regardez bien : le sous-répertoire de /etc s'appelle X11 (avec un X majuscule) et non x11, ce qui n'est pas la même chose. Maintenant, invoquez cette même commande, mais en utilisant la complétion automatique, c'est-à-dire en tapant :

```
$ ls /e
```

Tab :

```
$ ls /etc/
```

Maj+X, *Tab* :

```
$ ls /etc/X11/
```

X, *O*, *Tab*, . (point), *Tab* :

```
$ ls /etc/X11/xorg.conf.d
```

Ici, le *shell* a complété le nom du répertoire correctement. Si nous avions essayé de taper la touche X au lieu de *Maj+X* pour le répertoire X11, nous nous serions tout de suite aperçu de notre erreur, suite à l'absence pour le moins suspecte de X11 dans la liste des répertoires proposés.

Cette petite expérience nous permet de tirer la conclusion suivante. Outre l'avantage d'accélérer la saisie de façon considérable, la complétion automatique offre également un contrôle de qualité, en jouant un rôle non négligeable de correcteur.

Répéter une commande

Dans certains cas, le passage par la case départ est inévitable. Une fois que nous avons invoqué notre commande erronée et qu'elle nous a gratifié d'un message d'erreur, il va bien falloir se résoudre à la ressaisir, en prenant soin de ne pas commettre de faute de frappe. Est-il donc vraiment nécessaire de tout recommencer depuis le début, juste à cause d'une petite coquille ? Non, comme vous le montre cet autre exemple :

```
$ ls /etc/X11/xorg.donf.d
/bin/ls: impossible d'accéder à /etc/X11/xorg.donf.d: Aucun fichier ou dossier de ce
type
```

Après la petite seconde de surprise initiale, vous vous apercevez tout de suite de l'erreur : vous avez tapé `xorg.donf.d` au lieu de `xorg.conf.d`. Pour corriger votre erreur, il vous suffirait de ressaisir la commande en prenant soin, cette fois-ci, d'écrire correctement le nom du répertoire. Avant de faire cela, appuyez simplement sur la touche *FlècheHaut* et voyez ce qui se passe :

```
$ ls /etc/X11/xorg.donf.d
```

En effet, votre *shell* a gardé la dernière commande en mémoire. Dans ce cas, il sera plus simple de remplacer le `d` par un `c` que de retaper l'intégralité de la commande.

Ce n'est pas tout. Actionnez plusieurs fois de suite la touche *FlècheHaut* et observez ce qui se passe. Apparemment, le *shell* n'a pas mémorisé seulement la dernière commande, mais toutes celles que vous avez pu invoquer depuis belle lurette ! Ajoutez à cela la touche *FlècheBas* et vous voilà capable de naviguer dans l'historique de toutes les commandes saisies jusque-là – enfin, pas toutes, il y a une limite quand même.

Utiliser l'historique des commandes

Il existe un moyen très simple d'afficher la liste de toutes les commandes que vous avez pu saisir :

```
$ history
...
  510  cd
  511  ls
  512  mkdir repertoirebidon
  513  touch repertoirebidon/fichierbidon
  514  rm -rf repertoirebidon/
  515  alias rm='rm -i'
...
```

Pour répéter l'une des commandes dans la liste, remontez dans l'historique en appuyant autant de fois que nécessaire sur la touche *FlècheHaut*. Dans certains cas, ce sera un exercice fastidieux et il vaut mieux afficher l'historique complet, puis sélectionner la commande directement. Pour ce faire, il suffit de taper un point d'exclamation `!` suivi du numéro de la commande. Admettons que je veuille réinvoquer la commande `mkdir repertoirebidon` de l'exemple précédent, il me suffirait de saisir ceci :

```
$ !512
mkdir repertoirebidon
```

> ATTENTION **Plus besoin de confirmation**
>
> Soyez tout de même vigilant en utilisant cette fonctionnalité du *shell*. La commande est exécutée directement, sans attendre une quelconque confirmation avec la touche *Entrée*. Ne l'utilisez donc pas avec des commandes destructives comme `rm`.

Invoquer une commande en utilisant la recherche inversée

Dans le rayon « historique du *shell* », je vous montre une dernière fonctionnalité très utile au quotidien : la recherche inversée ou *reverse search*. Admettons que la dernière fois que vous ayez invoqué la commande `mkdir`, c'était pour créer `repertoirebidon`. Admettons encore que vous ayez effacé `repertoirebidon` par la suite et que vous souhaitiez le recréer maintenant. Pour ce faire, vous avez plusieurs possibilités :

- invoquer `mkdir repertoirebidon` tout simplement, en saisissant tous les caractères de la commande ;
- actionner la touche *FlècheHaut* plusieurs fois de suite, jusqu'à ce que vous finissiez par tomber sur la commande souhaitée ;
- afficher l'historique (`history`), chercher la commande que vous souhaitez, puis l'exécuter par le biais du point d'exclamation ! suivi du numéro dans l'historique.

Il existe une autre solution, beaucoup plus simple. Tapez simplement *Ctrl+R* et vous verrez que votre invite de commande change :

```
(reverse-i-search)'':
```

À présent, dès que vous tapez les premiers caractères de la commande, le *shell* complète instantanément avec ce qu'il trouve dans l'historique. En l'occurrence, il me suffit ici de saisir *M* et *K* pour obtenir ce que je veux :

```
(reverse-i-search)'mk': mkdir repertoirebidon
```

Il ne me reste qu'à confirmer par *Entrée* pour exécuter la commande.

Consulter l'aide en ligne : man et info

Unix est long et la vie est brève

Je ne sais pas si vous avez déjà eu l'occasion de jeter un coup d'œil à un manuel de référence Unix. Vous savez, ces ouvrages constitués de centaines, voire de milliers de pages, présentant une myriade de commandes susceptibles d'accepter chacune une ribambelle d'options, égrenées par ordre alphabétique, le tout saupoudré de quelques tableaux indigestes, mais sans la moindre image. En un mot : le genre de pavé sur lequel on peut faire asseoir le petit à table pour les repas de famille et qui suscite chez tout lecteur normalement constitué une envie violente d'aller habiter une île dépourvue d'électricité pour y entamer une carrière de réparateur de pirogues au sein d'une micro-économie basée sur le troc.

Ars longa vita brevis, dit un proverbe latin, que l'on pourrait traduire par : « Unix est long et l'espérance de vie d'un disque dur n'est plus ce qu'elle était ». Même si vous ne connaissez qu'une poignée de commandes avec une poignée d'options, il peut arriver que vous ne vous rappeliez plus la syntaxe exacte de ce que vous souhaitez taper. Cela arrive même souvent, pour ne pas dire tout le temps, aussi bien aux débutants qu'aux experts. Quelle était donc l'option pour la copie récursive d'un répertoire ? `cp -r` ou `-R` ? Et comment fallait-il s'y prendre pour voir les propriétés détaillées d'un répertoire sans en afficher le contenu ? `ls` suivi de `-d`, `-e` ou `-f` ? Essayer toutes les lettres de l'alphabet ? Feuilleter le livre de Kiki Novak à la recherche de l'option perdue ?

On appelle les secours ?

Dans mon expérience, l'utilisateur moyen venant d'un système d'exploitation propriétaire universellement répandu a développé deux réflexes de base en cas de blocage soudain, c'est-à-dire lorsqu'il arrive aux limites de sa compétence.

- Il appelle Gérard, le beau-frère qui « touche à l'informatique » et qui lui a réinstallé son système depuis que la dernière mise à jour a tout fait planter. Il compose directement son numéro de portable pour être sûr de tomber sur lui et essaie de le convaincre de passer à la maison, étant donné que le diagnostic à distance est une source intarissable de malentendus et de disputes.

- Il contacte la *hotline* du support technique, un numéro facturé 0,34 euro la minute. Il répond aux questions préliminaires du serveur vocal (« Étoile, trois, un, quatre, étoile, un, un, deux, un, dièse, trois ! »), précise ensuite sa demande (« Obtenir un renseignement ? », « Obtenir un renseignement ! », « OBTENIR UN RENSEIGNEMENT ! »). Avec un peu de chance, il finit par tomber sur un interlocuteur humain. Trois quarts d'heure plus tard, au terme d'un échange vraisemblablement inspiré d'Eugène Ionesco ou de Samuel Beckett, il finit par se souvenir d'un juron blasphématoire que sa grand-mère hongroise lui a enseigné dans son enfance.

Les deux scénarios peuvent vous paraître caricaturaux ou, au contraire, bien trop familiers. Dans un cas comme dans l'autre, nous n'allons plus du tout garder ce genre de réflexe sous Linux. Ici, notre toute première réaction consistera à chercher l'aide directement sur la machine, sous nos doigts pour ainsi dire.

Le bonheur est dans le PC

Tapez une commande, n'importe laquelle, pourvu que son utilisation nécessite l'invocation d'un ou de plusieurs argument(s). Invoquez-la sans les arguments. Par exemple :

```
$ cp
cp: opérande fichier manquant
Try 'cp --help' for more information.
```

Prenons notre machine au pied de la lettre et faisons exactement ce qu'elle nous suggère dans le mélange de français et d'anglais qui lui semble propre :

```
$ cp --help
Utilisation : cp [OPTION]... [-T] SOURCE DEST
        ou : cp [OPTION]... SOURCE... DIRECTORY
        ou : cp [OPTION]... --target-directory=DIRECTORY
                            SOURCE...
Copie la SOURCE vers DEST, ou de multiples SOURCES vers DIRECTORY.
...
```

Le *shell* nous affiche une liste assez longue d'options applicables à la commande `cp`, ainsi qu'une série d'explications sur son fonctionnement.

Afficher le manuel en ligne : man

Pour la plupart, les commandes Unix acceptent ainsi une option `--help` (parfois aussi tout simplement `-h`) qui affiche un écran d'aide succinct. En revanche, toutes (à très peu d'exceptions près) disposent d'un véritable manuel en ligne, que l'on peut afficher grâce à `man` suivie du nom de la commande sur laquelle on souhaite se renseigner :

```
$ man cp
```

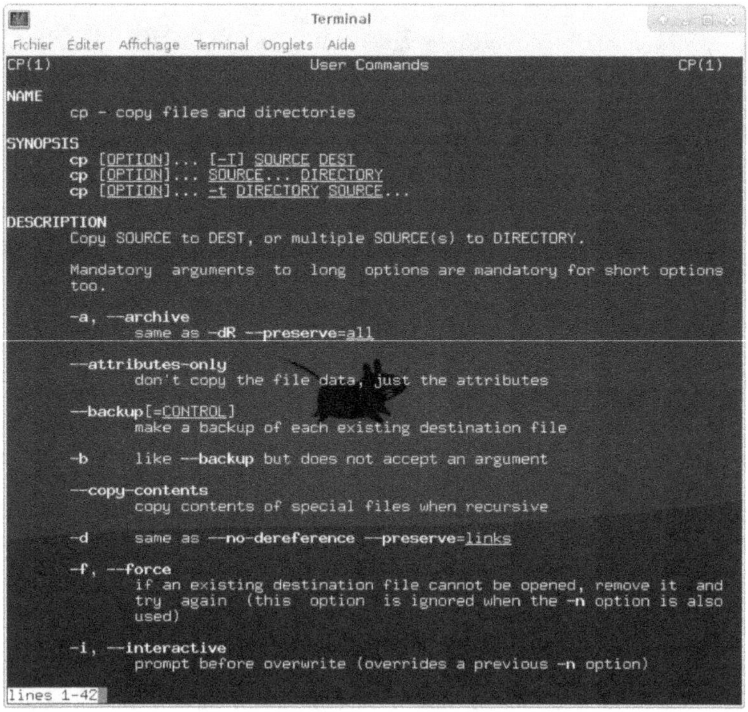

Figure 5–16
Chaque commande dispose
de son manuel en ligne.

L'affichage des pages de manuel s'effectue par le biais du visualiseur `less` et ce sont les raccourcis clavier de ce dernier qui servent à naviguer : *Espace* pour avancer d'un écran et *Q* pour quitter. Alternativement, vous pouvez également utiliser les touches directionnelles (*Page-Haut*, *PageBas*, *FlècheHaut*, *FlècheBas*) pour avancer et reculer.

Comment lire une page man ?

Les pages de manuel en ligne (ou *pages man*) sont toutes plus ou moins organisées de la même façon.

- Tout en haut de la page se trouve la commande, avec son numéro de chapitre ; par exemple, `CP(1)`. Traditionnellement, les pages de manuel sont organisées en huit sections distinctes, que nous n'allons pas toutes énumérer ici. Retenez seulement que certaines commandes intéressent les utilisateurs du système, alors que d'autres seront réservées à l'administrateur. Pour comprendre cette distinction, affichez la page du manuel de `cfdisk`, la commande qui sert à partitionner les disques durs. En haut de la page, `CFDISK(8)` vous indique qu'il s'agit d'une page de manuel de la section 8 et donc d'une commande réservée à l'administrateur du système. Les commandes des simples utilisateurs sont toutes regroupées dans la section 1. Certaines commandes disposent de leur page de manuel dans chaque section. Dans ce cas, il est nécessaire de spécifier le numéro de section pour les afficher séparément. À titre d'exemple, essayez successivement `man passwd` et `man 5 passwd`.

TRADUCTION **In French, please ?!?**

Pour la plupart, les pages man sont traduites dans toutes les langues du monde par des volontaires. Nous verrons un peu plus loin comment installer la traduction française de ces pages, assez bien fournie et très bien faite.

- L'en-tête intitulé `NAME` (nom) fournit une description succincte de la commande.
- La section `SYNOPSIS` désigne la syntaxe de la commande, c'est-à-dire la façon dont il faut invoquer les options et les arguments. Ceux-ci peuvent être facultatifs ou obligatoires.
- `DESCRIPTION` fournit une explication détaillée du fonctionnement de la commande.
- La section `OPTIONS` affiche une liste exhaustive de toutes les options applicables à la commande, en les détaillant une par une. Pour comprendre de quoi il s'agit, affichez par exemple la page de manuel de la commande `ls` (`man ls`) et essayez de retrouver les options qui vous sont déjà familières.
- Plus loin, la section `BUGS` est quelque chose que vous chercherez en vain chez un éditeur de logiciels propriétaires. Si la commande a pu présenter une quelconque anomalie ou un quelconque dysfonctionnement dans le passé, cette section vous en informe. Voyez par exemple la page de manuel de `fdisk` pour une telle section.
- `SEE ALSO` (voir également) vous renvoie d'une part vers une documentation plus détaillée (les pages `info`, que nous verrons dans la prochaine section), d'autre part vers des commandes « cousines », c'est-à-dire en relation étroite. La page de manuel de `fdisk` vous renverra ainsi vers les commandes `mkfs` (pour créer des systèmes de fichiers) ou `parted` (un logiciel de partitionnement avancé).

- Les pages du manuel en ligne comportent également souvent une section AUTHORS (auteurs) avec des informations de contact sous forme d'adresse web ou de courrier électronique, ce qui permet de signaler d'éventuels bogues. Ne vous sentez pas trop concerné par ceci, du moins pas pour l'instant.

LE CONSEIL DU CHEF **Recherche dans les pages de manuel**

J'ai dit plus haut que les pages du manuel en ligne s'affichaient par le biais du visualiseur `less`. Cela signifie que nous pouvons également nous servir des fonctions de recherche intégrées dans `less`. Pour essayer ceci, cherchons par exemple toutes les occurrences du mot « modification » dans la page de manuel de `ls`. Une fois que la page s'affiche, invoquez la fonctionnalité de recherche grâce à la barre oblique / suivie de la chaîne de caractères (`modification`) que vous souhaitez trouver dans le texte. Certaines pages de manuel sont assez longues et la fonction de recherche pourra s'avérer utile pour trouver rapidement le brin d'information qu'il vous faut.

Mettre en forme une page man pour l'imprimer

Techniquement parlant, les pages man sont un ensemble de fichiers compressés organisés en dessous du répertoire `/usr/man`. En l'occurrence, une invocation de `man ls` appellera le fichier `/usr/man/man1/ls.1.gz`. Vous ne pourrez pas afficher le contenu de ce fichier en utilisant les visualiseurs que nous avons présentés jusqu'ici, c'est-à-dire `more`, `less` et `cat`. Les plus aventureux parmi vous pourront tenter `zcat` et obtiendront alors le contenu de `ls.1.gz` à l'état « brut de décoffrage », c'est-à-dire sans que les informations de mise en page soient interprétées).

En revanche, vous pourrez utiliser deux astuces pour mettre en page la sortie de vos pages `man`, en vue d'une impression par exemple. Avant de tenter l'expérience, assurez-vous de vous trouver dans votre répertoire d'utilisateur (`cd` sans arguments) ou dans n'importe lequel de ses sous-répertoires.

EN SAVOIR PLUS **Dans le répertoire d'utilisateur, pourquoi ?**

Les lecteurs curieux voudront savoir pourquoi. Réponse : parce que vous devez posséder les droits d'écriture sur le répertoire courant. Si vous essayez de créer un fichier en dessous de `/usr/man`, par exemple, le système ne vous en accordera pas la permission. Nous aborderons bientôt la question des droits d'accès.

Dans l'exemple qui suit, je choisis de mettre en forme la page `man` de la commande `mv` :

```
$ man -t mv > manuel_mv.ps
```

Cela produit un fichier Postscript dans le répertoire courant :

Figure 5–17
Un fichier Postscript a été produit
dans le répertoire courant.

Étant donné que nous avons opté pour une configuration légère sans le bureau KDE, nous ne disposons que de GNU GV[5], une application quelque peu archaïque qui permet de visualiser les fichiers Postscript et PDF. En attendant de savoir installer un visualiseur moderne qui s'intègre bien dans notre environnement Xfce, utilisons GV en l'invoquant directement à partir du terminal graphique :

```
$ gv manuel_mv.ps
```

Figure 5–18
La page du manuel est prête pour l'impression.

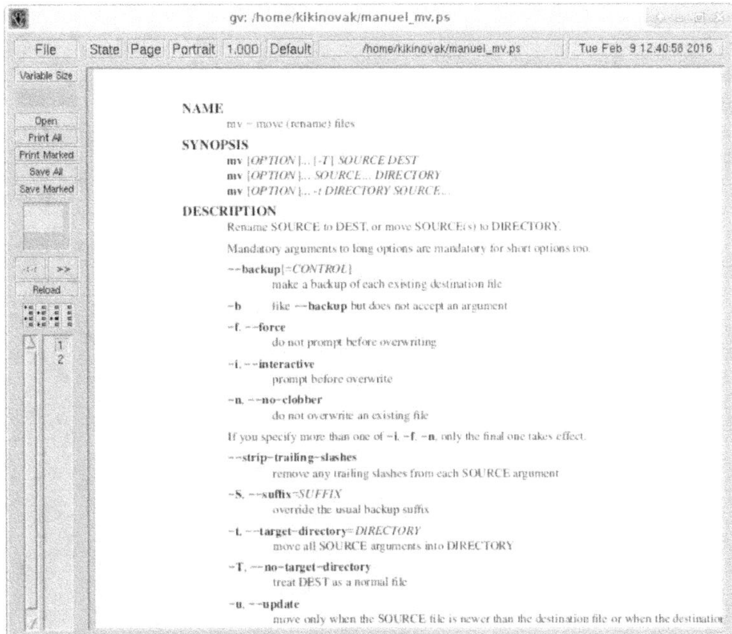

Une autre astuce consiste à transformer votre page man en simple fichier texte, ce qui peut toujours s'avérer utile à un moment ou un autre :

```
$ man mv | col -b > manuel_mv.txt
```

Le fichier manuel_mv.txt résultant pourra être affiché à l'aide d'un simple visualiseur de texte :

```
$ less manuel_mv.txt
```

5. GV est une amélioration du logiciel Ghostview.

Afficher le manuel en ligne : info

Dans certains cas, les renseignements fournis par la commande `man` s'avèrent insuffisants. Essayez par exemple d'obtenir des informations sur l'interpréteur de commandes Bash en tapant `man bash`. Vous obtenez alors une série de pages pour le moins cryptiques, qui ne vous sembleront probablement pas très parlantes.

Voici comment afficher un manuel bien plus complet :

```
$ info bash
```

Figure 5–19

Certains composants du système disposent d'une page info, un manuel en ligne plus élaboré.

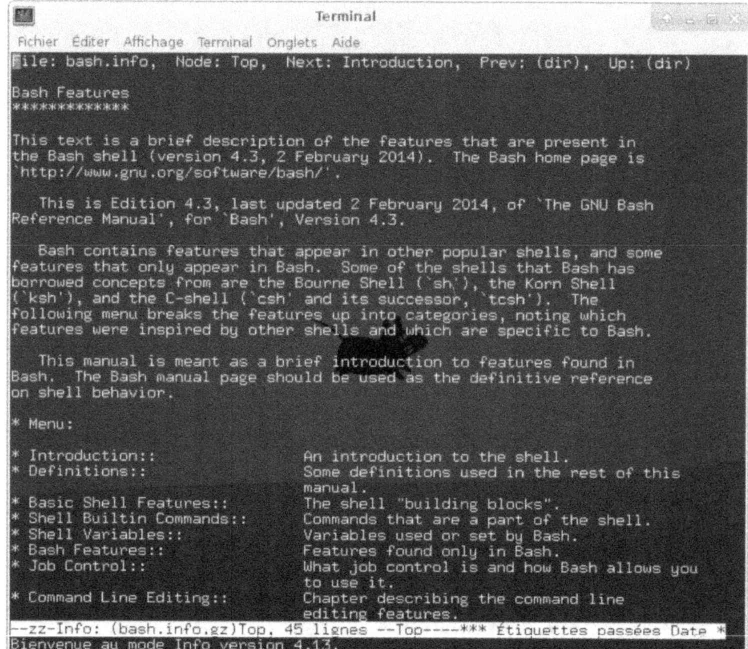

À la différence d'une simple page `man`, vous disposez ici d'un curseur. Celui-ci vous permet de naviguer de page en page, en suivant les liens. Une page `info` est en fait une véritable arborescence de pages organisées de façon hiérarchique. Pour naviguer dans cette arborescence, il suffit de placer le curseur sur les bouts de texte compris entre une étoile * et un deux-points :. La touche *Entrée* vous permet alors de vous rendre dans le nœud (*node*) correspondant. Pour revenir en arrière, utilisez la touche U (comme *up*, c'est-à-dire « remonter »). Là aussi, servez-vous du raccourci Q pour quitter la page `info`.

> ASTUCE **Naviguer dans info**
>
> L'organisation d'une page `info` est comparable au fonctionnement d'un site web. Les pages y sont organisées hiérarchiquement, le passage d'une page à l'autre se faisant par le biais d'hyperliens. Le bouton *Page précédente* du navigateur permet de revenir en arrière.

À en juger par les commentaires des utilisateurs chevronnés de systèmes Unix dans les forums ou les listes de diffusion, les pages info ont moins bonne presse que les pages man, en raison de leur système de navigation quelque peu désuet et, surtout, de l'impossibilité de les mettre en forme, notamment pour en imprimer tout ou partie.

LE CONSEIL DU CHEF **La formule magique à retenir**

Votre mémoire est une véritable passoire et vous oubliez sans cesse les commandes les plus basiques, au point de vous retrouver incapable d'utiliser l'aide en ligne ? Ce n'est pas bien grave. Retenez juste ceci :

```
$ man man
```

La même chose vaut pour l'utilisation des pages info :

```
$ info info
```

Bien évidemment, il existe une quantité de façons d'obtenir de l'aide pour votre système Linux : les sites de documentation, les forums, les listes de diffusion, les *newsgroups* (ou groupes de discussion Usenet), les canaux IRC spécialisés, sans parler de la documentation spécifique à chaque distribution. Dans le monde Linux, ce n'est certainement pas la documentation qui fait défaut, mais il est parfois difficile de s'y retrouver. Pour l'instant, n'oubliez pas que l'aide la plus immédiate lorsque vous utilisez la ligne de commande se trouve à portée de doigts.

HELP ! **Le forum officiel de Slackware**

La meilleure adresse pour trouver de l'aide avec un système Slackware, c'est sans doute le forum anglophone LinuxQuestions.org. Vous y trouverez non seulement toute l'équipe de Slackware, mais également une communauté sympathique d'administrateurs système, de développeurs et autres professionnels compétents, qui apporteront des réponses aux questions les plus pointues que vous pourrez leur poser. Je suis moi-même un utilisateur régulier de LinuxQuestions.org, avec plus de trois mille messages à mon actif.

▸ http://www.linuxquestions.org/questions/slackware-14/

COCORICO **La communauté francophone de Slackware**

La communauté francophone de Slackware s'est réorganisée fin janvier 2017, peu avant la publication de cet ouvrage. Si vous préférez trouver de l'aide en français, visitez le nouveau forum :

▸ https://forum.slackware-fr.eu.org/

6

Gérer les utilisateurs

Tout comme Unix, Linux a été conçu dès le départ comme un vrai système multi-utilisateur. Gérer les utilisateurs revient à définir qui a accès à quoi dans un système Linux.

Systèmes mono-utilisateurs et systèmes multi-utilisateurs

Linux est un vrai système multi-utilisateur, tout comme son ancêtre Unix. Pour comprendre la portée de cette assertion, imaginez un poste de travail comme on peut en trouver dans la salle informatique d'une grande université, fréquentée par une bonne dizaine de milliers d'étudiants. Chaque étudiant inscrit a le droit d'utiliser les machines de la salle informatique. Il possède donc son identifiant personnel et son mot de passe, qui lui permettent de se connecter à une machine de la salle informatique pour y travailler, c'est-à-dire effectuer ses recherches, écrire ses devoirs, rédiger son mémoire ou sa thèse, etc. Une telle installation doit répondre à quelques exigences :

- Chaque utilisateur du système doit disposer de son répertoire personnel, c'est-à-dire d'un endroit pour lui seul, utilisable par lui seul, où il peut stocker toutes ses données.

- La confidentialité doit être assurée, c'est-à-dire qu'un étudiant connecté ne pourra pas aller fouiner librement dans les données de ses collègues.

- Il ne faut pas non plus qu'un utilisateur puisse effacer *par mégarde* (ou même intentionnellement) les données qui ne lui appartiennent pas.

- Enfin, l'intégrité du système ne doit en aucun cas être mise en péril par les utilisateurs.

Si l'importance de ces points ne vous apparaît pas dans toute son ampleur, imaginez dans un tel contexte un système mono-utilisateur comme Windows 95, 98 ou Millennium :

- Les données de tous les utilisateurs, c'est-à-dire quelques dizaines voire centaines de milliers de fichiers, seraient stockées *en vrac* dans une seule arborescence.
- Chaque étudiant pourrait lire les données de ses collègues.
- Il pourrait les modifier et/ou les effacer comme bon lui semble.
- Chaque utilisateur serait libre de compromettre l'intégrité du système.

Bref, ça ferait désordre.

SÉCURITÉ **Alerte au virus belge**

En mai 2001, une alerte au virus un peu spéciale a fait le tour du monde. Les utilisateurs de systèmes Microsoft Windows étaient mis en garde contre un fichier malintentionné SULFNBK.EXE éventuellement présent sur leur système. L'alerte par courriel indiquait l'emplacement du virus en question, en précisant qu'il suffisait d'effacer le fichier pour le mettre hors d'état de nuire. Le problème, c'est que SULFNBK.EXE n'était pas un virus, mais un fichier système de Windows. Cette alerte au virus a constitué la première occurrence de ce que les administrateurs ont baptisé plus tard « virus albanais » (parfois aussi « virus belge ») : son déploiement ne nécessite aucun effort de développement de la part des instigateurs, étant donné que les victimes se chargent elles-mêmes de se tirer dans le pied, ce qu'elles ont tout loisir de faire sur un tel système.

Votre configuration personnelle sera probablement plus modeste qu'une série de postes de travail dans la salle informatique d'une université ; il n'empêche que l'approche multi-utilisateur est tout aussi pertinente, même pour un usage strictement domestique. Après tout, peu importe si le système gère deux ou trois utilisateurs ou vingt-cinq mille.

RÉSEAU **Profils itinérants**

Techniquement parlant, le seul détail qui différencierait votre installation domestique d'un poste de travail à la faculté des sciences, ce serait la configuration *itinérante* des profils d'utilisateurs. Dans une telle configuration, l'ensemble des données, les identifiants de connexion et les mots de passe sont stockés de façon centralisée sur un serveur. À partir de là, chaque étudiant peut se connecter sur n'importe quelle machine de la salle et retrouver *son* environnement, alors que sur votre poste de travail à la maison, chaque compte d'utilisateur restera lié à la machine locale.

Ajouter de nouveaux utilisateurs : adduser

Lors de la configuration post-installation de notre système, j'ai défini un premier utilisateur du « commun des mortels » pour la machine. Cela signifie que ma machine connaît déjà deux comptes : l'administrateur root et l'utilisateur en question (kikinovak).

Si vous êtes plusieurs à vous servir de la même machine dans votre foyer, il est judicieux de prévoir un compte individuel pour chaque utilisateur afin de garantir la confidentialité des données et de permettre à chacun de configurer son environnement de travail personnalisé sans empiéter sur celui de la copine, du copain, des colocataires ou des autres membres de la famille.

En dehors de mon utilisateur initial, je vais créer quelques comptes supplémentaires :

- Laurène Gibaud (`lgibaud`)
- Alexandre Habian (`ahabian`)
- Gaston Lagaffe (`glagaffe`)
- Jean-Kevin Tartempion (`jktartempion`)

Chacun des utilisateurs sera créé à l'aide de la commande interactive `adduser`, la même qui nous a servi à créer notre utilisateur initial. L'invocation de cette commande requiert des droits d'administrateur. Dans un premier temps, nous allons acquérir ces droits de façon peu élégante, avec les moyens du bord :

1 Quittez l'environnement graphique : *Déconnexion*.

2 Déconnectez l'utilisateur :

```
kikinovak@slackbox:~$ exit
```

3 Reconnectez-vous en tant que `root` :

```
slackbox login: root
```

En tant que `root`, lancez la création de votre utilisateur :

```
root@slackbox:~# adduser
```

Saisissez l'identifiant du nouvel utilisateur :

```
Login name for new user []: lgibaud
```

Appuyez sur *Entrée* pour confirmer la définition automatique du numéro identifiant :

```
User ID ('UID') [ defaults to next available ]:
```

Faites de même pour le groupe initial de l'utilisateur :

```
Initial group [ users ]:
```

La prochaine étape concerne l'appartenance aux groupes supplémentaires. Appuyez sur *FlècheHaut* (*UP arrow key*) pour faire apparaître la liste des groupes supplémentaires, puis confirmez par *Entrée* :

```
Press ENTER to continue without adding any additional groups
Or press the UP arrow key to add/select/edit additional groups :
audio cdrom floppy plugdev video power netdev lp scanner
```

Acceptez les valeurs par défaut proposées dans les trois prochaines étapes :

- l'emplacement du répertoire d'utilisateur (`/home/lgibaud`) ;
- le choix de l'interpréteur de commandes (`/bin/bash`) ;
- la date d'expiration du compte (jamais).

Après confirmation, adduser affiche le récapitulatif suivant :

```
New account will be created as follows:

---------------------------------------
Login name.......:  lgibaud
UID..............:  [ Next available ]
Initial group....:  users
Additional groups: audio,cdrom,floppy,plugdev,video,power,
                    netdev,lp,scanner
Home directory...:  /home/lgibaud
Shell............:  /bin/bash
Expiry date......:  [ Never ]

This is it... if you want to bail out, hit Control-C.  Otherwise, press ENTER to go
ahead and make the account.
```

Appuyez sur *Entrée* pour lancer la création du compte :

```
Creating new account...
```

Saisissez le nom complet (*full name*) de l'utilisateur. Ici, vous êtes libres d'utiliser les voyelles accentuées et autres caractères spéciaux comme bon vous semble :

```
Changing the user information for lgibaud
Enter the new value, or press ENTER for the default
    Full Name []: Laurène Gibaud
```

Les informations subséquentes sont facultatives et vous pouvez parfaitement les ignorer en appuyant plusieurs fois de suite sur *Entrée* :

```
    Room Number []:
    Work Phone []:
    Home Phone []:
    Other []:
```

Pour terminer, définissez le mot de passe :

```
Changing password for lgibaud
Enter the new password (minimum of 5 characters)
Please use a combination of upper and lower case letters and numbers.
New password: ********
Re-enter new password: ********
```

```
passwd: password changed.

Account setup complete.
```

Procédez de même pour créer les autres utilisateurs de la machine : ahabian, glagaffe, jktartempion. Une fois que vous avez terminé, reconnectez-vous en tant que vous-même (kikinovak dans mon cas). Relancez l'environnement graphique Xfce ou restez en mode console, comme vous préférez.

Utiliser n'est pas administrer

Tout au long de notre initiation à la ligne de commande dans le chapitre précédent, nous avons travaillé en tant que simples utilisateurs pour créer, éditer, visualiser, déplacer, copier et effacer des fichiers. Ces tâches ne mettaient pas en péril le fonctionnement du système ou les données des autres utilisateurs et ne nécessitaient par conséquent aucun privilège spécifique. Il n'en est plus de même pour la gestion des utilisateurs, qui comprend entre autres choses :

- la création d'un nouvel utilisateur ;
- la définition de son mot de passe ;
- la configuration de ses droits : à quoi aura-t-il accès dans le système ?
- la suppression éventuelle de l'utilisateur ainsi que de toutes ses données.

Changer d'identité et devenir root

Lors de l'installation du système, nous avons défini un mot de passe pour l'utilisateur root. Un peu plus haut, nous avons eu besoin des privilèges de root pour créer quelques utilisateurs supplémentaires, que nous avons acquis en nous déconnectant/reconnectant. Or, il existe un moyen bien plus simple grâce à la commande su (*switch user*, c'est-à-dire « changer d'utilisateur »). Ouvrez un terminal et tapez ce qui suit, en saisissant votre mot de passe root lorsque le système vous le demande :

```
bash-4.3$ su -
Mot de passe:
root@slackbox:~#
```

Notez le tiret - qui suit la commande su. Il précise qu'il faut devenir root en récupérant toutes les variables d'environnement de ce compte. Nous y reviendrons. Contentez-vous pour l'instant de connaître la démarche.

> ATTENTION **Travailler en tant que root**
>
> Une mise en garde solennelle s'impose. En acquérant les droits de root, vous voilà en quelque sorte détenteur du fameux bouton rouge. Cela ne veut pas dire que vous allez forcément déclencher une guerre nucléaire, mais une simple commande bien sentie suffirait à enclencher une apocalypse numérique sur votre système. En un mot : prudence. Et gare aux fautes de frappe.

S'il est utile de savoir comment acquérir les pleins pouvoirs sur la machine, il est tout aussi indispensable de savoir comment revenir en sens inverse pour se débarrasser de tous ces super-pouvoirs lorsqu'on n'en a plus besoin. Dans ce cas, c'est exactement la même commande que pour quitter une session dans la console. Vous avez donc le choix entre les deux commandes logout et exit, à moins que vous ne préfériez le raccourci clavier *Ctrl+D*.

```
root@slackbox:~# exit
logout
bash-4.3$
```

Savoir qui l'on est

La commande su ne nous permet pas seulement de devenir root. Si le système dispose d'un utilisateur glagaffe, je pourrais très bien *devenir* glagaffe en invoquant la commande suivante (et en saisissant ensuite son mot de passe) :

```
bash-4.3$ su - glagaffe
Mot de passe:
glagaffe@slackbox:~$
```

Là encore, notez l'utilisation du tiret - pour indiquer que vous souhaitez devenir un autre utilisateur en utilisant ses variables d'environnement. L'invite de commandes (glagaffe@slackbox:~$) nous indique qu'un changement d'identité a eu lieu. Pour le vérifier, nous avons tout loisir de demander à notre système qui nous sommes, grâce à la commande whoami (*Who am I ?*, « Qui suis-je ? »). Voici une petite démonstration pratique :

```
bash-4.3$ su - glagaffe
Mot de passe:
glagaffe@slackbox:~$ whoami
glagaffe
glagaffe@slackbox:~$ exit
logout
bash-4.3$ whoami
kikinovak
bash-4.3$ su -
Mot de passe:
root@slackbox:~# whoami
root
root@slackbox:~# exit
logout
bash-4.3$ whoami
kikinovak
```

Vous remarquerez que si j'invoque su sans autre argument que le tiret, cela revient exactement à la même chose que su - root :

```
bash-4.3$ su - root
Mot de passe:
root@slackbox:~#
```

En savoir un peu plus sur les utilisateurs : id, groups, finger

Chacun des utilisateurs que nous avons créés jusqu'ici possède un certain nombre de caractéristiques : son UID unique, son GID, les groupes secondaires auxquels il appartient, son répertoire d'utilisateur, son *shell* de connexion, etc. Voyons maintenant comment afficher ces différentes informations. Commençons par nous-mêmes, en utilisant la commande id :

```
bash-4.3$ id
uid=1000(kikinovak) gid=100(users) groupes=100(users),7(lp),
11(floppy),17(audio),18(video),19(cdrom),83(plugdev),84(power),
86(netdev),93(scanner)
```

Invoquée sans autre argument, la commande id nous affiche l'UID, le GID, ainsi que la liste complète des groupes secondaires auxquels l'utilisateur est affecté. Les options vont me permettre de cibler les informations.

Afficher l'UID *(User Identification)* de l'utilisateur

```
bash-4.3$ id -u
1000
```

Afficher le GID *(Group Identification)*

```
bash-4.3$ id -g
100
```

Afficher le nom du groupe

```
bash-4.3$ id -gn
users
```

Afficher les groupes dont l'utilisateur est membre

```
bash-4.3$ id -G
100 7 11 17 18 19 83 84 86 93
```

Afficher les noms des groupes dont l'utilisateur est membre

```
bash-4.3$ id -Gn
users lp floppy audio video cdrom plugdev power netdev scanner
bash-4.3$ groups
users lp floppy audio video cdrom plugdev power netdev scanner
```

Évidemment, personne ne vous demande de retenir toutes ces options par cœur. N'oubliez pas que vous avez la page du manuel pour cela :

```
bash-4.3$ man id
```

Pour en savoir plus sur les autres utilisateurs du système, il suffit de fournir leur nom en argument. Ces informations sont accessibles à tous les utilisateurs non privilégiés du système :

```
bash-4.3$ id lgibaud
uid=1001(lgibaud) gid=100(users) groupes=100(users),7(lp),
11(floppy),17(audio),18(video),19(cdrom),83(plugdev),84(power),
86(netdev),93(scanner)
```

Les arguments et les options peuvent évidemment être combinés à souhait, par exemple pour afficher l'UID d'un autre utilisateur :

```
bash-4.3$ id -u lgibaud
1001
```

Lors de la création des utilisateurs, le script adduser nous a fourni la possibilité de renseigner une série de champs comme le nom complet, le numéro de bureau, les téléphones professionnel et personnel, etc. Il s'agit là des données GECOS de l'utilisateur.

> ACRONYME **GECOS**
>
> GECOS signifie *General Electric Comprehensive Operating System,* du nom d'un système d'exploitation *mainframe* créé originellement par la General Electric.

La commande finger affiche ces informations :

```
bash-4.3$ finger lgibaud
Login: lgibaud          Name: Laurène Gibaud
Directory: /home/lgibaud   Shell: /bin/bash
...
```

Comprendre le fichier /etc/passwd

Essayons de voir un peu plus en détail comment se passe la gestion des utilisateurs au niveau du système. Affichez le contenu du fichier `/etc/passwd` :

```
$ less /etc/passwd
```

Figure 6–1
Le fichier /etc/passwd

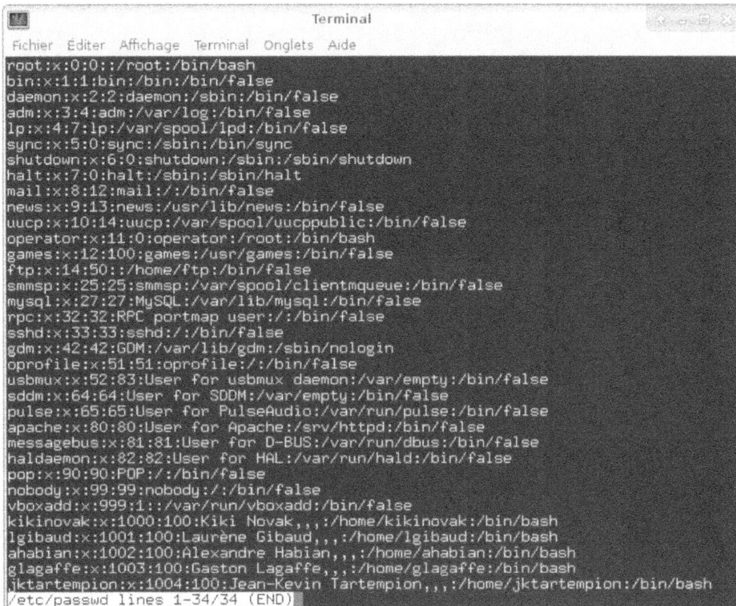

Certains d'entre vous seront peut-être vaguement surpris voire inquiets de pouvoir lire ce fichier sans autres privilèges. C'est tout à fait normal et nous y viendrons.

Le fichier `/etc/passwd` contient l'ensemble des informations qui régissent la connexion des utilisateurs. Chaque ligne de ce fichier correspond à un utilisateur. Essayez de repérer l'entrée qui correspond à votre humble personne :

```
kikinovak:x:1000:100:Kiki Novak,,,:/home/kikinovak:/bin/bash
```

Comment décrypter ce charabia ? Il s'agit en fait d'une série de champs séparés par deux-points, où l'on trouve dans l'ordre :

- l'identifiant de connexion (`kikinovak`) ;
- la lettre `x`, signifiant que le mot de passe crypté de l'utilisateur se situe dans le fichier `/etc/shadow` ;
- l'UID (*User Identification*, ici `1000`), que le système utilise plutôt que votre identifiant pour gérer les droits d'accès de vos fichiers ;
- le GID (*Group Identification*, `100` ici), groupe auquel appartient l'utilisateur.

- le champ GECOS, comprenant, séparés par des virgules, le nom complet (`Kiki Novak`) et des données facultatives comme le bureau de la personne ou son numéro de téléphone ;
- le répertoire de connexion (`/home/kikinovak`) ;
- le *shell* de connexion de l'utilisateur (`/bin/bash`).

> LE SAVIEZ-VOUS ? **Le shell de connexion**
>
> Pour être précis, le *shell* de connexion est la commande que le système doit exécuter lorsque l'utilisateur se connecte. En pratique, il s'agit de l'interpréteur de commandes de l'utilisateur.

Les utilisateurs système

Qui sont donc tous ces utilisateurs mystérieux sur votre système ? Vous n'avez pas défini ces gens aux identifiants pour le moins curieux : `daemon`, `apache`, `operator`, `nobody`... Rassurez-vous, votre machine n'est peuplée ni par des indiens, ni par des démons ou autres hommes invisibles. Il s'agit là des utilisateurs système.

Par exemple, lorsque le serveur web Apache est lancé, le processus « n'appartient » pas à l'utilisateur `root`, mais à l'utilisateur système `apache`. Il peut arriver – et dans le monde réel, cela arrive effectivement – qu'une personne malintentionnée décide d'attaquer le serveur, en exploitant une faille de sécurité. Or, si le serveur fonctionnait avec des droits `root`, cela rendrait l'attaquant tout-puissant sur la machine. Le recours à un utilisateur système permet donc de limiter les dégâts dans un tel cas de figure. Je vous épargne les détails complexes d'une telle situation. Retenez juste que l'existence des utilisateurs système est avant tout motivée par des considérations de sécurité.

Dorénavant, nous pouvons établir une classification sommaire des utilisateurs sur notre machine :

- L'administrateur `root`, l'utilisateur tout-puissant. Son UID est toujours égal à 0.
- Les utilisateurs système, gérant les droits d'accès d'un certain nombre de services sur la machine. Leur UID est compris entre 1 et 999.
- Les utilisateurs « normaux », c'est-à-dire les personnes physiques comme vous et moi (`kikinovak`, `lgibaud`, `ahabian`). Notre UID sera supérieur ou égal à 1 000.

Trouver les utilisateurs physiques du système

Admettons que nous voulions afficher tous les *vrais* utilisateurs, c'est-à-dire tous ceux qui ne sont *pas* des utilisateurs système. Comment nous y prendrions-nous ?

Une première approche consisterait à considérer que les vrais utilisateurs disposent tous d'un *shell* de connexion, en l'occurrence `/bin/bash`. Il suffirait donc d'afficher toutes les lignes du fichier `/etc/passwd` qui contiennent la chaîne de caractères `/bin/bash` ou, plus simplement, `bash`. C'est tout à fait possible ; j'en profite pour vous présenter la commande `grep` :

```
bash-4.3$ grep bash /etc/passwd
root:x:0:0:::/root:/bin/bash
operator:x:11:0:operator:/root:/bin/bash
kikinovak:x:1000:100:Kiki Novak,,,:/home/kikinovak:/bin/bash
lgibaud:x:1001:100:Laurène Gibaud,,,:/home/lgibaud:/bin/bash
glagaffe:x:1003:100:Gaston Lagaffe,,,:/home/glagaffe:/bin/bash
...
```

L'opération ressemble à un succès partiel : pas mal d'écrémage du côté des utilisateurs système et les utilisateurs en chair et en os sont tous là. D'un autre côté, il reste un « faux positif » comme `operator` et l'affichage du résultat semble un peu brut de décoffrage, sans compter le fait que `root` est un cas à part. Essayons donc une approche différente.

Nous avons vu plus haut que ce qui distingue les utilisateurs « en chair et en os », c'est leur UID supérieur ou égal à 1 000. Nous avons vu également que le fichier `/etc/passwd` était organisé en colonnes séparées par des deux-points. Je vais me servir de l'outil de filtrage `awk` pour arriver à mes fins. GNU AWK est un véritable langage de traitement de lignes qui sert à manipuler des fichiers textes. Voyons quelques exemples simples.

La première colonne du fichier `/etc/passwd` contient les noms d'utilisateurs :

```
bash-4.3$ awk -F: '{print $1}' /etc/passwd
root
bin
daemon
...
glagaffe
jktartempion
```

L'option `-F:` indique à `awk` que le fichier `/etc/passwd` utilise les deux-points comme séparateur et `'{print $1}'` signifie « affiche la première colonne ».

Les UID des utilisateurs figurent dans la troisième colonne. Je peux donc les « extraire » de la sorte :

```
bash-4.3$ awk -F: '{print $3}' /etc/passwd
0
1
2
...
1003
1004
```

À partir de là, j'ai la réponse à ma question. Il suffit que j'affiche la première colonne (`$1`) de chaque ligne où le contenu de la troisième colonne (`$3`) est strictement supérieur à 999 :

```
bash-4.3$ awk -F: '$3 > 999 {print $1}' /etc/passwd
kikinovak
lgibaud
ahabian
```

```
glagaffe
jktartempion
```

Enfin, je peux combiner la commande précédente avec `sort` pour afficher le résultat par ordre alphabétique :

```
bash-4.3$ awk -F: '$3 > 999 {print $1}' /etc/passwd | sort
ahabian
glagaffe
jktartempion
kikinovak
lgibaud
```

Vue détaillée sur l'ajout d'un utilisateur

La commande `adduser` telle qu'on la trouve dans un système Slackware présente un comportement par défaut qui la rend immédiatement utilisable, sans que l'on ait trop à se casser la tête sur les différentes options à spécifier. En résumé, que se passe-t-il lors de la création simple d'un utilisateur ?

- L'utilisateur reçoit un UID supérieur ou égal à 1 000. Tout laisse à penser (voir le contenu de `/etc/passwd` que nous venons d'afficher) que le système choisit le premier UID disponible à partir de 1 000.
- Tous les utilisateurs sont affectés d'emblée au groupe `users` (dont le GID de 100 apparaît dans `/etc/passwd`).
- Un répertoire d'utilisateur est créé et c'est l'identifiant de l'utilisateur qui servira de base pour le nommer. L'utilisatrice `lgibaud` aura donc un répertoire `/home/lgibaud`.
- Par défaut, c'est l'interpréteur de commandes Bash (`/bin/bash`) qui sera utilisé.

ALLER PLUS LOIN **Personnaliser la création d'utilisateur**

Il est possible de changer ce comportement par défaut. Cherchons la documentation en ligne :

```
$ man adduser
Il n'y a pas de page de manuel pour adduser.
```

Cette lacune a de quoi surprendre, mais rassurez-vous, c'est tout à fait normal. La commande `adduser` est en réalité un script spécifique à Slackware, censé faciliter l'ajout des utilisateurs. La « véritable » commande sous le capot, c'est `useradd` :

```
$ man useradd
USERADD(8)    Commandes de gestion du système    USERADD(8)
NOM
    useradd - créer un nouvel utilisateur ou modifier les informations par
    défaut appliquées aux nouveaux utilisateurs
...
```

ALLER PLUS LOIN **Personnaliser la création d'utilisateur** *(suite)*

Cette commande comporte quantité d'options, dont certaines vous sembleront vaguement familières :

- -m spécifie la création du répertoire d'utilisateur si celui-ci n'existe pas.
- -c fournit les données GECOS.
- -g indique le groupe primaire.
- -G contient la liste des groupes secondaires.
- -s spécifie le *shell* de connexion que celui-ci utilisera.
- etc.

Admettons que je veuille ajouter un utilisateur fantasio à mon système, avec les mêmes caractéristiques que mes utilisateurs existants. Si j'utilise useradd en faisant fi du script interactif adduser, j'obtiens quelque chose comme ceci :

```
# useradd -m -c "Fantasio" -g users \
    -G audio,cdrom,floppy,plugdev,video,power,netdev,lp,scanner \
     -s /bin/bash fantasio
# passwd fantasio
```

Nous en concluons que notre système Slackware n'est pas totalement dénué de confort et que le script adduser nous évite la myriade d'options de useradd. Cette dernière commande trouvera son utilité dans deux contextes bien précis :

- dans un script ;
- pour l'ajout d'un utilisateur système.

Le profil par défaut des nouveaux utilisateurs

Parmi les utilisateurs nouvellement créés, prenons-en un qui n'est pas encore connecté au système :

```
# finger ahabian
Login: ahabian           Name: Alexandre Habian
Directory: /home/ahabian   Shell: /bin/bash
Never logged in.
...
```

Au moment de la création de son compte, son répertoire d'utilisateur se trouve apparemment vide :

```
# tree /home/ahabian/
/home/ahabian/

0 directories, 0 files
```

En fait, il n'est pas si vide que cela, si nous regardons d'un peu plus près :

```
# tree -a /home/ahabian/
/home/ahabian/
`-- .screenrc

0 directories, 1 file
```

D'où sort ce mystérieux fichier ~/.screenrc ? Regardez à nouveau la page man de **useradd**, dans la section OPTIONS :

```
-k, --skel RÉP_SQUELETTE
Le répertoire squelette, qui contient les fichiers et répertoires qui seront copiés
dans le répertoire personnel de l'utilisateur, quand le répertoire personnel est créé
par useradd.

Cette option n'est valable que si l'option -m (ou --create-home) est utilisée.
...
```

Sur notre système, le répertoire squelette, c'est /etc/skel :

```
# tree -a /etc/skel/
/etc/skel/
`-- .screenrc

0 directories, 1 file
```

Cela ressemble effectivement au contenu de mon répertoire d'utilisateur nouvellement créé. Pour en avoir le cœur net, tentons une petite expérience.

Personnaliser le profil par défaut des nouveaux utilisateurs

Nous pourrions très bien imaginer la confection d'un fichier de bienvenue pour les nouveaux utilisateurs de notre système. Dans un premier temps, nous créons le message dans /etc/skel :

```
# cat > /etc/skel/LISEZ_MOI.txt << EOF
> Bienvenue sur votre nouveau système Linux !
> EOF
```

Notez que vous pourriez très bien vous servir de Vi pour éditer votre message.

À présent, créons un nouvel utilisateur fantasio :

```
# adduser fantasio
```

Avant même qu'il ne se connecte pour la première fois, penchons-nous sur le contenu de son répertoire d'utilisateur :

```
# ls -la /home/fantasio/
total 16
drwx--x--x 2 fantasio users 4096 Oct 16 08:19 ./
drwxr-xr-x 9 root     root  4096 Oct 16 08:19 ../
-rw-r--r-- 1 fantasio users 3729 May 17  2013 .screenrc
-rw-r--r-- 1 fantasio users   45 Oct 16 08:19 LISEZ_MOI.txt
```

Figure 6–2
Lorsque l'utilisateur fantasio
se connectera pour la première fois
sur la machine et qu'il ouvrira son
répertoire personnel, voici
ce qu'il y verra.

L'utilisation de /etc/skel ne se limite pas à l'ajout de documents par défaut ; de manière plus générale, tout fichier peut être *distribué* aux nouveaux utilisateurs. On peut donc également répliquer des configurations par défaut du bureau ou des logiciels et définir par exemple le même fond d'écran et le même thème d'icônes par défaut pour tous les utilisateurs. Il suffit pour cela de repérer le fichier (ou répertoire) de configuration en question et de le recopier dans /etc/skel avant la création des utilisateurs.

Modifier le mot de passe d'un utilisateur

Nous avons vu que la création d'un nouveau compte comprend l'affectation d'un mot de passe. Sous le capot, c'est la commande passwd qui s'en charge. Elle n'est d'ailleurs pas réservée à l'administrateur. Appelée par un simple utilisateur, elle lui servira à changer son mot de passe pour choisir quelque chose de plus personnalisé :

```
fantasio@slackbox:~$ passwd
Changement du mot de passe de fantasio
Ancien mot de passe: ********
Entrez le nouveau mot de passe (5 caractères minimum)
Utilisez une combinaison de lettres majuscules, minuscules et de chiffres.
Nouveau mot de passe: ********
Nouveau mot de passe (pour vérification): ********
passwd: mot de passe changé.
```

> Avertissement **Mot de passe trop simple**
>
> Il arrive assez souvent que les utilisateurs choisissent des mots de passe trop simples. Dans ce cas, le système les en empêchera et se chargera de les sermonner :
>
> ```
> fantasio@slackbox:~$ passwd
> Changement du mot de passe de fantasio
> Ancien mot de passe: ********
> Entrez le nouveau mot de passe (5 caractères minimum)
> Utilisez une combinaison de lettres majuscules, minuscules et de chiffres.
> Nouveau mot de passe: ****
> Mot de passe incorrect: trop court.  Réessayez.
> Nouveau mot de passe: ****
> ...
> Le mot de passe pour fantasio est inchangé.
> ```
>
> Notez que cette restriction ne vaut pas pour l'administrateur root. Autrement dit, si vous avez la mauvaise idée de définir un mot de passe simpliste comme « 1234 » pour l'utilisateur fantasio, vous devrez le faire comme ceci, en insistant un peu :
>
> ```
> # passwd fantasio
> ```

Associer les utilisateurs aux groupes

La commande groups présentée un peu plus haut nous a affiché les groupes auxquels appartient l'utilisateur. Vous pouvez vous représenter cette appartenance à un groupe comme une carte de membre, qui vous ouvre les portes vers des lieux dont l'accès est normalement restreint.

- Sans trop entrer dans les détails, l'appartenance au groupe audio donne à l'utilisateur pleinement accès aux applications qui utilisent la carte son.
- Les membres du groupe plugdev pourront utiliser des périphériques amovibles comme les clés USB et les disques durs externes.
- Etc.

Rappelez-vous que le script adduser propose l'ajout du nouvel utilisateur à une panoplie de groupes judicieusement choisis :

```
Press ENTER to continue without adding any additional groups
Or press the UP arrow key to add/select/edit additional groups :
audio cdrom floppy plugdev video power netdev lp scanner
```

Les utilisateurs membres de ces groupes bénéficient de toute une série de « privilèges » qui leur donnent accès à un ensemble de fonctionnalités dans leur environnement de bureau :

```
kikinovak@slackbox:~$ groups
users lp floppy audio video cdrom plugdev power netdev scanner
```

Admettons que j'aie défini l'utilisateur `kjoly` (Karine Joly) sans toutefois l'ajouter à la panoplie de groupes secondaires proposés par `adduser`. On part ainsi du minimum syndical :

```
# groups kjoly
kjoly : users
```

Dans cette configuration par défaut, Karine ne pourra pas correctement utiliser les périphériques amovibles. Je décide donc de l'ajouter au groupe `plugdev` grâce à la commande `usermod` :

```
# usermod -a -G plugdev kjoly
```

Je vérifie ce que cela donne :

```
# groups kjoly
kjoly : users plugdev
```

L'utilisation du combiné imprimante/scanner requiert l'appartenance aux groupes `lp` et `scanner`. Je peux ajouter Karine à ces deux groupes supplémentaires :

```
# usermod -a -G lp,scanner kjoly
# groups kjoly
kjoly : users lp plugdev scanner
```

Notez en passant que si Karine est connectée pendant cette opération, il faudra qu'elle se déconnecte et qu'elle démarre une nouvelle session pour que l'ajout aux groupes secondaires prenne effet.

Les distraits parmi vous qui auront oublié d'ajouter un nouvel utilisateur aux groupes secondaires suggérés par `adduser` pourront donc se rattraper :

```
# usermod -a -G \
lp,floppy,audio,video,cdrom,plugdev,power,netdev,scanner kjoly
```

N'hésitez pas à ouvrir la page `man usermod` pour avoir une idée un peu plus précise de ce que nous venons de faire.

- `usermod` modifie un compte utilisateur.
- L'option `-a` (comme `--append`) ajoute l'utilisateur à un groupe supplémentaire.
- Elle s'utilise conjointement avec l'option `-G` (`--groups`).

La manière la plus simple pour révoquer l'appartenance d'un utilisateur à un groupe, c'est d'utiliser la commande `gpasswd`. Admettons que Jean-Kevin nous agace depuis quelque temps à écouter son groupe de métal satanique finlandais préféré. Nous allons le supprimer du groupe `audio` :

```
# groups jktartempion
jktartempion : users lp floppy audio video cdrom plugdev power netdev scanner
```

```
# gpasswd -d jktartempion audio
Removing user jktartempion from group audio
# groups jktartempion
jktartempion : users lp floppy video cdrom plugdev power netdev scanner
```

La commande `gpasswd` ne permet de spécifier qu'un seul groupe en argument. Je devrai donc l'invoquer plusieurs fois de suite si je souhaite retirer un utilisateur d'une série de groupes :

```
# gpasswd -d jktartempion lp
Removing user jktartempion from group lp
# gpasswd -d jktartempion scanner
Removing user jktartempion from group scanner
```

Là encore, jetez un œil dans `man gpasswd` et repérez l'option `-d` comme `--delete`.

Créer et supprimer des groupes

Bien évidemment, nous ne sommes pas limités à l'utilisation des groupes prédéfinis sur la machine. En guise d'exemple, créons deux groupes `eyrolles` et `spirou`, puis ajoutons les utilisateurs `lgibaud`, `ahabian`, `glagaffe` et `fantasio` à leurs groupes respectifs :

```
# groupadd eyrolles
# groupadd spirou
# usermod -a -G eyrolles lgibaud
# usermod -a -G eyrolles ahabian
# usermod -a -G spirou glagaffe
# usermod -a -G spirou fantasio
```

Pour savoir ce qui s'est passé, ouvrez `/etc/group` et examinez les deux dernières lignes de ce fichier. Vous pourriez très bien utiliser `cat`, `more` ou `less` pour visualiser `/etc/group`, mais j'en profite en passant pour vous présenter la commande `tail`. Dans sa configuration par défaut, `tail` affiche les dix dernières lignes du fichier fourni en argument. L'option `-n 2` nous limitera aux deux dernières lignes :

```
# tail -n 2 /etc/group
eyrolles:x:1000:lgibaud,ahabian
spirou:x:1001:glagaffe,fantasio
```

La syntaxe du fichier `/etc/group` est assez intuitive et ressemble de loin à celle de `/etc/passwd` : une série de colonnes délimitées par des deux-points. Dans notre cas, la première colonne comporte le nom du groupe, la troisième le GID correspondant et la quatrième la liste complète de tous les membres du groupe en question.

Pour supprimer un groupe, utilisez la commande `groupdel` :

```
# groupdel eyrolles
# groupdel spirou
```

Supprimer un utilisateur

Vous voilà en mesure de créer des utilisateurs et de gérer leurs comptes. Il ne vous reste plus qu'à savoir comment vous en débarrasser, le cas échéant. Comme un employé doit vider son bureau et rendre son badge, il arrive qu'un utilisateur n'ait plus sa place sur votre système. Dans ce cas, vous serez amené à supprimer son compte. C'est l'objet de la commande userdel.

Appliquons-la sur l'utilisateur fantasio :

```
# userdel fantasio
```

Malheureusement, il y a un détail auquel nous n'avons pas pensé :

```
# ls -l /home/
total 32
drwx--x--x  2 ahabian       users 4096 Oct  8 10:47 ahabian/
drwx--x--x 18            1005 users 4096 Oct 16 11:01 fantasio/
drwxr-xr-x  2 root          root  4096 Sep 18  2012 ftp/
drwx--x--x  2 glagaffe      users 4096 Oct  8 10:48 glagaffe/
drwx--x--x  2 jktartempion users 4096 Oct  8 10:48 jktartempion/
...
```

La commande userdel s'est chargée de supprimer l'utilisateur fantasio, mais pas son répertoire.

Vider l'eau du bain avec le bébé

Le répertoire /home/fantasio existe toujours et semble intact, à un détail près :

```
# ls -l /home/fantasio/
total 36
drwxr-xr-x 2 1005 users 4096 Oct 16 08:22 Bureau/
drwxr-xr-x 2 1005 users 4096 Oct 16 08:22 Documents/
drwxr-xr-x 2 1005 users 4096 Oct 16 08:24 Images/
-rw-r--r-- 1 1005 users   45 Oct 16 08:19 LISEZ_MOI.txt
drwxr-xr-x 2 1005 users 4096 Oct 16 08:22 Modèles/
drwxr-xr-x 2 1005 users 4096 Oct 16 08:22 Musique/
drwxr-xr-x 2 1005 users 4096 Oct 16 08:22 Public/
drwxr-xr-x 2 1005 users 4096 Oct 16 08:22 Téléchargements/
drwxr-xr-x 2 1005 users 4096 Oct 16 08:22 Vidéos/
```

Les fichiers et répertoires de /home/fantasio sont toujours là, mais ils « appartiennent » à présent à l'UID 1 005 et au groupe users. Admettons que vous ayez maintenant l'idée de créer un nouveau compte et de lui affecter ces identifiants d'utilisateur et de groupe désormais vacants. Il se retrouverait propriétaire de tous les fichiers de fantasio. Autrement dit : fantasio a rendu son badge, mais il n'a vidé ni son bureau ni son casier et c'est le nouvel employé qui en a désormais la clé.

Lors de la suppression, il peut donc s'avérer nécessaire de supprimer le répertoire d'utilisateur correspondant au compte. Cependant, si nous affichons la page man de la commande userdel, nous lisons ceci :

```
OPTIONS
       -r, --remove
       Files in the user's home directory will be removed along with the home
directory itself and the user's mail spool.
```

Cela signifie que l'option -r (ou --remove) se charge de supprimer les fichiers présents dans le répertoire personnel de l'utilisateur en même temps que le répertoire lui-même, ainsi que le répertoire d'attente des courriels.

Essayons cette option sur l'utilisateur jktartempion, que nous avons dans le collimateur depuis un petit moment :

```
# userdel -r jktartempion
# ls -l /home/
total 28
drwx--x--x  2 ahabian   users 4096 Oct  8 10:47 ahabian/
drwx--x--x 18      1005 users 4096 Oct 16 11:01 fantasio/
drwxr-xr-x  2 root      root  4096 Sep 18  2012 ftp/
drwx--x--x  2 glagaffe  users 4096 Oct  8 10:48 glagaffe/
drwx--x--x 19 kikinovak users 4096 Oct 20 09:12 kikinovak/
drwx--x--x 18 kjoly     users 4096 Oct 20 09:09 kjoly/
drwx--x--x  2 lgibaud   users 4096 Oct  8 10:47 lgibaud/
```

La commande userdel suivie de l'option -r a donc bien supprimé le compte utilisateur jktartempion ainsi que le répertoire utilisateur /home/jktartempion avec toutes les données qu'il contenait.

7

Gérer les droits d'accès

Une fois que les utilisateurs du système sont créés, la question de leurs droits d'accès se pose. Définir des permissions saines pour les utilisateurs et leur assurer un minimum de confidentialité, c'est le B.A.-ba de la sécurité.

Qui a le droit de faire quoi ?

Dans le chapitre précédent, nous avons comparé un système multi-utilisateur au fonctionnement d'une grande entreprise. Chaque employé possède son badge qui lui donne accès aux locaux. En principe, les employés partagent les ressources de l'entreprise, mais pas forcément tous les mêmes. Beaucoup disposent de leur bureau individuel, d'autres travaillent en équipe dans de grandes pièces spacieuses, où l'accès aux ordinateurs, aux photocopieuses et aux documents est ouvert à tous les membres de l'équipe. Quelques rares privilégiés ont un accès plus large : l'agent de sécurité, le PDG ou le DRH. La métaphore peut ainsi être filée et affinée, mais vous avez compris le principe sous-jacent.

Considérons l'exemple suivant.

- Imaginons un système avec trois utilisateurs : ahabian, lgibaud et kikinovak. Supprimez tous les autres utilisateurs que vous avez pu créer jusqu'ici.
- Chaque utilisateur dispose de son répertoire d'utilisateur respectif (~) :

```
# ls /home/
ahabian  kikinovak  lgibaud
```

- Chacun de nos utilisateurs va donc ranger ses données dans son répertoire personnel. Dans l'exemple, chacun disposera d'un document « confidentiel » confectionné comme suit :

```
$ cat > ~/Documents/Confidentiel.txt << EOF
> Ce document est confidentiel.
> Personne d'autre que moi ne doit pouvoir le lire.
> EOF
```

Au total, leurs répertoires ressembleront donc à peu de choses près à ceci :

```
# tree /home/
/home/
|-- ahabian
|   |-- Bureau
|   |-- Documents
|   |   `-- Confidentiel.txt
|   |-- Images
|   |-- Modèles
|   |-- Musique
|   |-- Public
|   |-- Téléchargements
|   `-- Vidéos
|-- kikinovak
|   |-- Bureau
|   |-- Documents
|   |   `-- Confidentiel.txt
|   |-- Images
|   |-- Modèles
|   |-- Musique
|   |-- Public
|   |-- Téléchargements
|   `-- Vidéos
`-- lgibaud
    |-- Bureau
    |-- Documents
    |   `-- Confidentiel.txt
    |-- Images
    |-- Modèles
    |-- Musique
    |-- Public
    |-- Téléchargements
    `-- Vidéos

27 directories, 3 files
```

Qui a accès à quoi là-dedans ? Est-ce que `ahabian` pourra lire le fichier `Confidentiel.txt` de `lgibaud` ? Est-ce que celle-ci pourra modifier le fichier `Confidentiel.txt` de `kikinovak` ? En effet, il ne suffit pas que chaque utilisateur dispose de son propre répertoire en-dessous de `/home`. Aussi faut-il que ses données soient à l'abri des autres utilisateurs de la machine. Tout ce petit monde doit pouvoir se connecter à la machine sans gêner les autres.

Un exemple pratique

Les nouveaux utilisateurs de Linux sont souvent intimidés par les questions de permissions et de droits d'accès, qu'ils perçoivent comme une nébuleuse complexe et impressionnante. Ici comme ailleurs, je vous propose de rester fidèle à la devise en exergue de ce livre, qui a d'ailleurs été déclinée par le grand neurologue français Charcot : « La théorie, c'est bon, mais ça n'empêche pas d'exister ».

Pour commencer, créez un fichier `droits.txt` dans votre répertoire d'utilisateur, comme ceci :

```
$ cat > droits.txt << EOF
> echo "Voici la date : "
> date
> EOF
```

Rien ne vous empêche de créer et d'éditer ce fichier avec Vi. Au final, vous devez juste obtenir ceci :

```
$ cat droits.txt
echo "Voici la date : "
date
```

Comprendre les permissions dans l'affichage détaillé

Vous voilà donc avec votre fichier `droits.txt`. Qui en est le propriétaire ? Qui peut faire quoi avec ? D'ailleurs, qu'est-ce qu'on peut bien faire avec un fichier ? En lire le contenu ? Le modifier ? L'effacer ? Et puis quoi encore ?

```
$ ls -l droits.txt
-rw-r--r-- 1 kikinovak users 29 Oct 24 10:06 droits.txt
```

Dans la partie droite de ce listing détaillé, vous avez :

* le nom du fichier : `droits.txt` ;
* sa date de création : le 24 octobre à 10h06 ;
* sa taille : 29 octets.

Si vous ne tenez pas compte du `1` dans la deuxième colonne (oubliez-le pour l'instant), la partie gauche est réservée aux droits d'accès du fichier.

Nous avons vu, dans le chapitre sur la navigation dans la console, comment décrypter sommairement la suite de dix caractères dans la première colonne. Le moment est venu de nous y intéresser d'un peu plus près.

- Le tout premier caractère, c'est-à-dire le tiret - initial de la suite `-rw-r--r--` nous indique tout simplement qu'il s'agit d'un fichier, pas d'un répertoire ni d'un lien.
- Les neuf caractères subséquents `rw-r--r--` se décomposent en une série de trois fois trois caractères, respectivement `rw-`, `r--` et `r--`.
  - Les caractères `r`, `w`, `x` et `-` symbolisent ce que l'on a le droit de faire avec le fichier : lire (`r` comme *read*), écrire (`w` comme *write*), exécuter (`x` comme *e[x]ecute*) ou... rien du tout (`-` comme « rien »).
  - La première suite de trois caractères (`rw-`) concerne le propriétaire du fichier.
  - La deuxième (`r--`) concerne le groupe du fichier.
  - La troisième (`r--`) définit les droits de tous les autres utilisateurs.
- Le propriétaire du fichier est désigné dans la troisième colonne : `kikinovak`.
- La quatrième colonne donne le groupe du fichier : `users`.

Notre listing signifie donc : « Le fichier `droits.txt` appartient à l'utilisateur `kikinovak` et au groupe `users`. Le propriétaire du fichier a le droit de le lire et de le modifier (`rw-`). Les membres du groupe et tous les autres ont seulement le droit de le lire (`r--`). »

Retenez que, dans tous les cas, les droits d'accès concernent trois classes d'utilisateurs :
- le propriétaire du fichier (*user* : `u`) ;
- le groupe (*group* : `g`) ;
- le reste du monde, les autres (*others* : `o`).

Rendre un fichier exécutable

Peut-être vous en êtes-vous déjà vaguement douté, mais notre fichier `droits.txt` contient du code exécutable. C'est un programme, eh oui ! Un script, plus exactement. Alors comment faire pour l'exécuter ?

Dans un premier temps, nous allons définir des droits d'exécution pour l'utilisateur (`u`), propriétaire du fichier :

```
$ chmod u+x droits.txt
$ ls -l droits.txt
-rwxr--r-- 1 kikinovak users 29 Oct 24 10:06 droits.txt
```

Les droits concernant le propriétaire ont bien changé : ils sont passés de `rw-` à `rwx`. Ce `rwx` signifie : « L'utilisateur `kikinovak` a le droit de lire ce fichier. Il peut le modifier et même l'effacer. Il a également le droit de l'exécuter. » Et c'est ce que nous allons faire :

```
$ ./droits.txt
Voici la date :
ven. oct. 24 10:17:39 CEST 2016
```

> **VOUS VENEZ DE WINDOWS Fichiers exécutables**
>
> À la différence de Windows, la possibilité d'exécuter un fichier n'est aucunement liée à un quelconque suffixe comme `.EXE` ou `.COM`. Sous Linux, cette caractéristique est essentiellement liée au système de droits d'accès.

Vous voyez que tous les autres (plus exactement les membres du groupe `users` et tous les autres) ont le droit de lire ce fichier, mais pas celui de le modifier ou de l'exécuter (`r--r--`). Comment empêcher ces autres d'accéder à mon fichier, ne serait-ce qu'en lecture seule ? Tout simplement en faisant ceci :

```
$ chmod go-r droits.txt
$ ls -l droits.txt
-rwx------ 1 kikinovak users 29 oct.  24 10:06 droits.txt
```

Effectivement, les classes d'utilisateurs *group* (`g`) et *others* (`o`) n'ont plus le droit de rien faire, comme le montre le `------` final.

Un système Linux permet d'attribuer des droits d'accès aux fichiers avec une précision quasi-chirurgicale.

Ajouter et retirer les droits de lecture et d'écriture

Donnons maintenant le droit à tout le monde (`a` comme *all*) de lire (`r` comme *read*) le fichier :

```
$ chmod a+r droits.txt
$ ls -l droits.txt
-rwxr--r-- 1 kikinovak users 29 Oct 24 10:06 droits.txt
```

Ici, les trois classes d'utilisateurs (*user*, *group* et *others*) obtiennent des droits de lecture.

De façon analogue, pour retirer les droits de lecture et d'écriture au groupe et aux autres, il suffit d'invoquer la commande suivante :

```
$ chmod g-rw,o-rw droits.txt
$ ls -l droits.txt
-rwx------ 1 kikinovak users 29 Oct 24 10:06 droits.txt
```

DROITS D'ACCÈS **La méthode directive**

Dans les exemples présentés, nous avons vu deux approches :
* une méthode *additive*, qui donne des droits à une ou plusieurs catégories d'utilisateurs ;
* une méthode *soustractive*, qui retire des droits à une ou plusieurs catégories d'utilisateurs.

Une troisième approche, la méthode *directive*, définit des droits très précis pour chaque classe d'utilisateurs. Ainsi, la réactivation des droits d'exécution pour l'utilisateur pourrait s'effectuer comme ceci :

```
$ chmod u=rwx,g=,o= droits.txt
```

Et pour rétablir les permissions initiales en utilisant la méthode directive, voici comment je dois m'y prendre :

```
$ chmod u=rw,g=rw,o=r droits.txt
```

Gérer les permissions en mode graphique

Certains d'entre vous s'impatientent. « Ne peut-on pas faire tout ça dans un environnement graphique, avec un navigateur de fichiers et une souris ? »

Après tout, pourquoi pas ? Ouvrons le navigateur de fichiers, cliquons-droit sur droits.txt, choisissons *Propriétés* dans le menu contextuel et, dans la fenêtre qui s'ouvre, rendons-nous dans l'onglet *Permissions*.

Figure 7–1
Les droits d'accès en mode graphique dans le navigateur de fichiers Thunar

droits.txt - Propriétés
Général   Emblèmes   Permissions
Propriétaire :   Kiki Novak (kikinovak)
Accès :   Lecture & Écriture
Groupe :   users
Accès :   Lecture seule
Autres :   Lecture seule
Aide
Fermer

À première vue, cette interface graphique n'offre qu'un choix réduit par rapport à la console en matière de droits d'accès. Nous retrouvons certes nos trois catégories d'utilisateurs (*Propriétaire*, *Groupe*, *Autres*). Les droits de lecture et d'écriture peuvent être définis grâce à une suite de menus déroulants. Un autre menu déroulant permet de spécifier le groupe du fichier. En revanche, on ne voit pas la moindre trace d'une option pour gérer les droits d'exécution.

Notons que cette limitation n'est pas inhérente à l'utilisation d'une interface. Elle est propre au navigateur de fichiers Thunar. Voyons ce que cela donne dans le navigateur de fichiers Dolphin de l'environnement KDE.

Figure 7–2
La gestion des permissions
dans l'environnement KDE

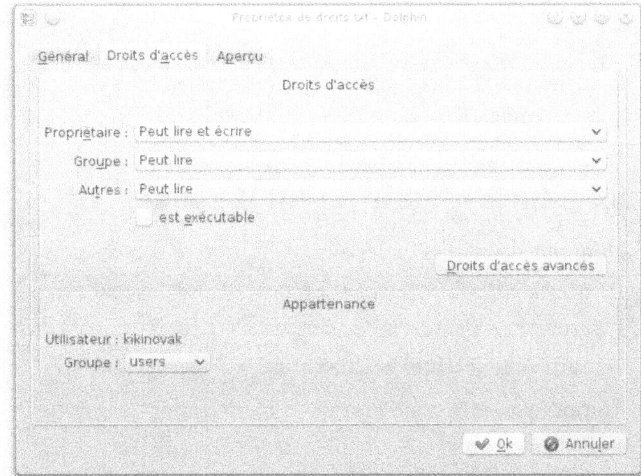

Cette fois-ci, je dispose bien d'un bouton *est exécutable*, mais ce droit sera appliqué « à la louche », c'est-à-dire que je ne pourrai pas spécifier s'il doit s'appliquer au propriétaire, au groupe ou à tous les autres.

Cette petite démonstration n'a certainement pas pour but de vous dissuader de travailler en mode graphique. Le navigateur de fichiers est un outil très puissant et souvent bien plus confortable que la console. Cependant, comme tout outil graphique, il a ses limites, qu'il est bon de connaître pour ne pas être gêné dans son travail.

Une autre approche : la notation numérique

À côté de la notation ugo (*user*, *group*, *others*), il existe une autre façon de définir les droits d'accès des fichiers et des répertoires. Si je vous la montre, ce n'est pas pour compliquer les choses, mais parce qu'elle est également très répandue et que vous risquez de tomber dessus un jour ou l'autre : je parle de la notation numérique.

Nous avons vu qu'il existe trois catégories d'utilisateurs, qui peuvent bénéficier de trois droits d'accès différents.

Tableau 7–1 Classes d'utilisateurs et permissions

user	group	others
rwx	rwx	rwx

Maintenant, affectons à chacun de ces droits une valeur numérique.

Tableau 7–2 Valeur numérique des permissions

r (*read*, lecture)	4
w (*write*, écriture)	2
x (*e[x]ecute*, exécution)	1

Il suffit alors d'additionner les valeurs respectives de ces droits pour les définir. Prenons quelques exemples.

Attribuer tous les droits à tout le monde

Donnons des droits de lecture, d'écriture et d'exécution pour tout le monde :

- utilisateur : 4 (lecture) + 2 (écriture) + 1 (exécution) = 7 ;
- groupe : 4 (lecture) + 2 (écriture) + 1 (exécution) = 7 ;
- autres : 4 (lecture) + 2 (écriture) + 1 (exécution) = 7.

En pratique, cela donne :

```
$ chmod 777 droits.txt
$ ls -l droits.txt
-rwxrwxrwx 1 kikinovak users 29 Oct 24 10:06 droits.txt
```

Retirer et ajouter des droits

Maintenant, laissons à l'utilisateur le droit de lire et d'écrire, en retirant tous les droits aux autres :

- utilisateur : 4 (lecture) + 2 (écriture) + 0 (exécution) = 6 ;
- groupe : 0 (lecture) + 0 (écriture) + 0 (exécution) = 0 ;
- autres : 0 (lecture) + 0 (écriture) + 0 (exécution) = 0.

```
$ chmod 600 droits.txt
$ ls -l droits.txt
-rw------- 1 kikinovak users 29 Oct 24 10:06 droits.txt
```

Essayons autre chose : l'utilisateur a le droit de lire et d'écrire, le groupe et tous les autres ont seulement celui de lire :

- utilisateur : 4 (lecture) + 2 (écriture) + 0 (exécution) = 6 ;
- groupe : 4 (lecture) + 0 (écriture) + 0 (exécution) = 4 ;
- autres : 4 (lecture) + 0 (écriture) + 0 (exécution) = 4.

```
$ chmod 644 droits.txt
$ ls -l droits.txt
-rw-r--r-- 1 kikinovak users 29 Oct 24 10:06 droits.txt
```

Les deux modes de notation sont strictement équivalents. Autrement dit, le dernier exemple aurait très bien pu être défini ainsi :

```
$ chmod u=rw,go=r droits.txt
$ ls -l droits.txt
-rw-r--r-- 1 kikinovak users 29 Oct 24 10:06 droits.txt
```

Notez au passage la contraction de `g=r,o=r` en `go=r`.

RÉCAPITULATIF **Toutes les combinaisons de droits**

Il n'est peut-être pas inutile de dresser un petit tableau récapitulatif de toutes les combinaisons de droits possibles (en notation `rwx` ou numérique), étant donné qu'il n'y en a que huit au total.

`---`	0
`--x`	1
`-w-`	2
`-wx`	3 (= 2+1)
`r--`	4
`r-x`	5 (= 4+1)
`rw-`	6 (= 4+2)
`rwx`	7 (= 4+2+1)

LE CONSEIL DU CHEF **Quelle est la meilleure méthode ?**

En règle générale, les administrateurs Unix chevronnés ainsi que les frimeurs ont tendance à préférer cette dernière méthode, étant donné qu'elle est plus « obscure ». Pour ma part, j'ai décidé de vous montrer les deux manières de faire, car vous risquez de les rencontrer l'une comme l'autre dans des pages de documentation. Je vous conseille tout simplement d'utiliser celle qui vous convient le mieux.

Les permissions par défaut : umask

Vous vous êtes peut-être demandé d'où viennent les droits initiaux des fichiers.

Créons un fichier :

```
$ touch droits2.txt
$ ls -l droits2.txt
-rw-r--r-- 1 kikinovak users 0 Nov  7 08:04 droits2.txt
```

Je vois que `droits2.txt` est créé d'emblée avec une structure `rw-r--r--`. Qui ou quoi décide des permissions pour les fichiers nouvellement créés ?

Il faut savoir que, sur un système Linux, il n'est pas possible de créer un fichier qui possède d'emblée les droits d'exécution. Cela signifie que les permissions maximales que je peux obtenir à la création, c'est `rw-rw-rw-`, autrement dit 666. Or, si je regarde de plus près mon fichier `droits2.txt`, il est affublé des droits `rw-r--r--`, c'est-à-dire 644 en notation numérique. J'en conclus maussadement que je me suis fait gruger de 022 au passage.

Le responsable de cette restriction se nomme `umask`. Le seul rôle de ce réglage est de soustraire des droits lors de la création de fichiers.

```
$ umask
0022
```

Il est possible de changer ce `umask` :

```
$ umask 0002
```

> **POUR LES CURIEUX Pourquoi 4 chiffres ?**
>
> Pourquoi la valeur de `umask` comporte-t-elle quatre chiffres alors que je n'en ai évoqué que trois ? Nous occuper du premier nous mènerait trop loin... Sachez donc qu'il y a quatre positions à définir en tout, mais que, pour le moment, nous ne nous occuperons pas de la première. En revanche, on peut effectivement écrire `umask 002` dans la commande, au lieu de `0002`, pour le même résultat.

La conséquence de cette redéfinition est immédiate. En effet, lorsque je crée un nouveau fichier, ses droits par défaut sont définis en fonction de la nouvelle valeur. Concrètement, avec un `umask` de 002, j'obtiens des permissions par défaut de 664, soit `rw-rw-r--` :

```
$ touch droits3.txt
$ ls -l droits3.txt
-rw-rw-r-- 1 kikinovak users 0 Nov  7 08:07 droits3.txt
```

Maintenant, soyons carrément permissifs :

```
$ umask 0000
$ touch droits4.txt
$ ls -l droits4.txt
-rw-rw-rw- 1 kikinovak users 0 Nov  7 08:07 droits4.txt
```

Le fichier `droits4.txt` a les droits en lecture et écriture pour tout le monde, ce qui est le maximum possible à la création.

La valeur de `umask` est redéfinie à chaque fois que vous vous connectez à la machine.

> **SOUS LE CAPOT La valeur par défaut de umask**
>
> Jetez un œil dans les fichiers `/etc/profile` et `/etc/login.defs`. Je ne vous demande pas de lire ce genre de listing comme la page des actualités locales du *Midi Libre*. Sachez juste que c'est là qu'est définie la valeur par défaut de `umask`. Ensuite, chaque utilisateur peut éventuellement la redéfinir individuellement dans son fichier `~/.bashrc`.

Gérer les droits d'accès des répertoires

Depuis le début de cette section, nous avons essentiellement manipulé des fichiers. Qu'en est-il des répertoires ? Eh bien, voyons par nous-mêmes...

Avant de faire quoi que ce soit, assurez-vous de ne plus être root et de redéfinir votre umask d'utilisateur à 0022. Dans le doute, déconnectez-vous de votre session et reconnectez-vous.

Dans un précédent exercice, nous avions créé un répertoire test/. S'il est encore présent dans votre répertoire d'utilisateur, effacez-le :

```
$ rm -rf test/
```

Maintenant, recréez-le et affichez ses propriétés détaillées :

```
$ mkdir test
$ ls -ld test/
drwxr-xr-x 2 kikinovak users 4096 Nov  7 08:14 test/
```

Tiens ! Contrairement à ce que j'ai pu énoncer plus haut, les droits d'exécution sont bel et bien définis d'emblée. Non content de cela, ils sont définis pour tout le monde !

> RAPPEL **d comme « répertoire »**
>
> Remarquez au passage que, comme il s'agit cette fois d'un répertoire, le premier caractère est un d (comme *directory*, en anglais) au lieu du tiret - qui représente un fichier.

L'explication pour cette anomalie apparente est simple, car les droits d'exécution n'ont pas la même signification pour un répertoire que pour un fichier. À y regarder de près, c'est même normal, car cela n'a pas de sens de vouloir « exécuter un répertoire ». Le x ici signifie simplement qu'on a le droit de se placer dans le répertoire avec la commande cd et d'en afficher le contenu.

Faisons la preuve par l'exemple pour nous en assurer. Dans ce répertoire test/, créons trois fichiers : fichier1, fichier2 et fichier3, puis revenons au point de départ :

```
$ cd test/
$ touch fichier1 fichier2 fichier3
$ ls -l
total 0
-rw-r--r-- 1 kikinovak users 0 Nov  7 08:16 fichier1
-rw-r--r-- 1 kikinovak users 0 Nov  7 08:16 fichier2
-rw-r--r-- 1 kikinovak users 0 Nov  7 08:16 fichier3
$ cd ..
```

À partir du répertoire d'utilisateur, nous pouvons très bien afficher le contenu de test/ grâce à un simple ls test/ ou ls -l test/. Nous pouvons aussi y revenir en invoquant un simple cd test/.

Maintenant, retirons les droits d'exécution au répertoire, pour tout le monde tant que nous y sommes. Nous avons donc le choix :

```
$ chmod a-x test/
```

Ou, en utilisant la notation numérique :

```
$ chmod 644 test/
```

Dans un cas comme dans l'autre, nous obtenons ceci :

```
$ ls -ld test/
drw-r--r-- 2 kikinovak users 4096 Nov  7 08:16 test/
```

Voyons ce que cette opération a eu comme incidence sur l'accès au répertoire :

```
$ cd test/
-bash: cd: test/: Permission non accordée
```

Dans ce cas, pouvons-nous au moins afficher le contenu de l'extérieur ? L'entrée est bloquée, mais essayons de nous hisser sur la pointe des pieds et de jeter un œil curieux par-dessus le mur. Est-ce que nous voyons quelque chose ?

```
$ ls -l test/
...
total 0
-????????? ? ? ? ?          ? fichier1
-????????? ? ? ? ?          ? fichier2
-????????? ? ? ? ?          ? fichier3
```

Oui, mais non. Pas vraiment. Tout ce que nous devinons, c'est que ce répertoire contient trois fichiers `fichier1`, `fichier2` et `fichier3`. Quant à obtenir des informations détaillées sur ces derniers, il n'en est pas question.

Allons plus loin dans le verrouillage et ôtons les droits de lecture du répertoire. Là encore, mettons tout le monde à la même enseigne :

```
$ chmod a-r test/
$ ls -ld test
d-w------- 2 kikinovak users 4096 nov.   7 08:16 test/
```

 Droit d'écriture sans droit de lecture ?

Je me permets de vous signaler au passage qu'il est assez peu usuel de garder un droit d'écriture sans avoir le droit de lecture. Dans la réalité, nous aurions plutôt quelque chose du genre :

```
$ chmod a-rwx test/
```

...ou encore :

```
$ chmod 000 test/
```

Et dans les deux cas, cela donnerait :

```
$ ls -ld test/
d--------- 2 kikinovak users 4096 nov.   7 08:16 test/
```

Essayons d'afficher le contenu de ce répertoire :

```
$ ls -l test/
/bin/ls: impossible d'ouvrir le répertoire test/: Permission non accordée
```

Que se passe-t-il maintenant si je restitue à l'utilisateur les droits de lecture et d'exécution, mais pas les droits en écriture ?

```
$ chmod u+rx test/
$ ls -ld test/
dr-x------ 2 kikinovak users 4096 nov.   7 08:16 test/
```

Essayez d'effectuer les manipulations suivantes :

1 Afficher le contenu du répertoire avec `ls -l`.

2 Changer de répertoire courant avec `cd`.

3 Afficher le contenu des fichiers (vides, mais ce n'est pas grave) avec `cat`.

4 Renommer un fichier avec `mv`.

5 Créer un fichier `fichier4` avec `touch`.

Nous pouvons conclure de cette dernière expérience que le minimum syndical en permissions pour travailler sans entraves dans un répertoire, c'est :

```
$ chmod u+rwx test/
```

Respectivement :

```
$ chmod 700 test/
```

Soit :

```
$ ls -ld test/
drwx------ 2 kikinovak users 4096 nov.   7 08:16 test/
```

Changer le propriétaire et le groupe d'un fichier

Le propriétaire et le groupe d'un fichier sont-ils immuables ? A priori, vous vous dites que non. Vous commencez à comprendre que Linux est un système extrêmement flexible et cela vous étonnerait qu'il y ait des choses que l'on ne puisse pas changer. La réponse est : oui, mais pas n'importe comment. Et surtout pas n'importe qui.

Prenons un exemple pour illustrer la chose. En tant que root, copiez n'importe quel fichier du système dans votre répertoire d'utilisateur :

```
# cp -v /etc/cups/cupsd.conf /home/kikinovak/
'/etc/cups/cupsd.conf' -> '/home/kikinovak/cupsd.conf'
```

Deux précautions s'imposent ici. La première, c'est que votre répertoire utilisateur ne soit pas /home/kikinovak, mais plutôt /home/<votre_identifiant>. Ça, vous l'aurez compris. En revanche, n'utilisez pas ~ pour le répertoire d'utilisateur, étant donné que vous êtes root et que le ~ de root, c'est /root.

Redevenez un utilisateur normal (exit, logout ou Ctrl+D), assurez-vous de vous retrouver dans votre répertoire d'utilisateur (cd sans arguments le cas échéant) et regardez de près ce nouveau fichier :

```
$ ls -l cupsd.conf
-rw-r----- 1 root root 4582 nov.   7 08:26 cupsd.conf
```

Il se trouve dans votre répertoire d'utilisateur, mais il appartient à l'utilisateur root et au groupe root. Essayons de changer cela avec une commande spécialement conçue pour ce genre d'opération : chown (*change owner*, changer de propriétaire).

```
$ man chown
NOM
      chown - change file owner and group
...
```

Après un coup d'œil sur la syntaxe de la commande, je me lance :

```
$ chown kikinovak:users cupsd.conf
 chown: modification du propriétaire de « cupsd.conf »: Opération non permise
```

Apparemment, le système se rebiffe. Je vais donc essayer autre chose : redevenir root et, en tant que root, attribuer ce fichier /home/kikinovak/cupsd.conf à l'utilisateur kikinovak et au groupe users.

```
$ su -
Mot de passe :
# chown kikinovak:users /home/kikinovak/cupsd.conf
```

Je redeviens l'utilisateur commun et mortel que j'étais avant et je vérifie :

```
# exit
logout
$ ls -l cupsd.conf
-rw-r----- 1 kikinovak users 4582 nov.   7 08:26 cupsd.conf
```

Pas de cadeaux !

Cette fois-ci, l'opération s'est déroulée comme prévu. Le fichier m'appartient désormais et je suis tellement content... que je décide d'en faire cadeau à un autre utilisateur présent sur le système, par exemple à lgibaud.

```
$ whoami
kikinovak
$ chown lgibaud:users cupsd.conf
chown: modification du propriétaire de « cupsd.conf »: Opération non permise
```

Je constate alors avec consternation que Linux est un système pour utilisateurs radins : on ne peut même pas faire cadeau de ses fichiers à un autre utilisateur.

Essayons de tirer la conclusion de tout cela :

- Un utilisateur normal ne peut pas s'attribuer des fichiers qui appartiennent à quelqu'un d'autre.
- Il ne peut pas non plus attribuer ses propres fichiers à d'autres utilisateurs sur le système.
- L'administrateur root peut attribuer des fichiers à tous les utilisateurs, à sa guise.
- Il peut aussi, inversement, s'attribuer des fichiers appartenant aux autres utilisateurs.

8

Chercher une aiguille dans une botte de foin

Un système Linux comme le poste de travail Slackware que vous avez installé est composé de plusieurs centaines de milliers de fichiers et de répertoires, sans compter vos données. Il arrive parfois que l'on ait à chercher un certain fichier ou un certain répertoire dans tout ce fatras. Et là, comment faire ? Naviguer manuellement dans tous les répertoires et les sous-répertoires jusqu'à ce que l'on trouve ce que l'on cherche ? Essayez donc, mais vous n'irez probablement pas bien loin ; autant chercher une aiguille dans une botte de foin, voire dans un continent de granges. Heureusement pour nous, notre système Linux comporte toute une panoplie d'outils de recherche aussi simples que puissants.

Chercher l'emplacement d'un fichier dont on connaît le nom

Partons tout de suite d'un cas de figure très concret. Vous vous rappelez que le fichier pour configurer votre système d'impression s'appelle `cupsd.conf` mais vous ne vous souvenez plus de son emplacement exact. Que faire alors ? Essayez ceci, en tant que `root` :

```
# find / -name 'cupsd.conf'
...
/etc/cups/cupsd.conf
/home/kikinovak/cupsd.conf
```

La commande peut se lire de la sorte :

* « Trouve (`find`)...
* ... en dessous du répertoire racine (`/`)...
* ... tous les fichiers qui s'appellent `cupsd.conf` (`-name 'cupsd.conf'`). »

J'obtiens deux résultats : le fichier original, si l'on peut dire, situé dans `/etc/cups`, ainsi que la copie que nous avions effectuée dans le chapitre précédent.

BOGUE OU FONCTIONNALITÉ ?   **L'accès au répertoire ~/.gvfs**

En dehors des deux fichiers mentionnés, l'invocation de `find` a probablement affiché un autre résultat inattendu :

```
find: `/home/kikinovak/.gvfs': Permission denied
```

Pourtant, vous avez lancé la commande en tant que `root`, qui est censé avoir accès à l'ensemble du système.

Sans aller trop dans le détail, et en simplifiant quelque peu, sachez que le répertoire `~/.gvfs` renferme un système de fichiers virtuel (*Gnome Virtual File System*) qui a la particularité d'être accessible uniquement par son propriétaire, ou plus exactement par l'utilisateur qui l'a « monté » :

```
$ mount | grep gvfs
gvfsd-fuse on /home/kikinovak/.gvfs type fuse.gvfsd-fuse
(rw,nosuid,nodev,user=kikinovak)
```

L'accès aux systèmes de fichiers et la notion de montage seront traités en détail un peu plus loin, dans le chapitre 12.

Pour l'instant, ne vous occupez pas des avertissements (`WARNING`) divers qui s'affichent. Nous y reviendrons un peu plus loin.

Limiter la recherche à certains répertoires

Admettons que j'aie une vague idée des bottes de foin dans lesquelles il faut chercher et que je veuille restreindre ma recherche. Je pourrais sommer `find` d'effectuer sa recherche en dessous du répertoire `/etc` :

```
# find /etc -name 'cupsd.conf'
/etc/cups/cupsd.conf
```

Zone interdite

Pourquoi vaut-il mieux être `root` pour se lancer dans la recherche d'un fichier de configuration du système ? Essayez donc d'invoquer la dernière commande en tant que simple utilisateur et voyez le résultat :

```
$ find /etc -name 'cupsd.conf'
find: "/etc/cups/ssl": Permission non accordée
/etc/cups/cupsd.conf
```

```
find: "/etc/sudoers.d": Permission non accordée
find: "/etc/samba/private": Permission non accordée
find: "/etc/polkit-1/localauthority": Permission non accordée
find: "/etc/openvpn/keys": Permission non accordée
find: "/etc/openvpn/certs": Permission non accordée
```

Songez à ce que nous avons vu dans le chapitre précédent sur les permissions. Certains répertoires de votre système sont à l'abri des regards curieux des simples utilisateurs, ce qui aura forcément une incidence sur le fonctionnement des outils de recherche. En l'occurrence, la commande find invoquée en tant que simple utilisateur vous servira si votre recherche porte effectivement sur le contenu de votre propre répertoire :

```
$ pwd
/home/kikinovak
$ find . -name 'cupsd.conf'
./cupsd.conf
```

Si la syntaxe de cette dernière commande vous laisse perplexe, rappelez-vous que le point signifie « ici ». Notez que j'aurais pu écrire aussi bien :

```
$ find /home/kikinovak -name 'cupsd.conf'
/home/kikinovak/cupsd.conf
```

Ou encore :

```
$ find ~ -name 'cupsd.conf'
/home/kikinovak/cupsd.conf
```

> LE CONSEIL DU CHEF **Syntaxe : utiliser les apostrophes**
>
> Vous avez remarqué que le nom du fichier recherché figure entre une paire d'apostrophes : '...'. Dans les exemples que nous venons de voir, l'utilisation des apostrophes n'est pas obligatoire, mais je vous conseille de prendre de bonnes habitudes et de les utiliser quand même. Nous verrons bientôt une série de cas de figure où leur omission produirait des erreurs. En revanche, vous êtes libre d'écrire des apostrophes ' ou des guillemets ", cela n'a pas d'importance.

Faire fi des avertissements

Notre dernière recherche en tant que simple utilisateur nous a affiché une multitude d'avertissements relatifs aux permissions. Or, au beau milieu des accès non accordés, notre fichier /etc/cups/cupsd.conf a bel et bien été trouvé et affiché comme résultat de recherche valide :

```
$ find /etc -name 'cupsd.conf'
find: `/etc/sudoers.d': Permission denied
find: `/etc/openvpn/keys': Permission denied
```

```
find: `/etc/openvpn/certs': Permission denied
find: `/etc/samba/private': Permission denied
/etc/cups/cupsd.conf
find: `/etc/cups/ssl': Permission denied
find: `/etc/polkit-1/localauthority': Permission denied
```

Une astuce consiste ici à ne pas afficher les avertissements et les erreurs, en redirigeant ceux-ci vers le vide-ordures de notre système, si l'on peut dire :

```
$ find /etc -name 'cupsd.conf' 2> /dev/null
/etc/cups/cupsd.conf
```

Notre recherche effectuée sur l'ensemble du système en tant que root nous affichait une erreur de permission pour le répertoire ~/.gvfs de l'utilisateur kikinovak, ainsi qu'un avertissement vaguement inquiétant :

```
# find / -name 'cupsd.conf'
/home/kikinovak/cupsd.conf
find: `/home/kikinovak/.gvfs': Permission denied
/etc/cups/cupsd.conf
find: WARNING: Hard link count is wrong for `/proc/fs'
```

Là aussi, nous pouvons opter pour l'équivalent numérique de la pensée positive. Nous réitérons notre recherche, mais cette fois-ci, nous redirigeons la sortie d'erreurs standard, pour utiliser le terme technique :

```
# find / -name 'cupsd.conf' 2> /dev/null
/etc/cups/cupsd.conf
```

Interrompre une recherche

La commande find présente un seul désavantage. Elle n'est pas toujours très rapide. Il peut arriver que vous souhaitiez interrompre une recherche en cours. Dans ce cas, il suffit d'appuyer sur *Ctrl+C*, la combinaison de touches pour interrompre un processus.

Chercher des fichiers dont on ne connaît pas le nom exact

Il se peut que vous ayez oublié une partie du nom du fichier recherché. Cela arrive même assez souvent. Dans ce cas, il vous faudra recourir aux jokers.

Par exemple, vous cherchez un fichier pour configurer votre système d'impression. Tout ce que vous savez, c'est que son nom commence par cups et que le tout se situe en dessous de /etc. Dans ce cas, il suffit de saisir :

```
# find /etc -name 'cups*'
/etc/cups
/etc/cups/cups-files.conf.default
/etc/cups/cupsd.conf
/etc/cups/cups-browsed.conf
/etc/cups/cups-browsed.conf.orig
/etc/cups/cupsd.conf.default
...
```

Si vous vous rappelez que c'est un fichier dont le nom finit par `.conf` et qui se situe en dessous de `/etc/cups`, vous taperez :

```
# find /etc/cups -name '*.conf'
/etc/cups/snmp.conf
/etc/cups/cupsd.conf
/etc/cups/cups-browsed.conf
/etc/cups/cups-files.conf
```

Évidemment, vous pouvez combiner les jokers à votre guise.

Par ailleurs, l'option `-iname` rend la recherche insensible à la casse, c'est-à-dire qu'elle ignorera l'utilisation des majuscules et des minuscules dans les noms de fichiers et de répertoires :

```
root@slackbox:~# find /etc/ -iname 'readme'
/etc/grub.d/README
/etc/asciidoc/images/icons/README
/etc/ppp/plugins/README
/etc/fonts/conf.d/README
/etc/X11/xkb/keycodes/README
/etc/X11/xkb/compat/README
/etc/X11/xkb/types/README
/etc/X11/xkb/geometry/README
/etc/X11/xkb/rules/README
/etc/tin/README
/etc/modprobe.d/README
```

Chercher selon d'autres critères que le nom

Chercher en fonction de la taille

La taille d'un fichier peut également constituer un critère de recherche. L'exemple suivant nous affichera tous les programmes dans `/bin` dont la taille dépasse deux cents kilo-octets :

```
# find /bin -size +200k | sort
/bin/bash
/bin/dialog
```

```
/bin/gawk-4.1.3
/bin/ksh
/bin/tar
/bin/tcsh
/bin/zsh
```

Appliquer une commande sur les fichiers trouvés

Il se peut que vous vouliez soumettre le résultat de votre recherche à un traitement. Concrètement, imaginez que vous souhaitiez obtenir un listing plus détaillé des fichiers retournés par notre dernière recherche. Évidemment, vous pourriez très bien invoquer `ls -l` manuellement sur chacun des fichiers trouvés, mais ce serait un peu fastidieux. Dans ce cas, il vaut mieux utiliser l'option `-exec` de `find` :

```
# find /bin -size +200k -exec ls -l \{} \;
-rwxr-xr-x 1 root root 996040 Nov 11 06:22 /bin/bash
-rwxr-xr-x 1 root root 686912 Oct 26 21:54 /bin/zsh
-rwxr-xr-x 1 root root 390832 Nov 11 06:15 /bin/tcsh
-rwxr-xr-x 1 root root 381376 Dec  3 08:16 /bin/tar
-rwxr-xr-x 1 root root 620980 Aug  7  2015 /bin/gawk-4.1.3
-rwxr-xr-x 1 root root 1496348 Jun 10  2013 /bin/ksh
```

La syntaxe de cette option vous paraîtra un peu moins biscornue si vous considérez que la paire d'accolades {} symbolise « le résultat de la recherche ». Sinon, la dernière opération peut s'effectuer plus simplement en utilisant `xargs`, une commande qui sert à « construire et exécuter des lignes de commande à partir de l'entrée standard » (d'après la page de manuel `xargs(1)`). Essayez :

```
# find /bin -size +200k | xargs ls -l
-rwxr-xr-x 1 root root  996040 Nov 11 06:22 /bin/bash
-rwxr-xr-x 1 root root  620980 Aug  7  2015 /bin/gawk-4.1.3
-rwxr-xr-x 1 root root 1496348 Jun 10  2013 /bin/ksh
-rwxr-xr-x 1 root root  381376 Dec  3 08:16 /bin/tar
-rwxr-xr-x 1 root root  390832 Nov 11 06:15 /bin/tcsh
-rwxr-xr-x 1 root root  686912 Oct 26 21:54 /bin/zsh
```

Chercher par type

Dans l'état actuel des choses, notre plate-forme d'entraînement manque cruellement de fichiers. À part une série de répertoires du genre `test/`, `test1/` ou `test2/` et des fichiers `titi.txt` et autres `toto.txt`, nous n'avons pas grand-chose à nous mettre sous la dent pour l'instant. Nous allons remédier à cela, en copiant par exemple tout le contenu du répertoire `/etc` dans notre répertoire d'utilisateur. Nous devrons effectuer cette manipulation avec les droits `root`, faute de quoi nous aurons quelques problèmes de permissions :

```
# cp -R /etc /home/kikinovak/
```

Si vous préférez que cela se fasse en mode « bavard », ajoutez l'option `-v` :

```
# cp -Rv /etc /home/kikinovak/
```

Attribuez l'ensemble de cette arborescence à votre utilisateur et redevenez ce dernier :

```
# chown -R kikinovak:users /home/kikinovak/etc/
# exit
```

Dans cette arborescence en dessous de `~/etc`, nous trouvons essentiellement deux choses :

- des répertoires et des sous-répertoires ;
- des fichiers.

Cherchons tous les répertoires et les sous-répertoires dans cette arborescence, sans tenir compte des fichiers. C'est l'option `-type` de `find` qui nous donnera le résultat escompté :

```
$ find ~/etc -type d
```

Le résultat de cette recherche dépassera probablement la taille d'un écran et il faut admettre qu'il n'est pas très éloquent. Essayons d'obtenir un affichage plus détaillé :

```
$ find ~/etc -type d | xargs ls -ld
drwxr-xr-x 96 kikinovak users 12288 nov.  7 11:01 etc/
drwxr-xr-x  5 kikinovak users  4096 nov.  7 11:01 etc/ConsoleKit
…
```

Chercher selon les droits d'accès

En faisant dérouler la liste, nous constatons que les droits d'accès ne sont pas les mêmes pour tous les répertoires. Beaucoup sont en `rwxr-xr-x` (755), mais on trouve aussi des occurrences éparses de `rwxr-x---` (750) et de `rwx------` (700).

L'option `-perm` permet de les isoler :

```
$ find ~/etc -type d -perm 750 | xargs ls -ld
drwxr-x--- 2 kikinovak users 4096 nov. 7 11:01 etc/openvpn/certs
drwxr-x--- 2 kikinovak users 4096 nov. 7 11:01 etc/openvpn/keys
drwxr-x--- 2 kikinovak users 4096 nov. 7 11:01 etc/sudoers.d
$ find ~/etc -type d -perm 700 | xargs ls -ld
drwx------ 2 kikinovak users 4096 nov. 7 11:01 etc/cups/ssl
...
```

Cas pratique : attribuer des permissions à un ensemble de fichiers

Admettons maintenant que nous souhaitions définir des droits `rwxr-xr-x` pour tous les répertoires contenus dans `~/etc`. Combinons le résultat de la recherche précédente avec une commande `chmod` :

```
$ find ~/etc -type d -exec chmod 755 \{} \;
```

Ou alors, plus simplement :

```
$ find ~/etc -type d | xargs chmod 755
```

Oui, je sais, on dirait que le chat a marché sur le clavier. Réitérez la recherche de répertoires combinée avec un affichage détaillé des résultats :

```
$ find ~/etc -type d | xargs ls -ld
```

Vous constatez qu'à présent tous les répertoires ont des droits d'accès `rwxr-xr-x` identiques.

Procédons de manière similaire pour les fichiers. Pour les trouver, il faut combiner `find` avec l'option `-type f` :

```
$ find ~/etc -type f -exec ls -l \{} \;
...
-rw-r--r-- 1 kikinovak users 5748 Feb 13 11:22 etc/protocols
-rw-r--r-- 1 kikinovak users 154 Feb 13 11:22 etc/exports
-rw-r--r-- 1 kikinovak users 56 Feb 13 11:22 etc/shells
...
```

Attribuons-leur à tous une permission `rw-r--r--` (644) :

```
$ find ~/etc -type f -exec chmod 644 \{} \;
```

Jetez un œil rapide au résultat de la commande pour en avoir le cœur net. Effectivement, tous nos fichiers ont désormais des permissions `rw-r--r--`.

> **ASTUCE Utiliser -exec ou xargs en combinaison avec find ?**
>
> Certains remarqueront que la syntaxe avec `xargs` paraît bien plus simple et pourront se demander à juste titre pourquoi je ne l'utilise pas d'emblée. Tentez l'expérience sur une arborescence de fichiers avec des espaces dans les noms. Utilisez les deux façons de faire et appréciez le résultat.

L'exemple que je viens de vous donner n'est abstrait que dans le sens où les données sur lesquelles nous l'avons appliqué sont à utilité discutable. Il existe cependant une série de cas de figure sur lesquels il peut s'appliquer tel quel, notamment dans l'assainissement des droits pour toutes les données importées à partir de certains périphériques de stockage de masse.

LE SAVIEZ-VOUS ? **Périphériques et systèmes de fichiers**

Nous verrons plus loin les différents systèmes de fichiers sous Linux. Pour l'instant, sachez que les périphériques amovibles comme les disques externes, les clés USB et autres lecteurs MP3 sont pour la plupart (normalement) formatés avec un système de fichiers FAT32.
C'est un système de fichiers rudimentaire, utilisé par les anciens systèmes Windows, mais théoriquement toujours valable. Il présente le grand avantage (le seul d'ailleurs) d'être géré aussi bien par Microsoft Windows que par Mac OS X ou Linux. Parmi ses inconvénients (déjà plus nombreux), on trouve l'absence de gestion des permissions de fichiers. Résultat de l'affaire : lorsque vous importez des fichiers et des répertoires à partir d'un tel périphérique, vous vous retrouvez avec des rwxrwxrwx partout. Dans ce cas, une des premières choses à faire, c'est de restituer des droits d'accès un peu plus sains, grâce à la manipulation que je viens de vous détailler.
Curieusement, de nombreux vendeurs de matériel informatique dans le sud de la France formatent les disques durs externes en NTFS (*New Technology File System*), un système de fichiers propriétaire utilisé par Windows depuis sa version 2000. C'est un peu comme si votre pompiste faisait le plein de votre mobylette avec du gasoil.

Chercher du texte à l'intérieur d'un fichier

Nous venons de voir un outil efficace et flexible pour retrouver des fichiers dans notre système, mais existe-t-il un moyen de retrouver du texte à l'intérieur de ces fichiers ? Oui et c'est là que grep entre en jeu.

grep est un filtre qui retrouve des chaînes de caractères non seulement dans un fichier, mais aussi dans une arborescence complexe de fichiers. C'est un outil de recherche puissant et complexe, sur lequel il serait aisé de rédiger des chapitres aussi complexes que rébarbatifs. Au lieu de cela, nous allons nous limiter à quelques exemples pratiques utilisables au quotidien.

Pour commencer, affichez le contenu de votre fichier /etc/passwd :

```
$ cat /etc/passwd
```

Rappelez-vous que ce fichier contient des renseignements sur tous les utilisateurs du système, c'est-à-dire l'administrateur root, les utilisateurs système et les utilisateurs « réels ».

Dans un chapitre précédent, je vous ai montré qu'il était possible de *filtrer* cet affichage, pour ne visualiser que les lignes qui contiennent une certaine chaîne de caractères, en l'occurrence "bash". Voici ce que nous avions fait :

```
$ cat /etc/passwd | grep bash
root:x:0:0::/root:/bin/bash
operator:x:11:0:operator:/root:/bin/bash
kikinovak:x:1000:100:Kiki Novak,,,:/home/kikinovak:/bin/bash
lgibaud:x:1001:100:Laurène Gibaud,,,:/home/lgibaud:/bin/bash
ahabian:x:1002:100:Alexandre Habian,,,:/home/ahabian:/bin/bash
```

Nous pouvons aussi écrire plus simplement :

```
$ grep bash /etc/passwd
root:x:0:0::/root:/bin/bash
operator:x:11:0:operator:/root:/bin/bash
kikinovak:x:1000:100:Kiki Novak,,,:/home/kikinovak:/bin/bash
lgibaud:x:1001:100:Laurène Gibaud,,,:/home/lgibaud:/bin/bash
ahabian:x:1002:100:Alexandre Habian,,,:/home/ahabian:/bin/bash
```

Cette dernière commande signifie en français : « affiche-moi toutes les lignes du fichier /etc/passwd qui contiennent la chaîne de caractères "bash" ».

Comme c'est le cas pour find, l'option -i rend la recherche insensible à la casse :

```
$ grep -i alexandre /etc/passwd
ahabian:x:1002:100:Alexandre Habian,,,:/home/ahabian:/bin/bash
```

Cette syntaxe fonctionne pour les chaînes de caractères comme pour des mots simples. Dès que le terme recherché contient des caractères tels que des espaces, nous devons employer des guillemets :

```
$ grep "Laurène Gibaud" /etc/passwd
lgibaud:x:1001:100:Laurène Gibaud,,,:/home/lgibaud:/bin/bash
```

Dans certains cas, il peut s'avérer pratique d'afficher le numéro de la ligne à laquelle se trouve la chaîne de caractères en question. C'est particulièrement pratique pour les fichiers un peu plus longs et c'est l'option -n qui nous permettra de le faire :

```
$ grep -n "https" /etc/services
741:https              443/tcp
742:https              443/udp
```

Dans ce dernier exemple, les occurrences de la chaîne de caractères recherchée se situent aux lignes 741 et 742 du fichier /etc/services.

Suivant le nombre de résultats trouvés, grep peut être une commande extrêmement bavarde. Heureusement, il existe plusieurs façons d'obtenir un résultat plus lisible. Reprenons donc notre commande :

```
$ grep bash /etc/passwd
```

Au lieu d'afficher toutes les lignes contenant la chaîne de caractères "bash", nous allons nous contenter d'afficher leur nombre :

```
$ grep -c bash /etc/passwd
5
```

Cette simple commande m'indique donc combien d'utilisateurs de ma machine utilisent le *shell* Bash.

Chercher du texte dans une série de fichiers

La recherche d'une chaîne de caractères peut porter sur plusieurs fichiers à la fois. Vous verrez cependant que cela pose très vite des problèmes en termes de lisibilité. Pour illustrer ceci, recherchons la chaîne de caractères "PS1" dans tous les fichiers du répertoire /etc. Travaillez en tant que root pour éviter les problèmes de permissions :

```
# grep "PS1" /etc/*
...
grep: /etc/pm: Is a directory
grep: /etc/polkit-1: Is a directory
grep: /etc/ppp: Is a directory
/etc/profile:#PS1='`hostname`:`pwd`# '
/etc/profile: PS1='! $ '
/etc/profile: PS1='! ${PWD/#$HOME/~}$ '
/etc/profile: PS1='%n@%m:%~%# '
/etc/profile: PS1='$ '
/etc/profile: PS1='\u@\h:\w\$ '
/etc/profile:export PATH DISPLAY LESS TERM PS1 PS2
grep: /etc/profile.d: Is a directory
grep: /etc/radiusclient: Is a directory
grep: /etc/rc.d: Is a directory
...
```

Le résultat de cette opération ressemble à un succès partiel. L'occurrence de "PS1" est bien détectée dans le fichier /etc/profile, au beau milieu d'une avalanche d'avertissements. En effet, grep ne peut chercher du texte que dans des fichiers au format texte… et pas dans des répertoires à proprement parler.

Comme nous l'avons vu un peu plus haut, nous pouvons faire fi des erreurs en les redirigeant vers /dev/null. Recommençons :

```
# grep "PS1" /etc/* 2> /dev/null
/etc/profile:#PS1='`hostname`:`pwd`# '
/etc/profile: PS1='! $ '
/etc/profile: PS1='! ${PWD/#$HOME/~}$ '
/etc/profile: PS1='%n@%m:%~%# '
/etc/profile: PS1='$ '
/etc/profile: PS1='\u@\h:\w\$ '
/etc/profile:export PATH DISPLAY LESS TERM PS1 PS2
/etc/zprofile:#PS1='`hostname`:`pwd`# '
/etc/zprofile: PS1='! $ '
/etc/zprofile: PS1='! ${PWD/#$HOME/~}$ '
/etc/zprofile: PS1='%n@%m:%~%# '
/etc/zprofile: PS1='$ '
/etc/zprofile: PS1='\u@\h:\w\$ '
/etc/zprofile:export PATH DISPLAY LESS TERM PS1 PS2
```

Essayons maintenant de chercher la chaîne de caractères `"TERM"` dans les fichiers du répertoire `/etc` :

```
# grep "TERM" /etc/* 2> /dev/null
```

Les résultats de la recherche inondent la console et l'ensemble souffre d'un manque de lisibilité. Dans certains cas, l'abondance des occurrences peut rendre ce genre de requête à peu près inutilisable.

Retentons avec l'option `-l`, qui nous affiche simplement le nom des fichiers dans lesquels il y a au moins une occurrence :

```
# grep -l "TERM" /etc/* 2> /dev/null
/etc/DIR_COLORS
/etc/csh.login
/etc/login.defs
/etc/lynx.cfg
/etc/profile
/etc/termcap
/etc/termcap-BSD
/etc/termcap-Linux
/etc/zprofile
```

Maintenant, essayons la même chose avec une approche différente. L'option `-maxdepth 1` indique à `find` de ne pas descendre dans les sous-répertoires pour sa recherche :

```
# find /etc/ -type f -maxdepth 1 | xargs grep -l "TERM"
/etc/termcap-BSD
/etc/csh.login
/etc/lynx.cfg
/etc/DIR_COLORS
/etc/profile
/etc/termcap
/etc/login.defs
/etc/termcap-Linux
```

Vous aurez remarqué que le résultat n'est pas tout à fait le même. C'est que le fichier `/etc/zprofile` est en réalité un lien symbolique (caractérisé par le `l` devant les droits d'accès) :

```
# ls -l /etc/zprofile
lrwxrwxrwx 1 root root 7 Jan 18 16:38 /etc/zprofile -> profile
```

Affiner la recherche

Pareillement, il peut arriver qu'une chaîne de caractères présente de très nombreuses occurrences dans un fichier, ce qui ne facilite pas exactement la recherche. Essayez donc ceci :

```
$ grep "at" /etc/services
```

Vous constatez que la chaîne de caractères `"at"` semble omniprésente dans ce fichier, ce qui est normal, puisqu'elle fait partie d'un grand nombre de mots de la langue anglaise. Dans ce cas, nous pouvons peaufiner notre recherche, par exemple en lançant une requête sur toutes les lignes qui commencent par `"at"` :

```
# grep "^at" /etc/services
at-rtmp          201/tcp      #AppleTalk Routing Maintenance
at-rtmp          201/udp      #AppleTalk Routing Maintenance
at-nbp           202/tcp      #AppleTalk Name Binding
at-nbp           202/udp      #AppleTalk Name Binding
at-3             203/tcp      #AppleTalk Unused
at-3             203/udp      #AppleTalk Unused
at-echo          204/tcp      #AppleTalk Echo
at-echo          204/udp      #AppleTalk Echo
...
```

De façon analogue, je peux également rechercher toutes les lignes qui finissent par une certaine chaîne de caractères. Affichons donc toutes les lignes du fichier `/etc/services` qui comportent `"DNS"` à la fin :

```
# grep "DNS$" /etc/services
mdns             5353/tcp     #Multicast DNS
mdns             5353/udp     #Multicast DNS
```

Les possibilités de `grep` sont extrêmement variées. C'est un véritable couteau suisse de la recherche de chaînes de caractères dans un système de fichiers. Nous nous arrêterons là pour l'instant. Les applications de `grep` que nous avons vues jusqu'ici nous permettent déjà de faire un bon bout de chemin dans la pratique.

Quelques applications pratiques : obtenir des informations sur son matériel

La commande `/sbin/lspci` nous fournit toute une série de renseignements sur notre matériel. Essayons :

```
$ /sbin/lspci
```

Pour extraire des renseignements plus précis dans tout ce flot d'informations, il suffit que je combine la commande `lspci` avec `grep`.

Pourquoi `/sbin/lspci` et pas tout simplement `lspci` ? Pourquoi sommes-nous obligés de spécifier le chemin complet de la commande ?

Réponse : parce que le répertoire `/sbin` n'est pas dans le PATH de l'utilisateur. Le PATH, c'est la liste des répertoires où le système ira rechercher une commande. Cette liste peut varier pour chaque utilisateur, comme le montre l'exemple ci-dessous :

```
kikinovak@slackbox:~$ echo $PATH
/usr/local/bin:/usr/bin:/bin:/
...
kikinovak@slackbox:~$ su -
Password:
root@slackbox:~# echo $PATH
/usr/local/sbin:/usr/sbin:/sbin:/
...
```

Renseignements sur la carte vidéo

```
$ /sbin/lspci | grep -i vga
00:02.0 VGA compatible controller: Intel Corporation 82G33/G31 Express Integrated
Graphics Controller (rev 02)
```

Renseignements sur la carte son

```
$ /sbin/lspci | grep -i audio
00:1b.0 Audio device: Intel Corporation NM10/ICH7 Family High Definition Audio
Controller (rev 01)
```

Renseignements sur la carte Ethernet

```
$ /sbin/lspci | grep -i eth
02:00.0 Ethernet controller: Broadcom Corporation NetLink BCM5787 Gigabit Ethernet
PCI Express (rev 02)
```

Je peux filtrer l'affichage de `/proc/cpuinfo` pour connaître le nombre de processeurs sur la machine. Voilà ce que cela donne sur ma station de travail munie d'un processeur Intel Core i7 :

```
$ cat /proc/cpuinfo | grep "processor"
processor : 0
processor : 1
processor : 2
processor : 3
processor : 4
processor : 5
processor : 6
processor : 7
```

L'utilisation de `grep` ne s'arrête pas là, mais je pense que les exemples cités vous ont permis de saisir le principe.

9

Créer et manipuler des liens

Jusqu'ici, notre prise en main du système Linux consistait essentiellement à manipuler des fichiers et des répertoires. À l'occasion de nos travaux pratiques, peut-être avez-vous remarqué ici ou là, la présence de fichiers mystérieux qui ne semblent tomber ni dans l'une ni dans l'autre de ces deux catégories.

Les liens symboliques

Si vous affichez les détails du fichier /bin/sh, vous obtenez ceci :

```
$ ls -l /bin/sh
lrwxrwxrwx 1 root root 4 Oct  4 10:28 /bin/sh -> bash
```

Cet OVNI (*Objet Virtuel Non Identifié*) est un lien ; plus exactement, un lien symbolique. Dans l'affichage détaillé, il est identifié non pas par un - (fichier) ou par un d (*directory*, c'est-à-dire répertoire), mais par un l comme *link*, autrement dit un lien.

Notez la petite flèche -> qui pointe vers un autre nom de fichier, en l'occurrence bash. Il faut donc lire : /bin/sh est un lien symbolique qui pointe vers le fichier bash situé dans le même répertoire.

Créer des liens symboliques

Le meilleur moyen de maîtriser un nouvel objet, c'est de faire comme les enfants : jouer avec. Dans votre répertoire d'utilisateur, créez un répertoire `test_liens`, placez-vous dedans, puis créez un fichier `texte.txt` avec un peu de contenu (bidon, certes) :

```
$ mkdir test_liens
$ cd test_liens/
$ cat > texte.txt << EOF
> Première ligne
> Deuxième ligne
> Troisième ligne
> EOF
```

Maintenant, créons un lien symbolique vers ce fichier :

```
$ ln -s texte.txt lien.txt
```

Voyons le résultat de cette opération :

```
$ ls -l
total 4
lrwxrwxrwx 1 kikinovak users  9 Nov  8 09:40 lien.txt -> texte.txt
-rw-r--r-- 1 kikinovak users 49 Nov  8 09:40 texte.txt
```

Arrêtons-nous là et essayons d'établir un état des lieux sommaire :

* Les permissions `rwxrwxrwx` semblent pour le moins insolites.
* Les deux fichiers n'ont pas la même taille : 9 octets pour l'un, 49 octets pour l'autre.
* Si vous invoquez la commande en mode console, `lien.txt` apparaît non pas en blanc sur fond noir, mais en turquoise.

Nous pouvons déjà expliquer les différences de taille. Le fichier `texte.txt` comprend 49 caractères, y compris les retours chariot. Quant à `lien.txt`, il pointe vers `"texte.txt"`, c'est-à-dire vers un nom de fichier comptant exactement 9 caractères.

Affichons le contenu de `lien.txt`.

```
$ cat lien.txt
Première ligne
Deuxième ligne
Troisième ligne
```

Vu sous cet angle, le contenu des deux fichiers est identique. Voyons si nous pouvons ajouter du contenu :

```
$ echo "Quatrième ligne" >> lien.txt
$ cat lien.txt
```

```
Première ligne
Deuxième ligne
Troisième ligne
Quatrième ligne
```

Regardons à nouveau l'affichage détaillé :

```
$ ls -l
total 4
lrwxrwxrwx 1 kikinovak users  9 Nov  8 09:40 lien.txt -> texte.txt
-rw-r--r-- 1 kikinovak users 66 Nov  8 09:47 texte.txt
```

Nous constatons que, depuis que nous avons ajouté du texte à `lien.txt`, la taille de ce dernier n'a pas changé. En revanche, c'est bien `texte.txt` qui compte désormais 66 octets au lieu de 49.

À quoi servent les liens symboliques ?

Les liens symboliques sont omniprésents sur un système Linux. Notre installation par défaut en compte déjà plus de 30 000 (notez que l'argument de l'option `-type` est bien un L minuscule) :

```
# find / -type l 2> /dev/null | wc -l
30155
```

APPLICATION **Commande wc**

Non ce n'est pas ce que vous pensez. La commande `wc` (word count) sert à compter les octets, les mots ou les lignes d'un fichier. Avec l'option `-l`, elle affiche le nombre de sauts de ligne. Reportez-vous à sa page `man` pour plus d'informations.

À quoi peuvent donc servir tous ces liens ? Prenons quelques exemples.

Gimp est un logiciel de traitement d'images (*GNU Image Manipulation Program*), l'équivalent de Photoshop sous Linux. On peut imaginer un cas de figure[1] où un utilisateur décide de le lancer en invoquant directement le nom du logiciel, soit en le tapant directement dans le terminal, soit en l'exécutant à partir du raccourci clavier *Alt+F2*.

Figure 9–1
Le raccourci clavier Alt+F2 permet de lancer une application directement en invoquant son nom.

---

1. Improbable n'est pas gaulois non plus.

Or, le *véritable* programme est `/usr/bin/gimp-2.8` :

```
$ ls -l /usr/bin/gimp
lrwxrwxrwx 1 root root 8 Oct  4 10:42 /usr/bin/gimp -> gimp-2.8
```

Si le lien symbolique `/usr/bin/gimp` n'existait pas, l'utilisateur devrait donc saisir `gimp-2.8` pour lancer le logiciel. Et lorsqu'il aura installé la prochaine version, il devra se rappeler le nom correspondant. Le lien symbolique servira donc avant tout à lui faciliter la vie.

De façon similaire, certaines applications ont pu changer de nom au cours de leur existence :

```
$ ls -l /usr/bin/mozilla
lrwxrwxrwx 1 root root 9 Oct  4 10:43 /usr/bin/mozilla -> seamonkey
```

D'autres ont décidé de ne plus utiliser de majuscules dans leur nom :

```
$ ls -l /usr/bin/Thunar
lrwxrwxrwx 1 root root 6 Oct  4 10:43 /usr/bin/Thunar -> thunar
```

D'autres encore se situent dans des endroits non conventionnels et/ou en dehors du `PATH` :

```
$ ls -l /usr/bin/firefox
lrwxrwxrwx 1 root root 31 Oct  4 10:42 /usr/bin/firefox -> /usr/lib64/firefox-45.2.0/
firefox
```

Dans tous ces cas de figure, les liens symboliques servent manifestement à accéder à une application avec son nom habituel (`gimp`, `mozilla`, `thunar`, `firefox`) dans un emplacement habituel (`/usr/bin`).

Lequel est le vrai ?

Un lien symbolique n'est pas seulement susceptible de pointer vers un fichier, mais également vers un répertoire. Replacez-vous dans le répertoire `~/test_liens` en tant qu'utilisateur et saisissez les commandes suivantes :

```
$ ln -s /tmp/ depot
$ ls -l depot
lrwxrwxrwx 1 kikinovak users 5 Nov  8 12:57 depot -> /tmp/
```

Nous l'avons dit plus haut : `/tmp` est un répertoire temporaire, comme son nom le suggère. Lorsque vous naviguez sur le Web et que vous ouvrez un fichier avec Firefox, par exemple, c'est là que le navigateur stocke les données en question jusqu'à ce que vous décidiez de passer à autre chose. Affichez le contenu de ce répertoire :

```
$ ls /tmp/
gpg-YWZFtb/  pulse-2L9K88eMlGn7/  pulse-PKdhtXMmr18n/
ssh-Wk63R8wrV5YK/
```

Et maintenant, voyez ce que contient le répertoire depot :

```
$ ls depot
gpg-YWZFtb/  pulse-2L9K88eMlGn7/  pulse-PKdhtXMmr18n/
ssh-Wk63R8wrV5YK/
```

Il ne s'agit pas d'une copie du contenu de /tmp, mais bel et bien des mêmes données. Autrement dit, le lien symbolique depot fonctionne comme un représentant à part entière du répertoire /tmp vers lequel il pointe.

Les liens symboliques en mode graphique

Il est temps de démarrer le navigateur de fichiers pour voir à quoi tout cela ressemble dans un environnement graphique. Rendez-vous dans le répertoire test_liens.

Figure 9–2
Les liens symboliques dans le
navigateur de fichiers

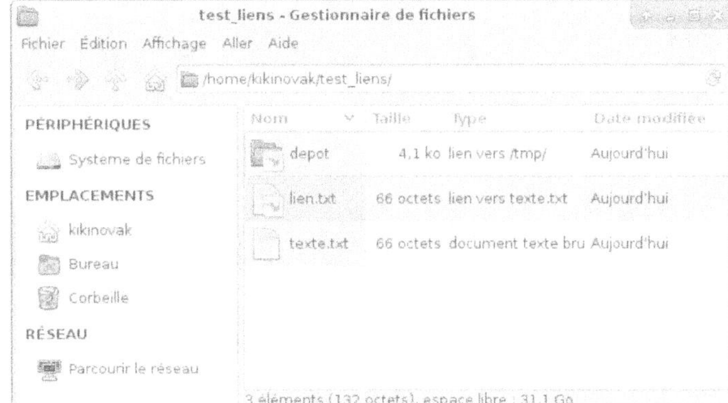

Vous constatez que lien.txt apparaît comme un « vrai » fichier texte dans le navigateur. En mode *Icônes*, le seul détail qui nous montre sa véritable nature, c'est la petite flèche qui accompagne l'icône. En mode *Liste détaillée*, la colonne *Type* nous indique bien qu'il s'agit d'un lien vers texte.txt. Pour en avoir le cœur net, cliquez-droit sur l'icône de lien.txt et choisissez *Propriétés* dans le menu contextuel.

Ici, l'onglet *Général* nous informe effectivement qu'il ne s'agit pas d'un fichier, mais d'un *lien vers texte.txt*. Cette information est reprise dans la ligne *Cible du lien*, qui nous indique le fichier vers lequel pointe le lien symbolique, en l'occurrence texte.txt.

Pareillement, le lien depot apparaît bien comme un vrai répertoire dans le navigateur de fichiers, au détail près qu'il est lui aussi affublé d'une petite flèche l'identifiant en tant que lien symbolique. Là aussi, cliquez-droit sur l'icône et affichez les *Propriétés*.

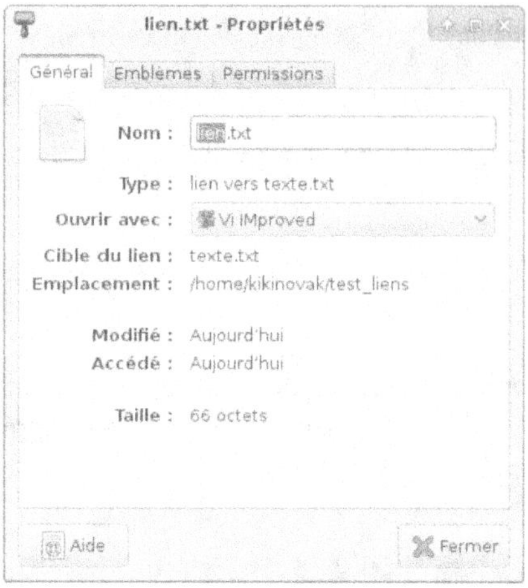

Figure 9–3
Les propriétés de lien.txt

Figure 9–4
La fenêtre des propriétés
nous indique bien qu'il s'agit
d'un lien symbolique qui pointe
vers le répertoire /tmp.

Casser un lien symbolique

Que se passe-t-il maintenant si la cible d'un lien symbolique vient à disparaître ? Nous n'allons pas effacer notre répertoire /tmp, ce serait une très mauvaise idée, mais nous pouvons tenter l'expérience avec le fichier texte.txt, la cible du lien symbolique lien.txt. Toujours dans le navigateur de fichiers, cliquez-droit sur le fichier texte.txt et supprimez-le en le déplaçant à la corbeille. Que constatez-vous ?

Rien, en apparence, du moins dans le navigateur de fichiers. Le raccourci lien.txt ne semble pas perturbé outre mesure par la disparition de sa cible. Les *Propriétés* de lien.txt nous indiquent toujours le fichier inexistant texte.txt comme cible. Il suffit d'actualiser le répertoire (*Affichage>Recharger* ou *Ctrl+R*) ou de le quitter et d'y retourner immédiatement après pour constater que les choses sont différentes. Le lien `lien.txt` semble manifester un certain désarroi sous forme d'une croix rouge :

Figure 9–5
Un lien cassé

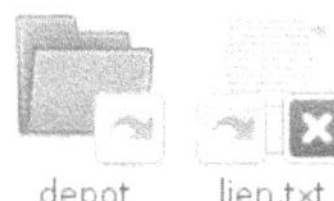

Un lien dont la cible a disparu est un « lien cassé » (*broken link*). Comment se présentent les liens cassés en ligne de commande ? Revenons dans notre terminal et effectuons un `ls -l` ; nous ne voyons pas grand-chose. Revenons dans la console et retentons la même chose. Les liens cassés apparaissent en rouge. Notez que, dans l'environnement graphique, nous aurions pu obtenir un affichage coloré grâce à l'option suivante :

```
$ ls -l --color=auto
```

Nous pouvons repêcher la cible dans la corbeille (clic sur la *Corbeille*, clic-droit sur le fichier `texte.txt`, *Restaurer*) si nous avons choisi de ne pas la supprimer définitivement en mode graphique. Alternativement, nous pourrions la recréer moyennant un simple `touch`. Le fichier serait vide, certes, son ancien contenu serait perdu, mais le lien « saurait » que sa cible existe et ne rouspéterait plus.

Effacer un lien symbolique

Nous avons vu comment il est possible d'associer des fichiers et des répertoires à des liens symboliques. Voyons maintenant comment lever cette association, c'est-à-dire effacer des liens :

```
$ ls -l
total 4
lrwxrwxrwx 1 kikinovak users  5 Nov  8 13:06 depot -> /tmp/
lrwxrwxrwx 1 kikinovak users  9 Nov  8 09:40 lien.txt -> texte.txt
-rw-r--r-- 1 kikinovak users 66 Nov  8 09:47 texte.txt
$ rm lien.txt
$ ls -l
total 4
lrwxrwxrwx 1 kikinovak users  5 Nov  8 13:06 depot -> /tmp/
-rw-r--r-- 1 kikinovak users 66 Nov  8 09:47 texte.txt
```

Ce qu'il faut retenir ici, c'est que la suppression d'un lien symbolique par le biais de la commande `rm` n'entraîne en aucun cas la suppression de la cible. En effet, `texte.txt` est toujours là.

Il en va de même pour un lien symbolique qui pointe vers un répertoire :

```
$ ls -l depot
lrwxrwxrwx 1 kikinovak users 5 Nov  8 13:06 depot -> /tmp/
$ rm depot
$ ls -ld /tmp/
drwxrwxrwt 7 root root 4096 Nov  8 14:40 /tmp/
```

Ici, nous utilisons bien un simple `rm`, car `depot` n'est pas un répertoire à proprement parler. C'est un lien symbolique pointant vers un répertoire. Vous ne pourrez donc pas utiliser `rmdir` pour supprimer ce genre de lien.

Les permissions des liens symboliques

Si vous décidez de modifier les permissions d'un lien symbolique, celles-ci affecteront toujours la cible. Le lien quant à lui gardera toujours ses attributs `lrwxrwxrwx`, quoi que vous fassiez. Voici une illustration de mon propos :

```
$ ls -l
total 4
lrwxrwxrwx 1 kikinovak users  9 Nov  8 15:10 lien.txt -> texte.txt
-rw-r--r-- 1 kikinovak users 66 Nov  8 09:47 texte.txt
$ chmod 600 lien.txt
$ ls -l
total 4
lrwxrwxrwx 1 kikinovak users  9 Nov  8 15:10 lien.txt -> texte.txt
-rw------- 1 kikinovak users 66 Nov  8 09:47 texte.txt
```

Les liens physiques

Un nom de fichier alternatif

Il existe une autre catégorie de liens : les liens physiques. La désignation de « lien » peut prêter à confusion dans ce cas ; il vaut mieux y voir quelque chose de l'ordre d'un « nom de fichier alternatif ». En principe, un lien symbolique n'est rien d'autre qu'un petit fichier qui pointe vers un autre fichier, nous l'avons vu. La suppression du lien symbolique ne change rien au fichier original en soi, qui reste intact. Un lien physique, en revanche, constitue une référence supplémentaire à un emplacement du système de fichiers. C'est bien un seul et même fichier, mais accessible à partir d'un autre endroit et sous un autre nom. Un exemple éclaircira la nuance.

Videz le répertoire `~/test_liens` et (re)créez-y un fichier `texte.txt`, comme pour le premier cas de figure :

```
$ cat > texte.txt << EOF
> Première ligne
> Deuxième ligne
> Troisième ligne
> EOF
```

À présent, créez un lien physique vers `texte.txt`. C'est très simple, il suffit d'omettre l'option `-s` de la commande `ln` :

```
$ ln texte.txt lien.txt
$ ls -l
total 8
-rw-r--r-- 2 kikinovak users 49 Nov  8 15:27 lien.txt
-rw-r--r-- 2 kikinovak users 49 Nov  8 15:27 texte.txt
```

Là aussi, arrêtons-nous un instant pour apprécier le résultat :

- Le lien physique n'apparaît pas en turquoise dans le terminal, mais en blanc (ou noir) comme n'importe quel fichier.
- Ses permissions sont identiques à celles du fichier cible.
- Apparemment, il a également la même taille que la cible : 49 octets dans l'exemple.

Le moment est venu de vous dévoiler solennellement la signification de la deuxième colonne de l'affichage détaillé. Dans l'exemple, notez le 2 dans cette colonne. Il s'agit tout simplement du nombre de liens physiques du fichier.

Un lien physique a la vie dure

Vous avez du mal à croire qu'un lien physique se comporte en tous points comme le fichier vers lequel il pointe ? Pour en avoir le cœur net, il suffit de supprimer *l'original* de l'exemple et de voir ce qui se passe :

```
$ ls
lien.txt   texte.txt
$ rm texte.txt
$ ls -l
total 4
-rw-r--r-- 1 kikinovak users 49 Nov  8 15:27 lien.txt
$ cat lien.txt
Première ligne
Deuxième ligne
Troisième ligne
```

Ici, nous avons supprimé `texte.txt`, mais le fichier a en quelque sorte bénéficié d'une seconde vie, sous forme du lien physique `lien.txt`. Pour nous débarrasser une bonne fois pour toutes du fichier et de son contenu, il faudra donc également supprimer `lien.txt`.

EN SAVOIR PLUS **Hard ou soft ?**

Les liens symboliques et physiques sont souvent désignés par les termes anglais *soft link* et *hard link*. Notez une restriction importante concernant la deuxième catégorie : un lien physique doit obligatoirement pointer vers un fichier dans le même système de fichiers, c'est-à-dire que le fichier original ne peut pas se situer sur une autre partition que le lien. Si vous ne comprenez pas encore cette dernière précision, ce n'est pas bien grave.

10

Gérer les processus

La gestion des processus de Linux vous permet, par exemple, d'écouter les Concertos brandebourgeois *sur votre lecteur audio favori en surfant sur le Web, tout en gardant un œil sur le courrier entrant. Chaque programme que vous démarrez devient un processus. Si vous démarrez le même programme plusieurs fois, il en résultera une série de processus.*

Linux, un système multitâche

Linux est un système multitâche, ce qui veut dire que vous pouvez exécuter des programmes en parallèle, comme bon vous semble. Chaque programme occupe une certaine quantité de ressources, notamment de mémoire vive (RAM) et de processeur (CPU). Par conséquent, un nombre croissant de processus a pour effet de ralentir le système.

Tous ces programmes ne tournent pas vraiment en même temps, à proprement parler. Chaque processus reçoit un peu de temps de calcul, à tour de rôle, et cette répartition des ressources s'effectue tellement rapidement que l'utilisateur humain a l'illusion que tout se passe simultanément. Tous les processus sont soigneusement séparés les uns des autres, ce qui signifie qu'une application mal codée qui « plante » n'entraînera pas le reste du système dans sa déconfiture.

Tous les systèmes Linux contiennent une série d'outils pour surveiller et gérer les processus. Nous allons en présenter quelques-uns en détail, sous forme d'un atelier pratique agrémenté d'un zeste de théorie.

Lancer et surveiller un processus : ps

Lancez un terminal et démarrez la table de caractères `gucharmap` en invoquant la commande suivie d'une esperluette :

```
$ gucharmap &
```

> APPLICATION **Gucharmap**
>
> La table de caractères permet d'insérer des caractères spéciaux dans un document ou une zone de texte. Elle contient des caractères accentués, des symboles mathématiques, des symboles spéciaux divers ainsi que des signes de ponctuation. Un certain nombre de ces caractères ne sont pas accessibles par le clavier standard.

La table de caractères se lance dans une fenêtre à part et le terminal vous retourne un message qui ressemble à ceci :

```
[1] 9081
```

Maintenant, cliquez une fois sur le terminal (pour ramener le focus sur lui) et tapez la commande suivante :

```
$ ps
```

Elle vous retourne un petit bilan qui ressemble au résultat ci-après. Ne vous inquiétez pas si les numéros ne sont pas les mêmes que sur ma machine. C'est normal.

```
  PID TTY          TIME CMD
 9054 pts/0    00:00:00 bash
 9081 pts/0    00:00:00 gucharmap
 9085 pts/0    00:00:00 ps
```

Les plus curieux d'entre vous ont probablement déjà parcouru la page du manuel en ligne de `ps` (`man ps`) pour avoir une idée de ce qu'ils viennent de faire. Et ils ont trouvé la définition suivante :

```
    ps - report a snapshot of the current processes
```

La commande `ps` présente donc un cliché instantané des processus en cours. Invoquée sans autre argument, elle se limite aux processus de la console active. Ce qui nous intéresse ici, ce sont les deux colonnes `PID` et `CMD`. PID (*Process IDentifier*) est un nombre unique qui identifie un processus sans ambiguïté. Quant à la colonne `CMD` (*Command*), elle correspond à la commande qui a déclenché le processus.

La colonne TTY nous indique le terminal à partir duquel le processus a été lancé. Étant donné que nous n'avons pas fourni d'autre argument à **ps**, il est tout à fait normal que TTY nous affiche partout pts/0, ce qui correspond à notre terminal graphique. Enfin, TIME indique le temps processeur utilisé par le processus, ce qu'il ne faut pas confondre avec le temps réel écoulé depuis le lancement du processus. L'information 00:00:01 signifie tout simplement que gucharmap utilise une seconde de temps CPU depuis son lancement, ce qui est tout à fait normal.

Figure 10–1
Sous Linux, chaque programme que vous lancez correspond à un ou plusieurs processus.

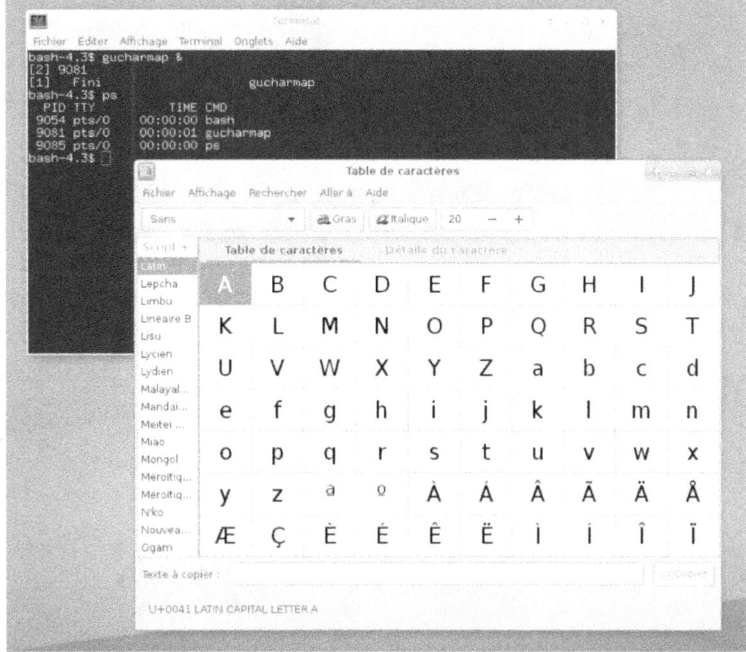

Dans notre exemple, la table de caractères « tourne » avec le PID 9 081. C'est d'ailleurs le numéro qui s'est affiché lors du lancement de gucharmap. Tous les processus en cours ont reçu un identifiant unique se situant entre 1 et 32 767. Chaque nouveau processus se voit attribuer le prochain PID disponible. Lorsqu'un processus est terminé d'une façon ou d'une autre (voir ci-après), il libère son PID. Une fois que le PID maximum est atteint, le prochain nouveau processus sera doté du plus petit PID disponible.

Afficher les processus en cours

Maintenant que nous avons compris le principe, essayons d'aller un peu plus loin. La commande **ps** accepte un certain nombre d'arguments, dont voici les plus fréquemment utilisés. Notez qu'il est de coutume d'invoquer les options de **ps** sans le tiret - initial, allez savoir pourquoi :

- x affiche l'ensemble de vos propres processus (ou *process*) en cours.
- a ajoute les processus de tous les autres utilisateurs à la liste.
- u fournit des renseignements supplémentaires comme le propriétaire du processus (USER), l'utilisation de processeur (%CPU) ou de la mémoire (%MEM).

L'option x affiche l'ensemble de mes processus dans toutes les consoles, ainsi que ceux qui ne sont rattachés à aucune console. Je peux donc, par exemple, démarrer la table de caractères en passant par *Applications>Accessoires>Table de caractères* et je verrai apparaître gucharmap quelque part vers la fin de ma liste :

```
$ ps x
  PID TTY       STAT    TIME COMMAND
 1870 tty1      Ss      0:00 -bash
 4716 tty1      S+      0:00 /bin/sh /usr/bin/startx
  ...
 5783 tty1      Sl      0:01 /usr/bin/xfce4-terminal
 5786 tty1      S       0:00 gnome-pty-helper
 5787 pts/0     Ss+     0:00 bash
 5790 tty1      Sl      0:00 gucharmap
 5794 pts/1     R+      0:00 ps x
```

La sortie de ps est assez longue. Sur notre poste de travail Xfce, le système lance près de 180 processus, dont une cinquantaine appartiennent à l'utilisateur connecté.

Compter les processus en cours

Vous vous demandez probablement comment j'ai fait pour compter tous ces processus. C'est l'occasion de vous rappeler la philosophie Unix : combiner des outils qui ne font qu'une seule chose. Pour avoir la liste complète de tous les processus en cours sur la machine, je dois utiliser la commande suivante :

```
$ ps ax
```

Le nombre de processus correspond à peu de choses près au nombre de lignes renvoyées par la commande précédente. La ligne d'en-têtes des colonnes ne correspond pas à un processus ; supprimons-la de l'affichage en utilisant l'option -v (ou --invert-match) de grep :

```
$ ps ax | grep -v COMMAND
```

À partir de là, je peux donc reprendre ma commande et la combiner avec wc pour obtenir le nombre de lignes, c'est-à-dire le nombre de processus en cours :

```
$ ps ax | grep -v COMMAND | wc -l
182
```

Nous obtenons un total de 182 processus. De la même manière, si je veux savoir combien de ces processus m'appartiennent, il suffit que j'invoque seulement l'option x :

```
$ ps x | grep -v COMMAND | wc -l
47
```

Envoyer un signal à un processus : kill

Maintenant, tentez l'expérience suivante. Dans le terminal, invoquez la commande `kill` suivie du PID de `gucharmap`. Sur ma machine, c'est 9 081 ; sur la vôtre, ce sera probablement un autre identifiant :

```
$ kill 9081
```

Ah ? La fenêtre de `gucharmap` a disparu. Est-ce que nous l'aurions « tuée », comme le suggère le nom de la commande ? `kill` est en effet susceptible de se révéler un véritable assassin et de terminer des processus avec l'équivalent numérique d'un coup de massue sur la tête. Néanmoins, il a procédé autrement ici.

> **CLIN D'ŒIL Gentils ou méchants tueurs ?**
>
> C'est un peu comme dans la vraie vie, où vous avez les gentils tueurs et les méchants tueurs. Les gentils tueurs vous laissent le temps de mettre de l'ordre dans vos affaires, de rédiger votre testament, de vous raser, d'arranger votre nœud de cravate, etc. Les méchants tueurs ne posent pas de questions et vous balancent directement dans le ravin, rasé ou pas.

`kill` invoqué sans arguments est un *gentil* tueur, c'est-à-dire qu'il laisse au processus le temps de s'arrêter proprement, de ranger à leur place toutes les données en cours d'utilisation. En revanche, si on le lui précise explicitement, `kill` montre les crocs et devient impitoyable, ce qui est parfois nécessaire face à un processus qui a décidé de faire des siennes et de bloquer la machine.

Chose plus importante encore, `kill` n'est pas qu'un tueur, comme son nom le laisserait croire. Il sait faire bien plus que cela. Pour en avoir la certitude, l'option `-l` vous affichera la liste complète de ses compétences :

```
$ kill -l
 1) SIGHUP      2) SIGINT      3) SIGQUIT     4) SIGILL
 5) SIGTRAP     6) SIGABRT     7) SIGBUS      8) SIGFPE
 9) SIGKILL    10) SIGUSR1    11) SIGSEGV    12) SIGUSR2
...
```

Non, nous n'allons pas examiner les soixante-quatre options en détail. Nous avons juste compris que `kill` permettait d'envoyer toute une série de signaux à des processus et nous allons en tester quelques-uns.

Arrêter et relancer un processus

Relancez gucharmap comme nous l'avons fait plus haut et notez son PID :

```
$ gucharmap &
[1] 5712
```

Envoyez le signal suivant au processus en cours :

```
$ kill -STOP 5712
```

Vous ne voyez rien ? Essayez donc de vous servir de votre table de caractères. Si vous trouvez qu'elle est un peu dure de la feuille, voire carrément sourde, c'est normal. Vous venez de l'arrêter en lui envoyant un SIGSTOP. Pour la relancer, rien n'est plus simple. Envoyez un SIGCONT au processus interrompu :

```
$ kill -CONT 5712
```

À présent, vous pouvez continuer à utiliser gucharmap normalement. Réinvoquez kill -l et repérez SIGSTOP et SIGCONT dans la liste des signaux. Vous voyez qu'ils sont affublés respectivement des identifiants de signal 19 et 18. Nous aurions également pu invoquer les deux dernières commandes comme ceci :

```
$ kill -19 5712

[1]+  Stopped         gucharmap
$ kill -18 5712
```

Terminer et tuer un processus

Dans la panoplie des signaux de kill, deux nous intéressent particulièrement : SIGTERM et SIGKILL. SIGTERM est la manière « sympathique » de terminer un processus. Lorsque vous fermez gucharmap en cliquant sur le bouton de fermeture de la fenêtre, c'est un SIGTERM que vous envoyez. Nous aurions pu nous y prendre comme ceci pour arrêter gucharmap proprement :

```
$ kill -TERM 5712
```

Un coup d'œil sur la page de manuel de kill nous apprend que c'est TERM qui est utilisé si aucun signal n'est spécifié. Utilisez cette méthode si vous souhaitez terminer un programme *dans les règles de l'art*.

Il arrive parfois que cela ne soit pas possible. Personne n'est parfait et les programmeurs n'échappent pas à cette règle. Même dans le monde GNU/Linux, il arrive qu'un programme fasse des siennes et *plante*. Si nous n'avons pas d'application mal codée sous la main, nous pouvons nous amuser à simuler un plantage. Ce n'en est pas vraiment un, mais voici comment en avoir une vague idée :

1 Lancez `gucharmap`.

2 Envoyez-lui un `SIGSTOP`.

3 Essayez de fermer `gucharmap` en cliquant sur le bouton de fermeture de la fenêtre.

4 Admirez le résultat.

Figure 10–2
Une simulation de plantage

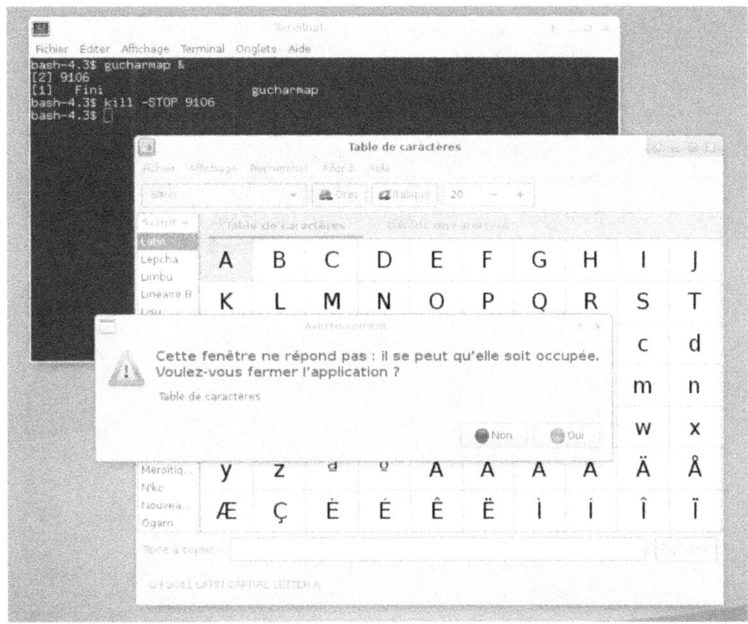

Sous Linux, une application qui refuse d'obtempérer ne vous poussera pas à en venir à ces extrémités. Il suffit de lui envoyer un petit `SIGKILL` et le tour est joué. Concrètement, si nous reprenons notre exemple :

```
$ kill -KILL 5712
```

Ou alors :

```
$ kill -9 5712
```

UN PEU DE PRATIQUE **Jouons avec Audacious**

Je vous propose un petit exercice d'application, pour digérer ce que nous avons vu jusque-là. Nous allons :

1. lancer le lecteur audio Audacious (`/usr/bin/audacious`) ;
2. terminer le programme normalement par le biais d'une console ;
3. « tuer » le programme.

Lancez Audacious (*Applications>Multimédia>Audacious*) et identifiez son PID :

```
$ ps ax | grep audacious
 5817 tty1      SL1      0:00 audacious
 5841 pts/0     S+       0:00 grep audacious
```

Une remarque : dans l'exemple, le processus 5841 (`grep audacious`) désigne le processus de filtrage de votre recherche à l'aide de l'outil `grep`, que `ps` vous affiche par la même occasion. N'oublions pas que tous ces petits outils en ligne de commande sont également des programmes. Le PID qui nous intéresse ici, c'est bien 5817. Pour supprimer le processus de la recherche elle-même, nous pouvons très bien nous servir de l'astuce que nous avons vue précédemment :

```
$ ps ax | grep audacious | grep -v grep
 5817 tty1      SL1      0:01 audacious
```

Maintenant, ouvrez un terminal et arrêtez Audacious :

```
$ kill -TERM 5817
```

Ou bien :

```
$ kill -15 5817
```

Ou encore, tout simplement :

```
$ kill 5817
```

Pour tuer Audacious, nous aurions fait ceci :

```
$ kill -KILL 5817
```

Ou alors :

```
$ kill -9 5817
```

S'adresser à un processus par son nom : killall

L'utilisation de la commande `kill` nécessite dans tous les cas de connaître le PID du processus auquel vous vous adressez. Si cette démarche vous paraît fastidieuse, la commande `killall` constitue une alternative plus confortable. `killall` appelle un chat un chat, si l'on peut dire, et permet de gérer des processus en utilisant le nom du programme plutôt que son PID.

Pour tester `killall`, lancez Audacious et terminez-le dans les règles de l'art :

```
$ killall audacious
```

Maintenant, lancez la table de caractères et « tuez » l'application :

```
$ killall -KILL gucharmap
```

Les signaux à fournir en argument sont les mêmes que pour `kill` et vous pouvez aussi utiliser la syntaxe numérique :

```
$ killall -9 gucharmap
```

> ASTUCE **Tuer une application graphique à partir de la console**
>
> Voici une astuce pour les cas improbables de force majeure, c'est-à-dire les cas de figure où une application gèle à tel point qu'elle rend votre environnement de bureau temporairement inutilisable. Rassurez-vous, cela ne risque pas de vous arriver de sitôt. Même si vos applications refusent obstinément de planter, c'est une bonne astuce à connaître.
>
> 1. Lancez une application : la table de caractères, le terminal, le lecteur audio, etc.
> 2. Basculez en mode console : *Ctrl+Alt+F6*.
> 3. Connectez-vous dans la console, c'est-à-dire fournissez votre login et votre mot de passe.
> 4. Identifiez le processus de l'application que vous venez de lancer en mode graphique avec `ps` et `grep`.
> 5. Terminez ou tuez le processus avec `kill` ou `killall`.
> 6. Rebasculez en mode graphique : *Ctrl+Alt+F7*.
>
> Vos amis vous porteront en triomphe !

Utiliser kill ou killall ?

La principale différence entre `kill` et `killall` réside dans le fait que `killall` s'adressera à tous les processus qui portent le nom fourni en argument. Un exemple illustrera ceci. Lancez trois ou quatre instances de `gucharmap`, quitte à tapisser votre bureau de tables de caractères. Au final, `ps` vous affichera quelque chose de ce genre :

```
$ ps ax | grep gucharmap | grep -v grep
 5863 tty1     S1      0:00 gucharmap
 5866 tty1     S1      0:00 gucharmap
 5869 tty1     S1      0:00 gucharmap
 5872 tty1     S1      0:00 gucharmap
```

Maintenant, essayez ceci :

```
$ killall gucharmap
```

Toutes les tables de caractères ont disparu de l'écran. Nous pouvons en conclure que `killall` s'adresse à toutes les instances d'un processus qui portent le même nom. Au cas où l'on souhaite s'adresser à un processus individuellement, il faudra recourir à `kill`.

Les processus dans tous leurs états

Vous avez sans doute remarqué la présence d'une colonne STAT supplémentaire dans l'affichage de ps avec certains arguments. Il s'agit de l'état (*status*) du processus en question :

- S (*sleeping*) désigne un processus endormi.
- R (*running*) signifie que le processus est en cours d'exécution.
- Z (*zombie*) concerne les processus terminés dont le processus parent n'a pas pu lire le code de retour.
- SW (*swap*) veut dire que le processus est non seulement endormi, mais qu'il a été délocalisé dans la mémoire d'échange. Rappelez-vous, il s'agit d'une portion du disque dur spécialement réservée pour les cas où la mémoire vive ne suffit pas pour faire tourner correctement tous les processus actifs.

Un lien de parenté : pstree

Nous venons d'évoquer le terme de « processus parent ». Sachez que les processus d'un système Linux s'organisent de façon hiérarchique. Le premier programme lancé au démarrage de votre machine est /sbin/init. Arrêtons-nous un instant et voyons ce qui se passe lorsque vous allumez votre ordinateur (ne vous inquiétez pas si vous ne comprenez pas tout, nous aurons l'occasion de revenir dessus) :

1 Le matériel de la machine est initialisé par le BIOS.

2 Le secteur de démarrage (MBR ou *Master Boot Record*) est chargé. Il exécute le chargeur de démarrage (*bootloader*).

3 Le chargeur de démarrage lance le noyau (*kernel*).

4 Le noyau initialise les périphériques.

5 Il charge les modules (ou pilotes ou *drivers*) correspondants.

6 Il monte le système de fichiers racine.

7 Il exécute /sbin/init, le programme responsable du démarrage de tous les processus utilisateurs.

8 À son tour, /sbin/init exécute un ensemble de scripts.

9 Etc.

La commande pstree affiche l'organisation hiérarchique de tous les processus en cours sur votre système :

```
$ pstree
init-+-ModemManager---2*[{ModemManager}]
     |-acpid
     |-5*[agetty]
     |-applet.py
     |-at-spi-bus-laun-+-dbus-daemon
     |                 `-3*[{at-spi-bus-lau}]
```

```
      |-at-spi2-registr---{at-spi2-regist}
      |-atd
      |-bash---bash---xinit-+-X
...
```

LE CONSEIL DU CHEF **pstree + less**

Pour plus de confort à l'affichage, utilisez `pstree` conjointement avec un visualiseur, par exemple `pstree | less`.

Notez qu'en haut à gauche, vous retrouvez `init`, le père de tous les processus. Une autre façon de prendre en compte la hiérarchie des processus consiste à utiliser `ps` avec les arguments nécessaires :

```
$ ps axfl
F   UID    PID   PPID PRI  NI     VSZ    RSS WCHAN  STAT TTY  ...
1     0      2      0  20   0       0      0 -       S    ?    ...
1     0      3      2  20   0       0      0 -       S    ?    ...
...
```

Figure 10–3
L'organisation hiérarchique des processus mise en évidence par ps

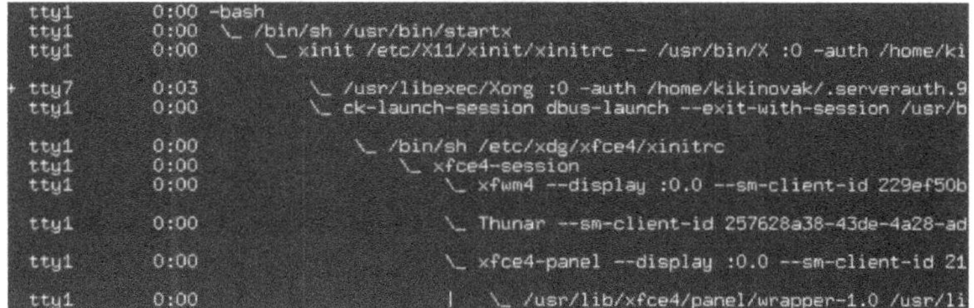

Ici, c'est l'option `l` (lettre L) qui se charge d'expliciter les liens de famille entre les différents processus. Juste à côté de la colonne `PID`, la colonne `PPID` (*Parent Process Identifier*) affiche les identifiants respectifs des processus parents. Tout en haut de la liste, notez que le processus `init` n'est le fils de personne. Son PPID est égal à 0.

Massacre familial

Vous pouvez tenter une petite expérience pour mieux cerner la notion de filiation entre processus. Fermez toutes les applications sur votre bureau, lancez le terminal (*Applications>Système>Terminal Xfce*) et, à l'intérieur de ce dernier, lancez le lecteur audio Audacious, sans l'esperluette cette fois-ci :

```
$ audacious
```

Figure 10–4
Le père et le fils

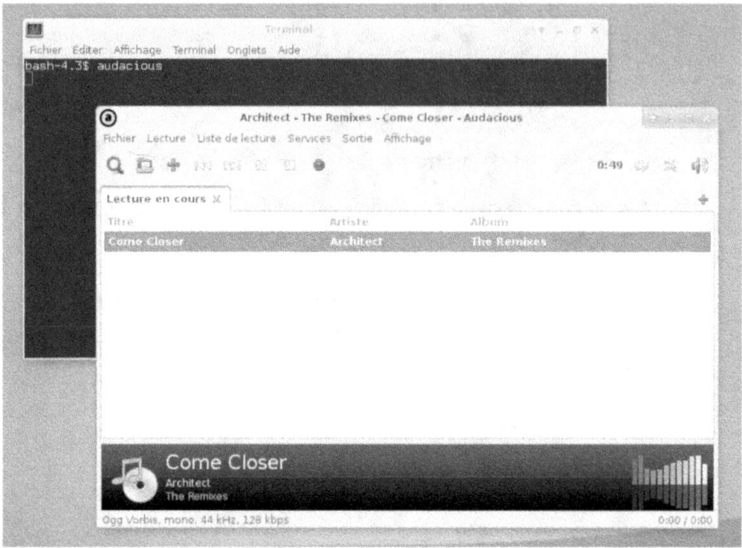

SHELL À quoi sert l'esperluette ?

L'ajout d'une esperluette & à la fin d'une ligne de commande lance la commande en arrière-plan.

Maintenant, ouvrez un autre terminal graphique et tapez la commande suivante :

```
$ killall xfce4-terminal
```

Que constatez-vous, non sans une certaine surprise ? Les deux terminaux graphiques ont disparu, comme il fallait s'y attendre. Non content de cela, le lecteur audio a également tiré sa révérence. Cela tient au fait que la dernière commande `killall` a engendré un petit massacre familial, car en tuant le processus père (le terminal), vous avez également tué le fils (le lecteur audio).

`kill` et `killall` permettent donc de viser des processus... et de se tirer dans le pied au passage. Pour en avoir le cœur net, essayez ceci :

```
$ killall xinit
```

Oups ?! Tout le bureau a disparu et nous nous retrouvons face à la console.

ATTENTION Viser juste

Le jour où vous travaillez dans un contexte de productivité et où vous souhaitez mettre un terme à un processus récalcitrant, cet exemple vous incitera donc à viser avant de tirer, afin de ne pas vous tromper de PID.

Tirer à vue sur tout ce qui bouge ?

Pour éviter que le suicide numérique ne se transforme en boucherie générale, les processus sont régis par un système de droits d'accès similaire à celui qui s'applique sur les fichiers et les répertoires. Rappelez-vous que l'option u de ps affiche le propriétaire de chaque processus, dans la première colonne intitulée USER. Notez au passage qu'en dehors de root, c'est l'UID qui est affiché et non pas le nom d'utilisateur. Notez également que les apostrophes autour de init me servent à ne pas afficher les processus dont le nom contient la chaîne de caractères " init ", comme xinit ou xinitrc :

```
$ ps aux | grep " init " | grep -v grep
root   1  0.0  0.0   2032   568 ?   Ss   10:29   0:00 init [3]
$ killall init
init(1): Operation not permitted
init: no process found
```

Un simple utilisateur ne peut pas afficher tous les processus en cours sur la machine pour ensuite tirer à vue sur tout ce qui bouge. En revanche, là comme ailleurs, root peut tout se permettre. Il a donc la possibilité de mettre fin à tous les processus de n'importe quel utilisateur du système :

- les processus des utilisateurs *physiques* (kikinovak, ahabian, lgibaud, etc.) ;
- les processus des utilisateurs *système* (mail, news, messagebus) ;
- ses propres processus, c'est-à-dire ceux qui appartiennent à root.

Surveiller l'utilisation des ressources de la machine : top

Le contrôle des processus a davantage d'importance lorsque le système est installé sur une machine peu performante en termes de processeur et de mémoire vive. Comme nous l'avons vu plus haut, chaque processus occupe une portion de mémoire vive tout en réclamant sa part de puissance de calcul.

La machine sur laquelle j'écris ces lignes est une station de travail dernière génération, dotée d'un processeur huit cœurs et d'une quantité ahurissante de mémoire vive[1]. Je peux donc faire tourner simultanément un traitement de texte, mon client de courrier électronique, un navigateur avec une bonne douzaine d'onglets ouverts, un client de messagerie instantanée, plusieurs fenêtres du navigateur de fichiers, une session sur un ordinateur distant, un lecteur audio pour écouter la radio sur Internet, un logiciel de retouche d'images et d'autres applications encore, sans ressentir le moindre ralentissement de ma machine. Si je m'amusais à faire la même chose sur un des vieux Pentium IV première génération qui prennent la poussière dans mon grenier, il y a fort à parier que le système serait très vite complètement saturé. Dans ce cas, il faudrait utiliser les ressources de la machine avec plus de parcimonie.

---

1. Vingt-quatre millions de fois plus que la mémoire vive de l'ordinateur monocarte 8080 que je tripotais durant mon adolescence au début des années 1980.

Il existe un moyen fort pratique de mesurer exactement la consommation en ressources de chaque processus : c'est l'outil top. Pour le lancer, ouvrez un terminal et invoquez simplement son nom :

```
$ top
```

Figure 10–5
L'outil top surveille la gourmandise des processus en temps réel.

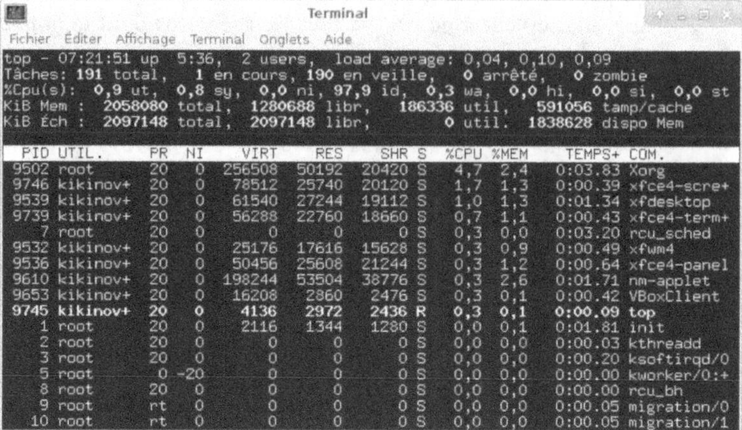

L'affichage par défaut de top classe les processus par ordre décroissant de consommation de puissance de calcul (CPU). Si vous souhaitez obtenir des renseignements plus pertinents sur la consommation en mémoire vive, vous pouvez le faire comme ceci :

1 Appuyez sur *Maj+O* pour afficher la fenêtre de sélection des critères d'affichage de top.

2 Sélectionnez VIRT en appuyant sur *O*.

3 Confirmez avec *Entrée*.

À présent, top vous affiche l'ensemble des processus actifs classés par ordre décroissant de consommation de mémoire virtuelle. Les processus les plus gourmands figurent en tête. Dans l'exemple de la figure, le processus le plus gourmand est donc le serveur graphique X.

LE CONSEIL DU CHEF **Pour les machines peu puissantes**

Si votre machine est peu performante, vous pouvez donc utiliser top pour identifier les applications un peu trop gourmandes en ressources et à lancer avec circonspection.

11

Gérer les services

Un peu plus tôt dans cet ouvrage, nous avons défini un « service » comme un logiciel qui tourne en tâche de fond pendant que l'utilisateur fait autre chose. Certains de ces services sont indispensables pour le fonctionnement cohérent d'un poste de travail et doivent être lancés au démarrage de la machine. D'autres sont facultatifs et dépendent de l'utilisation spécifique que vous faites de votre PC. Le présent chapitre vous propose une introduction facile et pratique à la gestion des services sous Slackware Linux.

Une confusion babylonienne

Un homme demande à son ami aveugle : « Veux-tu boire un verre de lait ? » Son ami lui répond : « Qu'est-ce que c'est, le lait ? — C'est un liquide blanc, qu'on donne surtout à boire aux enfants. — Blanc, qu'est-ce que c'est ? — Blanc, c'est une couleur. C'est la couleur... des cygnes, par exemple. — Des cygnes ? — Oui, tu sais, c'est un animal avec un cou très long et un peu tordu. — Tordu ? — Oui, regarde, je vais poser mon bras sur la table et tu vas tâter mon coude et mon avant-bras, comme ça tu en auras une idée. » L'aveugle tripote le bras de son ami pendant quelque temps et finit par lui dire : « Oui, je veux bien un verre de lait, s'il te plaît. »

Je me demande si l'inventeur de cette blague n'a pas lu les chapitres sur la gestion des services et des niveaux d'exécution dans les manuels d'administration Linux les plus courants. Les choses que l'on y trouve sont certes justes, mais la présentation complexe de l'enchevêtrement des mécanismes risque fort de frustrer le lecteur pourtant doté d'une dose saine de curiosité. Ajoutez à cela le fait que la gestion des services varie parfois considérablement entre les distributions, sans compter que les développeurs du monde du libre adorent réinventer la roue en échafaudant des systèmes d'initialisation de plus en plus révolutionnaires et qui apportent enfin une solution à tous les problèmes qui n'existaient pas au départ. Bref, bienvenue dans la confusion babylonienne de la gestion des services sous Linux. « Tout cela est bien vrai », soupirait Candide face aux démonstrations ampoulées du philosophe Pangloss, « mais il faut cultiver notre jardin. » C'est ce que nous allons faire. Un peu de jardinage, donc. Un râteau, une bêche et c'est parti.

Qu'est-ce qu'un service ?

Pour avoir une idée de ce qu'est un service, nous n'avons qu'à en prendre un au hasard sur notre machine pour le regarder de près :

```
$ ps ax | grep gpm | grep -v grep
  1004 ?        Ss       0:01 /usr/sbin/gpm -m /dev/mouse -t imps2
```

GPM (*General Purpose Mouse*) est un serveur de souris pour la console. Si vous n'avez pas la moindre idée de ce que cela peut bien être :

1 Basculez en mode console : *Ctrl+Alt+F6*.

2 Faites bouger la souris et regardez ce qui se passe à l'écran.

3 Revenez en mode graphique : *Ctrl+Alt+F7*.

GPM est donc un service qui sert à utiliser la souris en mode console. Cela s'avère pratique dans certaines situations, par exemple si vous travaillez en mode console sur un serveur dépourvu d'environnement graphique et souhaitez copier/coller des quantités de texte.

Un service connaît principalement deux états :

- marche ;
- arrêt.

C'est un peu comme le moteur d'une voiture. Soit il est démarré, soit il ne tourne pas. Après, savoir si vous le laissez tourner au point mort ou si vous embrayez, c'est une autre histoire…

Arrêter et (re)démarrer un service

Dans une voiture, je coupe le contact pour arrêter le moteur. Je peux faire pareil pour un service, après avoir acquis les droits d'administrateur :

```
# /etc/rc.d/rc.gpm stop
Stopping gpm...
```

Je vérifie si le service est bien arrêté :

```
# ps ax | grep gpm | grep -v grep
```

Retournez dans la console (*Ctrl+Alt+F6*) et faites bouger la souris. Effectivement, GPM est arrêté.

Pour démarrer le service, je dois faire ceci :

```
# /etc/rc.d/rc.gpm start
Starting gpm:  /usr/sbin/gpm -m /dev/mouse -t imps2
```

Dans certaines situations, il est nécessaire de redémarrer un service, par exemple après avoir apporté des modifications à sa configuration, pour que celles-ci soient prises en compte. Dans ce cas, le redémarrage s'effectue comme ceci :

```
# /etc/rc.d/rc.gpm restart
Restarting gpm...
```

Le « redémarrage » n'est pas véritablement une fonctionnalité à part. Pour le système, il s'agit simplement d'une commande `stop` suivie d'une commande `start`.

Activer un service au démarrage de la machine

Jetons un œil dans le répertoire `/etc/rc.d` :

```
# ls -l /etc/rc.d
```

Ce répertoire contient une panoplie de scripts `rc.quelquechose`, qui se distinguent à première vue par leurs permissions. Certains de ces scripts sont exécutables avec des droits 0755 (`rwxr-xr-x`) :

```
...
-rwxr-xr-x 1 root root  1893 Jan 30  2011 rc.fuse
-rwxr-xr-x 1 root root  1156 Nov 10 10:36 rc.gpm
...
-rwxr-xr-x 1 root root  1893 Jul 10  2013 rc.messagebus
...
-rwxr-xr-x 1 root root  1600 Oct 17  2013 rc.sshd
-rwxr-xr-x 1 root root   981 Jun 22  2013 rc.syslog
...
```

D'autres ont des droits 0644 (`rw-r--r--`) et ne sont donc pas exécutables :

```
...
-rw-r--r-- 1 root root  4308 Oct 10  2013 rc.cups
...
-rw-r--r-- 1 root root  1061 Aug  5  2013 rc.httpd
...
-rw-r--r-- 1 root root  2764 Aug 17  2013 rc.mysqld
...
-rw-r--r-- 1 root root  1481 Oct 14  2013 rc.ntpd
...
```

Une des étapes de l'installation de Slackware consistait à définir les services à démarrer au lancement de la machine (CONFIRM STARTUP SERVICES TO RUN). Nous pouvons réinvoquer cet écran de configuration :

```
# pkgtool
```

Figure 11–1
L'écran principal de pkgtool permet de réinvoquer les scripts de configuration de l'installateur.

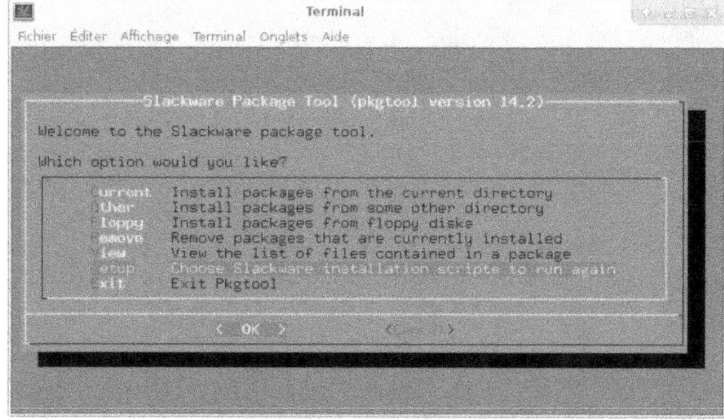

Figure 11–2
Affichez l'assistant de gestion des services.

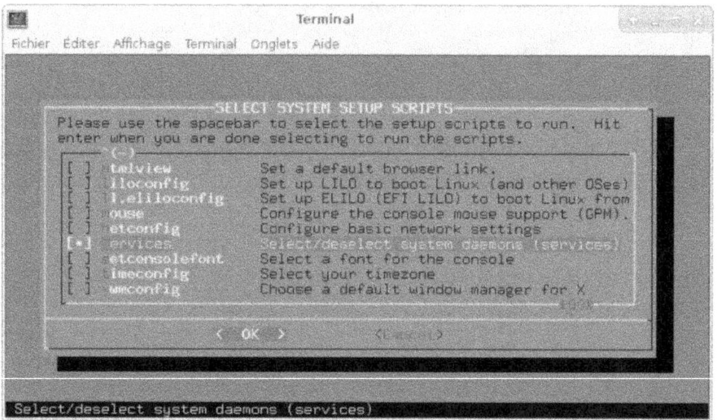

Figure 11–3
Dans la liste des services, repérez CUPS et activez-le en appuyant sur Espace.

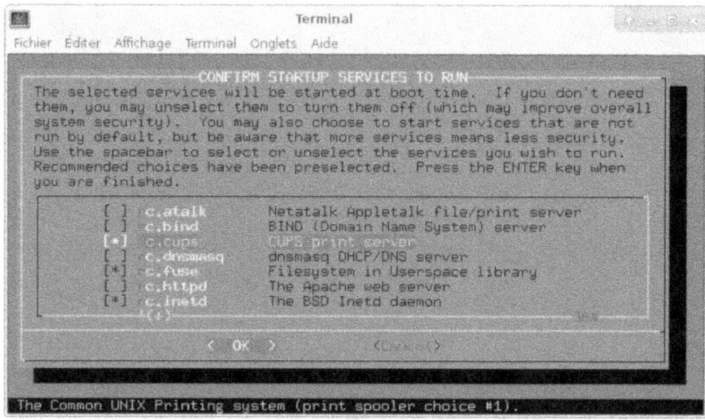

Quittez `pkgtool` (*OK>Exit*) et examinez `/etc/rc.d/rc.cups` de plus près :

```
# ls -l /etc/rc.d/rc.cups
-rwxr-xr-x 1 root root 4308 Oct 10  2013 /etc/rc.d/rc.cups
```

Le script de lancement de CUPS est donc devenu exécutable. Est-ce que le service est lancé pour autant ? Vérifions :

```
# ps ax | grep cups | grep -v grep
```

Alternativement, nous pouvons afficher l'état du service CUPS comme ceci :

```
# /etc/rc.d/rc.cups status
cups: scheduler is not running.
```

Dans un cas comme dans l'autre, nous constatons que le service a été **activé**, mais qu'il n'a pas été **démarré** pour autant. Lancez CUPS manuellement :

```
# /etc/rc.d/rc.cups start
cups: started scheduler.              [  OK  ]
```

Vérifiez l'état du service :

```
# /etc/rc.d/rc.cups status
cups: scheduler is running.
```

À présent, lancez le petit utilitaire de configuration des imprimantes. Dans le menu *Applications*, vous le trouverez dans *Système>Print Settings*.

Figure 11–4
Le gestionnaire des imprimantes
est connecté au serveur CUPS.

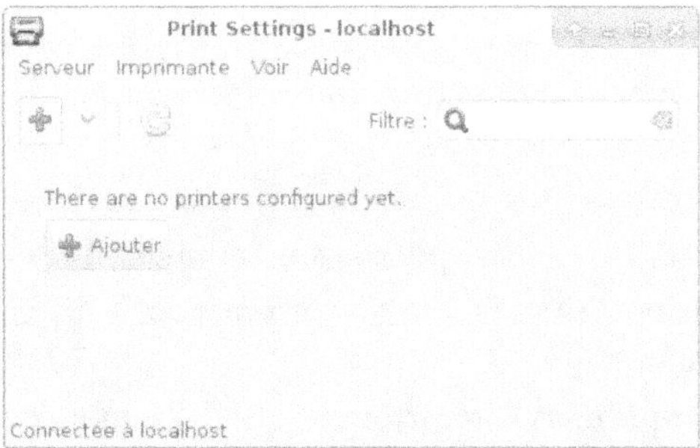

Le gestionnaire des imprimantes `system-config-printer` s'affiche. À partir de là, nous avons théoriquement la possibilité de configurer une imprimante, mais ce n'est pas ce que nous allons faire maintenant. Fermez la fenêtre, revenez dans la console ou dans le terminal et arrêtez CUPS :

```
# /etc/rc.d/rc.cups stop
cups: stopped scheduler.              [  OK  ]
```

Relancez `system-config-printer` et voyez ce que cela donne :

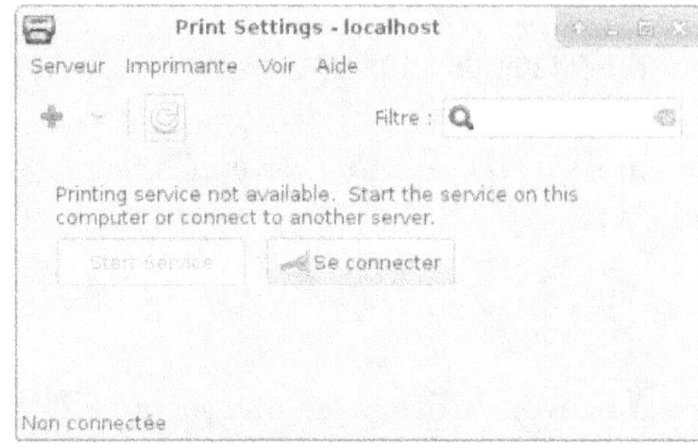

Et puisque nous avons parlé d'activation au démarrage, tentons deux autres expériences. Voici la première :

1 Arrêtez CUPS : `/etc/rc.d/rc.cups stop`.

2 Redémarrez la machine.

3 Vérifiez l'état de CUPS : `/etc/rc.d/rc.cups status`.

Et voilà la seconde :

1 Enlevez les droits d'exécution au script de démarrage de CUPS : `chmod -x /etc/rc.d/ rc.cups`.

2 Vérifiez son état dans le gestionnaire des services de `pkgtool`.

3 Restaurez les droits d'exécution : `chmod +x /etc/rc.d/rc.cups`.

4 Vérifiez encore dans le gestionnaire de services.

Que pouvez-vous conclure de ces deux petites expériences ?

Les services au démarrage et les niveaux d'exécution

Dans le chapitre précédent, nous avons vu ce qui se passe entre le moment où vous allumez la machine et le lancement du premier processus, `/sbin/init`. À présent, nous pouvons nous intéresser à la suite des événements. En gros, il se passe ceci :

1 Le premier processus lancé en dehors du noyau, c'est `init`.

2 `init` lit le fichier `/etc/inittab` pour savoir comment il faut démarrer le système.

3 Il exécute le fichier `/etc/rc.d/rc.S` pour préparer le système avant de démarrer le niveau d'exécution souhaité.

4 Une série de scripts dans le répertoire `/etc/rc.d` sont exécutés pour lancer les services correspondants.

Les niveaux d'exécution dans un système Slackware sont les suivants :

0 Arrêt du système

1 Mode maintenance

2 (inusité)

3 Multi-utilisateur en mode console

4 Multi-utilisateur en mode graphique

5 (inusité)

6 Redémarrage

Là aussi, nous allons procéder à un petit atelier pratique pour découvrir cet ensemble de notions quelque peu mystérieuses. Pour commencer, la commande `runlevel` affiche le niveau d'exécution actuel de la machine :

```
# runlevel
N 3
```

Maintenant, jetons un œil au début du fichier `/etc/inittab` :

```
# head -n 30 /etc/inittab
...
# These are the default runlevels in Slackware:
#    0 = halt
#    1 = single user mode
#    2 = unused (but configured the same as runlevel 3)
#    3 = multiuser mode (default Slackware runlevel)
#    4 = X11 with KDM/GDM/XDM (session managers)
#    5 = unused (but configured the same as runlevel 3)
#    6 = reboot

# Default runlevel. (Do not set to 0 or 6)
id:3:initdefault:
...
```

Ce fichier répertorie les différents niveaux d'exécution sur notre système Slackware. Le niveau 3 correspond donc au mode multi-utilisateur (`multiuser mode`), mais en mode console. Effectivement, nous nous sommes connectés à la machine en mode console jusqu'ici et nous avons démarré l'environnement graphique à la main, en invoquant la commande `startx`.

Tentons une première expérience et modifions le niveau d'exécution par défaut. Le niveau 4 est également un mode multi-utilisateur, à la différence près que l'environnement graphique est lancé automatiquement (`X11 with KDM/GDM/XDM`). Repérez la ligne qui définit le niveau d'exécution par défaut :

```
# Default runlevel. (Do not set to 0 or 6)
id:3:initdefault:
```

Définissez le niveau d'exécution 4 par défaut (si vous avez la persistante et sournoise impression que les fautes de frappe sont potentiellement fatales ici, vous avez raison) :

```
# Default runlevel. (Do not set to 0 or 6)
id:4:initdefault:
```

Redémarrez la machine. À présent, c'est un gestionnaire de connexion graphique qui vous somme de vous identifier.

Figure 11–6
Le gestionnaire de connexion XDM
se lance automatiquement
(rassurez-vous, il en existe de
moins laids).

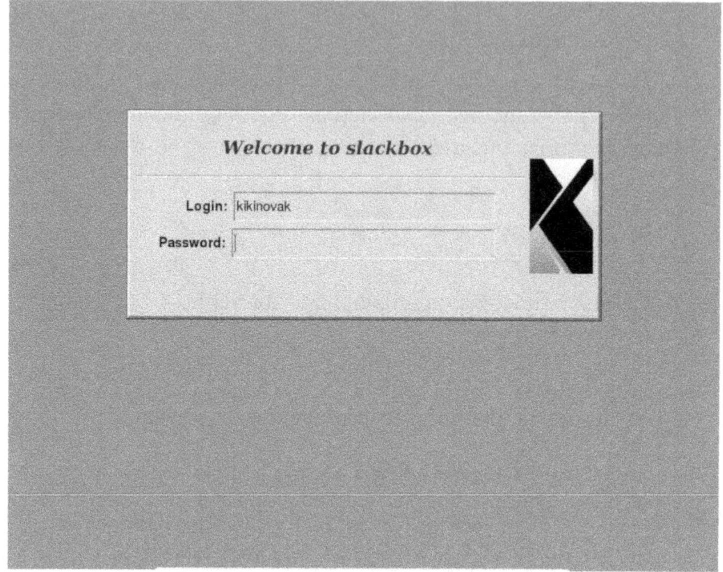

Une fois que nous avons fourni notre login et notre mot de passe, le bureau Xfce démarre directement. Nous nous sommes enfin affranchis de la commande startx. En revanche, notre bureau démarre en anglais.

LOCALISATION **Premiers pas pour franciser Slackware**

Le moment est venu de gérer la francisation de notre système. Jusqu'ici, nous avons défini LANG=fr_FR.utf8 manuellement à chaque connexion avant de démarrer notre environnement graphique. Cette fois-ci, on ne nous demande plus notre avis ; il faut donc trouver une autre solution.

En tant que root, ouvrez le fichier /etc/profile.d/lang.sh. Hormis les nombreux commentaires (c'est-à-dire toutes les lignes commençant par un dièse #), ce fichier ne contient que deux lignes « opérationnelles » :

```
export LANG=en_US
export LC_COLLATE=C
```

Avec un peu d'intuition, vous vous doutez que LANG=en_US définit l'anglais américain comme langue par défaut du système. Quant à LC_COLLATE, cette variable définit tout simplement la façon dont le système va traiter le classement des chiffres et des lettres par ordre alphabétique et numérique. Éditez le fichier comme ceci :

```
export LANG=fr_FR.utf8
export LC_COLLATE=fr_FR.utf8
```

Redémarrez encore une fois, identifiez-vous, fournissez votre mot de passe. Cette fois-ci, Xfce s'affiche bien en français.

Ouvrez un terminal et affichez le niveau d'exécution actuel :

```
# runlevel
N 4
```

Le niveau d'exécution 1 (`single user mode`) est utilisé pour des travaux de maintenance, par exemple lorsque la mauvaise configuration d'un service empêche le démarrage de la machine. Au lieu d'éditer la valeur `initdefault` dans `/etc/inittab` comme nous l'avons fait tout à l'heure, nous allons changer de niveau d'exécution à la volée :

```
# init 1
```

L'environnement graphique tire une révérence et la console affiche une série de messages :

```
Sending all processes the SIGHUP signal.
Waiting for processes to hangup......
Sending all processes the SIGTERM signal.
Waiting for processes to terminate......
Sending all processes the SIGKILL signal.
Waiting for processes to exit......
```

PIÈGE **Basculer de niveau en niveau**

Dans certains cas, il est nécessaire d'appuyer une deuxième fois sur la touche *Entrée* pour faire apparaître l'invite de connexion.

Le niveau d'exécution 1 ne démarre que le minimum syndical en matière de services. Nous nous retrouvons face à la connexion en mode console. À partir de là, nous pouvons nous identifier en tant que `root` et – généralement – lancer un éditeur de texte pour corriger les éventuelles bourdes que nous avons pu commettre dans les fichiers de configuration. Voyons ce que nous dit la commande `runlevel` :

```
# runlevel
4 1
```

Autrement dit, le système a initialement démarré le mode d'exécution 4, pour ensuite passer au niveau 1. Nous comprenons mieux la description de l'utilitaire `runlevel` dans la page `man` correspondante :

```
NAME
    runlevel -- find the previous and current system runlevel.
```

Entraînez-vous un peu à basculer entre les niveaux d'exécution 1, 3 et 4 – manuellement aussi bien qu'en éditant /etc/inittab – et voyez à chaque fois ce que vous dit la commande runlevel. Le potentiel de divertissement de cette manipulation est assez limité, je l'avoue, mais elle vous montre comment un changement de niveau d'exécution arrête (SIGTERM) et tue (SIGKILL) les processus du niveau courant avant d'en lancer éventuellement une autre série, dans un ordre bien défini.

Deux niveaux d'exécution un peu spéciaux : 0 et 6

Il nous reste à voir les deux niveaux d'exécution que nous avons soigneusement évités jusque-là : 0 et 6. Fermez vos applications, ouvrez un terminal graphique et tapez la commande sui-vante, en tant que root :

```
# init 0
```

Vous vous en êtes probablement douté : l'affichage graphique disparaît, les messages d'arrêt des services défilent dans la console et la machine s'arrête.

Relancez le système et retentez une expérience similaire :

```
# init 6
```

Cette fois-ci, c'est le même tableau, au détail près que la machine ne s'arrête pas, mais redémarre. Et vous comprenez mieux pourquoi il ne faut *jamais* définir 0 ou 6 comme valeur par défaut pour `initdefault` dans `/etc/inittab`.

Éteindre et redémarrer la machine

Les deux méthodes que je viens de vous montrer pour arrêter et redémarrer votre ordinateur ne sont probablement pas les plus orthodoxes. Lorsque vous travaillez dans un environnement graphique, vous pouvez très bien utiliser l'entrée de menu prévue à cet effet : *Éteindre* ou *Déconnexion>Éteindre* en haut à droite dans le menu de l'utilisateur, ou alors *Déconnexion>Redémarrer*.

En mode console, la commande `shutdown` constitue la manière *classique* d'arrêter la machine. Vous devez être `root` pour l'invoquer. Essayez :

```
# shutdown -h now
```

L'option `-h` (*halt*) signifie à `shutdown` qu'il faut procéder à un arrêt complet du système. En revanche, l'option `-r` (*reboot*) déclenche un redémarrage. Quant à `now` (maintenant), c'est le moment où le système sera arrêté. Si vous autorisez votre petite nièce à jouer à Tuxracer pendant une demi-heure avant d'aller se coucher, vous pouvez très bien lui accorder ce délai comme suit :

```
# shutdown -h +30
```

Pour l'arrêt comme pour le redémarrage, vous n'avez pas que cette possibilité. La commande `halt`, par exemple, procède à un arrêt du système, mais sans envoyer le signal d'extinction au PC. Essayez :

```
# halt
```

Pour le redémarrage de la machine, il vous reste deux possibilités. Vous pouvez tout d'abord appeler la commande `reboot` dans un terminal :

```
# reboot
```

Sinon, vous pouvez procéder au fameux *three finger salute* (salut à trois doigts) en appuyant sur *Ctrl+Alt+Suppr*. Contrairement à `shutdown` ou à `reboot`, cette méthode est applicable en tant qu'utilisateur normal. En revanche, elle ne fonctionne qu'en mode console. En d'autres termes, elle n'a aucun effet si vous vous trouvez dans un environnement graphique.

12

Accéder aux systèmes de fichiers

« Où sont les données de mon CD-Rom ? Comment faire pour accéder à ma clé USB ? » Voilà ce que l'on est sûr de retrouver dans le palmarès des questions les plus fréquemment posées par des utilisateurs venant de Microsoft Windows. Linux n'utilise pas les lettres de l'alphabet pour désigner ses périphériques et c'est en vain que vous chercherez des lecteurs A:, C:, D:, E: *ou* F:. *Au lieu de cela, les périphériques sont inclus directement dans la hiérarchie du système de fichiers. Si cela vous paraît obscur, la présente section vous expliquera tout en détail, pas à pas. Suivez le guide.*

La gestion des périphériques amovibles en mode graphique

Un système Linux moderne n'a rien à envier à un poste de travail tournant sous Microsoft Windows ou sous Mac OS X, en termes de confort d'utilisation. Si nous considérons la gestion des périphériques amovibles, elle se fait de manière tout aussi transparente que sur les deux systèmes propriétaires nommés. Par « transparent », entendez que si vous utilisez un environnement de bureau comme Xfce ou KDE, il suffit généralement d'insérer le périphérique en question et de cliquer sur une icône pour accéder à son contenu.

Insérer un DVD ou un CD

Pour l'exemple, je prends le DVD d'installation de Slackware et je l'insère dans le lecteur. Une icône le représentant apparaît sur le bureau. Je double-clique dessus et le contenu du DVD s'affiche dans la fenêtre du navigateur de fichiers.

Figure 12–1
Le contenu du DVD d'installation dans le navigateur de fichiers

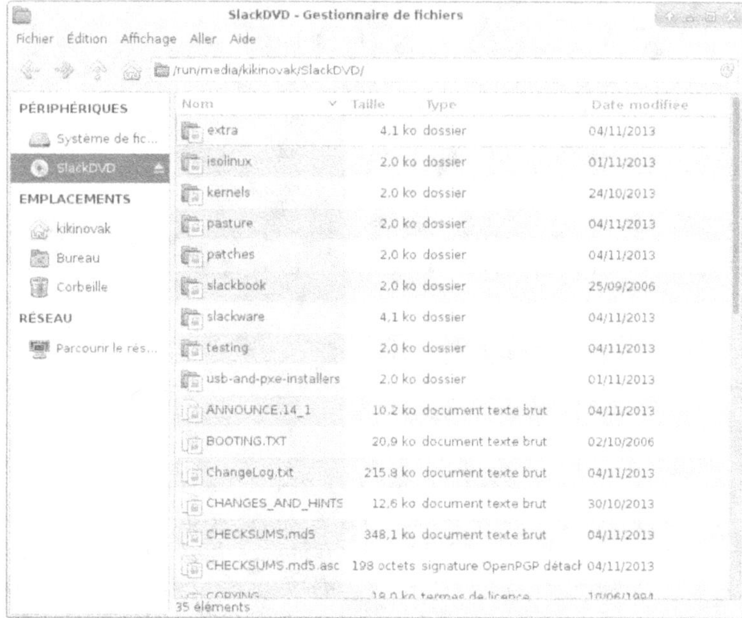

Un coup d'œil dans la barre de navigation indique que le contenu du DVD apparaît dans le répertoire `/run/media/kikinovak/SlackDVD`.

Maintenant, je clique sur la petite icône *Éjecter*, dans le panneau latéral, ou alors je clique-droit sur l'icône représentant le DVD, puis sur *Éjecter le volume*.

Figure 12–2
Éjection d'un périphérique amovible

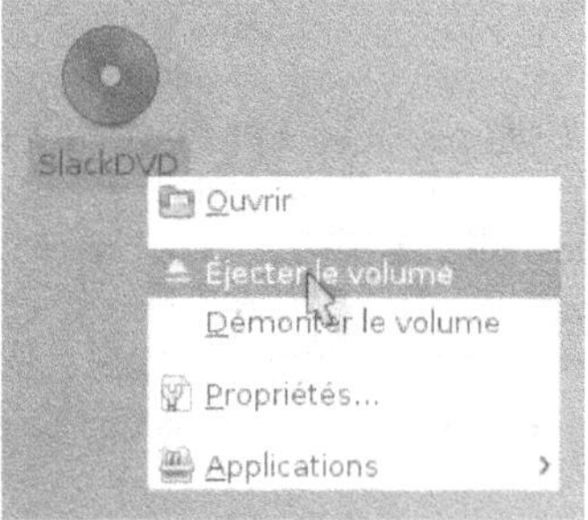

Le tiroir du lecteur s'ouvre et je peux extraire le DVD. Je referme le tiroir et j'ouvre le répertoire `/run/media/kikinovak` dans le navigateur de fichiers.

Figure 12–3
Après éjection du DVD, le répertoire
/run/media/kikinovak est vide.

Il n'y a plus rien ; le répertoire `/run/media/kikinovak/SlackDVD` a disparu. Avant de sauter à pieds joints sur une conclusion, je retente l'expérience avec un autre périphérique amovible.

Insérer une clé USB

Cette fois-ci, je choisis une clé USB. Je l'insère et patiente quelques secondes. Une icône la symbolisant apparaît dans le panneau latéral du navigateur de fichiers. Je clique dessus et le contenu s'affiche dans un répertoire correspondant au nom de volume (ou *label*) de la clé, par exemple `/run/media/kikinovak/SLACK32`, `/run/media/kikinovak/PHOTOS` ou encore `/run/media/kikinovak/3856-5FB1`.

Figure 12–4
Le contenu de la clé USB dans le
navigateur de fichiers

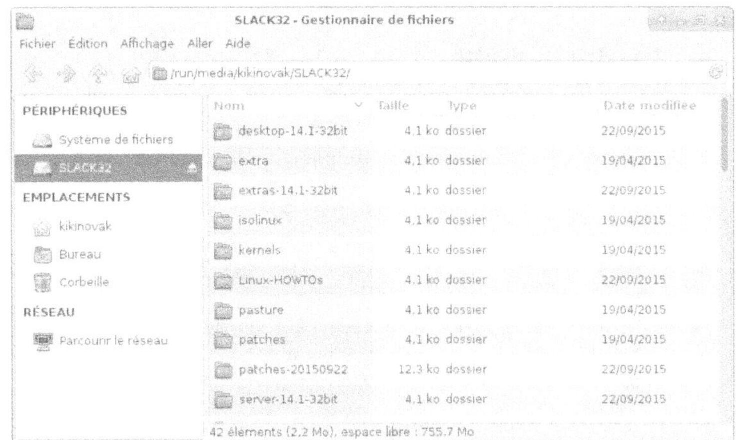

Je vais faire comme pour le DVD, au détail près qu'une clé ne « s'éjecte » pas à proprement parler : je clique sur la petite icône *Éjecter* dans le panneau latéral, ou alors sur l'entrée de menu *Éjecter le volume* dans le menu contextuel.

L'icône correspondant à la clé disparaît du panneau latéral. À présent, je peux l'enlever en toute sécurité. Là aussi, je retourne voir dans `/run/media/kikinovak`. Je constate que `/run/`

media/kikinovak/SLACK32, /run/media/kikinovak/PHOTOS ou /run/media/kikinovak/3856-5FB1 a disparu et qu'il ne reste que /run/media/kikinovak, sans rien dedans.

Première conclusion

Tentons prudemment une première conclusion. Lorsqu'un périphérique amovible est inséré, ses données sont accessibles en dessous du répertoire /run/media/<utilisateur>/, dans un répertoire vraisemblablement créé *à la volée* par le système et qui correspond au nom du volume. Vrai ou faux ?

C'est vrai... à condition de se retrouver dans un environnement graphique. Si notre bureau Xfce était une voiture, il serait équipé de toute une série de gadgets comme le correcteur électronique de trajectoire, l'ABS, le GPS, etc. Au quotidien, il n'y a rien à redire sur ces assistants de conduite, à condition qu'ils fonctionnent correctement et qu'ils augmentent effectivement notre confort d'utilisation. En revanche, si l'on veut savoir ce qui se cache sous le capot et comprendre comment ça se passe dans le moteur, il vaut mieux changer de voiture et monter dans une vieille 4L, du moins dans un premier temps.

Petit retour à l'âge de pierre

C'est précisément ce que nous allons faire : transformer notre installation Linux en vieille 4L, du moins temporairement. Pour désactiver les assistants et passer en mode *manuel*, rien n'est plus simple. Il suffit de basculer en niveau d'exécution 3. Éditez la valeur correspondante de initdefault dans /etc/inittab et redémarrez votre machine :

```
id:3:initdefault:
```

Reconnectez-vous en mode console et retentez l'expérience. Insérez un DVD, un CD-Rom ou une clé USB et voyez s'il se passe quelque chose. Oui, mais où ?

```
$ ls /run/media/kikinovak
/bin/ls: impossible d'accéder à /run/media/kikinovak: Aucun fichier ou dossier de ce
type
$ ls /run/media/
/bin/ls: impossible d'accéder à /run/media/: Aucun fichier ou dossier de ce type
$ ls /run/
lock/  lvm/   mount/   udev/
```

L'arborescence /run/media semble avoir disparu. Qu'à cela ne tienne, nous allons donc partir de rien. Nos ancêtres ne possédaient pas de four à micro-ondes, vivaient dans des cavernes sans électricité et chassaient l'ours à mains nues. Voyons comment ils s'y prenaient pour accéder aux systèmes de fichiers amovibles sous Unix.

Les fichiers de périphérique

Pour commencer, jetez un œil au répertoire /dev. Son nom provient du mot *device* qui signifie
« périphérique ». Faites un petit ls pour en afficher le contenu. La première chose qui vous
saute aux yeux, c'est la couleur de tous ces fichiers : jaune ! Ce ne sont vraisemblablement pas
des fichiers comme tous les autres. Cette première suspicion est d'ailleurs étayée par l'affichage détaillé :

```
# ls -l /dev/sda
brw-rw---- 1 root disk 8, 0 nov.  18 07:01 /dev/sda
# ls -l /dev/input/mice
crw-rw---- 1 root root 13, 63 nov.  18 07:01 /dev/input/mice
```

Le b et le c initiaux nous indiquent qu'il ne s'agit ni de fichiers classiques, ni de répertoires.
Nous trouvons certes une série de liens symboliques, mais ceux-ci semblent pointer vers les
mêmes fichiers mystérieux à l'intérieur de ce répertoire :

```
# ls -l /dev/cdrom
lrwxrwxrwx 1 root root 3 nov.  18 07:01 /dev/cdrom -> sr0
```

Les fichiers contenus dans /dev sont des fichiers de périphérique, *device files* en anglais.
Chacun représente (ou symbolise) un périphérique bien spécifique sur votre système. Ils ne
contiennent pas de données à proprement parler, mais servent à communiquer avec le noyau.

Dans l'affichage détaillé, les lettres b et c différencient respectivement les périphériques de
type bloc (*block devices*) et ceux de type caractère (*character devices*) :

- Le disque dur, par exemple, est un périphérique bloc : il lit ou écrit des données sous
  forme de blocs de taille fixe.
- La souris, le clavier, la console ou encore la carte audio sont des périphériques caractère :
  ils lisent ou écrivent un flux d'octets en série.

Quant aux deux chiffres qui apparaissent avant la date, ce sont les numéros majeur et mineur :

```
# ls -l /dev/sda?
brw-rw---- 1 root disk 8, 1 nov.  18 07:01 /dev/sda1
brw-rw---- 1 root disk 8, 2 nov.  18 07:01 /dev/sda2
```

SHELL **Le caractère de substitution « ? »**

Tout comme « * », « ? » est un caractère de substitution. Alors que « * » représente une suite de caractères quelconque, « ? » est un joker pour **un seul** caractère quelconque.

> SIGNIFICATION **Numéro majeur et numéro mineur**
>
> Le numéro majeur donne une indication sur le pilote du noyau qui gère le périphérique en question. Le numéro mineur sert à différencier des périphériques similaires, par exemple les différentes partitions d'un disque dur.
>
> Pour la plupart, les pilotes et leur numéro majeur figurent sur la page suivante :
>
> ▸ https://www.kernel.org/doc/Documentation/devices.txt

- Les noms des disques durs (SCSI, SATA, IDE, USB, Firewire) commencent par `sd` (comme *SCSI Disk*). La lettre qui suit dépend d'une part du branchement, d'autre part de l'ordre des branchements. Sur la plupart des postes fixes de mon bureau, par exemple, chaque contrôleur met deux branchements à ma disposition : le premier est le maître (*master*), le second l'esclave (*slave*). Il s'ensuit les noms de périphériques `sda` (maître) et `sdb` (esclave) pour les périphériques du premier contrôleur. Les périphériques du second contrôleur s'appelleront respectivement `sdc` (maître) et `sdd` (esclave).
- Les lecteurs CD/DVD SCSI seront répertoriés en tant que `sr` ou `scd` (*SCSI CD*).
- Les périphériques d'entrée sont symbolisés respectivement par `/dev/input/*` pour la souris et `/dev/event0` (qui a remplacé `/dev/kbd`) pour le clavier.
- La série de fichiers `/dev/tty?` représente vos terminaux virtuels en mode console.
- L'imprimante sera accessible via le fichier `/dev/lp*` (comme *line printer*).
- Les fichiers `/dev/snd/*` donnent l'accès à la carte son.
- Une série de liens symboliques `/dev/cdrom` ou `/dev/dvd` pointent vers le fichier de périphérique effectif.
- Etc.

Certains fichiers ne correspondent pas vraiment à un périphérique physique, concret et tangible. Ils remplissent une fonction bien spécifique dans le système :

- `/dev/null` est une sorte de « nirvana numérique », un véritable trou noir vers lequel on peut envoyer des données qui sont censées disparaître, par exemple les messages de la console que l'on ne souhaite pas afficher.
- `/dev/zero` est une source inépuisable de zéros, que l'on utilise parfois pour en remplir certains fichiers jusqu'à une taille prédéfinie.
- `/dev/random` et `/dev/urandom` génèrent des nombres aléatoires.

La notion de montage/démontage

Pour donner l'accès aux divers périphériques ainsi qu'aux systèmes de fichiers qu'ils contiennent, il faut établir une connexion entre le périphérique d'un côté et l'arborescence du système de fichiers Linux de l'autre. Lorsque le fichier de périphérique est inclus dans cette arborescence, on dit que ce dernier est « monté ». Un peu de pratique nous permettra de comprendre cette façon de procéder.

Monter manuellement un CD ou un DVD

Commençons par le lecteur CD/DVD. Dans un premier temps, il nous faut connaître son fichier de périphérique. L'astuce suivante nous aidera :

```
# ls -l /dev/cdrom
lrwxrwxrwx 1 root root 3 Nov 22 09:00 /dev/cdrom -> sr0
# ls -l /dev/dvd
lrwxrwxrwx 1 root root 3 Nov 22 09:00 /dev/dvd -> sr0
```

Pour la machine sur laquelle j'écris ces lignes, c'est sr0. Il se peut que chez vous, ce soit scd0, sdb ou autre chose, mais peu importe. La cible des liens symboliques /dev/cdrom et/ou /dev/dvd vous le dira. Insérez par exemple un CD-Rom (ou DVD) d'installation dans le lecteur et – toujours en tant que root – invoquez la commande suivante, en prenant soin de remplacer /dev/sr0 par le fichier de périphérique correspondant à votre lecteur. Comme vous vous en doutez, vous pouvez bien évidemment remplacer /dev/sr0 par un des liens symboliques correspondants /dev/cdrom ou /dev/dvd :

```
# mount -v -t iso9660 /dev/cdrom /mnt/cdrom
mount : périphérique bloc /dev/sr0 est protégé en écriture, sera monté en lecture
seule
/dev/sr0 on /mnt/cdrom type iso9660 (ro)
```

Maintenant, allez voir dans le répertoire /mnt/cdrom :

```
# cd /mnt/cdrom
# ls
ANNOUNCE.14_1          READ_D1.TXT
BOOTING.TXT            README_CRYPT.TXT
ChangeLog.txt          README.initrd
CHANGES_AND_HINTS.TXT  README_LVM.TXT
CHECKSUMS.md5          README_RAID.TXT
...
```

Effectivement, /mnt/cdrom contient les données du premier CD-Rom d'installation. Naviguez un peu dans les répertoires avec cd, vous verrez que tout y est. Le CD est effectivement « monté » sur /mnt/cdrom. Voici quelques explications sur la commande :

- mount : commande qui sert à monter un périphérique ;
- -v : option qui indique à mount d'opérer en mode « bavard » ;
- -t iso9660 : l'option -t précise le système de fichiers ; ici, iso9660 correspond au système de fichiers utilisé sur un CD ou un DVD ;
- /dev/cdrom : fichier de périphérique qui représente mon lecteur de CD/DVD, ou plus exactement, un lien symbolique qui pointe vers celui-ci ;
- /mnt/cdrom : point de montage, autrement dit, le répertoire où les données du périphérique seront accessibles.

Démonter le CD ou le DVD

Pour procéder en sens inverse, c'est-à-dire pour retirer le contenu du DVD de notre système de fichiers, il suffit de le « démonter ». Pour ce faire, placez-vous en-dehors de l'arborescence de /mnt/cdrom (par exemple, en invoquant `cd` sans arguments) et invoquez la commande suivante :

```
# umount -v /mnt/cdrom
/dev/sr0 a été démonté
```

L'option -v demande simplement à la commande umount de nous tenir informés de ce qu'elle fait. Jetez un œil dans /mnt/cdrom :

```
# ls /mnt/cdrom
```

Il n'y a plus rien. Le répertoire est désormais vide. Il semblerait que nous ayons réussi manuellement, en mode console, le montage et le démontage d'un périphérique. Avant d'aborder les questions de détails, essayons de faire la même chose avec notre clé USB.

Monter et démonter manuellement une clé USB

Avant de pouvoir faire quoi que ce soit, il faut d'abord connaître le fichier de périphérique qui la représente.

Puisque le répertoire /dev contient tous les fichiers symbolisant les périphériques de la machine, on pourrait :

1 afficher le contenu de /dev avec ls ;

2 brancher la clé USB et attendre quelques secondes ;

3 afficher une nouvelle fois le contenu de /dev en repérant une éventuelle nouvelle entrée nommée *sdquelque_chose*.

Oui, ce serait possible. C'est assez fréquent que l'on fasse les choses de manière passablement compliquée, pour se rendre compte ensuite (parfois des années plus tard) qu'il existe un autre moyen, beaucoup plus élégant et surtout plus simple. C'est le cas ici.

Lorsque vous branchez un périphérique USB, le noyau en prend note dans son journal, le fichier /var/log/messages. Regardez ce que ce fichier contient :

```
# cat /var/log/messages
```

Du charabia ? Je suis d'accord avec vous. Mais peut-être pas si charabia que ça, comme vous allez le voir tout de suite. Rappelez-vous la commande tail que nous avons utilisée dans le chapitre 6, pour afficher la fin d'un fichier :

```
# tail /var/log/messages
```

Le comportement par défaut de `tail` ressemble à celui de `head`. Il affiche dix lignes, pas plus. Cependant, une option bien particulière permet de suivre *en direct* l'évolution d'un fichier lorsque des données s'y ajoutent :

```
# tail -f /var/log/messages
```

Maintenant, branchez votre clé USB et attendez un peu. Au bout de quelques secondes, vous verrez apparaître une série de messages ressemblant à ce qui suit :

```
...
Nov 22 10:00:07 slackbox kernel: [ 3070.883598]  sdb: sdb1
Nov 22 10:00:07 slackbox kernel: [ 3070.888344] sd 4:0:0:0: [sdb] Attached SCSI
removable disk
...
```

Le noyau nous envoie une bonne quinzaine de lignes de messages, dans lesquelles nous retrouvons facilement l'information qui nous intéresse. Le fichier de périphérique correspondant à notre clé USB est donc `sdb` et la partition contenant le système de fichiers est `sdb1`. Attention, sur votre machine ce sera peut-être autre chose : `sdc1`, `sdd1`, `sde1`, etc. Appuyez sur *Ctrl+C* pour interrompre `tail -f` et récupérer la main sur la console. Si vous êtes scrupuleux, vérifiez l'information délivrée par le noyau :

```
# ls -l /dev/sdb1
brw-rw---- 1 root plugdev 8, 17 nov.  22 10:00 /dev/sdb1
```

> **LE SAVIEZ-VOUS ? Système de fichiers d'une clé USB**
>
> Les clés USB sont normalement formatées en FAT, un système de fichiers originaire de Microsoft. Il ne brille pas spécialement par ses performances, bien au contraire. Néanmoins, c'est le seul système de fichiers qui soit lisible aussi bien par Windows, Linux et Mac OS X, d'où l'intérêt de préférer ce dénominateur commun pour le formatage.

Là encore, remplacez `/dev/sdb1` par le fichier de périphérique symbolisant votre clé USB :

```
# mount -v -t vfat /dev/sdb1 /mnt/hd
/dev/sdb1 on /mnt/hd type vfat (rw)
```

Essayons de traduire cette dernière commande en français : « monte (`mount`) la clé USB (`/dev/sdb1`) qui contient un système de fichiers FAT (`-t vfat`) sur le point de montage `/mnt/hd` (`/mnt/hd`) et dis-nous ce que tu fais (`-v`). »

Voyons si le contenu de la clé apparaît bien en dessous de /mnt/hd :

```
# ls /mnt/hd
ANNOUNCE.14_1*              PACKAGES.TXT*
BOOTING.TXT*               patches/
ChangeLog.txt*             READ_DVD.TXT*
CHANGES_AND_HINTS.TXT*     README_CRYPT.TXT*
CHECKSUMS.md5*             README.initrd*
CHECKSUMS.md5.asc*         README_LVM.TXT*
COPYING*                   README_RAID.TXT*
COPYING3*                  README.TXT*
...
```

Bravo ! Il ne nous reste plus qu'à démonter la clé. Sortons de l'arborescence /mnt/hd (**cd** sans arguments, par exemple), puis invoquons :

```
# umount -v /mnt/hd
/dev/sdb1 a été démonté
```

Là aussi, nous pouvons vérifier que /mnt/hd ne contient plus rien après le démontage du périphérique.

QUELQUES REMARQUES   **Du montage et du démontage**

Les premiers essais de montage et de démontage en ligne de commande ont été concluants. Quelques remarques s'imposent.

- Les options -v et -t ont été utilisées à des fins pédagogiques. Elles sont facultatives. Ainsi, vous auriez pu vous contenter d'évoquer mount /dev/cdrom /mnt/cdrom pour monter le DVD et mount /dev/ sdb1 /mnt/hd pour la clé. Essayez.
- Les anglophones parmi vous objecteront que le contraire de *mount* serait plutôt *unmount*. Pourquoi alors dit-on umount ? Cela tient au simple fait que beaucoup d'informaticiens ont un rapport problématique à l'orthographe. Le *n* a dû se perdre en route quelque part. C'est aussi bête que cela.
- La commande umount accepte en argument aussi bien le point de montage que le nom du fichier de périphérique. Pour démonter le CD/DVD, nous aurions pu écrire aussi bien umount /dev/cdrom que umount /mnt/cdrom. Pareillement, la clé USB aurait pu être démontée par le biais de la commande umount /dev/sdb1.
- Enfin, pourquoi /mnt/cdrom et /mnt/hd et non pas /media ou /run/media ou autre chose encore ? / mnt constitue le point de montage *traditionnel* de Linux, utilisé pour les montages manuels. /media et /run/media sont utilisés pour le montage automatique des périphériques amovibles. Il s'agit là d'une pure convention et rien ne nous aurait empêché d'utiliser – au hasard tout en choisissant bien – le répertoire /media pour un montage manuel, ou même carrément /mnt, comme c'est expliqué dans le fichier /mnt/README. Là encore, expérimentez un peu.

Scier la branche sur laquelle on est assis

Pourquoi faut-il quitter l'arborescence du point de montage avant de démonter un périphérique ? Pour la simple raison que le système refuse de vous laisser scier la branche sur laquelle vous êtes assis. Ce point mérite une illustration détaillée, car il s'agit d'une erreur qui revient fréquemment. Insérez le DVD et montez-le :

```
# mount /dev/cdrom /mnt/cdrom
mount : périphérique bloc /dev/sr0 est protégé en écriture, sera monté en lecture
seule
```

Placez-vous à la racine du DVD :

```
# cd /mnt/cdrom
```

Maintenant, à partir de /mnt/cdrom, essayez de démonter le lecteur. Voyez ce que le système vous dit :

```
# umount /mnt/cdrom
démontage : /mnt/cdrom : périphérique occupé.
      (Dans certains cas, des infos sur les processus l'utilisant sont récupérables
par lsof(8) ou fuser(1))
```

Tant que vous vous trouvez dans l'arborescence /mnt/cdrom, vous ne pourrez donc tout simplement pas procéder au démontage.

Le blocage des lecteurs

Un comportement qui déroute souvent les anciens utilisateurs de DOS/Windows, c'est le blocage des lecteurs sur certaines machines. Montez le DVD (ou laissez-le monté, si c'est déjà fait) et appuyez sur le bouton du lecteur pour l'éjecter. Suivant le type de matériel que vous avez, vous constatez peut-être que le tiroir du lecteur refuse de s'ouvrir.

Linux considère à juste titre qu'un périphérique monté fait partie intégrante du système de fichiers et refuse de le lâcher à la légère. Il est donc préférable de commencer par démonter le lecteur (comprenez : utiliser la commande umount) avant d'employer les grands moyens et de chercher à le démonter tout court avec un trombone, tournevis, pied de biche....

ATTENTION **Gare aux éjections intempestives !**

Ce dernier point n'est pas valable pour les clés USB et autres disques durs externes. Le système n'a pas les moyens mécaniques de vous empêcher de les enlever de façon intempestive, ce qui peut vous faire perdre des données. Soyez donc vigilant avec ces deux supports. Avant de les enlever, vérifiez que vous les avez bien démontés.

Éjecter un DVD ou un CD-Rom : eject

Une commande qui amuse beaucoup les enfants (et les administrateurs restés jeunes dans l'âme), c'est eject. Assurez-vous de vous trouver en dehors de toute arborescence de point de montage et essayez-la :

```
# eject
```

Si tout se passe bien, le tiroir du lecteur CD/DVD s'ouvre. Pour le refermer, invoquez simplement ceci :

```
# eject -t
```

> EXCEPTION **Utiliser eject sur un portable**
>
> La commande eject -t ne fonctionnera pas sur les ordinateurs portables, étant donné que leurs lecteurs sont conçus différemment. Ils s'ouvrent automatiquement, mais leur fermeture est manuelle.

La commande eject combine le démontage et l'éjection d'un périphérique. Autrement dit, si votre DVD est monté, ce n'est pas la peine d'invoquer umount ; eject s'en charge. Comme umount, eject accepte en argument le nom d'un périphérique, à condition que celui-ci soit éjectable bien sûr. Invoquée sans arguments, la commande agit sur le périphérique défini par défaut. Pour le connaître, utilisez l'option -d :

```
# eject -d
eject: périphérique par défaut: `cdrom'
```

Normalement, eject fonctionne avec les lecteurs CD/DVD et les graveurs, ainsi qu'avec les lecteurs ZIP, même si ces derniers sont tombés en désuétude.

> ASTUCE **Une utilisation abusive d'eject**
>
> Les administrateurs de salles de serveurs peuvent utiliser eject de manière abusive. Ainsi, si vous souhaitez savoir où se trouve physiquement la machine sur laquelle vous êtes connecté, invoquez simplement eject.

Obtenir des informations sur les périphériques montés

Pour savoir si un périphérique est monté ou non, il suffit d'invoquer la commande mount sans le moindre argument :

```
# mount
/dev/sda2 on / type ext4 (rw)
proc on /proc type proc (rw)
```

```
sysfs on /sys type sysfs (rw)
tmpfs on /dev/shm type tmpfs (rw)
/dev/sr0 on /mnt/cdrom type iso9660 (ro)
```

Pour l'instant, intéressez-vous juste à la dernière ligne de cet exemple :

```
/dev/sr0 on /mnt/cdrom type iso9660 (ro)
```

Si vous avez tout bien suivi jusqu'ici, la lecture de cette information ne devrait pas vous poser trop de problèmes. La ligne nous dit simplement que le périphérique /dev/sr0 est monté sur /mnt/cdrom, que le système de fichiers du périphérique est l'ISO 9 660 et qu'il est monté en lecture seule (ro pour *read only*).

Si je monte ma clé USB sur /mnt/hd et si j'invoque mount, j'obtiens ceci :

```
/dev/sdb1 on /mnt/hd type vfat (rw)
```

Dans ce cas, l'information se lit comme suit : /dev/sdb1 est monté sur /mnt/hd, le périphérique est formaté en FAT et il est accessible en lecture et écriture (rw pour *read/write*).

Par ailleurs, le fichier /etc/mtab donne les mêmes informations sur les périphériques montés que mount sans argument :

```
# cat /etc/mtab
/dev/sda2 / ext4 rw 0 0
proc /proc proc rw 0 0
sysfs /sys sysfs rw 0 0
tmpfs /dev/shm tmpfs rw 0 0
/dev/sr0 /mnt/cdrom iso9660 ro 0 0
/dev/sdb1 /mnt/hd vfat rw 0 0
```

Là encore, notez la présence du CD-Rom et de la clé USB sur les deux dernières lignes, montés respectivement sur /mnt/cdrom et /mnt/hd.

Il reste encore beaucoup de choses à dire sur le montage des systèmes de fichiers, notamment sur l'organisation de ces derniers sur le ou les disque(s) dur(s). Je vous propose de voir tout cela un peu plus loin, à l'occasion de l'installation en mode expert. Celle-ci nous fournira l'occasion de mettre en application directe des compétences nouvellement acquises. Pour l'instant, laissez reposer un peu la pâte et digérez ce que vous avez appris jusqu'ici.

13

Gérer les archives compressées

Qu'est-ce qu'une archive compressée et à quoi cela peut-il bien servir ? Si le terme de compression ne vous évoque absolument rien, imaginez une grande marmite pleine de soupe. Vous lui faites subir toute une série de processus, vous la déshydratez... et vous obtenez une boîte de bouillons-cubes que vous pouvez transporter assez aisément.

Autre image, qui illustre davantage le terme d'archivage, pensez à votre dernier déménagement. Toute la vaisselle, toutes les casseroles, tous les bibelots sur les étagères se sont retrouvés bien empaquetés et ficelés dans des cartons. Il suffisait alors d'appeler les copains pour faire quelques allers et retours entre l'appartement et le camion.

Les différents formats d'archivage

Les archives compressées sont omniprésentes dans le quotidien informatique et elles sont uti-lisées à des fins très variées. À titre d'exemple, lorsque vous souhaitez envoyer vos photos de vacances par courrier électronique, il sera bien plus commode d'envoyer une archive plutôt que d'ajouter chaque photo individuellement en pièce jointe. Étant donné que de nos jours, la taille moyenne des photos – c'est-à-dire leur poids en mégaoctets – est assez importante, vous utiliserez plutôt un service de transfert de fichiers en ligne et, dans certains cas, la confection préalable d'une archive sera obligatoire. Une archive compressée représente également le format idéal pour effectuer une sauvegarde de vos données. Enfin, l'utilisation de fichiers compressés pour le transfert sur Internet vous fait économiser de la bande passante.

Si vous avez l'habitude de Windows, vous avez certainement déjà croisé des fichiers `.zip` et `.rar` sur votre disque. Ces formats ne sont pas inconnus à Linux – et nous allons voir comment les traiter – mais les deux formats d'archives compressées les plus largement répandus sous Linux sont les fichiers `.tar.gz` et `.tar.bz2`. Derrière ces extensions, quelque peu énigmatiques pour un néophyte, se cachent en réalité trois programmes, trois petits outils. `tar` rassemble plusieurs fichiers et répertoires en une archive, `gzip` et `bzip2` se chargent de la compression.

Ces formats sont très bien gérés par les différents systèmes d'exploitation. Linux sait gérer les archives au format `.zip` ou `.rar` et, inversement, lorsque vous travaillez sous Windows, vous trouverez des outils libres pour traiter les archives au format `.tar.gz` ou `.tar.bz2`. Dans cette section, nous nous concentrerons sur les deux principaux formats natifs de Linux. Nous aurons l'occasion de voir les autres plus loin.

Compresser et décompresser un fichier

Compresser et décompresser un fichier avec gzip

`gzip` (GNU Zip) constitue l'outil de compression standard sous Linux. Il fait une chose et une seule : gérer la compression de fichiers simples. Il ne sait pas constituer des archives, c'est `tar` qui s'en charge. Cherchons dans notre système un fichier au hasard, sur lequel nous pourrions nous entraîner. Dans votre répertoire d'utilisateur :

```
$ cp /etc/services .
$ ls -lh services
-rw-r--r-- 1 kikinovak users 82K Feb  6 09:45 services
```

L'affichage détaillé nous montre qu'il s'agit d'un fichier texte assez important en termes de taille : 82 kilo-octets. C'est pour cela que je l'ai choisi. Essayons de le compacter :

```
$ gzip services
```

`gzip` remplace le fichier d'origine par une version plus compacte, comportant l'extension de fichier supplémentaire `.gz` :

```
$ ls -lh services.gz
-rw-r--r-- 1 kikinovak users 24K Feb  6 09:45 services.gz
```

Dans cet exemple, la compression est assez conséquente : le fichier résultant est environ trois fois et demi plus petit que l'original.

 Quel type de fichiers compresser avec gzip ?

La compression peut varier selon un certain nombre de facteurs. `gzip` n'aura pas beaucoup d'effet sur des formats de fichiers comportant une compression initiale, comme le MP3 ou le JPEG. En revanche, cette commande fonctionnera très bien avec les images non compressées, comme les formats Bitmap. Essayez avec une image trouvée sur votre système :

```
$ cp /boot/tuxlogo.bmp .
$ ls -lh tuxlogo.bmp
-rw-r--r-- 1 kikinovak users 33K Feb  6 09:51 tuxlogo.bmp
```

Comprimons-la et voyons ce que cela donne :

```
$ gzip tuxlogo.bmp
$ ls -lh tuxlogo.bmp.gz
-rw-r--r-- 1 kikinovak users 11K Feb  6 09:51 tuxlogo.bmp.gz
```

L'image compressée fait un tiers de son poids initial !

Pour décompresser un fichier `.gz`, vous avez deux possibilités :

```
$ gzip -d slack.bmp.gz
```

Ou alors, ce qui revient exactement au même :

```
$ gunzip services.gz
```

Compresser et décompresser un fichier avec bzip2

`bzip2` est un outil de compression au même titre que `gzip`, au détail près qu'il utilise un algorithme de compression un peu plus performant. Reprenons l'exemple précédent, avec le fichier `services` :

```
$ bzip2 services
```

Il en résulte un fichier compressé portant l'extension de fichier supplémentaire `.bz2`. Regardons ce fichier de plus près :

```
$ ls -lh services.bz2
-rw-r--r-- 1 kikinovak users 22K Feb  6 09:54 services.bz2
```

Effectivement, le taux de compression est légèrement supérieur : le fichier compressé ne pèse plus que 22 kilo-octets avec `bzip2`, contre 24 kilo-octets avec `gzip`.

Pour décompresser un fichier compacté à l'aide de `bzip2`, nous avons également le choix entre deux commandes, qui ont exactement le même effet :

```
$ bzip2 -d services.bz2
```

Ou :

```
$ bunzip2 services.bz2
```

Manipuler les archives avec tar

Créer une archive avec tar

`gzip` et `bzip2` ne gèrent que la compression d'un seul fichier fourni en argument. Pour créer une archive, nous aurons recours à la commande `tar`. Là aussi, un exemple pratique nous permettra de comprendre le fonctionnement de l'outil en question.

Pour commencer, il nous faut un répertoire avec quelques fichiers dedans. Je crée donc, au hasard, un répertoire `~/config` et j'y place tous les fichiers `*.conf` que je trouve dans l'arborescence de `/etc`. Ne vous inquiétez pas si la console vous envoie quelques messages épars de refus d'accès. Il ne s'agit que de glaner plusieurs fichiers pour l'exemple. Enfin, notez que le premier *antislash* \ après la commande `find` indique un passage à la ligne, étant donné que la commande ne tient pas en une seule ligne. Vous pourrez vous en passer.

```
$ mkdir config
$ find /etc/ -name '*.conf' 2> /dev/null \
  -exec cp \{} ~/config/ \;
$ ls config/
00-dhcp-client.conf          httpd-userdir.conf
00-rc-manager.conf           httpd-vhosts.conf
10-autohint.conf             ibm.conf
...
```

Nous allons rassembler tous ces fichiers contenus dans `~/config` pour en constituer une archive en utilisant la commande `tar` :

```
$ tar -cvf config.tar config/
config/
config/v4l.conf
config/named.conf
config/hplip.conf
config/57-dejavu-sans.conf
config/fonts.conf
config/90-ttf-telugu-fonts.conf
config/30-urw-aliases.conf
config/xboard.conf
config/60-latin.conf
...
```

Le nom du programme (*tape archiver*, en anglais) révèle son utilisation initiale : `tar` a servi en premier lieu à la gestion d'archives sur bande magnétique. Voici une petite explication de l'exemple que nous venons de voir :

* `tar` reçoit l'ordre de créer (*create*) une archive avec l'option `-c`.
* La commande nous dit ce qui se passe en coulisse avec l'option `-v`.
* Le premier argument (`config.tar`) sera interprété comme le nom de l'archive grâce à l'option `-f` (*file* ou fichier).

Voici un exemple plus général pour vous familiariser avec la syntaxe de `tar` pour la création d'une archive. Nous allons créer trois fichiers `fichier1`, `fichier2` et `fichier3` et les rassembler dans une archive `archive.tar` :

```
$ touch fichier1 fichier2 fichier3
$ tar -cvf archive.tar fichier1 fichier2 fichier3
fichier1
fichier2
fichier3
```

Extraire les fichiers d'une archive

Avant de « déballer » notre archive, nous allons la déplacer dans un répertoire nouvellement créé. En effet, étant donné que les fichiers d'origine sont toujours en place, une extraction dans le même répertoire ne changerait rien et écraserait tous les fichiers existants.

```
$ mkdir repertoire
$ mv config.tar repertoire/
$ cd repertoire/
$ tar -xvf config.tar
config/
config/10-sub-pixel-vbgr.conf
config/VIA8233A.conf
config/SI7018.conf
config/ssl-modules.conf
...
```

Dans l'autre sens, c'est donc l'option `-x` (pour *extract*) qui procède au dépaquetage de l'archive.

Combiner l'archivage et la compression

Essayons de créer une archive compressée en reprenant l'exemple du début. Nous pouvons très bien :

* créer l'archive avec `tar`,
* compresser l'archive avec `gzip` ou `bzip2`.

Voici ce que cela donne en pratique :

```
$ tar -cvf config.tar config/
...
$ gzip config.tar
$ ls -lh config.tar.gz
-rw-r--r-- 1 kikinovak users 241K févr.  9 10:24 config.tar.gz
```

Et avec `bzip2` :

```
$ gunzip config.tar.gz
$ bzip2 config.tar
$ ls -lh config.tar.bz2
-rw-r--r-- 1 kikinovak users 193K févr.  9 10:24 config.tar.bz2
```

Cependant, il est possible de faire encore plus simple. `tar` comporte une série d'options qui permettent de créer une archive et de la compresser à la volée. Effacez les archives compressées de l'exercice précédent et gardez seulement le répertoire `~/config` et son contenu. Maintenant, créez une archive compressée avec les options suivantes :

```
$ tar -cvzf config.tar.gz config/
...
$ ls -lh config.tar.gz
-rw-r--r-- 1 kikinovak users 241K févr.  9 10:45 config.tar.gz
```

Si vous souhaitez créer une archive compressée avec `bzip2`, il suffit de remplacer l'option `-z` par `-j` :

```
$ tar -cvjf config.tar.bz2 config/
...
$ ls -lh config.tar.bz2
-rw-r--r-- 1 kikinovak users 193K févr.  9 10:45 config.tar.bz2
```

Extraire une archive compressée

Inversement, l'extraction d'une archive compressée peut également s'effectuer d'une traite. Dans le cas d'une archive `.tar.gz` :

```
$ tar -xvzf config.tar.gz
```

Et pour une archive `.tar.bz2` :

```
$ tar -xvjf config.tar.bz2
```

> Les options de `tar` sont souvent utilisées sans le tiret `-` initial. Vous pouvez donc écrire indifféremment `tar -xvjf` ou `tar xvjf`, cela n'a aucune incidence sur le fonctionnement de la commande.

14

Premiers pas sur le réseau

Il existe une minorité d'utilisateurs irréductibles qui se contentent de considérer leur ordinateur comme une machine à écrire glorifiée. On allume le PC le matin, on saisit des textes, des tableaux, des factures, toutes sortes de documents. Pour les faire parvenir au destinataire, il suffit de les imprimer, de les glisser dans une enveloppe et de coller un timbre dessus. On éteint la machine le soir, et la Poste se charge du reste. Dans cette catégorie d'utilisateurs en voie d'extinction, certains n'hésitent pas à se montrer plus téméraires dans l'emploi des nouvelles technologies et, dans ce cas, les documents imprimés sont envoyés directement par fax.

Bien sûr, rien ne vous empêche d'utiliser votre PC en mode « autiste ». Dans mon quotidien professionnel, il m'est arrivé de croiser ces « ordinosaures », généralement équipés de Windows XP ou 98, reliés à aucun réseau, ornés de Post-It du genre « Interdiction formelle d'utiliser des disquettes et des clés USB » (par peur des virus), curieusement increvables comme la vieille 4L de mon voisin.

Cependant, je ne doute pas que vous ne fassiez partie de la large majorité des utilisateurs qui souhaitent profiter des moyens de communication modernes comme Internet, le courrier électronique, la messagerie instantanée, la vidéoconférence, sans parler de la possibilité d'avoir plusieurs machines qui communiquent entre elles, d'installer des logiciels en un tour de main sans avoir à chercher un obscur CD d'installation, de bénéficier de mises à jour, etc.

Une grande confusion

La communication est un besoin essentiel pour l'être humain, au même titre que respirer, boire et manger. De nos jours, on peut filer la métaphore et légitimement considérer que la communication avec d'autres machines fait partie du minimum syndical que l'on peut exiger d'un ordinateur. Le hic, c'est que la communication entre les ordinateurs est une chose très complexe, probablement autant que celle entre les humains. Ça parle plusieurs langues, ça utilise des patois différents, ça crée des malentendus, ça entend de travers, ça monopolise le discours, c'est sourd comme un pot et parfois stupide comme un pot. Bref, c'est la pagaille.

Là encore, il existe une série d'ouvrages sur le sujet, toute la gamme allant de « pour les nuls » à « pour les pros ». En règle générale, ils comprennent une histoire exhaustive des réseaux depuis la guerre froide et ARPANET, suivie d'une introduction détaillée à l'algèbre binaire, octale et hexadécimale. Vous feuilletez ces livres de plus en plus vite, puis vous les reposez en vous sentant progressivement envahi par une vague nausée existentielle. MAC ? ARP ? IP ? TCP ? UDP ? DHCP ? DNS ? NTP ? HTTP ? FTP ? Comment vous en sortir ?

Je prends le parti de vous initier aux réseaux et à leur fonctionnement par une approche résolument pratique, en mettant les mains à la pâte, avec un minimum de théorie. Nous avancerons par étapes successives, en partant du cas de figure le plus simple. Puis, peu à peu, lorsque vous aurez digéré les notions de base, je vous présenterai des configurations un peu plus sophistiquées, quitte à rectifier le tir et à reprendre les simplifications abusives dont je me serai rendu coupable. Le tout part d'un exemple très concret, le cas de figure le plus simple et en même temps le plus fréquent : un ordinateur relié à Internet par le biais d'un modem routeur ADSL.

Prérequis matériel et logiciel

Le modem routeur ADSL

> **ATTENTION Pas n'importe quel modem routeur**
>
> Je ne traite pas des modems USB qui nécessitent des pilotes spécifiques, que le CD d'installation fournit en général seulement pour Microsoft Windows et Mac OS. Nous ne verrons pas non plus les modems Ethernet sans routeur, qui se configurent par le biais de `rp-pppoe`. Au cas où votre fournisseur d'accès vous aurait livré un tel modem, exigez qu'il vous l'échange contre un modem routeur Ethernet. Ces derniers ne nécessitent aucun logiciel tiers et sont utilisables tels quels sur toutes les plates-formes.

Lorsque vous souscrivez un abonnement Internet ADSL auprès d'un des grands fournisseurs d'accès, celui-ci vous fournit un modem routeur. Que vous soyez abonné chez Nerim, Orange, SFR ou autre, le principe technique de la connexion à Internet sera le même. Ce qui changera, c'est la forme du boîtier de votre modem et quelques menus détails dans la configuration.

Figure 14–1
Un modem routeur Technicolor, tel
qu'il est fourni par le fournisseur
d'accès Nerim

Figure 14–2
Une Livebox, le modem routeur
fourni par Orange

Questions de câblage

Le modem routeur est peut-être équipé d'un point d'accès WiFi, mais nous n'allons pas l'utiliser tout de suite. Dans un premier temps, notre configuration de base nécessitera en tout et pour tout deux câbles (sans compter l'alimentation du modem, bien sûr) :

- Le câble reliant la prise téléphonique au modem. Il vous faudra probablement songer à installer un filtre. Normalement, une fiche explicative livrée avec le modem détaille ce genre de chose de manière assez claire.
- Le câble Ethernet reliant le modem à la carte Ethernet du PC.

Figure 14–3
Un câble Ethernet

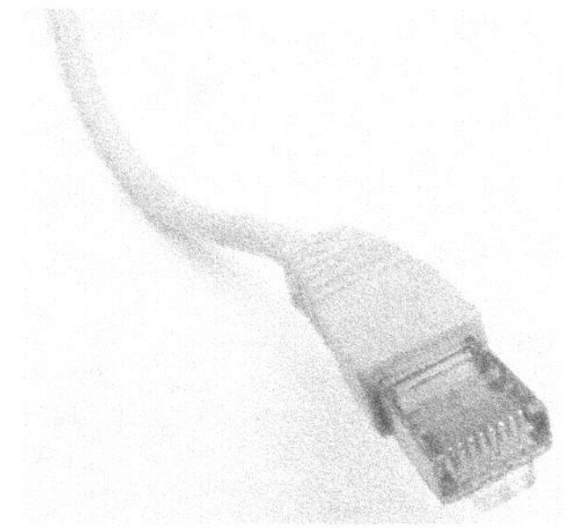

> MATÉRIEL **Choisir le bon type de câble**
>
> Il existe deux types de câbles Ethernet : plat et croisé. Les branchements des fils aux connecteurs ne sont pas les mêmes selon le type de câble. Attention à ne pas les confondre, vous risqueriez de passer des heures à vous demander pourquoi votre réseau ne fonctionne pas. Les câbles croisés sont uniquement utilisés pour les connexions directes de PC à PC. Ce n'est pas ce qu'il nous faut ici. Pour les connexions entre le PC et le modem, nous devons utiliser un câble plat.
>
> Notez que les connecteurs d'un câble Ethernet sont plus généralement connus sous le nom de « connecteurs RJ45 ».

La carte Ethernet

Si nous procédons méthodiquement, nous devons d'abord nous poser la question : l'ordinateur dispose-t-il d'une carte Ethernet ? Si oui, est-elle branchée correctement ? Bien sûr, nous pouvons jeter un coup d'œil sur les branchements du PC, ce qui nécessite parfois de grimper derrière le meuble où il est rangé. Alternativement, nous pouvons rester assis devant et nous contenter d'invoquer la commande suivante :

```
$ /sbin/lspci | grep -i eth
02:00.0 Ethernet controller: Realtek Semiconductor Co., Ltd. RTL8111/8168 PCI Express
Gigabit Ethernet controller (rev 02)
```

> PRÉCISION **Les commandes système et le PATH**
>
> Certaines commandes système dans /sbin utilisées dans ce chapitre comme lspci, lsmod, route ou ifconfig sans arguments sont accessibles aux utilisateurs communs. En revanche, il est nécessaire d'indiquer leur chemin complet, étant donné que /sbin ne figure pas dans le PATH des utilisateurs dans la configuration par défaut du système.

Attention : cette commande nous dit uniquement qu'une carte Ethernet est effectivement présente **physiquement** sur la machine. En l'occurrence, il s'agit d'une puce Realtek 8168, un modèle de carte assez courant. Cela ne veut pas forcément dire que la carte est effectivement gérée par le système d'exploitation. Si nous voulons savoir ce que ce dernier – en l'occurrence le noyau – « pense » du périphérique en question, nous devons utiliser la commande suivante, en tant que root :

```
# dmesg | grep -i eth
r8169 Gigabit Ethernet driver 2.3LK-NAPI loaded
...
r8169 0000:02:00.0 eth0: link down
r8169 0000:02:00.0 eth0: link up
...
```

Le résultat de cette dernière commande nous montre que, apparemment, le noyau reconnaît la carte Ethernet. Dans le cas contraire, nous aurions eu droit à un message d'erreur de ce genre :

```
eth0: unknown interface: No such device
```

Ce n'est pas le cas (heureusement) et nous savons que le noyau est capable de gérer le matériel avec le module `r8169`. Il est peut-être utile de s'attarder un moment sur cette notion de « module ».

Les pilotes sous Linux

Un module, ce n'est rien d'autre que ce que vous connaissez peut-être par ailleurs sous le nom de pilote (*driver*, en anglais), c'est-à-dire un bout de code qui permet au système d'exploitation de communiquer avec le matériel et donc de le gérer. Sur un système Linux, la commande `lsmod` sert à afficher le statut des modules :

```
$ /sbin/lsmod
Module                  Size  Used by
i2c_dev                 5843  0
pci_stub                1373  1
vboxpci                14517  0
vboxnetadp             18355  0
vboxnetflt             17580  1
...
```

Filtrons ce résultat s'il est trop long :

```
$ /sbin/lsmod | grep 8169
r8169                  57775  0
mii                     3955  1 r8169
```

Les modules se trouvent dans `/lib/modules`, dans le répertoire correspondant à la version du noyau en cours. Concrètement, le pilote de notre carte se trouve donc dans une des deux arborescences `/lib/modules/4.4.14` ou `/lib/modules/4.4.14-smp`, dans le sous-répertoire `kernel/drivers/net/ethernet/realtek` et c'est le fichier `r8169.ko`. C'est précisément ce fichier (`.ko` signifie *kernel object*) qui est chargé par le noyau pour gérer une carte Ethernet équipée d'une puce Realtek 8168.

Prenons deux autres exemples pour mieux illustrer ceci :

- un portable Asus S300 (`slackbook-pro.microlinux.lan`) ;
- un serveur HP Proliant ML40 (`nestor.microlinux.lan`).

Le portable est équipé d'une carte Ethernet Atheros AR 8161 :

```
[root@slackbook-pro:~] # lspci | grep -i eth
03:00.0 Ethernet controller: Qualcomm Atheros AR8161 Gigabit Ethernet (rev 10)
```

Cette carte semble être prise en charge par le noyau :

```
[root@slackbook-pro:~] # dmesg | grep -i eth
alx 0000:03:00.0 eth0: Qualcomm Atheros AR816x/AR817x Ethernet
```

Plus précisément, c'est le module `alx` qui gère ce modèle de carte :

```
[root@slackbook-pro:~] # dmesg | grep alx
alx 0000:03:00.0 eth0: Qualcomm Atheros AR816x/AR817x Ethernet
alx 0000:03:00.0: irq 44 for MSI/MSI-X
```

Ce module se trouve dans `kernel/drivers/net/ethernet/atheros/alx`.

Le serveur HP Proliant est équipé de deux cartes Ethernet identiques :

```
[root@nestor:~] # lspci | grep -i eth
02:00.0 Ethernet controller: Intel Corporation 82574L Gigabit Network Connection
03:00.0 Ethernet controller: Intel Corporation 82574L Gigabit Network Connection
```

À première vue, les messages de démarrage n'affichent rien qui corresponde à ces deux cartes :

```
[root@nestor:~] # dmesg | grep -i eth
```

Si nous les épluchons depuis le début (`dmesg | less`), nous nous apercevons que le terme recherché (`grep -i eth`) n'était pas approprié cette fois-ci. Apparemment, le message correspondant du noyau peut varier en fonction du type de carte :

```
[root@nestor:~] # dmesg | grep -i network
e1000e: Intel(R) PRO/1000 Network Driver - 2.3.2-k
e1000e 0000:02:00.0 eth0: Intel(R) PRO/1000 Network Connection
e1000e 0000:03:00.0 eth1: Intel(R) PRO/1000 Network Connection
```

Les deux cartes en question sont donc gérées par le module `e1000e`, situé dans le sous-répertoire `kernel/drivers/net/ethernet/intel/e1000e/` de l'arborescence `/lib/modules/4.4.14/`.

Principe de fonctionnement des réseaux

Afficher la configuration des interfaces réseau : ifconfig

Après avoir vérifié que ma carte Ethernet est gérée, j'invoque la commande suivante :

```
$ /sbin/ifconfig
```

Figure 14–4
Invoquée sans autre argument,
la commande ifconfig affiche
la configuration des interfaces
réseau.

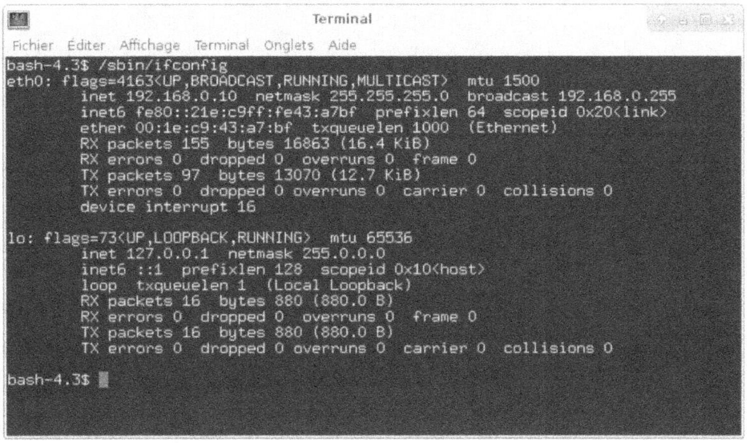

TRADITION **ifconfig, route et ip**

En théorie, les commandes `ifconfig` et `route` présentées dans ce chapitre sont considérées comme obsolètes et c'est la commande `ip` – plus fonctionnelle et plus flexible – qui est censée les remplacer. En pratique, les administrateurs du monde entier continuent allègrement à utiliser les anciennes commandes. J'ai donc décidé à mon tour de les utiliser dans ce chapitre.

Le résultat de la commande `ifconfig` se décompose en deux sections dans notre exemple : `eth0` et `lo`. La partie `lo` (comme *localhost*) désigne la boucle locale, une interface qui représente approximativement le journal intime de votre PC et qui lui permet de soliloquer. Laissons-la de côté pour l'instant. L'interface qui intéresse les bricoleurs de réseau comme nous, c'est tout ce qui commence par les lettres magiques `eth` comme « Ethernet ». Considérons donc la section `eth0` et essayons de lire les informations qui nous concernent.

```
$ /sbin/ifconfig eth0
eth0: flags=4163<UP,BROADCAST,RUNNING,MULTICAST>  mtu 1500
      inet 192.168.0.10  netmask 255.255.255.0
      broadcast 192.168.0.255
      inet6 fe80::21e:c9ff:fe43:a7bf  prefixlen 64
      scopeid 0x20<link>
      ether 00:1e:c9:43:a7:bf  txqueuelen 1000  (Ethernet)
      ...
```

L'adresse MAC de votre carte

La ligne `ether 00:1e:c9:43:a7:bf` identifie la carte réseau d'un point de vue purement matériel. Il s'agit d'une série de six chiffres hexadécimaux, séparés par des deux-points, qui constitue l'empreinte digitale de votre carte Ethernet, en quelque sorte. Cette empreinte ou *adresse MAC* (*Media Access Control*, rien à voir avec les ordinateurs de la marque Apple) est normalement unique au monde. Nous pouvons tranquillement l'ignorer pour nos besoins de configuration, mais sachez au moins de quoi il s'agit.

> **À SAVOIR Système décimal et système hexadécimal**
>
> Dans le système décimal, on compte de un à dix (chiffres de zéro à neuf). Dans le système hexadécimal,
> on compte de un à seize et on dispose donc des « chiffres » supplémentaires A, B, C, D, E et F.

L'adresse IP et le masque de sous-réseau

L'adresse IP `inet 192.168.0.10` caractérise ma machine dans le réseau. Autrement dit, `192.168.0.10` est l'adresse IP de mon ordinateur dans le réseau local. Je laisse de côté la valeur de `broadcast` et je note celle de `netmask 255.255.255.0`. C'est le masque de sous-réseau, qui décrit le réseau dans lequel se situe mon ordinateur. Nous éclaircirons tout cela petit à petit.

Normalement, chaque ordinateur dans un réseau possède une adresse IP, une série de quatre nombres `a.b.c.d` : `a` et `d` sont compris entre 1 et 254, `b` et `c` peuvent prendre toutes les valeurs comprises entre 0 et 255. Tentez l'expérience : lancez `ifconfig` sur votre machine et notez votre adresse IP et votre masque de sous-réseau. Vous aurez quelque chose comme `192.168.0.10` ou `10.23.2.4` (ou autre chose) pour l'adresse IP et `255.255.255.0` ou `255.255.0.0` (ou autre chose) pour le masque de sous-réseau.

Théoriquement, tous les ordinateurs de la terre se répartissent donc des adresses IP allant de `1.0.0.1` à `254.255.255.254`. Je dis bien *théoriquement* et je prie les puristes de bien vouloir fermer les yeux. À quelques (gros) détails près, c'est ce qui se passe en réalité.

> **FUTUR IPv6**
>
> Vous vous êtes peut-être demandé ce que peut bien signifier `inet6 fe80::21e:c9ff:fe43:a7bf`. Il
> s'agit là tout simplement d'un nouveau protocole d'adressage IP, dans la mesure où un protocole réseau
> mis au point vers la fin des années 1990 peut être qualifié de « nouveau ». Les adresses IP que nous trai-
> tons dans ce chapitre font partie du protocole IPv4 à 32 bits : grosso modo, quatre nombres de 0 à 255,
> en notation décimale, séparés par des points. Le hic avec ce protocole, c'est que le nombre d'adresses
> distinctes possibles est non seulement limité, mais véritablement épuisé. Les adresses IP existantes ont
> effectivement été attribuées. IPv6 constitue le remède à cette pénurie. C'est un protocole à 128 bits ; le
> nombre d'adresses possibles passe donc de 2^{32} à 2^{128}. En contrepartie, les adresses IP du futur ressem-
> bleront à quelque chose de ce genre :
> `1fff:0000:0a88:85a3:0000:0000:ac1f:8001`
> Il va falloir s'y faire un jour...

Les adresses IP

Un peu de pratique

Voici une petite expérience amusante pour illustrer la notion d'adresse IP. Prenons au hasard un nom de site web suffisamment connu, par exemple www.google.fr. Ouvrons un terminal et invoquons la commande suivante :

```
$ host www.google.fr
www.google.fr has address 216.58.209.67
www.google.fr has IPv6 address 2a00:1450:4007:80b::2003
```

La commande me retourne deux réponses : une adresse IPv4 216.58.209.67 et une adresse IPv6 dont je ne me préoccupe pas.

Maintenant, ouvrez le navigateur Mozilla Firefox (*Applications>Internet>Firefox*), effacez le contenu de la barre d'adresses et mettez-y http://216.58.209.67. Que constatez-vous ?

Figure 14–5
Voici la machine 216.58.209.67,
Google pour les intimes.

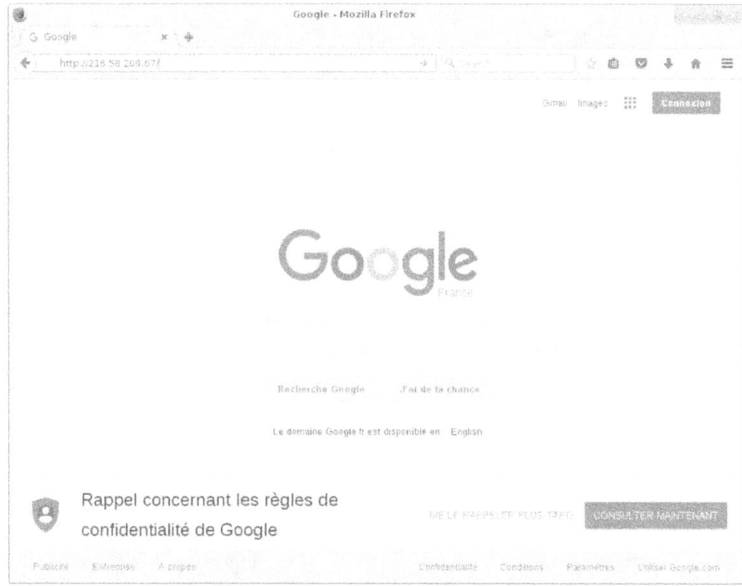

Notez au passage que Firefox – comme tous les navigateurs modernes – remplace aussitôt l'adresse IP saisie dans la barre d'adresses par le nom de domaine correspondant, dès l'ouverture de la page.

L'expérience ne fonctionne pas avec n'importe quel nom de domaine, puisqu'elle dépend de la configuration du serveur web correspondant. Vous pouvez quand même la retenter avec d'autres sites, par exemple www.centos.org ou www.xfce.org.

Sans aller chercher plus loin, vous commencez à avoir une idée un peu plus concrète de l'utilité d'une adresse IP. Maintenant, revenons à notre réseau local et à notre machine. J'ai les informations suivantes :

* Mon adresse IP est 192.168.0.10.
* Mon masque de sous-réseau est 255.255.255.0.

Un peu de théorie

Chaque adresse IP se subdivise en une partie *réseau* et une partie *hôte*. Prenons deux exemples.

- J'ai un masque de sous-réseau de 255.255.255.0. Cela signifie que mon réseau est 192.168.0.*quelque chose*. La valeur de *quelque chose* peut varier de 1 à 254 ; je peux donc configurer un réseau de 254 machines différentes, avec des adresses IP allant de 192.168.0.1 à 192.168.0.254. Ces machines pourront toutes communiquer entre elles.

- Si mon masque de sous-réseau était de 255.255.0.0, cela signifierait que mon réseau serait 192.168.*truc.muche*. Les valeurs pouvant varier respectivement de 0 à 255 pour truc et de 1 à 254 pour muche, j'obtiendrais un total de 256 × 254 = 65 024 machines possibles dans mon réseau, avec des adresses IP allant de 192.168.0.1 à 192.168.255.254. Ces machines pourront également toutes communiquer entre elles.

Un sous-réseau est un groupe de machines dont les adresses IP respectent un certain ordre. Il est défini à l'aide de deux éléments :

- le réseau (*network prefix*) : quelque chose comme 192.168.0.0 ou 10.23.2.0.
- le masque de sous-réseau (*subnet mask*) : quelque chose comme 255.255.255.0 ou 255.255.0.0.

À première vue, on ne voit pas trop comment ces deux éléments sont censés définir l'ensemble des adresses IP d'un sous-réseau. Or, il suffit de les convertir en binaire pour mieux comprendre. Le masque définit l'emplacement des bits dans une adresse IP qui sont communs au sous-réseau. Voici par exemple les formes binaires de 192.168.0.0 et 255.255.255.0 :

```
192.168.0.0     : 11000000 10101000 00000000 00000000
255.255.255.0 : 11111111 11111111 11111111 00000000
```

Et voici la même conversion pour 10.23.2.0 et 255.255.0.0 :

```
10.23.2.0       : 00001010 00010111 00000010 00000000
255.255.255.0 : 11111111 11111111 00000000 00000000
```

Dans chacun des exemples, je peux faire varier les bits qui ne sont pas en gras (la partie à droite) pour obtenir une adresse IP valide dans le sous-réseau.

Établir un contact avec une machine distante : ping

Retenons le fait que les machines d'un même réseau sont capables de communiquer entre elles. Pour l'instant, notre réseau ne comporte que deux machines, si l'on peut dire : le PC et le routeur. En effet, le routeur est aussi une machine (ou un *hôte*), même s'il n'est doté ni d'un clavier ni d'un écran. Il contient un petit système d'exploitation embarqué (Linux, eh oui !) et il s'acquitte des quelques tâches simples pour lesquelles il est construit.

Normalement, un routeur est livré avec une adresse IP fixe préconfigurée par défaut, indiquée sur la petite note explicative qui l'accompagne. À titre d'exemple, les Livebox de chez Orange sont souvent préconfigurées avec une adresse IP 192.168.1.1. Dans notre cas, le routeur Netgear livré par Nerim a une adresse IP par défaut 192.168.0.1. Voyons voir si j'arrive à établir une liaison avec le routeur. Pour cela, j'utilise la commande `ping`, qui dit en quelque sorte « Allô, il y a quelqu'un ? » :

```
$ ping -c 4 192.168.0.1
PING 192.168.0.1 (192.168.0.1) 56(84) bytes of data.
64 bytes from 192.168.0.1: icmp_seq=1 ttl=64 time=0.354 ms
64 bytes from 192.168.0.1: icmp_seq=2 ttl=64 time=0.361 ms
64 bytes from 192.168.0.1: icmp_seq=3 ttl=64 time=0.340 ms
64 bytes from 192.168.0.1: icmp_seq=4 ttl=64 time=0.334 ms

--- 192.168.0.1 ping statistics ---
4 packets transmitted, 4 received, 0% packet loss, time 3000ms
rtt min/avg/max/mdev = 0.334/0.347/0.361/0.017 ms
```

Le routeur a répondu !

Le routeur : un centre de tri pour paquets numériques

Je viens d'insister sur le fait que les machines d'un même réseau peuvent communiquer entre elles. Dans ce cas, comment se fait-il qu'on puisse communiquer, par exemple, avec la machine 216.58.209.67 (en affichant la page d'accueil de www.google.fr stockée sur la machine en question), alors que celle-ci ne fait manifestement pas partie de notre réseau 192.168.0.*quelque chose* ?

Réponse : parce que nous passons par le routeur. Ce dernier est défini en tant que passerelle (*gateway*), qui sert à faire communiquer votre machine avec le monde extérieur. L'information que vous envoyez ou que vous recevez transite sur le réseau sous forme de *paquets*. Si une passerelle est définie, tous les paquets qui ne concernent pas le réseau local sont envoyés par cette porte vers le monde extérieur. La commande `route` indique si la passerelle est définie correctement :

```
$ /sbin/route -n
Kernel IP routing table
Destination     Gateway         Genmask         Flags ...   Iface
0.0.0.0         192.168.0.1     0.0.0.0         UG    ...   eth0
192.168.0.0     0.0.0.0         255.255.255.0 U       ...   eth0
```

La colonne `Destination` nous fournit des préfixes de réseaux et la colonne `Genmask` affiche le masque de sous-réseau correspondant. Dans l'exemple, deux réseaux sont définis :

- 0.0.0.0/0.0.0.0 correspond à l'ensemble des adresses Internet.
- 192.168.0.0/255.255.255.0 correspond à notre réseau local.

La lettre `U` dans la colonne `Flags` indique que le réseau en question est actif (*Up*) et la lettre `G` signifie que tout le trafic pour le réseau en question doit nécessairement être envoyé à la passerelle (*Gateway*). Enfin, la colonne `Gateway` fait bien apparaître l'adresse IP de notre routeur. Nous reviendrons plus en détail sur la configuration de celui-ci.

Sous les pavés numériques, la plage d'adresses IP privées

La commande `ifconfig` vous a retourné votre adresse IP sous la forme `inet adr:192.168.0.10`. Même si le nom le suggère, cette adresse n'est pas normalement « joignable » à partir d'Internet. Elle fait partie de la plage standardisée d'adresses IP privées réservées aux réseaux locaux privés :

* 10.0.0.0 à 10.255.255.255
* 172.16.0.0 à 172.31.255.255
* 192.168.0.0 à 192.168.255.255

Bien sûr, la solution la plus simple consisterait à utiliser une adresse publique. Le hic, c'est que vous devez acheter celle-ci chez un fournisseur d'accès. Un abonnement à Internet vous fournit en général une seule adresse publique pour vous rattacher au monde extérieur. C'est largement suffisant si vous n'utilisez qu'une seule machine. Pour configurer votre réseau domestique, il vous faudrait acheter un bloc d'adresses entier, ce qui revient très cher, mais rassurez-vous, il existe une solution au problème.

Relier le public et le privé

Un routeur est un hôte un peu spécial, qui assure la communication entre deux réseaux. Il fait transiter les paquets d'un réseau à un autre. Dans les réseaux domestiques, c'est le plus souvent le modem routeur ADSL qui assume ce rôle. Dans les réseaux d'entreprise – comme dans le bureau où j'écris ces lignes – c'est une machine un peu spéciale, un serveur équipé d'au moins deux cartes réseau, qui fait office de passerelle vers le monde extérieur. Dans un cas comme dans l'autre, à partir du moment où nous avons un réseau local avec plusieurs machines, tous les hôtes du réseau utilisent cette passerelle pour communiquer avec les machines en-dehors du réseau.

Sans trop entrer dans les détails, l'astuce du routeur consiste à manipuler les paquets qu'il fait transiter. Côté Internet, le routeur dispose d'une adresse publique. Il se fait donc passer lui-même pour l'expéditeur de chaque paquet qu'il envoie sur Internet. La procédure s'inverse pour les paquets entrants : la passerelle remplace l'adresse de destination par l'adresse IP privée de la machine qui attend une réponse d'Internet.

> **À RETENIR**
>
> S'il ne fallait retenir que cela : dans un réseau local privé, la passerelle vous permet de communiquer avec Internet.

Le système de noms de domaine : l'annuaire d'Internet

Maintenant, comment s'y retrouver dans toute cette jungle d'adresses IP ? Est-ce qu'il faut se constituer un agenda, comme dans le bon vieux temps où les téléphones avaient juste un cadran et rien d'autre ? Eh non, ce n'est pas nécessaire, grâce à DNS, le système de noms de domaine (*Domain Name System*). Les humains savent passablement mémoriser et gérer des noms comme www.google.fr, www.centos.org ou www.xfce.org. Le système de noms de domaine nous épargne donc la tâche pénible de devoir mémoriser des adresses comme 216.58.211.99, 85.12.30.226 ou 138.48.2.103. Vous pouvez d'ailleurs filer la métaphore avec les numéros de téléphone en considérant DNS comme un service d'annuaire global.

Les serveurs DNS (qu'on appelle aussi « serveurs de noms ») sont organisés de façon hiérarchique. Lorsqu'un serveur n'arrive pas à résoudre un certain nom, c'est-à-dire à fournir une adresse IP correspondante, il envoie à son tour une requête au prochain serveur dans la hiérarchie et ainsi de suite. Chaque client doit donc connaître au moins un serveur DNS pour pouvoir ensuite se faufiler dans cette hiérarchie.

Lorsque nous avons invoqué la commande host un peu plus haut, nous avons fait exactement cela : nous avons envoyé une requête à un serveur de noms en lui fournissant un nom de domaine et il nous a gracieusement retourné une adresse IP.

Configurer une connexion à Internet

Tentons un petit récapitulatif. Quel est le minimum syndical dont nous avons besoin pour configurer une connexion à Internet ? Ici, je vais partir du principe que le matériel est correctement géré par le système :

- une adresse IP pour le PC ;
- un masque de sous-réseau pour le PC ;
- l'adresse IP de la passerelle ;
- au moins une adresse IP de serveur DNS.

C'est tout. Ces quatre conditions suffisent pour vous connecter à Internet.

Dans notre exemple, nous n'avons pas vraiment configuré quoi que ce soit. Nous nous sommes contentés d'afficher les détails de la configuration. D'où nous viennent donc ces données ?

> UN PEU DE MAGIE **Configuration autonome**
>
> Il n'y a pas si longtemps, un vendeur de matériel informatique local[a], à qui je demandais des détails sur la configuration d'un de ses réseaux sur lequel je devais intervenir, m'a expliqué que ses machines étaient sous Windows et qu'elles se configuraient « elles-mêmes, comme ça, toutes seules, au démarrage, c'est automatique, vous voyez ? » Notre système Linux serait-il doté du même pouvoir de configuration *automagique* que les systèmes Windows vendus dans le Gard ?
>
> a. Le patron d'une entreprise informatique qui installe des réseaux pour des clients professionnels. Vous avez peut-être un bel avenir devant vous. Armez-vous jusqu'aux dents de compétences informatiques en terminant la lecture de ce livre et foncez.

Configuration dynamique : DHCP

La réponse à notre question est simple et elle s'appelle DHCP *(Dynamic Host Configuration Protocol)*. Ce sigle désigne le protocole d'allocation dynamique d'adresses IP. Nous l'avons brièvement évoqué au début du livre, lors de l'installation du système en mode « poule ». Pour avoir une première idée de quoi il s'agit, tentons une petite expérience. Lors du démarrage de la machine, vous avez peut-être vu défiler une série de messages qui ressemblent à ceci :

```
eth0: soliciting a DHCP lease
eth0: offered 192.168.0.10 from 192.168.0.1
eth0: leased 192.168.0.10 for 86400 seconds
eth0: adding route to 192.168.0.0/24
eth0: adding default route via 192.168.0.1
```

La configuration des interfaces réseau de notre machine est gérée par le fichier `/etc/rc.d/rc.inet1`.

LE CONSEIL DU CHEF   Vérifier le type de fichiers avec file

Il est temps que j'ouvre une petite parenthèse et que je vous présente la commande `file`. Lorsque vous vous demandez ce que peut bien contenir un fichier, de quel type il est – si c'est un fichier texte, une image, un document PDF, un binaire exécutable ou autre chose – la commande `file` vous le dit. Certes, dans de nombreux cas, un suffixe de fichier (comme `.txt` ou `.jpg`) vous en informe, mais sachez que ce suffixe ne vous garantit rien. En d'autres termes, il est possible de tricher en renommant le fichier. Pour en avoir le cœur net, utilisez la commande `file`. Les non-dupes n'errent pas toujours...

Voyons d'abord de quel type de fichier il s'agit :

```
# file /etc/rc.d/rc.inet1
/etc/rc.d/rc.inet1: POSIX shell script, ASCII text executable
```

Il s'agit d'un fichier texte ASCII exécutable, c'est-à-dire d'un script *shell*. Ce qui m'importe ici, c'est qu'il soit humainement lisible et que je puisse afficher son contenu à l'aide d'outils comme `cat`, `less`, `head` ou de mon éditeur de texte préféré :

```
# head -n 4 /etc/rc.d/rc.inet1
#! /bin/sh
# /etc/rc.d/rc.inet1
# This script is used to bring up the various network
# interfaces.
```

LE SAVIEZ-VOUS ?   Texte ASCII

ASCII ou *American Standard Code for Information Interchange* signifie qu'il s'agit de texte simple, c'est-à-dire pas écrit par des gens qui mangent des grenouilles et des fromages qui cavalent sur la table. Ce texte ne contient donc pas de caractère comme ç, é, ô ou autres horreurs du genre.

Si nous relançons ce script, nous obtenons la même série de messages que ceux qui s'affichaient au démarrage :

```
# /etc/rc.d/rc.inet1 restart
...
eth0: soliciting a DHCP lease
eth0: offered 192.168.0.10 from 192.168.0.1
eth0: leased 192.168.0.10 for 86400 seconds
eth0: adding route to 192.168.0.0/24
eth0: adding default route via 192.168.0.1
...
```

En clair, notre machine requiert un bail DHCP (*DHCP lease*). Le serveur DHCP à l'adresse 192.168.0.1 attribue alors l'adresse 192.168.0.10 à notre machine et ce pour une durée d'un jour (86 400 secondes). Enfin, l'adresse IP de la passerelle 192.168.0.1 (*default route*) est également définie.

Votre routeur intègre un serveur DHCP. C'est lui qui se charge de configurer votre PC *par magie* au moment du démarrage.

Paramétrer le serveur DHCP intégré dans le modem routeur

Votre modem routeur est une machine à part entière, dépourvue d'un clavier et d'un écran. Ce genre de petite machine se configure en général par le biais d'une interface web, en ouvrant un navigateur à l'adresse IP de la « boîte noire ».

Lançons Mozilla Firefox à l'adresse du routeur http://192.168.0.1. Dans l'interface de navigation, cherchons la page pour configurer le serveur DHCP (*Avancé>Paramétrage>Paramétrage du LAN*).

Figure 14–6
L'interface de configuration
du routeur

• L'*Adresse IP* du routeur (192.168.0.1 dans l'exemple) est préconfigurée, mais vous voyez qu'elle n'est pas immuable.

* De même pour le *Masque de sous-réseau IP* (255.255.255.0).
* En-dessous de la case *Utiliser le routeur comme serveur DHCP*, les deux champs *Adresse IP de début* et *Adresse IP de fin* définissent la plage d'adresses IP (192.168.0.10 à 192.168.0.240 dans l'exemple) que le serveur DHCP va attribuer de façon dynamique aux machines du réseau local. Remarquons que les adresses entre 192.168.0.2 et 192.168.0.9 ainsi que celles entre 192.168.0.241 et 192.168.0.254 ne sont pas utilisées. Nous verrons bientôt l'intérêt de réserver une plage d'adresses non attribuées par DHCP.

La configuration DHCP en détail

Il est temps maintenant de voir comment notre ordinateur est configuré « en DHCP ». Rappelez-vous que lors de l'installation de Slackware, nous avons choisi la configuration DHCP (*Use a DHCP server to configure ethernet*). Voyons maintenant ce que cela a donné sous le capot.

Nous avons vu un peu plus haut que sur un système Slackware, c'était le script /etc/rc.d/rc.inet1 qui gérait la configuration des interfaces réseau. Or, la configuration à proprement parler a été délocalisée – si l'on peut dire – dans un fichier séparé rc.inet1.conf, pour des raisons de lisibilité :

```
# cd /etc/rc.d/
# ls -l rc.inet1*
-rwxr-xr-x 1 root root 10878 nov.  20  2015 rc.inet1*
-rw------- 1 root root  3888 juil.  3 11:34 rc.inet1.conf
```


Vérifions le type de fichier :

```
# file rc.inet1.conf
rc.inet1.conf: ASCII text
```

Là encore, il s'agit bien d'un fichier texte et nous pouvons donc en afficher le contenu avec les outils Unix habituels ou avec un éditeur de texte simple.

En règle générale, les fichiers de configuration sont amplement commentés par Patrick Volkerding et l'on peut considérer que ces commentaires constituent une partie importante de la documentation de Slackware :

```
# less /etc/rc.d/rc.inet1.conf
...
# This file contains the configuration settings for network
# interfaces. If USE_DHCP[interface] is set to "yes", this
# overrides any other settings.
#
# If you don't have an interface, leave the settings null ("").
# You can configure network interfaces other than eth0,eth1...
# by setting IFNAME[interface] to the interface's name. If
# IFNAME[interface] is unset or empty, it is assumed you're
# configuring eth<interface>.
...
```

Et voici la section de configuration qui nous intéresse plus particulièrement :

```
...
# Config information for eth0:
IPADDR[0]=""
NETMASK[0]=""
USE_DHCP[0]="yes"
DHCP_HOSTNAME[0]=""
...
```

Les valeurs respectives de IPADDR[0] et NETMASK[0] ne sont pas renseignées, ce qui est normal, étant donné qu'elles nous sont fournies par le serveur DHCP. Il en va de même pour GATEWAY, que vous trouverez un peu plus bas dans le fichier :

```
# Default gateway IP address:
GATEWAY=""
```

Il ne nous manque plus que l'adresse IP d'un serveur DNS. Comment connaître ce dernier, d'ailleurs ? C'est le fichier /etc/resolv.conf qui nous le dira :

```
# cat /etc/resolv.conf
# Generated by dhcpcd from eth0.dhcp
# /etc/resolv.conf.head can replace this line
nameserver 192.168.0.1
# /etc/resolv.conf.tail can replace this line
```

La ligne nameserver me renseigne sur l'adresse IP du serveur de noms utilisé, en l'occurrence 192.168.0.1. Notre modem routeur fait donc également office de serveur DNS.

Configuration statique

Jusque-là, c'est le serveur DHCP qui a « décidé » de la configuration IP de notre machine. Il est possible de faire autrement, en configurant notre PC de manière statique.

Nous avons vu que le minimum pour configurer une connexion à Internet, c'était une adresse IP et un masque de sous-réseau pour le PC, une adresse IP de passerelle et – au moins – une autre pour un serveur DNS. Oublions allègrement notre serveur DHCP et faisons les choses nous-mêmes, en éditant `/etc/rc.d/rc.inet1.conf`.

Tout d'abord, il faut indiquer à `rc.inet1.conf` de ne plus configurer la carte Ethernet par le biais du serveur DHCP, mais statiquement. Dans un premier temps, on va donc supprimer `USE_DHCP[0]="yes"` pour laisser le champ vide :

```
USE_DHCP[0]=""
```

À présent, plus rien ni personne ne nous fournira d'adresse IP. C'est donc à nous de nous en charger. Veillez à bien respecter les principes énoncés dans l'encadré ci-après.

> IMPORTANT **Règles à respecter dans le choix d'une adresse IP**
>
> - D'une part, l'adresse IP doit appartenir au même réseau que les autres machines, le routeur en l'occurrence. Si votre routeur est 192.168.0.1 avec un masque de sous-réseau 255.255.255.0 et si vous définissez une adresse 192.168.3.2 avec un masque 255.255.255.0, vous n'irez pas bien loin, étant donné que les deux adresses IP appartiennent à des réseaux différents. Les deux machines ne pourront pas s'envoyer de `ping`.
> - D'autre part, il ne doit pas y avoir conflit d'adresses, c'est-à-dire que toutes les machines du réseau doivent avoir des adresses IP bien distinctes. Dans une salle de classe, ce n'est pas bien grave si deux élèves répondent au nom de « Tom » ; l'institutrice fera la distinction et tranchera en cas de confusion. Dans un réseau informatique en revanche, c'est très ennuyeux si deux machines ont la même adresse IP ; vous ne pourrez pas en montrer une du doigt et lui dire : « Non, pas toi, l'autre ! »
> - Enfin, pour faire les choses proprement, prenez l'habitude de définir les adresses IP statiques en dehors de la plage d'adresses attribuées par le serveur DHCP. Comme ça, si quelqu'un vient se connecter à l'improviste à votre réseau, avec son ordinateur portable par exemple, il évite de se faire attribuer une adresse qui est déjà utilisée par ailleurs.

Dans notre exemple, je choisis l'adresse IP 192.168.0.2 pour ma machine. D'une part, cette adresse n'est utilisée par aucune autre machine dans le réseau. D'autre part, elle se situe bien en dehors de la plage d'adresses attribuées par le serveur DHCP. Pour ce faire, j'indique ceci dans `rc.inet1.conf` :

```
# Config information for eth0:
IPADDR[0]="192.168.0.2"
NETMASK[0]="255.255.255.0"
USE_DHCP[0]=""
DHCP_HOSTNAME[0]=""
```

La configuration de la passerelle se fait un peu plus bas dans `rc.inet1.conf` :

```
# Default gateway IP address:
GATEWAY="192.168.0.1"
```

Prenez en compte la nouvelle configuration :

```
# /etc/rc.d/rc.inet1 restart
```

> REMARQUE **À propos de la méthode employée**
>
> Une remarque s'impose ici. Je ne vous ai pas montré la manière *pure et dure* de configurer le réseau à la main. Si j'avais voulu faire cela, nous nous serions essentiellement servi des seules commandes `ifconfig` et `route`. J'ai opté pour ce compromis, qui me semble plus viable pour un débutant.

Renseigner les serveurs DNS

Il ne nous reste plus qu'un détail à régler pour que notre configuration statique soit fonctionnelle. Éditez `/etc/resolv.conf` et indiquez l'adresse du serveur DNS, précédée de `nameserver`, comme ceci :

```
nameserver 192.168.0.1
```

Dans certains cas de figure, votre fournisseur d'accès vous indique l'adresse d'un ou deux serveurs DNS publics. Le fichier `/etc/resolv.conf` pourra donc ressembler à ceci :

```
nameserver 195.5.209.150
nameserver 194.79.128.150
```

À présent, testez la connexion en envoyant un `ping` vers une machine extérieure :

```
$ ping -c 4 www.google.fr
```

> ASTUCE **Empêcher l'écrasement de /etc/resolv.conf**
>
> Vous serez probablement surpris de constater que votre configuration n'est plus fonctionnelle après un redémarrage de la machine. Cela tient au fait que le fichier `/etc/resolv.conf` s'est fait écraser à l'arrêt du système par le client DHCP qui tournait encore. La solution la plus simple consiste évidemment à éditer `/etc/resolv.conf` une deuxième fois après le redémarrage initial. Pour éviter cette corvée, il suffit de tuer le client DHCP avant de redémarrer la machine :
>
> ```
> # ps aux | grep dhcpcd | grep -v grep
> root    870  0.0  0.0   6688  2028 ?    Ss   07:46   0:00 /sbin/dhcpcd -t 10 eth0
> # killall dhcpcd
> ```

Diagnostiquer le réseau en cas de panne

Tout cela vous paraît bien compliqué ? Sachez que dans l'écrasante majorité des cas, les paramètres réseau d'une machine se définissent lors de son installation. Une fois que c'est fait, c'est assez rare que l'on soit obligé de remettre les mains à la pâte.

En contrepartie, il peut arriver que quelque chose coince dans le réseau et, dans ce cas, la connaissance des principes de base et d'une poignée d'outils de diagnostic fera toute la différence. Le jour où votre connexion à Internet sera interrompue[1] pour une raison inconnue, vous ne resterez plus « comme le bœuf devant la nouvelle porte de l'étable », comme on dit dans mon pays natal.

Les mécaniciens dans les garages BMW disposent de véritables *checklists* qui leur permettent de faire face de façon un peu plus systématique à toute une série de dysfonctionnements éventuels. Nous pourrions nous amuser à établir notre propre liste de détails à vérifier pour le cas d'une connexion à Internet défaillante. La liste ne sera pas forcément exhaustive, mais cela vous aidera.

1. La carte réseau est-elle physiquement installée dans la machine ? La question peut paraître stupide, mais il peut arriver qu'un utilisateur qui garde sa tour sous son bureau lui donne un coup de pied par inadvertance[2] et, de ce fait, déloge la carte Ethernet de son emplacement. Si la commande `lspci | grep -i eth` ne vous retourne rien, il faudra ouvrir le PC et remettre la carte réseau en place.

2. La carte est-elle correctement gérée par le système ? Que dit `ifconfig -a dmesg | grep -i eth` ?

3. La machine est-elle censée être configurée en IP dynamique (DHCP) ou en IP statique ?

4. L'interface est-elle activée ? Que dit `ifconfig eth0` ?

5. Sommes-nous physiquement reliés au modem routeur ? Arrivons-nous à envoyer un `ping` à ce dernier ? Là aussi, les petites languettes sur les connecteurs RJ45 s'arrachent parfois et il en résulte de simples faux contacts. Une petite lumière verte sur la prise Ethernet vous indique si le contact est bon.

6. Parvenons-nous à envoyer un `ping` à d'autres machines du réseau ? Dans le cas contraire, avons-nous des doublons dans le réseau ? Y a-t-il un conflit d'adresses IP quelque part ?

7. Arrivons-nous à *pinguer* une adresse IP sur Internet ? Essayez des adresses comme 8.8.8.8 ou 8.8.4.4 (les deux serveurs DNS de Google). Autrement, essayez avec les adresses IP des DNS de votre FAI. Si cela ne marche pas, c'est probablement un problème de passerelle mal définie. Vérifiez le résultat de `route -n` et regardez la définition de GATEWAY si votre configuration est statique.

8. Essayez de *pinguer* un nom de domaine comme google.fr ou yahoo.fr. Si vous arrivez à joindre des adresses IP sur Internet, alors que la résolution de noms de domaine échoue, c'est à coup sûr un problème de DNS mal renseigné. Dans ce cas, vérifiez le contenu de /etc/resolv.conf et voyez si les adresses IP des serveurs DNS de votre fournisseur d'accès y figurent bien.

---

1. Un client m'a appelé un jour et m'a confié d'une voix terrifiée : « Googol a disparu. »
2. D'où l'expression « administrer un coup de pied »...

Et comment faire avec plusieurs PC ?

Si vous disposez de plusieurs machines, vous pouvez configurer un petit réseau local. Contrairement à ce que vous pourriez imaginer, c'est extrêmement simple. Certes, nous n'abordons pas ici certaines questions comme le partage de fichiers ou l'administration d'un ordinateur à distance. En revanche, nous pouvons déjà songer à partager certaines ressources, comme la connexion à Internet ou l'imprimante.

Que vous ayez deux, trois, cinq ou dix postes à relier, le principe sous-jacent à la mise en réseau de PC reste toujours le même. En gros, cela ne sera jamais plus compliqué, il faudra simplement investir davantage de temps, de travail et de matériel.

Prenons un cas de figure plausible et même assez courant. Trois ordinateurs de bureau dans une maison : un pour votre travail, un autre pour le loisir (ce qu'on nomme communément le « multimédia ») et un dernier dans la chambre des enfants. Une revue que vous avez parcourue dans la salle d'attente de votre médecin vous a appris que les ondes d'un réseau sans fil avaient peut-être des effets néfastes sur votre santé et vous décidez de monter un petit réseau câblé. Il vous faut donc une série de câbles Ethernet suffisamment longs, un pour chaque PC et un autre pour le modem routeur. Et quelque chose pour relier tous ces câbles entre eux, non ?

Figure 14–7
Une multiprise pour un réseau
câblé : un switch

Au cas où votre modem routeur n'offre pas assez de branchements, la liaison physique des câbles s'effectue avec ce que l'on appelle en bon français un *switch*, une sorte de multiprise pour câbles réseau. Un switch neuf vaut une dizaine d'euros, peut-être un petit peu plus, mais n'allez pas investir cinquante euros ou même beaucoup plus dans de l'équipement haut de gamme pour un usage domestique. Techniquement parlant, c'est un peu plus compliqué, mais pour ce que nous entreprenons, vous pouvez très bien considérer un switch aussi simplement que la multiprise 220 volts que vous utilisez pour brancher le tuner, le lecteur CD, le lecteur de cassettes et l'ampli à l'unique prise derrière le meuble Hi-Fi.

La connexion des différents composants est un jeu d'enfant. D'un côté, reliez la prise Ethernet du modem routeur avec l'un des ports du switch, peu importe lequel. Et de l'autre côté, chacun des ports restants du switch pourra être utilisé pour relier la carte réseau de chaque PC. Précisons que là aussi, il faut utiliser des câbles plats partout. Certains switchs sont intelligents et « rectifient le tir » si vous utilisez accidentellement un câble croisé, mais il vaut mieux partir du bon pied.

LE CONSEIL DU CHEF Configuration statique ou dynamique ?

En théorie, vous êtes libre de configurer tous vos postes en DHCP ou en statique comme bon vous semble, du moment que vous évitez le conflit d'adresses. En pratique, c'est une bonne idée de configurer au moins un poste en IP statique, ce qui permettra de configurer le partage de certaines ressources.

Nous aurons l'occasion de revenir sur les questions de réseau vers la fin de cet ouvrage, en abordant les réseaux sans fil. Pour l'instant, restons-en là, car il y a déjà pas mal de choses à assimiler.

ALLER PLUS LOIN Spécificités des distributions

Tout ce que nous avons vu dans ce chapitre est directement applicable pour les distributions de la famille Slackware.

Les distributions de la famille Red Hat, c'est-à-dire CentOS, Fedora, Red Hat Enterprise Linux ou Oracle Linux se configurent par le biais d'une série de scripts comme `/etc/sysconfig/network` et `/etc/sysconfig/network-scripts/ifcfg-*`, avec leur propre syntaxe bien documentée.

Les distributions comme SuSE ou Mageia utilisent également des scripts dans `/etc/sysconfig`, mais il s'agit là de distributions qui déconseillent explicitement l'édition manuelle des fichiers de configuration (en les éditant, vous verrez parfois des commentaires du genre `DO NOT EDIT THIS BY HAND`).

La configuration du réseau dans les distributions de la famille Debian (SolydK, SolydX, Mint, Ubuntu, Kubuntu, Xubuntu, etc.) s'effectue dans `/etc/network/interfaces` pour l'ensemble des interfaces réseau.

En règle générale, reportez-vous à la documentation spécifique pour chaque distribution. Vous verrez qu'une fois que vous aurez compris le principe sous-jacent à la configuration du réseau, les différences entre les distributions ne sont souvent qu'une simple question de syntaxe. C'est comme passer d'une Mercedes à une 206 (vécu). Les manettes, les pédales et le frein à main ne sont pas tout à fait au même endroit, mais après un temps d'adaptation, les différences se font vite oublier.

15

Installer et gérer des logiciels

L'installation et la gestion des logiciels est un domaine qui différencie de manière fondamentale l'univers de Windows et celui de Linux. Non content de cela, c'est également là que l'on verra diverses façons de gérer les paquets logiciels selon les familles de distributions Linux. L'utilisation de Slackware nous sera particulièrement utile ici sur un plan purement pédagogique, étant donné que sa panoplie de gestionnaires de paquets traditionnels s'avère extrêmement flexible et robuste au quotidien. Enfin, comparée aux autres distributions, la construction de paquets logiciels à partir du code source est même relativement simple.

Petit aperçu pour les utilisateurs de Windows

Certains d'entre vous ont peut-être déjà eu l'occasion d'installer un logiciel sous Windows. Pour installer Mozilla Thunderbird, par exemple, vous vous rendez sur le site web correspondant (https://www.mozilla.org/fr/thunderbird) et vous cliquez sur *Téléchargement gratuit* en-dessous de la présentation du logiciel. Ensuite, vous lancez l'assistant d'installation en double-cliquant sur l'icône du fichier `Thunderbird Setup.exe` téléchargé ; vous confirmez successivement les choix par défaut et le tour est joué. Pour installer par exemple le lecteur multimédia VLC, vous vous rendez sur le site http://www.videolan.org/vlc, cliquez sur *Télécharger VLC*, passez la publicité, téléchargez le fichier `vlc-x.y.z-win32.exe`, le lancez en double-cliquant dessus, choisissez la langue, acceptez la licence, définissez le profil par défaut et le dossier cible et vous terminez l'installation.

Le jour où vous ne souhaitez plus utiliser les logiciels en question, vous vous rendez dans le *Panneau de Configuration*, ouvrez la rubrique *Programmes>Désinstaller un programme*, cliquez-droit sur la ligne du programme, choisissez *Désinstaller* et le logiciel en question sera supprimé de votre disque dur. Il n'en restera rien… à part quelques obscurs griffonnages dans la base de registre, résidus quasiment négligeables, à condition de ne pas répéter trop souvent les opérations d'installation et de désinstallation.

L'installation de logiciels sous Linux est radicalement différente, à tel point que je n'essaierai même pas de relever d'éventuelles similitudes comme point de départ de mon explication. Au lieu de cela, je traiterai la question en revenant à la case départ, ou presque. Là encore, nous mettrons un pied devant l'autre en appliquant chaque chose apprise sur un exemple pratique. Une fois que vous aurez saisi les principes de base, nous pourrons comparer les différentes approches.

Anatomie d'un paquet Slackware

Regardons de plus près à quoi ressemblent les paquets logiciels fournis par Slackware. Pour ce faire, nous pouvons utiliser le DVD d'installation, le jeu de CD-Rom ou les dépôts en ligne. Si j'utilise le DVD de Slackware64 14.2, je pourrai parcourir son contenu comme suit :

```
# mount /dev/cdrom /mnt/cdrom
# cd /mnt/cdrom/slackware64/
```

Avec la version 32-bits, cela donne :

```
# cd /mnt/cdrom/slackware/
```

Bien entendu, rien ne vous empêche de vous servir du navigateur de fichiers Thunar pour parcourir le support d'installation. À défaut de lecteur optique, vous pouvez toujours lancer votre navigateur web Mozilla Firefox à l'adresse http://mirrors.slackware.com/slackware/ et parcourir les arborescences slackware-14.2/ et slackware64-14.2/.

Les répertoires a/, ap/, d/, e/, f/, etc. correspondent chacun à un groupe de paquets Slackware, comme nous l'avons vu au chapitre 3. Vous constaterez qu'ils contiennent tous une série de fichiers *.txz, *.txt et *.txz.asc.

> DÉTAIL **Que sont tous ces fichiers ?**
>
> Le fichier *.txz est le paquet logiciel à proprement parler. Le fichier *.txt fournit la description du paquet au format texte simple. Quant au fichier *.txz.asc, c'est la signature GPG du paquet, qui prouve que ce dernier a bien été ficelé par un développeur Slackware.

Maintenant, cherchez et affichez les paquets (fichiers *.txz) suivants :

* emacs
* vim
* mozilla-firefox

Voici ce que vous obtenez :

* `emacs-24.5-x86_64-2.txz`
* `vim-7.4.1938-x86_64-1.txz`
* `mozilla-firefox-45.2.0esr-x86_64-1.txz`

Les paquets de la version 32-bits ont des noms différents :

* `emacs-24.5-i586-2.txz`
* `vim-7.4.1938-i586-1.txz`
* `mozilla-firefox-45.2.0esr-i586-1.txz`

Le nom de chaque paquet fournit une série d'informations :

* le nom de l'application ou du paquet : `emacs`, `vim`, `mozilla-firefox` ;
* la version : `24.5`, `7.4.1938`, `45.2.0` ;
* l'architecture du paquet : `x86_64`, `i586` ;
* le numéro de *build* : `1`, `2`, etc.

Voilà pour le nom du paquet. Pour ce qui est du contenu à proprement parler, un paquet Slackware est une simple archive compressée au format `*.txz` qui contient :

* l'arborescence des répertoires et des fichiers ;
* les scripts post-installation ;
* la description du paquet.

FORMATS DE PAQUETS **TXZ et TGZ**

Jusqu'à la version 12.2, Slackware utilisait le format de paquets TGZ. Le passage au format TXZ à partir de la version 13.0 a été motivé par un meilleur taux de compression et la réduction de la taille des paquets qui en résulte.

Gérer les paquets Slackware avec les outils traditionnels

Depuis les toutes premières versions, Slackware fournit une collection d'outils simples – les `pkgtools` – qui servent à installer, mettre à jour, supprimer et fabriquer des paquets logiciels :

* `installpkg` ;
* `upgradepkg` ;
* `removepkg` ;
* `explodepkg` ;
* `makepkg`.

Tous ces outils se trouvent dans le répertoire `/sbin` :

```
# ls -1 /sbin/*pkg
/sbin/explodepkg
/sbin/installpkg
```

```
/sbin/makepkg
/sbin/removepkg
/sbin/upgradepkg
```

Installer un paquet

Lors de l'installation de notre système Slackware, nous avons désélectionné le groupe E, qui contient le seul paquet emacs. Installez maintenant ce paquet depuis le DVD d'installation. Si vous utilisez le jeu de CD-Rom, Emacs se trouve sur le premier CD :

```
# mount /dev/cdrom /mnt/cdrom/
# cd /mnt/cdrom/slackware64/e/
# installpkg emacs-24.5-x86_64-2.txz
Verifying package emacs-24.5-x86_64-2.txz.
Installing package emacs-24.5-x86_64-2.txz [ADD]:
PACKAGE DESCRIPTION:
# emacs (GNU Emacs)
#
# Emacs is the extensible, customizable, self-documenting
# real-time display editor. If this seems to be a bit of a
# mouthful, an easier explanation is that Emacs is a text
# editor and more. At its core is an interpreter for Emacs
# Lisp, a dialect of the Lisp programming language with
# extensions to support text editing.
# This version supports X.
#
# http://www.gnu.org/software/emacs/
#
Executing install script for emacs-24.5-x86_64-2.txz.
Package emacs-24.5-x86_64-2.txz installed.
```

Si votre machine est dépourvue de lecteur optique, vous pouvez toujours rapatrier le paquet emacs depuis le miroir de téléchargement Slackware à l'adresse http://mirrors.slackware.com/slackware/. Rangez le paquet à un endroit approprié (/root par exemple, ou alors créez un répertoire /root/pkg) et installez-le en invoquant installpkg en tant que root.

L'éditeur Emacs est désormais installé. Il existe en deux versions :

* une version graphique dans *Applications>Développement>Emacs* ;
* une version emacs en ligne de commande.

RACCOURCI CLAVIER **Quitter Emacs**

Si jamais vous avez lancé Emacs en ligne de commande en invoquant la commande emacs, appuyez successivement sur *Ctrl-X* et *Ctrl-C* pour quitter l'application.

Figure 15–1
Nous venons d'installer l'éditeur
Emacs sur notre machine. Le voici
dans sa version graphique.

Vérifier si un paquet est installé

L'installation du paquet emacs a créé une entrée dans /var/log/packages :

```
# ls /var/log/packages/emacs*
/var/log/packages/emacs-24.5-x86_64-2
```

Pour savoir si un paquet est installé, il suffit donc de vérifier s'il dispose d'une entrée dans ce répertoire. Par exemple, cherchons Firefox :

```
# ls /var/log/packages/*firefox*
/var/log/packages/mozilla-firefox-45.2.0esr-x86_64-1
```

Ici, Firefox est installé dans la version 45.2.0 ESR.

Voici un autre exemple de recherche :

```
# ls /var/log/packages/*kde*
/bin/ls: impossible d'accéder à '/var/log/packages/*kde*': Aucun fichier ou dossier
de ce type
```

Aucun paquet dont le nom contient la suite de caractères 'kde' n'est installé sur ce système.

Faites attention aux majuscules dans les noms de certains paquets :

```
# ls /var/log/packages/mplayer*
/bin/ls: impossible d'accéder à '/var/log/packages/mplayer*':
Aucun fichier ou dossier de ce type
# ls /var/log/packages/MPlayer*
/var/log/packages/MPlayer-1.2_20160125-x86_64-3
```

Supprimer un paquet

Pour supprimer un paquet installé, on utilise removepkg. Il suffit de donner le nom du paquet en argument :

```
# removepkg emacs
Removing package /var/log/packages/emacs-24.5-x86_64-2...
Removing files:
...
  --> Deleting empty directory /usr/libexec/emacs/24.5/
  --> Deleting empty directory /usr/libexec/emacs/
  --> Deleting empty directory /usr/doc/emacs-24.5/
```

On peut également fournir le nom complet du paquet en argument. Dans ce cas, la bonne pratique consiste à se placer dans /var/log/packages avant d'invoquer la commande, ce qui permet d'utiliser la complétion automatique :

```
# cd /var/log/packages/
# removepkg emacs-24.5-x86_64-2
```

Mettre à jour un paquet

Slackware fournit des mises à jour de sécurité des paquets pour chaque version. Pour connaître les dernières actualités autour des mises à jour, visitez le site officiel http://www.slackware.com, suivez le lien *ChangeLogs*, repérez le lien *Slackware-stable ChangeLog* et lisez le fichier ChangeLog.txt correspondant à la version et à l'architecture de votre système. Rien ne vous empêche d'utiliser le navigateur Mozilla Firefox pour consulter le site, mais vous pouvez très bien le faire en ligne de commande en utilisant le navigateur Links :

```
$ links www.slackware.com
```

Utilisez les touches *FlècheBas* et *FlècheHaut* pour naviguer de lien en lien. La touche *Entrée* permet de suivre un lien et la touche *FlècheGauche* vous fait revenir en arrière vers la page précédente. Une fois que vous affichez la page ChangeLog.txt, c'est le visualiseur less qui est utilisé pour vous déplacer dans le document. Enfin, utilisez la touche *Q* pour quitter Links.

Figure 15–2
En l'absence d'interface graphique,
utilisez un navigateur en ligne de
commande comme Links ou Lynx
pour lire le ChangeLog sur le site
de Slackware.

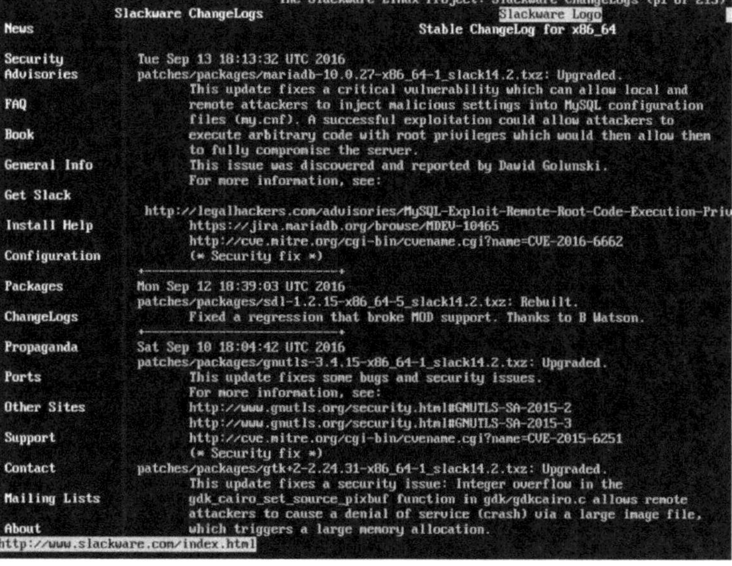

Bogues, failles de sécurité et mises à jour

Tous les logiciels ont des bogues et les composants qui constituent une distribution Linux n'y échappent pas. Dans certains cas, ces bogues peuvent être exploités pour compromettre l'intégrité du système. On parle alors de « faille de sécurité ». À titre d'exemple, un simple utilisateur peut accéder à des données normalement réservées à d'autres, acquérir des privilèges spéciaux ou faire planter une application. Dès qu'une faille de sécurité est découverte, elle est publiée sur le site CVE (*Common Vulnerabilities and Exposures*) :

▸ http://cve.mitre.org/

Slackware publie des mises à jour de sécurité pendant une période de cinq ans pour chaque version stable. Les annonces sont répertoriées sur une page dédiée sur le site :

▸ http://www.slackware.com/security/

L'historique complet des mises à jour disponibles depuis la publication est visible dans les fichiers ChangeLog.txt de chaque version :

▸ http://www.slackware.com/changelog/

Inscrivez-vous à la liste de diffusion security@slackware.com pour vous tenir informé des mises à jour de sécurité disponibles pour Slackware :

▸ http://www.slackware.com/lists/

Typiquement, une entrée du ChangeLog ressemblera à ceci :

```
Wed Aug 31 20:43:10 UTC 2016
patches/packages/mozilla-thunderbird-45.3.0-x86_64-1_slack14.2.txz:   Upgraded.
  This release contains security fixes and improvements.
  For more information, see:
    http://www.mozilla.org/security/known-vulnerabilities/thunderbird.html
  (* Security fix *)
+--------------------------+
```

Ce qu'il faut retenir ici, c'est qu'en date du 31 août 2016, le paquet `mozilla-thunderbird` a été mis à jour vers la version 45.3.0. Cette mise à jour corrige des failles de sécurité et apporte des améliorations. Le nouveau paquet est disponible sur les miroirs de téléchargement Slackware, dans le répertoire `patches/packages/`.

Là aussi, nous allons utiliser le navigateur Links pour récupérer la mise à jour manuellement, mais auparavant, nous allons créer un répertoire `/root/patches/` dans lequel nous rangerons les mises à jour téléchargées :

```
# cd
# mkdir patches
# cd patches
# links mirrors.slackware.com
```

1 Suivez le lien *Slackware File Tree*.

2 Repérez le répertoire correspondant à la version et à l'architecture du système (par exemple `slackware64-14.2/` ou `slackware-14.2/`).

3 Allez dans le répertoire `patches/packages/`.

4 Téléchargez la mise à jour en utilisant la touche D (*Download*) sur le lien en surbrillance.

5 Quittez Links avec la touche Q (*Quit*).

À présent, installez la mise à jour comme ceci :

```
# upgradepkg mozilla-thunderbird-45.3.0-x86_64-1_slack14.2.txz
+==============================================================
| Upgrading mozilla-thunderbird-45.1.1-x86_64-1 package using ./mozilla-thunderbird-
45.3.0-x86_64-1_slack14.2.txz
+==============================================================
Pre-installing package mozilla-thunderbird-45.3.0-x86_64-1_slack14.2...
```

Si tout s'est bien passé, essayez de répéter l'opération en choisissant une autre mise à jour mentionnée dans le ChangeLog de Slackware 14.2, comme `curl`, `screen` ou `glib2`.

MÉTHODOLOGIE **Pas très confortable, tout ça ?**

Rassurez-vous, personne ne vous obligera à maintenir votre système avec `links` et **`upgradepkg`**. Pour les opérations de mise à jour au quotidien, il existe des outils bien plus confortables, que nous verrons un peu plus loin. En attendant, ne dédaignez pas les outils basiques.

En savoir plus sur le contenu d'un paquet

À chaque paquet installé correspond une entrée dans /var/log/packages/. Il s'agit là de simples fichiers texte qui nous renseignent sur le contenu d'un paquet :

```
# less /var/log/packages/wget-1.18-x86_64-1
PACKAGE NAME:      wget-1.18-x86_64-1
COMPRESSED PACKAGE SIZE:      575.0K
UNCOMPRESSED PACKAGE SIZE:      2.6M
PACKAGE LOCATION: /var/log/mount/slackware64/n/wget-1.18-x86_64-1.txz
PACKAGE DESCRIPTION:
wget: wget (a non-interactive network retriever)
wget:
wget: GNU Wget is a free network utility to retrieve files from
wget: the World Wide Web using HTTP and FTP, the two most widely
wget: used Internet protocols.  It works non-interactively, thus
wget: enabling work in the background after having logged off.
wget:
wget: The author of Wget is Hrvoje Niksic <hniksic@srce.hr>.
wget:
FILE LIST:
./
etc/
etc/wgetrc.new
install/
install/doinst.sh
install/slack-desc
usr/
usr/bin/
usr/bin/wget
usr/doc/
usr/doc/wget-1.18/
usr/doc/wget-1.18/AUTHORS
usr/doc/wget-1.18/COPYING
usr/doc/wget-1.18/ChangeLog
usr/doc/wget-1.18/MAILING-LIST
usr/doc/wget-1.18/NEWS
usr/doc/wget-1.18/README
usr/info/
usr/info/wget.info.gz
usr/man/
usr/man/man1/
usr/man/man1/wget.1.gz
...
```

Gérer les paquets Slackware avec slackpkg

L'utilitaire slackpkg a été officiellement inclus dans Slackware depuis la version 13.0. Il sert à gérer les paquets Slackware de manière beaucoup plus confortable.

Deux mises en garde s'imposent. D'une part, seuls les paquets officiels sont gérés par `slackpkg`. D'autre part, la gestion des dépendances reste toujours à la charge de l'administrateur.

Configuration initiale

Le fichier `/etc/slackpkg/mirrors` contient la liste des miroirs de téléchargement de Slackware. Éditez ce fichier et décommentez (c'est-à-dire enlevez le dièse # devant) **une seule** source de paquets au choix, par exemple :

```
# GERMANY (DE)
ftp://ftp.fu-berlin.de/unix/linux/slackware/slackware-14.2/
```

> **ON EST CHEZ NOUS Pourquoi pas OVH ?**
>
> Le miroir de téléchargement français fourni par l'entreprise OVH ne fonctionne à peu près jamais. Je vous conseille donc de faire pointer `slackpkg` vers un miroir fiable en Allemagne, en Autriche ou en Suisse.

Veillez à ne pas vous tromper de section et à ne pas utiliser un site miroir de `slackware-current` ou `slackware64-current`, sous peine de vous retrouver avec la version de développement de Slackware.

Récupérez la clé GPG depuis le dépôt :

```
# slackpkg update gpg
...
Slackware Linux Project's GPG key added
```

> **SÉCURITÉ À quoi sert la clé GPG ?**
>
> La clé GPG vérifie l'authenticité des paquets téléchargés. Pour en savoir (beaucoup) plus sur GPG, lisez l'excellent ouvrage de Michael W. Lucas, disponible chez Eyrolles.
>
> 📖 *PGP & GPG*, Michael W. Lucas, Eyrolles 2006, ISBN 2-212-12001-X

Mettez à jour les informations sur les paquets disponibles :

```
# slackpkg update
Updating the package lists...
Downloading...
Downloading ftp://ftp.fu-berlin.de/unix/linux/slackware/slackware64-14.2/
ChangeLog.txt...
...
Formatting lists to slackpkg style...
Package List: using CHECKSUMS.md5 as source
Package descriptions
```

Notez bien que cette commande n'installe pas de mises à jour de paquets. Elle synchronise seulement les informations sur ce que l'on **peut** installer. Avant de rechercher, d'installer ou de mettre à jour un paquet, c'est une bonne idée d'invoquer `slackpkg update` pour être sûr d'avoir des informations à jour sur les paquets disponibles.

> Astuce **Utiliser le DVD comme source de paquets**
>
> Si l'on préfère gérer les paquets localement et faire fi des mises à jour, on peut également utiliser le DVD d'installation comme source de paquets dans `/etc/slackpkg/mirrors`. Dans ce cas, on modifiera le point de montage défini par défaut :
>
> ```
> #-------------------------------------------------------------------
> # Local CD/DVD drive
> #-------------------------------------------------------------------
> cdrom://mnt/cdrom/
> ```
>
> Bien évidemment, il faudra monter le DVD avant chaque invocation de `slackpkg` :
>
> ```
> # mount /dev/cdrom /mnt/cdrom
> ```

Installer des paquets

Une fois que `slackpkg` est correctement configuré, son utilisation est extrêmement simple. Pour installer le paquet `mplayerplug-in`, invoquez la commande suivante :

```
# slackpkg install mplayerplug-in
```

Il suffit de confirmer l'installation dans l'écran subséquent et le paquet est directement récupéré et installé.

On peut également fournir plusieurs paquets en argument :

```
# slackpkg install bittorrent recordmydesktop
```

Les groupes de paquets sont également gérés :

```
# slackpkg install kde
```

Cette dernière commande vous installe non seulement un bureau KDE complet, mais également l'ensemble des traductions disponibles pour cet environnement. Si vous ne souhaitez pas télécharger près d'un gigaoctet de paquets, cliquez simplement sur *Annuler* dans la fenêtre de confirmation.

Si notre machine ne disposait pas du bureau Xfce, nous aurions pu installer le groupe de paquets correspondant comme ceci :

```
# slackpkg install xfce
```

Supprimer des paquets

Pour supprimer un paquet, utilisez l'option remove :

```
# slackpkg remove mplayerplug-in
```

Là encore, il suffit de confirmer la suppression dans l'écran récapitulatif.

Tout comme pour l'installation, il est possible de supprimer plusieurs paquets à la fois :

```
# slackpkg remove bittorrent recordmydesktop
```

Les groupes de paquets sont également gérés pour la suppression :

```
# slackpkg remove kde
```

Ou encore :

```
# slackpkg remove xfce
```

Mettre à jour des paquets

Lorsqu'une mise à jour est disponible pour un paquet, on peut l'installer comme ceci :

```
# slackpkg upgrade mariadb
```

Il en va de même pour plusieurs paquets :

```
# slackpkg upgrade mozilla-firefox mozilla-thunderbird
```

Dans la pratique quotidienne, on mettra à jour l'intégralité du système :

```
# slackpkg upgrade-all
```

Lorsqu'une mise à jour du noyau est installée, slackpkg vous affiche le message suivant :

```
Your kernel image was updated.
We highly recommend you run: lilo
Do you want slackpkg to run lilo now? (Y/n)
```

Dans ce cas, il est impératif de répondre par l'affirmative (*Y* comme *Yes*), étant donné que le chargeur de démarrage doit être capable de trouver le nouveau noyau :

```
Warning: LBA32 addressing assumed
Added Linux   *
One warning was issued.
```

Par ailleurs, la mise à jour des paquets risque d'écraser certains fichiers de configuration et
slackpkg vous laisse le choix :

```
Searching for NEW configuration files

Some packages had new configuration files installed.
You have four choices:

    (K)eep the old files and consider .new files later

    (O)verwrite all old files with the new ones. The
       old files will be stored with the suffix .orig

    (R)emove all .new files

    (P)rompt K, O, R selection for every single file

What do you want (K/O/R/P)?
```

Étant donné que vous n'avez pas encore personnalisé grand-chose dans votre installation,
vous pouvez sereinement répondre par O comme *Overwrite*, ce qui installera les nouveaux
fichiers de configuration à la place des anciens.

Il ne vous reste plus qu'à croiser les doigts et à redémarrer.

Rechercher des paquets ou des fichiers individuels

L'option search sert à rechercher un paquet spécifique :

```
# slackpkg search k3b
Looking for k3b in package list. Please wait... DONE
The list below shows all packages with name matching "k3b".
[uninstalled] - k3b-2.0.3-x86_64-2
```

Si le paquet est déjà installé, on obtient le résultat suivant :

```
# slackpkg search links
Looking for links in package list. Please wait... DONE
The list below shows all packages with name matching "links".
[ installed ] - links-2.12-x86_64-2
```

Notez que la recherche ne doit pas obligatoirement porter sur l'intégralité du nom d'un
paquet :

```
# slackpkg search terminal
Looking for terminal in package list. Please wait... DONE
The list below shows all packages with name matching "terminal".
[ installed ] - xfce4-terminal-0.6.3-x86_64-2
```

Elle peut également porter sur un groupe de paquets :

```
# slackpkg search xfce
Looking for xfce in package list. Please wait... DONE
The list below shows all packages with name matching "xfce".
[ installed ] - Thunar-1.6.10-x86_64-3
[ installed ] - exo-0.10.7-x86_64-1
[ installed ] - garcon-0.4.0-x86_64-2
[ installed ] - gtk-xfce-engine-2.10.1-x86_64-2
...
[ installed ] - xfdesktop-4.12.3-x86_64-2
[ installed ] - xfwm4-4.12.3-x86_64-1
[uninstalled] - xfce4-mixer-4.10.0-x86_64-2
[uninstalled] - xfce4-volumed-0.1.13-x86_64-3
```

L'option `file-search` cherche des fichiers individuels, ce qui affiche le cas échéant le ou les paquet(s) contenant le fichier en question :

```
# slackpkg file-search libncurses.so
Looking for libncurses.so in package list. Please wait... DONE
The list below shows the packages that contains "libncurses\.so" file.
[ installed ] - aaa_elflibs-14.2-x86_64-23
[ installed ] - ncurses-5.9-x86_64-4
```

Si l'on souhaite en savoir un peu plus sur le contenu d'un paquet, on utilise l'option `info` :

```
# slackpkg info mesa

PACKAGE NAME:  mesa-11.2.2-x86_64-1.txz
PACKAGE LOCATION:  ./slackware64/x
PACKAGE SIZE (compressed):  8300 K
PACKAGE SIZE (uncompressed):  45200 K
PACKAGE DESCRIPTION:
mesa: mesa (a 3-D graphics library)
mesa:
mesa: Mesa is a 3-D graphics library with an API very similar to
mesa: that of another well-known 3-D graphics library.  :-)
mesa: The Mesa libraries are used by  X to provide both software
mesa: and hardware accelerated graphics.
mesa:
mesa: Mesa was written by Brian Paul.
```

Deux options fort pratiques

Le gestionnaire de paquets `slackpkg` offre une quantité de fonctionnalités, toutes répertoriées dans les pages de manuel :

```
# man -k slackpkg
slackpkg (8) - Automated tool for managing Slackware Linux packages
slackpkg.conf [slackpkg] (5)  - Configuration data for slackpkg
```

L'option `clean-system` supprime tous les paquets tiers qui ne font pas partie de la distribution officielle. Nous n'en avons pas encore pour l'instant, étant donné que nous n'avons pas encore vu la compilation de paquets, mais cela ne saurait tarder. À ce moment-là, `clean-system` permettra de faire un brin de ménage sur votre système :

```
# slackpkg clean-system
```

Vous pouvez également vous servir de `slackpkg` pour réparer un paquet endommagé. Admettons que vous ayez accidentellement supprimé le fichier `/usr/bin/glxgears`. Dans un premier temps, il vous faut rechercher le paquet qui le fournit :

```
# slackpkg file-search glxgears
Looking for glxgears in package list. Please wait... DONE
The list below shows the packages that contains "glxgears" file.
[ installed ] - mesa-11.2.2-x86_64-1
```

À partir de là, il ne vous reste plus qu'à réinstaller le paquet en question :

```
# slackpkg reinstall mesa
```

Recompiler des paquets officiels

Slackware fournit le code source de l'ensemble du système dans le répertoire `source/`. À chaque paquet du système correspond un répertoire source, qui contient en règle générale :

* le code source de l'application ou de la bibliothèque en question ;
* sa recette de fabrication sous forme de fichier `*.SlackBuild` ;
* le descriptif du paquet, nommé `slack-desc`.

Ces trois éléments constituent le minimum pour construire un paquet. En dehors de cela, on peut également trouver d'autres éléments :

* un fichier post-installation nommé `doinst.sh` ;
* d'autres fichiers comme les *patchs*, les entrées de menu, etc.

Fabriquer un paquet à partir du code source

Dans l'exemple qui suit, nous allons compiler le terminal de Xfce à partir des sources fournies par Slackware, le but du jeu étant d'obtenir un paquet binaire identique. Au préalable, il faut donc désinstaller le paquet correspondant s'il est installé :

```
# removepkg xfce4-terminal
```

Choisissez un endroit pour ranger le code source et les scripts, par exemple :

```
# cd
# mkdir -pv source/xfce4-terminal
mkdir: création du répertoire 'source'
mkdir: création du répertoire 'source/xfce4-terminal'
# cd source/xfce4-terminal/
# links mirrors.slackware.com/slackware
```

Naviguez vers le répertoire source/xfce/xfce4-terminal/ et téléchargez son contenu. Alternativement, récupérez les fichiers sources depuis le DVD d'installation. Si vous utilisez le jeu de CD-Rom, les sources du bureau Xfce se trouvent sur le CD n° 6.

COMPILATION **Sources et architecture**

Le même jeu de fichiers sources sert à fabriquer des paquets pour plusieurs architectures. Concrètement, si vous lancez votre compilation sur un système 32-bits, vous obtiendrez un paquet 32-bits. Sur un système 64-bits, vous obtiendrez un paquet 64-bits.

Sur les miroirs de téléchargement, les contenus des répertoires slackware-14.2/source/ et slackware64-14.2/source/ sont identiques.

Au total, notre répertoire source/xfce4-terminal/ devra contenir les trois éléments suivants :

```
# ls
slack-desc
xfce4-terminal-0.6.3.tar.xz
xfce4-terminal.SlackBuild
```

Le fichier xfce4-terminal.SlackBuild est un script *shell* :

```
# file xfce4-terminal.SlackBuild
xfce4-terminal.SlackBuild: POSIX shell script, ASCII text executable
```

Nous allons rendre ce script exécutable avant de le lancer :

```
# chmod +x xfce4-terminal.SlackBuild
# ./xfce4-terminal.SlackBuild
```

Le script se charge de tout ce qui est nécessaire à la construction du paquet : extraction de l'archive, configuration, compilation, installation dans un répertoire temporaire, etc. Faisons abstraction de tous les détails de la fabrication du paquet, du moment qu'au bout de l'opération, nous nous retrouvons avec quelque chose qui ressemble à ceci :

```
Slackware package /tmp/xfce4-terminal-0.6.3-x86_64-2.txz created.
```

À partir de là, il ne nous reste plus qu'à installer le paquet résultant et le tour est joué :

```
# installpkg /tmp/xfce4-terminal-0.6.3-x86_64-2.txz
```

Modifier un paquet officiel

L'intérêt de recompiler un paquet officiel, c'est de pouvoir le modifier, par exemple en ajoutant ou en retirant certaines fonctionnalités. Dans l'exemple qui suit, nous allons recompiler le paquet MPlayer pour ajouter quelques fonctionnalités au lecteur vidéo.

Dans notre répertoire local /root/source/, créons un répertoire MPlayer/, plaçons-nous dedans et récupérons les fichiers sources depuis un miroir en ligne, le DVD ou le CD n° 6. Les sources de MPlayer sont disponibles dans le répertoire source/xap/MPlayer/. Ici, les ingrédients pour la compilation sont plus nombreux :

```
# ls
Blue-1.11.tar.bz2
ffmpeg-2.8.6.tar.xz
ffmpeg-2.8.6.tar.xz.asc
include-samba-4.0.patch.gz
MPlayer-20160125.tar.xz
MPlayer.demux_lavf.flac.diff.gz
MPlayer.SlackBuild
slack-desc
```

Outre la recette de fabrication MPlayer.SlackBuild, le descriptif slack-desc et l'archive de code source MPlayer-20160125.tar.xz, nous avons également un thème graphique, deux *patchs* ainsi que le code source de ffmpeg, nécessaire pour la compilation de MPlayer. Là encore, nous pouvons faire abstraction de tout cela, ce qui est une manière savante de dire que nous allons joyeusement ignorer tous ces détails plus ou moins inquiétants qui ne nous servent à rien pour l'instant. Ouvrez le script MPlayer.SlackBuild sans vous laisser distraire par tout ce qu'il contient et jetez un œil au commentaire qui se trouve aux alentours de la ligne 160 :

```
# ----------------------------------------------------------------
# - PATENT ALERT! --
# MPLayer can be built with MP3 (lame) and AMR audio
# encoders (needed for FLV and .3GP videos) but these
# libraries are 'contaminated' with patents from Fraunhofer
# and GGP.  Also, the AAC encoder has patent issues.  You
# can build these patended algorithms into ffmpeg, and if
# you are an ordinary end user, no one will bother you for
# using them.  For the binaries based on this SlackBuild
# that I distribute, it is a different story. I am not
# allowed to distribute binary packages that incorporate
# patented code. So here you go. My Slackware package was
# built with "USE_PATENTS=NO" i.e. without using the lame
# mp3, faac, AMR and dvdcss libraries.
# ----------------------------------------------------------------
USE_PATENTS=${USE_PATENTS:-"NO"}
```

Certaines fonctionnalités de MPlayer peuvent poser problème, en effet. Les encodeurs audio comme LAME pour le MP3 sont encombrés par des brevets et l'utilisation de la bibliothèque de décryptage DVDCSS vous met carrément dans l'illégalité dans certains pays, parmi lesquels la France depuis la loi DADVSI votée en 2006.

La distribution Slackware n'a pas voulu entrer en conflit avec ces réglementations diverses et c'est pour cela que toutes ces fonctionnalités potentiellement problématiques ont été désactivées. Le paquet binaire résultant peut être redistribué dans tous les pays du monde, sans que cela ne pose de problèmes en termes purement légaux.

Or, comme le dit le commentaire reproduit plus haut, si vous n'êtes qu'un utilisateur lambda, personne ne viendra vous embêter si vous décidez de les employer. Et c'est précisément ce que nous allons faire. Éditons le script `MPlayer.SlackBuild` et modifions la ligne magique :

```
USE_PATENTS=${USE_PATENTS:-"YES"}
```

Maintenant, procédons de même pour la construction du paquet. Rendons le script exécutable et lançons-le :

```
# chmod +x MPlayer.SlackBuild
# ./MPlayer.SlackBuild
```

Ici, la construction du paquet durera plus longtemps. Comptez un petit quart d'heure sur un processeur *dual core* muni de deux gigaoctets de RAM.

> Astuce **Chronométrer une commande**
>
> Pas la peine de sortir le chronomètre pour en savoir plus sur le temps d'exécution d'une commande ou d'un script. Utilisez la commande `time` comme ceci :
>
> ```
> # time { ./MPlayer.SlackBuild ; }
> ...
> /tmp/build/package-MPlayer
> real    14m8.962s
> ```

Une fois que le paquet modifié est compilé, il suffit de l'installer :

```
# installpkg /tmp/MPlayer-1.2_20160125-x86_64-3.txz
```

Compiler des paquets tiers depuis les sources

Comparée à des distributions comme Ubuntu, Debian, openSUSE ou Fedora, Slackware n'offre qu'un choix de paquets très limité. On en arrivera très vite au point de vouloir installer une application, une bibliothèque, un thème graphique, un jeu d'icônes, voire un environnement de bureau qui n'est pas fourni par la distribution. Dans ce cas, que faire ?

Le portail SlackBuilds.org sera sans doute la meilleure adresse pour trouver des composants tiers pour votre système Slackware. Attention, SlackBuilds.org n'est **pas** un dépôt de paquets binaires. Il s'agit plutôt d'une collection extrêmement bien fournie de scripts de compilation dûment peaufinés et testés, qui vous permettent de construire à peu près n'importe quel paquet pour Slackware en un tournemain.

URL **SlackBuilds.org**

▸ http://slackbuilds.org

Figure 15–3
SlackBuilds.org permet de trouver à peu près tout ce qui n'est pas fourni d'office par la distribution Slackware.

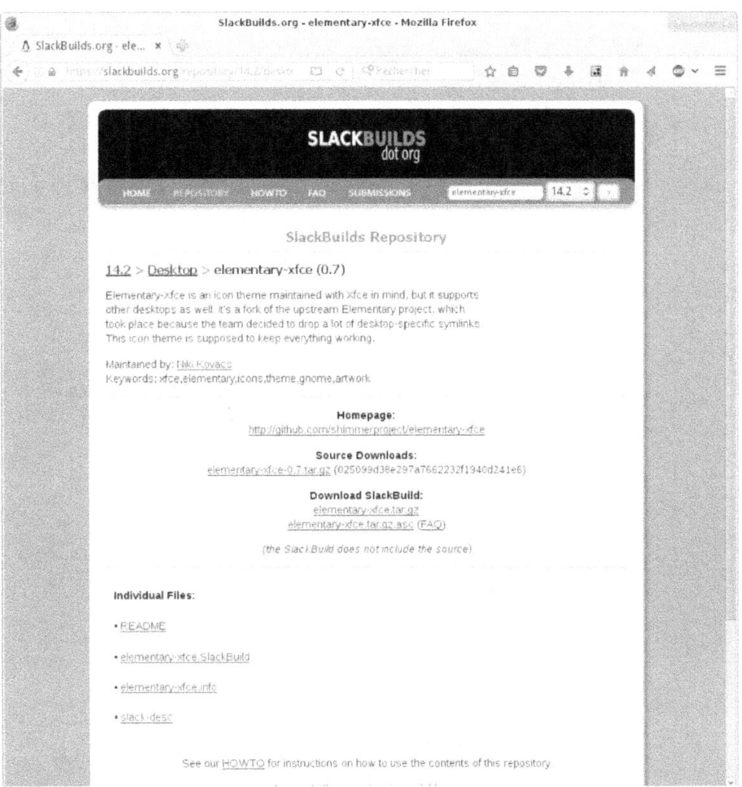

Construire un paquet à partir d'un script de SlackBuilds.org

Dans l'exemple qui suit, nous allons compiler et installer le paquet cowsay à partir du script fourni par le site SlackBuilds.org.

CULTURE HACKER **Cowsay**

Cowsay est un petit programme en ligne de commande qui crée des dessins ASCII d'une vache – ou d'autres animaux – avec un message. Et c'est aussi un grand classique que l'on retrouve un peu partout chez les geeks, dans les canaux IRC aussi bien que les signatures de courrier électronique.

Rendez-vous d'abord dans l'environnement de construction de paquets que nous avons défini plus haut :

```
# cd /root/source
```

À partir de là, vous devez télécharger deux choses :

- l'archive compressée contenant les scripts pour construire le paquet ;
- l'archive compressée contenant le code source du paquet.

Concrètement :

1 Rendez-vous sur le site : `# links slackbuilds.org`.

2 Dans le champ de recherche en haut à gauche (juste en-dessous de *SUBMISSIONS*), tapez « cowsay », placez le curseur sur le champ de recherche [»] et confirmez par *Entrée*.

3 Dans la page des résultats de la recherche, suivez le lien *cowsay*.

4 Téléchargez l'archive compressée contenant les scripts (`cowsay.tar.gz`) ainsi que le code source (`cowsay-3.03.tar.gz`) et quittez Links.

Voici nos deux archives téléchargées :

```
# ls -lh cowsay*
-rw-r--r-- 1 root root  15K sept. 16 19:45 cowsay-3.03.tar.gz
-rw-r--r-- 1 root root 2,8K sept. 16 19:45 cowsay.tar.gz
```

Décompressez l'archive contenant les scripts :

```
# tar xvzf cowsay.tar.gz
cowsay/
cowsay/cowsay.SlackBuild
cowsay/cowsay.info
cowsay/README
cowsay/slack-desc
cowsay/cowsay.SlackBuild.patch
```

À la limite, on peut faire un brin de ménage et supprimer l'archive qui ne sert plus à rien :

```
# rm -f cowsay.tar.gz
```

Maintenant, déplacez le code source dans le répertoire nouvellement créé :

```
# mv -v cowsay-3.03.tar.gz cowsay/
'cowsay-3.03.tar.gz' -> 'cowsay/cowsay-3.03.tar.gz'
```

Voilà ce que nous devons avoir au final :

```
# tree cowsay/
cowsay/
  cowsay-3.03.tar.gz
```

```
cowsay.info
cowsay.SlackBuild
cowsay.SlackBuild.patch
README
slack-desc

0 directories, 6 files
```

Placez-vous dans le répertoire, vérifiez si le script `cowsay.SlackBuild` est bien exécutable, puis invoquez-le pour lancer la construction du paquet :

```
# cd cowsay/
# ./cowsay.SlackBuild
```

Cette fois-ci, l'opération ne dure que quelques secondes, même sur une machine lente. Si tout se passe bien, on se retrouve avec un paquet dans `/tmp` :

```
...
usr/share/games/cows/hellokitty.cow
usr/share/games/cows/eyes.cow
usr/share/games/cows/daemon.cow
usr/share/games/cows/bud-frogs.cow
usr/share/games/cows/stimpy.cow
usr/man/
usr/man/man1/
usr/man/man1/cowsay.1.gz

Slackware package /tmp/cowsay-3.03-noarch-1_SBo.tgz created.
```

Il ne reste plus qu'à installer ce paquet :

```
# installpkg /tmp/cowsay-3.03-noarch-1_SBo.tgz
```

Testez l'application :

```
$ cowsay Et voilà !
 ____________
< Et voilà ! >
 ------------
        \   ^__^
         \  (oo)\_______
            (__)\       )\/\
                ||----w |
                ||     ||
```

Et pour aller plus loin :

```
$ man cowsay
```

Gérer les dépendances des paquets

Certains paquets nécessitent la présence d'autres paquets sur le système pour être compilés (*build dependencies*) et/ou fonctionner (*runtime dependencies*) correctement. Dans certains cas, un paquet requis peut lui-même dépendre d'autres paquets et ainsi de suite.

À titre d'exemple, jetons un œil sur la page de clearlooks-phenix-theme de SlackBuilds.org. Clearlooks Phenix est un thème graphique sobre et esthétique, qui se marie particulièrement bien avec l'environnement de bureau Xfce et nous le verrons en détail un peu plus loin. La description du paquet est suivie d'un avertissement :

```
This requires : gtk-engines
```

Chaque collection de scripts contient par ailleurs un fichier *.info qui précise les paquets requis. Dans le fichier clearlooks-phenix-theme.info, nous trouvons un champ REQUIRES :

```
PRGNAM="clearlooks-phenix-theme"
VERSION="6.0.3"
HOMEPAGE="https://github.com/jpfleury/clearlooks-phenix"
...
REQUIRES="gtk-engines"
MAINTAINER="Mario Preksavec"
EMAIL="mario at slackware dot hr"
```

Cela signifie tout simplement qu'avant de construire le paquet clearlooks-phenix-theme, nous devons impérativement construire et installer le paquet gtk-engines.

Prenons un autre exemple, l'application de dessin vectoriel Inkscape. La construction du paquet inkscape nécessite la présence des paquets lxml et numpy sur le système. Or, le paquet lxml nécessite à son tour la présence de deux autres paquets, BeautifulSoup4 et html5lib. Il va donc falloir réfléchir un tout petit peu à l'ordre de construction des paquets.

> PÉDAGOGIE **L'enfer des dépendances ?**
>
> Certains paquets peuvent présenter un nombre impressionnant de dépendances optionnelles et/ou obligatoires, notamment les applications multimédias. Lisez les pages de Transcode, de FFmpeg ou de VLC pour vous faire une idée.
> Les distributions Linux orientées grand public sont toutes dotées de gestionnaires de paquets comme apt-get, aptitude, yum ou zypper qui gèrent et résolvent automatiquement les dépendances des paquets. Sans rentrer dans les querelles philosophiques autour des différentes approches, n'oubliez pas que l'absence de tout assistant automatique dans Slackware est avant tout un atout pédagogique.

Gérer les paquets tiers confortablement avec sbopkg

L'outil sbopkg est une application tierce écrite par Chess Griffin qui facilite énormément la construction et l'installation de paquets à partir des scripts de SlackBuilds.org. L'application est actuellement maintenue par Willy Sudiarto Raharjo.

URL **sbopkg**

▸ https://www.sbopkg.org

Installer sbopkg

Allez sur le site du projet :

```
# links www.sbopkg.org
```

Suivez le lien *Downloads*, téléchargez le paquet (*pre-built Slackware package*) et installez-le :

```
# installpkg sbopkg-0.38.1-noarch-1_wsr.tgz
```

Utiliser sbopkg

Lancez sbopkg en invoquant son nom en tant que root, en mode console ou dans un terminal graphique. Au premier lancement, sbopkg propose de créer une série de répertoires nécessaires pour son fonctionnement :

```
# sbopkg

The following directories do not exist:

Variable                    Assignment
--------                    ----------
REPO_{ROOT,NAME,BRANCH} -> /var/lib/sbopkg/,SBo/,14.2
LOGFILE directory -------> /var/log/sbopkg
QUEUEDIR ----------------> /var/lib/sbopkg/queues
SRCDIR ------------------> /var/cache/sbopkg

You can have sbopkg create them or, if these values are incorrect, you can abort to
edit your config files or pass different flags.

(C)reate or (A)bort?:
```

Confirmez la création de ces répertoires avec la touche C, ce qui vous amène au menu principal de l'application.

Tout d'abord, vous devez synchroniser sbopkg avec le contenu de SlackBuilds.org en utilisant l'option *Sync with the remote repository*. En règle générale, c'est une bonne idée de lancer une synchronisation avant toute installation. Une fois que la synchronisation est terminée (***SYNC COMPLETE***), confirmez simplement.

Figure 15–4
Le menu principal de sbopkg

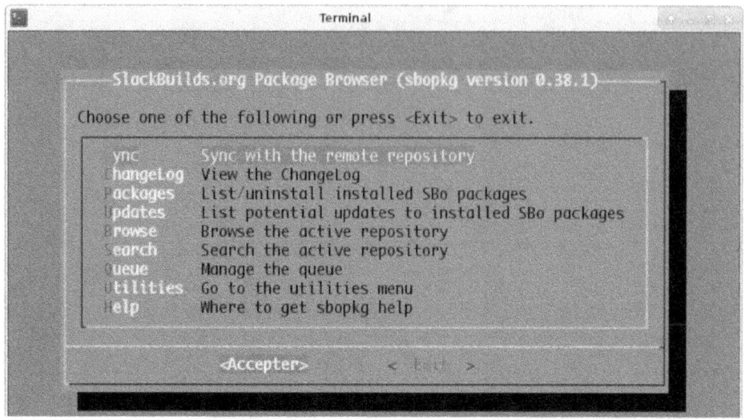

Figure 15–5
sbopkg permet de construire
plus de 6 000 paquets tiers
pour Slackware.

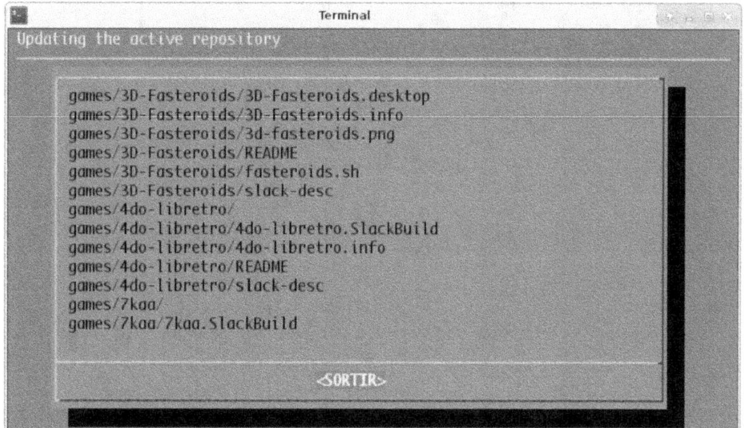

Dans l'exemple qui suit, nous allons construire et installer unrar, un utilitaire en ligne de commande pour extraire le contenu des archives compressées de type RAR.

1 Choisissez l'outil de recherche *Search*.

2 Dans le champ de recherche, tapez « unrar ».

3 Dans la fenêtre des résultats, sélectionnez la ligne *system/unrar*.

4 L'écran subséquent vous permet d'effectuer toute une série d'opérations, comme visualiser le fichier unrar.info ou vérifier s'il n'y a pas de dépendances externes.

5 Construisez le paquet avec *Process – Download/build/install unrar*.

6 Confirmez *Install* et démarrez l'opération avec *Start*.

À partir de là, sbopkg se charge automatiquement de télécharger et décompresser l'archive source, de compiler le tout et d'installer le paquet résultant.

N'hésitez pas à construire d'autres paquets pour vous entraîner un peu. Pour commencer, choisissez quelques petits utilitaires qui n'ont pas de dépendances externes, par exemple antiword, exiftool, p7zip ou unrtf.

Installer des paquets tiers précompilés

Certains sites proposent des paquets tiers précompilés pour Slackware. En règle générale, il vaut toujours mieux compiler ses propres paquets, ne serait-ce que pour de simples raisons de sécurité. Après tout, on peut mettre tout et n'importe quoi dans un paquet et lui donner le nom qu'on veut.

Ceci étant dit, les projets tiers fournissant des paquets binaires pour Slackware sont nombreux et certains d'entre eux sont bien établis dans la communauté. Citons-en quelques-uns, sans prétendre à l'exhaustivité.

Les paquets fournis par Eric Hameleers

Une première exception peut être faite pour les paquets fournis par Eric Hameleers, développeur Slackware connu sous le nom de AlienBob. Eric fournit de nombreux paquets tiers très populaires parmi la communauté Slackware, notamment les « usines à gaz » comme KDE ou LibreOffice, qui nécessitent des heures voire des journées entières de compilation.

> BLOG **Alien Pastures**
>
> *Alien Pastures*, le blog d'Eric Hameleers, est une mine d'informations pour les utilisateurs de Slackware. On y trouve tous les liens vers les paquets tiers maintenus par Eric, par exemple les toutes dernières versions de KDE et de LibreOffice, des binaires prêts à installer pour certains paquets difficiles à construire comme VLC ou Calibre, le projet Slackware Live et bien d'autres choses encore.
> *Alien Pastures* a été élu « Blog de l'année 2013 » par le site fossforce.com.
> ▸ http://alien.slackbook.org/blog/

Figure 15–6
Alien Pastures, le blog d'Eric
Hameleers entièrement dédié
à la distribution Slackware

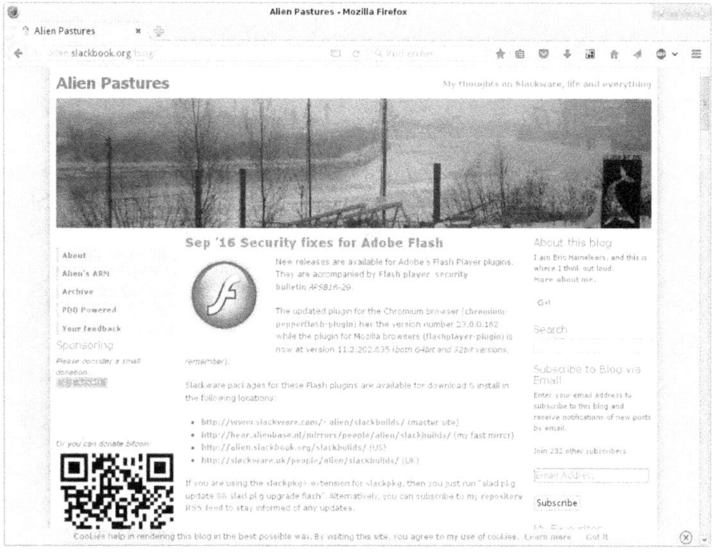

Autres ressources de paquets binaires

Le projet *MATE Slackbuilds*, de Willy Sudiarto Raharjo et Chess Griffin, vise à fournir l'environnement de bureau MATE à la distribution Slackware. Outre la collection de scripts de construction, le projet propose également des paquets précompilés pour les versions 32-bits et 64-bits de Slackware 14.0, 14.1 et 14.2.

> URL **Mate SlackBuilds**
>
> ▸ https://mateslackbuilds.github.io/

Willy Sudiarto Raharjo maintient également un port Slackware de Cinnamon, un environnement de bureau initialement développé par – et pour – la très populaire distribution Linux Mint. Là aussi, le projet *Cinnamon SlackBuilds* fournit des paquets binaires pour les versions 32-bits et 64-bits de Slackware 14.1 et 14.2.

> URL **Cinnamon SlackBuilds**
>
> ▸ https://cinnamonslackbuilds.github.io/

Enfin, l'auteur de ce livre maintient le projet MLED (*Microlinux Enterprise Desktop*), une collection de paquets fournissant tout ce qui manque communément à Slackware – applications populaires, codecs et plug-ins multimédias, thèmes graphiques, polices, traductions – pour en faire un environnement de bureau complet.

> URL **Microlinux Enterprise Desktop**
>
> ▸ https://www.microlinux.eu/

Installer les paquets multilib pour Slackware64

Certains logiciels populaires comme Wine ou Steam ont besoin d'une couche de compatibilité 32-bits pour tourner sur une architecture 64-bits. Or, Slackware64 est un système 64-bits « pur », c'est-à-dire qu'il ne peut compiler et faire tourner que des binaires 64-bits. Étant donné que beaucoup d'utilisateurs souhaitent utiliser l'une ou l'autre de ces applications et que la question revient très souvent dans les forums, j'ai jugé utile d'ajouter ces quelques paragraphes pour montrer comment faire évoluer Slackware64 en un système `multilib`.

Entre autres choses, Eric Hameleers maintient une série de dépôts de paquets `multilib` pour toutes les versions maintenues de Slackware64. La documentation sur `docs.slackware.com` fournit une série d'articles très détaillés sur l'installation de ces paquets, en anglais aussi bien qu'en français. Je me contenterai donc de vous indiquer sommairement ma manière de faire, qui simplifie un peu les choses. Je me permets de vous renvoyer vers la documentation officielle pour les détails.

Installer l'outil slackpkg+

Nous avons vu un peu plus haut que l'outil `slackpkg` gérait seulement les dépôts officiels de Slackware et qu'il était limité à un seul dépôt de paquets. Nous allons installer l'extension `slackpkg+` pour lui permettre de gérer plusieurs dépôts de paquets, en leur attribuant des priorités.

> **Outil slackpkg+**
>
> L'extension `slackpkg+` est développée par Matteo Rossini (ZeroUno pour les intimes), un membre de la communauté italienne de Slackware slacky.it. Eric Hameleers a écrit un article détaillé sur `slackpkg+` sur son blog *Alien Pastures*. Téléchargez `slackpkg+` ici :
> - http://slakfinder.org/slackpkg+.html

Téléchargez l'extension et installez-la :

```
# installpkg slackpkg+-1.7.0-noarch-4mt.txz
```

La configuration se fait par le biais du fichier `/etc/slackpkg/slackpkgplus.conf`. Ce fichier contient un grand nombre de dépôts tiers préconfigurés.

Configurer slackpkg+ pour l'utilisation du dépôt multilib

Nous allons configurer le dépôt tiers `multilib` et lui donner la priorité par rapport aux paquets officiels. Concrètement, cela veut dire que si nous voulons installer un paquet (`gcc` ou `glibc` par exemple), `slackpkg` récupérera celui en provenance du dépôt `multilib`. Et si nous effectuons une mise à jour avec `slackpkg upgrade`, un paquet `multilib` viendra « mettre à jour » – c'est-à-dire remplacer – un paquet officiel.

Ouvrez `slackpkgplus.conf` et éditez-le. Décommentez la ligne suivante :

```
PKGS_PRIORITY=( multilib )
```

Le seul dépôt externe que nous voulons, c'est `multilib` :

```
REPOPLUS=( multilib )
```

Décommentez le dépôt en question. La ligne est trop longue et a dû être coupée dans le listing :

```
MIRRORPLUS['multilib']=http://bear.alienbase.nl/mirrors/people/
alien/multilib/14.2/
```

Enfin, commentez le dépôt `slackpkgplus`. Ce dépôt ne sert qu'à fournir des mises à jour pour le seul paquet `slackpkg+` :

```
#MIRRORPLUS['slackpkgplus']=http://slakfinder.org/slackpkg+/
```

Enregistrez et fermez le fichier.

Installer les paquets multilib

Récupérez d'abord la clé GPG du nouveau dépôt de paquets :

```
# slackpkg update gpg
```

Mettez à jour les informations sur les paquets disponibles :

```
# slackpkg update
```

Lancez une mise à jour des paquets pour lesquels il existe une version `multilib`. Si tout se passe comme prévu, cette commande remplacera tous vos paquets `gcc*` et `glibc*` :

```
# slackpkg upgrade multilib
```

Pour compiler une application comme VirtualBox ou pour faire fonctionner une imprimante qui ne dispose que des pilotes 32-bits (voir le chapitre 21), vous pouvez vous arrêter là. Si vous souhaitez installer la couche `multilib` complète, lancez la commande suivante :

```
# slackpkg install multilib
```

16

Manipuler le chargeur de démarrage et le noyau

Slackware fait partie d'une minorité de distributions qui utilisent toujours le chargeur de démarrage LILO. C'est un outil simple et robuste qui a fait ses preuves, mais la manipulation d'un chargeur de démarrage n'est jamais une chose triviale. Étant donné qu'il y a là une source d'erreurs potentiellement fatales, nous en profiterons pour apprendre à récupérer un système qui ne démarre plus, ce qui n'est pas de la magie noire. Une autre particularité de Slackware, c'est que l'utilisateur est censé remplacer le noyau HUGE installé par défaut par le noyau GENERIC ; l'adaptation à la machine s'effectue par la création d'un initrd *ou disque mémoire initial. C'est une opération qui pose souvent problème aux utilisateurs, c'est pourquoi nous la détaillerons pas à pas dans ce chapitre.*

Le chargeur de démarrage LILO

LILO (*Linux Loader*, rien à voir avec le moteur de recherche du même nom) a été le principal chargeur de démarrage des distributions Linux pendant quelques années. Il a été progressivement remplacé par GRUB et on ne le trouve plus que sur une minorité de distributions.

LILO affiche un menu et se charge de démarrer le système d'exploitation sélectionné (*Linux* dans la configuration par défaut). Il doit être installé dans le secteur de démarrage d'un disque dur pour fonctionner correctement.

Avez-vous déjà remarqué la manie qu'ont les publicitaires d'affubler le moindre emballage (lessive, clés Allen en titanium, nounours en guimauve) de l'attribut « NOUVEAU » ? C'est certainement dans le but de convaincre l'acheteur potentiel, emballé à son tour par un produit sans aucun doute meilleur que le précédent, en oubliant que ce dernier portait la même estampille magique qui lui conférait des qualités inouïes.

Figurez-vous que les Romains de l'Antiquité auraient été horripilés par cette manière de faire. Un honnête citoyen de Nemausus (la future ville de Nîmes) aurait été tout bonnement rebuté par l'adjectif « nouveau », synonyme pour lui de « louche » et qui mérite avant tout de porter la mention « doit faire ses preuves ». Un publicitaire de l'époque – un employé d'une des grandes agences publicitaires qui avaient pignon sur rue dans la Via Domitia – aurait pris grand soin d'ajouter un sticker « VIEUX ! » à tout emballage d'espadrilles ou lot de tablettes de cire.

Deux mille ans plus tard, un habitant de la *provincia narbonensis* (Languedoc-Roussillon) désireux de configurer le démarrage de son système Linux ne sait plus à quel saint se vouer. Le chargeur LILO lui a rendu de bons et loyaux services pendant toutes ces années et voilà que, dans les forums, il se fait traiter de « vieux machin » et de « truc obsolète » par les utilisateurs de GRUB et GRUB2. Qui eût cru que les chargeurs de démarrage étaient – eux aussi – exposés aux effets de mode ?

Figure 16–1 Encore mieux ?

Sous certains aspects, la distribution Slackware raisonne comme les Romains de l'Antiquité. Un composant du système qui a fait ses preuves depuis de longues années ne sera pas remplacé à la légère par un autre composant seulement parce que ce dernier est plus récent. Concrètement, si Slackware utilise encore l'ancien chargeur de démarrage LILO, c'est qu'il n'y a tout simplement aucune raison de l'abandonner. Cette logique reste d'ailleurs valable pour l'ensemble des composants du système. Le développeur de LILO n'assure plus la maintenance depuis décembre 2015 et c'est Patrick Volkerding lui-même qui a repris le flambeau.

LILO n'est pas capable de lire des fichiers dans un système de fichiers. Lors de l'installation, il crée une liste avec les blocs et les secteurs du disque qui contiennent les fichiers importants, à savoir :

- le noyau ou kernel ;
- l'`initrd` ou *initial ramdisk* s'il y en a un, voir un peu plus loin.

Autrement dit, LILO « lit » ces données en mémoire sans vraiment « comprendre » le système de fichiers sous-jacent. C'est la commande `lilo` qui se charge d'identifier les blocs de données. Elle doit être invoquée à partir d'un système Linux fonctionnel :

```
# lilo
```

Il s'ensuit une conséquence cruciale. La commande doit être invoquée à chaque modification du noyau ou de l'initrd, c'est-à-dire que LILO doit être réinstallé à chaque fois dans le secteur d'amorçage, **même si les noms des fichiers ne changent pas.**

La configuration de LILO se fait en deux temps :

1 création ou modification du fichier /etc/lilo.conf ;

2 invocation de la commande lilo.

Notons que le fichier initial /etc/lilo.conf est créé par le programme d'installation de Slackware. La commande lilo utilise les paramètres contenus dans ce fichier pour produire un nouveau secteur d'amorçage et écrire ce dernier vers une destination également définie dans /etc/lilo.conf.

Le fichier /etc/lilo.conf est organisé en deux parties :

1 comportement général du chargeur de démarrage ;

2 une liste des systèmes démarrés par LILO (mots-clés image ou other).

Modifier le délai d'attente au démarrage

Faites un premier test. Ouvrez /etc/lilo.conf et repérez l'option suivante :

```
# Timeout before the first entry boots.
# This is given in tenths of a second, so 600 for every minute:
timeout = 1200
```

D'après l'explication fournie dans les commentaires, la valeur de timeout définit le temps d'attente en dixièmes de secondes avant de lancer le système par défaut, ce qui explique le compte à rebours de deux minutes au démarrage. Modifiez cette valeur en la réduisant à dix secondes, par exemple :

```
timeout = 100
```

Prenez en compte les modifications :

```
# lilo
Warning: LBA32 addressing assumed
Added Linux  *
One warning was issued.
```

Redémarrez le système et vous vous apercevez que la durée du compte à rebours de LILO a effectivement diminué.

Options globales et paramètres de démarrage

Maintenant, revenez dans `/etc/lilo.conf` et examinez la première partie du fichier :

```
# Start LILO global section
# Append any additional kernel parameters:
append="vt.default_utf8=1"
boot = /dev/sda

#compact          # faster, but won't work on all systems.
```

L'option `append` fournit une liste de paramètres à passer au noyau lors du démarrage. Rappelez-vous que lors de l'installation de Slackware, nous avons opté pour l'utilisation de l'encodage UTF-8 dans la console. Ce choix se répercute dans le paramètre `vt.default_utf8=1` que nous retrouvons ici. Nous allons bientôt ajouter d'autres paramètres pour modifier le comportement de notre machine.

Quant à l'option `boot`, elle définit l'endroit où LILO devra être installé, en l'occurrence le MBR du premier disque dur (`/dev/sda`).

Allons un peu plus loin dans l'exploration et le peaufinage de notre chargeur de démarrage. Décommentez l'option `compact` et ajoutez l'option `lba32` juste en-dessous. Au total, vous devrez avoir ceci :

```
append="vt.default_utf8=1"
boot = /dev/sda

compact          # faster, but won't work on all systems.
lba32
```

L'option `compact` accélère le chargement du noyau (et de l'`initrd`, comme nous le verrons plus loin). Quant à l'option `lba32`, elle évite la limitation à 1 024 cylindres. Sans trop rentrer dans les détails, elle servira avant tout à nous débarrasser de l'avertissement `Warning: LBA32 addressing assumed` lors de l'invocation de `lilo` :

```
# lilo
Added Linux   *
```

Un paramètre de noyau que j'ajoute assez systématiquement sur toutes mes machines est `quiet`. Il a pour effet de limiter les messages qui défilent au démarrage de la machine à l'essentiel, ce qui est déjà beaucoup. Essayez :

```
append="quiet vt.default_utf8=1"
boot = /dev/sda
```

N'oubliez pas d'invoquer `lilo` à chaque modification de la configuration :

```
# lilo
Added Linux   *
```

Redémarrez et appréciez les messages de démarrage version « zen ».

Plus généralement, pour ajouter des paramètres de démarrage, il suffit de les juxtaposer en argument de `append`. À titre d'exemple, le paramètre `ipv6.disable=1` désactive l'IPv6, ce qui n'est pas bête à faire sur une machine dont on sait qu'elle n'utilisera que l'IPv4. Voici comment cela se présente au niveau de la configuration du chargeur de démarrage :

```
append="quiet ipv6.disable=1 vt.default_utf8=1"
boot = /dev/sda
```

Prenez en compte les modifications et redémarrez la machine. Lorsque vous invoquez `ifconfig`, les informations relatives à l'IPv6 n'apparaissent plus.

Modifier la résolution de la console

Regardez un peu plus loin dans les options globales de la configuration de LILO et repérez la ligne suivante :

```
vga = normal
```

Juste en-dessous de cette ligne, les autres valeurs possibles de cette option sont toutes commentées :

```
# Ask for video mode at boot (time out to normal in 30s)
#vga = ask
# VESA framebuffer console @ 1024x768x64k
#vga=791
# VESA framebuffer console @ 1024x768x32k
#vga=790
# VESA framebuffer console @ 1024x768x256
#vga=773
# VESA framebuffer console @ 800x600x64k
#vga=788
...
```

Essayez de remplacer `vga = normal` par d'autres valeurs, par exemple `vga = 791` pour une résolution de 1 024×768 pixels, ou `vga = 788` pour une résolution de 800×600 pixels.

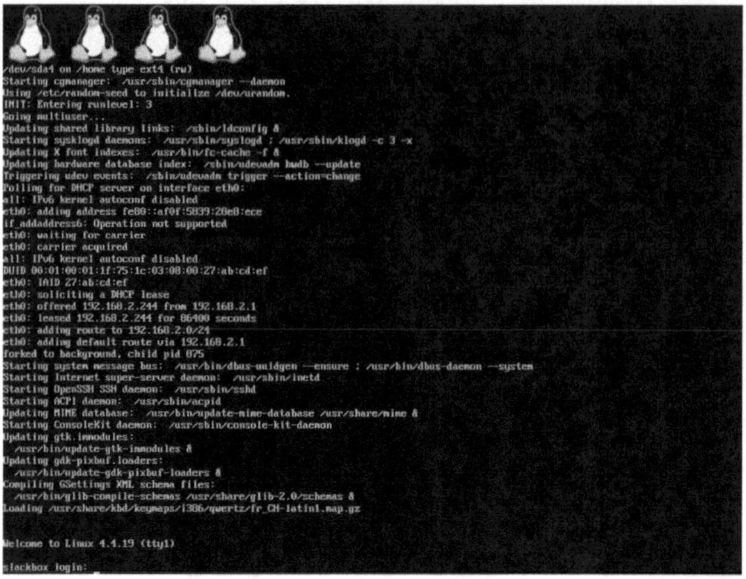

Figure 16–2
Lorsque vous activez le framebuffer, votre console arbore fièrement un pingouin par processeur lors du démarrage.

```
/dev/sda4 on /home type ext4 (rw)
Starting cgmanager:  /usr/sbin/cgmanager --daemon
Using /etc/random-seed to initialize /dev/urandom.
INIT: Entering runlevel: 3
Going multiuser...
Updating shared library links:  /sbin/ldconfig &
Starting sysklogd daemons:  /usr/sbin/syslogd ; /usr/sbin/klogd -c 3 -x
Updating X font indexes:  /usr/bin/fc-cache -f &
Updating hardware database index:  /sbin/udevadm hwdb --update
Triggering udev events:  /sbin/udevadm trigger --action=change
Polling for DHCP server on interface eth0:
all: IPv6 kernel autoconf disabled
eth0: adding address fe80::af0f:5839:20e0:ece
if_addaddress6: Operation not supported
eth0: waiting for carrier
eth0: carrier acquired
all: IPv6 kernel autoconf disabled
DUID 00:01:00:01:1f:75:1c:03:08:00:27:ab:cd:ef
eth0: IAID 27:ab:cd:ef
eth0: soliciting a DHCP lease
eth0: offered 192.168.2.244 from 192.168.2.1
eth0: leased 192.168.2.244 for 86400 seconds
eth0: adding route to 192.168.2.0/24
eth0: adding default route via 192.168.2.1
forked to background, child pid 875
Starting system message bus:  /usr/bin/dbus-uuidgen --ensure ; /usr/bin/dbus-daemon --system
Starting Internet super-server daemon:  /usr/sbin/inetd
Starting OpenSSH SSH daemon:  /usr/sbin/sshd
Starting ACPI daemon:  /usr/sbin/acpid
Updating MIME database:  /usr/bin/update-mime-database /usr/share/mime &
Starting ConsoleKit daemon:  /usr/sbin/console-kit-daemon
Updating gtk.immodules:
  /usr/bin/update-gtk-immodules &
Updating gdk-pixbuf.loaders:
  /usr/bin/update-gdk-pixbuf-loaders &
Compiling GSettings XML schema files:
  /usr/bin/glib-compile-schemas /usr/share/glib-2.0/schemas &
Loading /usr/share/kbd/keymaps/i386/qwertz/fr_CH-latin1.map.gz

Welcome to Linux 4.4.19 (tty1)

slackbox login:
```

Notez qu'il existe une autre manière d'activer le *framebuffer* et de modifier la résolution de la console. Elle utilise le paramètre de démarrage `video`, mais elle ne fonctionne pas sur toutes les machines. Voici comment il faut l'appliquer :

```
append="video=1024x768 quiet vt.default_utf8=1"
...
vga = normal
```

Selon votre carte graphique, c'est l'une ou l'autre méthode que vous pourrez utiliser, sachant que la deuxième méthode n'affichera pas les petits pingouins au démarrage. En revanche, elle permettra la définition de résolutions différentes, par exemple 1 366×768 pour les écrans 16/9, ou 1 024×480 pour les ultra-portables munis d'un écran 10 pouces.

ATTENTION **Framebuffer et affichage graphique**

Certaines cartes graphiques – et notamment les cartes NVidia – peuvent produire des erreurs bizarres allant jusqu'au gel du système au lancement de l'interface graphique lorsque le *framebuffer* est activé. Dans ce cas, il faudra renoncer à une résolution personnalisée en mode console pour résoudre le conflit. Cette information sera importante lors de la configuration du serveur graphique. Gardez-la à l'esprit, car il peut y avoir là une source d'erreurs inexplicables. C'est d'ailleurs pour cette raison que l'installateur de Slackware suggère la désactivation pure et simple du *framebuffer*.

Récupérer un système qui ne démarre plus

« Et comment ça ?!? Je pensais que Linux c'était tellement stable que ça ne plantait jamais !?! » objecteront certains d'entre vous. Rassurez-vous, ce n'est pas de cela qu'il est question.

Lors de la configuration d'un système Linux – et plus particulièrement lorsqu'on commence à expérimenter avec le chargeur de démarrage – il peut arriver qu'on se tire dans le pied et que le système ne soit plus amorçable. On se retrouve alors avec un *kernel panic* au démarrage ou une autre erreur fatale de ce genre. Avant de réinstaller le tout de A à Z, on va plutôt essayer de restaurer le système.

Démarrez sur le CD d'installation de Slackware, qui fait également office de LiveCD et de CD de restauration. Bien évidemment, cela vaut également pour le DVD ou la clé USB.

Choisissez la disposition clavier et connectez-vous en tant que root, comme vous le feriez pour une installation de Slackware.

Identifiez les partitions existantes :

```
# fdisk -l /dev/sda
Disk /dev/sda: 74.5 GiB, 80000000000 bytes, 156250000 sectors
Units: sectors of 1 * 512 = 512 bytes
Sector size (logical/physical): 512 bytes / 512 bytes
I/O size (minimum/optimal): 512 bytes / 512 bytes
Disklabel type: dos
Disk identifier: 0x000303c2

Device     Boot    Start       End   Sectors  Size Id Type
/dev/sda1           2048   4196351   4194304    2G 82 Linux swap
/dev/sda2        4196352 156249999 152053648 72.5G 83 Linux
```

Alternativement :

```
# ls -l /dev/sd*
brw-rw---- 1 root disk 8, 0 Sep 24 12:39 /dev/sda
brw-rw---- 1 root disk 8, 1 Sep 24 12:39 /dev/sda1
brw-rw---- 1 root disk 8, 2 Sep 24 12:39 /dev/sda2
```

Le support d'installation comprend un point de montage /mnt. Identifiez la partition principale du système et montez-la. Par exemple :

```
# mount -v /dev/sda2 /mnt
mount: /dev/sda2 mounted on /mnt
```

La prochaine étape consiste à lier les systèmes de fichiers /proc, /dev et /sys du système de restauration et du système installé :

```
# mount --bind /proc /mnt/proc
# mount --bind /dev /mnt/dev
# mount --bind /sys /mnt/sys
```

Ensuite, nous pouvons *chrooter* dans le système installé :

```
# chroot /mnt
```


À partir de là, nous pouvons apporter les modifications nécessaires, par exemple reconstruire l'initrd (comme nous le verrons un peu plus loin) ou re-paramétrer le chargeur de démarrage pour récupérer une faute de frappe ou une autre erreur de paramétrage.

Une fois que nous avons rectifié le tir, nous pouvons revenir vers le système du LiveCD (ou de la clé USB) :

```
# exit
```

Nous pourrions démonter manuellement, un par un et dans un ordre cohérent, les systèmes de fichiers montés. Nous allons nous éviter cette corvée en redémarrant tout simplement la machine. Le système se chargera lui-même de démonter tout cela bien proprement :

```
# reboot
```

Configurer le système et le noyau à charger

Reprenons notre fichier `/etc/lilo.conf` et considérons la section suivante, située vers la fin :

```
# Linux bootable partition config begins
image = /boot/vmlinuz
  root = /dev/sda2
  label = Linux
  read-only
# Linux bootable partition config ends
```

Cette section a été préconfigurée par le programme d'installation de Slackware. Elle débute par la ligne `image` et définit comment démarrer un système Linux. Le paramètre `/boot/vmlinuz` indique l'emplacement du noyau. L'option `root` définit l'emplacement de la racine du système Linux, en l'occurrence `/dev/sda2`. Quant à l'option `label`, elle définit le texte de l'entrée de menu, *Linux* dans notre cas. Cette dernière option est malheureusement assez restreinte : nous devons éviter les espaces et les caractères spéciaux et ne pas dépasser 15 caractères.

Vous aurez peut-être remarqué que l'emplacement du noyau `/boot/vmlinuz` est en fait un lien symbolique :

```
# ls -l /boot/vmlinuz
lrwxrwxrwx 1 root root 19 sept. 15 13:36 /boot/vmlinuz -> vmlinuz-huge-4.4.19
```

Vous pouvez tenter une première petite expérience ici. Éditez `/etc/lilo.conf` et remplacez le lien symbolique `/boot/vmlinuz` par sa cible, c'est-à-dire le « véritable » fichier du noyau. En passant, vous pourrez également modifier l'entrée `label` correspondante. Attention, vous n'aurez pas forcément le même fichier que celui de mon exemple :

```
image = /boot/vmlinuz-huge-4.4.19
  root = /dev/sda2
  label = Linux-HUGE
  read-only
```

Prenez en compte la modification :

```
# lilo
Added Linux-HUGE   *
```

Redémarrez. Bon, j'avoue que cette dernière expérience ne casse pas trois pattes à un canard. Mais elle prépare le terrain pour la suite, comme nous allons le voir.

Basculer vers le noyau GENERIC

Lors du démarrage de Slackware, vous avez peut-être été vaguement inquiétés par un message qui ressemble à ceci :

```
(sda2): error: couldn't mount because of unsupported optional features
```

Cela tient au fait que nous utilisons actuellement le noyau HUGE, c'est-à-dire un des fichiers `vmlinuz-4.4.x-huge` ou `vmlinuz-huge-smp-4.4.x-smp` rangés dans `/boot`. Il s'agit là d'un noyau « prêt-à-porter » fourni par Slackware en vue de l'installation du système, avec toutes les options compilées « en dur ».

La bonne pratique, recommandée par Patrick Volkerding, consiste à utiliser le noyau GENERIC avec un `initrd` ou disque mémoire initial. Si vous ne savez pas ce qu'est un `initrd`, imaginez une sorte de besace virtuelle contenant tous les modules nécessaires pour le démarrage du système. On y trouve notamment le support des systèmes de fichiers comme `ext3`, `ext4`, etc.

Si cette explication ne vous paraît toujours pas assez claire, rappelez-vous d'abord que tous les « pilotes » de Linux sont disponibles sous forme de modules, dans `/lib/modules`, et je demande aux geeks et autres gourous de bien vouloir pardonner les simplifications que je me permets ici. Or, la gestion d'un système de fichiers comme `ext3` ou `ext4` nécessite également le chargement d'un « pilote » ou module. Et là, les plus perspicaces d'entre vous voient tout de suite la situation de poule et d'œuf que cela peut engendrer :

1. La machine démarre.
2. Le noyau est chargé.
3. Il essaie de monter la partition principale, formatée en `ext4`.
4. Pour gérer l'`ext4`, le noyau a besoin de charger le module du même nom.
5. Ce module se trouve justement dans `/lib/modules` sur la partition principale.
6. ?!?!?!?
7. Panique à bord.

Pour nous sortir de ce cercle vicieux, nous allons créer un `initrd`, un fichier spécial qui contiendra tous les modules dont le noyau a besoin pour le démarrage du système.

Dans un premier temps, nous devons savoir quels sont les modules à inclure dans notre `initrd`. Notre système fournit un utilitaire assez pratique pour cela. Rendez-vous dans le répertoire `/usr/share/mkinitrd` et lancez le script `mkinitrd_command_generator.sh` :

```
# cd /usr/share/mkinitrd/
# ./mkinitrd_command_generator.sh
```

Le script nous affiche une commande à rallonge avec toute une série d'options et de paramètres :

```
mkinitrd -c -k 4.4.19 -f ext4 -r /dev/sda2 -m jbd2:mbcache:ext4 -u -o /boot/
initrd.gz
```

Retenons les arguments qui suivent l'option `-m`, c'est-à-dire `jbd2:mbcache:ext4` dans notre exemple. Ce sont là les modules dont notre machine a besoin pour démarrer, séparés par des « : ». Notons-les. Alternativement, utilisez l'astuce de l'encadré pour coller le résultat d'une commande directement dans un fichier avec l'éditeur Vim. Dans certains cas, la liste de modules peut être assez longue, en fonction du matériel que vous possédez.

À présent, éditons un fichier `/etc/mkinitrd.conf` avec notre éditeur de texte préféré. Le répertoire `/etc` contient déjà un modèle (*sample*), que nous allons adapter à nos besoins :

```
# cd /etc
# cp mkinitrd.conf.sample mkinitrd.conf
```

Décommentons l'ensemble des options de ce fichier et éditons-les en fonction de notre configuration. Voici un exemple :

```
# mkinitrd.conf
SOURCE_TREE="/boot/initrd-tree"
CLEAR_TREE="1"
OUTPUT_IMAGE="/boot/initrd.gz"
KERNEL_VERSION="$(uname -r)"
KEYMAP="fr-latin1"
MODULE_LIST="jbd2:mbcache:ext4"
ROOTDEV="/dev/sda2"
ROOTFS="ext4"
RESUMEDEV="/dev/sda1"
RAID="0"
LVM="0"
UDEV="1"
MODCONF="0"
WAIT="1"
```

L'option `CLEAR_TREE` se charge de faire le ménage dans les fichiers sources avant la création de l'`initrd` et je vous conseille de la passer à `1`. Vous aurez probablement deviné que `KEYMAP` est la disposition du clavier dans la console. `MODULE_LIST` contient la liste des modules mentionnés plus haut, tous séparés par des « : ». Attention : n'incluez pas d'espace, ce qui entraînerait des conséquences fatales et empêcherait votre système de démarrer, comme d'ailleurs toute faute de frappe dans ce fichier. `ROOTDEV` désigne ici la partition principale de notre système (`/dev/sda2`) et `ROOTFS` le système de fichiers (`ext4`) utilisé sur celle-ci. `RESUMEDEV` est notre partition d'échange ou `swap` (`/dev/sda1`). Une remarque au passage sur une source de confusion potentielle pour ceux qui s'y connaissent un peu : `RAID="0"` signifie tout simplement que nous n'utilisons **pas** le RAID et non pas que nous utilisons du RAID niveau 0. Enfin, si vous ne chiffrez pas vos partitions, vous pouvez allègrement supprimer toutes les lignes `LUKS*`. Sachez que toutes ces options sont détaillées dans la page de manuel `mkinitrd.conf(5)`.

> **ASTUCE Insérez le résultat d'une commande dans un fichier avec Vim**
>
> L'éditeur Vim permet de coller le résultat d'une commande directement dans un fichier. Pour tester cette fonctionnalité, ouvrez le fichier /etc/mkinitrd.conf, restez en mode commande et placez le curseur sur la dernière ligne du fichier. Ensuite, invoquez la commande suivante dans Vim :
>
> ```
> :r !/usr/share/mkinitrd/mkinitrd_command_generator.sh
> ```
>
> Le résultat de la commande s'ajoute alors à l'intérieur de votre fichier et vous n'avez plus qu'à effectuer un copier-coller.
>
> Notez en passant que lorsque vous invoquez la commande, vous pouvez très bien utiliser la complétion automatique. Essayez.

Créons maintenant notre initrd :

```
# mkinitrd -F
OK: /lib/modules/4.4.19/kernel/fs/jbd2/jbd2.ko added.
OK: /lib/modules/4.4.19/kernel/fs/mbcache.ko added.
OK: /lib/modules/4.4.19/kernel/fs/ext4/ext4.ko added.
43903 blocs
/boot/initrd.gz created.
Be sure to run lilo again if you use it.
```

Certains modules peuvent apparaître « en double », mais ne vous en préoccupez pas. Cela n'a pas de conséquence sur le bon fonctionnement du système.

Notez au passage que l'option -F indique à mkinitrd de lire l'ensemble des options et des paramètres dans le fichier /etc/mkinitrd.conf. Théoriquement, nous aurions pu nous passer de l'édition de ce fichier mais, dans ce cas, nous aurions dû invoquer une commande à rallonge.

Il ne nous reste plus qu'à ajouter une section au chargeur de démarrage pour utiliser le noyau GENERIC avec notre initrd nouvellement créé. Éditez /etc/lilo.conf, regardez la section vers la fin du fichier pour la syntaxe et ajoutez une deuxième section juste après :

```
image = /boot/vmlinuz-huge-4.4.19
  root = /dev/sda2
  label = Linux-HUGE
  read-only
image = /boot/vmlinuz-generic-4.4.19
  initrd = /boot/initrd.gz
  root = /dev/sda2
  label = Linux-GENERIC
  read-only
```

Là encore, vérifiez bien le noyau que vous utilisez. Sur un système 32-bits, ce sera probablement vmlinuz-generic-smp-4.4.19-smp.

Prenez en compte la nouvelle configuration de LILO :

```
# lilo
Added Linux-HUGE     *
Added Linux-GENERIC  +
```

À partir de là, nous pouvons déjà démarrer sur le nouveau noyau, en prenant soin de choisir *Linux-GENERIC* dans l'écran de sélection de LILO. Si tout se passe bien, les erreurs concernant d'éventuelles fonctionnalités non reconnues au démarrage auront cédé la place au message suivant :

```
/boot/initrd.gz: Loading kernel modules from initrd image:
```

Il ne nous reste plus qu'à finaliser la configuration de LILO. Retournez dans /etc/lilo.conf et supprimez la section initiale du noyau HUGE. Renommez éventuellement celle pointant vers le noyau GENERIC :

```
image = /boot/vmlinuz-generic-4.4.19
  initrd = /boot/initrd.gz
  root = /dev/sda2
  label = Linux
  read-only
```

Et pour finir :

```
# lilo
Added Linux  +  *
```

Le noyau GENERIC et les mises à jour

Pour terminer ce chapitre, je me pencherai sur un cas de figure qui pose problème assez régulièrement, à en juger d'après les messages parfois désespérés sur le forum de Slackware.

Admettons que vous ayez une installation fraîche de Slackware 14.2 et que vous n'ayez pas encore effectué de mise à jour. Vous tournez donc sur le noyau 4.4.14 :

```
$ uname -r
4.4.14
```

Sous Slackware 14.2 32-bits avec un noyau SMP, vous aurez ceci :

```
$ uname -r
4.4.14-smp
```

Vous décidez de basculer vers le noyau GENERIC comme nous l'avons vu. Vous identifiez les modules nécessaires au démarrage, vous éditez /etc/mkinitrd.conf, vous construisez l'initrd et vous ajoutez une section à /etc/lilo.conf pour démarrer sur ce noyau. Vous aurez donc quelque chose comme ceci :

```
image = /boot/vmlinuz-generic-4.4.14
  initrd = /boot/initrd.gz
  root = /dev/sda2
```

```
  label = Linux
  read-only
```

Or, il arrive parfois qu'une mise à jour de sécurité concerne le noyau, comme celle qui suit, dernière en date à l'heure de la rédaction de ces lignes :

```
Tue Aug 23 19:45:33 UTC 2016
...
patches/packages/linux-4.4.19/*:  Upgraded.
  A flaw was found in the implementation of the Linux kernels
  handling of networking challenge ack where an attacker is able
  to determine the shared counter.  This may allow an attacker
  located on different subnet to inject or take over a TCP
  connection between a server and client without having to
  be a traditional Man In the Middle (MITM) style attack.
  Be sure to upgrade your initrd after upgrading the kernel
  packages.
  If you use lilo to boot your machine, be sure lilo.conf points
  to the correct kernel and initrd and run lilo as root to
  update the bootloader.
...
```

Effectuez la mise à jour du système comme nous l'avons vu au chapitre précédent :

```
# slackpkg update
# slackpkg upgrade-all
```

Entre autres choses, cela remplace les paquets `kernel-*` en version 4.4.14 par les mises à jour correspondantes. Vous imaginez bien que si vous redémarrez sans douter de rien, cela risque fort de se terminer par un désastre, en l'occurrence un joli *kernel panic*. Il faut donc procéder méthodiquement.

La première chose à faire est de construire un `initrd` pour le nouveau noyau. N'oubliez pas que nous tournons encore sous l'ancien, même si les paquets `kernel-*` ont tous été mis à jour :

```
$ uname -r
4.4.14
```

Jetons un œil dans `/etc/mkinitrd.conf` et voyons comment les choses se présentent :

```
# mkinitrd.conf
SOURCE_TREE="/boot/initrd-tree"
CLEAR_TREE="1"
OUTPUT_IMAGE="/boot/initrd.gz"
KERNEL_VERSION="$(uname -r)"
KEYMAP="fr-latin1"
MODULE_LIST="jbd2:mbcache:ext4"
ROOTDEV="/dev/sda2"
```

```
ROOTFS="ext4"
RESUMEDEV="/dev/sda1"
...
```

> SYNTAXE BASH **Pourquoi le dollar $ et les parenthèses ( ) autour de uname -r ?**
>
> Si vous vous demandez pourquoi `mkinitrd.conf` utilise une drôle de syntaxe, essayez ceci :
>
> ```
> $ echo "Nous utilisons le kernel $(uname -r)."
> Nous utilisons le kernel 4.4.19.
> ```
>
> Plus généralement, `$(commande)` signifie « le résultat de la commande ».

Le problème ici est que, si nous lançons `mkinitrd` avec cette configuration, `uname -r` lui indiquera de construire un `initrd` pour l'ancienne version 4.4.14 qui tourne encore en mémoire.

Heureusement, la solution à ce problème est relativement simple. Elle consiste à « coder en dur » la version du noyau pour laquelle nous souhaitons construire l'`initrd` :

```
# mkinitrd.conf
SOURCE_TREE="/boot/initrd-tree"
CLEAR_TREE="1"
OUTPUT_IMAGE="/boot/initrd.gz"
#KERNEL_VERSION="$(uname -r)"
KERNEL_VERSION="4.4.19"
...
```

Et sur un système 32-bits avec un noyau SMP :

```
# mkinitrd.conf
SOURCE_TREE="/boot/initrd-tree"
CLEAR_TREE="1"
OUTPUT_IMAGE="/boot/initrd.gz"
#KERNEL_VERSION="$(uname -r)"
KERNEL_VERSION="4.4.19-smp"
...
```

Construisons maintenant l'`initrd` :

```
# mkinitrd -F
```

Il ne nous reste plus qu'à indiquer à LILO l'emplacement du nouveau noyau en éditant `/etc/lilo.conf` :

```
image = /boot/vmlinuz-generic-4.4.19
  initrd = /boot/initrd.gz
  root = /dev/sda2
```

```
   label = Linux
   read-only
```

Ou alors :

```
image = /boot/vmlinuz-generic-smp-4.4.19-smp
  initrd = /boot/initrd.gz
  root = /dev/sda2
  label = Linux
  read-only
```

Là encore, prenons en compte les modifications. Je sais que je donne l'impression de radoter, mais sachez que ce genre d'oubli est non seulement fréquent, mais résulte aussi en un système qui ne démarre plus la plupart du temps.

```
# lilo
Added Linux  +  *
```

17

Configurer le serveur graphique X.Org

Dans le bon vieux temps, l'installation d'une distribution Linux comportait une série d'écueils, notamment la configuration du serveur graphique. De nos jours, les distributions grand public rendent cette procédure transparente. Même sous Slackware, l'environnement graphique semble prêt à l'emploi, à tel point qu'il est possible d'installer un poste de travail Linux sans même savoir ce qu'est un serveur graphique. En contrepartie, il arrive que la résolution et/ou la disposition du clavier ne soient pas celles que vous souhaitez ; le pavé tactile du portable ne fonctionne pas correctement, ni l'accélération graphique. Dans certains cas, vous n'y voyez même que du noir. Dans le présent chapitre, je me propose de vous montrer pas à pas le peaufinage à la main de votre serveur graphique, avec comme seul outil l'éditeur de texte Vim. Ceci étant dit, n'y voyez pas un cours magistral sur la théorie des serveurs graphiques. Cette méthode de configuration constitue plutôt l'équivalent informatique d'une série de recettes de grand-mère. C'est une approche avant tout pratique et pragmatique, qui s'est dégagée à force de configurer l'environnement graphique sur un grand nombre de machines différentes.

Le système X Window et X.Org

Le projet X.Org fournit une implémentation libre du système X Window, le système d'interaction graphique avec l'utilisateur sous Unix, BSD et Linux. X.Org est issu d'un *fork* de XFree86 en 2004, suite à un désaccord de licence, comme cela arrive souvent dans le monde du libre.

Figure 17–1
X.Org est un serveur graphique
libre.

Dans notre installation Slackware Linux, le serveur X.Org est fourni par le groupe de paquets X. Vous noterez que le nombre de paquets contenus dans ce groupe est assez important. Cela tient au fait que, depuis Slackware 12.0, X est modulaire. Dans les versions antérieures de Slackware, ce groupe fournissait un seul gros paquet monolithique `x11` ainsi qu'une poignée d'outils et de polices.

X.Org – appelé aussi « système X Window » ou « X11 », ou tout simplement « X » pour les intimes – fonctionne d'après un modèle client-serveur. Les logiciels **clients** X (ou logiciels graphiques) se connectent au **serveur** X et lui envoient leurs requêtes d'affichage en utilisant le **protocole** X.

La documentation sur le sujet des serveurs graphiques est aussi abondante qu'indigeste. Rassurez-vous tout de suite, je vous en fais grâce. Au lieu de cela, nous allons entreprendre une série d'ateliers pratiques qui vous permettront de vous faire une idée plus concrète de ce qu'est un serveur graphique sous Linux.

Quelques préparatifs

Après l'installation initiale de Slackware, nous nous sommes retrouvés en niveau d'exécution 3, c'est-à-dire en mode multi-utilisateur sans interface graphique. Pour démarrer l'environnement Xfce, nous avons évoqué la commande `startx` en tant qu'utilisateur simple.

Par la suite, nous avons basculé vers le niveau d'exécution 4 en éditant le fichier `/etc/inittab` :

```
# Default runlevel. (Do not set to 0 or 6)
id:4:initdefault:
```

Ce niveau d'exécution démarre directement en mode graphique. En l'occurrence, c'est le gestionnaire de connexion XDM qui est lancé.

Pour les manipulations de ce chapitre, nous allons d'abord revenir au niveau d'exécution 3. Éditez `/etc/inittab` en conséquence :

```
# Default runlevel. (Do not set to 0 or 6)
id:3:initdefault:
```

À partir de là, vous avez le choix. Soit vous redémarrez la machine, soit vous basculez directement vers le niveau d'exécution 3, ce qui sera plus rapide :

```
# init 3
```

Nous allons également désactiver le *framebuffer*, du moins temporairement. Dans certains cas, la résolution personnalisée de la console risque de poser problème ; nous y reviendrons un peu plus loin. Pour le moment, ouvrez `/etc/lilo.conf` et assurez-vous de deux choses :

* La ligne `append` au début du fichier ne doit contenir aucun paramètre du genre `video=1024x768` ou similaire.
* L'option `vga` doit être paramétrée à `normal`, c'est-à-dire que vous ne devez avoir aucun réglage du style `vga = 791`, `vga = 788` ou autre.

Le cas échéant, corrigez la configuration de `lilo.conf`, invoquez `lilo` pour que les changements prennent effet et redémarrez la machine avec la résolution par défaut de la console.

Le gestionnaire de fenêtres WindowMaker

Nous aurions très bien pu garder l'environnement de bureau Xfce pour les tests que nous allons effectuer. Au lieu de cela, nous allons utiliser l'un des gestionnaires de fenêtres légers contenus dans notre installation. Une fois que vous êtes connecté en tant qu'utilisateur simple en niveau d'exécution 3, invoquez la commande `xwmconfig`.

Figure 17–2
La commande xwmconfig vous affiche la liste des gestionnaires de fenêtres disponibles.

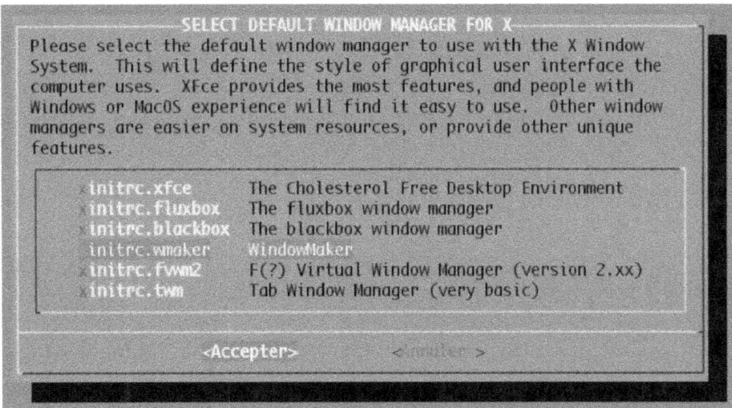

Notre installation actuelle fournit pas moins de six gestionnaires de fenêtres différents : outre l'environnement de bureau Xfce, nous disposons des gestionnaires de fenêtres Fluxbox, Blackbox, WindowMaker et FVWM, ainsi que l'ancêtre TWM (*Tabbed Window Manager*).

Nous allons opter pour *WindowMaker*, pour la simple raison que c'est ce que j'ai utilisé lorsque j'ai fait mes débuts dans le monde de Linux et que je suis un tant soit peu familiarisé avec. WindowMaker est un clone de l'environnement graphique du système NeXTSTEP conçu à la fin des années 1980 et basé sur BSD. Pour l'anecdote, c'est sur ce système que Tim Berners-Lee a développé le premier navigateur Web en 1990.

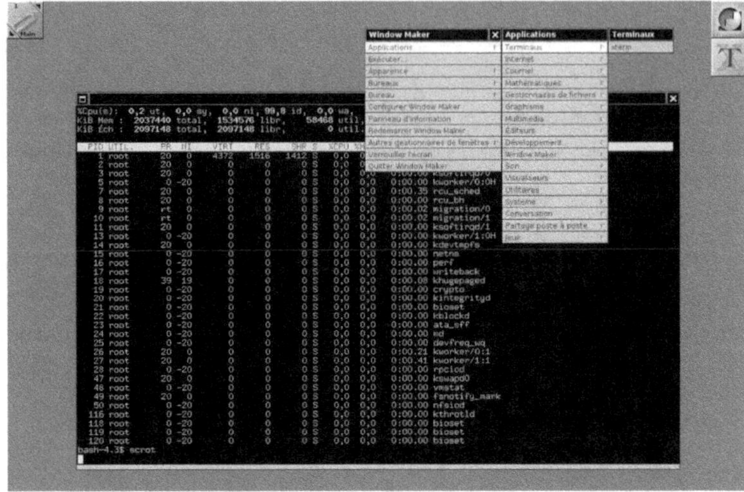

Figure 17–3
Le gestionnaire de fenêtres
WindowMaker

Lancez WindowMaker en tant que simple utilisateur :

```
$ startx
```

Un clic droit quelque part sur le fond d'écran bleu-gris ouvre le menu principal de WindowMaker. Ouvrez un terminal via *Applications>Terminaux>xterm*. Tapez un peu de texte au hasard et vous verrez que nous sommes confrontés à un problème que nous avons déjà eu au tout début lors de la première installation. La disposition du clavier en mode graphique n'est pas la même qu'en mode console et WindowMaker utilise visiblement un clavier QWERTY américain. Cette fois-ci en revanche, nous n'avons pas les mêmes possibilités que sous Xfce pour basculer d'un clavier à l'autre. Nous devons donc nous y prendre autrement. Cliquez sur *Quitter WindowMaker* dans le menu principal.

Définir la disposition du clavier

Les anciennes versions du serveur graphique X.Org se configuraient par le biais d'un fichier de configuration global `/etc/X11/xorg.conf`. Regardez à quoi cela pouvait ressembler en ouvrant le modèle de fichier amplement commenté `xorg.conf-vesa` fourni par le distributeur dans le répertoire `/etc/X11`. Alternativement, vous pouvez très bien générer votre propre modèle de fichier `xorg.conf`. Devenez `root` et invoquez la commande suivante :

```
# X -configure
X.Org X Server 1.18.3
Release Date: 2016-04-04
X Protocol Version 11, Revision 0
Build Operating System: Slackware 14.2 Slackware Linux Project
...
```

Votre console affichera de nombreux messages, peut-être aussi une série d'erreurs, mais au bout de l'opération, vous vous retrouverez avec un fichier `/root/xorg.conf.new`. À l'époque où il fallait configurer le serveur graphique à la main, ce premier jet servait de base pour une configuration personnalisée.

Or, depuis quelques années maintenant, le serveur X.Org n'a plus besoin du fichier `/etc/X11/xorg.conf` pour fonctionner correctement. La preuve, c'est que jusqu'ici, nous avons pu invoquer `startx` et démarrer l'environnement graphique sans qu'un quelconque fichier `xorg.conf` soit présent sur le système. Ce qu'il en reste aujourd'hui, ce sont des vestiges tout au plus, que nous allons utiliser pour peaufiner le fonctionnement de X.Org.

De nos jours, la méthode « orthodoxe » pour configurer le serveur graphique consiste à passer par des fichiers que l'on placera dans le répertoire dédié `/etc/X11/xorg.conf.d`. Ce répertoire est vide par défaut, mais nous pouvons nous servir des fichiers de configuration modèles fournis dans `/usr/share/X11/xorg.conf.d`. Il suffit de placer un fichier avec le suffixe `*.conf` dans ce répertoire pour qu'il soit pris en compte par le serveur graphique.

```
# ls /usr/share/X11/xorg.conf.d/
10-amdgpu.conf
10-evdev.conf
10-quirks.conf
50-synaptics.conf
50-vmmouse.conf
70-wacom.conf
90-keyboard-layout.conf
```

Mettons la main à la pâte et essayons. Pour commencer, nous allons copier le fichier `90-keyboard-layout.conf` vers `/etc/X11/xorg.conf.d` :

```
# cd /etc/X11/xorg.conf.d/
# cp /usr/share/X11/xorg.conf.d/90-keyboard-layout.conf .
```

Ouvrez ce fichier et éditez-le :

```
Section "InputClass"
        Identifier "keyboard-all"
        MatchIsKeyboard "on"
        MatchDevicePath "/dev/input/event*"
        Driver "evdev"
        Option "XkbLayout" "fr"
        #Option "XkbVariant" ""
        Option "XkbOptions" "terminate:ctrl_alt_bksp"
EndSection
```

Redevenez un utilisateur normal et démarrez WindowMaker :

```
$ startx
```

Ouvrez un terminal graphique et tapez un peu de texte. Vous constatez que désormais, c'est le clavier français AZERTY qui est utilisé.

Si vous désirez une disposition différente, par exemple un clavier suisse romand, le fichier 90-keyboard-layout.conf devra ressembler à ceci :

```
Section "InputClass"
        Identifier "keyboard-all"
        MatchIsKeyboard "on"
        MatchDevicePath "/dev/input/event*"
        Driver "evdev"
        Option "XkbLayout" "ch"
        Option "XkbVariant" "fr"
        Option "XkbOptions" "terminate:ctrl_alt_bksp"
EndSection
```

Personnaliser l'aspect du terminal XTerm

Dans sa configuration par défaut, l'aspect du terminal graphique XTerm est un peu tristounet. Hélas, c'est en vain que vous chercherez un menu principal avec une entrée du genre *Outils>Options* ou *Édition>Préférences*. XTerm est l'ancêtre des terminaux graphiques, ce qui explique son côté « brut de pomme ».

Ceci étant dit, vous pouvez très bien configurer l'aspect de XTerm, mais il va falloir passer par un fichier de configuration. Rendez-vous dans votre répertoire d'utilisateur et éditez un fichier ~/.Xresources qui pourra ressembler au suivant :

```
XTerm*background: #000000
XTerm*foreground: LightGrey
XTerm*font: 9x15
XTerm*VT100.geometry: 115x40
```

Les deux premières lignes de ce fichier définissent le jeu de couleurs utilisé dans le terminal, en l'occurrence gris clair (LightGrey) sur fond noir (#000000). La troisième ligne définit la taille de la police par défaut du terminal (9x15). Ouvrez le fichier /etc/X11/app-defaults/XTerm pour connaître les tailles de polices disponibles. Quant au paramètre geometry à la quatrième ligne, il définit la taille par défaut de la fenêtre de XTerm au lancement. Si la fenêtre dépasse l'écran, essayez une taille un peu plus petite comme 105x35. Attention : les changements ne prendront effet qu'au prochain démarrage du serveur graphique.

Quel pilote pour quelle carte graphique ?

Dans mon quotidien, les trois cartes vidéo les plus communes sont Intel, AMD/ATi et Nvidia. Le moment est venu de dire quelques mots sur la configuration de ces cartes.

La première chose à faire consiste à identifier votre carte graphique à l'aide de la commande /sbin/lspci. Voici par exemple une carte Intel :

```
$ /sbin/lspci | grep -i vga
00:02.0 VGA compatible controller: Intel Corporation
82G33/G31 Express Integrated Graphics Controller (rev 0a)
```

Une carte AMD/ATi pourra ressembler à ceci :

```
$ /sbin/lspci | grep -i vga
01:05.0 VGA compatible controller: AMD/ATI
[Advanced Micro Devices, Inc.] RS780C [Radeon 3100]
```

Et voici une carte Nvidia :

```
$ /sbin/lspci | grep -i vga
01:00.0 VGA compatible controller: NVIDIA Corporation GF119
[GeForce GT 520] (rev a1)
```

Pour ces trois modèles de cartes, Slackware fournit des pilotes libres, respectivement `intel` ou `i915` pour les cartes Intel, `radeon` pour les cartes AMD/ATi et `nouveau` pour les cartes Nvidia.

Lorsque le serveur graphique démarre, il écrit tout ce qu'il fait dans le fichier `/var/log/Xorg.0.log`. Jetons un œil dans ce fichier après avoir lancé notre session WindowMaker :

```
$ less /var/log/Xorg.0.log
...
intel(0): Using Kernel Mode Setting driver: i915,
version 1.6.0 20151010
```

Ici, c'est le module `i915` qui est utilisé en KMS ou *Kernel Mode Setting*. Sans rentrer dans les détails fastidieux, c'est ce qui permet de contrôler certains facteurs de l'affichage comme la résolution et le nombre de couleurs directement au niveau du noyau.

> EXPERT **Pilotes vidéo et Kernel Mode Setting**
>
> Les pilotes vidéo `i915`, `radeon` et `nouveau` utilisent tous le *Kernel Mode Setting* ou KMS. Pour fonctionner correctement, il sont chargés relativement tôt lors du démarrage de la machine. Si vous les utilisiez sous Slackware 14.1 ou des versions antérieures, il fallait explicitement ajouter ces modules à l'`initrd` pour qu'ils fonctionnent correctement. Plus concrètement, votre fichier `/etc/mkinitrd.conf` comportait une ligne comme celle-ci :
>
> ```
> MODULE_LIST="ext4:i915"
> ```
>
> Depuis Slackware 14.2, le KMS fonctionne automatiquement avec ces pilotes sans qu'il soit nécessaire de les ajouter explicitement à l'`initrd`.

Selon votre carte, démarrez le serveur graphique, puis regardez dans `/var/log/Xorg.0.log` pour vérifier quel pilote est actuellement utilisé. Sur une carte AMD/ATi, vous devriez voir le chargement du module `radeon` et sur une carte Nvidia, ce sera le module `nouveau`.

Tester l'accélération graphique

L'accélération graphique (ou *direct rendering*) utilise le processeur graphique sur votre carte vidéo plutôt que les ressources de votre CPU pour dessiner des objets en 3D, ce qui rend l'affichage beaucoup plus fluide.

Lorsque vous vous trouvez dans l'environnement graphique, utilisez la commande `glxinfo` pour vérifier si l'accélération fonctionne correctement. Une fois que vous avez lancé WindowMaker, ouvrez le terminal graphique et utilisez la commande suivante :

```
$ glxinfo | grep rendering
direct rendering: Yes
```

Alternativement, vous pouvez vous contenter d'afficher les trois premières lignes de la sortie de la commande :

```
$ glxinfo | head -n 3
name of display: :0
display: :0 screen: 0
direct rendering: Yes
```

L'outil `glxgears` vous affiche une petite animation en 3D, qui vous servira également à tester l'accélération graphique.

> **B.A.-BA   Unité FPS**
>
> L'unité FPS désigne les *Frames Per Second* ou « images par seconde ».

Figure 17–4
Testez l'accélération graphique grâce à glxgears.

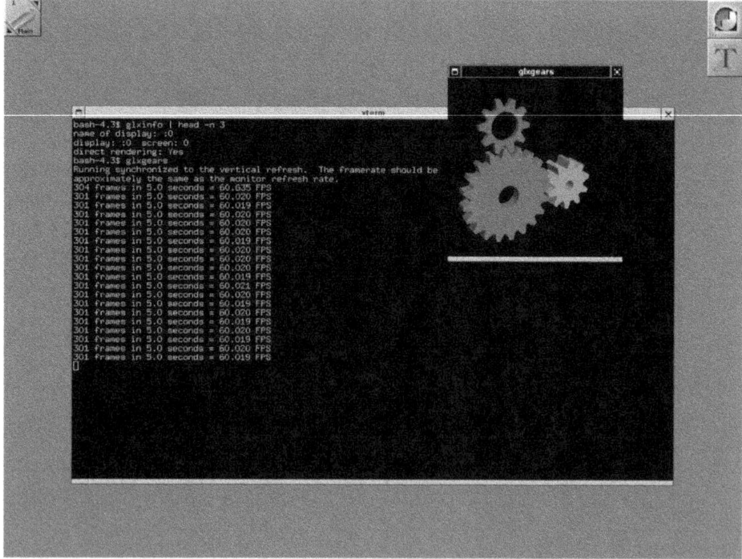

Corriger la résolution avec le framebuffer activé

Au début de ce chapitre, je vous ai conseillé de désactiver le *framebuffer* – c'est-à-dire la définition d'une résolution personnalisée pour la console – avant de configurer l'environnement graphique. Le moment est venu de faire une petite expérience pratique. Éditez /etc/lilo.conf et activez le *framebuffer* pour une résolution de 640×480 pixels :

```
# Start LILO global section
# Append any additional kernel parameters:
append="video=640x480 quiet vt.default_utf8=1"
boot = /dev/sda
```

Prenez en compte la nouvelle configuration (lilo) et redémarrez la machine. La console s'affiche désormais avec une résolution de 640×480 pixels. Connectez-vous en tant qu'utilisateur normal et démarrez WindowMaker :

```
$ startx
```

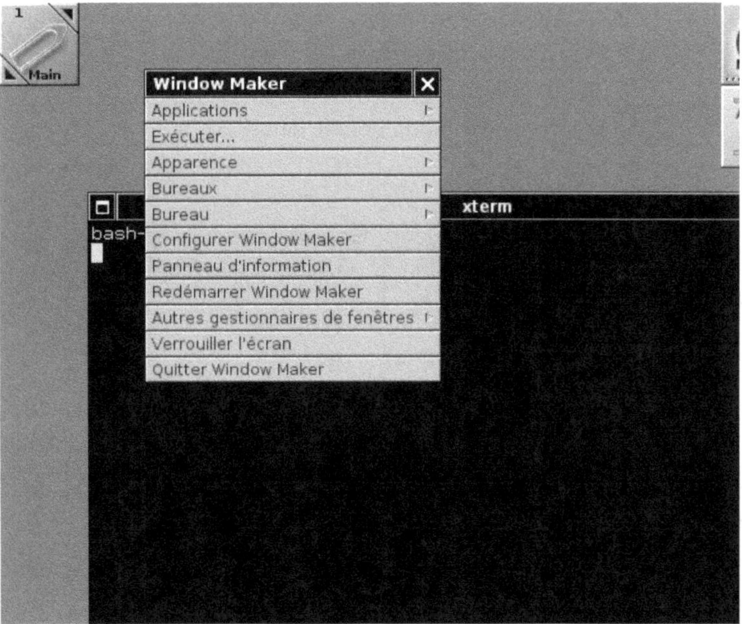

Figure 17–5
L'interface graphique est à peu près inutilisable lorsque la résolution n'est pas adaptée.

Vous voyez le problème ? Pour une raison mystérieuse, la résolution que vous avez définie pour votre console s'applique désormais à votre environnement graphique. Résultat de l'affaire : votre gestionnaire de fenêtres vous rappelle de loin les jeux de Lego pour les très petits, ou alors une interface pour les malvoyants. Dans l'état actuel des choses, WindowMaker est à peu près inutilisable, étant donné que la taille par défaut des fenêtres dépasse le bord de l'écran.

Pour corriger ce comportement aberrant, nous allons nous rendre dans le répertoire /etc/X11/ xorg.conf.d et éditer un fichier 10-custom-screen.conf comme suit, par exemple :

```
# /etc/X11/xorg.conf.d/10-custom-screen.conf
Section "Screen"
  Identifier "Default Screen"
  Device "Intel HD Graphics"
  Monitor "Default Monitor"
  DefaultDepth 24
  Subsection "Display"
    Depth 24
    Modes "1280x1024"
  EndSubSection
EndSection
```

Vous aurez deviné que la ligne Modes "1280x1024" définit la résolution de votre affichage graphique. Quant à Depth 24, c'est le nombre de couleurs utilisées pour l'affichage, en l'occurrence 2^{24}, donc près de 16,7 millions.

Pour trouver la résolution adaptée à la taille de votre écran, vous pouvez vous y prendre comme ceci :

1 Désactivez le *framebuffer*.

2 Redémarrez et lancez l'interface graphique.

3 Trouvez la résolution utilisée dans /var/log/Xorg.0.log.

4 Éditez /etc/X11/xorg.conf.d/10-custom-screen.conf et renseignez manuellement la valeur trouvée.

5 Réactivez le *framebuffer* et redémarrez.

6 L'interface graphique s'affiche désormais correctement.

Corriger le comportement du pavé tactile

Le comportement du pavé tactile *(touchpad)* est parfois aléatoire sur certains ordinateurs portables. Pour arranger les choses, on peut se servir du fichier de configuration modèle 50- synaptics.conf fourni dans /usr/share/X11/xorg.conf.d :

```
# cd /etc/X11/xorg.conf.d
# cp /usr/share/X11/xorg.conf.d/50-synaptics.conf .
```

Éditez ce fichier en ajoutant une option à la fin :

```
Section "InputClass"
  Identifier "touchpad"
  Driver "synaptics"
  MatchDevicePath "/dev/input/event*"
  MatchIsTouchpad "on"
  Option "TapButton1" "1"
```

```
    Option "TapButton2" "2"
    Option "TapButton3" "3"
    Option "SoftButtonAreas" "50% 0 82% 0 0 0 0 0"
EndSection
```

Utiliser le pilote propriétaire Nvidia

Si vous n'êtes pas satisfait des performances du pilote libre nouveau, vous pouvez toujours essayer de basculer vers le pilote propriétaire nvidia. Les avis sur ce dernier sont partagés, d'après les témoignages dans les forums. En ce qui me concerne, j'ai toujours été satisfait de la qualité des pilotes fournis par ce fabricant. Actuellement, c'est ce que j'utilise sur ma principale station de travail munie de deux moniteurs.

Sur un système Slackware, vous avez plusieurs possibilités pour basculer vers le pilote propriétaire de chez Nvidia.

- Vous construisez des paquets en vous servant des scripts fournis par le portail SlackBuilds.org. Dans ce cas, effectuez une recherche sur le terme « nvidia ». Les cartes récentes utiliseront les paquets nvidia-driver et nvidia-kernel. Pour les cartes un peu plus anciennes, il vous faudra construire l'un des paquets nvidia-legacy*-driver ainsi que le paquet nvidia-legacy*-kernel correspondant. Une documentation pas à pas est fournie par les mainteneurs des scripts pour la compilation et l'utilisation des paquets.

- Alternativement, vous téléchargez le pilote sur le site du fabricant Nvidia et vous le construisez directement sans passer par la fabrication de paquets spécifiques à Slackware. Personnellement, je préfère cette deuxième méthode, étant donné que j'en ai l'habitude depuis longtemps et qu'elle me paraît plus simple. Évidemment, rien ne vous empêche de vous atteler à la première méthode si cela vous chante.

URL Le site du fabricant Nvidia

▸ http://www.nvidia.fr

Rendez-vous sur le site de Nvidia à l'aide d'un navigateur web graphique comme Firefox. La navigation avec Links est de plus en plus pénible sur ce genre de site. Repérez la rubrique *Pilotes > Télécharger* dans le menu de navigation principal. Le lien vous amène vers l'interface de sélection du pilote.

Figure 17–6
Le fabricant Nvidia fournit des
pilotes propriétaires en alternative
aux pilotes libres pour ses cartes
graphiques.

Ma station de travail est munie d'une carte GeForce 210 et tourne sous Slackware64 14.2. Je vais donc chercher *Type de produit : GeForce*, puis *Série de produits : GeForce 200 Series*. Dans le menu déroulant *Gamme de produits*, je sélectionne *Geforce 210*. Dans la configuration par défaut, le site n'affiche que les différentes versions de Windows dans la rubrique *Système d'exploitation* (on connaît la chanson). Je clique sur *Show all Operating Systems* (anglais pour « afficher également les vrais systèmes d'exploitation ») tout en bas du menu déroulant, ce qui enrichit la sélection d'une série de systèmes *Linux*, *Solaris*, *FreeBSD* et *Mac OS X*. Je sélectionne *Linux 64-bit* et la langue (*Français*).

Je clique sur *Rechercher*, ce qui m'amène à la page de téléchargement du pilote. Puis, je clique sur *Download* et encore une fois sur *Agree & Download*, où je confirme en passant que mon entreprise, mon compte épargne, ma compagne et mon chat sont désormais la propriété exclusive de Nvidia, et je télécharge enfin le fichier `NVIDIA-Linux-x86_64-340.98.run`, qui pèse près de 66 mégaoctets.

Figure 17–7
L'interface de recherche de pilotes
sur le site du fabricant Nvidia

Créez un répertoire `/root/nvidia` et rangez-y le pilote téléchargé, en tant que `root` bien évidemment.

Avant de construire le pilote, nous avons un petit travail de préparation à faire. Le module propriétaire `nvidia` entre en conflit avec le module libre `nouveau` et la simple présence de celui-ci sur le système peut poser quelques problèmes.

La solution consiste ici à *blacklister* le module `nouveau`. Pour ce genre d'opération, Patrick Volkerding nous a facilité la tâche. Allez sur le site de Slackware ou jetez un œil sur le support d'installation. Le répertoire `extra/` contient un paquet `xf86-video-nouveau-blacklist`. Téléchargez ce paquet, rangez-le également dans `/root/nvidia` et installez-le :

```
# installpkg xf86-video-nouveau-blacklist-noarch-1.txz
```

À présent, redémarrez et assurez-vous d'être en niveau d'exécution 3.

Le fichier `NVIDIA-Linux-x86_64-340.98.run` est un script et nous devons l'exécuter. Pour ce faire, nous avons deux possibilités. Soit nous le rendons exécutable :

```
# chmod +x NVIDIA-Linux-x86_64-340.98.run
# ./NVIDIA-Linux-x86_64-340.98.run
```

Ou alors nous le lançons directement comme ceci :

```
# sh NVIDIA-Linux-x86_64-340.98.run
```

Une interface graphique en mode texte s'affiche et vous somme encore une fois d'accepter la licence. La construction du pilote se lance alors. Sur un système 64-bits, vous devez choisir si vous souhaitez installer les bibliothèques de compatibilité 32-bits ; répondez par « non » pour l'instant. L'installateur vous propose alors de lancer `nvidia-xconfig`, un utilitaire qui génère à la volée un fichier de configuration `/etc/X11/xorg.conf`. Ce fichier spécifie entre autres choses l'utilisation du pilote propriétaire :

```
...
Section "Device"
    Identifier     "Device0"
    Driver         "nvidia"
    VendorName     "NVIDIA Corporation"
EndSection
...
```

Le plus simple ici est de redémarrer votre machine. Démarrez l'interface graphique et vérifiez si vous avez bien quelque chose comme ce qui suit dans le fichier `/var/log/Xorg.0.log` :

```
(II) NVIDIA GLX Module  340.96  Sun Nov  8 22:06:18 PST 2015
Loading extension GLX
(II) LoadModule: "nvidia"
```

> **ASTUCE Pilote Nvidia et polices d'affichage**
>
> Dans certains cas de figure, l'utilisation du pilote Nvidia peut entraîner une modification de l'aspect des polices. Si vous utilisez ce pilote dans l'environnement Xfce et si vos polices ont soudainement l'air « bizarre », une astuce vous permet de retrouver leur aspect par défaut. Ouvrez la rubrique *Apparence* dans les *Paramètres Xfce* et, dans l'onglet *Polices*, repérez la section *DPI*. Décochez puis recochez l'entrée *Paramètre DPI personnalisé : 96*.

Si vous disposez comme moi d'un affichage réparti sur deux moniteurs, vous pourrez lancer l'utilitaire `nvidia-settings` pour peaufiner la configuration de l'affichage et intervertir éventuellement l'écran de droite et celui de gauche. Étant donné que ce genre d'opération affecte la configuration globale de votre système, cet utilitaire doit être lancé avec les droits `root`, faute de quoi il n'aura pas les permissions requises pour modifier `/etc/X11/xorg.conf`. Dans le doute, ouvrez un terminal graphique et lancez l'utilitaire en tant que `root` depuis le terminal :

```
# nvidia-settings
```

Figure 17–8
L'utilitaire de configuration permet entre autres choses de configurer l'affichage sur deux écrans.

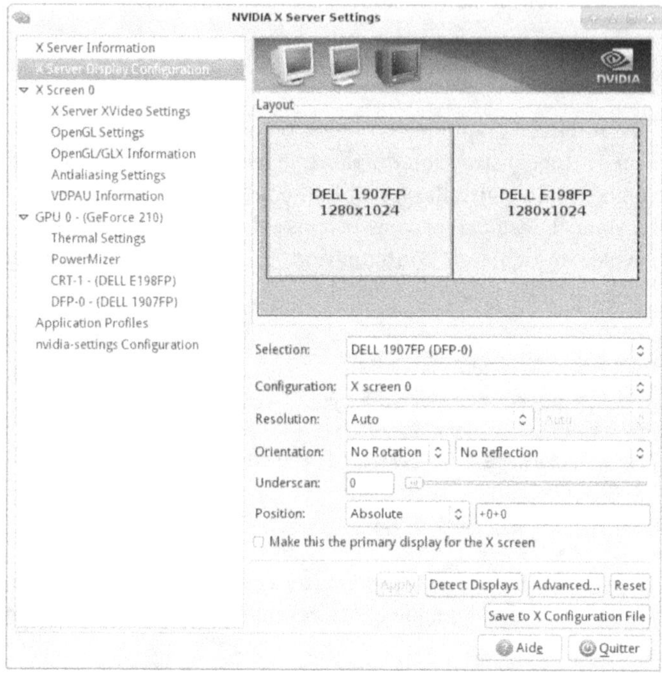

MISE EN GARDE **Pilote Nvidia et mise à jour du noyau**

Voici un cas de figure qui pose souvent problème. Admettons que vous disposiez d'une installation fraîche de Slackware 14.2, mais que vous n'ayez effectué aucune mise à jour. Vous tournez donc sur le noyau 4.4.14 installé par défaut. Faites une recherche sur le pilote Nvidia :

```
$ find /lib/modules/ -name 'nvidia*'
/lib/modules/4.4.14/kernel/drivers/video/nvidia.ko
/lib/modules/4.4.14/kernel/drivers/video/nvidia
/lib/modules/4.4.14/kernel/drivers/video/nvidia/nvidiafb.ko
...
```

Vous mettez à jour le noyau, vous redémarrez et vous avez la désagréable surprise que votre serveur graphique ne fonctionne plus. C'est que la mise à jour en question a supprimé l'arborescence `/lib/modules/` `4.4.14` pour la remplacer par `/lib/modules/4.4.19`.

La solution consiste ici tout bêtement à reconstruire le pilote pour ce nouveau noyau. Pour ce faire, assurez-vous de démarrer en niveau d'exécution 3 – ce qui est toujours une bonne idée pour tous les travaux de maintenance autour des pilotes du serveur graphique. La commande est la même que pour la construction initiale :

```
# sh NVIDIA-Linux-x86_64-340.98.run
```

L'installateur Nvidia reconnaît la présence des vestiges de l'ancien pilote et se charge de les supprimer avant de se mettre à reconstruire le pilote proprement.

Utiliser le pilote propriétaire AMD/ATi

Tout comme Nvidia, AMD/ATi permet de remplacer le pilote libre radeon par le pilote propriétaire fglrx.

```
$ /sbin/lspci | grep -i vga
00:01.0 VGA compatible controller: Advanced Micro Devices [AMD] nee ATI Wrestler
[Radeon HD 6320]
```

Figure 17–9
Avec les cartes graphiques AMD/ATi, vous avez également le choix entre les pilotes libres et les pilotes propriétaires.

Notez toutefois que le fabricant AMD a une fâcheuse tendance à ne plus reconnaître les anciennes cartes. Non content de cela, il m'est arrivé d'avoir quelques problèmes de stabilité avec les pilotes propriétaires, sans oublier le fait que les pilotes libres ont toujours fonctionné correctement sur mes machines. Par acquis de conscience, je vais quand même vous indiquer sommairement la procédure à suivre pour basculer vers le pilote fglrx, ce qui vous permettra de vous faire votre propre idée.

> **URL Le site du fabricant AMD**
>
> ▸ http://support.amd.com

Rendez-vous sur le site du fabricant, suivez le lien *Trouver votre pilote*, repérez le lien correspondant à *Linux* ainsi qu'à votre carte. Les noms des fichiers peuvent varier mais, quoi qu'il en soit, vous téléchargerez une archive compressée qui ressemble à amd-driver-installer-xxxxx.zip. Rangez cette archive dans un endroit approprié, par exemple /root/fglrx, décompressez-la en utilisant la commande unzip, supprimez l'archive et lancez l'installateur :

```
# unzip amd-driver-installer-catalyst-13.1-linux-x86.x86_64.zip
# rm -f amd-driver-installer-catalyst-13.1-linux-x86.x86_64.zip
# sh amd-driver-installer-catalyst-13.1-linux-x86.x86_64.run
```

Là encore, vous vous retrouverez confronté à une interface graphique en mode texte. L'installateur analyse votre système et vous laisse le choix entre une installation automatique et la construction d'un paquet spécifique à votre distribution (*Generate distribution specific driver package*). Optez pour ce deuxième choix. Acceptez la licence, confirmez les choix par défaut jusqu'à l'écran *Package Generation*, où vous devrez sélectionner *Build package for detected OS:*

Slackware. Une fois que la construction du pilote s'est terminée correctement, vous trouverez un paquet `fglrx-xxxxx.tgz` dans le même répertoire que l'installateur. Installez-le :

```
# installpkg fglrx-9.012-x86_64-1.tgz
```

Tout comme celui de Nvidia, le pilote propriétaire entre en conflit avec les pilotes libres. Là encore, la solution consiste à *blacklister* ces derniers. Pour ce faire, éditez un fichier `/etc/modprobe.d/blacklist.conf` comme suit :

```
blacklist radeon
blacklist radeonhd
```

Redémarrez la machine, puis créez le fichier de configuration initial :

```
# aticonfig --initial -f
```

Démarrez l'environnement graphique :

```
$ startx
```

Testez la configuration dans un terminal graphique :

```
$ fgl_glxgears
```

Le gestionnaire de fenêtres Fluxbox

Dans ce chapitre, nous avons choisi WindowMaker pour les manipulations diverses autour du serveur graphique. Je vous ai présenté ce gestionnaire de fenêtres pour la simple raison que c'est le premier environnement graphique que j'ai utilisé lorsque j'ai découvert Linux. Or, de nombreux utilisateurs de Slackware semblent favoriser Fluxbox parmi les gestionnaires de fenêtres légers et rapides.

Connectez-vous en tant qu'utilisateur simple, invoquez `xwmconfig`, sélectionnez *Fluxbox* dans la liste des environnements graphiques et lancez-le :

```
$ startx
```

Tout comme WindowMaker, Fluxbox vous présente un espace vide pour commencer, à la différence près que la barre inférieure de l'écran vous donne accès à une série de quatre bureaux virtuels, tout comme sous Xfce. Un clic-droit sur le fond d'écran fait apparaître un menu contextuel. Pour commencer, choisissez un thème à votre convenance via *Fluxbox menu>System Styles*. Personnellement, j'aime bien le thème *BlueNight*, sobre et élégant. Notez que vous ne disposerez du thème complet qu'au prochain redémarrage du gestionnaire de fenêtres. Il faut donc quitter Fluxbox (*Fluxbox menu>Exit*) et le relancer (`startx`).

Figure 17–10
Fluxbox est un gestionnaire
de fenêtres populaire aussi léger
que WindowMaker.

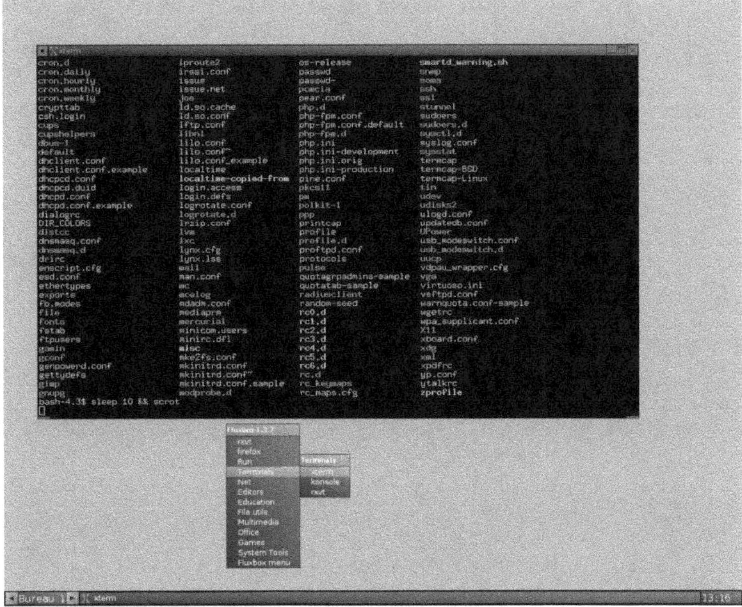

Là encore, le menu contextuel vous donne accès aux applications. Pour lancer un terminal graphique par exemple, passez par *Terminals>xterm*.

DISCUSSION **À quoi servent les gestionnaires de fenêtres légers ?**

Dans le monde du libre, on oppose parfois les environnements de bureau complets comme KDE, GNOME, Unity, etc. aux gestionnaires de fenêtres légers comme Fluxbox, Openbox, WindowMaker, etc. Les environnements comme Xfce ou LXDE semblent se trouver à cheval sur les deux paradigmes, selon la perspective adoptée.

Pour un poste de travail, je ne peux que vous conseiller d'utiliser l'environnement dans lequel vous êtes le plus à l'aise, sachant que les goûts et les couleurs ne se discutent pas. En ce qui me concerne, j'ai une petite préférence pour l'environnement Xfce – et c'est une des raisons pour lesquelles j'ai centré cet ouvrage sur lui – mais je me sens tout autant à l'aise avec KDE, GNOME, MATE ou Unity lorsque je suis amené à travailler sur d'autres machines. Et j'avoue platement que j'ai beau être admiratif devant l'esthétique et la légèreté de l'environnement Enlightenment, je n'ai malheureusement jamais pu m'habituer à son ergonomie à rebrousse-poil.

Plus sérieusement, il m'arrive parfois d'avoir à utiliser des gestionnaires de fenêtres légers, mais dans un contexte bien précis. L'installation d'un serveur s'effectue normalement en `init 3`, c'est-à-dire sans interface graphique. Or, il arrive parfois que l'on ait besoin d'accéder à une seule application graphique directement sur le serveur et, dans ce cas, il est préférable de configurer juste le minimum avec Fluxbox ou WindowMaker. De toute façon, un environnement de bureau complet sur un serveur est une aberration.

DISCUSSION   **À quoi servent les gestionnaires de fenêtres légers ?** *(suite)*

Vous pouvez d'ailleurs mesurer la consommation en ressources des divers environnements graphiques. Vérifiez la consommation en RAM de chacun en invoquant la commande `free -m` une fois que vous l'avez démarré. La colonne `used` à la ligne `Mem:` vous renseigne sur la quantité de RAM effectivement utilisée par le système. À titre d'exemple, Fluxbox consomme tout juste près de 50 mégaoctets de RAM au repos, alors que Xfce en nécessite quatre fois plus.

Notons aussi qu'un changement de bureau à la volée peut parfois vous sauver la mise en cas de problème. Sur les configurations modestes dotées de peu de RAM, il arrive que la lecture d'un fichier vidéo soit saccadée parce que le processeur et la mémoire n'arrivent plus à suivre. Si cela vous arrive, essayez donc de lire votre vidéo sous Fluxbox ou WindowMaker.

18

Linux installé par un chef

Le moment est venu d'appliquer ce que nous avons appris jusque-là et de mitonner une installation « aux petits oignons ». Peut-être bien qu'il serait plus approprié d'utiliser une métaphore vestimentaire. Le poste de travail par défaut de Slackware 14.2 que nous avons utilisé jusque-là nous a servi de plate-forme d'apprentissage, mais si c'était un vêtement, ce serait du prêt-à-porter en taille unique. On aime, tant mieux. On n'aime pas, tant pis. Or, un des points forts de Linux, c'est justement la possibilité de pouvoir faire des choix, de peaufiner sa propre installation avec des composants judicieusement choisis, de cuisiner sa propre sauce. Fini le prêt-à-porter, passons aux costumes taillés sur mesure. Le présent chapitre ainsi que les deux suivants vous expliquent tout cela pas à pas. Suivez le guide.

Les options de démarrage

Nous allons revenir à la case départ et effectuer une installation fraîche de Slackware Linux 14.2. Si vous utilisez les options par défaut – autrement dit, si vous appuyez tout simplement sur la touche *Entrée* à l'invite de commande boot: – la version 32-bits démarrera sur le noyau hugesmp.s et la version 64-bits lancera le noyau huge.s.

Selon la taille de votre écran, vous pouvez modifier la résolution de votre console en ajoutant au choix l'une des deux options suivantes :

- vga=788 pour une résolution de 800×600 pixels ;
- vga=791 pour une résolution de 1 024×768 pixels.

À titre d'exemple, si vous souhaitez démarrer Slackware 32-bits avec le noyau `hugesmp.s` et une résolution de 800×600 pixels, vous choisirez ceci :

```
boot: hugesmp.s vga=788
```

En revanche, si vous souhaitez lancer le noyau `huge.s` avec une résolution de 1 024×768 pixels, vous opterez pour ceci :

```
boot: huge.s vga=791
```

Testez successivement ces deux résolutions et choisissez celle qui vous convient. Vous devinerez probablement que le choix que vous effectuez ici n'a aucune incidence sur l'installation à proprement parler.

Il ne vous reste plus qu'à choisir la disposition du clavier pour l'installation avant de vous connecter en tant que `root`.

> DISPOSITION **Qu'est-ce que ce #%&@ clavier ?!?**
>
> N'oubliez pas qu'au démarrage de l'installation, vous êtes en clavier QWERTY américain. Le `M` est à droite du `N`, le point est à la place du « `:` » et la lettre `A` s'obtient en appuyant sur la touche `Q`.

Partitionnement et formatage

Pour notre première installation en mode « poule », nous avions choisi le schéma le plus simple possible, à savoir une partition `swap` et une partition principale. Le moment est venu de vous présenter une configuration un peu plus avancée.

Sur les postes de travail, je choisis habituellement le schéma suivant :

* une partition `/boot` d'une taille de 100 Mo, formatée en `ext2` ;
* une partition `swap` égale à la RAM disponible ;
* une partition principale occupant l'espace restant du disque, formatée en `ext4`.

Pour notre installation en mode « expert », je vous présenterai cependant un schéma de partitionnement un peu plus élaboré, que l'on trouve assez fréquemment :

* une partition `/boot` d'une taille de 100 Mo, formatée en `ext2` ;
* une partition `swap` égale à la RAM disponible ;
* une partition principale d'une taille de 15 à 20 Go, formatée en `ext4` ;
* une partition `/home` occupant l'espace restant du disque, également formatée en `ext4`.

Lancez l'outil `cfdisk` – ou `fdisk` – et essayez de partitionner le disque conformément à ce schéma.

Figure 18–1
Un schéma de partitionnement
un peu plus élaboré

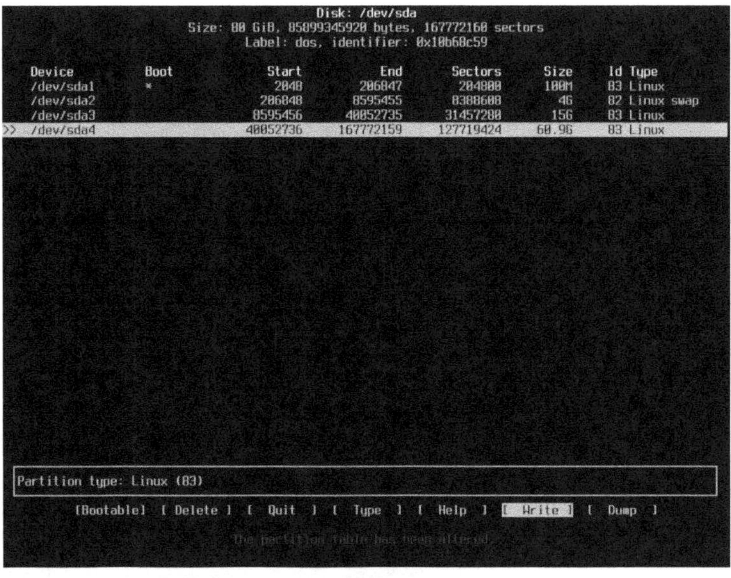

Notez qu'une fois que vous avez quitté `cfdisk`, vous pouvez afficher la table de partition de
votre disque en utilisant l'option `-l` (comme `--list`) de `fdisk` :

```
# fdisk -l /dev/sda
Disk /dev/sda: 80 GiB, 85899345920 bytes, 167772160 sectors
Units: sectors of 1 * 512 = 512 bytes
Sector size (logical/physical): 512 bytes / 512 bytes
I/O size (minimum/optimal): 512 bytes / 512 bytes
Disklabel type: dos
Disk identifier: 0x10b68c59

Device     Boot    Start       End   Sectors  Size Id Type
/dev/sda1  *        2048    206847    204800  100M 83 Linux
/dev/sda2         206848   8595455   8388608    4G 82 Linux swap
/dev/sda3        8595456  40052735  31457280   15G 83 Linux
/dev/sda4       40052736 167772159 127719424 60.9G 83 Linux
```

À présent, démarrez l'installateur Slackware :

```
# setup
```

Figure 18–2
Commencez par formater
la partition d'échange.

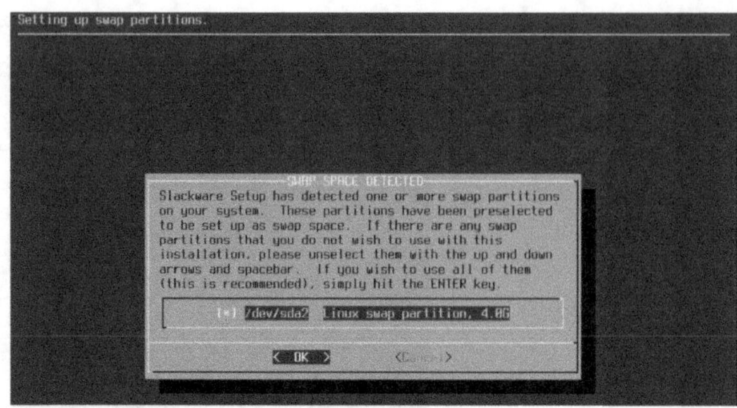

Figure 18–3
La partition principale
doit impérativement être formatée
en premier.

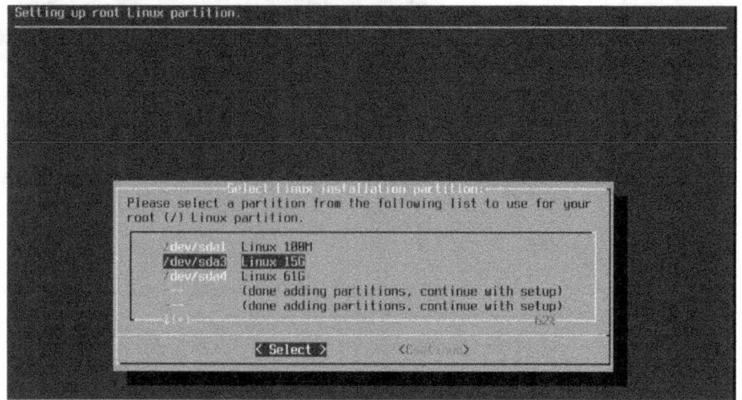

Figure 18–4
Pour la partition principale,
nous optons pour le système
de fichiers ext4.

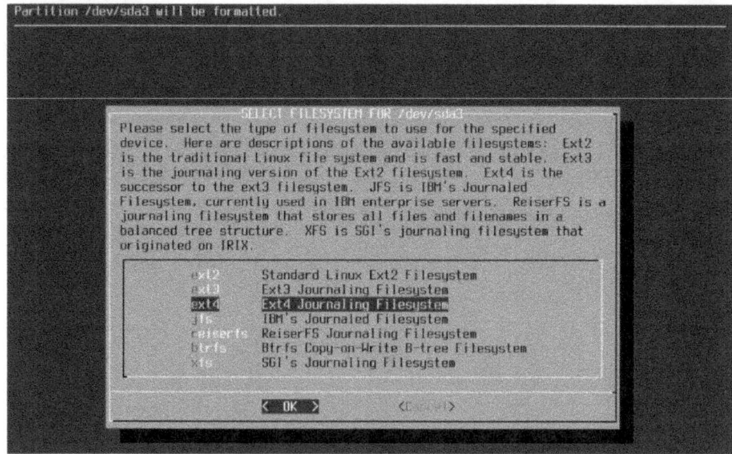

Figure 18–5
C'est au tour de la partition /boot
d'être formatée.

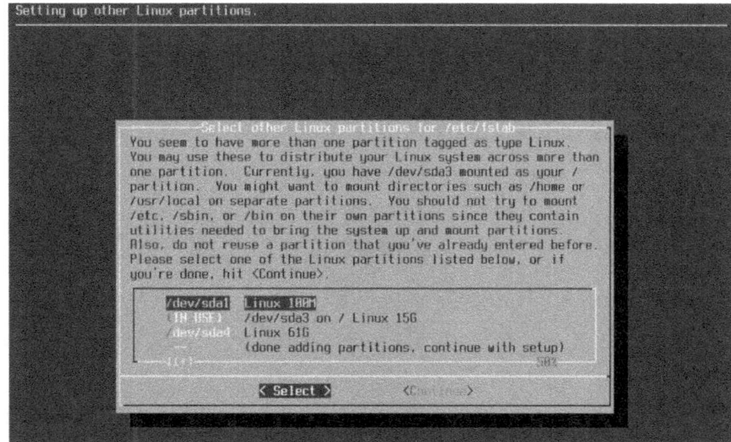

Figure 18–6
La partition /boot recevra un
système de fichiers non journalisé.

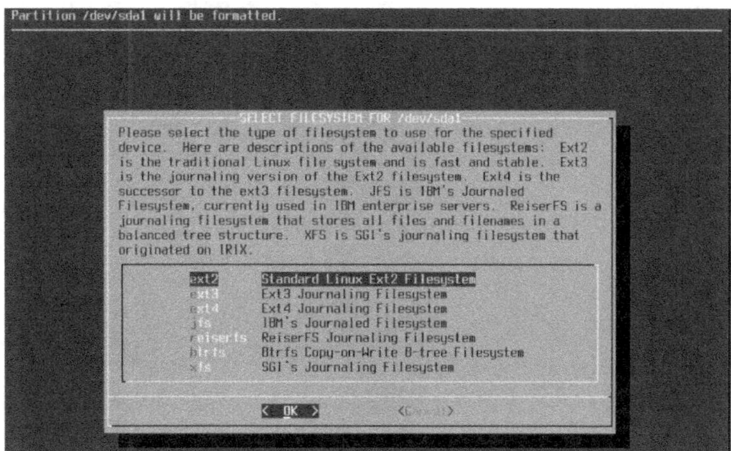

Figure 18–7
Définissez le point de montage
/boot pour la partition.

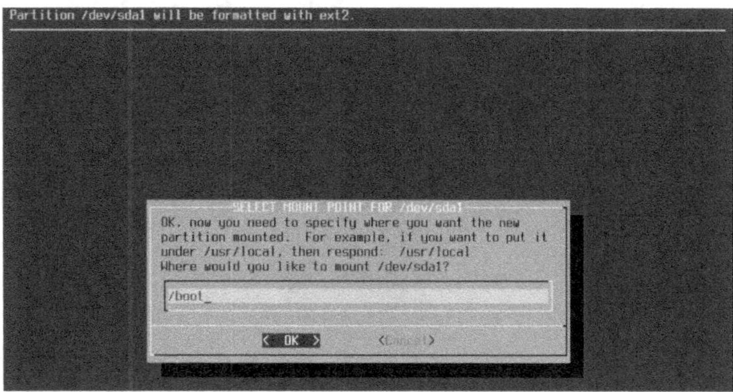

Figure 18–8
Il ne reste plus que la partition
/home à formater.

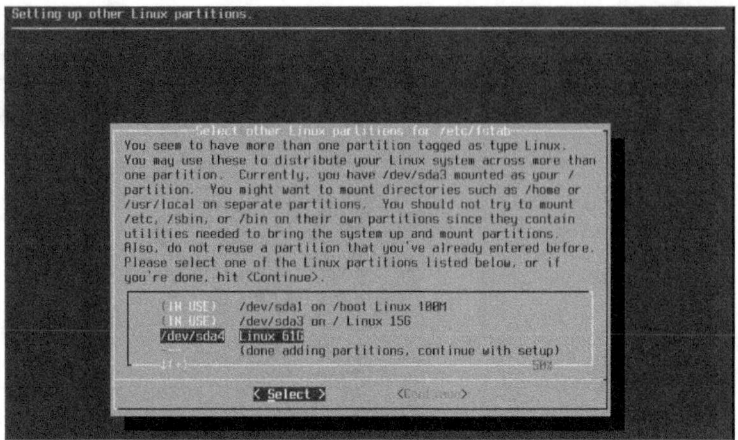

Figure 18–9
Tout comme la partition principale,
/home sera dotée d'un système
de fichiers ext4.

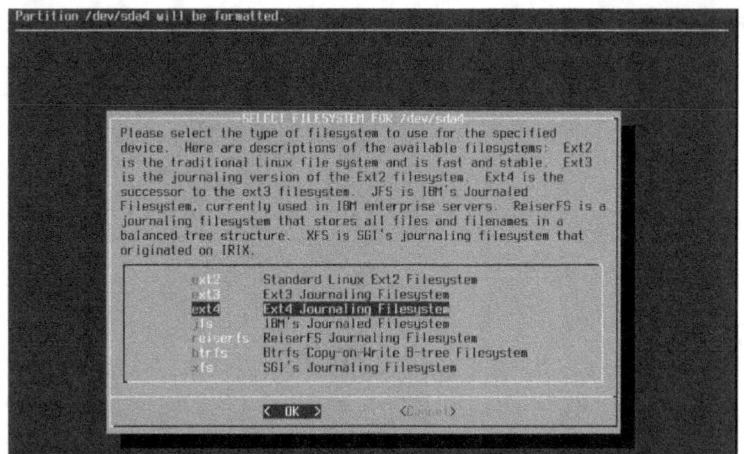

Figure 18–10
Définissez le point de montage
/home pour la partition.

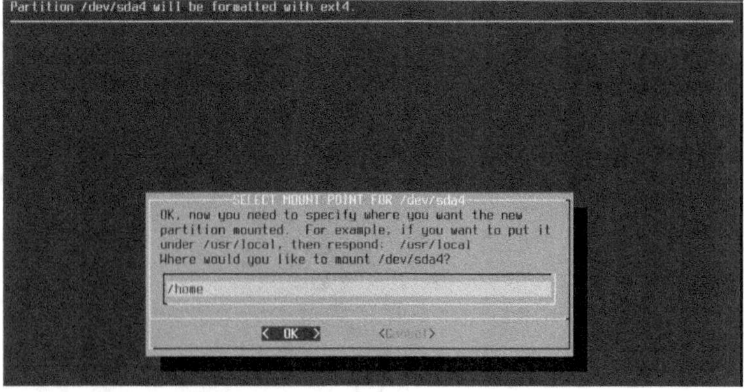

Figure 18–11
L'écran récapitulatif de
l'organisation de notre disque dur

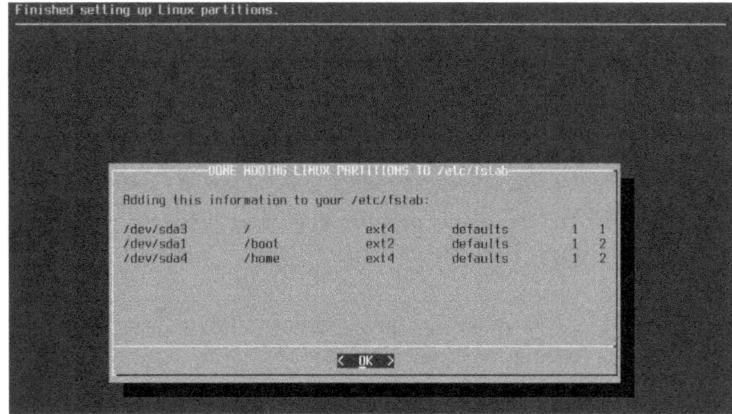

Installer et configurer Slackware

À partir de là, l'installation du système de base sera peu ou prou identique à l'installation initiale que nous avions effectuée.

- Choisissez le support d'installation de Slackware (CD-Rom, DVD ou clé USB).
- Le choix des groupes de paquets sera identique à celui de notre première installation. Désélectionnez les groupes E et KDE, puis installez les groupes A, AP, D, F, K, L, N, T, TCL, X, XAP, XFCE et Y.
- Optez pour l'installation automatique du chargeur de démarrage LILO.
- Adaptez la résolution de la console pour travailler plus confortablement. Pour ce faire, utilisez le paramètre de démarrage `video` ou l'option globale `vga`, comme nous l'avons vu en détail dans le chapitre précédent.

Éventuellement, vous pouvez ajouter deux paramètres de démarrage optionnels à LILO :

- Le paramètre `quiet` rend le démarrage de Slackware moins bavard et vous ne verrez que les informations essentielles, qui sont déjà assez nombreuses.
- Quant à `ipv6.disable=1`, comme on le devine, c'est une option qui désactive l'IPv6 et que l'on peut spécifier lorsqu'on n'utilise que l'IPv4.

Figure 18–12
Ici, on évite les messages
de démarrage un peu trop bavards
et on désactive l'IPv6.

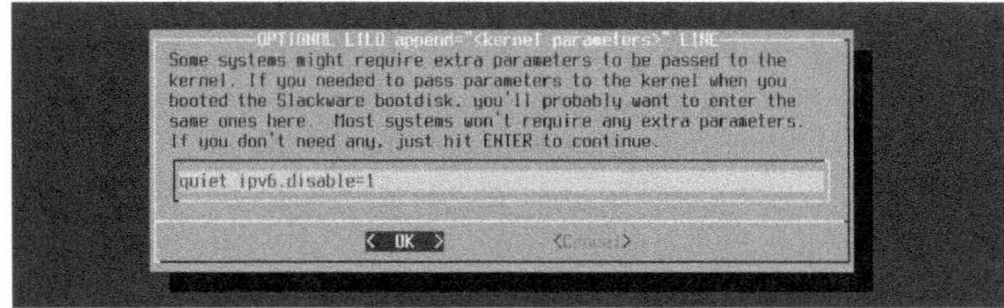

Pour la suite, il n'y a rien de nouveau :

- Activez l'UTF-8 pour la console.

- Installez LILO dans le secteur d'amorçage (MBR) du disque dur.
- Optez pour une souris *imps2*.
- Le serveur de souris GPM peut être désactivé cette fois-ci.
- La configuration du réseau est identique à celle de l'installation initiale.
- Confirmez les services au démarrage activés par défaut.
- Réglez l'horloge système en UTC, dans le fuseau horaire Europe/Paris.
- L'installateur vous propose une panoplie de six gestionnaires de fenêtres au choix : Xfce, Fluxbox, Blackbox, WindowMaker, FVWM et TWM. Cette fois-ci, sélectionnez *WindowMaker*.
- Il ne vous reste plus qu'à définir le mot de passe pour root et à quitter l'installateur avant de redémarrer la machine.

Configuration post-installation

Créer un utilisateur

Commençons par créer un utilisateur « commun mortel » :

```
# adduser kikinovak
```

La création d'un utilisateur ne devrait pas vous poser de problème, puisque nous avons abordé la question en détail au chapitre 6. Je me permets juste d'insister sur un point qui peut causer toute une série de problèmes inexplicables par la suite. N'oubliez pas d'ajouter votre utilisateur à la panoplie de groupes supplémentaires proposée par adduser :

```
Press ENTER to continue without adding any additional groups
Or press the UP arrow key to add/select/edit additional groups
: audio cdrom floppy plugdev video power netdev lp scanner
```

Peaufiner l'éditeur Vim

Étant donné que nous utilisons une distribution « brute de décoffrage » dépourvue des assistants graphiques que l'on peut trouver dans les distributions grand public, notre principal outil de configuration sera l'éditeur de texte Vim. Nous avons eu l'occasion de découvrir Vim vers la fin du chapitre 5, mais nous ne l'avons utilisé que dans sa configuration par défaut. Le moment est donc venu de le peaufiner un peu pour le rendre plus confortable.

La configuration globale (c'est-à-dire valable pour tous les utilisateurs) de Vim se trouve dans le fichier /usr/share/vim/vimrc :

```
# vim /usr/share/vim/vimrc
```

PRATIQUE **Configuration globale et individuelle**

Le fichier `/usr/share/vim/vimrc` fournit la configuration globale de Vim, valable pour tous les utilisateurs de la machine. En dehors de cela, chaque utilisateur est libre de créer un fichier `~/.vimrc` dans lequel il définit sa configuration personnalisée de l'éditeur.

Ne vous laissez pas intimider par la syntaxe parfois un peu touffue. Pour commencer, repérez l'option suivante vers le début du fichier :

```
" Use Vim settings, rather than Vi settings (much better!).
" This must be first, because it changes other options as a
" side effect.
set nocompatible
```

Vim comprend une aide en ligne très pratique, à utiliser si vous souhaitez en savoir plus sur une option. En mode commande, il suffit de taper `:help` suivie du nom de l'option. L'écran se scinde alors en deux et l'aide en ligne s'affiche. Pour fermer cet écran, il suffit d'invoquer `:q` comme pour quitter Vim. Essayez :

```
:help nocompatible
```

Vim comprend une myriade d'options de configuration, que nous n'allons pas toutes explorer. Au lieu de cela, je vais vous en montrer quelques-unes que j'utilise au quotidien. Pour commencer, ajoutez ce qui suit juste en-dessous de `set nocompatible` :

```
colorscheme elflord
```

Fermez `vimrc` et rouvrez-le. Vous constatez que le jeu de couleurs de la coloration syntaxique a changé. Les couleurs sont désormais plus lisibles sur fond noir.

Voici les options que j'utilise dans mon propre fichier `vimrc` :

```
colorscheme elflord
set textwidth=79
set scrolloff=15
set autoindent
set tabstop=2
set shiftwidth=2
set expandtab
set modeline modelines=2
```

- L'option `textwidth` définit une largeur de texte maximale.
- L'option `scrolloff` définit l'espace entre le curseur et les bords supérieur et inférieur de l'écran.
- L'indentation automatique est activée grâce à `autoindent`.
- Les options `tabstop`, `shiftwidth` et `expandtab` configurent le comportement des tabulations.
- Enfin, l'option `modeline` me permet de définir des variables spécifiques à un fichier.

Dans sa configuration par défaut, Vim crée des fichiers de sauvegarde. Lorsque vous modifiez `/etc/rc.d/rc.inet1.conf`, par exemple, vous vous retrouvez avec un nouveau fichier `/etc/rc.d/rc.inet1.conf~` muni d'un tilde ~. Les répertoires contenant des fichiers de configuration seront assez vite encombrés de cette manière, alors nous allons désactiver cette fonctionnalité gênante. Ouvrez à nouveau le fichier `/usr/share/vim/vimrc` et repérez la section suivante :

```
if has("vms")
  set nobackup " do not keep a backup file, use versions instead
else
  set backup " keep a backup file (restore to previous version)
  set undofile " keep an undo file (undo changes after closing)
endif
```

Vous aurez remarqué qu'une des particularités de la syntaxe de ce fichier de configuration est d'utiliser des guillemets " et non pas des dièses # pour les commentaires. Pour désactiver la création des fichiers de sauvegarde, commentez toute cette section et ajoutez l'option `set nobackup` juste après. Voici à quoi cela devra ressembler :

```
"if has("vms")
"   set nobackup
"else
"   set backup
"   set undofile
"endif
set nobackup
```

> **Pour aller plus loin   L'éditeur Vim**
>
> Si vous souhaitez en apprendre beaucoup plus sur l'éditeur Vim, allez sur le site du projet. Vous y trouverez une documentation abondante, des liens vers des ateliers pratiques et bien plus encore.
>
> ▸ http://www.vim.org/

Personnaliser l'invite de commande

Dans sa configuration par défaut, l'invite de commande du *shell* Bash se présente comme ceci :

```
root@slackbox:~#
```

Les utilisateurs « communs mortels » auront la même chose, avec une invite dollar $ à la place du signe dièse # :

```
kikinovak@slackbox:~$
```

L'aspect de l'invite de commande peut être personnalisé, grâce à la variable d'environnement PS1. Faites un premier test :

```
root@slackbox:~ # PS1="[\u@\h:\W] # "
[root@slackbox:~] #
```

Cela ne change apparemment rien à part la paire de crochets qui entoure la partie centrale de l'invite. Essayez ceci :

```
[root@slackbox:~] # cd /etc/httpd/extra/
[root@slackbox:extra] #
```

Désormais, l'invite de commande ne nous affiche plus le chemin complet vers le répertoire en cours, ce qui la rend plus lisible.

Vous aurez probablement deviné la syntaxe pour le contenu de l'invite de commande :

- \u désigne l'utilisateur.
- \h c'est l'hôte, c'est-à-dire la machine.
- \W affiche le répertoire courant.
- \w affiche le chemin complet vers le répertoire courant.

Malheureusement, cette personnalisation n'est pas persistante.

Sachez que lorsque vous ouvrez une session dans le *shell* Bash, celui-ci lit le contenu des fichiers ~/.bash_profile et ~/.bashrc pour prendre en compte des personnalisations éventuelles. Ces fichiers n'existent pas dans la configuration par défaut de Slackware ; nous allons donc les créer. Éditons d'abord /root/.bash_profile :

```
# /root/.bash_profile

if [ -f ~/.bashrc ] ; then
  source ~/.bashrc
fi
```

Le contenu des lignes entre « if » et « fi » veut dire quelque chose comme : « Si le fichier ~/.bashrc existe, alors tiens compte de son contenu. »

Passons maintenant à /root/.bashrc :

```
# /root/.bashrc

# Invite
PS1="[\u@\h:\W] # "
```

Enregistrez ce fichier, quittez votre session et reconnectez-vous. Désormais, la personnalisation de l'invite de commande est persistante.

Avec un peu de couleur, c'est encore mieux

Nous pouvons aller plus loin et améliorer l'aspect de notre invite de commande, en ajoutant des couleurs, ce qui non seulement est joli à voir, mais présente également un aspect fonctionnel, dans la mesure où l'invite de root se distingue clairement de celle des utilisateurs « communs mortels ».

Reprenez le fichier /root/.bashrc et modifiez-le comme suit. Vérifiez bien les détails comme les guillemets simples et doubles, les caractères d'échappement, les crochets ouvrants et fermants. Et gare aux fautes de frappe !

```
# /root/.bashrc

# Invite
BLANC='\[\033[1;37m\]'
ROUGE='\[\033[0;33m\]'
NC='\[\033[0;m\]'
PS1="$ROUGE[$BLANC\u$NC@$BLANC\h$NC:$BLANC\W$ROUGE] # $NC"
```

Prenez en compte les modifications sans vous déconnecter de votre session :

```
# source ~/.bashrc
```

L'invite de commandes apparaît désormais en couleurs, ce qui mérite une petite explication. Les suites de caractères du genre \[\033[1;37m\] sont ce que l'on appelle communément des « caractères de contrôle ». Si je les ai placés dans une série de trois variables BLANC, ROUGE et NC pour le blanc, le rouge et l'absence de coloration *(no color)*, c'est uniquement pour améliorer la lisibilité de l'ensemble. Autrement, vous vous seriez retrouvé avec une définition de variable PS1 qui ressemble à ce qui s'affiche à l'écran lorsque votre chat fait la sieste sur le clavier :

```
[root@slackbox:~] # echo $PS1
\[\033[0;33m\][\[\033[1;37m\]\u\[\033[0;m\]@\[\033[1;37m\]\h\[\033[0;m\]:\[\033[1;37
m\]\W\[\033[0;33m\]] # \[\033[0;m\]
```

Passons maintenant à l'invite de l'utilisateur, qui sera légèrement différente. Déconnectez-vous et reconnectez-vous en tant qu'utilisateur simple. Là aussi, il faudra d'abord créer un fichier ~/.bash_profile :

```
# ~/.bash_profile

if [ -f ~/.bashrc ]; then
  source ~/.bashrc
fi
```

Quant au fichier ~/.bashrc, il pourra être édité comme ceci :

```
# ~/.bashrc

# Invite
BLANC='\[\033[1;37m\]'
VERT='\[\033[0;32m\]'
NC='\[\033[0;m\]'
PS1="$VERT[$BLANC\u$NC@$BLANC\h$NC:$BLANC\W$VERT] \$ $NC"
```

Là aussi, prenez en compte la nouvelle configuration de l'invite :

```
$ source ~/.bashrc
```

Quelques alias pratiques pour la console

Maintenant que nous avons défini des invites personnalisées pour root et le premier utilisateur « commun mortel » du système, nous pouvons aller plus loin dans la personnalisation de la console et définir une série d'alias fort pratiques au quotidien. Là encore, il ne s'agit que d'une suggestion basée sur ma configuration personnelle. N'hésitez pas à expérimenter un peu pour vous l'approprier.

En tant que root, éditez /root/.bashrc et ajoutez les définitions d'alias suivantes au fichier :

```
# Alias
alias ls='ls --color=auto'
alias ll='ls -al'
alias ..='cd ..'
alias ...='cd ../..'
alias cp='cp -i'
alias rm='rm -i'
alias mv='mv -i'
alias vi='vim'
alias uman='GROFF_ENCODING=utf8 man'
```

Nous avons vu les alias au chapitre 5, à l'occasion de l'initiation au travail en ligne de commande. Vous ne devriez donc pas avoir de mal à comprendre les définitions précédentes. Le tout dernier alias mérite cependant une petite explication. Il s'agit d'une astuce trouvée par mon collègue Didier Spaier pour afficher correctement certaines pages man dont l'encodage peut poser problème, par exemple la traduction française de la page man de MPlayer. Si man mplayer n'affiche pas correctement les caractères spéciaux, on pourra recourir à uman mplayer. Notez que cette astuce sera d'actualité à partir du moment où nous aurons défini le français fr_FR.utf8 comme langue par défaut.

Là encore, il faudra soit se déconnecter et se reconnecter, soit avoir recours à la commande source ~/.bashrc pour prendre en compte le contenu de ce fichier.

À présent, il ne vous reste plus qu'à vous connecter en tant qu'utilisateur normal et à définir les mêmes alias en éditant le fichier ~/.bashrc.

Définir Vim comme l'éditeur principal

Certaines commandes ou applications comme visudo, crontab, svn ou git se servent des variables EDITOR et VISUAL pour lancer un éditeur de texte en mode interactif. Même si vous n'avez pas (encore) eu l'occasion de les utiliser, c'est toujours une bonne idée de renseigner ces deux variables. Concrètement, vous pourrez éditer les fichiers ~/.bashrc respectifs de root et de votre utilisateur en ajoutant la section suivante :

```
# Vim
EDITOR=vim
VISUAL=$EDITOR
export EDITOR VISUAL
```

La ligne qui commence par export fait en sorte que les variables EDITOR et VISUAL soient disponibles pour d'autres applications.

Compléter le PATH pour les utilisateurs

La variable PATH contient la liste des répertoires dans lesquels votre système va chercher une application dont le chemin complet n'est pas fourni. Voici le PATH des utilisateurs sur notre système, dans la configuration par défaut :

```
[kikinovak@slackbox:~] $ echo $PATH
/usr/local/bin:/usr/bin:/bin:/usr/games:/usr/lib64/qt/bin:
/usr/share/texmf/bin
```

Or, il arrive parfois qu'un utilisateur « commun mortel » ait à utiliser – de manière très limitée bien évidemment – des commandes système situées dans /sbin, par exemple /sbin/ifconfig pour afficher l'adresse IP de la machine, ou /sbin/lspci pour jeter un œil sur la configuration matérielle. Dans ce cas, ce n'est pas une mauvaise idée d'ajouter /sbin dans le PATH des utilisateurs.

Concrètement, on pourra éditer ~.bashrc comme ceci :

```
# PATH
PATH=$PATH:/sbin
```

À partir de là, même les utilisateurs communs pourront invoquer ifconfig ou lspci sans indiquer le chemin complet devant ces commandes.

Effectuer la mise à jour initiale

Pour la maintenance au quotidien, nous utiliserons l'outil de gestion des paquets slackpkg, bien plus confortable que la panoplie d'outils traditionnels.

Sur notre installation par défaut, `slackpkg` n'est pas encore configuré. Pour ce faire, il suffit d'éditer `/etc/slackpkg/mirrors` et de choisir **un seul** miroir dans la liste, en décommentant la ligne correspondante :

```
...
# GERMANY (DE)
ftp://ftp.fu-berlin.de/unix/linux/slackware/slackware64-14.2/
...
```

TÉLÉCHARGEMENT **Miroir, ô miroir...**

N'hésitez pas à tester les divers miroirs de téléchargement mentionnés dans `/etc/slackpkg/mirrors`. Certains sont rapides et fiables, d'autres (comme le miroir français de chez OVH) s'avèrent lents et truffés d'erreurs incompréhensibles. Expérimentez un peu et appréciez le résultat.

Récupérez les clés GPG du miroir de téléchargement :

```
# slackpkg update gpg
...
Slackware Linux Project's GPG key added
```

Mettez à jour les informations sur les paquets disponibles :

```
# slackpkg update
```

Récupérez et installez les mises à jour disponibles pour le système :

```
# slackpkg upgrade-all
```

Si les paquets `kernel-*` sont mis à jour, vous vous retrouverez confronté au message suivant, auquel il faudra impérativement répondre par *(Y)es* :

```
Your kernel image was updated.
We highly recommend you run: lilo
Do you want slackpkg to run lilo now? (Y/n) Y
```

Le dialogue subséquent vous somme de faire un choix concernant les fichiers de configuration des nouveaux paquets. Dans le doute, je vous conseille d'opter pour *(P)rompt*, ce qui vous affiche les fichiers en question l'un après l'autre ; vous pouvez alors décider au cas par cas ce que vous souhaitez faire :

- *(K)eep* garde l'ancienne version du fichier et vous permet de prendre en compte plus tard la nouvelle version du fichier, estampillée `*.new`.
- *(O)verwrite* écrase le fichier existant avec la nouvelle version. L'ancienne version reste disponible sous forme d'une sauvegarde estampillée `*.orig`.
- *(R)emove* supprime la nouvelle version du fichier.

- *(D)iff* vous affiche la différence entre les fichiers.
- *(M)erge* tente de fusionner l'ancien fichier et le nouveau.

Puisque nous n'avons pas encore peaufiné grand-chose en matière de configuration de la machine, nous choisirons le plus souvent de remplacer les anciens fichiers de configuration par les nouvelles versions grâce à *(O)verwrite*. Ceci étant dit, gardez toujours à l'esprit que Slackware n'est pas le genre de distribution qui vous prend par la main et vous dispense de réfléchir.

Si le noyau a été mis à jour, il faudra redémarrer :

```
# reboot
```

Basculer vers le noyau GENERIC et peaufiner LILO

La prochaine étape consiste à remplacer le noyau HUGE installé par défaut par le noyau GENERIC. Nous avons abordé en détail les manipulations autour du chargeur de démarrage et du noyau dans le chapitre 16. Rappelons en grandes lignes ce qu'il faut faire :

1 Lancer `/usr/share/mkinitrd/mkinitrd_command_generator.sh` pour identifier les modules nécessaires au démarrage de votre machine.

2 Éditer un fichier `/etc/mkinitrd.conf` en renseignant tous les paramètres nécessaires à la création d'un `initrd` (disque mémoire initial).

3 Créer l'`initrd` en lançant `mkinitrd -F`.

4 Éditer `/etc/lilo.conf` en ajoutant une section avec le noyau GENERIC et l'`initrd` que nous venons de créer.

5 Prendre en compte la configuration du chargeur de démarrage en invoquant `lilo`.

6 Croiser les doigts.

7 Redémarrer.

Voici à quoi ressemble le fichier `/etc/mkinitrd.conf` sur ma machine de test :

```
# mkinitrd.conf
SOURCE_TREE="/boot/initrd-tree"
CLEAR_TREE="1"
OUTPUT_IMAGE="/boot/initrd.gz"
KERNEL_VERSION="$(uname -r)"
KEYMAP="fr-latin1"
MODULE_LIST="ext4"
ROOTDEV="/dev/sda3"
ROOTFS="ext4"
RESUMEDEV="/dev/sda2"
...
```

Je crée l'initrd :

```
# mkinitrd -F
OK: /lib/modules/4.4.19/kernel/fs/jbd2/jbd2.ko added.
OK: /lib/modules/4.4.19/kernel/fs/mbcache.ko added.
OK: /lib/modules/4.4.19/kernel/fs/ext4/ext4.ko added.
43904 blocks
/boot/initrd.gz created.
Be sure to run lilo again if you use it.
```

À partir de là, je peux éditer /etc/lilo.conf pour démarrer sur le noyau GENERIC censé charger l'initrd au démarrage :

```
# Linux bootable partition config begins
image = /boot/vmlinuz-generic-4.4.19
  initrd = /boot/initrd.gz
  root = /dev/sda3
  label = Linux
  read-only
# Linux bootable partition config ends
```

Sur un système 32-bits avec le noyau SMP, vous aurez plutôt quelque chose comme ceci :

```
# Linux bootable partition config begins
image = /boot/vmlinuz-generic-smp-4.4.19-smp
  initrd = /boot/initrd.gz
  root = /dev/sda3
  label = Linux
  read-only
# Linux bootable partition config ends
```

Dans un cas comme dans l'autre, nous allons en profiter pour peaufiner les options globales de LILO, comme nous l'avons vu en détail au chapitre 16 :

```
# Start LILO global section
# Append any additional kernel parameters:
append="video=1024x768 quiet ipv6.disable=1 vt.default_utf8=1"
boot = /dev/sda
compact         # faster, but won't work on all systems.
lba32
...
# This is given in tenths of a second, so 600 for every minute:
timeout = 50
...
```

Il ne nous reste plus qu'à invoquer lilo et redémarrer.

Configurer et personnaliser le serveur graphique X.Org

Le moment est venu de mettre en application ce que nous avons vu au chapitre précédent, à savoir la configuration du serveur graphique. Avant toute chose, si vous avez défini une résolution personnalisée de la console, n'oubliez pas que cela risque d'interférer dans la configuration de l'affichage. Éventuellement, je vous conseille de désactiver temporairement l'utilisation du *framebuffer*, quitte à rectifier le tir une fois que l'interface graphique s'affiche correctement.

Même si j'ai l'intention d'utiliser le bureau Xfce, je vais opter pour un gestionnaire de fenêtres léger comme WindowMaker ou Fluxbox pour la configuration de l'affichage :

```
$ xwmconfig
```

Avant même de démarrer le serveur graphique pour la première fois, je prends soin de configurer la disposition du clavier en environnement graphique, sous peine de me retrouver avec un clavier QWERTY américain qui ne me servira pas à grand-chose :

```
# cd /etc/X11/xorg.conf.d/
# cp /usr/share/X11/xorg.conf.d/90-keyboard-layout.conf .
```

J'édite ce fichier à ma convenance. Voici la configuration pour un clavier AZERTY français, par exemple :

```
Section "InputClass"
        Identifier "keyboard-all"
        MatchIsKeyboard "on"
        MatchDevicePath "/dev/input/event*"
        Driver "evdev"
        Option "XkbLayout" "fr"
        #Option "XkbVariant" ""
        Option "XkbOptions" "terminate:ctrl_alt_bksp"
EndSection
```

Je démarre l'environnement graphique en tant qu'utilisateur normal :

```
$ startx
```

Pour les détails de la configuration, je vous renvoie au chapitre précédent. Une fois que l'affichage graphique fonctionne correctement, que vous avez le bon pilote pour votre carte vidéo, que l'accélération graphique est activée comme il se doit et que vous disposez de la résolution adaptée à votre écran, vous pouvez définir le bureau Xfce comme environnement graphique par défaut :

```
$ xwmconfig
```

Nous allons également basculer vers le niveau d'exécution 4 afin de ne plus avoir à invoquer `startx` pour lancer l'affichage graphique. Éditez `/etc/inittab` en conséquence :

```
# Default runlevel. (Do not set to 0 or 6)
id:4:initdefault:
```

Définir le français comme langue principale du système

Tant que nous étions en mode console, ce n'était pas très gênant d'avoir les messages du système en anglais. Cependant, si nous ne faisons rien ici et si nous démarrons Xfce tel quel, nous nous retrouverons non seulement avec l'interface graphique en anglais, mais également avec toute une série de dossiers `Documents`, `Music`, `Downloads` etc. nouvellement créés.

Pour éviter cela, nous allons basculer notre système en français avant de redémarrer. Éditez le fichier `/etc/profile.d/lang.sh` et définissez les variables `LANG` et `LC_COLLATE` :

```
export LANG=fr_FR.utf8
...
export LC_COLLATE=fr_FR.utf8
```

Redémarrez la machine. Si tout se passe bien, c'est le gestionnaire de connexion XDM qui s'affiche. Au premier lancement de Xfce, assurez-vous de bien choisir *Utiliser les paramètres par défaut*, faute de quoi vous vous retrouverez avec un tableau de bord vide et vous ne pourrez plus faire grand-chose.

> ASTUCE **Je me suis tiré dans le pied, que dois-je faire ?**
>
> Admettons que vous ayez malencontreusement choisi l'option *Tableau de bord vide* au démarrage de Xfce. Vous voilà avec une interface graphique qui ne vous sert pas à grand-chose. Voyons comment rectifier le tir.
>
> 1. « Tuez » le serveur graphique à l'aide de la combinaison de touches *Ctrl+Alt+Backspace*. Si vous avez un doute, *Backspace* est située au-dessus de la touche *Entrée*. Si tout se passe bien, vous revenez à l'écran de connexion de XDM.
> 2. Basculez en mode console avec la combinaison de touches *Ctrl+Alt+F6*, par exemple.
> 3. Connectez-vous en tant qu'utilisateur simple.
> 4. La configuration de Xfce est stockée dans le répertoire `~/.config`. Supprimez-le : `rm -rf ~/.config`.
> 5. Déconnectez-vous (`exit` ou *Ctrl+D*) et rebasculez vers XDM grâce à *Ctrl+Alt+F7*.
> 6. Relancez Xfce sans recommencer la même bêtise.
>
> Notez que cette astuce pourra vous servir plus généralement pour repartir sur des bases saines lorsque vous avez trop personnalisé votre Xfce.

Installer et configurer sbopkg

Notre système est déjà pas mal peaufiné jusqu'ici. En revanche, l'interface graphique apparaît toujours dans son aspect par défaut. La prochaine étape consistera donc à faire subir une bonne séance de relooking à notre bureau Xfce. Cette personnalisation passera nécessairement par l'installation de toute une série de composants que la distribution Slackware ne fournit pas par défaut. Vous les trouverez tous sur le portail SlackBuilds.org et le moyen le plus simple de construire et d'installer des paquets fournis par ce site est d'utiliser sbopkg, que nous avons vu en détail au chapitre 15.

Rendez-vous sur le site du projet (https://www.sbopkg.org), suivez le lien *Downloads*, téléchargez le paquet et installez-le. Vous pouvez très bien vous servir du navigateur Links pour récupérer le paquet :

```
# installpkg sbopkg-0.38.1-noarch-1_wsr.tgz
```

Lancez sbopkg et confirmez la création de l'arborescence des répertoires nécessaires pour son fonctionnement :

```
# sbopkg
The following directories do not exist:
Variable                   Assignment
--------                   ----------
REPO_{ROOT,NAME,BRANCH} -> /var/lib/sbopkg/,SBo/,14.2
LOGFILE directory ------->  /var/log/sbopkg
QUEUEDIR ---------------->  /var/lib/sbopkg/queues
SRCDIR ------------------>  /var/cache/sbopkg
TMP --------------------->  /tmp/SBo
You can have sbopkg create them or, if these values are incorrect, you can
abort to edit your config files or pass different flags.
(C)reate or (A)bort?: C
```

Le menu principal de sbopkg s'affiche. Effectuez une synchronisation initiale avec le dépôt de scripts via l'option *Sync with the remote repository*. La durée de l'opération peut être plus ou moins longue en fonction de la qualité de votre connexion Internet. Sachez simplement que les opérations de synchronisation subséquentes seront plus rapides, étant donné que vous ne téléchargerez plus que les nouveautés depuis la dernière synchronisation.

19

Xfce bien mitonné

Notre système a beau être préparé aux petits oignons, l'interface graphique laisse à désirer avec son aspect nord-coréen, dans la configuration par défaut. Rassurez-vous, nous allons remédier à cela dans ce chapitre, qui sera consacré au seul peaufinage de notre environnement de bureau. Au final, Xfce sera non seulement plus joli à voir, mais également plus fonctionnel.

Installer le jeu d'icônes Elementary-Xfce

Le jeu d'icônes *Adwaita* installé par défaut vous convient peut-être, mais ça ne coûte rien d'en essayer d'autres. À part la panoplie d'icônes *Tango*, nous n'avons pas trop le choix pour l'instant. Nous allons donc installer le jeu d'icônes *Elementary-Xfce*, pour lequel je maintiens un script sur SlackBuilds.org.

> **POUR L'ANECDOTE Elementary-Xfce**
>
> Le jeu d'icônes Elementary a été développé initialement pour Elementary OS, une distribution originale à l'esthétique extrêmement réussi. Malheureusement, les mainteneurs du jeu d'icônes initial ont décidé de « simplifier » la panoplie des icônes disponibles et il en résultait des jeux d'icônes incomplets. Elementary-Xfce est un *fork* du projet initial, qui vise à maintenir un jeu d'icônes complet pour Xfce. Notez que, malgré ce que son nom peut suggérer, il fonctionne également très bien sur d'autres environnements de bureau comme GNOME, MATE, Cinnamon ou Unity.

Démarrez sbopkg et commencez par synchroniser (*Sync*) la copie locale de scripts d'installation avec le serveur distant. Dans le champ de recherche (*Search*) saisissez elementary-xfce.

Votre recherche vous retourne un seul résultat *desktop/elementary-xfce icon theme*. Confirmez ce résultat (*Accept*), optez pour une gestion automatique du paquet (*Process*) et confirmez de nouveau (*Install* et *Start*). **sbopkg** se charge alors de récupérer l'archive source, de construire le paquet et de l'installer. Notez que la construction de certains jeux d'icônes peut durer un bon moment en raison du nombre important de fichiers qu'ils contiennent. Même sur une machine rapide, vous avez le temps d'aller boire un café en attendant.

Une fois que le paquet `elementary-xfce` est construit et installé, quittez **sbopkg** (*Main Menu>Exit*) et ouvrez les paramètres Xfce : *Applications>Paramètres>Gestionnaire de paramètres>Apparence>Icônes*. Si tout s'est bien passé, vous disposez dorénavant de quatre nouvelles entrées *elementary Xfce*. Cliquez sur la première et appréciez le changement.

Figure 19–1
elementary-Xfce est un jeu d'icônes sobre, élégant et complet.

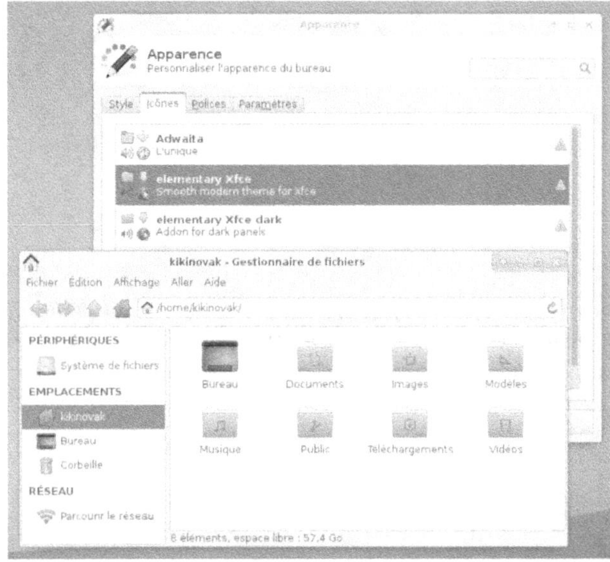

ALTERNATIVES **Faenza, Numix, etc.**

Un des aspects réjouissants – et parfois exaspérants – du monde du logiciel libre est que ce n'est pas le choix qui manque. N'hésitez pas à essayer d'autres jeux d'icônes comme Numix ou Faenza. Notez que certains – comme Faenza – sont composés de plusieurs paquets ; il faudra installer non seulement `faenza-icon-theme`, mais également le paquet `faenza-xfce` qui fournit une poignée d'icônes spécifiques à cet environnement.

Installer le thème GTK Clearlooks Phenix

Le thème de l'interface est plus ou moins acceptable dans la configuration par défaut. Je vais quand même le remplacer par Clearlooks Phenix, mon thème GTK préféré ces dernières années. Clearlooks Phenix est un port de l'ancien thème Clearlooks pour les interfaces basées sur GTK3.

Avant de foncer tête baissée et lancer **sbopkg**, nous allons effectuer une petite visite sur SlackBuilds.org et faire une recherche sur `clearlooks-phenix`. La page du paquet (ou plus exactement la page du script qui sert à construire le paquet) contient une information cruciale : « *This requires : gtk-engines* ». Allons donc voir sur la page du paquet `gtk-engines`, en cliquant sur le lien. Apparemment, le paquet `gtk-engines` n'a pas de dépendances.

À partir de là, nous pouvons démarrer **sbopkg** et construire tour à tour les paquets `gtk-engines` et `clearlooks-phenix-theme`, ce qui se fait assez rapidement, même sur une configuration modeste.

Figure 19–2
Clearlooks Phenix est un thème discret et agréable à l'œil.

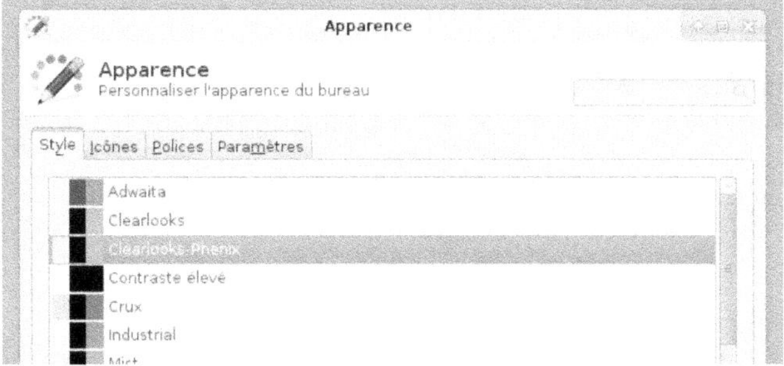

Là encore, ouvrez le *Gestionnaire de paramètres*, puis *Apparence*. Sélectionnez *Clearlooks-Phenix* dans l'onglet *Style* et appréciez le résultat. Tout comme le jeu d'icônes Elementary, le thème Clearlooks Phenix fait partie de ces composants graphiques sobres, discrets et élégants qui s'utilisent également très bien dans un contexte professionnel.

 Essayez le thème Arc

Arc est un thème « plat » avec des éléments transparents pour les *toolkits* GTK2 et GTK3, qui s'intègre non seulement dans Xfce, mais également dans les environnements de bureau comme GNOME, Unity, MATE, Pantheon, etc. Une fois que vous avez construit et installé le paquet `arc-theme`, ouvrez le *Gestionnaire de paramètres*. Dans un premier temps, ouvrez *Apparence>Style* et essayez un des thèmes *Arc* pour l'interface. Ensuite, revenez dans l'écran principal du *Gestionnaire de paramètres*, cliquez sur *Gestionnaire de fenêtres* et, là aussi, optez pour les décorations de fenêtres dans l'un des styles *Arc*.

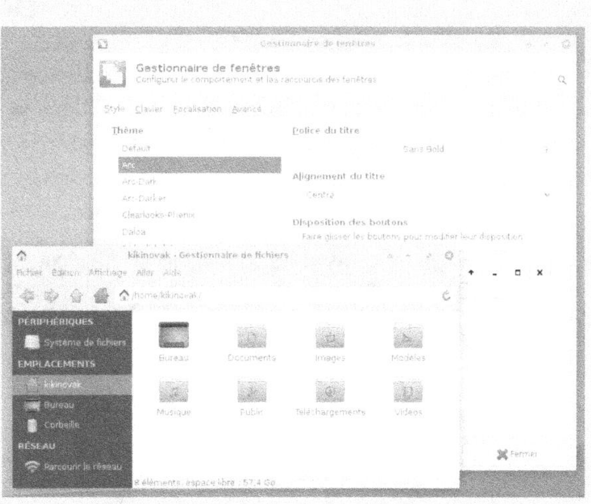

Figure 19–3 Arc est un thème « plat » complet pour l'interface et les décorations de fenêtres.

Installer une police mieux adaptée à l'interface

La police par défaut de l'interface (*Sans 10*) ne paie pas de mine. Elle s'affiche correctement et c'est tout. À la limite, elle n'est pas très adaptée pour tous ceux qui – comme moi – ont des petits problèmes de vue.

Rien ne nous empêche de modifier la police de l'interface. Slackware offre déjà un certain nombre de polices au choix, mais nous n'allons pas piocher là-dedans. Au lieu de cela, lancez l'ami `sbopkg` pour construire et installer le paquet `cantarell-fonts`.

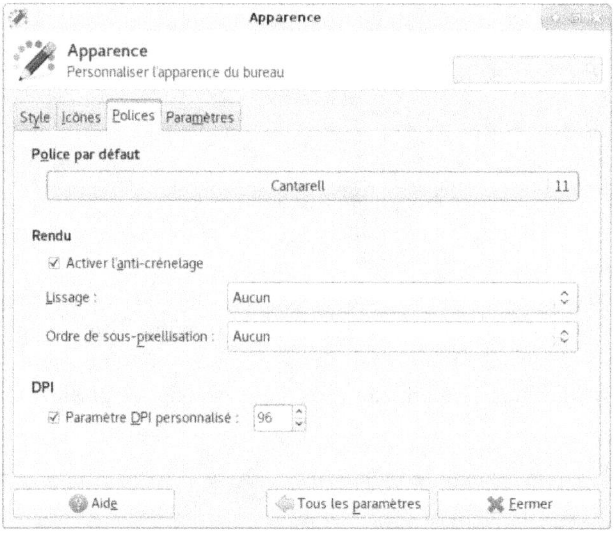

Figure 19–4
Cantarell est la police par défaut de l'environnement GNOME.

Une fois que le paquet est installé, rendez-vous dans le *Gestionnaire de paramètres*, allez dans *Apparence>Police* et cherchez *Cantarell* dans le menu déroulant. Éventuellement, augmentez d'un cran la taille de la police. Dans la zone *Rendu*, cochez la case *Activer l'anti-crénelage*.

> **ALTERNATIVES Des polices pour l'interface**
>
> Puisque les goûts et les couleurs ne se discutent pas, n'hésitez pas à essayer d'autres polices. Rendez-vous sur SlackBuilds.org, effectuez une recherche sur « font » et faites vos propres tests avec `adobe-source-sans-pro-font`, `google-droid-fonts` ou encore `ttf-ubuntu-font-family`, la police par défaut de la distribution Ubuntu.

Installer une collection de fonds d'écran

Les puristes ont beau froncer les sourcils face à notre frivolité, il n'empêche que le souci de travailler dans un environnement visuellement agréable est tout à fait légitime et à peu près universel. En matière de fonds d'écran, notre bureau Xfce nous propose au choix une souris noire sur fond bleu et puis la même souris noire sur un fond bleu légèrement différent. Peut mieux faire.

Évidemment, chacun est libre de charger ses photos personnelles sur la machine et d'en définir une comme papier peint. Avant de faire cela, nous allons installer notre propre panoplie de fonds d'écran. Là aussi, je maintiens un script sur SlackBuilds.org pour empaqueter proprement le jeu complet de fonds d'écran issus de la distribution Elementary OS.

Lancez `sbopkg`, cherchez le paquet `luna-wallpapers` et construisez-le. Une fois qu'il est installé, vous avez deux possibilités. Soit vous passez par le *Gestionnaire de paramètres*, vous allez dans *Bureau* et vous sélectionnez votre fond d'écran dans la rubrique *Fond d'écran*. Soit vous cliquez-droit sur le bureau vide et vous choisissez *Paramètres du bureau* dans le menu contextuel, ce qui vous amène directement dans la même interface.

Figure 19–5
Les fonds d'écran proviennent également de la distribution Elementary OS.

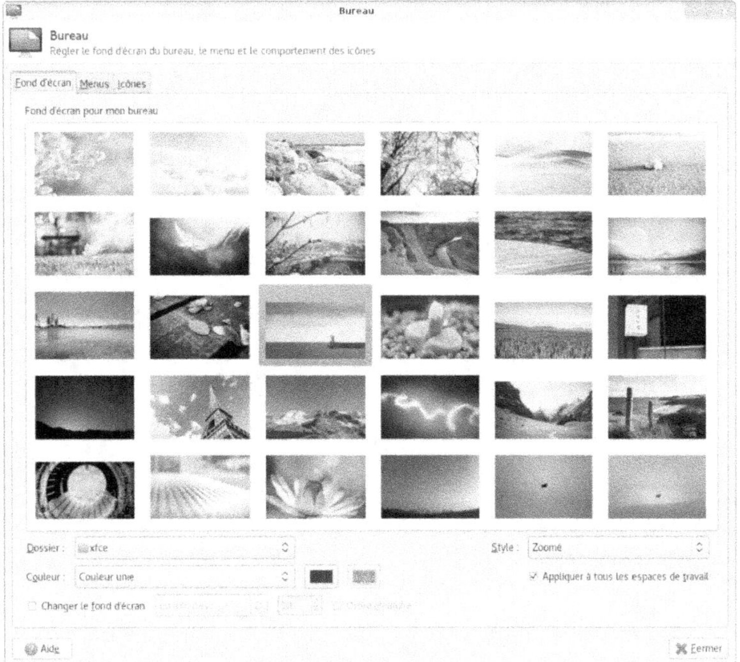

Si la collection de fonds d'écran `luna-wallpapers` ne vous suffit pas, construisez et installez le paquet `slack-wallpapers`. Il s'agit là d'une collection de fonds d'écran assemblée et gérée par Petar Petrov, un utilisateur enthousiaste de Slackware. Une fois que le paquet est installé, les nombreuses nouvelles images apparaissent dans l'interface de sélection du fond d'écran. Notez que l'archive source pèse près de 300 mégaoctets et qu'il y en a pour tous les goûts. Vous voilà prévenus.

Remplacer le menu Applications par Whisker Menu

Whisker Menu est un menu moderne et fonctionnel pour l'environnement Xfce. Nous allons l'installer en remplacement du menu *Applications* traditionnel. Lancez `sbopkg` et cherchez `xfce4-whiskermenu-plugin`. Construisez le paquet et installez-le.

Whisker Menu est un greffon (ou *plug-in*) du tableau de bord. Nous allons l'installer pas à pas. Suivez le guide.

Figure 19–6
Cliquez-droit sur le menu Applications et supprimez-le.

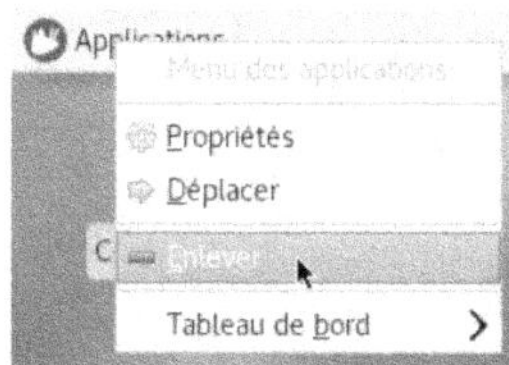

Figure 19–7
Un clic-droit sur une zone vide du tableau de bord vous affiche le menu contextuel. Nous allons ajouter un nouvel élément.

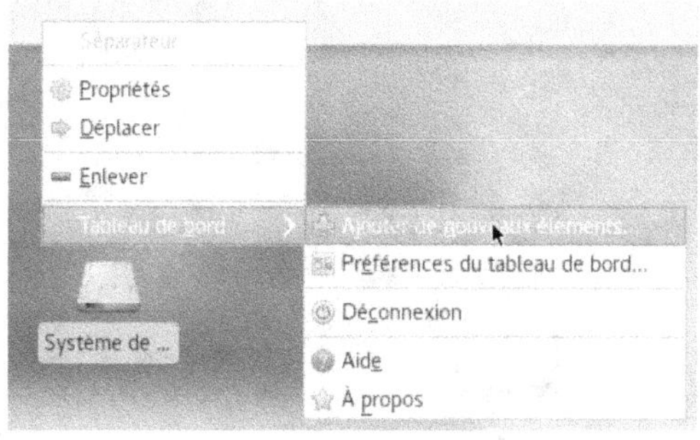

Figure 19–8
Sélectionnez le Menu Whisker dans la liste et cliquez sur Ajouter.

Figure 19–9
Le nouveau menu s'installe sur le
bord supérieur droit de l'écran.
Cliquez-droit sur l'icône de la souris
pour le déplacer.

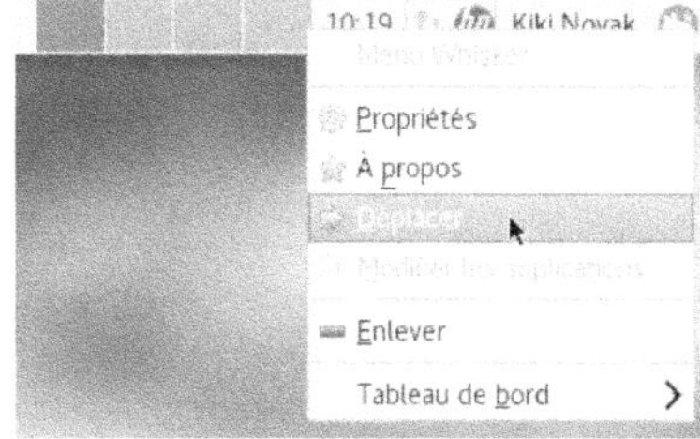

Figure 19–10
Faites glisser le menu vers
l'extrémité gauche du tableau de
bord, à gauche du petit séparateur.
Cliquez-droit sur la souris et ouvrez
les Propriétés du Menu Whisker.

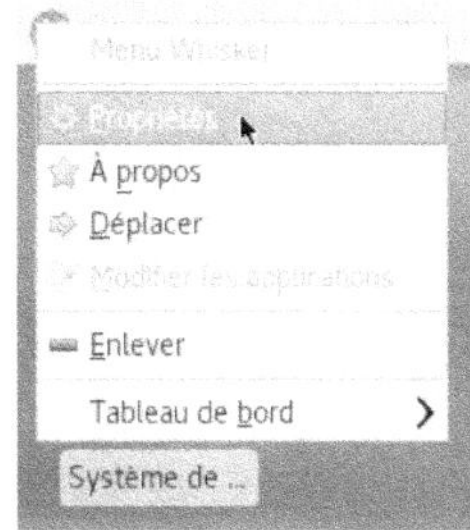

Figure 19–11
Sélectionnez Icône et texte dans le
menu déroulant de l'Affichage.

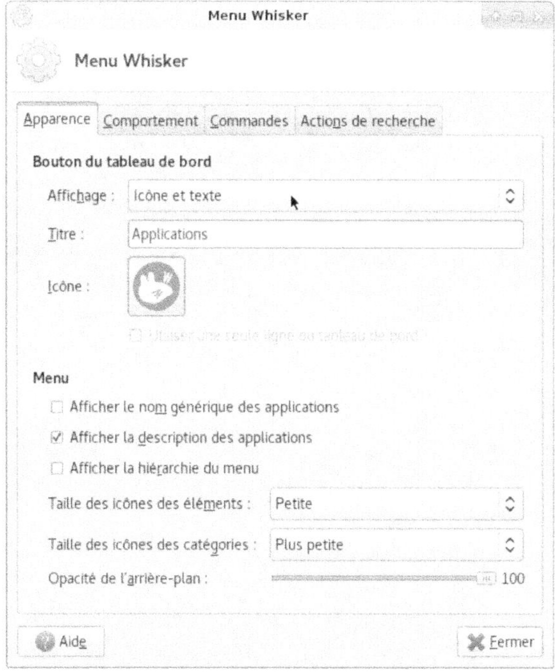

Figure 19–12
Le changement de catégories au survol vous évitera les clics à répétition.

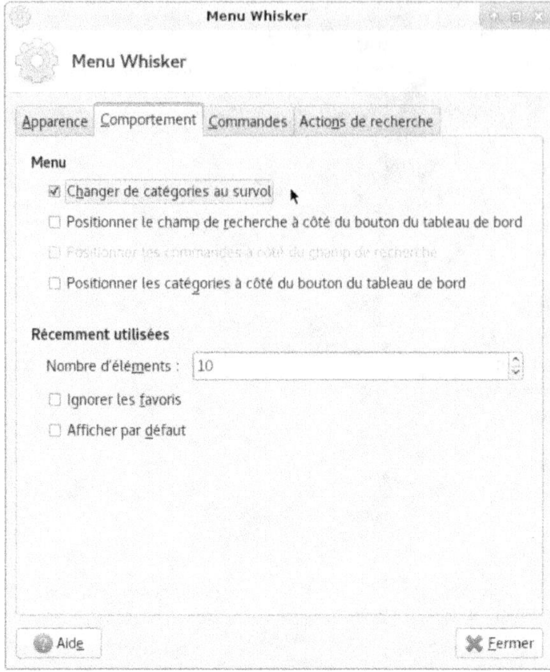

Figure 19–13
Les commandes pour le changement d'utilisateur, la modification des applications et du profil ne servent à rien sous Slackware. Il vaut mieux les supprimer.

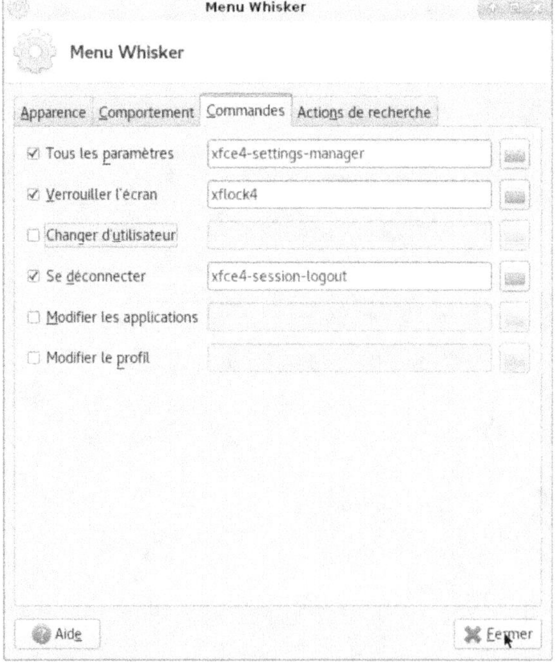

Figure 19–14
Les Actions de recherche ne nous servent à rien non plus. Nous allons également les supprimer.

Figure 19–15
Voici à quoi ressemble le Menu Whisker sur ma station de travail. Il manque encore la plupart des applications, que nous installerons dans le prochain chapitre.

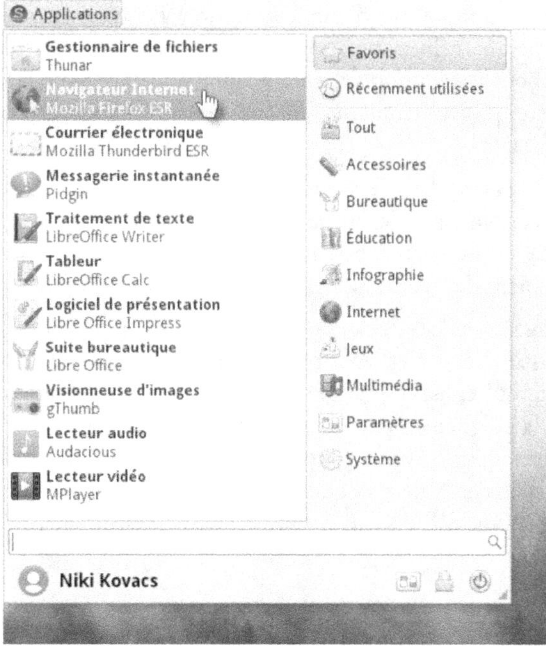

Figure 19–16
L'accès au gestionnaire de paramètres Xfce est en bas du menu, à côté des icônes pour le verrouillage de l'écran et la déconnexion de l'utilisateur.

Remplacer le tableau de bord inférieur par le dock Plank

Dans la configuration par défaut, le tableau de bord inférieur du bureau Xfce est censé fournir un lanceur d'applications pour accéder en un simple clic aux logiciels les plus utilisés comme le terminal graphique, le gestionnaire de fichiers ou le navigateur Web. Certes, ce tableau de bord fait ce qu'il est censé faire, mais il suffit de le comparer au *dock* de Mac OS X pour constater qu'on peut mieux faire en matière d'esthétique et de fonctionnalité.

Figure 19–17
Comment faire pour obtenir un dock aussi élégant que celui de Mac OS X ?

Je disais un peu plus haut que le monde du libre se distingue souvent par un grand nombre de choix pour les composants d'une distribution. En voici encore un exemple assez parlant. Faisons une petite recherche Google sur les *docks* – ou barres de lancement d'applications animées – pour les environnements de bureau Linux. Nous nous rendons compte qu'il existe de nombreux projets similaires en apparence : Docky, Cairo Dock, Avant Window Navigator, Plank, etc.

Un côté réjouissant dans le monde de Linux et du libre, c'est qu'on est effectivement libre de tester tous ces projets en les installant sur sa machine, en jouant avec et en les adoptant – ou en les rejetant – éventuellement. Un côté exaspérant du monde de Linux et du libre, c'est qu'on y passe facilement des week-ends ensoleillés au lieu d'aller faire de l'escalade avec les amis.

J'ai donc testé tous ces docks pour vous et si vous voulez vous éviter la corvée d'en faire un tour exhaustif et complet, vous pouvez simplement me croire sur parole et opter directement pour Plank, qui constitue de loin le plus fonctionnel et le plus stable du monde du libre. Il offre juste la poignée de paramétrages qu'il faut, ses animations sont jolies à voir tout en restant discrètes, il est très peu gourmand en ressources et je ne peux que vous le conseiller. Tout comme certains composants que nous avons vus plus haut dans ce chapitre, Plank est développé par l'équipe d'Elementary OS.

Installer Plank

L'installation de Plank nous confronte pour la première fois à un problème un peu plus touffu de dépendances de paquets. Rassurez-vous, ce n'est pas bien compliqué non plus. Rendez-vous sur la page du paquet `plank` sur le site SlackBuilds.org et découvrez les dépendances du paquet. Vous lisez ceci : *« This requires : libgee, libdbusmenu, bamf »*. Vous cliquez alors sur le lien du paquet `libgee`, qui vous annonce une autre dépendance : *« This requires : vala »*. Vous revenez en arrière, vous suivez le lien du paquet `libdbusmenu` et c'est la même chanson : *« This requires : json-glib »*. Allons bon !

Pour résoudre toutes ces dépendances, il suffit d'être un tout petit peu méthodique. Résumons le problème :

- `plank` dépend de `libgee`, `libdbusmenu` et `bamf`.
- `libgee` dépend de `vala`.
- `libdbusmenu` dépend de `json-glib`.
- `bamf` dépend de `libgtop` et `libwnck3`.

À partir de là, je peux établir un ordre de construction possible pour mes paquets, par exemple :

1 `vala`

2 `libgee`

3 `json-glib`

4 `libdbusmenu`

5 `libwnck3`

6 `libgtop`

7 `bamf`

8 `plank`

Il ne reste plus qu'à démarrer `sbopkg` pour construire et installer les paquets dans l'ordre proposé. Sur une machine dotée d'un processeur double-cœur et de deux gigaoctets de RAM, cette opération m'a pris un peu moins d'un quart d'heure.

Tester Plank et configurer le lancement automatique

Le lanceur d'applications Plank est censé remplacer le deuxième tableau de bord situé en bas de l'écran. Avant toute chose, nous devons donc nous débarrasser de cet élément obsolète.

Rendez-vous dans le *Gestionnaire de paramètres* et ouvrez la section *Tableau de bord*. Le menu déroulant en haut de la fenêtre vous propose de choisir entre *Tableau de bord 1* en haut de l'écran et *Tableau de bord 2* en bas de l'écran. Sélectionnez le *Tableau de bord 2* et cliquez sur le petit bouton orné d'un signe « - » pour le supprimer. Assurez-vous bien de supprimer le tableau de bord inférieur en vérifiant la présence d'un petit liseré rouge autour de la sélection active.

Figure 19–18
Évitez de vous tirer dans le pied lors de la suppression du tableau de bord. Assurez-vous d'avoir sélectionné celui qui est situé en bas de l'écran.

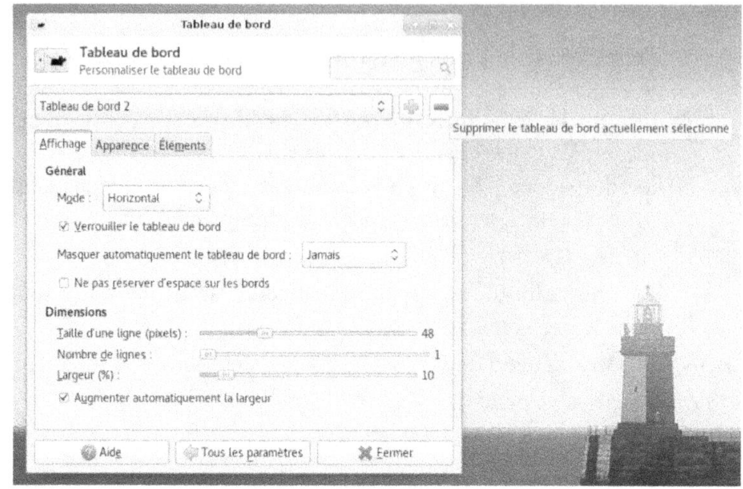

Maintenant que la voie est libre, essayez de lancer Plank à la main. Appuyez sur *Alt+F2* pour afficher la fenêtre de lancement manuel, saisissez `plank` et confirmez.

Figure 19–19
Le raccourci clavier Alt+F2 permet de lancer n'importe quelle application graphique. Utilisez-le pour le test initial de Plank.

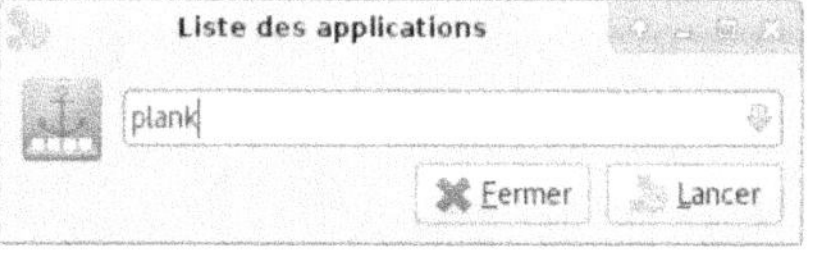

Figure 19–20
Plank s'affiche en bas de l'écran dans sa configuration par défaut.

Pour l'instant, Plank n'est pas encore trop fourni en applications. Notre prochain souci consistera à nous assurer qu'il soit lancé automatiquement au démarrage du bureau Xfce. Rendez-vous dans le *Gestionnaire de paramètres* et ouvrez *Session et démarrage*. Affichez l'onglet *Démarrage automatique d'application*. Vous y verrez une liste de tous les programmes lancés automatiquement à l'ouverture d'une session.

Nous allons ajouter Plank à cette liste. Cliquez sur *Ajouter* et renseignez la petite fenêtre qui s'ouvre. Dans le champ *Nom*, vous pourrez mettre « Plank ». Le champ *Description* sera quelque chose comme « Lanceur d'applications ». Quant à la *Commande*, c'est tout simplement `/usr/bin/plank`. Cliquez sur *Valider*, fermez le gestionnaire de paramètres et testez la configuration de la session en vous déconnectant et en vous reconnectant.

Figure 19–21
Configuration du lancement
automatique de Plank

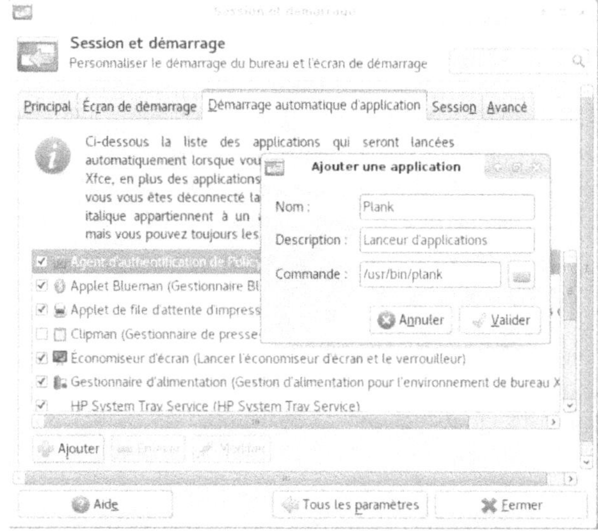

Peaufiner le compositeur d'affichage

Avant de continuer, nous allons régler un petit problème d'affichage. Certains d'entre vous auront peut-être remarqué un trait horizontal dans la partie inférieure de l'écran. Non, ce n'est pas votre moniteur qui fait des siennes. Il s'agit d'un conflit avec le compositeur d'affichage.

Figure 19–22
La configuration du compositeur
d'affichage

Là encore, tout se règle dans le *Gestionnaire de paramètres*, dans la section *Peaufinage des fenêtres*. La configuration du compositeur est une petite usine à gaz et il y aurait encore de quoi passer un après-midi entier à tester les possibilités offertes par toutes les options dans toutes les permutations possibles. Au lieu de cela, nous allons nous montrer plus pragmatiques et décocher l'option *Afficher des ombres sous les fenêtres dock*, ce qui nous débarrasse du trait horizontal. Pour le reste, vous pouvez vous inspirer de la capture d'écran effectuée sur ma station de travail principale pour obtenir une configuration acceptable du compositeur d'affichage. Notez l'apparition des petits effets de transparence lorsque vous déplacez des fenêtres.

Configurer Plank

Revenons-en à notre lanceur d'applications. Ne vous inquiétez pas si vous ne trouvez pas d'icône ou de menu contextuel pour accéder aux préférences de Plank. Ouvrez simplement un terminal et invoquez la commande suivante :

```
$ plank --preferences
```

La fenêtre des préférences affiche la configuration par défaut. Nous allons modifier quelques réglages dans l'onglet *Apparence*.

* Dans le menu déroulant *Thème*, choisissez *Transparent*.
* Activez *Zoom sur icône*.
* Diminuez la valeur du zoom de *150* à *120*.
* Éventuellement, augmentez la taille des icônes pour un utilisateur avec des problèmes de vue.
* Fermez la fenêtre des préférences de Plank.

Figure 19–23
Une configuration sobre et
élégante pour Plank

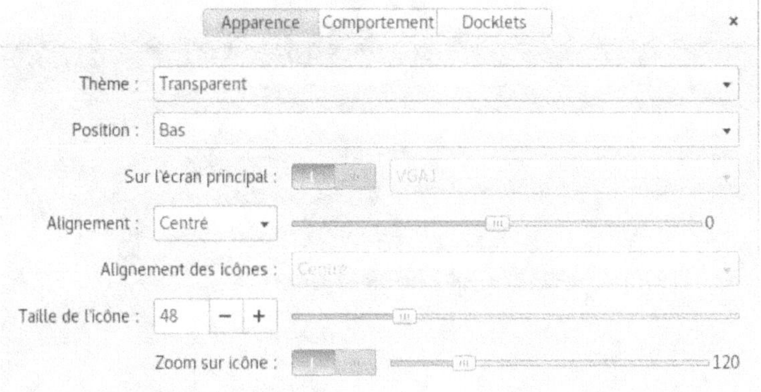

Utiliser Plank au quotidien

À partir de là, l'utilisation de Plank est un jeu d'enfant.

* Pour ajouter une application, ouvrez le menu Whisker en haut à gauche de l'écran et faites un simple glisser-déposer vers le *dock* en bas de l'écran, en visant à peu près le centre.

- Une fois que vos applications sont installées sur le *dock*, vous pouvez également les glisser-déposer vers la droite ou vers la gauche, pour les organiser à votre guise.

- Si vous n'utilisez pas très souvent une application, supprimez-la du *dock* d'un simple glisser-déposer vers l'extérieur. Vous la verrez alors « disparaître » dans un petit nuage de poussière animé.

- Enfin, pour démarrer une application, cliquez dessus. :o)

Figure 19–24 Plank sur ma station de travail, avec toutes les applications que j'utilise régulièrement.

Remplacer le gestionnaire de connexion XDM par LXDM

Le gestionnaire de connexion XDM fait également partie de ces composants « bruts de décoffrage » qui jouent leur rôle de manière imperturbable certes, mais dont l'esthétique peut faire grincer des dents. Ajoutons à cela qu'il n'est pas vraiment fonctionnel, car il manque des composants essentiels dans sa configuration par défaut, comme une paire de boutons *Redémarrer* ou *Éteindre*. Il est certes possible de peaufiner XDM pour le rendre plus attrayant et je vous invite à consulter le travail remarquable d'Eric Hameleers sur son LiveCD de Slackware. Il n'empêche que XDM reste un composant obtus et très limité.

Le seul gestionnaire de connexion alternatif fourni par Slackware serait KDM, mais son utilisation nécessiterait l'installation des paquets de base de KDE, étant donné qu'il a été pensé spécifiquement pour cet environnement de bureau. Nous allons plutôt opter pour un gestionnaire de connexion alternatif plus léger.

Le portail SlackBuilds.org propose en tout et pour tout deux gestionnaires de connexion alternatifs : Slim et LXDM. J'ai testé les deux et mon choix se porte sur LXDM, qui a tout pour plaire. Il offre juste les fonctionnalités qu'il faut sans être encombrant, il n'a pas de dépendances extérieures, il est facile à configurer et plutôt plaisant à voir.

Installer LXDM

Lancez sbopkg, recherchez « lxdm », construisez le paquet et installez-le. Éventuellement, lisez la page du paquet sur SlackBuilds.org. Outre le README habituel, vous noterez la présence d'un fichier README.Slackware qui explique la procédure post-installation nécessaire pour faire fonctionner LXDM sous Slackware. Nous allons la détailler ici.

Examinez sommairement le contenu du fichier /etc/rc.d/rc.4. C'est un script de démarrage du système, qui se charge plus particulièrement de lancer tout ce qu'il faut lorsqu'on démarre en niveau d'exécution 4, notamment un gestionnaire de connexion. Regardez le début de ce fichier :

```
# Tell the viewers what's going to happen...
echo "Starting up X11 session manager..."
```

```
# Try to use GNOME's gdm session manager.  This comes first
# because if gdm is on the machine then the user probably
# installed it and wants to use it by default:
if [ -x /usr/bin/gdm ]; then
  exec /usr/bin/gdm -nodaemon
fi
```

Essayons de traduire ce qui est compris entre les mots `if` et `fi` : « si (*if*) `/usr/bin/gdm` existe et est exécutable (`-x`), alors (*then*) exécute-le. » À partir de là, vous comprenez l'organisation du fichier. Il teste successivement la présence des gestionnaires de connexion GDM, KDM, SDDM et XDM ; dès qu'il en trouve un, il le lance.

Il nous faut donc insérer une section pour LXDM en tête de ce fichier :

```
# Tell the viewers what's going to happen...
echo "Starting up X11 session manager..."

# LXDM
if [ -x /usr/sbin/lxdm ]; then
  exec /usr/sbin/lxdm
fi

# Try to use GNOME's gdm session manager.
...
```

Redémarrez le système et, si tout se passe bien, vous serez salué par votre nouveau gestionnaire de connexion. **Attention** : lors de votre toute première connexion, vous devez explicitement choisir *Session Xfce* dans le petit sélecteur *Bureau* en bas à gauche de l'écran.

Figure 19–25
Le gestionnaire de connexion
LXDM dans sa configuration
par défaut

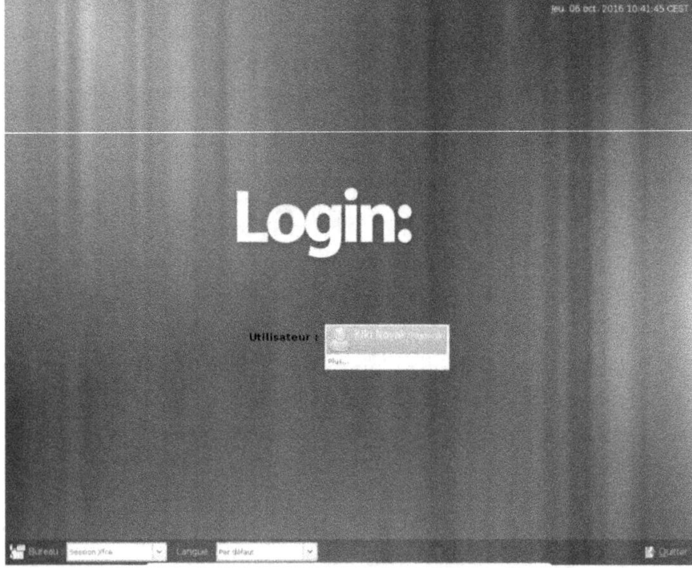

Configurer LXDM

LXDM se configure par le biais du fichier `/etc/lxdm/lxdm.conf` clairement structuré et commenté. Ouvrons ce fichier et profitons-en pour adapter LXDM à nos besoins. Nous allons traiter uniquement les options qui nous intéressent, par ordre d'apparition.

Activer le verrouillage numérique

De nombreux utilisateurs ont l'habitude tenace et incorrigible d'utiliser le pavé numérique pour les chiffres de leurs mots de passe. Vous avez beau leur expliquer qu'il vaut mieux utiliser la partie centrale du clavier, rien n'y fait. La solution la plus simple consiste donc à activer le pavé numérique pour le gestionnaire de connexion. Repérez l'option `numlock`, décommentez-la et éditez-la comme ceci :

```
## uncomment and set to set numlock on your keyboard
numlock=1
```

Au prochain démarrage, vérifiez si l'indicateur du pavé numérique s'allume automatiquement au lancement de LXDM.

Relancer le serveur graphique à la déconnexion

Repérez la section `[server]` un peu plus bas dans le fichier et décommentez l'option `reset` :

```
[server]
## arg used to start xserver, not fully function
# arg=/usr/bin/X -background vt1
# uncomment this if you really want xserver listen to tcp
# tcp_listen=1
# uncoment this if you want reset the xserver after logout
reset=1
```

Voyons un exemple pratique pour illustrer l'utilité de cette option. J'administre un réseau Linux dans une école privée, qui compte une centaine d'utilisateurs. Les élèves et les enseignants étrangers utilisent parfois des dispositions clavier diverses. Le clavier AZERTY est certes employé lors de la connexion, mais une fois que Xfce est démarré, le gestionnaire de paramètres permet de définir une disposition personnalisée, comme le QWERTY pour les anglophones ou le QWERTZ pour les germanophones. Or, si l'option `reset` n'est pas activée, le dernier clavier sélectionné restera actif et l'utilisateur qui viendra juste après risque d'avoir une mauvaise surprise en saisissant son mot de passe. `reset=1` sert à repartir sur la configuration par défaut du serveur graphique, avec la disposition du clavier définie dans le fichier `/etc/X11/xorg.conf.d/90-keyboard-layout.conf`.

Définir un fond d'écran personnalisé

L'option `bg` définit le fond d'écran par défaut pour le gestionnaire de connexion :

```
## background of the greeter
bg=/usr/share/wallpapers/stripes-lxdm.jpg
```

Admettons que vous souhaitiez remplacer cette image par l'un des fonds d'écran du paquet `luna-wallpapers`. Dans ce cas, lancez Xfce, ouvrez votre navigateur de fichiers et parcourez les fonds d'écran disponibles dans les répertoires comme `/usr/share/xfce4/backdrops` ou `/usr/share/wallpapers`. Notez le chemin complet vers l'image que vous souhaitez utiliser et indiquez-le dans `lxdm.conf` :

```
## background of the greeter
bg=/usr/share/xfce4/backdrops/Lighthouse.jpg
```

LXDM affichera l'image personnalisée au prochain démarrage.

Désactiver le sélecteur de langues

Le sélecteur de langues dans la partie inférieure de l'écran ne nous sert pas à grand-chose. Vous pouvez le désactiver comme ceci :

```
## if show language select control
lang=0
```

Au prochain démarrage, LXDM n'affichera plus que le sélecteur de bureaux en bas à gauche.

Désactiver l'affichage des utilisateurs

Repérez la section `[userlist]` dans `lxdm.conf` :

```
[userlist]
## if disable the user list control at greeter
disable=0
```

Si l'option `disable` est activée, elle supprime l'affichage des utilisateurs. Cela aura surtout un intérêt lorsqu'il y a beaucoup de monde sur le système, comme c'est le cas pour l'école citée précédemment. Avec cette option, les utilisateurs ne pourront plus retrouver leur nom dans une liste déroulante. Au lieu de cela, ils devront explicitement saisir leur login et leur mot de passe :

```
[userlist]
## if disable the user list control at greeter
disable=1
```

Corriger la couleur de la police d'affichage

Dans la configuration par défaut, le texte de l'invite de connexion – c'est-à-dire *Utilisateur* ou *Mot de passe* – s'affiche en noir. Or, selon l'image de fond, cette couleur sera un peu tristounette voire difficilement lisible à cause du manque de contraste. Vous l'aurez probablement constaté pour l'image par défaut `/usr/share/wallpapers/stripes-lxdm.jpg`.

Si vous avez choisi une image sombre, vous pouvez très bien changer la couleur de la police. Allez dans le répertoire `/usr/share/lxdm/themes/Industrial`, ouvrez le fichier `gtkrc` et repérez la section qui définit le style de l'invite :

```
style "prompt"
{
        fg[NORMAL]="#000000"
        font_name="Sans Bold 14"
}
```

Pour afficher l'invite en blanc, vous pouvez écrire ceci :

```
style "prompt"
{
        fg[NORMAL]="#ffffff"
        font_name="Sans Bold 14"
}
```

Figure 19–26
Un exemple de configuration
personnalisée de LXDM

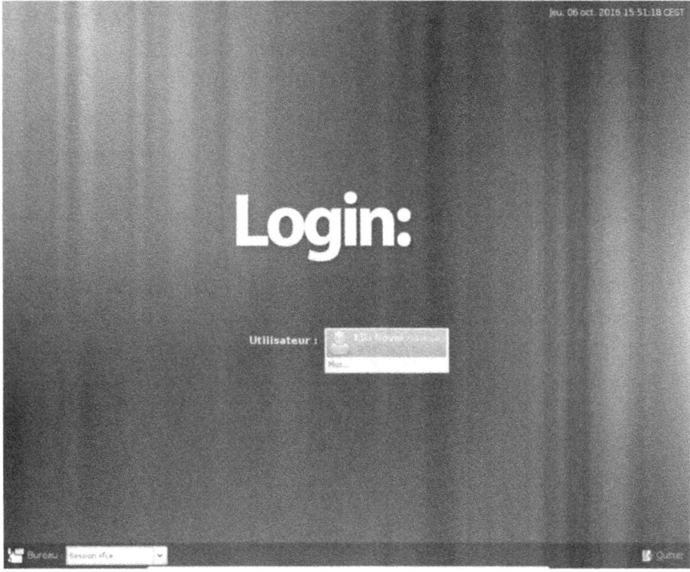

Touches finales

Depuis le début de ce chapitre, notre environnement de bureau Xfce a gagné considérablement en esthétisme et en fonctionnalité. Il nous reste quelques touches finales à apporter pour nous approcher de la perfection.

Supprimer les icônes du bureau

Dans le contexte d'une installation informatique, le terme de « bureau » peut avoir plusieurs significations.

* D'une part, c'est un raccourci pour désigner l'environnement de bureau dans sa globalité : « bureau Xfce », « bureau KDE », « bureau GNOME », etc.

* D'autre part, le terme de « bureau » désigne plus spécifiquement une surface de travail comme votre bureau dans la vraie vie, c'est-à-dire un meuble sur lequel vous gérez votre travail actuel, où vous déposez les dossiers en cours, etc. Traditionnellement, cette surface de travail affiche le contenu du répertoire `~/Desktop` ou `~/Bureau`.

Vous aurez peut-être remarqué que les bureaux en informatique ressemblent souvent aux meubles du même nom. Les utilisateurs organisés au quotidien ont juste un téléphone, un clavier, une souris, un agenda et un bloc-notes avec le travail du jour sur la surface de travail et le bureau sur leur écran est tout aussi bien organisé, avec une poignée de fichiers et de dossiers pour le travail du jour. Une fois que le travail est terminé, les fichiers en question sont proprement rangés dans `~/Documents`, `~/Images`, `~/Projets` ou autres. Et puis vous avez les utilisateurs moins organisés qui entassent pêle-mêle cahiers, bloc-notes, livres, revues, bibelots, tasses de café, sandwichs et bouteilles de bière sur leur bureau et qui arborent une véritable forêt d'icônes sur leur espace de travail numérique.

Pour ma part, j'aime disposer d'un bureau rangé et bien organisé. Les trois icônes *Corbeille*, *Système de fichiers* et *Répertoire personnel* ne me servent pas à grand-chose à partir du moment où je dispose d'un accès rapide vers le gestionnaire de fichiers dans le *dock*. Je vais donc les supprimer en me rendant dans le *Gestionnaire de paramètres* et en ouvrant la section *Bureau*. L'onglet *Icônes* comporte une section *Icônes par défaut*, où je peux décocher *Répertoire personnel*, *Système de fichiers* et *Corbeille*, qui disparaissent instantanément du bureau. En revanche, je prends soin de conserver *Périphériques amovibles*. Ainsi, lorsqu'une clé USB, un disque dur externe ou un appareil photo numérique sont montés, je les vois apparaître sur le bureau, ce qui m'évite de les déconnecter intempestivement sans les avoir démontés au préalable.

Figure 19–27
Supprimez les icônes inutiles
du bureau.

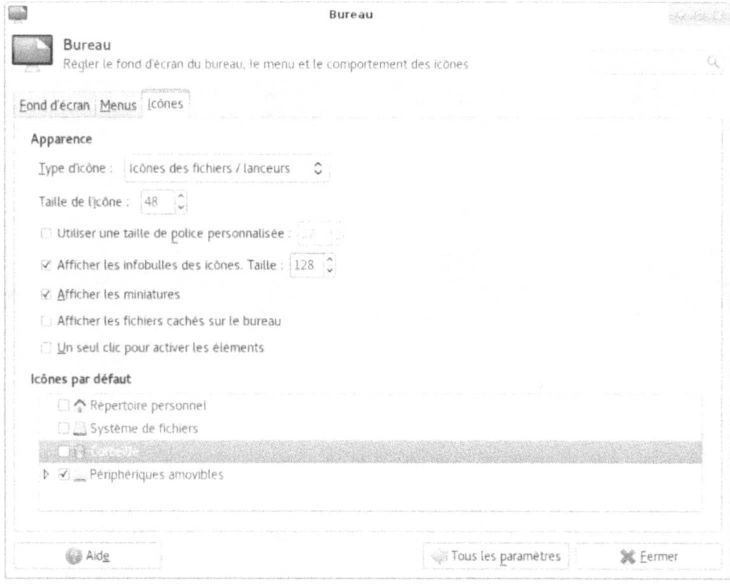

Choisir un économiseur d'écran

Notre installation fournit un grand nombre d'économiseurs d'écran, qui s'affichent en séquence aléatoire au bout de dix minutes d'inactivité. Pour choisir un économiseur d'écran qui me plaît bien, je lance le *Gestionnaire de paramètres* Xfce et j'ouvre la section *Économiseur d'écran*. Dans le menu déroulant *Mode*, je passe à l'option *Seulement un économiseur d'écran* et, dans la liste déroulante juste en-dessous, je choisis *GLMatrix*, mon thème préféré.

Figure 19–28
Choisissez votre économiseur
d'écran préféré.

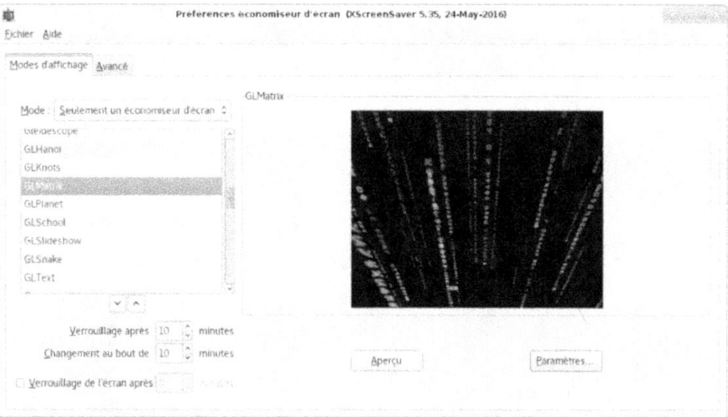

Nous voilà avec un bureau Xfce configuré « aux petits oignons ». Il ne nous reste plus qu'à installer une panoplie d'applications. C'est ce que nous allons faire dans le chapitre suivant.

20

Une sélection d'applications aux petits oignons

Maintenant que nous avons peaufiné notre environnement de bureau pour une utilisation agréable, le moment est venu de découvrir une panoplie d'applications pour les tâches les plus courantes. Certains logiciels sont déjà présents dans la distribution. D'autres seront compilés depuis le code source ou installés depuis un dépôt de paquets tiers. Notre environnement Xfce est ainsi transformé pas à pas en un bureau fonctionnel et complet qui n'a rien à envier à ses grands concurrents propriétaires.

Naviguer sur Internet avec Mozilla Firefox

Beaucoup d'entre vous ont certainement déjà vu Mozilla Firefox de près ou de loin. Je me permets quand même d'en fournir une petite présentation, car il existe toujours un nombre considérable d'irréductibles qui pensent qu'Internet, c'est le *e* bleu inventé par notre monopoliste préféré.

Firefox est un navigateur web libre et gratuit, développé par la fondation Mozilla. Actuellement, c'est le principal concurrent des navigateurs propriétaires Internet Explorer, Edge et Google Chrome. Firefox offre toutes les fonctionnalités d'un navigateur moderne comme la navigation par onglets, le blocage des *pop-up*, les moteurs de recherche intégrés et bien plus encore. Firefox respecte scrupuleusement les standards du Web tels qu'ils sont définis par le World Wide Web Consortium, ce qui le distingue de certains de ses concurrents propriétaires. Il accepte également des centaines d'extensions et de thèmes graphiques, ce qui permet à chaque utilisateur de le modifier selon ses goûts et ses préférences.

Figure 20–1
Le navigateur web Mozilla Firefox

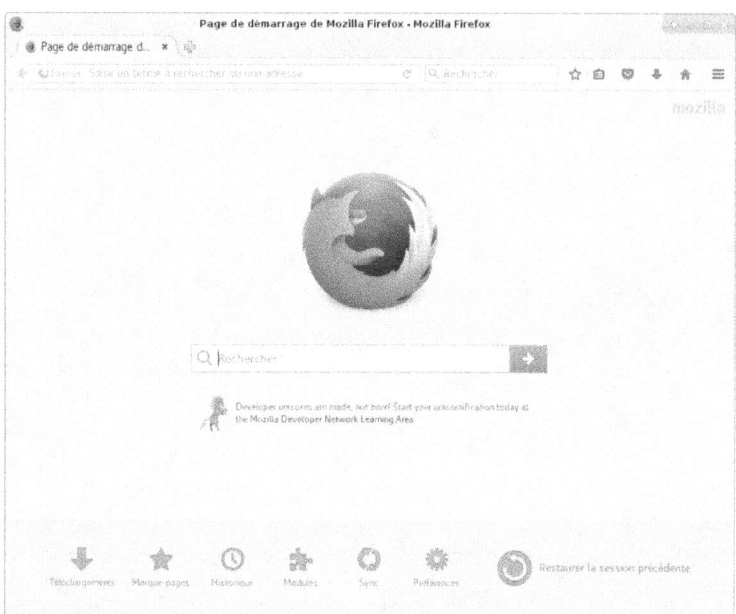

Dans notre installation Slackware, c'est le paquet `mozilla-firefox` du groupe `xap` qui fournit le navigateur :

```
$ ls /var/log/packages/*firefox*
/var/log/packages/mozilla-firefox-45.4.0esr-x86_64-1_slack14.2
```

> **VERSIONS Firefox ESR et Thunderbird ESR**
>
> Slackware intègre les versions ESR (*Extended Support Release*) de Firefox et de Thunderbird. En effet, la fondation Mozilla a décidé d'adopter un rythme de publication frénétique, à raison d'une nouvelle version toutes les six semaines. Parallèlement à ce calendrier quelque peu insensé, la branche ESR propose des versions plus stabilisées, maintenues pour une durée d'au moins dix mois après leur date de sortie et qui ne bénéficient que de mises à jour de sécurité durant cette période. Ces versions s'adressent aux organisations, aux associations et aux entreprises qui ne peuvent pas se permettre de tester leurs applications web avec une nouvelle version de Firefox toutes les six semaines.

Franciser Firefox

La localisation ne fait malheureusement pas partie des points forts de Slackware. Les environnements de bureau comme Xfce ou KDE comprennent certes déjà les traductions complètes dans toutes les langues courantes et même certaines dont vous ignoriez l'existence. Mais pour des applications comme Firefox, Thunderbird ou Seamonkey, Slackware ne propose malheureusement pas les paquets de localisation tels qu'on peut les trouver dans d'autres distributions. Il va donc falloir les installer à la main.

La procédure de localisation de Firefox est inutilement compliquée et même contre-intuitive. Les traductions du logiciel ainsi que les dictionnaires sont livrés dans des modules séparés. Non content de cela, Firefox nous oblige à sauter à travers des cerceaux en feu pour basculer vers une autre langue pour l'affichage de l'interface et des pages web. La solution la plus simple consiste à installer le module Locale Switcher, qui permet de changer de langue en deux clics.

Figure 20–2
Les développeurs de Firefox ont pris un malin plaisir à bien cacher l'accès au menu principal.

Figure 20–3
La traduction française de l'interface vient sous forme de module (Add-on) complémentaire.

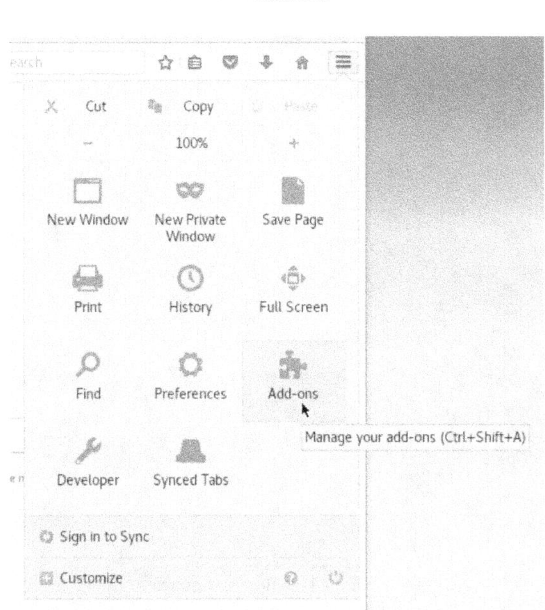

Figure 20–4
Effectuez une recherche sur « français » et installez le module « Français Language Pack ». En passant, profitez-en pour installer le dictionnaire correspondant.

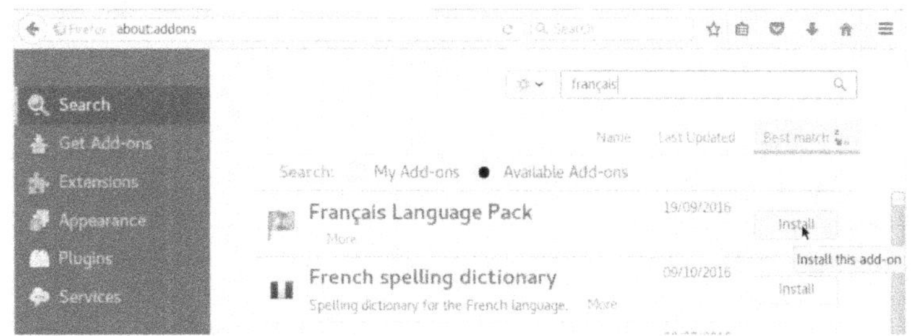

Le module de traduction (*Language Pack*) doit correspondre à la version installée de Firefox. Nous allons nous éviter la corvée de récupérer et réinstaller manuellement les traductions et les dictionnaires après chaque mise à jour. Retournez dans l'interface de gestion des modules

Figure 20–5
Les deux modules sont installés, mais nous devons encore les activer.

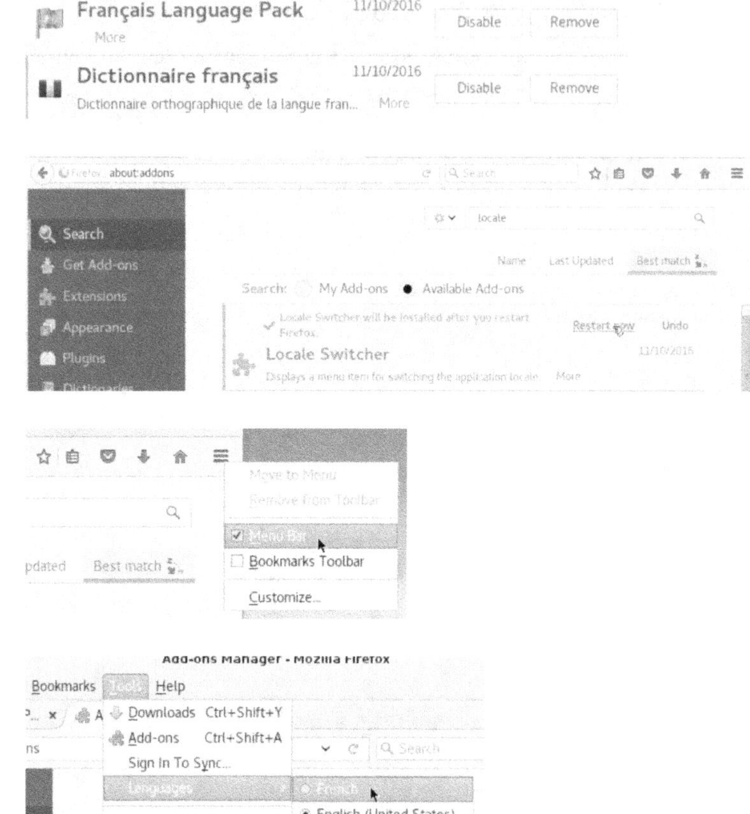

Figure 20–6
Revenez dans l'interface de recherche des modules, cherchez « locale » et installez le module Locale Switcher.

Figure 20–7
Cliquez-droit sur l'icône du menu principal de Firefox et cochez « Menu Bar » dans le menu contextuel.

Figure 20–8
Après avoir redémarré pour activer le module Locale Switcher, repérez l'entrée Tools>Languages dans le menu de Firefox et sélectionnez le français comme langue principale.

Figure 20–9
L'activation de la traduction nécessite encore un redémarrage.

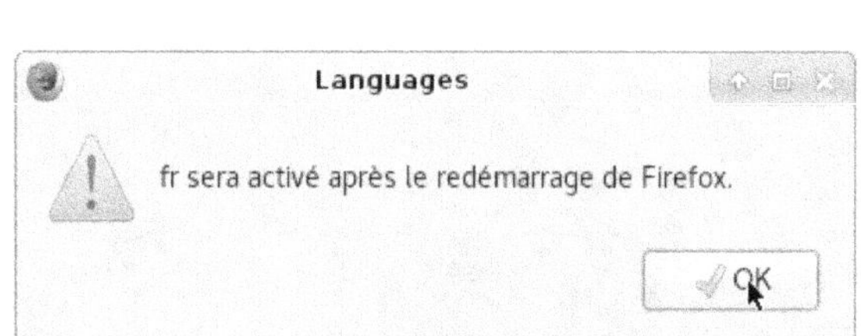

Figure 20–10
L'interface de Firefox s'affiche désormais en français.

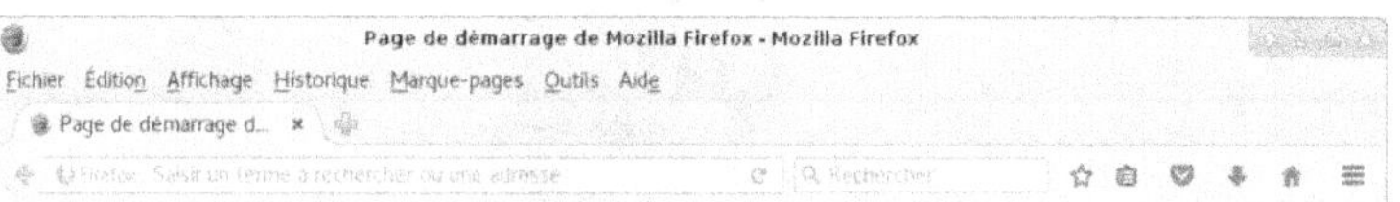

via *Outils>Modules complémentaires*, ouvrez la section *Langues*, cliquez sur le petit lien bleu *Plus* juste en-dessous de *Français Language Pack* et activez les *Mises à jour automatiques*. Procédez de même pour le *Dictionnaire français*.

Figure 20–11
Après une mise à jour, Firefox
récupérera automatiquement
la traduction correspondante.

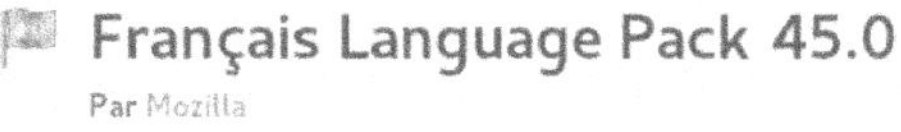

DÉTAIL **Installer un module en tant qu'utilisateur**

Notez que l'installation des modules complémentaires s'effectue au niveau de l'utilisateur et non au niveau du système. Concrètement, les traductions et autres dictionnaires s'installent dans l'arborescence `~/.mozilla` de l'utilisateur, ce qui ne requiert pas de droits d'administrateur. Chaque utilisateur est ainsi libre de peaufiner son navigateur web à sa guise. En contrepartie, la procédure de localisation devra être répétée pour chaque utilisateur du système, ce qui est un peu fastidieux.

Se documenter

Le présent chapitre ne peut pas prétendre vous fournir une initiation complète et détaillée à l'utilisation de Firefox. Laissons donc le navigateur s'en charger lui-même, un peu comme lorsque vous avez lancé `vimtutor` pour vous initier à Vim. Lancez Firefox et ouvrez la rubrique *Aide>Visite guidée*. Lisez ces pages au moins une fois. Regardez les petites vidéos qui les illustrent. D'une part, ce tutoriel clarifie des termes comme « site », « page », « adresse web », « moteur de recherche », etc. D'autre part, même les utilisateurs avancés y découvriront certainement une ou deux astuces fort pratiques.

De très nombreux utilisateurs – même chevronnés – ont appris sur le tas à se servir des ressources du Web, ce qui entraîne bien souvent des usages et des réflexes aberrants. C'est un peu comme si vous vous demandiez pourquoi votre Jaguar pointe à 60 km/h et fume autant, avant qu'une âme charitable ne vous suggère prudemment de passer la seconde. Dans un cas comme dans l'autre, l'apprentissage des notions de base augmentera votre confort d'utilisation de manière significative.

Installer le plug-in Macromedia Flash

Le contenu *multimédia* de certaines pages web nécessite l'installation du plug-in Macromedia Flash pour que Firefox soit capable de les gérer. Flash est un plug-in propriétaire. Autrement dit, c'est une extension de Firefox dont le code source n'est pas mis à disposition par l'éditeur Macromedia.

> **POLITIQUE Le blocage progressif de Flash**
>
> La technologie Flash fait grincer des dents les développeurs aussi bien que les administrateurs et les utilisateurs. Elle est propriétaire, se moque éperdument des standards du Web et se montre parfois capable de mettre à genoux des systèmes pourtant dotés d'un processeur *quad-core* et de gigaoctets de mémoire vive. Les fabricants la mettent parfois au ban, comme l'a fait Apple pour ses iPads et ses iPhones. Et les développeurs de navigateurs web se mettent tout doucement à bloquer le plug-in Flash dans la configuration par défaut.

En attendant la disparition de cette technologie obsolète, de nombreuses pages web l'utilisent encore. Pour les afficher correctement, il faut donc installer le plug-in correspondant.

Lancez `sbopkg`, recherchez le paquet `flashplayer-plugin`, construisez-le et installez-le. Ensuite, lancez Firefox, saisissez `about:plugins` dans la barre d'adresses et ouvrez cette page. Si tout se passe bien, vous verrez apparaître le plug-in *Shockwave Flash*.

Figure 20–12
La page des plug-ins de Firefox

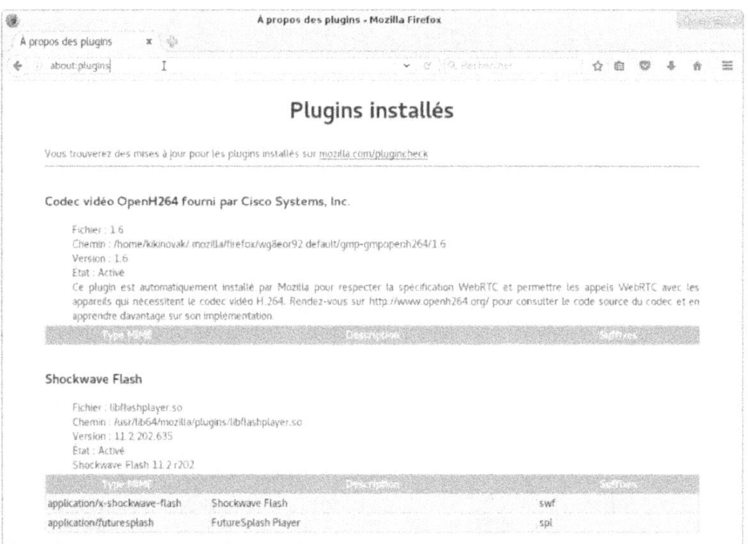

Installer le module Adblock Plus

La suppression de la publicité à la télévision est un sujet qui fait régulièrement débat. Peut-être y en a-t-il parmi vous qui regretteront que bientôt les spots publicitaires ne soient plus interrompus par des bouts de film, mais j'imagine qu'en majorité les téléspectateurs éprouveraient un certain soulagement à ne plus être considérés comme du temps de cerveau disponible que l'on soumet à un matraquage constant et inlassable.

Sur Internet, la publicité finance un nombre important de sites. Prenez la majorité de la presse en ligne, il est rare que vous puissiez lire le moindre article sans qu'une escadrille d'encarts publicitaires vous saute littéralement à la figure, soit sous forme de fenêtres *pop-up* – que mon ami Christian traduit par « fenêtres sotopif » – soit en clignotant sur une bonne moitié de page pour accaparer votre attention à tout prix. À titre d'exemple, allez faire un tour sur le site des journaux *Libération* ou *Le Monde* pour voir à quoi cela ressemble. Et encore, vous ne verrez pas tout, parce que Firefox bloque les fenêtres *pop-up* dans sa configuration par défaut. Néanmoins, vous aurez droit à toutes les publicités Flash serties dans la page.

Pour vous faire une idée de ce à quoi pourrait ressembler Internet sans la publicité, installez le module Adblock Plus. Comme son nom le suggère, il bloque tout simplement le chargement des publicités. Non content de cela, il se charge de recalculer l'aspect d'une page web sans les différents encarts publicitaires.

L'installation de ce module est un jeu d'enfant. Ouvrez *Outils>Modules complémentaires*, allez dans l'onglet *Catalogue* et recherchez « adblock ». Repérez *Adblock Plus* dans la liste et installez-le. Le module est prêt à l'emploi et ne nécessite aucune configuration.

Figure 20–13
Internet sans la pub,
c'est possible grâce à Adblock Plus.

Gérer le courrier électronique avec Mozilla Thunderbird

Le paquet `mozilla-thunderbird` fournit le client de messagerie développé par la fondation Mozilla. Tout comme Firefox, Thunderbird est disponible pour toutes les plates-formes courantes et moins courantes : Microsoft Windows, Mac OS X et Linux, sans oublier la famille des BSD. Thunderbird est un logiciel libre et gratuit, convivial et stable, qui vous permettra de gérer votre courrier électronique sans avoir à vous soucier de virus et sans vous casser la tête avec le spam.

Figure 20–14
Thunderbird est un client mail
libre et gratuit pour toutes
les plates-formes.

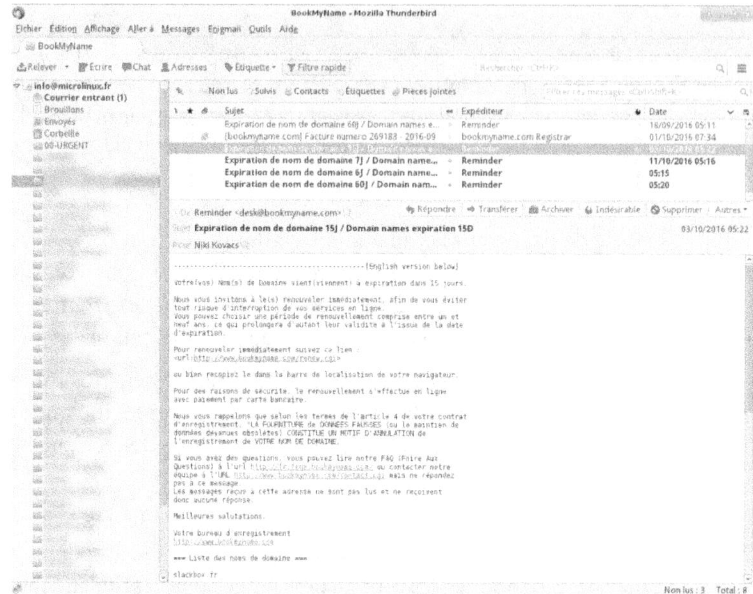

Beaucoup de mythes se tressent autour des virus ainsi que des moyens pour y faire face : pare-feu, anti-virus et tout le tralala. Peut-être ne serez-vous pas trop surpris d'apprendre que vous êtes déjà blindés, et ce depuis le début, c'est-à-dire depuis que vous avez installé Linux. En effet, la toute première protection, c'est d'abord un système correctement configuré, avec ses droits d'accès sains, ses utilisateurs propre-ment cloisonnés, etc.

Franciser Thunderbird

Comme pour Firefox, notre premier souci consistera à installer la traduction pour afficher l'interface de Thunderbird en français. Et la procédure est aussi pénible que pour Firefox. Là encore, le distributeur n'a malheureusement rien fait pour nous faciliter la tâche.

Tant que vous n'avez pas configuré de compte de messagerie, Thunderbird démarre l'assistant de création de compte : *Would you like a new email address ?* Fermez la fenêtre de l'assistant, ce qui vous amène à l'interface à proprement parler de Thunderbird.

L'icône pour afficher le menu principal est la même que pour Firefox. Cliquez dessus et ouvrez *Add-ons* pour afficher l'interface de gestion des modules complémentaires. Recherchez « français » et installez les deux modules *Français Language Pack* et *French spelling dictionary*.

Ensuite, recherchez « locale ». Vous constaterez que le module Locale Switcher n'existe pas pour Thunderbird, pour des raisons mystérieuses. Je vous conseille donc d'installer *Quick Locale Switcher*. Redémarrez Thunderbird tout en ignorant la fenêtre de l'assistant de création de compte. Ouvrez l'interface de gestion des modules complémentaires et repérez *Quick*

Locale Switcher dans l'onglet *Extensions*. Cliquez sur *Preferences* et, dans l'onglet *General*, cochez la case *User Interface Language*, puis fermez la fenêtre des préférences.

Figure 20–15
Le module Quick Locale Switcher nous permet d'afficher l'interface de Thunderbird en français.

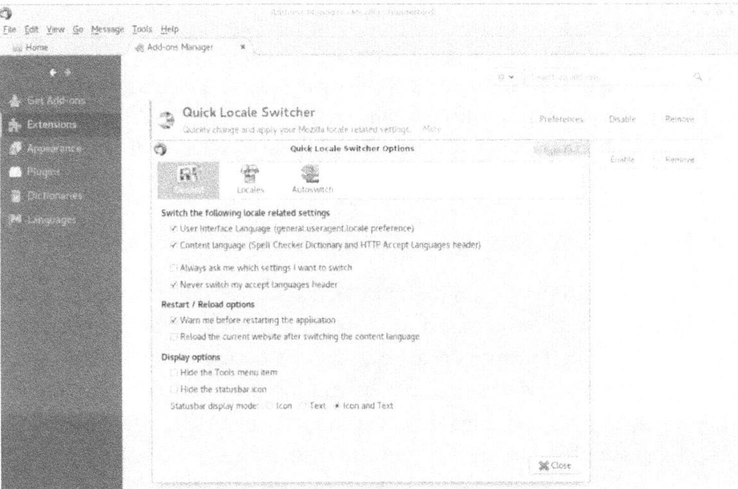

À présent, affichez la barre de menu de Thunderbird comme vous l'avez fait pour Firefox, c'est-à-dire en cliquant-droit sur l'icône du menu principal et en cochant *Menu Bar* dans le menu contextuel. Ouvrez *Tools>Quick Locale Switcher* et sélectionnez *fr-FR Français (France)*. Redémarrez une dernière fois et, si tout se passe bien, l'assistant de création de compte s'affiche désormais en français.

Figure 20–16
L'assistant de création de compte de Thunderbird

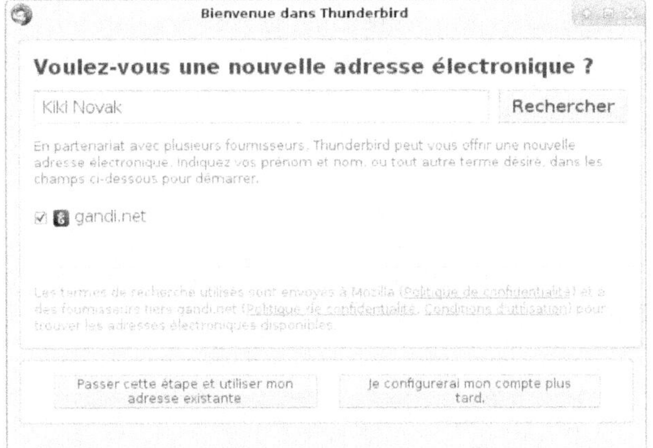

> DOCUMENTATION **Un manuel pour Thunderbird**
>
> Si vous souhaitez en savoir beaucoup plus sur Mozilla Thunderbird, rendez-vous à l'adresse suivante :
>
> ▸ https://fr.flossmanuals.net/thunderbird/
>
> Vous trouverez un manuel complet, libre et gratuit, qui vous guide pas à pas et de manière très pédagogique dans l'utilisation de votre client mail. Le manuel date un peu, mais les informations restent pour la plupart valables même pour les versions récentes de Thunderbird.
>
> En dehors de ce manuel, accédez à l'aide en ligne officielle via le menu *Aide>Rubriques d'Aide*.

Configurer un compte mail

La configuration d'un compte de courrier électronique fait partie des tâches plutôt basiques. Pourtant, beaucoup d'utilisateurs s'y attellent avec peine, ce qui engendre bien des frustrations. J'en profite donc pour en dire deux mots, car dans la plupart des cas, c'est la confusion sur un seul détail qui fait obstruction pour tout le reste. Si vous disposez d'un accès à Internet, vous avez au moins un compte mail chez votre fournisseur d'accès. Pour l'utiliser, il vous faut rassembler un certain nombre de données :

- votre adresse e-mail : kikinovak@nerim.net, info@microlinux.fr, jktartempion@orange.fr ;
- votre serveur de courrier entrant : imap.nerim.net, mail.nfrance.com, imap.orange.fr ;
- votre serveur de courrier sortant : smtp.nerim.net, smtp.nfrance.com, smtp.orange.fr ;
- votre identifiant de messagerie : kikinovak, jktartempion, ju18560 ;
- votre mot de passe de messagerie.

La première fenêtre de l'assistant de configuration de Thunderbird vous somme de fournir les renseignements les plus élémentaires seulement : votre nom, votre adresse e-mail et votre mot de passe de messagerie. Avec un peu de chance, ces trois indications suffiront pour la configuration automatique. Si celle-ci échoue au bout de quelques secondes, cliquez sur *Configuration manuelle* et renseignez les champs avec les données énoncées un peu plus haut.

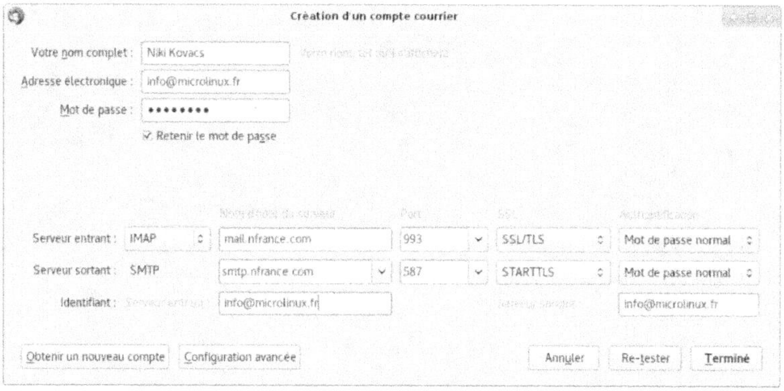

Figure 20–17
La configuration manuelle
d'un compte de messagerie

Configurer le format d'envoi des courriels

CULTURE **Question de nétiquette**

La communication sur Internet est régie par un ensemble de règles de savoir-vivre que l'on appelle la « nétiquette », une contraction de « net » (réseau) et « étiquette ». La raison d'être de ce guide de bonne conduite est en fin de compte de faciliter la communication électronique, qu'il s'agisse de courriels, de listes de diffusion, de forums, de groupes de discussion ou de canaux de messagerie instantanée. La nétiquette est spécifiée en plusieurs endroits sur le Web, de façon plus ou moins détaillée. Une version raisonnablement détaillée et lisible se trouve sur Wikipédia.

▶ https://fr.wikipedia.org/wiki/Nétiquette

De cette manière, la prochaine fois qu'un correspondant vous enverra un courriel sans *bonjour* ni *au revoir*, rédigé en langage SMS, comprenant quelques mégaoctets de pièces jointes (photos du dernier-né en résolution maximale, documents Word et PowerPoint à l'humour douteux), décorés d'un joli papier à lettres Microsoft ou d'une binette Incredimail et assaisonné d'une demande de confirmation d'accusé de réception doublée de la promesse que vous subirez une mort affreuse si vous ne faites pas immédiatement suivre le présent message à dix personnes de votre choix, vous pourrez lui envoyer un lien laconique vers la nétiquette.

Dans sa configuration par défaut, Thunderbird enfreint curieusement une des règles les plus élémentaires de la nétiquette. En effet, le format d'envoi préconfiguré est le HTML, alors que le bon usage préconise l'utilisation du format texte simple. Nous allons régler ce problème tout de suite. Rendez-vous dans *Édition>Paramètres des comptes*. Dans la partie gauche de la fenêtre de configuration, cliquez sur *Rédaction et adressage*. Puis, dans la partie centrale, décochez la case *Rédiger les messages en HTML* et confirmez par *OK*.

Figure 20–18
Préférez le format texte simple
au HTML.

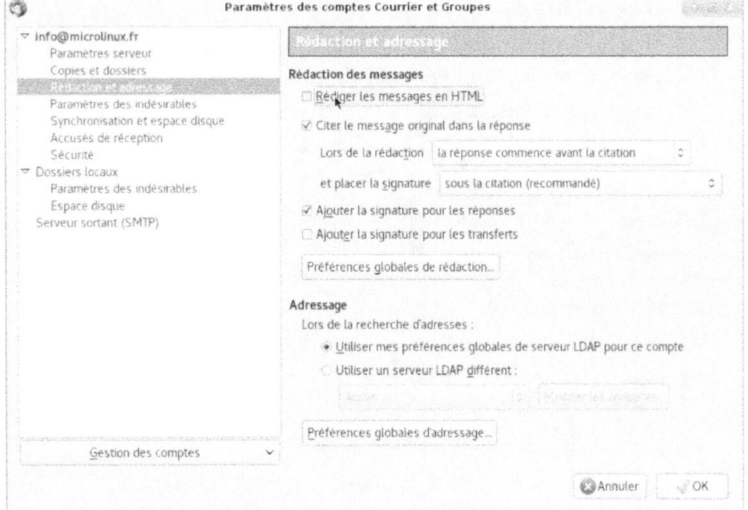

Le bon grain et l'ivraie : filtrer ses courriels

> **CLIN D'ŒIL   Gagnez au loto et achetez du Viagra !**
>
> Parfois le matin, en lançant Thunderbird, je me demande à quoi ressemblerait le monde si le courrier électronique n'existait pas. Toutes ces missives que je ne lirais pas. La supplique du fils d'un célèbre dictateur africain qui m'invite à dissimuler son trésor dans ma penderie, moyennant une modeste contribution initiale de ma part. Un courrier personnel de Bill Gates pour m'annoncer que j'ai gagné le jackpot de la loterie annuelle Microsoft avec une demande de confirmation pour savoir si l'adresse électronique de l'heureux gagnant est bien valide. Une exhortation à augmenter la taille de mon attribut viril afin de satisfaire ma partenaire frustrée par les dimensions ridicules dudit membre. Une fausse lettre d'amour de Britney Spears, accompagnée d'une bombe à retardement numérique censée détruire mon système. Nous vivons une époque formidable.

Philippe, le secrétaire de la mairie de notre petit village, passe ainsi un bon quart d'heure tous les matins à séparer le bon grain de l'ivraie, en triant manuellement les *vrais* courriers adressés à la mairie dans un flot de plus en plus incommensurable de *spams* et autres messages *trash* de tout genre. La mairie dispose d'un abonnement Orange et Philippe se sert de l'outil préconisé par le fournisseur d'accès : le Webmail. D'après ce que j'ai pu observer, les utilisateurs semblent en majorité gérer leur courrier électronique comme Philippe. J'en profite donc ici pour vous présenter une des nombreuses stratégies pour trier le courrier entrant, à savoir le filtrage automatique.

Dans la configuration par défaut de Thunderbird, tous les nouveaux messages reçus s'entassent pêle-mêle dans la boîte de réception (*Courrier entrant*). Mon éditeur Alexandre est un correspondant régulier, comme d'ailleurs l'équipe de relecteurs de la maison d'édition. Je vais donc créer un filtre pour que tous les messages dont l'expéditeur a une adresse *@eyrolles.com* aillent directement dans la boîte aux lettres *Eyrolles*.

Je clique-droit sur l'adresse mail, juste au-dessus de *Courrier entrant* et je sélectionne *Nouveau dossier*. Je nomme le dossier du nom de mon correspondant (*Eyrolles* en l'occurrence) et celui-ci apparaît dans la liste des dossiers. Dans *Courrier entrant*, je sélectionne n'importe quel message en provenance d'Eyrolles. Dans l'en-tête du message, je clique-droit sur le nom de l'expéditeur et je choisis *Créer un filtre* dans le menu contextuel.

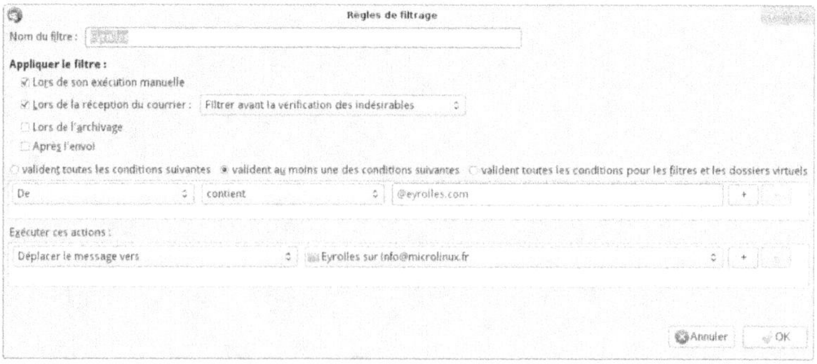

Figure 20–19
Le filtrage automatique des courriels ajoute un confort d'utilisation considérable.

Dans la fenêtre de configuration, je peaufine les règles de filtrage et je sélectionne le dossier de destination du courrier dans le menu déroulant. La fenêtre subséquente affiche le résumé de tous les filtres définis, ainsi que l'ordre dans lequel ils seront exécutés. Pour l'instant, je n'en ai qu'un seul. Je ferme cette fenêtre.

Dans *Courrier entrant*, je vais dans *Outils > Appliquer les filtres sur le dossier*. Si mon filtre a été correctement configuré, tous les courriels en provenance d'Eyrolles se retrouvent automatiquement dans le dossier du même nom.

POUR ALLER PLUS LOIN **Reconnaître les spams**

Une fois que vous aurez défini les filtres pour vos contacts réguliers, vous pourrez aller plus loin et *entraîner* Thunderbird à reconnaître les messages non sollicités. Cette méthode est utile seulement si vous recevez de grandes quantités de spam et nous ne la détaillerons pas ici.

L'alternative Seamonkey

Notre système fournit également la suite Internet Seamonkey (paquet seamonkey). Elle comprend non seulement un navigateur web et un client de messagerie électronique, mais également un éditeur de pages web et un client IRC. Ces deux derniers composants ne sont plus vraiment d'un grand intérêt, mais le navigateur aussi bien que le client mail constituent une excellente alternative à Firefox et à Thunderbird.

Figure 20–20
La suite Seamonkey constitue une alternative à Firefox et à Thunderbird.

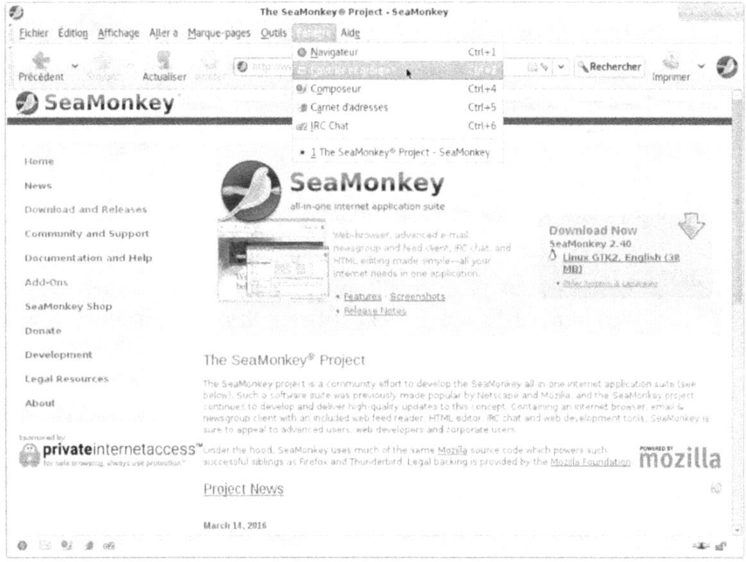

Franciser Seamonkey

Le menu *Applications* comporte deux entrées *Seamonkey* et *Seamonkey Mail*. Au premier lancement, Seamonkey vous propose éventuellement d'importer votre compte de courrier électronique depuis Thunderbird, ce que nous allons ignorer pour l'instant. Vous constatez que l'interface s'affiche en anglais. Là encore, les développeurs ont fait de leur mieux pour transformer la localisation de l'application en véritable chasse au trésor.

Dans un premier temps, affichez la version de la suite : *Help>About Seamonkey*. Sur mon système, c'est la version 2.40 qui est installée. J'ouvre Seamonkey à l'adresse https://ftp.mozilla.org/pub/seamonkey/releases/, je cherche la version 2.40, je me rends dans le répertoire langpack et je clique sur le lien vers le fichier seamonkey-2.40.fr.langpack.xpi qui fournit la traduction française. Au lieu de télécharger le fichier en question, Seamonkey me propose de l'installer, ce que je fais en cliquant sur *Install Software*, puis en confirmant par *Install Now* pour le module complémentaire *Français Language Pack*. Ensuite, j'ouvre les préférences de Seamonkey via *Edit>Preferences*, je sélectionne la catégorie *Appearance* dans la fenêtre de gauche. Dans la fenêtre centrale, je repère *User Interface Language*, je clique sur le menu déroulant et je remplace *English* par *French*. Je ferme la fenêtre et, au prochain redémarrage, Seamonkey s'affiche en français.

Utiliser Seamonkey

La suite Seamonkey n'est rien d'autre que la continuation de celle de Mozilla. Pour basculer entre les fenêtres de la suite Internet, passez par le menu *Fenêtre* et sélectionnez *Navigateur*, *Courrier et groupes*, *Carnet d'adresses*, etc. Alternativement, utilisez les raccourcis clavier correspondants : *Ctrl+1* pour le navigateur, *Ctrl+2* pour le courrier et ainsi de suite.

Les plug-ins que vous installez pour Firefox fonctionnent également avec Seamonkey. Pour en avoir le cœur net, tapez about:plugins dans la barre d'adresse du navigateur et vous verrez apparaître *Shockwave Flash*.

HISTOIRE **Firefox et Seamonkey**

Les navigateurs web Firefox et Seamonkey sont une belle illustration du cheminement que peut connaître un logiciel libre. Voici un petit aperçu historique de la naissance de ces deux applications.

Vers le milieu des années 1990, Netscape Navigator était le navigateur web dominant du marché. Il était disponible pour les plates-formes Windows, Mac OS et Unix. Petit à petit, il a été écrasé par la concurrence d'Internet Explorer. La société Netscape a décidé alors de libérer le code source de son produit phare. Cette base de code a été considérablement remaniée par la fondation Mozilla et c'est la suite Mozilla qui a vu le jour au début des années 2000. Elle sera maintenue pendant quelques années et, avant son arrêt début 2006, elle engendrera à son tour deux descendants :

- Firefox reprend uniquement les fonctions de navigation, tout en simplifiant la configuration.
- Seamonkey, la continuation de la suite, suit un rythme de développement plus serein.

Astuce **Sauvegardez « à la louche »**

Firefox, Thunderbird et Seamonkey stockent l'ensemble de leurs données dans les répertoires `~/.mozilla` et `~/.thunderbird`. Ne désespérez pas face à la perspective de migrer vos données lorsque vous changez de matériel, par exemple. Dans ce cas, il suffit de sauvegarder le contenu de ces répertoires et de les restaurer tels quels sur la nouvelle machine. L'utilisateur retrouve alors ses marque-pages, tous ses comptes, les boîtes mail et les filtres qui vont avec, etc. La seule chose à ne pas oublier, c'est qu'il s'agit de répertoires cachés et qu'un simple `ls` ne vous les affiche pas. Ce n'est donc pas une mauvaise idée de les renommer avant la sauvegarde.

Utiliser des outils bureautiques

La suite bureautique LibreOffice

LibreOffice est la continuation du projet OpenOffice.org. Tout comme son prédécesseur, c'est une suite bureautique libre et gratuite, qui rassemble d'ailleurs une grande partie de l'ancienne communauté de développeurs d'OpenOffice.org.

LibreOffice se subdivise en plusieurs modules distincts, mais qui peuvent interagir entre eux :

- Writer : le traitement de texte ;
- Calc : le tableur ;
- Impress : le logiciel de présentation ;
- Base : le gestionnaire de bases de données ;
- Draw : le module de dessin vectoriel ;
- Math : le gestionnaire de formules mathématiques.

LibreOffice est une suite bureautique au même titre que Microsoft Office, le célèbre *pack logiciel* comprenant Word, Excel et PowerPoint. Ses développeurs visent à la rendre aussi compatible que possible avec le grand concurrent propriétaire, afin de séduire le maximum d'utilisateurs. La différence entre les deux suites logicielles peut se résumer ainsi :

- LibreOffice est un logiciel libre et gratuit qui utilise les formats ouverts, c'est-à-dire standardisés par l'organisme de normalisation OASIS ainsi que par l'ISO.
- Microsoft Office est un logiciel propriétaire et payant et utilise des formats de fichiers fermés, c'est-à-dire dont les spécifications ne sont pas connues, les plus célèbres étant le `.doc`, le `.xls` et le `.ppt` ainsi que leurs pendants plus récents `.docx`, `.xlsx` et `.pptx`.

En résumé, comme le formulait Pierre Jarillon, ingénieur en aérospatiale à la retraite, lors d'une conférence sur le logiciel libre : « Y'a moins bien, mais c'est plus cher ».

Pour des raisons mystérieuses, Slackware propose uniquement des paquets pour Calligra, la suite intégrée dans l'environnement KDE, mais c'est en vain que nous cherchons un paquet natif pour LibreOffice. Qu'à cela ne tienne, il nous suffit d'aller sur le portail SlackBuilds.org pour trouver tout ce qu'il nous faut.

Figure 20–21
Le livre que vous tenez entre les mains a été rédigé à l'aide du traitement de texte LibreOffice Writer.

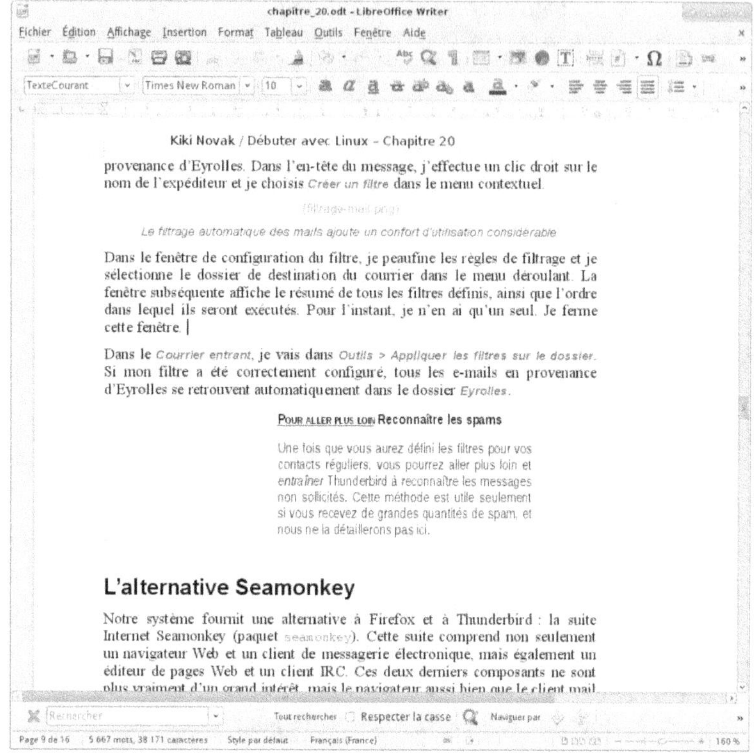

CONFUSION **LibreOffice ou libreoffice ?**

Lorsque vous recherchez « libreoffice » sur SlackBuilds.org, vous trouvez deux paquets distincts `LibreOffice` et `libreoffice`. Quelle est la différence ?

- Le script `LibreOffice.SlackBuild` compile la suite bureautique depuis le code source, ce qui est une tâche horriblement ingrate et prend un temps fou, même sur une machine puissante. Je vous déconseille de passer par là, sauf si votre radiateur est en panne et si vous souhaitez utiliser votre PC pour chauffer votre bureau.
- Le script `libreoffice.SlackBuild` se contente de déballer les paquets binaires RPM et de les réempaqueter proprement pour Slackware. Je vous conseille vivement d'opter pour cette solution, qui vous évitera de vous arracher les cheveux.

Installer JDK

La page du paquet `libreoffice` sur SlackBuilds.org mentionne une dépendance requise : `jdk`. Le *Java Development Kit* est un ensemble de bibliothèques logicielles du langage de programmation Java. JDK peut certes être téléchargé gratuitement, mais les restrictions de licence imposées par la société Oracle empêchent les mainteneurs de distributions Linux d'en fournir des paquets binaires. La solution proposée par Patrick Volkerding est de fournir un script `java.SlackBuild` qui facilite la construction d'un paquet Slackware. Rendez-vous sur un miroir de téléchargement Slackware ou jetez un œil sur le DVD d'installation, dans le répertoire `extra/java/`. Dans un premier temps, nous allons créer un répertoire `/root/jdk/` et rapatrier les scripts de construction depuis le DVD ou le site distant :

```
# tree /root/jdk/
/root/jdk/
  java.SlackBuild
  profile.d
      jdk.csh
      jdk.sh
      jre.csh
      jre.sh
  README
  slack-desc.jdk
  slack-desc.jre

1 directory, 8 files
```

Rendez-vous à l'adresse https://www.oracle.com pour télécharger l'archive de JDK. C'est le genre de site interactif où tout bouge dans tous les sens et sur lequel vous essaierez en vain de naviguer avec Links. Il vous faudra donc utiliser Firefox ou Seamonkey. Lorsque vous survolez *Downloads* en haut de la page d'accueil copieusement surchargée, vous voyez apparaître un menu avec une série de liens. Dans la partie gauche de cette nouvelle fenêtre, cliquez sur *Java for Developers*.

Figure 20–22
Suivez le lien « JDK Download » sur
la page des téléchargements.

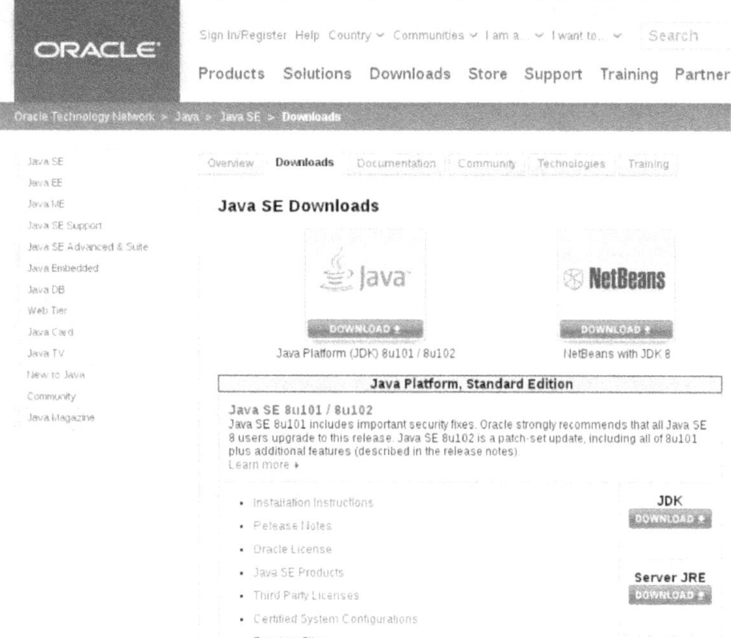

Figure 20–23
Une fois que vous avez accepté la licence, la liste des fichiers à télécharger s'affiche.

Java SE Development Kit 8u101

You must accept the Oracle Binary Code License Agreement for Java SE to download this software.
Thank you for accepting the Oracle Binary Code License Agreement for Java SE; you may now download this software.

Product / File Description	File Size	Download
Linux ARM 32 Hard Float ABI	77.77 MB	jdk-8u101-linux-arm32-vfp-hflt.tar.gz
Linux ARM 64 Hard Float ABI	74.72 MB	jdk-8u101-linux-arm64-vfp-hflt.tar.gz
Linux x86	160.28 MB	jdk-8u101-linux-i586.rpm
Linux x86	174.96 MB	jdk-8u101-linux-i586.tar.gz
Linux x64	158.27 MB	jdk-8u101-linux-x64.rpm
Linux x64	172.95 MB	jdk-8u101-linux-x64.tar.gz
Mac OS X	227.36 MB	jdk-8u101-macosx-x64.dmg
Solaris SPARC 64-bit	139.66 MB	jdk-8u101-solaris-sparcv9.tar.Z
Solaris SPARC 64-bit	98.96 MB	jdk-8u101-solaris-sparcv9.tar.gz
Solaris x64	140.33 MB	jdk-8u101-solaris-x64.tar.Z
Solaris x64	96.78 MB	jdk-8u101-solaris-x64.tar.gz
Windows x86	188.32 MB	jdk-8u101-windows-i586.exe
Windows x64	193.68 MB	jdk-8u101-windows-x64.exe

Ce qui nous intéresse ici, c'est l'archive `*.tar.gz` qui correspond à notre plate-forme (`Linux`) et à notre architecture : `x86` pour un système 32-bits, `x64` pour un système 64-bits. À titre d'exemple, la dernière version en date au moment de la rédaction de ces lignes est le *Java SE Development Kit 8u101*. Je dois donc télécharger un des deux fichiers suivants :

- `jdk-8u101-linux-i586.tar.gz` pour un système 32-bits ;
- `jdk-8u101-linux-x64.tar.gz` pour un système 64-bits.

Chacun de ces fichiers pèse plus de 170 mégaoctets. Une fois que j'ai récupéré celui qu'il me faut, je le place dans mon répertoire `/root/jdk/`, en tant que `root` bien sûr :

```
# tree /root/jdk/
/root/jdk/
  java.SlackBuild
  jdk-8u101-linux-x64.tar.gz
  profile.d
    jdk.csh
    jdk.sh
    jre.csh
    jre.sh
  README
  slack-desc.jdk
  slack-desc.jre

1 directory, 9 files
```

Je rends mon script `java.SlackBuild` exécutable avant de lancer la construction du paquet :

```
# cd jdk/
# chmod +x java.SlackBuild
# ./java.SlackBuild
...
Slackware package /tmp/jdk-8u101-x86_64-1.txz created.
```

Il ne me reste plus qu'à installer le paquet résultant :

```
# installpkg /tmp/jdk-8u101-x86_64-1.txz
```

Installer LibreOffice

En tout et pour tout, l'application LibreOffice est constituée de trois paquets :

- libreoffice : la suite bureautique à proprement parler ;
- libreoffice-langpack : la traduction de l'interface ;
- libreoffice-helppack : l'aide en ligne de l'application.

Je vous conseille de les construire localement sans passer par sbopkg. Je vous expliquerai la raison de cette façon de procéder en cours de route. Pour l'instant, créez un répertoire /root/libreoffice/, récupérez les trois archives de SlackBuilds libreoffice.tar.gz, libreoffice-langpack.tar.gz et libreoffice-helppack.tar.gz et décompressez-les. Voilà ce que vous devez obtenir :

```
# tree /root/libreoffice/
/root/libreoffice/
 libreoffice
    doinst.sh
    libreoffice.info
    libreoffice.SlackBuild
    open-libre-together.sh
    README
    slack-desc
 libreoffice-helppack
    libreoffice-helppack.info
    libreoffice-helppack.SlackBuild
    README
    slack-desc
 libreoffice-langpack
    libreoffice-langpack.info
    libreoffice-langpack.SlackBuild
    README
    slack-desc

3 directories, 14 files
```

Commençons par construire le paquet libreoffice. Il nous faut d'abord récupérer le fichier « source », ou plus exactement le paquet RPM qui correspond à notre architecture. Jetez un œil dans le fichier libreoffice.info, qui contient les liens de téléchargement des fichiers respectifs :

```
PRGNAM="libreoffice"
VERSION="5.2.2"
HOMEPAGE="http://www.libreoffice.org"
DOWNLOAD="http://download.documentfoundation.org/libreoffice/
stable/5.2.2/rpm/x86/LibreOffice_5.2.2_Linux_x86_rpm.tar.gz"
```

```
MD5SUM="67a651e20b0dfe6d6e6fba71e0a776d0"
DOWNLOAD_x86_64="http://download.documentfoundation.org/
libreoffice/stable/5.2.2/rpm/x86_64/
LibreOffice_5.2.2_Linux_x86-64_rpm.tar.gz"
MD5SUM_x86_64="67fac09efab4fcdcb3a8d530929d38a0"
REQUIRES="jdk"
MAINTAINER="Willy Sudiarto Raharjo"
EMAIL="willysr@slackbuilds.org"
```

À partir de là, je pourrais très bien lancer Links comme d'habitude pour me rendre à l'adresse http://download.documentfoundation.org et naviguer dans l'arborescence *libreoffice* pour retrouver le bon fichier. Une astuce consiste à invoquer la commande suivante sur un système 64-bits :

```
# source libreoffice.info && wget -c $DOWNLOAD_x86_64
```

Cela signifie : « prends en compte le contenu du fichier `libreoffice.info` et télécharge le fichier qui se trouve à l'adresse indiquée par la variable `DOWNLOAD_x86_64` ».

Sur un système 32-bits, c'est la variable `DOWNLOAD` qu'il faudra utiliser :

```
# source libreoffice.info && wget -c $DOWNLOAD
```

Une fois que vous avez récupéré l'archive `*.rpm.tar.gz`, lancez la construction du paquet et installez-le, ce qui se fait sans histoires.

Passons maintenant au paquet `libreoffice-langpack`, où les choses se compliquent un tout petit peu. Jetons un œil au début du script `libreoffice-langpack.SlackBuild` :

```
PRGNAM=libreoffice-langpack
VERSION=${VERSION:-"5.2.2"}
BUILD=${BUILD:-1}
TAG=${TAG:-_SBo}

LOLANG=${LOLANG:-en-GB}
```

D'après les explications données dans les commentaires du script, c'est la variable `LOLANG` qui définit la langue du paquet : `en-GB` pour l'anglais britannique dans le cas présent. Allons voir maintenant les liens de téléchargement dans le fichier `libreoffice-langpack.info` :

```
PRGNAM="libreoffice-langpack"
VERSION="5.2.2"
HOMEPAGE="http://www.libreoffice.org"
DOWNLOAD="http://download.documentfoundation.org/libreoffice/
stable/5.2.2/rpm/x86/LibreOffice_5.2.2_Linux_x86_rpm_langpack_en-GB.tar.gz"
MD5SUM="592d8b8b0b114574c924f62dcc6801c0"
DOWNLOAD_x86_64="http://download.documentfoundation.org/
libreoffice/stable/5.2.2/rpm/x86_64/
LibreOffice_5.2.2_Linux_x86-64_rpm_langpack_en-GB.tar.gz"
```

```
MD5SUM_x86_64="65d2c596ecf99dda1d804508f05390f9"
REQUIRES="libreoffice"
```

Nous voyons que les liens de téléchargement DOWNLOAD et DOWNLOAD_x86_64 sont « codés en dur » pour la version britannique (en-GB). Nous devons donc récupérer manuellement le fichier correspondant au français :

```
# links download.documentfoundation.org
```

OUPS Les aventuriers de l'archive perdue

Pendant quelques années, les développeurs de LibreOffice se sont régulièrement amusés à jouer à cache-cache avec leurs fichiers. Les serveurs de téléchargement étaient de véritables cibles mouvantes et l'organisation des arborescences était remaniée à chaque nouvelle version, au grand dam des mainteneurs de paquets. Depuis quelque temps, la situation semble s'être stabilisée. En règle générale, attendez-vous tout de même à ce qu'un jour ou l'autre, une archive de code source ne soit plus disponible à l'endroit où elle était rangée habituellement.

Allez dans le répertoire libreoffice, suivez la branche stable, repérez la bonne version (5.2.2 dans notre exemple) et suivez le lien correspondant au format (rpm) et à l'architecture (x86 ou x86_64). Dans ce répertoire, repérez le lien *_rpm_langpack_fr.tar.gz et téléchargez l'archive. Quittez Links et lancez la construction du paquet en passant la variable LOLANG au script :

```
# LOLANG=fr ./libreoffice-langpack.SlackBuild
```

Procédez de même pour la construction du paquet libreoffice-helppack. Vous trouverez les archives « sources » dans le même répertoire que celles du paquet libreoffice-langpack.

VERSIONS Quelle branche choisir ?

LibreOffice propose plusieurs branches au téléchargement. D'après le site fr.libreoffice.org, la version Stable est « utilisable par tous, y compris dans un cadre professionnel », alors que la version Évolution serait « plutôt destinée aux utilisateurs avancés impatients de tester les nouveautés de LibreOffice ».
À l'heure où j'écris ces lignes, c'est la version 5.1.5 qui est officiellement considérée comme Stable. C'est celle que l'on installera dans un environnement de production. Or, la version 5.2.2 est déjà hautement utilisable et elle ne tardera pas à devenir à son tour la prochaine version Stable, en attendant la sortie de la branche 5.3.0.
Je vous ai conseillé un peu plus haut de construire vos paquets avec des scripts SlackBuild rapatriés dans un répertoire /root/libreoffice/. Cette façon de procéder vous permet de décider par vous-même si vous préférez la branche Stable ou la branche Évolution. Pour installer une version différente de LibreOffice, il suffit en règle générale de modifier la variable VERSION du script et de récupérer l'archive « source » qui va avec. Les mainteneurs de SlackBuilds.org ont tendance à favoriser les versions plus récentes.

Désactiver l'insertion automatique

Le traitement de texte Writer présente une multitude de fonctionnalités, ainsi qu'une quantité impressionnante de paramètres configurables. En un mot, c'est une véritable usine à gaz. La configuration par défaut du traitement de texte est acceptable, à une exception près qui fait régulièrement hurler les utilisateurs : la complétion automatique. Les utilisateurs de smartphones et autres téléphones portables se sont certainement déjà arraché les cheveux devant cette fonctionnalité « intelligente » qui termine les mots et les phrases à leur place et transforme le moindre SMS banal du genre « je t'attends en bas » en son pendant surréaliste « je transatlantique enfoiré ».

Nous allons désactiver cette fonctionnalité exaspérante de la configuration par défaut de LibreOffice Writer. Rendez-vous dans *Outils>AutoCorrection>Options d'AutoCorrection*, ouvrez l'onglet *Insertion automatique* et décochez *Activer l'insertion automatique*. Nous venons de diminuer sensiblement nos risques de surtension artérielle.

Figure 20–24
L'insertion automatique est une source d'exaspération fréquente. Il vaut donc mieux la désactiver.

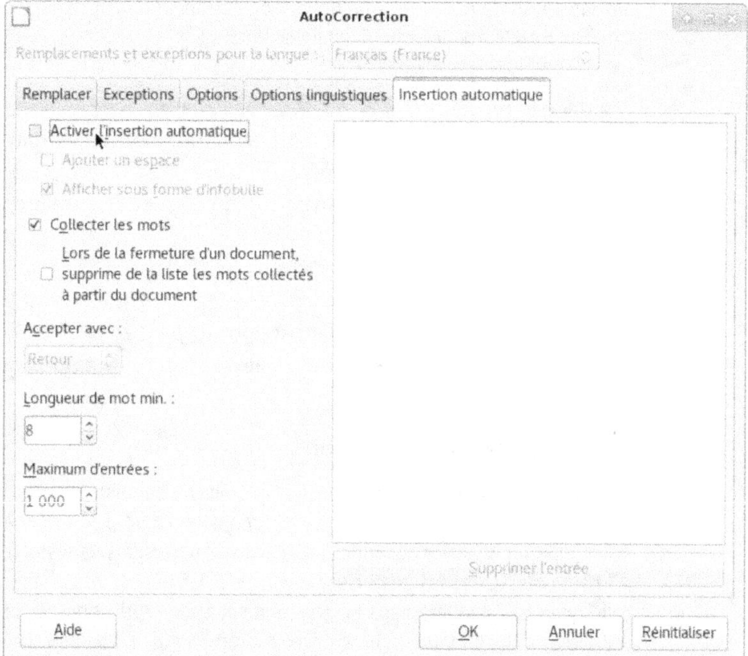

Supprimer les polices exotiques

Ouvrez le sélecteur de polices de Writer et regardez ce qui est disponible. Vous constatez qu'à côté des polices occidentales « classiques » comme DejaVu, Liberation, Luxi ou Nimbus, vous disposez d'une quantité impressionnante de polices exotiques destinées à afficher des textes qui n'utilisent pas notre alphabet. Vous pouvez très bien supprimer ces dernières si elles ne vous servent pas.

Figure 20–25
Les jeux de polices exotiques
encombrent le sélecteur.

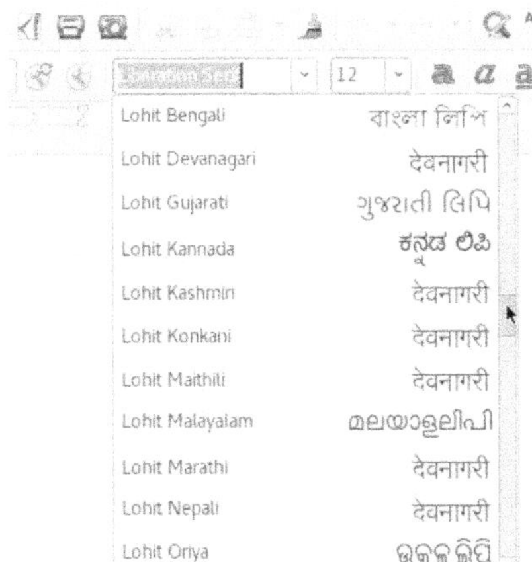

Slackware fournit ces polices de caractères dans le groupe de paquets X. Voici les paquets qui fournissent des polices pour des jeux de caractères autres que notre alphabet occidental :

- `font-misc-cyrillic` ;
- `font-misc-ethiopic` ;
- `font-misc-meltho` ;
- `sazanami-fonts-ttf` ;
- `sinhala_lklug-font-ttf` ;
- `tibmachuni-font-ttf` ;
- `ttf-indic-fonts` ;
- `wqy-zenhei-font-ttf`.

Supprimez-les à l'aide de `removepkg` ou de `slackpkg remove`. N'oubliez pas que si vous vous placez dans `/var/log/packages`, vous pourrez utiliser la complétion automatique pour les noms des paquets.

Relancez LibreOffice Writer après la suppression des paquets et retournez dans le sélecteur de polices. Vous constaterez tout de suite que c'est beaucoup plus clair. En contrepartie, les habitués de Microsoft Office remarqueront probablement qu'il leur manque un certain nombre de grands classiques.

Installer les jeux de polices Microsoft

L'une des doléances que l'on entend régulièrement de la part des utilisateurs de Microsoft Office, c'est que LibreOffice « n'est pas compatible avec les standards Microsoft ». C'est un peu comme si quelqu'un qui se nourrit de *cheeseburgers* industriels et de crocodiles Haribo trouvait votre nourriture *bio* suspecte et se demandait s'il ne risque pas d'attraper une intoxication alimentaire en acceptant de manger la ratatouille cuisinée avec les légumes de votre jardin.

Figure 20–26
L'installation d'un jeu de polices Microsoft améliore considérablement l'affichage des documents confectionnés avec MS Office.

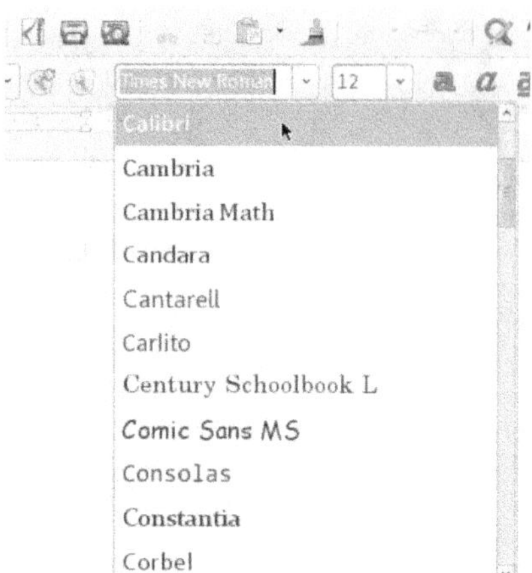

Prenons un cas « d'incompatibilité » et regardons de près ce qui se passe. Un utilisateur de Windows a confectionné un document avec Word. Ce document utilise des polices installées par défaut sur un système Windows : Times New Roman, Trebuchet, Verdana, Courier, etc. L'utilisateur enregistre le document au format proposé par défaut, c'est-à-dire .doc ou .docx. Il le fait parvenir à un utilisateur de Linux, qui ouvre le document avec LibreOffice Writer. Que se passe-t-il alors ?

FORMATS **LibreOffice, les .doc et les .docx**

LibreOffice gère passablement les formats de fichiers .doc et .docx. Ce ne sont pas les formats natifs, mais le logiciel les comprend. Vous avez là un cas de figure de ce qu'on appelle la « rétroingénierie ». Les formats .doc et .docx ne sont pas documentés par Microsoft. Les développeurs de LibreOffice ont quand même réussi à les implémenter petit à petit.

Les formats .doc ou .docx sont à peu près correctement gérés par LibreOffice Writer, certes. En revanche, il semble y avoir des problèmes curieux avec la mise en page. La raison en est que vous ne disposez pas du même jeu de polices que votre collègue sous Windows. S'il avait fait correctement les choses, il aurait exporté son document en PDF (*Portable Document Format*) avant de vous l'envoyer, car ce format est fait précisément pour cela. Simplement, sa version de Microsoft Office ne gère pas l'export PDF et il n'avait pas envie d'acheter le plug-in correspondant. Dans notre cas de figure, Writer ne dispose pas du jeu de polices installées par défaut sur une machine Windows et il ne lui reste qu'à remplacer les polices Times New Roman, Trebuchet, Verdana et Courier par celles qui leur ressemblent le plus, ce qui reste une approximation.

INTEROPÉRABILITÉ **À quoi sert le PDF ?**

Le format de fichiers PDF (*Portable Document Format*) incorpore non seulement le contenu à proprement parler d'un document, mais également les polices de caractères nécessaires pour son affichage. Lorsque vous envoyez un document à quelqu'un, exportez-le au format PDF si possible. C'est la seule façon d'être sûr que votre correspondant verra la même chose que vous à l'écran et que son imprimante sortira le même document que le vôtre, indépendamment du système d'exploitation et des applications utilisées.

La solution la plus simple consiste à installer un jeu de polices Microsoft sur notre machine. Là encore, le portail SlackBuilds.org nous facilite la vie grâce au paquet webcore-fonts, qui contient non seulement les « classiques » comme Times New Roman, Arial, Trebuchet ou Verdana, mais également les plus récentes comme Calibri. Lancez sbopkg, cherchez le paquet webcore-fonts, construisez-le et installez-le.

> **HACKING   Améliorez l'aspect de vos polices d'affichage**
>
> Une fois que vous avez installé le jeu de polices Microsoft webcore-fonts, vous pouvez améliorer l'aspect de vos polices de deux manières. D'abord, rendez-vous dans /etc/fonts/conf.d/ et repérez le lien symbolique 60-liberation.conf. La cible de ce lien ordonne à votre système de substituer la police libre Liberation aux polices Microsoft comme le Times New Roman. Cette substitution n'est plus nécessaire et nous allons donc supprimer le lien en question :
>
> ```
> # cd /etc/fonts/conf.d/
> # rm 60-liberation.conf
> ```
>
> Ensuite, nous pouvons améliorer la configuration globale des polices. Créez un fichier /etc/fonts/ local.conf et éditez-le comme ceci :
>
> ```
> <!-- Globally use embedded bitmaps in fonts like Calibri -->
> <match target="font">
> <edit name="embeddedbitmap" mode="assign">
> <bool>false</bool>
> </edit>
> </match>
> ```
>
> Si vous voulez éviter la corvée de recopier cette section de configuration, vous la trouverez sur la page du paquet webcore-fonts sur SlackBuilds.org. Notez que, lorsque vous effectuez un copier-coller depuis une source telle qu'une page web vers l'éditeur Vim, c'est une bonne idée d'activer l'option :set paste avant de coller votre texte. Elle conservera la mise en forme. Il ne vous reste plus qu'à redémarrer votre serveur graphique pour apprécier le résultat.
>
> Et si jamais vous préfériez comme c'était avant, vous pouvez toujours revenir en arrière en supprimant la configuration personnalisée et en recréant le lien symbolique 60-liberation.conf :
>
> ```
> # cd /etc/fonts/
> # rm local.conf
> # ln -s conf.avail/60-liberation.conf conf.d/
> ```

Apprendre à se servir de LibreOffice

Ce que j'ai dit plus haut sur le travail au quotidien avec un navigateur est également vrai pour le maniement d'un traitement de texte et – plus généralement – d'une suite bureautique. D'après ce que j'ai pu observer, les utilisateurs ont pour la plupart appris sur le tas à se servir d'un traitement de texte, le plus souvent en manipulant Word à la façon d'un passager qui prendrait les commandes d'un Boeing 747, en espérant que l'actionnement de tel ou tel bouton ne déclenche pas une explosion en plein vol.

Le site web de Dominique Lachiver, formateur à l'université de Caen, propose trois parcours guidés pour découvrir les fonctions basiques et avancées du traitement de texte Writer, du tableur Calc et du logiciel de présentation Impress. Ces trois documents disponibles sous forme de fichiers PDF s'adressent aux débutants, ce qui ne veut pas dire que les utilisateurs qui se servent quotidiennement de LibreOffice n'en profiteront pas.

> URL **Parcours guidés LibreOffice**
>
> ▸ http://lachiver.fr/?p=1669

Cette série de cours et d'exercices est rédigée de façon extrêmement concise et pédagogique ; je ne peux que vous en conseiller la lecture. Elle s'adresse aux utilisateurs de LibreOffice sous Microsoft Windows et Mac OS X mais, bien évidemment, l'ensemble des informations reste valable pour les utilisateurs de Linux.

Figure 20–27
Découvrez LibreOffice grâce aux parcours guidés de Dominique Lachiver.

• **Parcours guidé LibreOffice Writer version 2016**
Document PDF
Fichier zip à télécharger : dl_writer.zip

• **Parcours guidé LibreOffice Calc**
Document PDF
fichier zip à télécharger : dl_calc_v3.zip

• **Parcours guidé LibreOffice Impress**
Document PDF
fichier zip à télécharger : dl_impress_v3.zip

Afficher des documents PDF avec Evince

Dans l'état actuel du système, la gestion des fichiers PDF laisse à désirer. Firefox est capable de les afficher correctement, comme vous l'avez probablement constaté en cliquant sur l'un des parcours guidés de LibreOffice sur le site de Dominique Lachiver. En dehors de cela, la présence d'une application dédiée à ce format de fichiers sur le système serait quand même préférable.

Pour l'instant, notre installation ne comporte que l'horrible lecteur Xpdf à l'interface pathologiquement surannée et qui contribue tout au plus à la réputation de « dinosaure » de Slackware. Certes, nous pourrions nous servir de l'excellente application Okular, mais celle-ci est liée au bureau KDE et nous allons éviter de faire ce que les administrateurs anglophones appellent une *kitchen sink install* : installer l'évier de la cuisine juste pour bénéficier d'une nouvelle fonctionnalité.

Le monde de Linux propose plusieurs lecteurs PDF et notre choix se portera sur Evince, une application développée pour le bureau GNOME qui s'intègre très bien dans notre bureau Xfce. Lancez sbopkg et installez le paquet evince, qui ne requiert aucune dépendance externe.

Figure 20–28
Le lecteur PDF Evince s'intègre
bien dans le bureau Xfce.

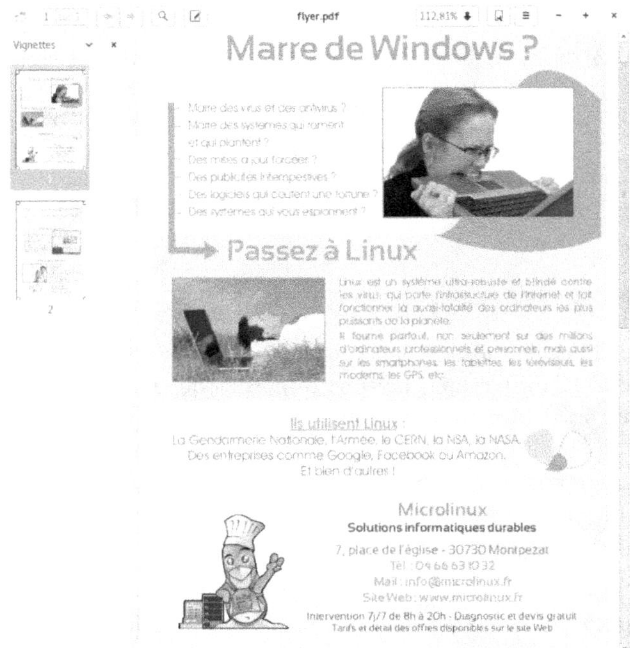

ERGONOMIE **Redéfinissez les associations de fichiers**

Dans la configuration par défaut de notre bureau Xfce, les associations de fichiers sont parfois un peu fantaisistes. Il se peut que lorsque vous double-cliquez sur un fichier PDF, celui-ci s'ouvre avec le logiciel de traitement d'images Gimp, le logiciel de dessin Draw ou une autre application pas vraiment adaptée au simple visionnage d'un fichier PDF. Dans ce cas, il suffit d'associer ce type de fichiers à Evince.

Pour commencer, récupérez un fichier PDF. Si vous cliquez sur un lien PDF dans Firefox, le navigateur va vous l'ouvrir avec la visionneuse incorporée. Il faut donc cliquer-droit sur le lien et choisir *Enregistrer la cible du lien sous...* Une fois que vous avez rapatrié le fichier, cliquez-droit dessus et ouvrez les *Propriétés* dans le menu contextuel. Dans l'onglet *Général*, repérez la section *Ouvrir avec*, ouvrez le menu déroulant et sélectionnez l'application, en l'occurrence la *Visionneuse de documents*. Dorénavant, tous vos fichiers PDF s'ouvriront avec Evince lorsque vous double-cliquerez dessus.

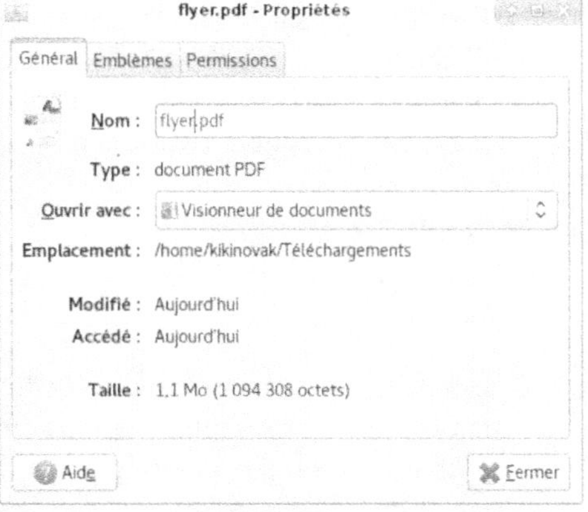

Figure 20–29 Les Propriétés d'un fichier permettent de définir l'application qui doit l'ouvrir par défaut.

Éditer des textes simples avec Gedit

Un éditeur de texte fait partie de la panoplie des incontournables d'un environnement de bureau. Pour l'instant, nous ne disposons que de Vim et de son pendant graphique GVim pour les fichiers `.txt`. Si votre système compte d'autres utilisateurs que vous – ou si vous l'avez installé pour votre grand-mère – vous allez vite vous faire maudire. Certes, le traitement de texte LibreOffice Writer est tout à fait capable de gérer les fichiers texte sans mise en forme, mais ce n'est pas vraiment l'outil adapté à ce genre de tâche. On a vaguement l'impression d'enfoncer des clous avec un marteau-piqueur.

Dans le monde de Linux et du libre, ce ne sont pas les éditeurs de texte qui manquent. Notre choix se portera sur Gedit, un éditeur de texte issu du projet GNOME. Ses fonctionnalités avancées comme la coloration syntaxique ou ses nombreux plug-ins en font même un excellent outil de développement graphique pour tous ceux qui n'arrivent vraiment pas à s'habituer à Vim.

Rendez-vous sur le site SlackBuilds.org et recherchez « gedit ». Vous trouverez deux paquets distincts `gedit` et `gedit-plugins`, sachant que le dernier a – forcément – besoin du premier pour s'installer. Or, `gedit` a une dépendance requise sur le paquet `pygtksourceview`, qui dépend à son tour du paquet `gtksourceview`. On construira donc dans l'ordre :

1 `gtksourceview`

2 `pygtksourceview`

3 `gedit`

4 `gedit-plugins`

Une fois que Gedit est installé, je vous conseille de quitter votre session et de vous reconnecter, faute de quoi vous n'aurez pas accès aux préférences de l'éditeur de texte. Cherchez un fichier au format texte simple, par exemple le document CHANGES_AND_HINTS.TXT que vous trouverez à la racine du CD d'installation de Slackware – ou alors sur un des miroirs de téléchargement http:// mirrors.slackware.com/slackware/. Récupérez ce fichier en cliquant-droit dessus et en sélectionnant *Enregistrer la cible du lien sous...* dans le menu contextuel. Là encore, redéfinissez les associations de fichiers de façon à ce que le format `.txt` s'ouvre automatiquement avec Gedit.

Figure 20–30
L'éditeur de texte Gedit est une autre application GNOME qui s'intègre parfaitement dans l'environnement Xfce.

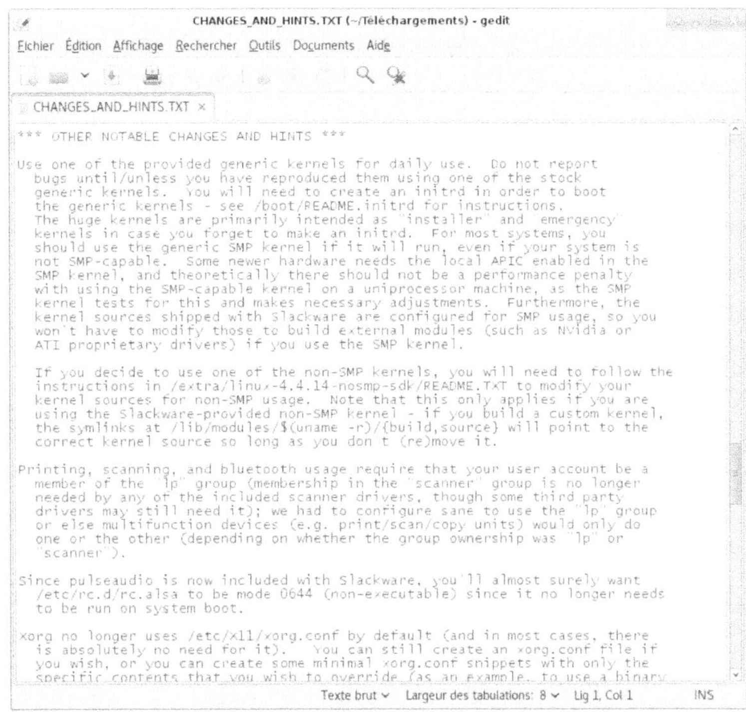

```
CHANGES_AND_HINTS.TXT (~/Téléchargements) - gedit
Fichier  Édition  Affichage  Rechercher  Outils  Documents  Aide

CHANGES_AND_HINTS.TXT ×

*** OTHER NOTABLE CHANGES AND HINTS ***

Use one of the provided generic kernels for daily use.  Do not report
  bugs until/unless you have reproduced them using one of the stock
  generic kernels.  You will need to create an initrd in order to boot
  the generic kernels - see /boot/README.initrd for instructions.
  The huge kernels are primarily intended as "installer" and "emergency"
  kernels in case you forget to make an initrd.  For most systems, you
  should use the generic SMP kernel if it will run, even if your system is
  not SMP-capable.  Some newer hardware needs the local APIC enabled in the
  SMP kernel, and theoretically there should not be a performance penalty
  with using the SMP-capable kernel on a uniprocessor machine, as the SMP
  kernel tests for this and makes necessary adjustments.  Furthermore, the
  kernel sources shipped with Slackware are configured for SMP usage, so you
  won't have to modify those to build external modules (such as NVidia or
  ATI proprietary drivers) if you use the SMP kernel.

If you decide to use one of the non-SMP kernels, you will need to follow the
  instructions in /extra/linux-4.4.14-nosmp-sdk/README.TxT to modify your
  kernel sources for non-SMP usage.  Note that this only applies if you are
  using the Slackware-provided non-SMP kernel - if you build a custom kernel,
  the symlinks at /lib/modules/$(uname -r)/{build,source} will point to the
  correct kernel source so long as you don't (re)move it.

Printing, scanning, and bluetooth usage require that your user account be a
  member of the "lp" group (membership in the "scanner" group is no longer
  needed by any of the included scanner drivers, though some third party
  drivers may still need it); we had to configure sane to use the "lp" group
  or else multifunction devices (e.g. print/scan/copy units) would only do
  one or the other (depending on whether the group ownership was "lp" or
  "scanner").

Since pulseaudio is now included with Slackware, you'll almost surely want
  /etc/rc.d/rc.alsa to be mode 0644 (non-executable) since it no longer needs
  to be run on system boot.

xorg no longer uses /etc/X11/xorg.conf by default (and in most cases, there
  is absolutely no need for it).  You can still create an xorg.conf file if
  you wish, or you can create some minimal xorg.conf snippets with only the
  specific contents that you wish to override (as an example, to use a binary

Texte brut ∨    Largeur des tabulations: 8 ∨    Lig 1, Col 1              INS
```

Gérer les fichiers

Rechercher des fichiers avec Recoll

Si vous utilisez votre ordinateur pour travailler, vous avez certainement déjà passé du temps à rechercher un fichier dans vos documents. Vous vous souvenez tout au plus d'un ou plusieurs mots-clés qu'il contient, peut-être aussi vaguement de l'arborescence dans laquelle vous l'avez rangé mais, quoi que vous fassiez, il reste introuvable.

Les adeptes de la ligne de commande pourront mettre à l'épreuve les outils classiques comme `find` et `grep`, que nous avons pu découvrir au chapitre 8. Ces commandes ne fonctionnent malheureusement qu'avec des fichiers au format texte simple. Quant aux utilisateurs lambda, ils pourraient saisir les termes de leur recherche dans un outil graphique comme Catfish, sans que la recherche retourne grand-chose. C'est que sous le capot, ces outils de recherche classiques font justement appel à `find`, `grep` ou `locate`.

C'est là que Recoll entre en jeu. Il s'agit d'un outil personnel de recherche textuelle pour Unix et Linux développé par Jean-François Dockes. D'après la description du projet sur le site recoll.org, il est « capable d'indexer un document MS Word enregistré comme pièce jointe dans un dossier Thunderbird archivé dans un fichier ZIP ». Il est basé sur le moteur d'indexation Xapian, pour lequel il offre une interface graphique facile à utiliser. Il traite la plupart des types de documents, que ceux-ci soient comprimés ou non, en utilisant une série d'applications externes pour l'extraction du texte.

Figure 20–31
Recoll est un outil de recherche intuitif et puissant, susceptible d'améliorer le workflow au quotidien.

La page du paquet `recoll` sur SlackBuilds.org mentionne en tout et pour tout quatre dépendances externes : `antiword`, `exiftool`, `unrtf` et `untex`. Recoll peut théoriquement fonctionner sans ces outils qui servent à extraire les informations « brutes » dans des fichiers avec une mise en forme un peu plus complexe, voire les méta-informations dans des photos. Cependant, il vaut mieux les installer, ne serait-ce que pour éviter que Recoll vous rappelle à chaque utilisation qu'il les cherche en vain sur votre système. Une fois que c'est fait, il ne vous reste plus qu'à installer le paquet `recoll` et le tour est joué.

Au premier démarrage, Recoll veut savoir comment vous souhaitez organiser l'indexation de vos documents. Cliquez sur *Planning de l'indexation*. Dans la fenêtre subséquente, choisissez *Démarrage de l'indexation au fil de l'eau*.

Selon le nombre de documents que vous stockez sur votre machine, l'indexation initiale prendra un certain temps. Une fois que l'ensemble des données est indexé, les opérations de recherche sont extrêmement rapides et les résultats plutôt pertinents.

Figure 20–32
Configurez le lancement du démon
d'indexation et démarrez-le.

Gérer les archives compressées avec File Roller

Le prochain composant à intégrer à notre environnement de bureau est un gestionnaire d'archives graphique. Là encore, nous avons le choix, car le portail SlackBuilds.org en propose toute une panoplie : Xarchiver et Squeeze sont des applications tierces spécialement conçues pour Xfce. Notre choix se portera néanmoins sur File Roller, le gestionnaire d'archives issu du projet GNOME, pour la simple raison qu'il est plus simple, plus intuitif à manier et qu'il s'intègre tout aussi bien dans notre environnement de bureau.

Figure 20–33
File Roller est un gestionnaire
d'archives graphique simple et
intuitif.

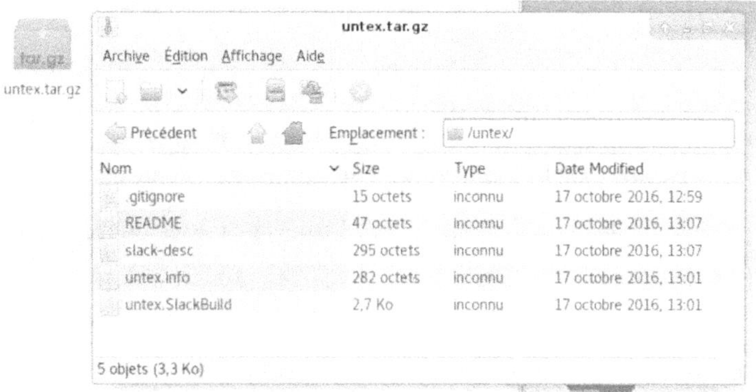

En bon gestionnaire d'archives qui se respecte, File Roller permet de créer et de modifier des archives, d'en extraire les fichiers ou simplement d'en visualiser le contenu. Il supporte les formats de fichiers gérés « sous le capot » par le système, comme nous l'avons vu au chapitre 13 : `.tar`, `.gz`, `.tar.gz`, `.tgz`, `.bz2`, `.tar.bz2`, `.xz`, etc. Nous allons ajouter les deux utilitaires `unrar` et `p7zip` pour que File Roller gère également les archives au format `.rar` et `.7z`. File Roller fonctionne très bien de pair avec l'extension `thunar-archive-plugin`, qui gère les archives compressées en une paire de clics. Lancez `sbopkg` et installez l'un après l'autre les paquets `unrar`, `p7zip`, `file-roller` et `thunar-archive-plugin`.

Figure 20–34
L'extension thunar-archive-plugin ajoute la gestion des archives compressées au menu contextuel du navigateur de fichiers Thunar.

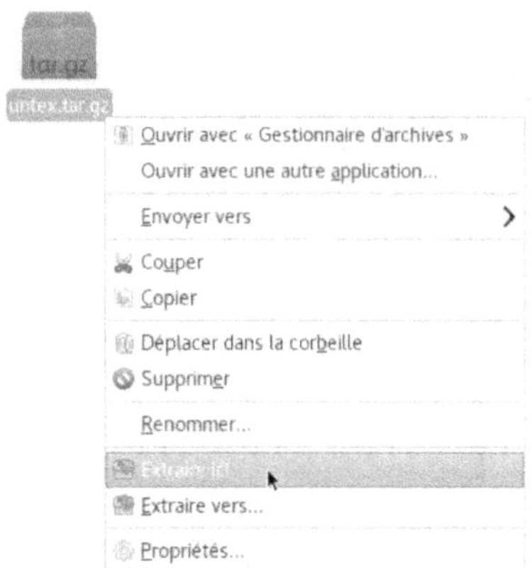

Pour créer une archive avec File Roller, c'est très simple. Je prends un exemple tiré du quotidien, où il s'agit de transférer un grand nombre de photos en passant par un service de transfert de fichiers gratuit comme wetransfer.com ou hightail.com. Le service vous demandera de fournir vos fichiers sous forme d'archive. Voilà ce que vous pourrez faire :

1 Créez un répertoire, par exemple PhotosVacances2016.

2 Rangez-y vos photos.

3 Cliquez-droit sur le répertoire et sélectionnez *Créer une archive...* dans le menu contextuel.

4 Un dialogue s'affiche. Choisissez le format de compression dans le menu déroulant, par exemple *.zip*.

5 Cliquez sur *Créer*.

6 Vos photos de vacances se trouvent toutes prêtes à l'envoi dans une archive compressée PhotosVacances2016.zip.

Et pour extraire une archive, rien n'est plus simple. Cliquez-droit dessus et choisissez *Extraire ici* dans le menu contextuel.

Graver des CD et des DVD avec Brasero

Si votre machine est dotée d'un graveur, il vous faudra un logiciel de gravure pour confectionner vos CD et DVD de données, pour graver des images ISO ou même vos compilations audio. Vous passerez probablement pour un vieux, étant donné que les jeunes de nos jours ont tous leurs *playlists* dans un *cloud*, expression très en vogue qui désigne généralement le fait que vous préférez confier vos données à l'ordinateur de quelqu'un d'autre.

Chacun des trois grands environnements de bureau de Linux a sa propre application pour la gravure : K3B pour KDE, Brasero pour GNOME et Xfburn pour Xfce. Là encore, nous allons éviter d'installer la moitié du bureau KDE juste pour pouvoir graver et nous allons préférer l'application GNOME, étant donné que Brasero offre quelques petites fonctionnalités pratiques en plus, tout en étant d'une simplicité exemplaire.

Figure 20–35
Brasero est une application
de gravure intuitive issue du projet
GNOME.

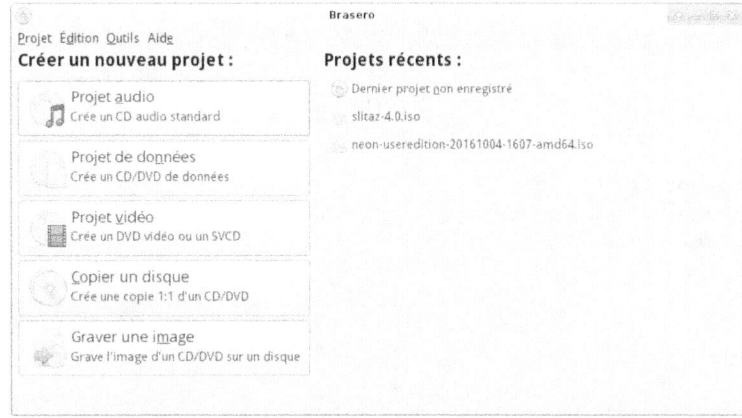

La page du paquet brasero sur SlackBuilds.org mentionne quelques dépendances requises et optionnelles. Je vous conseille de les installer toutes, pour permettre à Brasero de gérer correctement vos fichiers audio et vos *playlists*. Lancez sbopkg et installez dans l'ordre :

1 libburn

2 libisofs

3 totem-pl-parser

4 gst-plugins-bad

5 brasero

Lancez Brasero via l'entrée de menu *Applications>Multimédia>Brasero*. L'application présente une interface intuitive et conviviale.

* Le bouton *Projet de données* vous servira à graver vos documents, vos photos, vos films etc. sur CD ou DVD.

* *Graver une image* vous permettra par exemple de confectionner un CD ou un DVD d'installation à partir d'un fichier .iso, comme nous l'avons vu à la fin du chapitre 2.

* L'option *Projet audio* sert à graver un CD audio à partir d'une *playlist* au format .m3u ou d'une série de fichiers .ogg ou .mp3.

Manipuler les images

Visionner des images avec gThumb

Dans la série des « incontournables » pour un environnement de bureau complet, la prochaine étape consiste à installer un gestionnaire de photos. Nous disposons certes déjà de la visionneuse Geeqie, mais celle-ci s'avère un peu trop minimaliste au quotidien. En matière de visionneuses d'images, le choix de la rédaction – si l'on peut dire – se porte sur gThumb, une autre application issue du projet GNOME. Elle offre juste la panoplie de fonctionnalités requises au quotidien sans souffrir du côté *usine à gaz* que l'on peut trouver dans d'autres projets plus ambitieux comme Shotwell (GNOME) ou Digikam (KDE).

Le paquet gthumb a quelques dépendances optionnelles d'après sa page sur SlackBuilds.org, mais celles-ci ne sont pas vraiment nécessaires pour une utilisation au quotidien. Contentez-vous de lancer sbopkg et d'installer gthumb.

Figure 20–36
gThumb est un navigateur d'images convivial et intuitif.

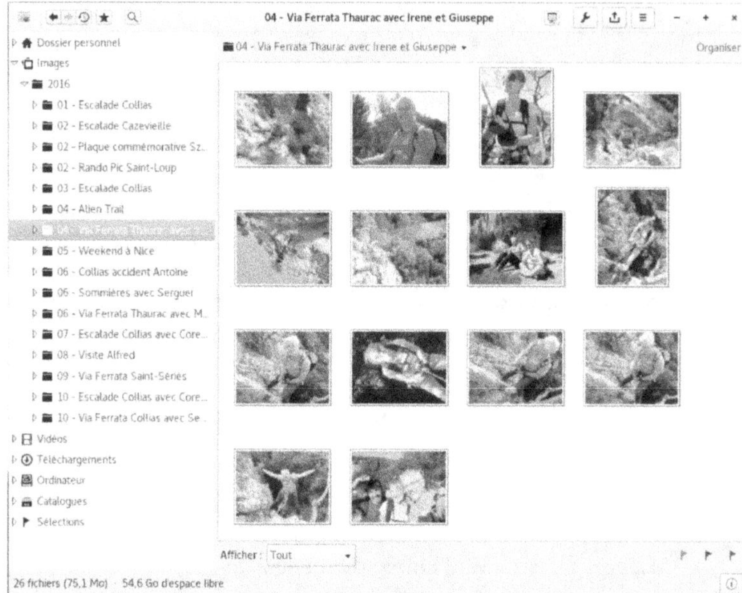

La visionneuse gThumb comprend un gestionnaire de fichiers dans le bandeau latéral. Lorsque vous naviguez vers un répertoire qui contient des images, celles-ci s'affichent sous forme de miniatures et il suffit d'un double-clic pour les agrandir. Utilisez les raccourcis clavier pour travailler plus efficacement :

- La touche + zoome sur l'image.
- La touche – rétrécit l'image.
- *PageSuivante* passe à la prochaine image.
- *PagePrécédente* revient à l'image précédente.
- *Échap* revient vers le navigateur d'images.

Vérifiez si vos fichiers images – .jpg, .png, .gif, etc. – sont correctement associés à gThumb. Éventuellement, vous pourrez vous débarrasser de la visionneuse par défaut en supprimant le paquet geeqie.

Retoucher des photos et dessiner avec Gimp

Gimp (*GNU Image Manipulation Program*, c'est-à-dire « logiciel GNU de retouche d'images ») est au monde du libre ce que Photoshop est à l'univers du monde propriétaire : un logiciel de création graphique qui n'a – presque – plus rien à envier à son grand concurrent commercial. La tradition veut que les utilisateurs de Photoshop sous Windows ou Mac considèrent Gimp avec un certain mépris, comme si celui-ci n'appartenait pas à la même caste de logiciels.

Figure 20–37
La mascotte officielle de Gimp :
Wilber le coyote

Pourtant, cela fait quelques années que Wilber, la mascotte de Gimp, joue dans la cour des grands. Les grands studios de films d'animation comme Pixar ou Sony Pictures l'utilisent pour leurs travaux, pour ne citer que cet exemple. Jetez un coup d'œil au générique de fin d'une des grandes productions comme *Ratatouille*. Ce film d'animation a été entièrement réalisé avec des logiciels libres comme Gimp, Blender ou ImageMagick, avec des grappes de PC sous Linux pour calculer les images.

Dans les forums traitant du logiciel libre, il n'est pas toujours de bon ton de mettre en avant la gratuité des applications. Pourtant, il n'est pas facile de s'en empêcher lorsqu'on aborde les logiciels de retouche d'images. Il n'y a pas si longtemps, la licence monoposte pour Photoshop de la *Creative Suite* d'Adobe se monnayait à des sommes avoisinant le millier d'euros, ce qui entraîne deux cas de figure dans la pratique.

- Une majorité d'utilisateurs possède des versions piratées de Photoshop, Illustrator, InDesign, XPress et autres. À ce jour, je n'ai vu aucun utilisateur *profane* de Photoshop ayant réellement acheté une licence pour sa machine. Peut-être bien qu'ils existent, mais je n'en ai rencontré aucun.
- Les professionnels (graphistes, architectes et autres) qui ne peuvent pas se permettre de travailler avec des logiciels piratés achètent des licences et payent très cher chaque logiciel et chaque mise à jour.

Depuis quelque temps, les éditeurs des grandes suites logicielles semblent avoir pris en compte la réalité du marché et proposent désormais des formules d'abonnement où vous n'achetez pas le logiciel, mais vous le louez au mois ou à l'année.

Il est donc bon de savoir qu'on peut très bien installer et utiliser un logiciel d'infographie performant sans aller chercher la carte bleue ou le chéquier, sans accepter les termes d'obscures licences à rallonge, sans appeler un numéro 0800 pour obtenir une clé d'activation qu'il faut ensuite saisir au premier démarrage et sans qu'un petit logiciel espion installé aux tréfonds du disque dur contacte l'éditeur à votre insu pour vérifier si vous n'utilisez pas une version piratée. Non, on peut très bien se passer de toutes ces complications. Gimp est déjà installé et pleinement fonctionnel sur notre système Slackware ; il est fourni par le groupe de paquets XAP et nous pouvons le démarrer via l'entrée de menu *Applications>Infographie>Éditeur d'image Gimp*.

Figure 20–38
Le logiciel de retouche d'images
Gimp

En savoir plus **Utiliser Gimp**

Gimp fait également partie de ces logiciels vastes qu'il convient de ranger dans la catégorie « usines à gaz » et auxquels on pourrait consacrer quelques années de sa vie pour en faire le tour. Vous ne serez donc pas surpris si je vous dis qu'il existe des livres entiers dédiés à Gimp. Vous en avez déjà deux aux éditions Eyrolles, qui se complètent idéalement :

- *Gimp 2.8 – Débuter en retouche photo et graphisme libre* de Dimitri Robert et Cédric Gémy
- *Cahier Gimp 2.8 – Spécial débutants* de Raymond Ostertag

Vous trouverez également un nombre impressionnant de tutoriels vidéo sur le Web. Pour vous donner une idée, rendez-vous sur Youtube et recherchez « redimensionner photo gimp » ou « pivoter image gimp ».

Gérer les graphismes vectoriels avec Inkscape

Dans la panoplie des logiciels de retouche graphique, une application de dessin vectoriel fait partie des incontournables. Dans le monde du logiciel propriétaire, c'est Adobe Illustrator qui prend cette place. Le monde du libre propose Inkscape pour remplacer ce composant de la fameuse suite Adobe.

Inkscape n'est pas fourni officiellement par Slackware. Étant donné qu'il s'agit d'une application très populaire, nous la retrouvons sur SlackBuilds.org. La page du paquet inkscape nous renseigne sur les dépendances. À partir de là, nous pouvons lancer sbopkg pour compiler et installer dans l'ordre les paquets suivants :

1 html5lib

2 BeautifulSoup

3 lxml

```
4 numpy
5 inkscape
```

Sur une configuration modeste, les paquets `numpy` et surtout `inkscape` sont un peu longs à compiler. Une fois que tous les paquets sont installés, Inkscape est accessible via le menu *Applications>Infographie>Inkscape*.

Figure 20–39
Inkscape est l'équivalent libre d'Illustrator, un logiciel de dessin vectoriel.

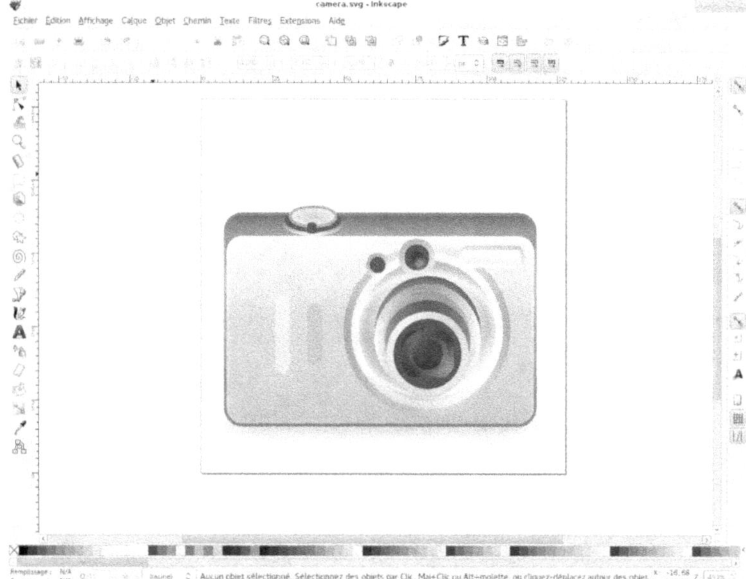

Tout comme pour Gimp, l'apprentissage d'un logiciel de dessin vectoriel nécessite une part d'investissement personnel. Là encore, je vous conseille la lecture de deux ouvrages dédiés à cette application, également publiés chez Eyrolles :

- *Inkscape : Premiers pas en dessin vectoriel* de Nicolas Dufour et Elisa De Castro Guerra
- *Inkscape efficace : Réussir ses dessins vectoriels* de Cédric Gémy

Faire de la PAO avec Scribus

Pour compléter notre panoplie de logiciels de création graphique, nous allons installer Scribus, un logiciel de PAO (Publication Assistée par Ordinateur) qui constitue l'équivalent libre des applications professionnelles propriétaires comme Quark XPress ou Adobe InDesign. Scribus vous permettra de réaliser des plaquettes, des dépliants, des magazines et des livres et plus généralement tout type de document destiné à être imprimé.

La page de `scribus` sur SlackBuilds.org recense le paquet `podofo` comme dépendance optionnelle. Nous allons lancer `sbopkg` pour construire ce paquet, puis compiler et installer `scribus` dans la foulée. Là aussi, comptez un certain temps pour la compilation. Une fois que le paquet est installé, l'entrée de menu *Scribus* apparaît dans la section *Applications>Infographie*.

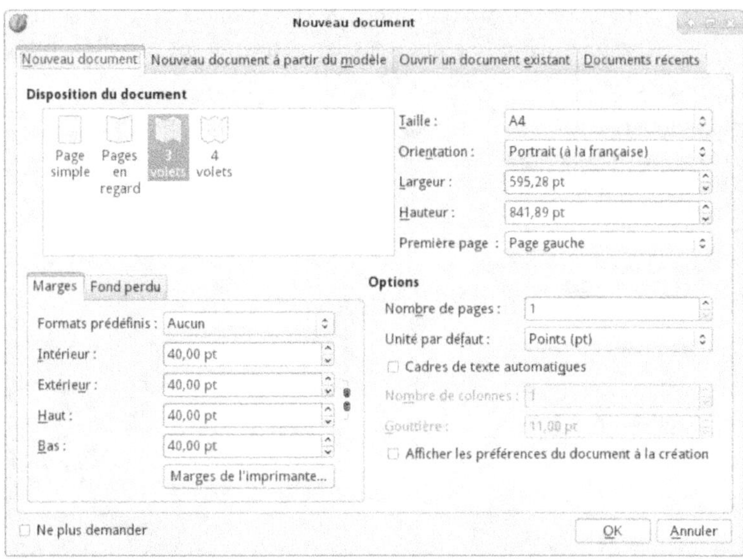

Figure 20–40
Scribus, un logiciel de publication assistée par ordinateur

LECTURE **Découvrez Scribus**

Suivez le guide pour découvrir les nombreuses fonctionnalités de Scribus. Lisez le livre *Scribus 1.4 – Premières mises en page professionnelles* de Cédric Gémy, publié chez Eyrolles.

Manipuler les fichiers audio

Lire des fichiers et des flux audio avec Audacious

Audacious est un lecteur audio simple, stable et mature. C'est sans doute pour cette raison que Slackware l'intègre dans sa panoplie logicielle, avec les deux paquets audacious et audacious-plugins. Audacious a très peu de choses en commun avec les suites multimédias modernes capables d'organiser vos fichiers audio en fonction de vos goûts et de télécharger automatiquement les paroles de chaque chanson au fil de la lecture. D'ailleurs, il ne fait pas le café non plus. Audacious est juste un lecteur audio qui joue de la musique, ni plus ni moins, en restant fidèle au principe KISS (*Keep It Simple Stupid*). Ajoutez à cela le fait qu'il est extrêmement simple à manier et d'une stabilité à toute épreuve, capable de digérer sans le moindre hoquet des *playlists* gargantuesques composées de milliers de morceaux ; vous avez toutes les raisons de l'essayer et de l'adopter par la suite.

Figure 20–41
Audacious est un lecteur audio qui
obéit au principe KISS.

* Insérez le disque et ouvrez *Services>Lire le CD* dans le menu principal de l'application. Audacious effectue alors une recherche CDDB et vous affiche les titres du CD dans la fenêtre principale.

* Si vous souhaitez composer votre propre *playlist* à partir de fichiers .mp3, .ogg ou .flac sur votre ordinateur, ajoutez les fichiers par le biais des petites icônes symbolisant un dossier ou un signe + dans la barre d'outils. D'un simple glisser-déposer, vous changez l'ordre de lecture des morceaux.

* Pour ouvrir un flux audio, passez par *Fichier>Ouvrir une URL* dans le menu principal et saisissez le nom du flux, par exemple http://www.radionovak.com:8000/radionovak.ogg.

* Si vous souhaitez conserver votre *playlist*, exportez-la en passant par *Liste de lecture>Exporter*. Je vous conseille de choisir le format de fichiers .m3u.

* Pour importer une *playlist* existante, ouvrez-la via *Liste de lecture>Importer*.

* Enfin, notez qu'Audacious fait très bon ménage avec le logiciel de gravure Brasero. Si vous gravez un CD audio et si vous importez votre *playlist* au format .m3u, Brasero en fera automatiquement une compilation au format audio.

ÉVOLUTION **Audacious et les clones de Winamp**

Audacious fait partie de la famille des clones du célèbre lecteur audio Winamp. C'est un *fork* de Beep Media Player, lui-même un fork de XMMS. Ce dernier est d'ailleurs présent sur votre système, probablement pour satisfaire une poignée de nostalgiques incorrigibles (dont je fais partie, je l'avoue). En revanche, si vous êtes satisfait des fonctionnalités d'Audacious, vous pouvez sereinement supprimer le paquet xmms de votre système.

Extraire des CD audio avec Asunder

Asunder est un logiciel qui sert à extraire (ou « ripper ») et encoder des CD audio en `.ogg`, en `.flac` ou en `.mp3`. Installez-le si votre machine contient un lecteur optique et si vous souhaitez numériser votre collection de CD audio.

Lancez `sbopkg`, recherchez et construisez le paquet `asunder`. En passant, profitez-en pour construire `lame`, une dépendance optionnelle mais fortement recommandée si vous souhaitez utiliser le format `.mp3`.

> LE SAVIEZ-VOUS ? **LAME est un acronyme récursif**
>
> Le nom LAME est un acronyme récursif pour *LAME Ain't an MP3 Encoder*, c'est-à-dire « LAME n'est pas un encodeur MP3 », donc quelque chose dans l'esprit du célèbre tableau de René Magritte, représentant une pipe accompagnée de la légende « Ceci n'est pas une pipe ».

Figure 20–42

Asunder vous permet d'extraire vos CD audio en OGG ou en MP3.

Lancez Asunder et insérez un CD audio. Asunder effectue une recherche CDDB et affiche les titres du CD dans la fenêtre principale. Cliquez sur *Préférences* et sélectionnez d'abord le dossier de destination, par exemple `~/Musique`. Ensuite, basculez vers l'onglet *Encodeur* et sélectionnez le format de fichiers que vous souhaitez obtenir : *WAV* pour l'audio brute, *MP3* ou *OGG* pour l'audio compressée avec perte et *FLAC* pour une compression sans perte. Fermez la fenêtre des préférences, sélectionnez les morceaux pour la conversion et cliquez sur *Extraire*.

La numérisation des morceaux d'un CD s'effectue en deux étapes :

* L'information audio du CD est extraite vers une série de fichiers `.wav`, sans aucune compression. Ces fichiers occupent un espace considérable sur le disque dur.

* Les fichiers `.wav` sont compressés vers un format `.ogg`, `.flac` ou `.mp3`, selon l'algorithme de compression sélectionné.

 OGG ou MP3 ?

Les deux principaux algorithmes de compression audio sont le OGG et le MP3.

- OGG est le principal projet de la fondation Xiph.org. C'est un codec (mot-valise pour « compression-décompression ») multimédia ouvert, libre et dégagé de tout brevet.
- MP3 est sans doute l'algorithme de compression le plus connu de la planète. Contrairement à ce que l'on pourrait croire, ce n'est pas une technologie gratuite, étant donné qu'elle fait l'objet de brevets et d'une licence commerciale.

D'un point de vue purement technique, l'algorithme OGG est supérieur au MP3, dans la mesure où l'on obtient une qualité audio identique pour une taille de fichier inférieure. C'est un autre cas de figure de « y'a moins bien, mais c'est plus cher ». Je vous conseille donc de préférer l'encodage en OGG. Une raison de préférer l'autre format, c'est par exemple si vous possédez un lecteur MP3 – un gadget tout aussi obsolète que les CD audio – qui ne gère pas la lecture de fichiers OGG.

Éditer des fichiers audio avec Audacity

Audacity est au son ce que Gimp est à l'image, une application complète et mature pour la manipulation de vos données audio numériques. Audacity vous permet d'enregistrer du son numérique, d'éditer des sons sur plusieurs pistes et de les transformer grâce à toute une série de filtres et d'effets. À titre d'exemple, si vous disposez d'un enregistrement de concert, vous pourrez couper les morceaux entre les applaudissements, ajouter des fondus en ouverture et en fermeture, etc. Audacity est utilisé en production dans plusieurs stations de radio locales de ma connaissance comme Divergence FM, à Montpellier, ou Radio Escapades, à Saint-Hippolyte-du-Fort.

Figure 20–43
Audacity est un éditeur audio
convivial.

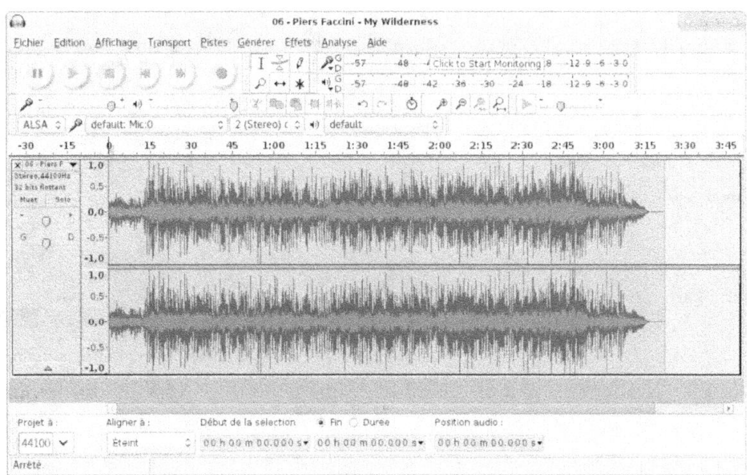

La page du paquet audacity sur SlackBuilds.org nous renseigne sur une série de dépendances. Lancez sbopkg et construisez les paquets wxpython (un peu long) et soundtouch. Si vous n'avez pas installé Asunder, installez au moins l'encodeur lame.

La prochaine étape consiste à construire et installer le paquet ffmpeg. C'est une suite logicielle destinée au traitement des flux audio et vidéo. Allez faire un tour sur la page de ffmpeg sur

> ADMINISTRATION **Un brin de ménage**
>
> Tout au long de ce chapitre, nous avons construit des paquets logiciels, qui commencent à prendre de la place sur le système. Les paquets `.tgz` et `.txz` s'entassent inutilement dans `/tmp` et l'arborescence `/tmp/SBo` est remplie à ras bord d'archives sources. Invoquez la commande `df -h` pour savoir quel espace il vous reste sur la partition principale. Et avant d'attaquer la suite, je vous conseille de faire un brin de ménage :
>
> ```
> # cd /tmp
> # rm -f *.t?z
> # rm -rf SBo/
> ```

SlackBuilds.org, et vous remarquerez que ce paquet affiche pas moins de 34 (!) dépendances optionnelles. Ne partez pas en courant, car nous n'allons pas les installer toutes l'une après l'autre. Au lieu de cela, nous allons tenir compte de la seule dépendance `lame`. Elle n'est pas autodétectée lors de la construction de `ffmpeg`. Il faut donc éditer le fichier `ffmpeg.SlackBuild` en conséquence.

Ce n'est pas la peine de rapatrier l'environnement de construction – c'est-à-dire `ffmpeg.SlackBuild`, le fichier `slack-desc`, l'archive source de `ffmpeg`, etc. – sur votre machine locale. L'outil `sbopkg` permet de modifier les fichiers `.SlackBuild` à la volée.

Figure 20–44
L'outil sbopkg permet de modifier les fichiers .SlackBuild à la volée.

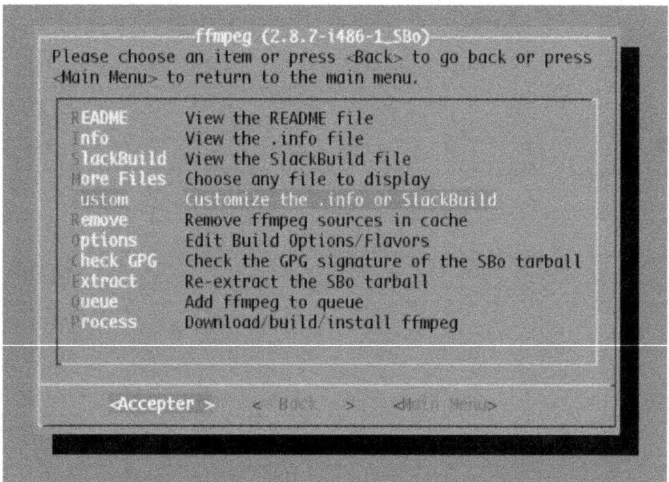

Lancez `sbopkg` et cherchez le paquet `ffmpeg`. Avant de démarrer la compilation, optez pour *Customize the .info or SlackBuild*. Dans l'écran subséquent, créez une copie locale du fichier `ffmpeg.SlackBuild` en sélectionnant *Create and edit a local copy of the SlackBuild*. L'éditeur Vim s'ouvre et vous comprenez en passant l'importance de la variable `EDITOR` que nous avons définie dans le chapitre 18. Repérez la section suivante aux alentours de la ligne 75 et remplacez la valeur par défaut `no` de `mp3lame` par `yes` :

Enregistrez les modifications, quittez le fichier et revenez dans l'interface de `sbopkg`. Lancez la construction via *Download/build/install ffmpeg* et confirmez l'utilisation du fichier

```
# Configure ffmpeg features not autodetected by default
# Unfortunately ffmpeg's configure doesn't support
# --enable-feature=yes syntax, so we have to do it the
# complicated way :/

mp3lame="" ; [ "${LAME:-no}" != "yes" ] && mp3lame="..."
```

`ffmpeg.SlackBuild` modifié : *Use the local SlackBuild*. Une fois que `ffmpeg` est compilé et installé, il ne reste plus qu'à installer `audacity`, ce qui ne nécessite aucune intervention spécifique de notre part.

Pour les opérations de base, Audacity est d'une convivialité et d'une simplicité déconcertante. Ouvrez le fichier audio que vous souhaitez modifier, effectuez des opérations de copier/coller ou de découpe comme vous le feriez avec du texte, appliquez un effet – par exemple *Fondu en ouverture* ou *Fondu en fermeture* – sur une sélection, etc. Lorsque vous avez terminé, il vous suffit d'exporter votre fichier au format voulu, comme le MP3.

DOCUMENTATION **Maîtriser Audacity**

Pour ceux d'entre vous qui souhaitent maîtriser les fonctionnalités avancées de cette application, je vous conseille l'excellent livre *Book of Audacity* de Carla Schroder, édité chez No Starch Press. Pour l'instant, il n'est pas disponible en traduction française.

Manipuler les fichiers vidéo

Regarder des fichiers vidéo avec MPlayer

MPlayer est un lecteur multimédia libre capable de lire à peu près tous les formats audio et vidéo entre ciel et terre. Il est livré d'office avec une interface graphique à peu près inutilisable. En contrepartie, il est très bien manipulable en ligne de commande. MPlayer est accompagné de l'outil de transcodage MEncoder, qui fonctionne également en ligne de commande. Il existe toute une série de frontaux graphiques pour ces deux outils, dont nous parlerons un peu plus loin.

Figure 20–45
Un lecteur vidéo qui digère à peu
près tout ce qu'on lui sert

Nous avons vu comment personnaliser un paquet au chapitre 15 et nous allons en profiter pour construire notre propre version de `MPlayer`. Créez un répertoire `/root/MPlayer/` et récupérez les sources, le fichier `MPlayer.SlackBuild` et tout ce qui va avec dans ce répertoire. Ouvrez le fichier au début et éditez la section suivante :

```
PRGNAM=MPlayer
VERSION=${VERSION:-20160125}
BRANCH=${BRANCH:-1.2}
FFMPEG=${FFMPEG:-2.8.6}
BUILD=${BUILD:-1}
TAG=${TAG:-_custom}
NUMJOBS=${NUMJOBS:-" -j3 "}
```

Petite explication :

- La variable `BUILD` sert à estampiller le paquet du nombre de tentatives de compilation que vous effectuez. Ici, c'est notre première tentative de personnalisation, nous la mettons donc à 1.
- L'étiquette `TAG` personnalise le nom de votre paquet, ce qui le différenciera du paquet officiel.
- Enfin, `NUMJOBS` définit le nombre de tâches parallèles pour la compilation. Indiquez ici le nombre de processeurs dont vous disposez et ajoutez 1. Invoquez `cat /proc/cpuinfo | grep proc | wc -l` pour connaître le nombre de processeurs sur votre machine.

Ensuite, nous allons activer les algorithmes potentiellement problématiques en termes de brevets, en éditant la ligne suivante comme nous l'avons déjà fait au chapitre 15 :

```
USE_PATENTS=${USE_PATENTS:-"YES"}
```

Nous allons nous débarrasser de l'interface graphique fournie par MPlayer. Repérez l'option de configuration `--enable-gui` un peu plus loin dans le fichier et remplacez-la par `--disable-gui` :

```
./configure \
  --prefix=/usr \
  --mandir=/usr/man \
  --confdir=/etc/mplayer \
  --disable-gui \
  --enable-menu \
  --enable-vdpau \
```

Enfin, vers la fin du fichier, il faut commenter la section qui se charge de l'installation du thème par défaut, rendue obsolète par la désactivation de l'interface graphique (GUI ou *Graphical User Interface*) :

```
# Install our default skin:
# cd $PKG/usr/share/mplayer/skins
# tar -xvf ${SOURCE[1]}
```

```
# chown -R root:root *
# chmod -R u+w,go+r-w,a+X-s *
# ln -s ${DEFSKIN} default
# cd -
```

Compilez puis installez le paquet :

```
# upgradepkg /tmp/MPlayer-1.2_20160125-x86_64-1_custom.txz
```

Notez que nous utilisons `upgradepkg` et non pas `installpkg`, étant donné que nous « mettons à jour » le paquet officiel avec notre version améliorée.

ATTENTION **Blacklistez votre paquet personnalisé**

La prochaine fois que vous invoquerez `slackpkg upgrade-all`, vous remarquerez que `slackpkg` cherchera à « mettre à jour » votre version personnalisée de `MPlayer` par la version officielle. Cela tient au fait que la version officielle est considérée comme prioritaire par rapport à la vôtre. La solution consiste ici à *blacklister* le paquet en question. Ouvrez le fichier `/etc/slackpkg/blacklist` et ajoutez le nom du paquet `MPlayer` quelque part vers la fin du fichier.

L'installation n'est pas tout à fait terminée, il nous faut encore quelques éléments pour que l'ensemble soit pleinement fonctionnel :

- Installez l'archive de codecs distribuée par MPlayer. SlackBuilds.org fournit un script pour chaque architecture. Vous installerez `mplayer-codecs32` sur un système 32-bits et `mplayer-codecs64` sur un système 64-bits.
- Le dépôt officiel `extra` fournit le paquet `mplayerplug-in`, qui vous permet de profiter des fonctionnalités de MPlayer avec les navigateurs Web Firefox et Seamonkey.
- Enfin, installez le paquet `libdvdcss` pour lire les DVD cryptés.

ATTENTION **Un pied dans l'illégalité**

La bibliothèque `libdvdcss` utilisée par MPlayer permet de lire des DVD de toutes les zones qui sont cryptés par usage de la technologie CSS.
Peut-être vous êtes-vous déjà trouvé dans la situation d'avoir acheté un DVD dont le code région ne correspond pas à votre pays de résidence : un import rare commandé sur Internet, un film acheté dans une librairie internationale, etc. Vous insérez le DVD dans votre lecteur de salon et vous constatez avec une grande consternation que vous ne pouvez pas le lire. Cela tient au fait que le disque est crypté avec un mécanisme de protection et que, même si vous l'avez acheté, vous n'avez pas le droit de contourner cette protection. Théoriquement, vous risquez six mois de prison et 30 000 euros d'amende si vous tentez de lire ce genre de DVD avec MPlayer. Il ne vous reste qu'à agir conformément à la loi et à racheter le DVD avec un code région correspondant à votre pays si vous ne voulez pas courir ce risque. C'est la fameuse loi DADVSI qui protège ce genre de mécanisme.

Utiliser MPlayer

Dans un premier temps, nous allons associer tous nos fichiers vidéo .mkv, .mp4, .avi et simi-laires à MPlayer. Cliquez-droit sur un fichier vidéo de votre choix et sélectionnez *Propriétés* dans le menu contextuel. Dans la section *Ouvrir avec...*, choisissez *Autre application* et défi-nissez /usr/bin/mplayer comme l'application par défaut pour gérer ce type de fichier.

Figure 20–46
Associez vos fichiers vidéo
à MPlayer.

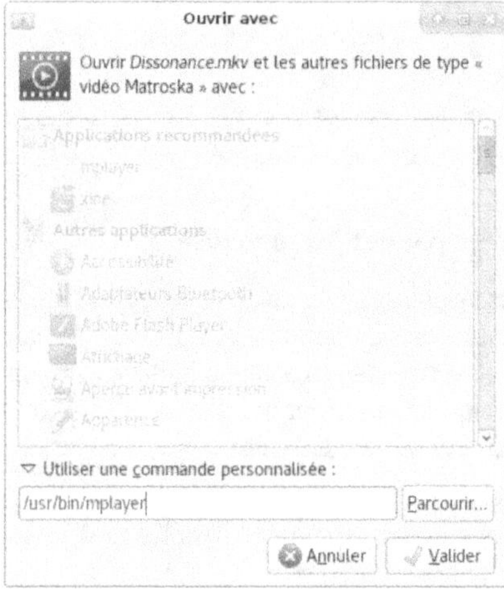

Figure 20–47
Un double clic sur un fichier vidéo
démarre la lecture dans une fenêtre
« brute ».

Lorsque vous démarrez une vidéo, vous vous demandez probablement où sont passés les bou-tons pour contrôler la lecture de la vidéo. Rappelez-vous, nous avons compilé MPlayer sans l'interface graphique qui va avec, nous ne disposons donc que des raccourcis clavier. En voici quelques-uns :

- La touche F (comme *Fullscreen*) bascule entre l'affichage plein écran et la taille normale de la vidéo.
- La barre *Espace* met la lecture en mode pause. Il suffit de réappuyer pour reprendre la lecture.
- La touche O (comme *On Screen Display*) active le menu serti dans la vidéo et bascule entre trois différents modes d'affichage.
- *FlècheDroite* avance de 10 secondes.
- *FlècheGauche* recule de 10 secondes.
- *FlècheHaut* avance d'une minute.
- *FlècheBas* recule d'une minute.
- *PageHaut* avance de 10 minutes.
- *PageBas* recule de 10 minutes.
- La touche Q (comme *Quitter*) termine la lecture.

En dehors de cette utilisation, MPlayer peut également être invoqué directement depuis un terminal, en fournissant comme argument le nom du fichier à lire. Ouvrez le terminal Xfce, naviguez vers un répertoire contenant une vidéo et démarrez-la comme ceci :

```
$ mplayer fichiervideo.mkv
```

Cette façon de procéder vous permet d'ajouter une série d'options pour la lecture. Démarrez votre vidéo depuis un terminal et interrompez la lecture au bout de quelques secondes. Un grand nombre d'informations s'affiche :

```
[lavf] stream 0: video (hevc), -vid 0
[lavf] stream 1: audio (aac), -aid 0, -alang eng, Surround
[lavf] stream 2: subtitle (ass), -sid 0, -slang eng
[lavf] stream 3: subtitle (ass), -sid 1, -slang eng
```

Cette section me renseigne sur les sous-titres qu'il est possible d'afficher pendant la lecture. Je redémarre donc ma vidéo en activant les sous-titres en question :

```
$ mplayer -sid 0 fichiervideo.mkv
```

La page de manuel de MPlayer fournit l'ensemble des options disponibles. Elle a juste deux problèmes :

- Elle est mal encodée.
- C'est une monstruosité.

Le problème de l'encodage est facilement résolu. Rappelez-vous l'alias de commande `uman='GROFF_ENCODING=utf8 man'` que nous avons défini au chapitre 18. Essayez `man mplayer` et, si vous voyez des caractères bizarres à la place des accents et des c cédille du français, essayez avec `uman mplayer`. Laissez défiler un peu et essayez de ne pas vous décourager face à ce tsunami d'informations. Rappelez-vous avant tout que vous disposez d'une fonction de recherche pour les pages `man`.

Quelques astuces

Au lieu d'un cours exhaustif sur toutes les possibilités de MPlayer (qui nécessiterait un livre entier, avec lequel mon éditeur pourra me taper sur la tête pour m'achever), voici quelques options et astuces courantes.

Lire un DVD

Pour lire un DVD, nous utiliserons plutôt VLC – que nous verrons un peu plus loin. En attendant, il est tout à fait possible de le faire avec MPlayer, même s'il ne nous permet pas d'en afficher le menu. Pour accéder aux différents chapitres d'un DVD avec MPlayer, ajoutez un argument : `mplayer dvd://1`, `mplayer dvd://2`, `mplayer dvd://3`, etc.

Monter le son

Il arrive assez régulièrement que le son d'une vidéo soit assez faible. On a beau augmenter le volume du PC au maximum, cela reste insuffisant. Voici donc une astuce :

```
$ mplayer -af volume=12 fichiervideo.mkv
```

Expérimentez avec des valeurs pour `volume` comprises entre 10 et 20.

Afficher des sous-titres externes

Certaines vidéos comprennent des sous-titres externes. Il s'agit en fait de simples fichiers avec le texte et les indications pour le temps et la durée de l'affichage. Ces textes doivent comporter le suffixe `.sub` ou `.srt`.

> **ASTUCE Trouver des sous-titres**
>
> Si vous disposez d'un film en version originale pour lequel vous cherchez des sous-titres, rendez-vous sur subscene.com ou opensubtitles.org pour trouver ce qu'il vous faut.

> **ENCODAGE Réencoder les sous-titres**
>
> Dans sa configuration par défaut, MPlayer s'attend à des fichiers sous-titres encodés en ISO-8859-1 ou ISO-8859-15. Non, ne partez pas en courant, lisez la suite, c'est plus simple que vous ne pensez. Affichez l'encodage de votre fichier de sous-titre avec la commande `file` :
>
> ```
> $ file MonFilmDuSoir.srt
> MonFilmDuSoir.srt: UTF-8 Unicode (with BOM) text, with CRLF line terminators
> ```
>
> L'utilitaire `recode` (disponible sur SlackBuilds.org) rectifie l'encodage d'un fichier. Installez-le, lisez sa page `man` et invoquez-le :
>
> ```
> $ recode -f utf8..latin1 MonFilmDuSoir.srt
> ```

À partir du moment où le répertoire avec la vidéo contient également un fichier sous-titre du même nom, les sous-titres s'affichent automatiquement. Concrètement, si vous lancez une vidéo `MonFilmDuSoir.avi` et si le répertoire contient un fichier `MonFilmDuSoir.srt` ou `MonFilmDuSoir.sub`, le sous-titre s'affichera sans autre indication. Si vous ne voyez rien, supprimez les espaces et autres caractères spéciaux dans les noms des fichiers.

Une interface graphique pour MPlayer ?

Maintenant que nous avons fait le tour des fonctionnalités de MPlayer, nous pourrions très bien le munir d'une interface graphique de notre choix : SMPlayer, KPlayer, KMPlayer, GNOME MPlayer, etc. Slackware fournit déjà KPlayer dans le groupe de paquets KDE des dépôts officiels et vous trouverez les autres sur SlackBuilds.org.

Ceci étant dit, nous allons laisser MPlayer tel quel et préférer une autre solution.

Regarder des fichiers vidéo et des DVD avec VLC

Nous avons vu que MPlayer est un lecteur vidéo extrêmement puissant et flexible, capable de digérer tous les formats vidéo courants et moins courants. Le problème, c'est que si vous effectuez une installation de Slackware pour votre grand-mère, vous risquez d'avoir quelques problèmes.

Malheureusement, les différents frontaux graphiques à MPlayer ne sont pas non plus des modèles de convivialité. Si vous installez un poste de travail pour des utilisateurs frileux à l'utilisation de l'outil informatique, le lecteur VLC constitue de loin la meilleure solution.

VLC (ou *VLC Media Player*) est un lecteur multimédia développé par le projet VideoLAN, qui a également la particularité de digérer à peu près n'importe quel format audio et vidéo : MPEG-1, MPEG-2, MPEG-4, DivX, MP3, OGG, DVD, VCD, ainsi que toutes sortes de protocoles de flux réseau.

Le hic avec VLC, c'est que sa compilation n'est pas exactement une tâche triviale. Rendezvous sur la page du paquet `vlc` sur SlackBuilds.org pour connaître la liste des dépendances et vous comprendrez pourquoi. Non content de cela, il suffit parfois que vous mettiez à jour une seule de ces dépendances pour que VLC digère mal ce changement et ne démarre plus. Je vous conseille donc de vous éviter une corvée assez conséquente en téléchargeant le paquet tout-en-un de VLC fourni par Eric Hameleers dans son dépôt.

> **URL Le dépôt d'Eric Hameleers**
>
> ▸ http://www.slackware.com/~alien/slackbuilds/

Rendez-vous à l'adresse de ce dépôt et naviguez vers le répertoire `vlc/`, qui contient trois sous-répertoires :

- `pkg/` fournit les paquets binaires pour les différentes versions 32-bits de Slackware.
- `pkg64/` fournit les paquets pour les versions 64-bits.
- `build/` contient le code source.

Le paquet d'Eric a la particularité de contenir l'ensemble des dépendances sous forme statique, ce qui explique son poids. Si vous êtes curieux, ouvrez le fichier `vlc.SlackBuild` dans le répertoire `build/`, une monstruosité de plus de 4 000 lignes, et tirez mentalement une révérence au vaillant mainteneur de ce paquet :

```
# NOTE: this SlackBuild is a monster
```

Une fois que VLC est installé, il apparaît dans la catégorie *Applications>Multimédia*. Si vous effectuez une installation de Slackware pour un utilisateur lambda, je vous conseille d'associer les formats vidéo courants à VLC. La seule « astuce » à retenir avec ce logiciel, c'est qu'un double clic sur une vidéo active/désactive l'affichage en plein écran. Et, contrairement à MPlayer, VLC gère très bien les menus de navigation des DVD, via l'entrée de menu *Média>Ouvrir un disque>DVD*.

Figure 20–48
VLC est un lecteur vidéo plus
adapté aux utilisateurs non-geeks.

Maintenant que vous disposez des lecteurs vidéo MPlayer et VLC, vous pouvez sereinement vous débarrasser de Xine, qui ne sert plus à grand-chose :

```
# removepkg xine-ui
```

Télécharger des torrents avec Transmission

Le prochain composant à inclure dans notre logithèque est un client de téléchargement Bit-Torrent. Là aussi, nous avons l'embarras du choix. Je vous présente d'emblée mon favori, que j'utilise depuis la toute première version sortie il y a plus de dix ans : Transmission.

Rendez-vous sur la page du paquet `transmission` sur SlackBuilds.org. Le code source de Transmission permet de construire en tout et pour tout quatre composants :

PROTOCOLE **BitTorrent**

BitTorrent est un protocole de transfert de données P2P (*peer-to-peer*, ou pair à pair) qui repose sur le principe que chaque client informatique en train de télécharger une information devient aussitôt serveur à son tour de ce qu'il a déjà téléchargé. On évite ainsi les problèmes de saturation que l'on rencontre habituellement avec un seul serveur.

- un client basé sur la bibliothèque GTK ;
- un client basé sur la bibliothèque Qt ;
- un client en ligne de commande ;
- un logiciel démon.

Pour nos besoins, nous allons uniquement construire et installer le client GTK et faire fi du reste. Lancez sbopkg, cherchez le paquet transmission et personnalisez le fichier transmission.SlackBuild avant de lancer la compilation. Les quatre composants sont activés par défaut ; nous allons en désactiver trois :

```
GTK="${GTK:-yes}"
QT="${QT:-no}"
CLI="${CLI:-no}"
DAEMON="${DAEMON:-no}"
```

Figure 20–49
Transmission est une application simple pour télécharger des torrents.

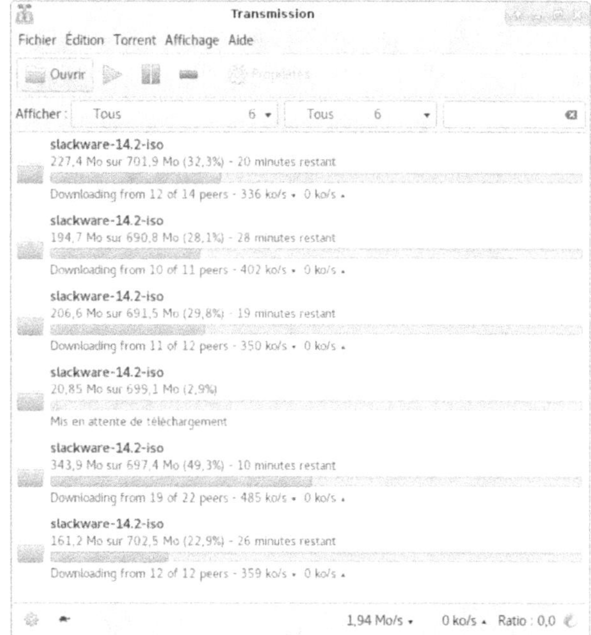

Une fois que le paquet `transmission` est installé, l'application peut être lancée via l'entrée de menu *Applications>Internet>Transmission*. Rendez-vous dans *Édition>Préférences* pour une configuration sommaire.

* L'onglet *Vitesse* définit des limitations de bande passante pour les *torrents*, ce qui vous évite de « ramer » lorsque vous avez plusieurs gros téléchargements en cours.
* Dans l'onglet *Bureau*, cochez *Afficher l'icône de Transmission dans la zone de notification*, ce qui fait tourner l'application en tâche de fond et la ramène au premier plan sur un simple clic.

À partir de là, il suffit de lancer votre navigateur web préféré et de confirmer l'ouverture des fichiers `.torrent` avec Transmission.

Aller plus loin

Nous voilà avec une logithèque passablement fournie sur notre système, même s'il y a encore beaucoup de choses à dire et encore plus d'applications à installer. Après tout, le portail SlackBuilds.org compte actuellement plus de 6 000 paquets – ou plus exactement des scripts pour construire des paquets – rien que pour la version 14.2 de Slackware.

Ce chapitre est déjà bien plus long qu'initialement prévu et nous n'avons même pas encore eu l'occasion de parler du client de messagerie instantanée Pidgin, du client FTP Filezilla, des éditeurs vidéo Flowblade et Openshot, du moniteur système Conky, de l'application de prise de notes CherryTree, du logiciel de virtualisation VirtualBox, sans parler des innombrables jeux. Le plus important, c'est que les chapitres jusqu'ici vous ont permis d'acquérir suffisamment de réflexes et de savoir-faire pour vous lancer dans l'aventure et découvrir de nouvelles applications.

PROJET **Microlinux Enterprise Desktop**

Mon projet MLED fournit une collection de paquets logiciels qui manquent communément à Slackware – applications populaires, codecs et plug-in multimédias, polices, traductions – par le biais d'une série de dépôts facilement gérables avec le gestionnaire de paquets Slackware. Ces paquets s'installent sur un système de base Slackware élagué, mais sans autres modifications majeures. Ce n'est donc pas une distribution Linux à part. Le site web et la documentation détaillée sont disponibles en anglais et en français.

▸ http://www.microlinux.eu

21

Faites bonne impression sous Linux

Il y a quelque temps, j'ai rempli un questionnaire adressé aux administrateurs système, qui comportait entre autres la question : « Qu'est-ce qui vous fait le plus souffrir dans votre quotidien ? » C'est sans hésitation que j'ai répondu « les imprimantes ». Et c'est sans surprise que j'ai appris par la suite que ces périphériques occupaient le Top Trois dans le palmarès des facteurs de frustration parmi mes collègues. Dans ce chapitre, nous allons voir par la pratique comment se simplifier la vie en choisissant bien la marque et le modèle de son imprimante. Et si jamais votre imprimante ne fait pas partie des « happy few », je vous présente quatre exemples pratiques correspondant chacun à une problématique différente. La fin de ce chapitre traite de la numérisation sous Linux.

Imprimer avec CUPS

CUPS (*Common Unix Printing System*) est le système d'impression utilisé par défaut sur toutes les distributions Linux.

UN PEU D'HISTOIRE **Systèmes d'impression**

De nos jours, CUPS a définitivement remplacé LPD (*Line Printer Daemon*), le premier système d'impression développé pour Unix et Linux. Il est également utilisé par défaut sur Mac OS X depuis 2002 et a même été racheté par Apple en 2007.

La documentation de CUPS n'est pas exactement un modèle de clarté. Attendez-vous plutôt à une jungle touffue et inextricable qui rappelle de loin la documentation du serveur graphique X.Org. Là encore, j'ai fait de mon mieux pour adopter une approche pratique et pragmatique et rendre ce chapitre lisible et digeste. Les gourous de l'impression sous Linux voudront bien me pardonner les quelques simplifications que je me suis permises.

Activer et démarrer le serveur CUPS

Si vous souhaitez imprimer sur votre système, vous devez d'abord activer et lancer le démon de CUPS. Nous avons déjà eu l'occasion de le voir au chapitre 11, qui traitait de la gestion des services.

Activez le lancement de CUPS au démarrage du système :

```
# chmod +x /etc/rc.d/rc.cups
```

Démarrez le service à la main :

```
# /etc/rc.d/rc.cups start
cups: started scheduler.     [  OK  ]
```

Est-ce que CUPS fonctionne ?

```
# lpstat -t
scheduler is running
no system default destination
lpstat: Aucune destination ajoutée.
lpstat: Aucune destination ajoutée.
lpstat: Aucune destination ajoutée.
lpstat: Aucune destination ajoutée.
```

La configuration de CUPS s'effectue par le biais du fichier `/etc/cups/cupsd.conf`. La version de `cupsd.conf` installée par défaut sur notre système Slackware est utilisable telle quelle, sans que nous ayons quoi que ce soit à modifier.

Ouvrez le fichier et vous verrez qu'il est aussi clairement documenté que les fichiers de configuration que nous avons pu voir jusque-là. Les commentaires donnent une première idée du rôle de chaque section de configuration. Pour plus de détails, reportez-vous à la page de manuel `cupsd.conf(5)`.

Votre imprimante et Linux

La toute première question que l'on se pose lorsqu'on aborde l'impression est : est-ce que mon imprimante est prise en charge sous Linux ? Traditionnellement, le portail openprinting.org, anciennement linuxprinting.org, donne cette information (en anglais).

Figure 21–1
Mon imprimante est-elle
compatible avec Linux ?

Sélectionnez d'abord la marque de votre imprimante dans le menu déroulant *Manufacturer*.
Ensuite, précisez le modèle exact dans le deuxième menu déroulant *Model* et cliquez sur *Show
this printer*.

Figure 21–2
La base de données des
imprimantes vous indique si votre
imprimante fonctionnera
correctement sous Linux.

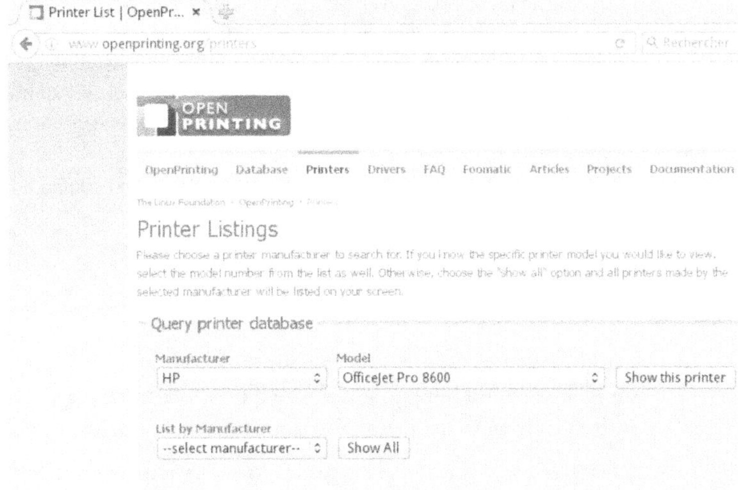

Si la page des résultats comprend trois petits pingouins et les termes magiques « *works
perfectly* », votre imprimante fonctionne parfaitement sous Linux. À l'inverse, si le site vous
annonce que l'imprimante ne fonctionne pas sous Linux, je vous conseille de prendre cette
information avec des pincettes. Dans ce cas, jetez un œil sur les commentaires des utilisateurs
en bas de la page des résultats avant d'aller vérifier sur le site du fabricant.

Une autre astuce consiste à ouvrir un moteur de recherche et à saisir la marque et le modèle
de votre imprimante suivis de « linux », par exemple « hp officejet 8600 linux », « hp psc 1210
linux » ou encore « canon pixma mg2250 linux ». Si vous n'obtenez que des résultats où les
gens pleurent dans les forums, évitez d'acheter le modèle en question. En revanche, à partir
du moment où quelqu'un a réussi à faire fonctionner l'imprimante en question – peu importe
la distribution utilisée – vous pouvez allègrement vous retrousser les manches et attaquer la
suite.

 Quelle imprimante choisir ?

Si vous n'avez pas d'imprimante et si vous vous demandez quel modèle choisir pour votre système Linux, sachez que les fabricants d'imprimantes peuvent être rangés en quatre catégories sommaires.

- Certains développent activement des pilotes pour leur matériel et les mettent à disposition, en faisant de leur mieux pour que l'installation d'une imprimante de leur marque soit une procédure simple que l'on effectue en quelques clics. Le fabricant HP est exemplaire dans ce domaine avec son projet HPLIP (*HP Linux Imaging and Printing*).
- D'autres développent des pilotes pour certaines familles de distributions et les mettent à disposition sur une page plus ou moins bien accessible de leur site, avec une documentation écrite par des *hackers* pour des *hackers*. Après un week-end passé à s'arracher les cheveux, on réussit éventuellement à faire fonctionner son imprimante Brother, Canon ou Epson avec les pilotes fournis par le fabricant.
- D'autres produisent des imprimantes qui ne supportent pas explicitement Linux, mais pour lesquelles on trouve des pilotes développés par la communauté.
- Enfin, les autres ne conçoivent leurs imprimantes que pour un seul système d'exploitation. Citons l'exemple des infâmes *winprinters* comme certains modèles de Canon ou de Samsung, des imprimantes laser censées fonctionner uniquement sous Microsoft Windows. C'est un peu comme une voiture qui roulerait seulement à l'essence Total, ou une caravane que vous pourriez tracter en Espagne, mais pas ailleurs.

S'il ne fallait retenir que cela : dans le doute, achetez une imprimante HP. Cette marque offre le meilleur support Linux.

Configurer une imprimante HP Officejet Pro 8600

Prenons l'exemple concret de la configuration d'une imprimante HP, le cas de figure le plus simple. Dans mon bureau, je dispose d'un modèle Officejet Pro 8600. La procédure de configuration utilisée ici sera similaire pour tous les modèles de la marque.

Le fabricant HP centralise toutes les informations concernant les imprimantes et les scanners pour les utilisateurs de Linux sur un site web dédié.

URL **HP Linux Imaging and Printing**

▸ http://hplipopensource.com/

Sur cette page, je suis le lien *Supported Devices* (*Périphériques pris en charge*) et j'accède à la base de données des imprimantes, qui ressemble de loin à celle que nous avons pu trouver sur le portail OpenPrinting. Je choisis le type et le modèle de mon imprimante dans la liste et je clique sur *Continue*. L'information cruciale sur la page des résultats est *Minimum HPLIP version*. Dans le cas de mon imprimante, c'est la version 3.11.10.

Figure 21–3
L'imprimante HP Officejet Pro 8600 est reconnue par HPLIP depuis la version 3.11.10.

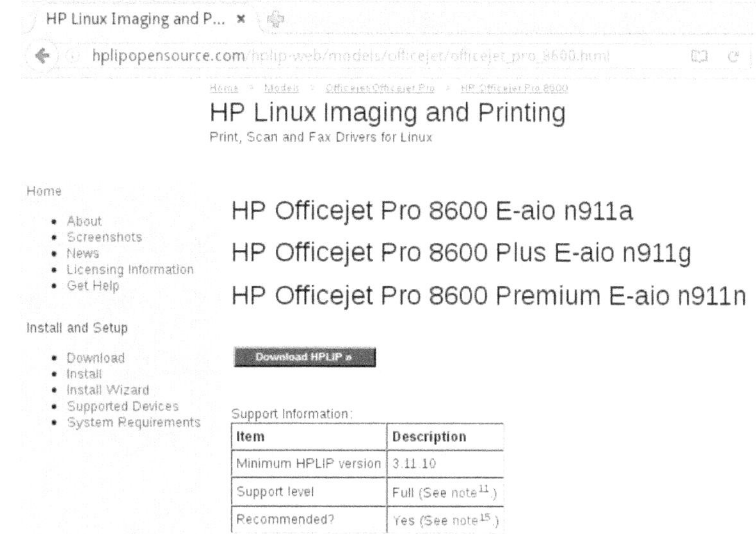

Je vérifie maintenant sur mon système installé :

```
# ls /var/log/packages/hplip*
/var/log/packages/hplip-3.16.5-x86_64-3
```

En résumé, mon imprimante est officiellement prise en charge par HP depuis la version 3.11.10 de HPLIP. Elle fonctionnera donc sur mon système Slackware 14.2, qui fournit la version 3.16.5 de ce paquet. À partir de là, je vérifie que CUPS tourne et je lance la procédure de configuration.

Figure 21–4
Je démarre l'utilitaire de configuration par le biais de l'icône HP dans la zone de notification.

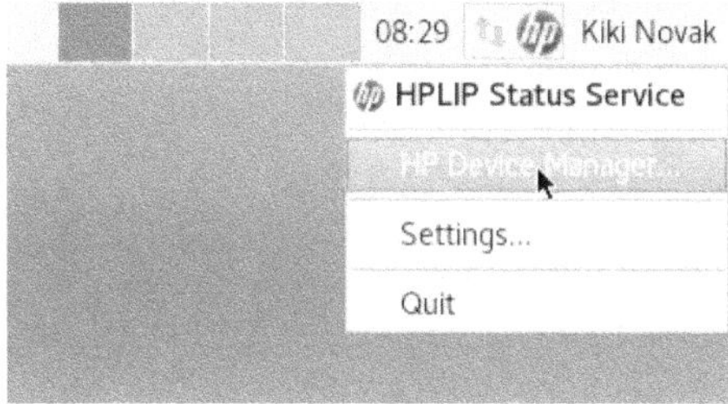

Figure 21–5
Je clique sur Setup Device pour
démarrer la configuration de mon
imprimante.

Figure 21–6
L'écran Device Discovery me
somme de sélectionner le type de
connexion. Je dispose d'une
imprimante réseau et je tente la
configuration automatique.

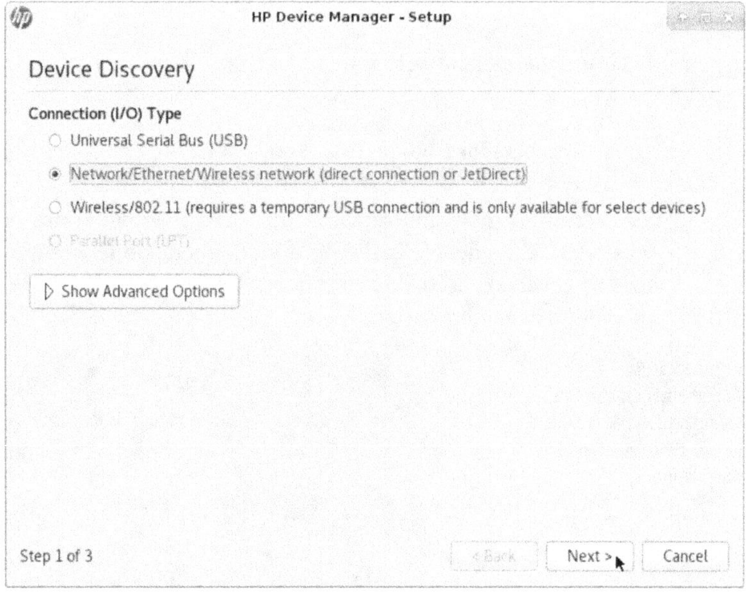

Figure 21–7
HPLIP a reconnu mon imprimante
dans le réseau.

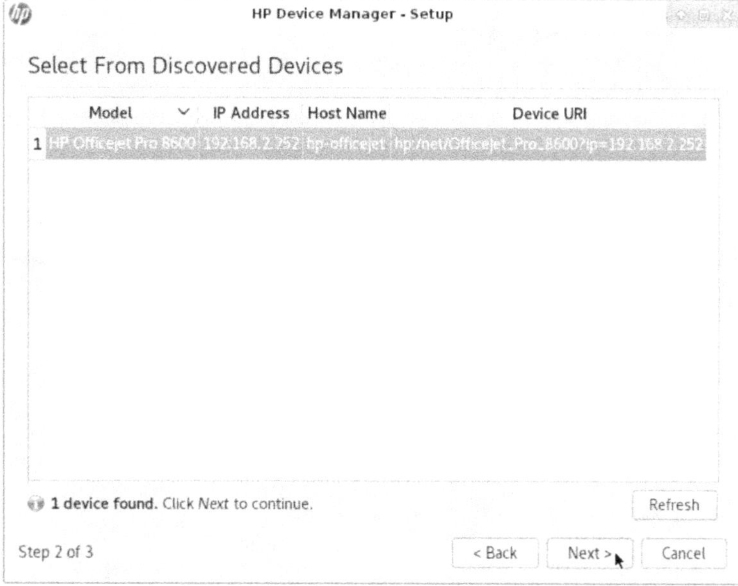

Figure 21–8
Je complète les indications sur
l'imprimante. Je décoche le fax, qui
ne m'est d'aucune utilité, j'active
l'impression d'une page de test et
je clique sur Add Printer.

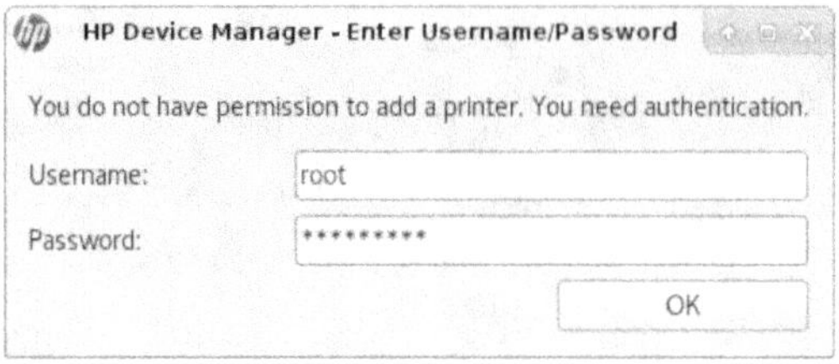

Figure 21–9
La configuration d'un périphérique nécessite forcément les droits d'administration.

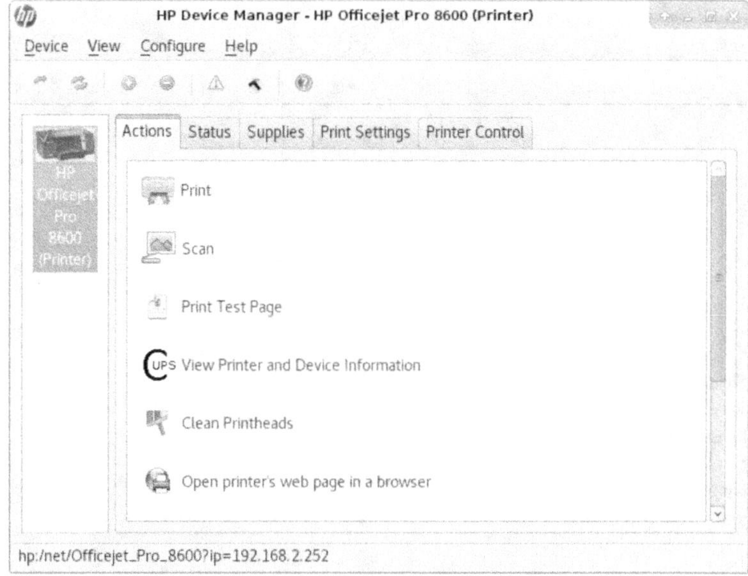

Figure 21–10
Mon imprimante est configurée et la page de test s'imprime.

ATTENTION **Téléchargez le firmware**

Certains modèles d'imprimantes HP nécessitent le téléchargement d'un *firmware* propriétaire. Dans ce cas, l'interface de HPLIP vous en avertit et propose de le télécharger et de l'installer automatiquement.

J'ouvre un terminal et je vérifie :

```
# lpstat -t
scheduler is running
no system default destination
device for Officejet_Pro_8600:
hp:/net/Officejet_Pro_8600?ip=192.168.2.252
Officejet_Pro_8600 accepting requests since
dim. 23 oct. 2016 08:33:59 CEST
printer Officejet_Pro_8600 is idle.
enabled since dim. 23 oct. 2016 08:33:59 CEST
```

ASTUCE **Configurer un modèle HP dernier cri**

Il m'arrive de temps en temps qu'un client qui tourne encore sous Slackware 14.1 achète une imprimante HP reconnue seulement par la toute dernière version de HPLIP. Dans ce cas, ce n'est pas la peine de mettre à jour l'intégralité du système. En règle générale, je me sers du code source et du fichier `hplip.SlackBuild` de la version de développement de Slackware (`slackware-current`) pour construire un paquet `hplip` plus récent, ce qui est une tâche triviale. Une fois qu'il est installé, il ne faut pas oublier de le *blacklister*.

Administrer CUPS

Théoriquement, le serveur d'impression CUPS peut être entièrement administré par le biais de la ligne de commande. La commande `lpstat` que nous venons d'utiliser fait d'ailleurs partie de la panoplie d'outils en question.

En pratique, nous allons passer par l'interface web de CUPS, ce qui nous évitera de nous compliquer la vie inutilement. Ouvrez votre navigateur préféré à l'adresse http://localhost:631 pour y accéder.

Figure 21–11
L'interface web de CUPS nous permet de configurer confortablement notre serveur d'impression.

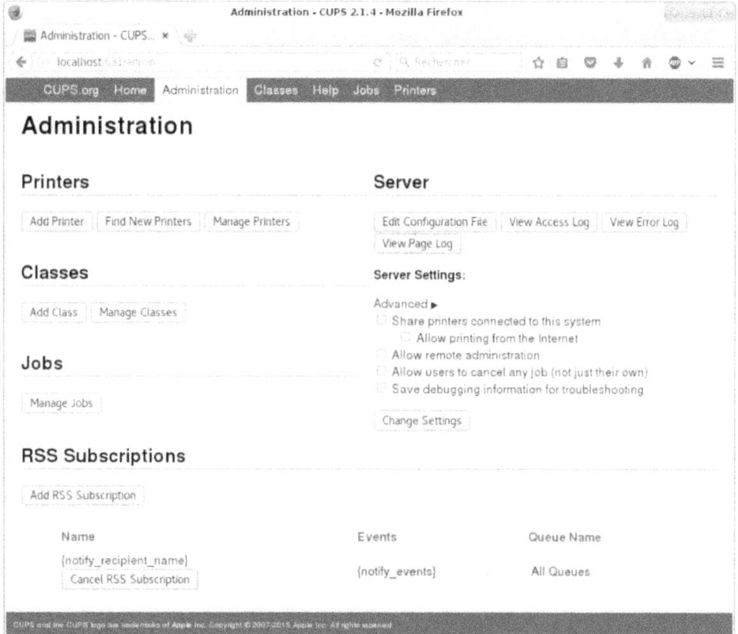

TRADUCTION **Où est la version française ?**

Les anciennes versions de CUPS disposaient d'une traduction française pour l'interface. Ce n'est pas le cas pour la dernière version.

Lorsque nous avons invoqué `lpstat`, CUPS nous a répondu `no system default destination` entre autres choses. Cela signifie qu'aucune imprimante n'est définie par défaut sur le serveur, même s'il n'y en a qu'une seule. En guise d'exemple, nous allons donc définir notre imprimante fraîchement configurée comme celle par défaut du système.

Figure 21–12
Ici, nous définissons l'imprimante par défaut du système.

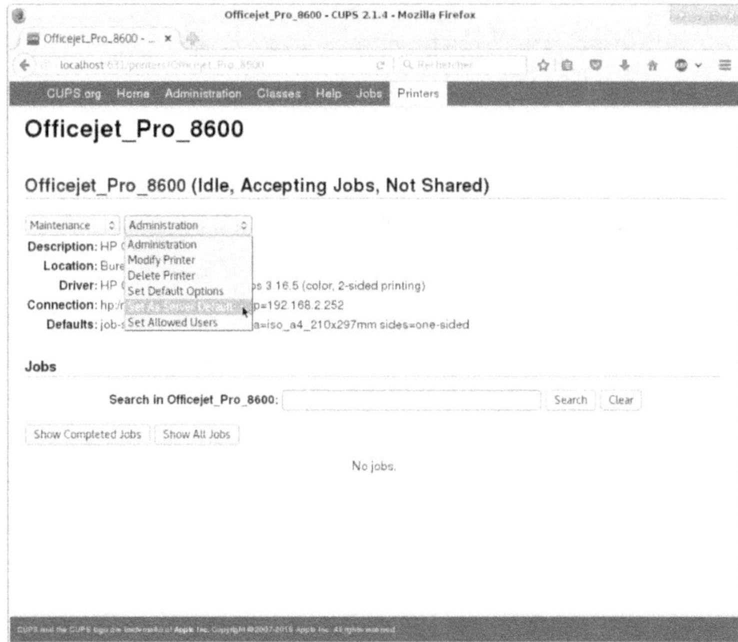

Dans l'interface web de CUPS, rendez-vous sur la page *Administration*. Allez dans *Manage Printers* (*Gérer les imprimantes*), puis cliquez sur le lien de l'imprimante configurée (*Officejet_Pro_8600* dans mon cas). Sur la page de l'imprimante, repérez le menu déroulant *Administration* et sélectionnez *Set As Server Default* (*Définir comme imprimante par défaut*). CUPS vous somme alors de fournir un login (`root`) et un mot de passe (celui de `root`).

À partir de là, notre système dispose d'une imprimante par défaut :

```
# lpstat -t
scheduler is running
system default destination: Officejet_Pro_8600
```

Configurer une imprimante mal prise en charge

Configurer une imprimante Brother HL-2140

Les imprimantes de la marque Brother font partie de la deuxième famille de périphériques décrite précédemment. Le fabricant fournit certes des pilotes pour Linux, mais :

* Il ne pense pas à toutes les distributions.

* La documentation est inutilisable.
* Les systèmes 64-bits sont mal pris en charge.
* L'utilisateur est obligé de sauter à travers des cerceaux en feu.

La médiathèque de mon village a eu la gentillesse de me prêter son imprimante laser HL-2140 et j'en profite pour vous décrire la procédure d'installation pas à pas. Là encore, l'installation d'un autre modèle de cette marque s'effectuera de manière similaire.

Avant toute chose, la prise en charge des systèmes 64-bits est lacunaire, mais tout n'est pas perdu. Si vous utilisez Slackware64, il vous suffit d'installer un système *multilib* de base, comme nous l'avons décrit en détail à la fin du chapitre 15. Nous n'avons pas besoin d'une installation complète ; il suffit de remplacer les paquets `gcc*` et `glibc*` par les versions *multilib* correspondantes.

URL **Le site du fabricant Brother**

▸ http://www.brother.com

Rendez-vous sur le site de Brother, suivez le lien *Product Support*, choisissez le pays (*France*) et rendez-vous sur la page *Téléchargement*. Là, vous avez deux options pour rechercher le modèle exact de votre imprimante : soit vous passez par l'interface de recherche, soit vous la retrouvez dans une liste.

Figure 21–13
La prise en charge Linux
de la marque Brother est lacunaire,
mais nous allons nous débrouiller
avec.

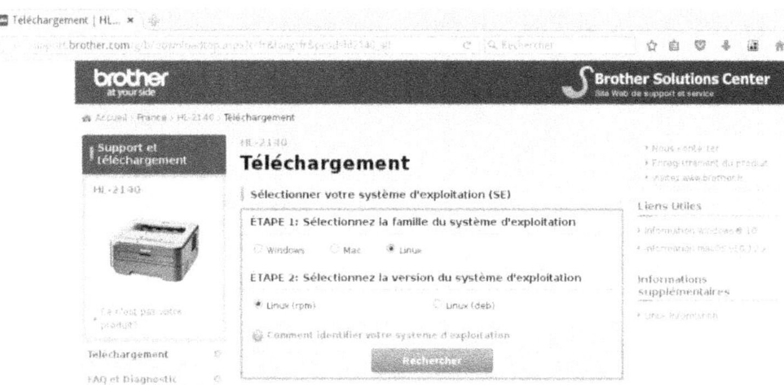

Sélectionnez la famille du système d'exploitation (*Linux*) et la version (*rpm*).

FORMAT **RPM ou DEB ?**

Les développeurs de chez Brother partent du principe qu'il n'y a que deux grandes familles de systèmes Linux : Red Hat et Debian. Heureusement pour nous, notre système Slackware fournit un outil pratique pour convertir les paquets RPM au bon format.

Vous devez télécharger deux paquets, en acceptant la licence pour chacun d'entre eux :

* *LPR printer driver (rpm package)* ;
* *CUPSwrapper printer driver (rpm package)*.

Je crée un répertoire `/root/brother/` dans lequel je range les deux paquets téléchargés :

```
# cd /root/brother/
# ls
brhl2140lpr-2.0.2-1.i386.rpm   cupswrapperHL2140-2.0.2-1.i386.rpm
```

Je branche l'imprimante et je l'allume. La commande `lsusb` m'indique si elle est correctement branchée :

```
# lsusb
...
Bus 005 Device 002: ID 04f9:0033 Brother Industries, Ltd
...
```

L'outil `rpm2txz` convertit mes deux paquets `.rpm` au format `.txz` :

```
# rpm2txz brhl2140lpr-2.0.2-1.i386.rpm
# rpm2txz cupswrapperHL2140-2.0.2-1.i386.rpm
```

> **BIDOUILLE** **Convertir un paquet RPM**
>
> La conversion d'un paquet RPM vers le format TXZ avec `rpm2txz` est une solution de secours. Ne comptez pas sur cet outil pour importer allègrement des paquets depuis une distribution basée sur ce format.

Après la conversion, nous nous retrouvons avec deux nouveaux paquets `.txz` :

```
# ls
brhl2140lpr-2.0.2-1.i386.rpm   cupswrapperHL2140-2.0.2-1.i386.rpm
brhl2140lpr-2.0.2-1.i386.txz   cupswrapperHL2140-2.0.2-1.i386.txz
```

Le script d'installation du paquet `cupswrapper` cherche à redémarrer le démon CUPS via le script inexistant `/etc/init.d/cups`. Nous pouvons rectifier le tir en créant un lien symbolique vers l'emplacement correct, comme ceci :

```
# ln -s /etc/rc.d/rc.cups /etc/init.d/cups
```

À présent, nous pouvons installer nos deux paquets :

```
# installpkg *.txz
```

Le paquet `cupswrapper` fournit un script d'installation, que nous allons lancer :

```
# cd /usr/local/Brother/cupswrapper/
# ./cupswrapperHL2140-2.0.2
cups: restarted scheduler.          [  OK  ]
```

L'imprimante est maintenant configurée et attend les tâches d'impression :

```
# lpstat -t
scheduler is running
no system default destination
device for HL2140: usb://Brother/HL-2140%20series
device for HP_Officejet_Pro_8600: socket://192.168.2.252:9100
```

Configurer une imprimante Canon PIXMA MG2250

Canon fait également partie des fabricants dont les produits sont capables de fonctionner sous Linux dans la mesure où une poule est capable de voler et un cheval de nager. Plus sérieusement, la procédure de configuration est un véritable parcours du combattant. En revanche, une fois que l'on a réussi à franchir ce cap, l'imprimante aussi bien que le scanner fonctionnent parfaitement. Une des particularités de cette marque, c'est qu'elle fournit un logiciel de numérisation « maison » ScanGear MP pour gérer le scanner.

> **URL Le site web du fabricant Canon**
>
> ▸ http://www.canon.fr

Rendez-vous sur le site de Canon et cherchez le portail de téléchargement des pilotes. Cette page tend à être une cible mouvante sur le site ; vous devez donc chercher quelque chose comme *Support>Assistance>Imprimantes et multifonctions*. Les liens comportant le mot magique *Pilote* sont également un bon choix. Une fois que vous avez trouvé la page munie d'un champ de recherche, saisissez le nom du modèle, par exemple « pixma mg2250 ». Sur la page des résultats, choisissez le système d'exploitation (*Linux 32-bits* ou *Linux 64-bits*) et la langue (*Français*).

Les pilotes et les applications sont disponibles en trois formats : paquets RPM, paquets DEB et fichiers sources. Ces derniers sont malheureusement spécifiques à la construction de paquets RPM. On va donc opter directement pour le format RPM binaire. Téléchargez les deux archives compressées respectives, quelque chose comme :

- *MG2200 series IJ Printer Driver Ver. 3.80 for Linux*
- *MG2200 series ScanGear MP Ver. 2.00 for Linux*

Créez un répertoire /root/canon/ pour les y ranger :

```
# cd /root/canon/
# ls
cnijfilter-mg2200series-3.80-1-rpm.tar.gz
scangearmp-mg2200series-2.00-1-rpm.tar.gz
```

Décompressez d'abord l'archive du pilote :

```
# tar xvzf cnijfilter-mg2200series-3.80-1-rpm.tar.gz
# tree cnijfilter-mg2200series-3.80-1-rpm
```

```
cnijfilter-mg2200series-3.80-1-rpm
|-- install.sh
|-- packages
|   |-- cnijfilter-common-3.80-1.i386.rpm
|   |-- cnijfilter-common-3.80-1.x86_64.rpm
|   |-- cnijfilter-mg2200series-3.80-1.i386.rpm
|   `-- cnijfilter-mg2200series-3.80-1.x86_64.rpm
`-- resources
    |-- printer_fr_utf8.lc
    |-- printer_ja_utf8.lc
    `-- printer_zh_utf8.lc
```

Convertissez les paquets RPM au format TXZ. Sur un système 32-bits :

```
# cd cnijfilter-mg2200series-3.80-1-rpm/packages/
# rpm2txz *.i386.rpm
```

Sur un système 64-bits :

```
# rpm2txz *.x86_64.rpm
```

Vérifiez les paquets résultants :

```
# ls *.txz
cnijfilter-common-3.80-1.i386.txz
cnijfilter-mg2200series-3.80-1.i386.txz
```

Installez-les :

```
# installpkg *.txz
```

Nous allons procéder de même pour l'archive qui contient le logiciel de numérisation :

```
# tar xvzf scangearmp-mg2200series-2.00-1-rpm.tar.gz
# cd scangearmp-mg2200series-2.00-1-rpm/packages/
```

Sur un système 32-bits :

```
# rpm2txz *.i386.rpm
```

Sur un système 64-bits :

```
# rpm2txz *.x86_64.rpm
```

Vérifiez les paquets résultants :

```
# ls *.txz
scangearmp-common-2.00-1.i386.txz
scangearmp-mg2200series-2.00-1.i386.txz
```

Installez-les :

```
# installpkg *.txz
```

L'application `/usr/local/bin/scangearmp` requiert une bibliothèque qui n'est pas présente sur un système Slackware par défaut :

```
# ldd /usr/local/bin/scangearmp | grep "not found"
   libpangox-1.0.so.0 => not found
```

La bibliothèque par défaut est fournie par le paquet `pangox-compat`, que l'on peut trouver sur SlackBuilds.org. Utilisez `sbopkg` pour l'installer rapidement.

Effectuez un premier test en lançant ScanGear MP depuis un terminal graphique :

```
$ scangearmp
```

Vos utilisateurs ne seront probablement pas très heureux de devoir saisir le nom de l'application dans un terminal chaque fois qu'ils souhaitent numériser un document. La solution consiste ici à créer une entrée de menu pour cette application.

Jetez un œil dans le répertoire `/usr/share/applications` et regardez l'organisation de tous les fichiers `*.desktop` qui s'y trouvent. Ensuite, rédigez un fichier `scangearmp.desktop` et placez-le dans ce répertoire, en tant que `root` bien évidemment :

```
[Desktop Entry]
Name=Scanner Tool
Name[fr]=Acquisition d'images
Comment=Canon Scangear
Exec=scangearmp
Icon=scanner
Terminal=false
Type=Application
StartupNotify=true
Categories=Graphics;
```

Rafraîchissez les entrées de menu :

```
# update-desktop-database
```

À partir de là, l'imprimante peut être configurée comme n'importe quel modèle pris en charge via l'interface de CUPS.

Configurer une imprimante Canon PIXMA iP4200

Notre dernier exemple illustrera un autre cas de figure que l'on rencontre parfois. La dernière imprimante sur mon banc d'essai est une Canon PIXMA iP4200. Je retourne sur le site du fabricant, je recherche un pilote Linux pour ce modèle, mais il semble que je n'aie pas de chance.

Figure 21–14
Le fabricant Canon ne propose pas
de pilote Linux pour l'imprimante
PIXMA iP4200.

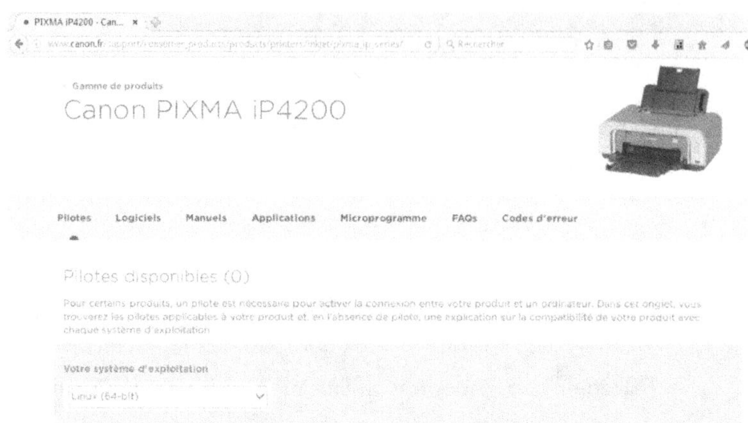

Avant de baisser les bras, je vais tenter de configurer mon matériel en passant directement par l'assistant d'ajout d'une imprimante de CUPS. J'ouvre un navigateur, je me connecte à l'adresse http://localhost:631 et j'ouvre la section *Administration*. En passant, je vérifie si l'imprimante est connectée et allumée :

```
# lsusb
Bus 001 Device 004: ID 04a9:10a2 Canon, Inc. iP4200
...
```

Figure 21–15
Je clique sur Add Printer pour
ajouter une imprimante.

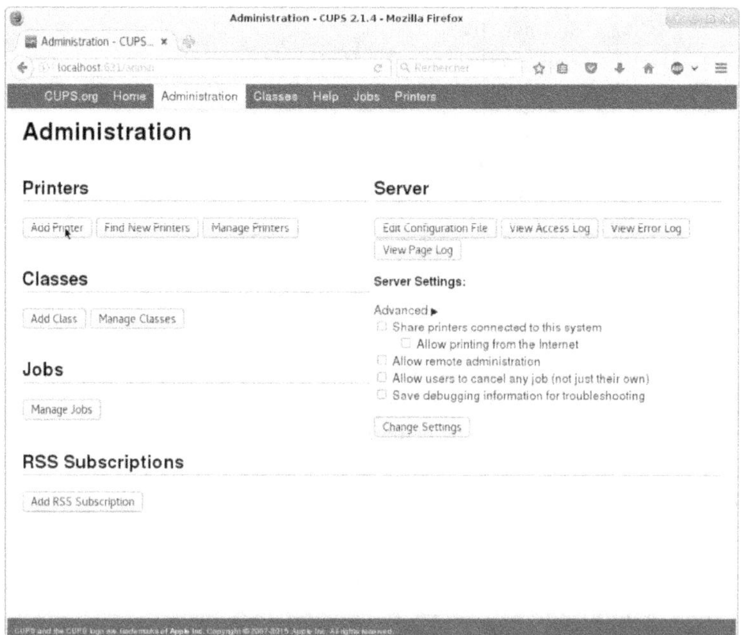

Figure 21–16
La Canon iP4200 apparaît bien
dans les imprimantes locales.

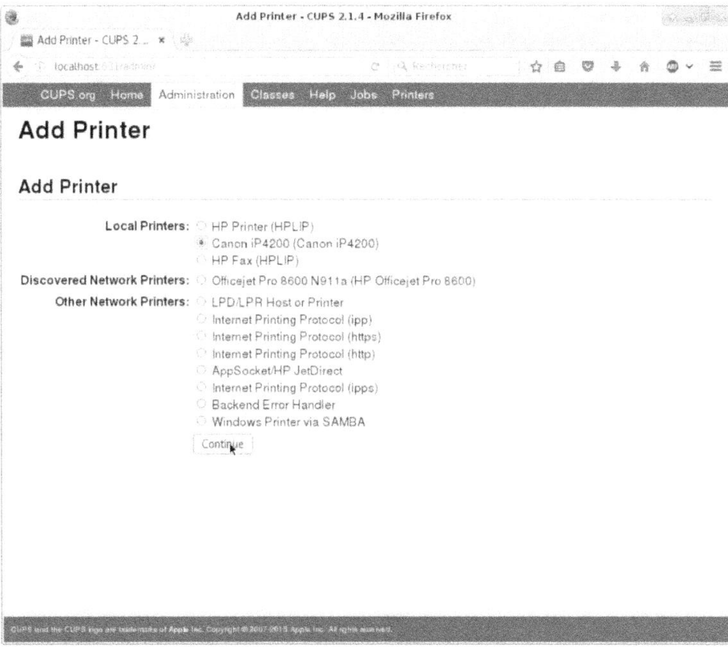

Figure 21–17
Je remplis le descriptif sommaire
de l'imprimante.

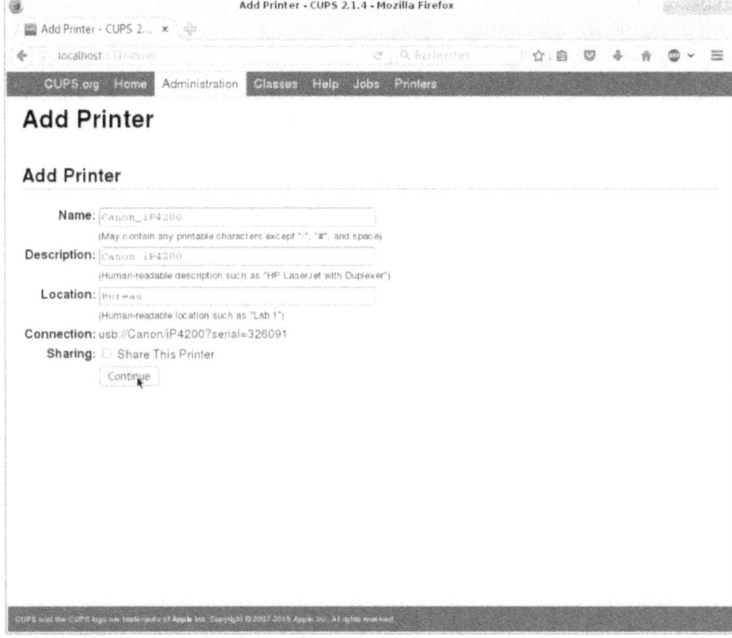

Figure 21–18
Je confirme l'utilisation du pilote
suggéré par CUPS et je clique
sur Add Printer.

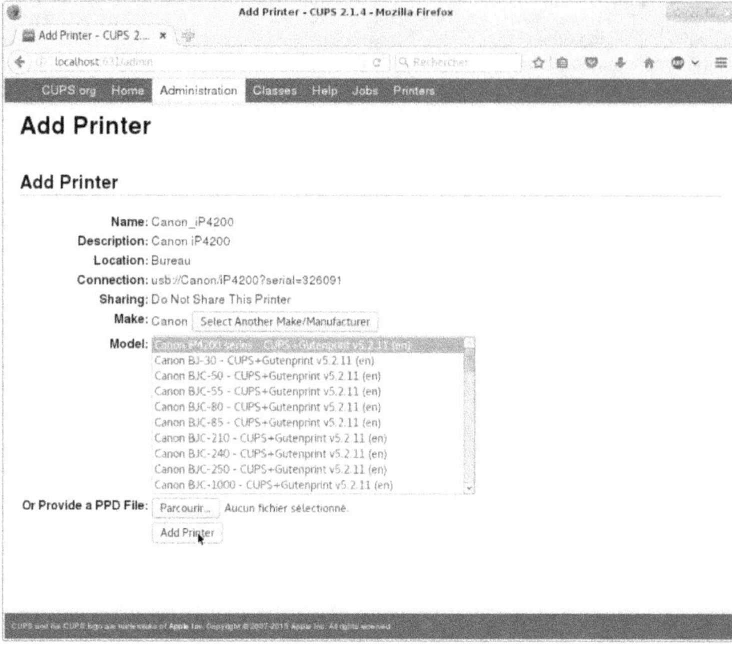

Figure 21–19
Dans les réglages de l'imprimante,
je corrige le format de papier
et je choisis A4 au lieu de Letter.

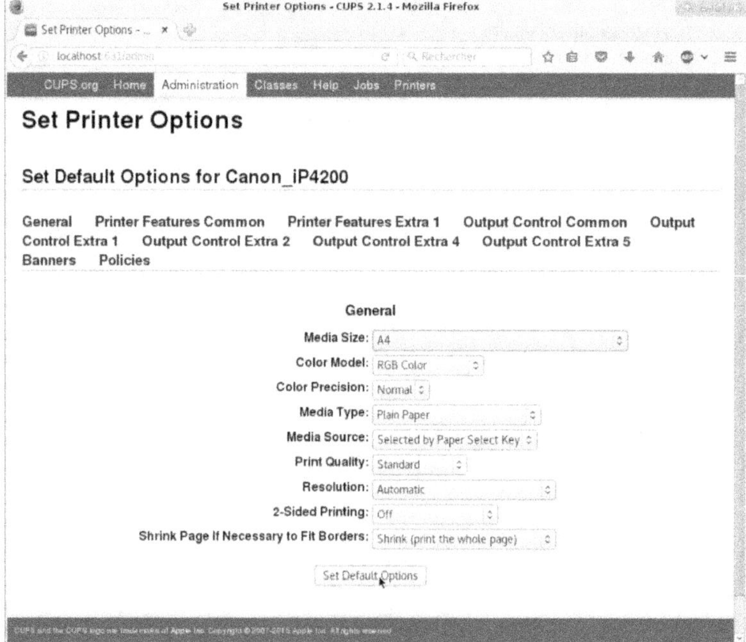

Figure 21–20
Il ne me reste plus qu'à imprimer
une page de test.

Numériser des documents

Numériser des documents avec XSane

Vous vous êtes peut-être demandé pourquoi nous n'avons pas parlé des logiciels de numérisation dans le précédent chapitre. C'est qu'une bonne partie des scanners viennent sous forme de combinés imprimante/scanner et leur configuration s'effectue de pair avec celle de l'imprimante.

À titre d'exemple, l'imprimante HP Officejet Pro 8600 que nous avons configurée au début de ce chapitre permet également de scanner des documents. Notre installation Slackware contient déjà l'application XSane, installée avec le groupe de paquets xap. SANE (*Scanner Access Now Easy*) fournit une bibliothèque et un outil en ligne de commande pour utiliser les scanners sous Linux. XSane est un frontal de SANE quelque peu obtus et guère intuitif, mais qui fonctionne très bien.

Au démarrage, XSane ouvre plusieurs fenêtres flottantes un peu partout sur l'écran. En cela, l'application ressemble de loin à Gimp, avec ses fenêtres et ses boîtes à outils qui ont une fâcheuse tendance à disparaître lorsqu'on a besoin d'elles. Pour survivre avec XSane, repérez d'abord l'entrée de menu *Fenêtre* qui contrôle l'affichage de ses différents composants. Placez un document dans le scanner et cliquez sur *Acquisition de l'aperçu*. L'image apparaît alors progressivement. Si elle s'affiche en noir et blanc, repérez le menu déroulant avec les options *Trait*, *Gris* et *Couleur*, sélectionnez *Couleur* et relancez l'acquisition de l'aperçu. Une fois que

Figure 21–21
Le logiciel de numérisation XSane
est une petite usine à gaz qui rend
de bons et loyaux services une fois
qu'on a passé le cap de la prise en
main.

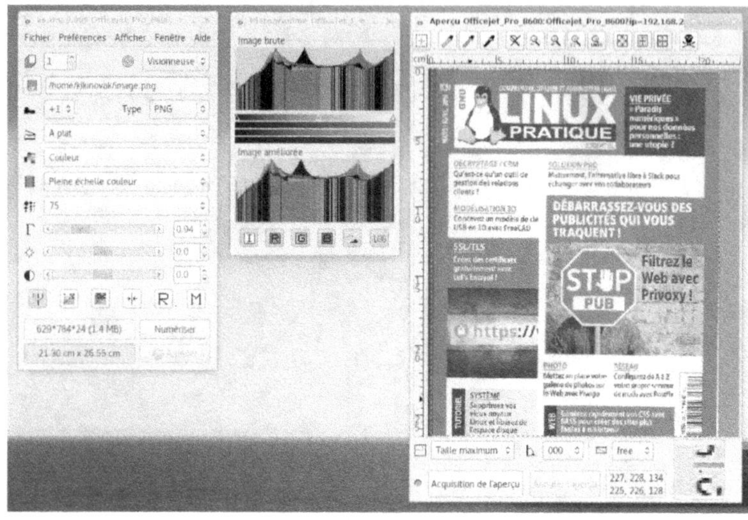

l'image s'affiche correctement, choisissez un format de numérisation comme le *PNG* et cliquez
sur *Numériser*. Éventuellement, faites plusieurs tentatives en jouant sur la qualité de l'image.

Numériser des documents avec Simple Scan

Si vous avez installé Slackware à vos vieux parents, attendez-vous à les avoir régulièrement au
téléphone si vous leur suggérez d'utiliser XSane pour leurs documents. L'expérience montre que
cette application est résolument incompatible avec les utilisateurs frileux. La solution la plus
viable consiste ici à remplacer XSane et tout son fatras de réglages et d'options par le logiciel
Simple Scan, qui fait honneur à son nom. Il vous permet de scanner, tout simplement.

Allez voir la page du paquet `simple-scan` sur SlackBuilds.org. Elle mentionne deux dépendances,
`vala` et `libgusb`. Nous avons déjà installé `vala` lorsque nous avons compilé le lanceur d'applications Plank. Il ne nous reste donc plus qu'à construire et installer `libgusb` et `simple-scan`, ce
qui s'effectue facilement avec **sbopkg**.

Lancez Simple Scan, placez un document dans le scanner et cliquez sur *Numériser*. L'image
s'affiche et il ne vous reste plus qu'à cliquer sur *Enregistrer*. Pour modifier la qualité de l'image,
rendez-vous dans *Documents>Préférences* pour accéder au minimum syndical de réglages. Et
c'est tout.

Si vous êtes satisfait des fonctionnalités de Simple Scan, vous pouvez très bien vous débarrasser du paquet `xsane` pour éviter les doublons inutiles.

Figure 21–22
Si vous ne voulez pas vous arracher les cheveux avec XSane, remplacez-le par Simple Scan, un logiciel bien plus intuitif.

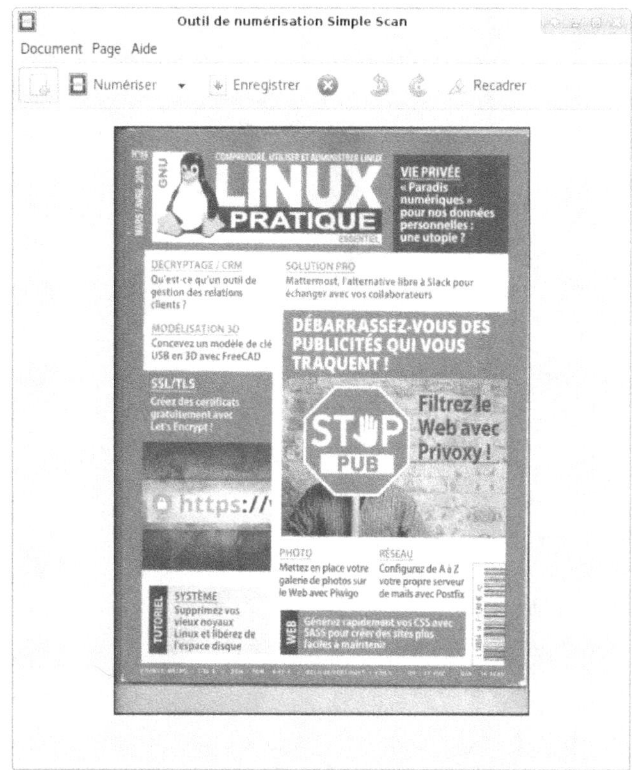

22

Larguez les amarres grâce au Wi-Fi

Le Wi-Fi (pour Wireless Fidelity, *c'est-à-dire « fidélité sans fil »), c'est tout d'abord une façon sympathique de promener votre pingouin sans fil à la patte. Dans ce chapitre, nous allons aborder de façon pratique et pragmatique la configuration d'un point d'accès Wi-Fi et la connexion de votre ordinateur à ce réseau sans fil.*

Le point d'accès Wi-Fi

Les modems routeurs fournis par les divers fournisseurs d'accès comprennent le plus souvent un point d'accès sans fil ; la plupart, mais pas tous. Si votre modem routeur n'intègre aucune fonctionnalité Wi-Fi – ou si la puissance du point d'accès incorporé s'avère insuffisante – vous devrez vous procurer un point d'accès à part.

Figure 22–1
Équipez votre réseau d'un point
d'accès Wi-Fi.

Le point d'accès que j'utilise dans l'exemple est un routeur Wi-Fi Ovislink de type EVO-W54AP, acheté il y a un peu moins de dix ans pour une cinquantaine d'euros. L'appareil commence donc à accuser son âge, mais étant donné que sa bande passante modeste s'avère suffisante pour mes besoins et qu'il fonctionne toujours parfaitement, je n'ai aucune raison d'en changer pour l'instant. Sachez tout de même qu'aujourd'hui, vous trouverez des points d'accès bien plus performants pour la moitié de ce que j'ai pu payer à l'époque.

L'appareil se présente sous la forme d'un petit boîtier avec une antenne et se relie au réseau comme n'importe quelle autre machine, c'est-à-dire qu'il suffit de le brancher au *switch* comme les PC du réseau filaire. C'est donc une machine du réseau, avec son adresse IP, son masque de sous-réseau et sa passerelle, reliée au *switch* par un câble Ethernet. Je précise ici – peut-être pas si inutilement – qu'un tel point d'accès ne nécessite aucun pilote. Une fois qu'il est relié au réseau, on y accède par une autre machine pour le configurer via une interface web.

À l'instar des modems routeurs, le routeur Wi-Fi est préconfiguré par le constructeur. D'après la note explicative trouvée dans le carton d'emballage, voici à quoi ressemblait sa configuration :

- Adresse IP : `192.168.1.254`
- Masque de sous-réseau : `255.255.255.0`
- IP de la passerelle : `192.168.1.1`

Ce n'est pas du tout la configuration que je souhaite. Pour résoudre ce genre de problème, je déconnecte une des machines de mon réseau et je lui attribue temporairement une adresse IP dans le même sous-réseau que le point d'accès, quelque chose entre `192.168.1.1` et `192.168.1.253`. Je relie la machine directement au point d'accès Wi-Fi grâce à un câble Ethernet et j'ouvre Firefox à l'adresse http://192.168.1.254 pour accéder à l'interface de configuration. Voici la configuration du point d'accès dans mon bureau :

- Adresse IP : `192.168.2.254`
- Masque de sous-réseau : `255.255.255.0`
- IP de la passerelle : `192.168.2.1`

> ATTENTION **Changement de réseau**
>
> Dans l'exemple, mon point d'accès change de réseau. Son adresse IP par défaut est `192.168.1.254`, que je change en `192.168.2.254`. Une fois que j'aurai validé les changements, il est donc normal que je ne puisse plus accéder avec la machine dont je me sers provisoirement pour le configurer, du moins pas avec sa configuration existante.

À partir du moment où j'ai reconfiguré mon point d'accès, je peux l'incorporer normalement dans mon réseau. Je rétablis les câblages et je m'y reconnecte.

Le *Mode* de notre point d'accès sera `AP` (comme *Access Point*) dans le menu déroulant. Le *SSID* (*Service Set Identifier*) est le nom qui identifie notre réseau sans fil. Je choisis `microlinux` et je spécifie également le canal d'émission : `3`. Là aussi, je n'oublie pas de cliquer sur *Apply Changes* pour prendre en compte la nouvelle configuration.

Figure 22–2
La configuration réseau de mon point d'accès Wi-Fi. Notez que je désactive le serveur DHCP incorporé pour éviter qu'il entre en conflit avec le serveur DHCP existant.

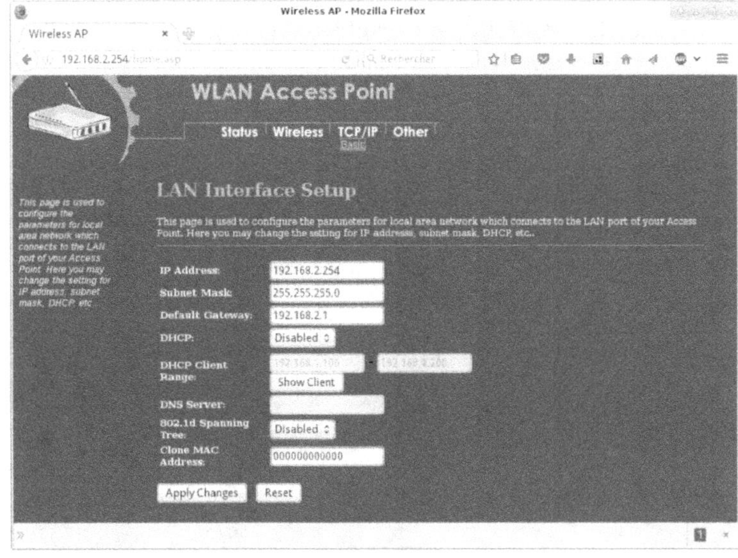

Figure 22–3
Le SSID est le nom qui identifiera mon réseau Wi-Fi.

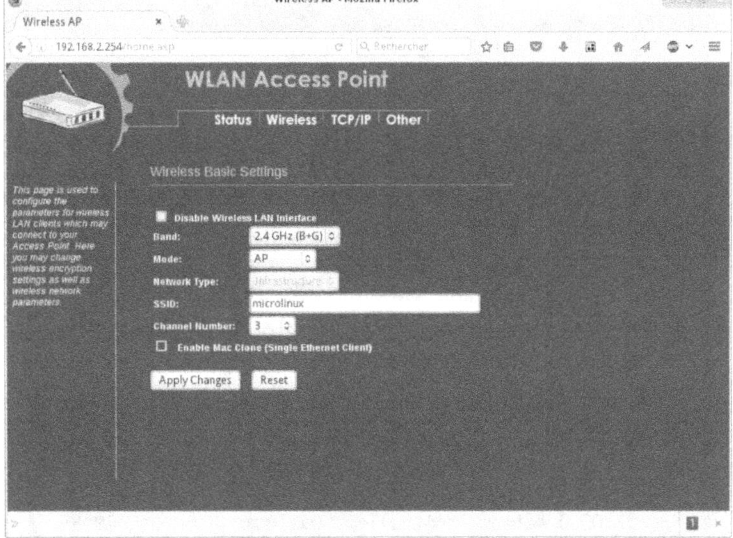

La dernière étape consiste à sécuriser mon réseau Wi-Fi contre les intrus.

- La configuration d'un réseau ouvert et sans aucune clé de chiffrement (*None*) n'est pas recommandable, dans la mesure où n'importe quel utilisateur se trouvant à proximité de mon point d'accès pourrait s'y connecter.

- Le chiffrement WEP (*Wired Equivalent Privacy*) peut être considéré comme obsolète, étant donné qu'un hacker moyennement doué met moins de dix minutes à obtenir le mot de passe d'une connexion sécurisée avec ce protocole en utilisant des outils comme WEP-

Crack. Le WEP a d'ailleurs été rebaptisé *Weak Encryption Protocol* (c'est-à-dire
« protocole de chiffrement faible ») par certains farceurs réalistes.

- Le chiffrement *WPA* peut être considéré comme un bon choix.

Figure 22–4
Je sélectionne le chiffrement WPA
et je choisis un mot de passe
suffisamment compliqué pour
sécuriser ma connexion.

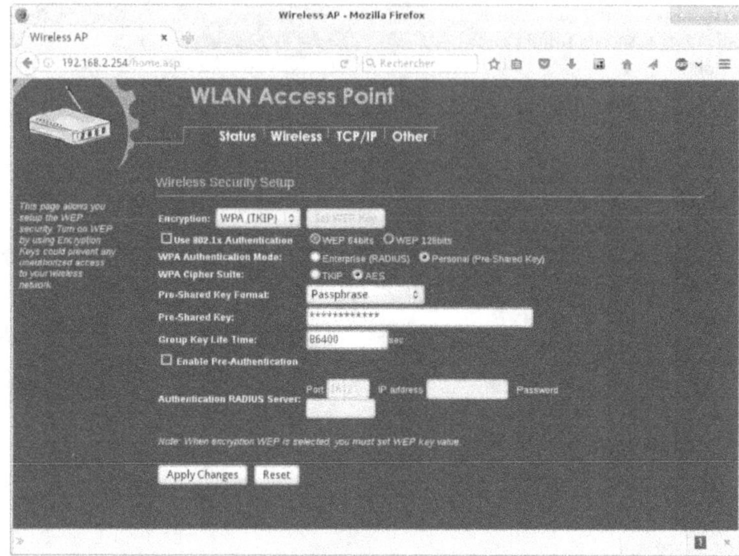

Configurer le Wi-Fi sur un ordinateur portable

Voici un cas de figure que je rencontre très régulièrement, pour ne pas dire quotidiennement.
Je viens d'installer Slackware64 14.2 sur un ordinateur portable, en l'occurrence un
Asus S300. Pour l'installation initiale du système j'ai relié la machine au *switch* de mon
bureau avec un câble Ethernet. Slackware est configuré aux petits oignons, les applications
sont toutes installées, le moment est venu de larguer les amarres et de remplacer la connexion
filaire par une connexion Wi-Fi.

Tout d'abord, il s'agit d'identifier le type de carte sans fil, c'est-à-dire le modèle, la puce, le
chipset :

```
[root@slackbook-pro:~] # lspci | grep -i network
02:00.0 Network controller: Qualcomm Atheros AR9485
Wireless Network Adapter (rev 01)
```

Pour l'instant, le portable dispose d'une connexion filaire « classique » en DHCP, c'est-à-dire
configurée via /etc/rc.d/rc.inet1.conf :

```
# Config information for eth0:
IPADDR[0]=""
NETMASK[0]=""
USE_DHCP[0]="yes"
DHCP_HOSTNAME[0]=""
```

Je vérifie ce que cela donne :

```
# ifconfig eth0
eth0: flags=4163<UP,BROADCAST,RUNNING,MULTICAST>  mtu 1500
        inet 192.168.2.6  netmask 255.255.255.0
        broadcast 192.168.2.255
        ...
```

La commande `ifconfig` invoquée sans arguments m'affiche deux sections : une pour `eth0` et une pour `lo`. À présent, j'aimerais bien savoir si je dispose d'une quelconque interface réseau qui correspond à ma carte Wi-Fi. Je pourrais me compliquer la vie en épluchant les messages de démarrage via `dmesg`. Pour m'éviter cette corvée, j'invoque tout simplement `ifconfig -a` pour afficher l'ensemble des interfaces réseau de la machine, y compris celles qui ne sont pas configurées. Et là, j'en découvre une nouvelle :

```
# ifconfig -a
...
wlan0: flags=4098<BROADCAST,MULTICAST>  mtu 1500
        ether 6c:71:d9:8e:2f:cf  txqueuelen 1000  (Ethernet)
        ...
```

C'est déjà bon signe. La présence de la section `wlan0` me montre que le noyau reconnaît mon matériel et le gère. Après, dans certains cas de figure, il s'agit de savoir s'il le gère correctement, ce qui est une autre histoire. Dans le cas présent, partons du principe que tout se passera correctement.

Gérer les connexions réseau avec NetworkManager

Dans le cas d'une connexion filaire, la configuration réseau est une procédure simple. Le poste de travail dispose d'une carte réseau physique reliée au *switch* et il faut seulement se demander si la configuration de la machine doit être dynamique ou statique.

À partir du moment où la machine dispose de plusieurs cartes réseau – filaire et Wi-Fi – les choses se compliquent un peu.

- Puisque la machine dispose de plusieurs cartes réseau, comment choisir laquelle utiliser pour se connecter à un réseau donné ?
- Si l'on dispose de plusieurs réseaux Wi-Fi, comment afficher les réseaux disponibles et choisir celui auquel on souhaite se connecter ?
- Comment gérer l'authentification dans le cas d'un réseau sécurisé ?

À regarder de près, les choses sont donc moins évidentes qu'elles ne semblent. La solution la plus simple consiste à utiliser le NetworkManager.

> RÉSEAU **NetworkManager**
>
> L'outil NetworkManager est développé par Red Hat depuis 2004. Il a pour but de faciliter la configuration réseau, notamment pour le Wi-Fi. Les premières versions de NetworkManager étaient assez capricieuses et lui ont valu le sobriquet « NotworkManager ». Ces dernières années, il a fait ses preuves. C'est devenu un outil stable et fiable, qui vient sous forme d'un démon et d'une interface graphique. Slackware 14.2 inclut la version 1.2.2.

Sur un ordinateur portable, NetworkManager constitue de loin la solution la plus pratique pour gérer les connexions réseau. Voici en gros comment il fonctionne :

- Si une connexion filaire est disponible, elle est utilisée en priorité. Autrement, Network-Manager passe en revue les réseaux sans fil disponibles.
- Si NetworkManager trouve un réseau sans fil auquel vous vous êtes déjà connecté avec succès, il essaie de s'y reconnecter.
- Lorsque plusieurs connexions réseau sans fil récentes sont disponibles, il choisit la plus récente.

L'utilisation de NetworkManager est extrêmement simple sous Slackware. Il suffit de supprimer toute configuration dans `/etc/rc.d/rc.inet1.conf` et d'activer le démon `/etc/rc.d/rc.networkmanager`.

Ouvrez `/etc/rc.d/rc.inet1.conf` et assurez-vous que toutes les sections sont vides :

```
# Config information for eth0:
IPADDR[0]=""
NETMASK[0]=""
USE_DHCP[0]=""
DHCP_HOSTNAME[0]=""

# Config information for eth1:
IPADDR[1]=""
NETMASK[1]=""
USE_DHCP[1]=""
DHCP_HOSTNAME[1]=""

...

# Default gateway IP address:
GATEWAY=""
```

Activez le démon de NetworkManager :

```
# chmod +x /etc/rc.d/rc.networkmanager
```

Ici, je vous conseille de redémarrer la machine, même si ce n'est pas strictement nécessaire. Une fois que vous avez lancé l'environnement de bureau Xfce, vous remarquez la présence d'une nouvelle icône dans la zone de notification en haut à droite de l'écran. Cliquez dessus pour afficher l'ensemble des connexions réseau disponibles.

Figure 22–5
Débranchez le câble Ethernet et sélectionnez le réseau auquel vous souhaitez vous connecter.

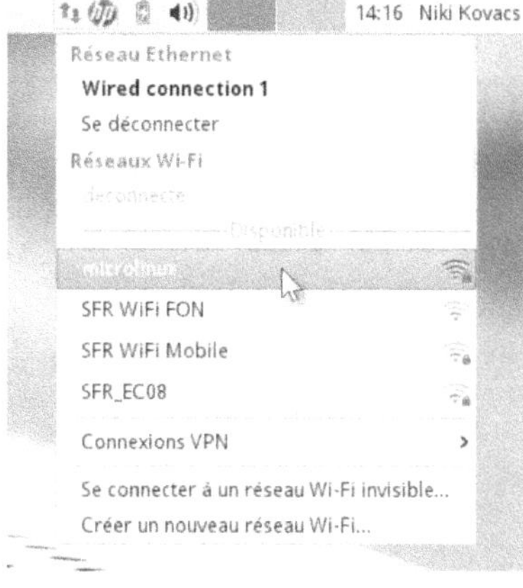

Figure 22–6
Si le réseau Wi-Fi n'est pas disponible, il faut l'activer explicitement. Affichez ce menu avec un clic-droit sur l'icône du NetworkManager.

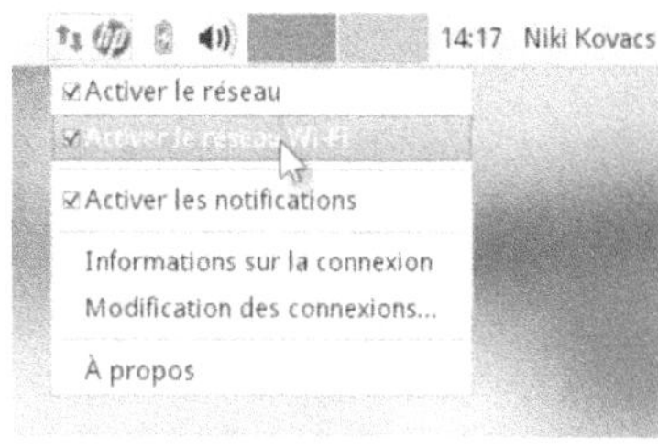

Figure 22–7
Saisissez la clé du réseau Wi-Fi.

Figure 22–8
Vous voilà connecté à votre point d'accès.

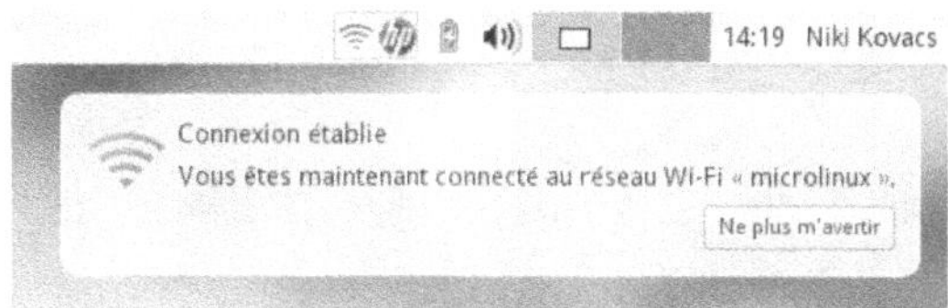

Une fois que la connexion est établie, je regarde ce que cela donne au niveau des interfaces réseau :

```
# ifconfig
eth0: flags=4163<UP,BROADCAST,RUNNING,MULTICAST>  mtu 1500
        ether d8:50:e6:22:0a:d8  txqueuelen 1000  (Ethernet)
        ...

lo: flags=73<UP,LOOPBACK,RUNNING>  mtu 65536
        inet 127.0.0.1  netmask 255.0.0.0
        ...

wlan0: flags=4163<UP,BROADCAST,RUNNING,MULTICAST>  mtu 1500
        inet 192.168.2.6 netmask 255.255.255.0
        broadcast 192.168.2.255
        ...
```

J'envoie un `ping` au point d'accès pour tester la connexion :

```
# ping -c 4 192.168.2.254
PING 192.168.2.254 (192.168.2.254) 56(84) bytes of data.
64 bytes from 192.168.2.254: icmp_seq=1 ttl=255 time=2.09 ms
64 bytes from 192.168.2.254: icmp_seq=2 ttl=255 time=1.68 ms
64 bytes from 192.168.2.254: icmp_seq=3 ttl=255 time=1.67 ms
64 bytes from 192.168.2.254: icmp_seq=4 ttl=255 time=1.67 ms

--- 192.168.2.254 ping statistics ---
4 packets transmitted, 4 received, 0% packet loss, time 3004ms
rtt min/avg/max/mdev = 1.673/1.781/2.097/0.186 ms
```

La petite icône de NetworkManager me renseigne sommairement sur la qualité du signal, un peu comme le nombre de barres sur un téléphone portable. Pour en savoir un peu plus et afficher tous les détails, je peux me servir de l'outil `iwlist` en ligne de commande :

```
# iwlist scan
...
wlan0 Scan completed :
      Cell 01 - Address: 00:12:0E:29:93:1B
                Channel:3
                Frequency:2.422 GHz (Channel 3)
                Quality=70/70 Signal level=-30 dBm
                Encryption key:on
                ESSID:"microlinux"
                Bit Rates:1 Mb/s; 2 Mb/s; 5.5 Mb/s; 11 Mb/s;
                    ...
                    IE: WPA Version 1
                        Group Cipher : CCMP
                        Pairwise Ciphers (1) : CCMP
                        Authentication Suites (1) : PSK
```

Ajouter le Wi-Fi à une station de travail

Il arrive assez fréquemment qu'un utilisateur veuille connecter sa station de travail au modem routeur situé une pièce plus loin, voire à l'étage au-dessus ou en-dessous, sans pour autant faire des trous dans les murs et tirer des dizaines de mètres de câble Ethernet.

Figure 22–9
Une carte Wi-Fi PCI vous permet de connecter votre station de travail au réseau sans fil de votre bureau ou votre domicile.

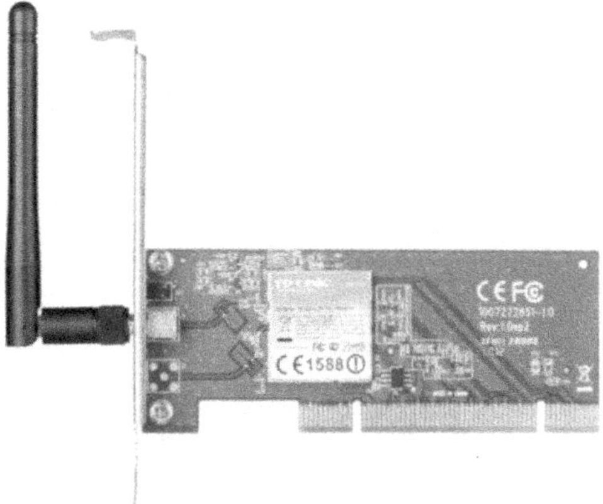

La solution consiste ici à doter votre station de travail d'une carte Wi-Fi PCI. Ce genre de carte se trouve dans le commerce pour une quinzaine d'euros. Avant d'en commander une, vérifiez les connecteurs dans votre PC. Dans le doute, amenez-le chez votre informaticien local, qui vous aidera à trouver la bonne carte.

Une fois que la carte est installée, la première chose à faire est de vérifier sa présence avec `lspci` :

```
# lspci | grep -i network
07:04.0 Network controller: Atheros Communications Inc.
AR9227 Wireless Network Adapter (rev 01)
```

À partir de là, il n'y a plus aucune différence avec la configuration du réseau sans fil sur un ordinateur portable. Il suffit de supprimer la configuration dans `/etc/rc.d/rc.inet1.conf` et d'activer `/etc/rc.d/rc.networkmanager` :

```
# ifconfig wlan0
wlan0: flags=4163<UP,BROADCAST,RUNNING,MULTICAST>  mtu 1500
        inet 192.168.2.7  netmask 255.255.255.0
        broadcast 192.168.2.255
        ...
```

Confectionner une clé USB d'installation

Sur une machine dépourvue de lecteur optique, l'installation de Slackware passe nécessairement par une clé USB bootable. Vers la fin du chapitre 2, nous avons vu comment confectionner une telle clé à l'aide de l'utilitaire UNetbootin. La méthode « officielle » est bien différente et nécessite un minimum de connaissances de la ligne de commande. C'est pourquoi elle figure en annexe.

Sur une machine munie d'un lecteur optique, ouvrez un terminal et guettez les messages système pour identifier le fichier de périphérique correspondant à la clé USB :

```
# tail -f /var/log/messages
```

Branchez la clé, attendez quelques secondes et repérez le nouveau fichier de périphérique /dev/sdb, /dev/sdc, etc.

Admettons que la clé soit /dev/sdb. Remettez à zéro sa table de partitions. Comme vous vous en doutez, non seulement cette procédure est destructive pour les données de votre clé, mais elle met également en péril les données de l'ensemble de votre système si vous vous trompez de fichier de périphérique fourni en argument :

```
# dd if=/dev/zero of=/dev/sdb bs=512 count=64
```

Cette commande signifie quelque chose comme : « écris plein de petits zéros sur les soixante-quatre premiers secteurs du disque /dev/sdb ».

À présent, montez le DVD d'installation de Slackware. Admettons que votre point de montage soit /mnt/cdrom, rendez-vous dans le répertoire usb-and-pxe-installers :

```
# cd /mnt/cdrom/usb-and-pxe-installers
```

Exécutez le script *shell* usbimg2disk.sh avec les arguments suivants pour un système 32-bits :

```
# sh usbimg2disk.sh -f -i usbboot.img -o /dev/sdb -L SLACK32
```

Le disque sera nommé différemment pour un système 64-bits :

```
# sh usbimg2disk.sh -f -i usbboot.img -o /dev/sdb -L SLACK64
```

Voici ce que signifient les options fournies en argument au script :

- -f formatte la clé USB.
- -i spécifie le fichier usbboot.img.
- -o désigne le fichier de périphérique de la clé /dev/sdb.
- -L définit le label de la clé : SLACK32 ou SLACK64.

Le script vous demande plusieurs confirmations avant de s'exécuter, histoire de bien vous assurer de ne pas faire d'erreurs fatales. Ne vous laissez pas dérouter par l'habituel franglais que l'on peut rencontrer dans ce genre de situations :

```
We are going to format and use this device - '/dev/sdb':
# Vendor :
# Model  : USB Flash Memory
# Size   : 7643 MB
#
# FDISK OUTPUT:
Le disque /dev/sdb ne contient pas une table de partitions valable

Disque /dev/sdb : 8015 Mo, 8015282176 octets
247 têtes, 62 secteurs/piste, 1022 cylindres, total 15654848 secteurs
Unités = secteurs de 1 * 512 = 512 octets
Taille de secteur (logique / physique) : 512 octets / 512 octets
taille d'E/S (minimale / optimale) : 512 octets / 512 octets
Identifiant de disque : 0x00000000
***                                                      ***
*** If this is the wrong drive, then press CONTROL-C now! ***
***                                                      ***
Or press ENTER to continue:
--- Formatting /dev/sdb with VFAT partition label 'SLACK32'...
```

```
--- Last chance! Press CTRL-C to abort!
Or press ENTER to continue:
--- Available free space on the the USB drive is 7811116 KB
--- Required free space for installer: 31377 KB
--- Copying boot files to the USB drive...
--- Cleaning up the staging area...
--- Making the USB drive '/dev/sdb' bootable...
```

Votre clé est désormais *bootable* et contient l'installateur. Enlevez-la et réinsérez-la, puis copiez le contenu du DVD d'installation sur la clé. Vous pouvez très bien utiliser le gestionnaire de fichiers Thunar pour cela. Pour gagner du temps et de la place, il est possible de faire l'impasse sur les répertoires extra/, pasture/, slackbook/, source/ et testing/. Si Thunar affiche un message d'erreur concernant la création de liens symboliques, il suffit de les *Ignorer toujours*.

B

Les différentes procédures de partitionnement

Dans les chapitres 3 et 18 de ce livre, nous avons utilisé les outils `fdisk` *ou* `cfdisk` *(MBR) pour partitionner le disque dur. Pour ne pas compliquer les choses, nous n'avons parlé ni des limitations de ces outils, ni des solutions alternatives comme* `gdisk` *ou* `cgdisk` *(GPT).*

MBR et GPT

Les informations de partitionnement sont actuellement gérées par deux procédures distinctes :

* MBR *(Master Boot Record)* ;
* GPT *(GUID Partition Table)*.

Les concepts de partitionnement basés sur les tables de partition MBR remontent à l'époque DOS, ce qui explique tout un ensemble de limitations et de règles plus ou moins farfelues. Ce concept reste pourtant valable pour à peu près tous les disques durs utilisés dans des PC Windows et/ou Linux jusqu'en 2012. Dans ce cas de figure, la table de partition est stockée dans le *Master Boot Record* (MBR), c'est-à-dire le premier secteur du disque dur.

Le successeur GPT est un standard créé il y a quelque temps déjà, dans le but d'éviter les nombreuses limitations liées au MBR. Les ordinateurs de la marque Apple utilisent GPT depuis 2005. Les machines Windows y ont migré depuis la présentation de Windows 8 en automne 2012.

Master Boot Record (MBR)

Les disques munis d'un MBR distinguent trois types de partitions :

* primaire ;
* étendue ;
* logique.

Un disque peut être muni d'un maximum de quatre partitions primaires, ce qui constitue une limitation considérable. C'est pourquoi on a la possibilité de définir une partition étendue à la place d'une des primaires. À l'intérieur de cette partition étendue, on pourra ensuite créer une série de partitions logiques.

> NOTE TECHNIQUE **Sous le capot**
>
> Certains outils de partitionnement – notamment ceux des installateurs graphiques de distributions grand public – ne distinguent pas les différents types de partitions en surface mais en gèrent la répartition sous le capot.

Une partition étendue ne constitue qu'une sorte de conteneur pour les partitions logiques. Le stockage des données à proprement parler s'effectue sur les partitions primaires et/ou logiques.

> ATTENTION **Il y a fagots et fagots**
>
> Évitez de confondre le « type de partition » avec celui que l'on utilise dans un autre contexte pour indiquer le type de système d'exploitation censé occuper la partition ou le rôle joué par cette dernière : Windows, Linux, Linux swap, Linux RAID, BSD, etc.

Avec un MBR, Linux peut gérer un maximum de quinze partitions, dont un maximum de onze logiques. En conséquence, la meilleure solution consiste à créer les trois partitions primaires dans un premier temps, puis la partition étendue qui occupera tout le reste du disque et que l'on remplira de partitions logiques selon les besoins.

La taille maximale d'une telle partition est de deux téraoctets. Il existe quelques astuces pour utiliser le partitionnement MBR avec des disques allant jusqu'à quatre téraoctets, mais il vaut mieux dans ce cas passer directement au partitionnement GPT.

GUID Partition Tables (GPT)

Chacune des partitions est identifiée grâce à un *Global Unique Identifier* (GUID). La table GPT offre théoriquement de la place pour 128 partitions, mais Linux n'en gère que les quinze premières. Toutes les partitions sont égales, c'est-à-dire que l'on ne fait plus la distinction entre les partitions primaires, étendues et logiques. Leur taille maximale théorique de

2^{73} octets, c'est-à-dire deux zetta-octets, autrement dit près d'un milliard de téraoctets. Cela devrait suffire pour quelque temps.

La table de partition se situe dans les premiers 34×512 = 17 408 octets du disque dur. Une copie de ces informations se situe dans les 17 derniers kilo-octets du disque. Pour des raisons de sécurité, la table GPT commence par des informations de partitionnement MBR pour suggérer aux outils compatibles MBR que l'ensemble du disque est déjà utilisé par une seule partition.

Compatibilité GPT et les systèmes modernes

En principe, le partitionnement GPT peut être utilisé sur tous (!) les disques durs. En revanche, il n'y a que les systèmes d'exploitation modernes qui sachent gérer ce type de partitionnement :
- les distributions Linux actuelles ;
- Mac OS X ;
- toutes les versions 64-bits de Windows depuis XP.

Migrer vers GPT

Pour la plupart, les installateurs Linux gèrent très bien les disques durs GPT. En revanche, les distributions grand public vous laissent rarement le choix entre MBR et GPT pour le partitionnement d'un disque neuf.

La migration d'un disque MBR vers GPT et l'initialisation d'un disque vierge avec GPT doivent donc s'effectuer à la main, en utilisant les outils en ligne de commande adaptés.

Supprimer la table de partitions MBR du disque /dev/sda :

```
# dd if=/dev/zero of=/dev/sda bs=512 count=64
```

Lancer l'outil de partitionnement :

```
# gdisk /dev/sda
```

Alternativement :

```
# cgdisk /dev/sda
```

Une fois qu'on a créé la nouvelle table de partitions et qu'on a quitté gdisk ou cgdisk, on peut afficher le schéma de partitionnement en utilisant l'option -l :

```
# gdisk -l /dev/sda
```

Revenir au partitionnement MBR

Pour utiliser un partitionnement classique avec `fdisk` ou `cfdisk` sur un disque GPT, il faut veiller à bien se débarrasser des tables de partitions correspondantes :

```
# gdisk /dev/sda
...
x - extra functionality (experts only)
...
z - zap (destroy) GPT data structures and exit
...
Blank out MBR? (Y/N)
```

Vérifiez si `fdisk` ne détecte pas des résidus de table GPT :

```
# fdisk -l /dev/sda
```

C

Installer Slackware sur un ordinateur avec EFI

Les chapitres 3 et 18 de ce livre traitent de l'installation d'un système Linux sur une machine munie d'un BIOS traditionnel, pour éviter de vous compliquer la vie dans vos débuts d'apprentissage. Les choses se compliquent un peu avec les machines récentes munies d'EFI.

EFI et BIOS

L'EFI ou UEFI *(Unified Extensible Firmware Interface)* définit un logiciel intermédiaire entre le *firmware* (ou micrologiciel) d'un ordinateur et le système d'exploitation. Il a été développé depuis 1998 par Intel, puis par d'autres constructeurs comme Apple, AMD et Microsoft. EFI est censé remplacer le BIOS traditionnel, utilisé depuis une bonne quarantaine d'années, avec son lot inévitable de limitations.

D'un point de vue purement technique, EFI comporte toute une série d'avantages par rapport au BIOS traditionnel. En contrepartie, l'installation d'un système Linux sur une machine EFI s'avère un peu plus compliquée. Même si la procédure n'est pas triviale, Slackware Linux supporte officiellement les installations EFI depuis la version 14.1.

Un exemple pratique : l'Asus S300

Dans mon quotidien, j'installe assez régulièrement Linux sur du matériel récent. Je profite donc de l'occasion pour décrire l'installation de Slackware 14.2 64-bits sur un portable Asus S300, acheté d'occasion avec un système Windows 8 dessus. Je n'entrerai pas dans les détails triviaux de la procédure d'installation et je ne m'arrêterai qu'aux particularités liées à l'EFI.

Notez que certaines machines offrent la possibilité de basculer en mode *legacy BIOS*, qui permet ensuite de gérer l'installation comme avec un BIOS traditionnel. Cette fonctionnalité n'est pas présente sur ma machine ; il va donc falloir se retrousser les manches et installer Slackware en mode EFI.

Configuration du BIOS et démarrage

Au démarrage de la machine, j'appuie sur F2 pour accéder au BIOS. En règle générale, c'est une bonne idée de restaurer les réglages par défaut du BIOS avec l'option *Restore Defaults*. Dans l'onglet *Security*, je désactive impérativement l'option *Secure Boot Control*, une invention de chez Microsoft que je ne commenterai pas, vu que mon éditeur proscrit les jurons. Dans l'onglet *Boot*, j'active l'option *Launch CSM* et j'appuie sur F10 pour enregistrer les modifications et redémarrer.

J'insère la clé USB d'installation de Slackware64 14.2 et j'appuie sur la touche *Échap* pour faire apparaître les options de démarrage (*Boot Options*). Je constate que la clé apparaît deux fois :

1 *UEFI: KingstonDataTraveler G3 1.00*

2 *Windows Boot Manager*

3 *KingstonDataTraveler G3 1.00*

Ici, je prends soin de démarrer sur l'option avec UEFI.

Partitionnement

Dans un premier temps, je fais le ménage en supprimant le joyeux fatras Microsoft que l'on trouve généralement sur les machines munies d'un système Windows préinstallé :

```
# gdisk /dev/sda
```

J'appuie successivement sur la touche X pour activer le mode *expert*, puis sur la touche Z pour « zapper » la table de partition GPT (voir annexe B).

Ensuite, je repartitionne avec `gdisk` :

* une partition EFI de 100 Mo (type `EF00`) ;
* une partition `/boot` de 100 Mo (type `8300`) ;
* une partition `swap` de 8 Go (type `8200`) ;
* une partition principale de 457 Go (type `8300`).

Voilà à quoi cela ressemble au final :

```
# gdisk -l /dev/sda
GPT fdisk (gdisk) version 0.8.7
...
Number Start sector End sector Size       Code  Name
   1           2048     206847 100.0 MiB EF00  EFI System
   2         206848     411647 100.0 MiB 8300  Linux filesystem
   3         411648   17188863 8.0 GiB   8200  Linux swap
   4       17188864  976773134 457.6 GiB 8300  Linux filesystem
```

À partir du moment où la partition EFI est présente au début du disque, l'installateur de Slackware se charge automatiquement d'y copier les fichiers qu'il faut. Si vous êtes curieux des détails de cette opération, jetez un œil sur la documentation officielle de Slackware à l'adresse docs.slackware.com.

Le chargeur de démarrage GRUB

LILO gère mal le partitionnement GPT... et pas du tout les installations UEFI. Slackware propose certes l'installation d'ELILO, un chargeur de démarrage compatible EFI/GPT, mais celui-ci n'est pas très fonctionnel.

Il vaut mieux installer GRUB, qui fait office de chargeur démarrage sur l'écrasante majorité des distributions Linux. Répondez donc par la négative pour l'installation de LILO et d'ELILO.

Une fois que la procédure d'installation est terminée, la dernière fenêtre de l'installateur vous affiche *Slackware Linux Setup is complete – Would you like to reboot your system ? If you choose "No", you will be dropped to a shell*. Ici, il faut impérativement répondre par *No*, car notre système est encore dépourvu de chargeur de démarrage et donc incapable de s'amorcer correctement.

Une fois que vous vous retrouvez dans le *shell*, *chrootez* dans le système nouvellement installé :

```
# chroot /mnt
```

Nous pouvons déjà configurer l'initrd. Sur mon portable, /etc/mkinitrd.conf ressemble à ceci :

```
SOURCE_TREE="/boot/initrd-tree"
CLEAR_TREE="1"
OUTPUT_IMAGE="/boot/initrd.gz"
KERNEL_VERSION="$(uname -r)"
KEYMAP="fr-latin1"
MODULE_LIST="ext4"
ROOTDEV="/dev/sda4"
ROOTFS="ext4"
RESUMEDEV="/dev/sda3"
RAID="0"
LVM="0"
```

```
UDEV="1"
MODCONF="0"
WAIT="1"
```

Construisez l'`initrd` :

```
# mkinitrd -F
```

GRUB utilise le fichier de configuration par défaut `/boot/grub/grub.cfg`. Vérifiez si le répertoire `/boot/grub` existe bien sur votre machine et créez une première configuration à la volée :

```
# grub-mkconfig -o /boot/grub/grub.cfg
```

Installez GRUB dans le MBR du disque :

```
# grub-install /dev/sda
```

Il ne vous reste plus qu'à quitter l'environnement *chrooté* et à redémarrer :

```
# exit
# reboot
```

Au redémarrage, sélectionnez le noyau GENERIC. Étant donné qu'on n'arrive pas à distinguer les noyaux HUGE et GENERIC dans le menu de démarrage par défaut, il faudra utiliser le menu avancé de GRUB.

Supprimez le noyau HUGE pour éviter la confusion à l'avenir :

```
# removepkg kernel-huge
```

Prenez en compte les modifications :

```
# grub-mkconfig -o /boot/grub/grub.cfg
```

Peaufiner l'aspect de GRUB

Une fois que tout fonctionne correctement, on peut songer à peaufiner GRUB pour une invite de démarrage plus agréable.

Pour passer des options au noyau, il faut éditer `/etc/default/grub` :

```
...
GRUB_CMDLINE_LINUX="video=1024x600 quiet ipv6.disable=1"
...
```

Dans la configuration par défaut, GRUB affiche *Slackware 14.2 GNU/Linux* dans le menu. Pour corriger ceci, on peut éditer `/etc/grub.d/10_linux` :

```
if [ "x${GRUB_DISTRIBUTOR}" = "x" ] ; then
  #OS=GNU/Linux
  OS=Slackware
else
  #OS="${GRUB_DISTRIBUTOR} GNU/Linux"
  OS="${GRUB_DISTRIBUTOR}"
  ...
fi
```

Enfin, on peut mettre un peu de couleur dans l'affichage en éditant `/etc/grub.d/40_custom` :

```
...
set color_normal=blue/white
set menu_color_highlight=white/blue
set menu_color_normal=blue/white
```

À chaque fois, la configuration sera prise en compte :

```
# grub-mkconfig -o /boot/grub/grub.cfg
```

Index

Symboles

/ 95, 96, 97, 98
/bin (voir répertoire) 93
/boot (voir répertoire) 94
/dev (voir répertoire) 95
/etc (voir répertoire) 95
/home (voir répertoire) 91
/lib (voir répertoire) 96
/media (voir répertoire) 97
/proc (voir répertoire) 98
/root (voir répertoire) 98
/sbin (voir répertoire) 98
/sys (voir répertoire) 98
/tmp (voir répertoire) 101
/usr (voir répertoire) 99
/var (voir répertoire) 101
~ (voir répertoire
    d'utilisateur) 116

A

accélération graphique 342
accès refusé 92
administrateur (voir root) 71
adresse
    IP 276
        privée, publique 280
    MAC 275
adresse IP 67
aide en ligne 154
    commande info 160
    commande man 156
    option --help 156
alias de commande 140
apostrophe 201
application
    lancer 100

Applications
    Adblock Plus (module) 400
    Asunder 434
    Audacious 432
    Audacity 435
    Brasero 426
    Evince 420
    File Roller 425
    Gedit 422
    Gimp 428
    gThumb 427
    Inkscape 430
    LibreOffice 409
    Macromedia Flash (plug-
        in) 399
    Mozilla Firefox 395
    Mozilla Thunderbird 401
    MPlayer 437
    Recoll 423
    Scribus 431
    Seamonkey 407
    Transmission 444
    VLC 443
    Xfce 85
arborescence 90
    créer 134
    représentation 132
architectures 32-bits et 64-
    bits 39
archive compressée 263
    créer 266, 267
    extraire 267, 268
    formats 264
argument 110
Ariase 38
arobase @ 112

ASCII (American Standard
    Code for Information
    Interchange) 282

B

barre oblique / (voir racine) 93,
    112
Bash (Bourne Again Shell) 174
bibliothèque 96
    partagée (voir aussi /lib) 96
binaire (voir /bin) 93
    système (voir /sbin) 98
BIOS (Basic Input/Output
    System) 44
Blackbox 63
BSD 20
bunzip2 (voir bzip2) 266
bureau Xfce 80
bzip2 264, 265, 267

C

câble
    Ethernet 271
    pour réseau local 289
carte
    voir Ethernet 272
carte graphique 37
casse des caractères
    option 203, 208
cat (commande) 122, 128
cd (change directory) 117
CentOS 26, 38
    installation 48
cfdisk 52
chargeur de démarrage
    LILO 63
chemin

Dépôt légal : mars 2017
Imprimé en Allemagne par BoD